Christine Thürmer

Wandern. Radeln. Paddeln.

Christine Thürmer

Wandern. Radeln. Paddeln.

12 000 Kilometer Abenteuer in Europa

Mit 61 farbigen Fotos und vier Karten

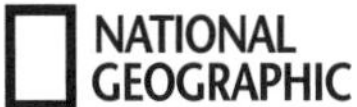

MALIK

Mehr über unsere Autorinnen, Autoren und Bücher:
www.malik.de

Wenn Ihnen dieses Buch gefallen hat, schreiben Sie uns unter Nennung des Titels »Wandern. Radeln. Paddeln.« an *empfehlungen@piper.de*, und wir empfehlen Ihnen gerne vergleichbare Bücher.

Inhalte fremder Webseiten, auf die in diesem Buch (etwa durch Links) hingewiesen wird, macht sich der Verlag nicht zu eigen. Eine Haftung dafür übernimmt der Verlag nicht.

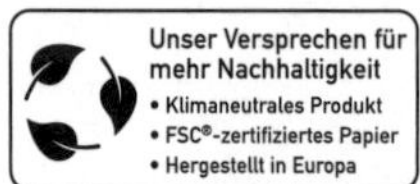

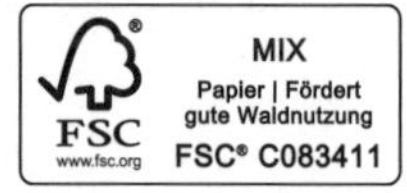

Erstmals im Taschenbuch
ISBN 978-3-492-40639-0
1. Auflage Mai 2020
3. Auflage November 2022

Erschienen im Verlagsprogramm Malik
Umschlaggestaltung: Petra Dorkenwald nach einem Entwurf von Birgit Kohlhaas
Umschlagabbildungen: John Harwood und Archiv Christine Thürmer (vorne), Christine Thürmer (hinten)
Autorenfoto: privat
Satz: Uhl + Massopust, Aalen
Litho: Lorenz & Zeller, Inning a. A.
Druck und Bindung: CPI books GmbH, Leck
Printed in the EU

Inhalt

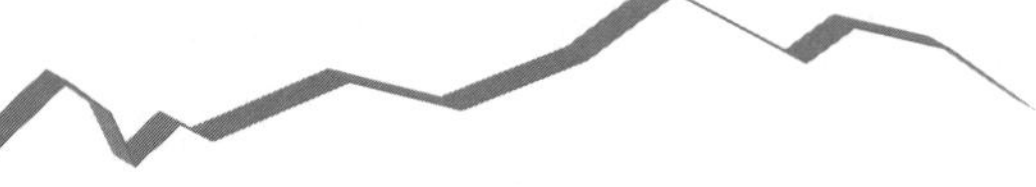

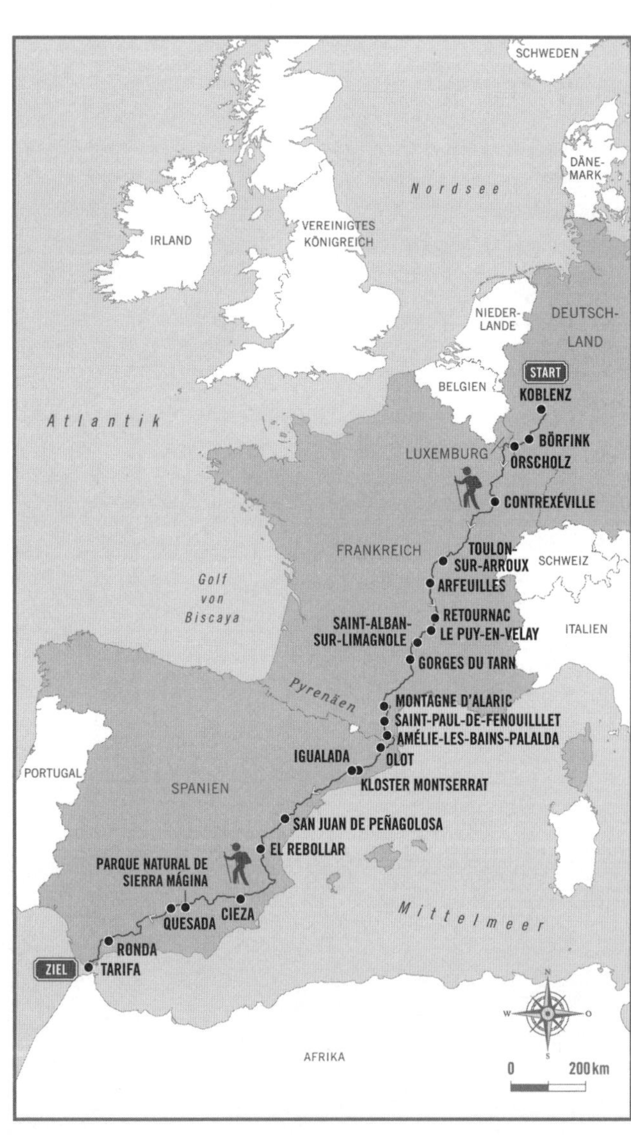
SCHWEDEN
DÄNE-
MARK
Nordsee
IRLAND
VEREINIGTES
KÖNIGREICH
NIEDER-
LANDE
DEUTSCH-
LAND
START
BELGIEN
KOBLENZ
Atlantik
BÖRFINK
LUXEMBURG
ORSCHOLZ
CONTREXÉVILLE
FRANKREICH
TOULON-
SUR-ARROUX
SCHWEIZ
Golf
von
Biscaya
ARFEUILLES
RETOURNAC
SAINT-ALBAN-
SUR-LIMAGNOLE
LE PUY-EN-VELAY
ITALIEN
GORGES DU TARN
Pyrenäen
MONTAGNE D'ALARIC
SAINT-PAUL-DE-FENOUILLLET
AMÉLIE-LES-BAINS-PALALDA
IGUALADA
OLOT
PORTUGAL
KLOSTER MONTSERRAT
SPANIEN
SAN JUAN DE PEÑAGOLOSA
EL REBOLLAR
PARQUE NATURAL DE
SIERRA MÁGINA
CIEZA
QUESADA
Mittelmeer
RONDA
ZIEL
TARIFA
N
W
O
S
AFRIKA
0
200 km

Wandern

Länge: 3873 Kilometer
Länder: Deutschland, Luxemburg, Frankreich, Spanien
Dauer: 155 Tage
Übernachtungen in der Natur: 123
Längster Tag: 13:44 Stunden Tageslicht
Kürzester Tag: 9:30 Stunden Tageslicht
Verzehrte Schokolade: 40 Kilogramm
Durchlaufene Paar Schuhe: 3

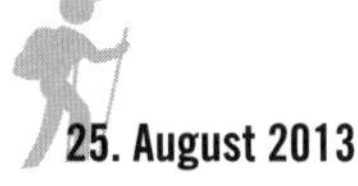

25. August 2013

Berlin, Deutschland

Rumms! – mit einem dumpfen Knall kippt der Packsack mit meinem 23 Kilogramm schweren Faltboot von einer Umzugskiste. Dadurch kommen die darauf gelagerten Beutel mit den Schlafsäcken ins Rutschen und fallen mir direkt vor die Füße. Genervt richte ich mich auf und strecke meinen schmerzenden Rücken durch. Seit fünf Minuten schon wühle ich in einem Karton und suche die Nummer 315, einen Gaskartuschenadapter.

Ich befinde mich in einem großen Mietlager in Berlin vor meiner Box. Auf gerade mal drei Quadratmetern bewahre ich hier all meine weltlichen Besitztümer auf, denn eine eigene Wohnung habe ich schon lange nicht mehr. Technisch gesehen bin ich obdachlos. Doch ich sage immer: »Ich lebe im Zelt.« Denn ich bin Langstreckenwanderin und fast das ganze Jahr über draußen unterwegs. Meist zu Fuß, manchmal aber auch mit dem Fahrrad oder meinem Kajak. Vor zwei Tagen erst bin ich von einer Radtour durch Skandinavien zurückgekommen, und übermorgen breche ich schon wieder auf zu einer Wanderung durch Südeuropa. Also ist jetzt fliegender Ausrüstungswechsel angesagt, da ich dem Freund, auf dessen Wohnzimmercouch ich derzeit nächtige, nicht länger als nötig zur Last fallen möchte. Fahrrad und Packtaschen der letzten Tour also wieder hinein in die Lagerbox, Rucksack und Trekkingstöcke für die anstehende Wanderung heraus. Ganz bewusst wechsle ich bei meinen Touren immer zwischen Wandern, Radeln und Paddeln ab, um körperlichen Verschleißerscheinungen vorzubeugen. Nur die Freude am Draußensein, die nutzt sich bei mir nie ab.

Die meisten Dinge aus meinem früheren Leben – Möbel, Kleidung und Bücher – habe ich schon vor Jahren verkauft oder verschenkt. In meiner Lagerbox befinden sich kaum noch alltägliche Sachen, dafür umso mehr Outdoorequipment. Ich besitze zwar weder ein Auto noch ein Bett, dafür aber neben einem Faltkajak und einem Tourenrad acht Schlafsäcke, sechs Isomatten, fünf Zelte und unzählige weitere kleine Ausrüstungsgegenstände. Genauer gesagt sind es 506, denn in meinem Lager sind alle Sachen mit Aufklebern durchnummeriert und nach Themenkreisen sortiert.

Ich werfe die Schlafsäcke mit den Nummern 41 bis 48 zurück an ihren Platz und wühle erneut in der Kiste mit dem 300er-Nummernkreis »Kochen«. Endlich finde ich den Gaskartuschenadapter in einer Sammeltüte neben einem Satz Titanbesteck und einem halben Dutzend Minifeuerzeugen. Erleichtert atme ich auf und schaue auf die Excel-Tabelle auf meinem Smartphone, in der all meine Ausrüstungsgegenstände mit Nummer, Gewicht und Beschreibung aufgelistet sind. Diese akribische Lagerhaltung ist ein Relikt aus meinem früheren Leben als Geschäftsführerin, hat sich aber auch in meiner neuen »Outdoorkarriere« bewährt, seit ich meinen Job vor einigen Jahren endgültig an den Nagel gehängt habe. Denn mit dieser Liste kann ich entspannt am Computer »vorpacken« und die Ausrüstung dann schnell in einer einmaligen Aktion aus meinem Lager holen.

Die 315 war der letzte Gegenstand auf meiner Packliste. Ich wuchte den Sack mit meinem Faltboot wieder an seinen Platz, staple die Kisten zurück in das Abteil und quetsche anschließend mein Fahrrad in eine Lücke zwischen den Kartonreihen. Zum Schluss werfe ich noch die drei Aufbewahrungsbeutel mit den verbleibenden sieben Schlafsäcken obendrauf. Doch bevor ich die dünne Metalltür mit einem Vorhängeschloss verschließe, halte ich noch einmal inne und blicke in die bis in den letzten Winkel gefüllte Lagerbox.

»Tschüss!«, sage ich leise zum Abschied und streichle über den Lenker meines Fahrrads. Wenn ich unterwegs bin, wird mein Transportmittel wie zu einem neuen Körperteil. Manchmal rede ich sogar mit ihm – so wie jetzt. Fünf Monate werde ich nun zu Fuß unterwegs sein, doch danach geht es vier Monate zum Radeln und zwei Monate zum Paddeln.

»Keine Sorge, bald sind wir wieder unterwegs«, flüstere ich daher sentimental. Da sehe ich aus den Augenwinkeln, wie einer der drei Beutel mit den Schlafsäcken schon wieder ins Rutschen kommt und auf mich zugleitet. Schnell werfe ich die Tür hinter mir zu und schließe ab.

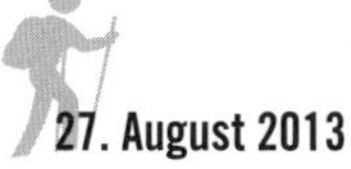

27. August 2013

Bad Hönningen am Rhein, Deutschland

»Meine Güte, wie viele Kilometer bist du mittlerweile schon gewandert?«, fragt mein Outdoorfreund Werner leicht genervt und stellt energisch sein Glas auf dem weißen Küchentisch ab.

»Äh, fast 30 000 Kilometer«, antworte ich nach kurzem Überlegen und blicke erstaunt von meinem Abendessen hoch. »Aber …«

»Und seit wie vielen Jahren ziehst du nun bereits eine Tour nach der anderen durch?«, unterbricht Werner mich sofort und spießt ein Stück Hühnerbrust mit seiner Gabel auf.

»Hm, sieben Jahre«, stammle ich verwirrt und lege mein Besteck neben dem Teller ab. »Wozu willst du …«

»Und warum stellst du dich dann am Anfang einer Tour immer noch an wie der erste Mensch?«, fällt Werner mir triumphierend ins Wort und steckt sich genüsslich den Bissen Fleisch in den Mund.

»Ich stelle mich nicht an wie der erste Mensch«, protestiere ich entrüstet und schiebe meinen halb leeren Teller von mir weg.

»Ach nein«, stellt Werner grinsend mit ironischem Unterton fest. »Und warum jammerst du dann in einer Tour rum, seit du heute Mittag hier angekommen bist?«

»Ich jammere überhaupt nicht rum!«, widerspreche ich und will das gleich noch weiter ausführen. »Aber ich habe nun mal …«

»Ich weiß«, unterbricht mein Gastgeber mich schon wieder und zählt kauend meine zahlreichen Wehwehchen auf: »Du hast Kopfschmerzen, einen verspannten Nacken, dein Knie tut dir weh, und überhaupt bist du gänzlich unfit und unvorbereitet. Du erzählst seit Stunden nichts anderes.«

Sprachlos sehe ich meinen Wanderfreund an – dann brechen wir beide in schallendes Gelächter aus.

»Du hast ja recht«, gebe ich zu und werde sogar leicht rot dabei, weil mir gerade vor Werner meine hypochondrischen Züge nun doch etwas peinlich sind. Denn der hat eine Krankengeschichte ganz anderen Kalibers vorzuweisen: Mit seinen 56 Jahren hat er bereits zwei Herzinfarkte, einen Schlaganfall und eine Bypassoperation hinter sich. Die Herzprobleme halten den drahtigen und energiegeladenen Mann aber keineswegs vom Wandern ab. Um die 20 000 Kilometer ist er durch Europa gelaufen, meist auf Pilgerwegen. Nur zeltet er im Gegensatz zu mir nicht wild im Wald, sondern übernachtet ausschließlich auf Campingplätzen und in Pilgerherbergen.

»Mensch, Christine«, sagt Werner nun schon mitfühlender und wischt sich den Mund mit einer Serviette ab. »Du bist einer der erfahrensten Langstreckenwanderer weltweit. Du bist Tausende von Kilometern in den USA, Australien und Europa gelaufen. Und daher weißt du doch genauso gut wie ich, dass es sich bei deinen Beschwerden nur um eine ›Prä-Trip-Depression‹ handelt. Sobald du morgen die ersten Schritte gemacht hast, werden alle Schmerzen wie weggeblasen sein.«

Ich lächle betreten und spiele verlegen mit der Gabel. »Es ist vor jedem Trip das Gleiche – egal, wie oft ich nun schon aufgebrochen bin. Ich bin nervös, und mir ist schlecht.« Als Werner mir aufmunternd zunickt, fahre ich einsichtig fort: »Dabei weiß ich doch, dass letztendlich immer alles gut wird …«

Seufzend schließe ich die Augen und denke an die vor mir liegende Tour: Ich will vom Rhein aus zum südlichsten Punkt des europäischen Festlands laufen. Das sind fast 4000 Kilometer durch Deutschland, ganz Frankreich und Spanien. Doch die besondere Schwierigkeit dieser Wanderung liegt nicht in der Länge der Strecke oder der Routenführung, sondern in der Jahreszeit: Ich werde den Herbst und fast den kompletten Winter über unterwegs sein. Bei der Planung der Tour hatte ich mich riesig darauf gefreut, die kalten Monate im warmen Süden zu verbringen. Aber jetzt sehe ich vor meinem geistigen Auge statt sonniger Wandertage nur die eisigen, langen Nächte im Zelt. Sofort wird mir wieder flau im Magen.

Da reißt Werner mich aus meinen trüben Gedanken: »Du hast doch eine tolle Tour vor dir!«

»Na, dass du sie toll findest, ist doch klar, schließlich stammt die Idee ja von dir«, schnaube ich wenig überzeugt, doch mein Wanderfreund grinst mich nur spitzbübisch an.

Erst vor zwei Jahren haben wir uns online in einem Outdoorforum und etwas später auch persönlich kennengelernt. Der Rheinländer, der die meisten seiner Wanderkilometer in Spanien und Portugal zurückgelegt hat, wurde schnell zu einem wertvollen Ratgeber in Sachen Südeuropa für mich. Als ich vor einem Jahr nach Tourenideen für den Winter suchte, schlug er vor, zum südlichsten Punkt Europas zu wandern: nach Tarifa. Damals hatte ich zunächst an seinen Geografiekenntnissen gezweifelt, denn den südlichsten Punkt Europas hatte ich in

Sizilien vermutet. Eine kurze Recherche im Internet belehrte mich jedoch eines Besseren: Tarifa am südlichsten Zipfel Spaniens ist in der Tat auch der südlichste Punkt auf dem europäischen Festland. Ich war sofort Feuer und Flamme für diese Idee – und da sie von Werner stammte, wollte ich meine Wanderung auch gleich bei ihm am Rhein beginnen. Genauer gesagt am Deutschen Eck in Koblenz, weil mir dieses Denkmal als passender Startpunkt für eine europäische Wanderung erschien. Und so sitze ich nun in Werners blitzblanker Küche und verzehre die letzten Reste einer ausgezeichneten Hühnerbrust mit Paprikasoße, die mir im Moment jedoch eher wie eine Henkersmahlzeit vorkommt. Denn morgen soll ich schon loswandern. Der Gedanke lässt mich wieder aufstöhnen.

»Komm, ich mache dir eine Wärmflasche für deinen verspannten Nacken«, meint Werner nun lachend und steht auf, um den Tisch abzuräumen.

»Ob das was hilft?«, frage ich verzagt und stelle die benutzten Teller zusammen. Doch mein Wanderfreund ignoriert den Rest des Abends all mein wehleidiges Jammern und schickt mich einfach früh ins Bett.

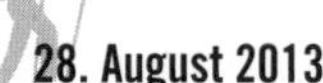

28. August 2013

Deutsches Eck, Koblenz, Deutschland

Kilometer 0

»Schau, da steht ein echter Leierkastenmann!«, rufe ich am nächsten Morgen begeistert, als Werner und ich uns durch Horden von Japanern und Amerikanern in Richtung Rhein drängeln. Nach einem ausgiebigen Frühstück in Werners Küche befinden wir uns jetzt am Deutschen Eck in Koblenz, dem Zusammenfluss von Rhein und Mosel – und heutigem Startpunkt meiner

Wanderung zum südlichsten Punkt Europas. Mit meinem Ultraleicht-Wanderrucksack, abgetragenen Outdoorklamotten und Trekkingstöcken wirke ich inmitten der Touristen etwas deplatziert. Werner hingegen, der nur mitgekommen ist, um mich zu verabschieden, ist in lockerer Freizeitkleidung unterwegs.

»Na, dann such dir mal ein passendes Lied aus«, sagt er lächelnd, als wir vor dem Drehorgelspieler angekommen sind, der von einem bunten Schirm und dem Reiterstandbild Kaiser Wilhelms behütet inmitten der Besucherströme sein Instrument betätigt. Gemeinsam studieren wir die lange alphabetisch geordnete Liste mit den zur Auswahl stehenden Liedern.

Als ich beim Buchstaben M angekommen bin, blicke ich auf und sage mit einem Kloß im Hals: »›Muss i denn, muss i denn zum Städtele hinaus‹ passt wohl am besten.« Werner kramt schon im Geldbeutel nach einer Euromünze und legt sie dem Leierkastenmann in den Hut.

»Ach komm, Christine«, sagt er und verstaut seine Geldbörse wieder in der Jacke. »Du hast ein paar wundervolle Monate vor dir.«

»Ich weiß«, antworte ich wenig überzeugt, als mein Wunschlied erklingt. In meinem Kopf wechseln sich Angst und Vorfreude auf die bevorstehende Wanderung ab. Ich könnte hier ewig so stehen bleiben, auf den Rhein starren und meinen Abmarsch hinauszögern, doch Werner ergreift die Initiative.

»Ich muss los und meine Frau von der Arbeit abholen«, sagt er und fügt gutmütig hinzu: »Ein paar Meter komme ich noch mit Richtung Tarifa.«

Wir verlassen die Rheinterrasse mit den vielen Touristen und laufen gemeinsam noch zwei Minuten die Promenade entlang, bevor Werner sich mit einer kurzen Umarmung endgültig verabschiedet und zu seinem Auto zurückgeht. Kaum ist er außer Sichtweite, nehme ich meinen Rucksack wieder ab und setze mich auf eine Bank. Ich bin einfach noch nicht bereit loszulaufen, denn die letzten Tage waren ein einziger hektischer Kraftakt. Kein Wunder also, dass ich völlig verspannt und mit rasenden Kopfschmerzen in den Bus zu Werner gestiegen bin.

Tief durchatmend lasse ich meinen Blick über den Rhein schweifen. Ein Frachtschiff tuckert gemächlich an mir vorüber. Der warme Sommerwind treibt mir die Dieselabgase und den leicht modrigen Geruch des Wassers in die Nase. Auf der gegenüberliegenden Rheinseite donnert gerade ein Zug vorbei. Völlig unbeeindruckt davon ziehen ein paar Schwäne ihre Bahn.

Erst jetzt lässt die Anspannung der letzten Tage nach. Ich strecke mich bequem auf der Bank aus und gönne mir sogar einen ersten Schokoriegel aus meinem Proviantvorrat, obwohl ich noch gar nicht losgegangen bin. Egal. Das Hetzen und der Termindruck haben jetzt ein Ende. Nun habe ich Zeit, viel Zeit. Etwa fünf Monate Wandern liegen vor mir – da kommt es auf ein paar Minuten auch nicht an.

Unter den neugierigen Blicken der Passanten packe ich meine Sachen noch einmal aus, um die ungewohnt voluminöse Winterausrüstung etwas besser zu verstauen. Mein dicker Quilt, eine Art Schlafsack, der hinten offen ist und keine Kapuze hat, verschwindet als Erstes wieder im Rucksack, denn er dient mir beim Tragen als Rückenpolster. Rechts und links davon stopfe ich meine aufblasbare Isomatte und mein Einwandzelt hinein. Dann werden alle Hohlräume mit der Verpflegung für die nächsten Tage gefüllt. Anschließend kommt mein Ein-Liter-Titantopf mit der Gaskartusche dran und zwei kleine Beutel mit Kleinzeug. Meinen Kleidersack packe ich obendrauf, zwei Faltflaschen kommen in die Seitentaschen. Insgesamt wiegt meine Ausrüstung ohne Wasser und Proviant gut sechs Kilogramm: Obwohl ich wie immer das Gewicht so weit wie möglich reduziert habe, umfasst mein Gepäck auf dieser Wintertour ein Kilo mehr als sonst, wenn ich im Frühling, Sommer oder Herbst unterwegs bin. Aber den zusätzlichen Wärmeschutz werde ich bald gut brauchen können – auch wenn mir das heute bei fast dreißig Grad unrealistisch vorkommt.

Erst nach einer Stunde gehe ich endlich los und bin zunächst noch ziemlich steif und langsam. Schon bald lasse ich die letzten Häuser von Koblenz hinter mir und erklimme im schattigen Wald auf schmalen Pfaden die Rheinhöhen. Das Gewicht auf meinem Rücken ist noch ungewohnt, und alle zehn Minuten muss ich kurz anhalten, um zu verschnaufen. Doch Werner behält recht: Mit jedem Schritt lassen die Verspannungen und die Kopfschmerzen nach. Vom Aussichtspunkt auf dem Hasenberg habe ich eine wunderbare Sicht auf das Rhein-Lahn-Eck und Lahnstein. Als ich mich hier strecke und dehne, um meine beanspruchten Muskeln etwas zu lockern, fallen gleichzeitig die Unsicherheit und die Ängste der letzten Tage wie ein alter Schuppenpanzer von mir ab. Ich blicke zum träge dahinfließenden Rhein hinunter und muss lächeln: Jetzt wird alles gut!

Als ich im Ort Brey ankomme, bleibt mir nur noch eine Stunde Tageslicht, um einen Zeltplatz zu finden. Wie auf meinen anderen Wandertouren auch will ich wild zelten, also irgendwo im Wald mein Lager aufschlagen. Nur ist das in Deutschland – wie fast überall in Europa – nicht so richtig erlaubt. Daher werde ich versuchen, ein möglichst verstecktes Plätzchen zu finden, wo mich weder späte Hundegassigeher noch frühe Jäger entdecken können. Aber genau das ist im dicht besiedelten Gebiet entlang des Rheins nicht so einfach.

Ich studiere gerade seufzend meine Karte, als ein älterer Herr aus einem Haus tritt und mich neugierig anspricht: »Wo wollen Sie denn so spät abends noch hin, junge Frau?«

»Oh hallo«, antworte ich zunächst ausweichend, während ich mir blitzschnell eine Notlüge zurechtlege. »Ich will heute noch nach Boppard«, erkläre ich dann, denn ich möchte mir nicht anhören müssen, dass mein Vorhaben nicht erlaubt ist.

»Bis Boppard? Das schaffen Sie doch heute nicht mehr!«, verkündet mir der Mann, was mir nach einem Blick auf die Karte auch klar ist.

»Verdammt!«, fluche ich innerlich und hoffe, dass er mich jetzt nicht mit gut gemeinten Hotelvorschlägen überschüttet, die ich sowieso nicht wahrnehmen werde. Doch der freundliche Herr verblüfft mich.

»Also bevor Sie jetzt den steilen Abstieg nach Boppard beginnen und dabei in die Dunkelheit geraten, übernachten Sie doch einfach in der Schutzhütte, die sich zwanzig Minuten von hier befindet.«

Ich traue meinen Ohren nicht. »Eine Schutzhütte? Ist die denn für jedermann frei zugänglich?«, frage ich vorsichtig nach.

Jetzt kommt mein netter Helfer aber doch ins Stottern. »Ich weiß nicht. Abgeschlossen ist sie jedenfalls nicht!«

Blitzschnell wäge ich die Vorteile und Risiken ab. Da gerade dunkle Regenwolken den abendlichen Himmel verdüstern, erscheint mir ein überdachter Schlafplatz wie ein Sechser im Lotto. Andererseits würde ich in einer Schutzhütte wie auf einem Präsentierteller liegen. Wenn mich ein Förster oder Jäger dort entdeckte, dann stünde mir vielleicht eine unangenehme Diskussion über die Legalität dieses nächtlichen Aufenthaltes bevor. Denn in Europa sind die Regelungen zum Übernachten in der freien Natur meist sehr restriktiv und kompliziert, dabei von Land zu Land unterschiedlich und oft nochmals regional differenziert. Ich habe es allerdings schon längst aufgegeben, mich in diesem Punkt eisern nach dem Gesetz zu richten. Auf vielen Tausend Wanderkilometern durch Europa habe ich nämlich gelernt, dass sogar das freie Zelten in der Praxis kein Problem ist und anstandslos geduldet wird, solange man dabei diskret ist und keine Spuren hinterlässt.

Ich beschließe, mein Glück einfach zu versuchen, und lasse mir nur noch schnell den Weg erklären, bevor ich mich verabschiede. Die Wander- und Schutzhütte »Auf Riwisch« liegt direkt an meiner Strecke und entpuppt sich als eine Art »Hilton« für Wanderer mit Bänken, einem Tisch und sogar Fenstern. Ich erreiche sie gerade, als die Sonne am Horizont verschwindet. Im Schein der Stirnlampe bereite ich auf meinem Campingkocher Linseneintopf aus der Tüte zu. Nach dem Essen lege ich meine Isomatte und meinen Quilt auf dem Tisch aus, denn der ist viel sauberer als der staubige Boden. Ganz leise dringt Verkehrslärm aus dem Rheintal zu meiner Behausung herauf, dann ruft im Wald ein Käuzchen. Als ich mich auf dem Tisch ausstrecke, spüre ich ein leichtes Ziehen in den Beinen und Füßen. Kein Wunder, denn mein Körper muss sich in den ersten Wochen auf dem Trail erst wieder an das Wanderleben gewöhnen. Die Monate zuvor war ich ausschließlich mit dem Fahrrad unterwegs – was natürlich andere Muskeln beansprucht als das Laufen. Doch ich empfinde diese körperliche Müdigkeit als angenehm und schlafe schon innerhalb weniger Minuten ein.

Obwohl ich in den nächsten Tagen bereits mein normales Tagespensum von dreißig Kilometern und mehr gehe, werde ich nie große Schmerzen, sondern abends lediglich ein klein wenig Muskelkater haben. Denn ich wandere zwar von Sonnenauf- bis Sonnenuntergang, bin aber eher gemächlich unterwegs und mache viele kleine Pausen. Und schlimme Blasen oder gar blutige Fersen habe ich mir als Ultraleicht-Wanderin noch nie zugezogen!

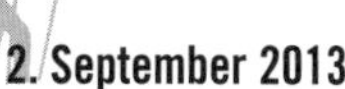

2. September 2013

Börfink, Deutschland

Kilometer 133

Der Wanderweg vor mir hat nichts Schwieriges an sich: keine besonderen Unebenheiten, keine großen Steine, keine quer liegenden Äste. Er ist einfach ein fünfzig Zentimeter breiter, gut ausgetretener und an dieser Stelle flacher Pfad durch den Wald. Und dennoch stolpere ich plötzlich und verliere das Gleichgewicht. Die Millisekunden meines Falls nehme ich wie in Zeitlupe wahr – und dann durchzuckt mich ein rasender Schmerz.

Ich bin direkt auf mein linkes Knie gestürzt. Tränen schießen mir in die Augen. Tränen des Schmerzes und vor allem der Wut über diesen völlig idiotischen Sturz. Wie ein Kind schreie ich einfach los, und es ist mir egal, ob mich jemand hört. Ich schreie und schreie und schreie, bis mir die Lächerlichkeit der Situation bewusst wird. Da liege ich platt auf dem Weg, durch meinen Rucksack und die unter mir eingeklemmten Trekkingstöcke unbeweglich wie eine Schildkröte auf dem Rücken und brülle völlig unbeherrscht wie ein hungriges Baby. Ein gequältes Lächeln huscht über mein Gesicht. Mir wird klar, dass ich nicht ewig hier so liegen und mich dem Selbstmitleid hingeben kann. Widerwillig wische ich mir die Tränen aus dem Gesicht, befreie mich von meinem Rucksack und ziehe die Stöcke unter mir hervor. Jetzt bin ich wieder beweglicher und kann mich zum Aufstehen auf das unverletzte Knie stützen. Mühsam rapple ich mich endgültig hoch. Geschafft! Dann zwinge ich mich zur Schadensaufnahme. Mein linkes Knie ist großflächig aufgeschürft, blutet leicht und schwillt immer mehr an. Vor allem aber ist die Wunde völlig verdreckt.

Ich schließe vor Schmerz die Augen und schmiede einen Plan: Etwa einen Kilometer entfernt liegt das Dorf Börfink am Weg. Dort will ich die Wunde reinigen und abwarten, ob sich das lädierte Knie beruhigt. Also schultere ich wieder meinen Rucksack und humple los. Im Schneckentempo geht es durch den Wald, aber ich bin froh, dass ich mich überhaupt noch allein fortbewegen kann.

Als ich nach einer qualvollen halben Stunde endlich den Ort erreiche, stoße ich glücklicherweise sofort auf eine Art Gemeindehaus mit öffentlichen Toiletten und einem Rastplatz. Die Schmerzen in meinem Knie sind jetzt erträglich, doch ich weiß, dass ich nur schwer wieder hochkommen werde, sobald ich mich einmal hingesetzt habe. So fülle ich erst meine Wasserflaschen auf, bevor ich mich auf einer Bank im Schatten niederlasse. Dann reinige ich mit zusammengebissenen Zähnen die Wunde mit kaltem Wasser. Meine Notfallapotheke ist minimal:

Ibuprofen gegen Kopf- und Gelenkschmerzen, ein paar Antibiotika für den Notfall, Immodium gegen Durchfall, ein paar Pflaster. Aber auch eine kleine Tube Jodsalbe, die jetzt an meinem Knie zum Einsatz kommt.

Nachdem die Wundversorgung erledigt ist, kommt das Mittagessen an die Reihe: Es ist zwar erst elf Uhr vormittags, aber ich möchte noch etwas Zeit gewinnen und koche mir ein Tütengericht auf meinem kleinen Gaskocher. Mit einer Portion »Nudeln Bolognese« im Magen und einem hochgelegten Knie sieht die Welt eine Stunde später schon ganz anders aus. Doch wie soll es jetzt weitergehen?

Vorsichtig setze ich den Fuß des lädierten Beins auf die Erde und versuche aufzustehen – keine gute Idee. Nach der langen Pause ist das Knie angeschwollen und lässt sich kaum noch bewegen. Ich lasse mich wieder auf die Bank plumpsen und überdenke meine Optionen. Wenn ich mich ernsthaft verletzt haben sollte, dann müsste ich jetzt einen Arzt aufsuchen – und wahrscheinlich meine Tour abbrechen. Das glaube ich aber nicht, denn dann hätte ich es wohl nicht aus eigener Kraft bis hierher geschafft. Das Knie wird sich schon wieder erholen. Doch kann ich damit einfach so weiterlaufen, oder braucht das Gelenk eine Ruhepause? Über mir lädt ein strahlend blauer Himmel zum Wandern ein. Außerdem bin ich gerade erst ein paar Tage unterwegs und noch gar nicht erholungsbedürftig. Und wo sollte ich hier denn überhaupt übernachten? Zu meiner großen Überraschung verrät mir mein Smartphone, dass es in dem kleinen Ort sogar mehrere Unterkünfte gibt. Und so beschließe ich seufzend, vernünftig zu sein …

Drei Stunden später liege ich in einem Bett in der Pension »Alte Mühle« und starre an die Decke. Mein Zimmer liegt im ersten Stock, und mit meinem geschwollenen Knie habe ich es kaum die Treppe hinauf geschafft. Mir graut schon vor dem Augenblick, wenn mich meine volle Blase zum Gang auf die Toilette zwingt. Wie gerne würde ich jetzt mit Werner telefonieren und mich trösten lassen. Aber mein Handy hat hier absolut keinen Empfang, und das Hotel hat nicht mal WLAN. Zweifel und Ängste steigen wieder in mir hoch. Habe ich mich vielleicht doch ernsthaft verletzt? Kann ich so überhaupt noch schlappe 3500 Kilometer laufen? Oder ist die ganze Tour nicht einfach nur eine Schnapsidee? Lange wälze ich mich hin und her, bis ich früh am Abend einschlafe.

Am nächsten Morgen weckt mich strahlender Sonnenschein. Zehn Stunden Schlaf haben meinen Widerstandsgeist zu neuem Leben erweckt: Ich bin wild entschlossen, heute weiterzuwandern. Noch ein Tag Zwangsaufenthalt voller Grübeleien würde mich wahnsinnig machen. Energisch schwinge ich die Füße aus dem Bett und belaste langsam meine Beine. Mein Knie ist steif und schmerzt. Probehalber mache ich ein paar Schritte durch das Zimmer, wobei ich mich anfangs noch an den Möbeln abstützen muss. Nach diesem Aufwärmtraining nehme ich die Treppe nach unten in Angriff. Mit jedem Schritt geht es besser, obwohl ich mit meinem Gang immer noch mehr einer neunzigjährigen Oma als einer dynamischen Mittvierzigerin ähnle.

Im Frühstücksraum befindet sich außer mir kein Gast. Ungelenk lasse ich mich mit durchgestrecktem Knie an einem Tisch nieder und ziehe ein Heft über den Saar-Hunsrück-Steig aus der Tasche.

»Tee oder Kaffee?«, fragt mich der freundliche Wirt, und ich bestelle Kräutertee. Als er mir zwei Minuten später das Getränk serviert, fällt sein Blick auf die Wanderbroschüre.

»Sind Sie auf dem Steig unterwegs?«, fragt er neugierig, und ich bejahe. »Der Weg hat mir ja schon viele zusätzliche Gäste beschert«, erklärt er mir in Plauderlaune und nimmt an meinem Tisch Platz. Das soll mir nur recht sein, denn ich habe es heute gar nicht so eilig mit meinem Aufbruch.

»Der Saar-Hunsrück-Steig ist ja auch ein zertifizierter Premiumwanderweg«, verkünde ich fachmännisch und beiße genussvoll in ein knuspriges Brötchen mit Schinken – eine großartige Abwechslung zu meinem normalen Wanderfrühstück, Müsli mit kaltem Wasser.

»Oh ja«, pflichtet der Wirt mir bei und ergänzt schmunzelnd: »Man muss schon ein Deutscher sein, um auf die Idee zu kommen, Wanderwege zu zertifizieren.« Da ich noch den Mund voll habe, kann ich nur zustimmend nicken. »Möchten Sie noch ein weich gekochtes Ei zum Frühstück?«, fragt er nun fürsorglich und erntet dafür von mir ein begeistertes Brummen.

Während der Wirt in der Küche verschwindet, denke ich über die Sinnhaftigkeit von Wanderwegszertifizierungen nach. In Deutschland vergeben zwei Verbände Qualitätssiegel für Wanderwege, so ähnlich wie Sterne für Restaurants. Unabhängige Prüfer untersuchen die Strecke nach über dreißig unterschiedlichen Kriterien wie Wegeformat, Beschilderung, Verkehrsanbindung und Verpflegungsmöglichkeiten. Wenn alle Standards erfüllt werden, endet diese Zertifizierung in dem Prädikat »Premium-« oder »Qualitätswanderweg«. Selbst die Hotels und Pensionen entlang der Strecke werden auditiert und dürfen sich erst dann »Qualitätsgastgeber« nennen. Das alles kostet die betroffenen Landkreise und Betriebe natürlich Zeit und vor allem Geld. Ich bezweifle zwar, dass man ein Wandererlebnis »vermessen« kann oder sollte, aber dennoch liebe ich diese »Sterne«-Wege aus einem ganz praktischen Grund: Sie erleichtern mir die Planung meiner Wanderung durch Europa ganz erheblich! Denn anders als in den USA gibt es hier kaum viel begangene und gut dokumentierte Langstreckenwanderwege. Für den Appalachian Trail oder den Pacific Crest Trail, die beiden bekanntesten amerikanischen Fernwanderwege, gibt es mehrere vollständige Tourenführer, komplette Kartensets, ja sogar Apps für das Smartphone und vor allem eine gut vernetzte *trail community*, die in Online-Foren und Hunderten von Blogs Informationen zur Verfügung stellt.

Bei uns in Europa ist das Wandern zwar weiter verbreitet als in den USA, beschränkt sich in der Regel jedoch auf Tages- oder bestenfalls ein- bis zweiwöchige Touren. Daher sind die europäischen Wanderwege im günstigsten Fall ein paar Hundert Kilometer lang und regional beschränkt. Zwar gibt es insgesamt elf europäische grenzüberschreitende Fernwanderwege, die sogenannten E-Wege, aber die sind nicht durchgängig markiert. Der europäische Wanderverband hat hierfür einfach bereits bestehende regionale Wege zu einer Strecke zusammengefasst. Und genauso bin ich bei der Planung meiner Route vom Rhein nach Tarifa ebenfalls vorgegangen: Ich habe in wochenlanger Kleinarbeit Wanderwege gesucht, die zwischen meinem Start- und Endpunkt liegen und diese dann zu einer Gesamtstrecke zusammengepuzzelt. Dieser Prozess wurde dadurch vereinfacht, dass es für die bekannten »Premium-« oder »Qualitätswege« natürlich jede Menge Unterlagen und Informationen im Netz gibt. Wie zum Beispiel den kostenlosen Führer über den Saar-Hunsrück-Steig mit Karten und Wegbeschreibung, den ich nicht nur jetzt beim Frühstück, sondern auch beim Wandern mehrmals täglich konsultiere. Auch den entsprechenden Track für mein GPS konnte ich mir einfach aus dem Internet herunterladen.

»So, hier ein Frühstücksei für die Dame«, kommt der Wirt nun gut gelaunt aus der Küche zurück und fragt interessiert weiter: »Laufen Sie denn den ganzen Saar-Hunsrück-Steig?«

»Nein, auf dem Steig laufe ich nur 133 Kilometer bis nach Perl«, antworte ich und köpfe das Ei. »Aber danach geht es noch weiter bis nach Spanien.«

»Sie pilgern also nach Santiago de Compostela?«, will er nun neugierig wissen.

Diese Frage bekomme ich oft gestellt, denn wer in Europa mehrere Tausend Kilometer zu Fuß zurücklegt, ist in der Regel als Pilger unterwegs. Kein Wunder, denn die Pilgerwege sind hervorragend markiert und die Logistik ist extrem einfach: Während ich entlang meiner selbst geplanten Route jeden Supermarkt und jede Nachschubmöglichkeit für Gaskartuschen mühevoll selbst recherchieren musste, gibt es für die sogenannten Caminos unzählige Pilgerführer mit allen logistischen Details. Die Caminos führen fast jeden Tag durch einen Ort mit Restaurant und Supermarkt, wohingegen sich bei meiner Routenwahl nur alle drei bis vier Tage Einkaufsmöglichkeiten ergeben. Zudem können Pilger in den vielen Herbergen am Weg preisgünstig und bequem übernachten, wohingegen ich versuche, weitestgehend zu zelten.

Ich schüttle also den Kopf. »Nein, ich pilgere nicht. Ich bin zwar erst seit fünf Tagen unterwegs, aber ich will nach Tarifa wandern.« Und als ich den fragenden Blick meines Gegenübers sehe, füge ich gleich hinzu: »Das liegt bei Gibraltar in Südspanien.«

Ungläubig sieht mich der Wirt nun an, und ich sehe förmlich, wie er sich im Kopf diese lange Strecke vorzustellen versucht. Dann zeichnet sich eine Mischung aus Mitleid und Bewunderung auf seinem Gesicht ab. »Sie haben sicherlich schon ganz schlimme Blasen, so wie Sie humpeln …«

»I wo!«, entgegne ich kopfschüttelnd. »Ich bin gestern nur unglücklich auf mein Knie gestürzt, aber Blasen habe ich keine.«

»Wie geht das denn?«, hakt der Wirt nach. »Fast alle meine Wandergäste haben Probleme mit Blasen. Sie können sich gar nicht vorstellen, was ich hier schon an verpflasterten Füßen gesehen habe …«

»Mit den richtigen Schuhen passiert so was nicht«, erkläre ich begeistert und zeige auf die leichten Trailrunning-Schuhe an meinen Füßen.

»Sie tragen keine Wanderstiefel?«, fragt er mich nun verwundert und betrachtet interessiert meine Sportschuhe aus Meshgewebe.

»Ja, genau!«, bestätige ich und hole zu einer Erklärung aus: »Wanderstiefel sind wie ein Korsett für die Füße und zwingen sie, bei jedem Schritt die gleiche Bewegung zu machen. Dadurch ermüdet der Fuß schneller – und es kommt leicht zu Blasen, weil ja immer dieselben Stellen belastet werden. Meine leichten Trailrunner hingegen haben eine flexible Sohle, sodass der Fuß immer unterschiedlich abrollt. Blasen habe ich dadurch so gut wie nie!«

Ungläubig lauscht der Wirt meinen Ausführungen. Schließlich erhebt er sich und stellt trocken fest: »Sie haben ja noch viel vor. Ich bringe Ihnen dann wohl besser noch ein paar Brötchen. Greifen Sie ruhig ordentlich zu.« Das lasse ich mir nicht zweimal sagen.

Mit vollem Bauch verlasse ich eine Stunde später die Pension. Zunächst humple ich zwar noch, doch mit der steten Bewegung wird das geprellte Knie immer beweglicher und der Schmerz stetig schwächer. Und nach ein paar Stunden erscheint mir Tarifa schon wieder als realistisches Ziel …

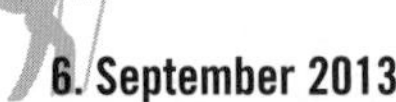

6. September 2013

Orscholz, Deutschland

Kilometer 232

»Wandermobiliar« lautet der Fachbegriff für die Bänke, Tische und Schutzhütten, die dem Wanderer das Leben entlang des Weges angenehmer machen sollen. Auf den »Sterne«-Wanderwegen wird da einiges geboten: Hier hat die gute alte Holzbank ausgedient, und stattdessen laden nun wellenförmige »Sonnenliegen« aus Holz den Wanderer zum Ausruhen ein. Auf genau so einem »Waldsofa« liege ich nun und genieße einen Ausblick wie aus dem Bilderbuch. Vor mir geht es 200 Meter steil bergab. Unten macht die Saar eine 180-Grad-Schleife und glitzert in der morgendlichen Sonne. Die Liege ist so bequem und die Aussicht auf dieses Wahrzeichen des Saarlandes so schön, dass ich meine Pause gar nicht beenden möchte und erst mal zu meinem Handy greife, um einen letzten Anruf zu tätigen. Letzter Anruf deshalb, weil ich heute Abend bereits Deutschland verlassen werde und dann nicht mehr günstig mit meiner Handy-Flatrate telefonieren kann.

Werner antwortet bereits nach dem zweiten Klingeln. »Na, wie geht es dir heute?«, begrüßt er mich freundlich. Ich hatte ihn schon vor ein paar Tagen über meinen Unfall informiert und mir seitdem beinahe täglich seelisch-moralischen Beistand per Telefon bei ihm geholt.

»Super!«, antworte ich wahrheitsgemäß und füge gleich hinzu: »Und meinem Knie geht es auch schon viel besser.«

»Na, siehst du«, erklärt mir Werner erleichtert. »Wird doch!«

»Laufen geht schon wieder ganz prima, aber ins Zelt hinein- und hinauszusteigen ist ein akrobatischer Akt!«, erkläre ich, denn mein Knie reagiert immer noch sehr empfindlich auf Belastung.

»Es sieht dich ja keiner dabei«, beruhigt mich mein Wanderfreund.

»Weil ich das linke Knie nicht komplett beugen kann, ist die Verrichtung großer und kleiner Geschäfte ein echtes Problem«, fahre ich kichernd fort. »Männer sind in dieser Hinsicht einfach bevorzugt.«

»Du sagst es!«, stimmt Werner mir lachend zu, wird aber gleich wieder ernst. »Willst du denn jetzt wie geplant bis nach Tarifa weiterwandern?«

»Na klar!«, antworte ich wie aus der Pistole geschossen. »Warum denn nicht?«

»Dann bin ich ja beruhigt«, erklärt mir Werner. »Jetzt kann ich es dir ja sagen: Ich habe dieses Mal echt damit gerechnet, dass du aufgibst.«

»Aufgeben? Wie kommst du denn darauf?«, rufe ich entrüstet ins Handy und richte mich energisch auf meinem Waldsofa auf. Die Wanderbroschüre, die ich vor meinem Anruf studiert hatte, fällt auf den weichen Boden.

»Du hast schon vor Beginn deiner Wanderung nur rumgejammert. Und als du dich dann noch verletzt hast, dachte ich, es wird dir jetzt alles zu viel und du hörst auf«, sagt Werner, während ich mit der rechten Hand nach dem Heftchen angle.

»Es ist doch ganz normal, dass auf so einer langen Tour mal etwas nicht nach Plan läuft – und das ist mir eben gleich am Anfang passiert. Aber deswegen gebe ich doch nicht auf!«, erkläre ich aufgeregt und gestikuliere dabei wild mit der Farbbroschüre. Die grandiose Aussicht auf die Saarschleife beachte ich gar nicht mehr, so empört bin ich.

»Ist ja schon gut«, beschwichtigt mich mein Wanderfreund. »Aber menschlich wäre es schon gewesen …«

»Ach, Werner, ich bin schon viel zu lange unterwegs, um mich von einem kleinen Missgeschick gleich aus dem Konzept bringen zu lassen. Am Anfang hatte ich eine ausgeprägte ›Prä-Trip-Depression‹. Das hast du schon ganz richtig diagnostiziert. Und mit dem Sturz habe ich einfach Pech gehabt. Aber das ändert nichts daran, dass das Wandern jetzt mein Leben ist.« Ich mache eine Pause und beobachte eine Amsel, die gerade neben mir im Laub raschelt und mich jetzt überrascht anschaut. Von ihr schweift mein Blick wieder zu dem träge dahinfließenden Strom unter mir, der inmitten des satten Grüns des Waldes verführerisch funkelt. Ein warmes Gefühl durchströmt meinen ganzen Körper, als ich die würzige Waldluft tief einatme und fortfahre: »Und dieses Leben, Werner, das möchte ich um nichts in der Welt missen!«

An diesem Tag komme ich durch drei Länder. Auf deutschem Boden folge ich dem Saar-Hunsrück-Steig noch bis zum Grenzort Perl, in dem die Straßen verstopft sind von Hunderten von französischen Grenzgängern, die die billigen deutschen Discounter stürmen. Auch ich versorge mich mit preiswerter Schokolade, bevor ich die Mosel überquere und einige Kilometer durch Luxemburg wandere. Mein Nachtlager baue ich dann bereits in Frankreich auf – im Dunkeln.

Doch ich habe schon so viele Nächte im Zelt verbracht, dass ich die Handgriffe blind beherrsche. Zuerst laufe ich mit winzigen Schritten die Zeltfläche ab, um Bodenunebenheiten zu ertasten und zu beseitigen. Dann breite ich meine Unterlage aus und liege erst einmal Probe. Da das Testliegen zu meiner Zufriedenheit ausfällt, entrolle ich mein Einwandzelt, führe die Zeltstange ein und befestige alles mit den Heringen am Boden. Das geht viel schneller als bei einem gewöhnlichen Zweiwandzelt, bei dem zunächst das Innenzelt aufgebaut und danach die Außenhaut darüber befestigt wird. Zum Schluss spanne ich die Zeltschnüre nochmals nach – und beziehe mein Heim für diese Nacht.

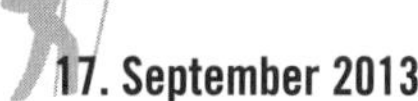

17. September 2013

Contrexéville, Frankreich

Kilometer 565

In Deutschland haben die Wanderwege sprechende Namen, und so kann sich jeder denken, wo der Saar-Hunsrück-Steig in etwa entlangführt. Das gilt auch für die anderen deutschen Wege auf dieser Tour: Den Rheinburgen- und den Hunsrückhöhenweg können wohl die meisten Deutschen verorten. Nur beim Ausoniusweg, den ich ein kurzes Stück in Moselnähe gegangen bin, wird es schwerer. Hier bezieht sich der Name des Wanderweges auf eine alte römische Straße, die vom antiken Dichter Ausonius beschrieben worden war. Oft werden die deutschen Wegeplaner aber geradezu lyrisch, und so kann der Wanderer hierzulande in Dutzenden von regionalen Traumpfaden und -schleifen schwelgen, die dann meist Varianten anderer Langstreckenwege sind.

Die Franzosen wie auch die Spanier sind da deutlich pragmatischer und auch zentralistischer. Sie nummerieren die Wanderwege einfach konsequent durch. So folge ich in den ersten

Tagen in Frankreich dem GR 5. Das »GR« steht hierbei für *Sentier de Grande Randonnée*, also für »Langstreckenwanderweg« – im Gegensatz zu den ebenfalls durchnummerierten »PRs«, den *Petites Randonnées* oder »Kurzstreckenwegen«. Mich erinnert dieses System etwas an die Systematik deutscher Autobahnen.

Der GR 5 ist einer der längsten französischen Langstreckenwanderwege und durchquert den gesamten Osten des Landes. Ich folge ihm aber nur knapp 200 Kilometer entlang der Mosel. Und leider hört sich das idyllischer an, als es ist, denn man hätte den GR 5 hier auch einfach Mosel-Radweg nennen können. Statt auf Waldwegen bin ich meist auf – immerhin autofreien – Radwegen unterwegs. Auch die Landschaft hat hier nichts von der Romantik der deutschen Weinberge. In Lothringen wird die Mosel von der Schwerindustrie dominiert. Als ich in der Nähe des Kernkraftwerks Cattenom zelten muss, versuche ich krampfhaft, nicht an radioaktive Strahlung und plötzliche Kraftwerksunfälle zu denken. Zudem setzt nun auch noch ein anhaltender Dauerregen ein.

Bei Toul wechsle ich für zwei Tage auf den GR 703, dessen Beiname Programm ist: *Sentier historique de Jeanne d'Arc*, also »Historischer Weg der Jungfrau von Orleans«. In Domrémy-la-Pucelle, dem Geburtsort der Heiligen, verdrücke ich mein Mittagessen diskret in der hintersten Ecke der riesigen Kathedrale zu ihren Ehren, während die Touristen gesammelt durch den strömenden Regen ins nahe gelegene Restaurant eilen. Zum Beten scheint bei diesem Wetter niemand hierherzukommen.

Dann geht es weiter auf dem GR 714, der zwar keinen offiziellen Beinamen hat, den ich aber »Mineralwasserweg« taufe, weil er mich durch die Orte Contrexéville und Vittel führt, die Abfüllorte der bekannten Wassermarken.

Als ich mittags in Contrexéville eintreffe, regnet es noch immer. Mein erster Weg führt in den Supermarkt. Ich kaufe nur Brot, Käse und ein paar Weintrauben für das Mittagessen und eine Packung frische Ravioli mit Steinpilzfüllung für den Abend. Mehr brauche ich heute nicht, denn schon morgen werde ich wieder an einem Discounter vorbeikommen, in dem ich mich günstig mit Lebensmitteln eindecken kann. Mit einer Plastiktüte in der einen Hand und meinen Trekkingstöcken in der anderen trete ich hinaus in den Nieselregen und steuere das Kurhaus des Städtchens an. Wenn ich schon in einem Ort mit berühmtem Wasser bin, dann will ich es auch kosten und meine Vorräte damit auffüllen. Das Kurhaus entpuppt sich als imposanter Art déco-Bau – und ist leider über die Mittagszeit geschlossen. Verzweifelt schaue ich mich in der Eingangshalle um und entdecke immerhin eine öffentliche Toilette, leider bewacht von einer grimmig dreinblickenden Klofrau. Ich schaue sie mit meinem strahlendsten Lächeln an und gestikuliere dabei wild mit meinen Faltflaschen, worauf sie mich mit einem Schwall Französisch überschüttet. Nun habe ich zwar drei Jahre lang Französisch in der Schule gelernt, aber das ist erstens schon lange her und zweitens keine Vorbereitung auf eine Diskussion über Toilettennutzung.

»*Je suis randonneuse* – ich bin eine Wanderin«, erkläre ich unbeholfen und setze auf meinen Wasserbeutel zeigend hinzu: »*Je veux de l'eau* – ich möchte Wasser!«

Jetzt hellt sich ihre Miene etwas auf, und sie erlaubt mir mit einer knappen Geste den Zutritt zu ihrem Reich. Mit Argusaugen beobachtet sie, wie ich meine Trekkingstöcke an die Wand lehne, die Plastiktüte danebenstelle und meinen Rucksack absetze. Dann schraube ich die Faltflasche vom Trinkschlauch ab und versuche, sie unter dem Wasserhahn komplett aufzufüllen. Obwohl der Wasserbeutel aus biegsamem Plastik ist, gelingt es nicht so recht. Der Wasserhahn ist so dicht über dem Becken angebracht, dass ich den immer größer werdenden Beutel kaum noch darunterhalten kann. Ich mühe mich noch ab, wenigstens so viel Wasser wie möglich einzufüllen, als eine elegant gekleidete Frau die Toilette betritt. Da kommen meine Trekkingstöcke auf den glatten Bodenkacheln ins Rutschen und fallen ihr direkt vor die Füße. Sofort stelle ich meine halb volle Faltflasche auf dem Waschbeckenrand ab, stammle mindestens ein Dutzend »*Excusez-moi*« und hebe die Stöcke wieder auf. Dabei fällt mein Blick auf den Boden: Meine schmutzigen Schuhe habe jede Menge Sohlenabdrücke hinterlassen, und aus dem offenen Trinkschlauch an meinem Rucksack tropft das Restwasser. Genau in diesem Moment kippt die instabile Faltflasche auf dem Waschbecken um, und etwa ein Liter Wasser ergießt sich über den Fliesenboden. Meine Gesichtsfarbe wechselt ins Knallrote. Ich zwinge mich, erst einmal tief durchzuatmen. Die elegante Dame verschwindet kopfschüttelnd in einer Kabine.

Um meinen guten Willen zu demonstrieren, ziehe ich einen Stapel Papierhandtücher aus dem Spender und will damit den nassen Boden reinigen, doch die Toilettenfrau springt sofort auf und winkt ab. Anscheinend will sie verhindern, dass ich noch mehr Chaos anrichte. Obwohl ich mittlerweile am liebsten auf dem schnellsten Weg verschwinden würde, fülle ich den Wasserbeutel mit zitternden Händen schnell noch ein zweites Mal – denn schließlich kann ich ohne Wasser nicht weiterwandern. Die Toilettenfrau feudelt derweil mit einem Wischmopp zwischen meinen Beinen herum. Ich stottere abwechselnd »*Merci*« und »*Excusez-moi*«. Dann schraube ich die Wasserflasche wieder zu, ergreife mein Gepäck und verlasse fluchtartig den Waschraum.

Nur leider komme ich nicht weit, denn draußen regnet es immer noch in Strömen. Ich blicke mich diskret in der Eingangshalle um und suche nach einer stillen Ecke, in der ich unauffällig meine Mittagspause verbringen könnte. Unter einer Plastikpalme befinden sich ein paar Stühle – und zu meiner großen Freude sogar eine Steckdose. Obwohl sich dieses Sitzarrangement noch in Sichtweite der Toilettenfrau befindet, kann ich mir diese Gelegenheit zum Aufladen meines Handys nicht entgehen lassen. Öffentlich zugängliche Steckdosen sind selten. Und so wühle ich in meinem Rucksack nach dem Ladekabel, als die elegante Dame die Toilette verlässt und mich im Vorbeigehen mit einem missbilligenden Blick bedenkt.

Nachdem ich das Handy an die Steckdose gehängt habe, lege ich mir die Plastiktüte mit den Lebensmitteln auf die Knie. Ich versuche, möglichst unbeteiligt auszusehen, während ich mir heimlich in der Tüte eine Art Sandwich zubereite. Ich will es mir gerade zum Essen an den Mund führen, als ich aus den Augenwinkeln sehe, dass die Toilettenfrau auf mich zukommt. Erschreckt fege ich mir schnell die Brotkrumen von den Knien und verstecke die Tüte mit meinem Mittagessen im Rucksack.

Erneut bricht ein Schwall Französisch über mich herein, doch zu meinem großen Erstaunen werde ich nicht geschimpft – die Toilettenfrau erkundigt sich nur, wohin ich wandere. Als ich erleichtert aufatme und sie freundlich anlächle, nimmt sie sogar neben mir Platz. Radebrechend erkläre ich nun, wer ich bin und wohin ich will. An den Fingern meiner Hand zähle ich die nächsten großen Stationen meiner Reise auf: Langres, Dijon, Le Puy-en-Velay, Carcassonne, die Pyrenäen, Spanien. Ihre Augen werden immer größer. »*Courageuse* – mutig«, nennt sie mich und tätschelt mir das Knie. Ich starte einen erneuten Versuch, mich für mein Missgeschick in der Toilette zu entschuldigen.

»*Pas de problème*«, winkt sie nur ab und steht auf, um in ihrem Reich wieder nach dem Rechten zu sehen.

Nun wage ich es auch, mich erneut meinem Mittagessen zu widmen – und verbringe letztendlich eine entspannte Stunde unter Plastikpalmen. Während französische Touristen kommen und gehen, verzehre ich ein ganzes Baguette, ein halbes Pfund Käse und ein Kilo Weintrauben. Erst als mein Smartphone komplett aufgeladen ist, kann ich mich losreißen. Ich verpacke die restlichen Lebensmittel und ziehe das Ladekabel aus der Steckdose. Als ich mein Gepäck schultere, fällt mein Blick auf den Boden: Mein nasser Rucksack hat dort einen großen braunen Fleck hinterlassen, der zudem noch mit Brotkrumen verziert ist. Schon wieder wird die Klofrau hinter mir herputzen müssen. Unauffällig versuche ich, die Brotkrumen mit den Schuhen hinter den Stuhl zu kehren. Als ich mich umdrehe und auf den Ausgang zusteuere, winkt mir die nette Frau noch einmal zu und ruft: »*Bonne chance!* – Viel Glück!«

»*Merci et au revoir*«, grüße ich zurück – und schäme mich noch mehr für den Dreck, den ich hinterlasse.

Als ich ins Freie trete, hat sich die Wolkendecke etwas gelüftet. Doch das beruhigt mich kein bisschen, denn ich habe gerade die Wettervorhersage auf meinem Smartphone gecheckt. In wenigen Stunden wird es wieder anfangen zu nieseln, und für die Nacht ist Starkregen mit heftigen Windböen angesagt. Bedrückt laufe ich los und grüble darüber nach, wo ich heute einen gut geschützten Zeltplatz finden könnte.

Schon seit ein paar Tagen bereitet mir das Wildzelten Probleme: Hier gibt es fast nur Laubwald, wohingegen ich Nadelwald bevorzuge, weil die herabgefallenen Nadeln für einen weichen Untergrund sorgen. Gerade bei heftigem Wind suche ich gezielt nach Fichtenschonungen, weil sie mir aufgrund ihrer dichten Bepflanzung ausgezeichneten Windschutz bieten und die jungen Bäume nicht bruchgefährdet sind. Große Laubbäume hingegen haben weit ausladende Äste, die bei einem Sturm herabfallen können und damit lebensgefährlich sind. Im amerikanischen Englisch heißen sie daher sehr plastisch *widow maker*, »Witwenmacher«, weil sie eine der Hauptursachen von Arbeitsunfällen bei Waldarbeitern sind. Und so überprüfe ich bei meiner Lagerplatzsuche nicht nur den Waldboden auf Unebenheiten, sondern schaue immer auch nach oben in die Bäume.

Aber auch der Boden ist in dieser Gegend nicht ideal für meine Zwecke. Das Unterholz ist extrem dicht und besteht zudem noch aus stacheligen Brombeersträuchern. Die Erde ist sehr lehmhaltig und lässt sich nur schwer einebnen, sodass ich die letzten Nächte immer äußerst unbequem auf einigen Klumpen geschlafen habe. Heute Nacht befürchte ich aber noch ein anderes Problem: Da Lehm wasserabweisend ist, wird der viele Regen nicht versickern, sondern sich in Pfützen stauen und dabei im schlimmsten Fall durch meinen Zeltboden hindurch nach oben drücken.

Die ersten Kilometer nach dem Kurort verheißen nichts Gutes: Der GR führt mich auf geteerten Wirtschaftswegen vorwiegend über Wiesen und Felder, die nur selten unterbrochen werden von einem kleinen Wäldchen. Nach zwei Stunden fängt es auch schon wieder an zu nieseln. Und nach drei Stunden regnet es bereits so heftig, dass sich große Pfützen im löchrigen Asphalt bilden. Ich will gerade meine in eine Plastiktüte verpackte Karte unter meiner Regenjacke hervorholen, als mein Blick am Rand eines Wäldchens hängen bleibt: Dort stehen in 200 Meter Entfernung zwei grüne Bauwagen nebeneinander – durch ein Wellblechdach verbunden. Die alten Anhänger wirken verlassen; kein Rauch quillt aus den kleinen Schornsteinen auf dem Dach.

»Das wäre eine super Übernachtungsmöglichkeit«, schießt es mir durch den Kopf, aber mein Verstand versetzt meiner aufkeimenden Hoffnung auf einen trockenen Schlafplatz sofort einen Dämpfer. »Vergiss es! Die Wagen werden abgeschlossen sein!«

Solche Behausungen habe ich nämlich schon oft im Wald stehen sehen. Sie dienen als Pausenplatz für Waldarbeiter oder Jäger – und sind immer verschlossen. Aber aus der Entfernung kann ich nicht erkennen, ob die Tür wirklich durch ein Vorhängeschloss gesichert ist. Da die Hoffnung bekanntlich zuletzt stirbt, verlasse ich den Wirtschaftsweg, um über die Wiese zu den beiden Wagen zu laufen. Schon nach wenigen Sekunden bereue ich diesen Entschluss, denn das regennasse Gras durchweicht meine sowieso schon feuchten Schuhe im Nu.

»Jetzt ist es auch schon egal«, denke ich resigniert und gehe zügig weiter. Als ich vor der Eingangstür ankomme, blicke ich mich erst einmal vorsichtig nach allen Seiten um. Niemand ist zu sehen. Trotzdem: Ich möchte jetzt keinem Bauern auf Französisch erklären müssen, was ich an seinem Bauwagen zu schaffen habe.

Am Eingang hängt kein Schloss. Bedächtig lege ich meine Hand auf die Klinke und drücke sie mit angehaltenem Atem nach unten. Die metallene Tür bewegt sich quietschend. Vor Überraschung vergesse ich fast, weiterzuatmen. Noch einmal werfe ich einen vorsichtigen Blick über meine Schulter, dann stoße ich die Tür komplett auf und trete mit einem schnellen Schritt ein. Regungslos bleibe ich ein paar Sekunden stehen, bis sich meine Augen an das Dämmerlicht gewöhnt haben. Mein Eintreten hat Staub aufgewirbelt, der mich jetzt in der Nase kitzelt. Ich unterdrücke ein Niesen und blicke mich um: Die Einrichtung besteht aus einer hölzernen Bank, einem Tisch, mehreren ineinandergestapelten Stühlen und einem kleinen Metallofen mit fein säuberlich gestapeltem Holz und alten Zeitungen daneben.

Ich setze mich auf die Bank und wische mit der Hand über den Tisch: Eine dicke Schicht Dreck bleibt an meinen Fingern kleben. Der Wagen ist zwar sauber aufgeräumt, aber er wurde ganz offensichtlich schon lange nicht mehr betreten. Eine Spinne seilt sich gerade von der Decke ab und baumelt direkt vor meinem Gesicht. Die vielen Spinnweben an Bank und Stühlen bestätigen mir, dass hier schon lange niemand mehr zu Besuch war. Plötzlich höre ich ein Tropfen. Neben meinem Fuß bildet sich eine kleine Pfütze. Erstaunt blicke ich nach oben, um zu überprüfen, ob es durch das Dach regnet, aber dort ist alles trocken. Als ich die Ursache des Geräusches erkenne, muss ich unwillkürlich grinsen: Mein Rucksack ist so nass, dass er neben mir von der Bank auf den Fußboden tropft.

Ich strecke meine Füße aus und lasse meine verkrampften Schultern kreisen. Nun muss ich zügig eine Entscheidung treffen. Wenn ich hierbleiben will, muss ich schnellstmöglich aus den nassen Klamotten heraus, bevor ich auskühle. Aber kann ich so einfach in einem fremden Bauwagen nächtigen? Wem gehört er überhaupt? Auf der Suche nach Anhaltspunkten lasse ich meinen Blick durch den Raum schweifen und bleibe beim Anzündepapier neben dem Ofen hängen: Zwischen einigen vergilbten Tageszeitungen befinden sich dort auch ein paar uralte farbige Jagdmagazine. Der Wagen scheint also als Unterkunft für Jäger zu dienen. Ich beschließe, ihn einfach als Geschenk des Himmels zu betrachten und hier zu übernachten.

Da ich ultraleicht unterwegs bin, habe ich aus Gewichtsgründen nur zwei Garnituren Kleidung dabei: einen Satz, der tagsüber getragen wird, und separate Schlafkleidung nur für die Nacht. In Windeseile entledige ich mich nun meiner nassen Klamotten und hänge sie über den ganzen Raum verteilt zum Trocken auf. Dann schlüpfe ich in meine trockene Schlafkleidung: eine warme Fleecehose, ein T-Shirt, einen Fleecepullover und ein dickes Paar Socken. Für den Kopf habe ich eine Balaklava, eine Skimütze, die mich wahrscheinlich wie einen Bankräuber aussehen lässt. Ich wage es nicht, den Ofen anzuheizen, da ich hierzu das aufgestapelte Holz verwenden müsste. Und das wäre in meinen Augen Diebstahl. Außerdem würde der Rauch die Aufmerksamkeit etwaiger Spaziergänger auf meine Notunterkunft lenken. Immerhin gönne ich mir heute neben einem Teller Pasta auch einen heißen Tee zum Abendessen. Um achtzehn Uhr ist alles erledigt – jetzt kann ich nur noch auf den Sonnenuntergang warten.

Ich sitze am Fenster und starre gelangweilt nach draußen, wo die grau-grüne Regenlandschaft langsam im Dämmerlicht versinkt. Plötzlich ertönt Motorenlärm. Gebannt halte ich den Atem an: Ein Mann tuckert auf einem ATV auf dem Wirtschaftsweg vorbei und würdigt meine Unterkunft keines Blickes.

Um zwanzig Uhr richte ich mich zum Schlafen auf dem schmalen Holztisch ein und lausche noch eine Weile den Geräuschen dieser Sturmnacht: dem immer lauter werdenden Prasseln des Regens auf dem Metalldach, dem gewaltigen Rauschen des Waldes und dem Pfeifen des Windes im Kamin. Ich bin schon lange weggedämmert, als mich ein lauter Knall hochschrecken lässt. Kerzengerade richte ich mich mit klopfendem Herzen auf und horche angestrengt in die Dunkelheit – doch ich höre nur den heftigen Wind, der an den Bäumen und an meinem Bauwagen rüttelt. Und dann wird mir klar, was mich geweckt hat: Ein Ast ist von einem Baum auf das Dach meiner Unterkunft gestürzt. Beruhigt lege ich mich wieder hin und spüre, wie mein Herzschlag sich normalisiert. Ich bin so unendlich froh, dass ich diese stürmische Nacht nicht in meinem Zelt verbringen muss. Denn dort hätte ein herabfallender Ast sicherlich mehr Schaden angerichtet …

Am nächsten Morgen achte ich peinlich genau darauf, den Bauwagen genau so zu verlassen, wie ich ihn vorgefunden habe. Gerne würde ich irgendein Zeichen des Dankes hinterlegen, aber ich weiß nicht, was. Schließlich fege ich den Wagen mit einem Reisig-Handbesen aus und verschließe sorgfältig die Tür hinter mir. Als ich unter einer sich immer weiter lichtenden Wolkendecke wieder auf den Wirtschaftsweg stoße, drehe ich mich ein letztes Mal zu meiner Notunterkunft um und flüstere ein leises »Danke!«. Dann hat der Trail mich wieder.

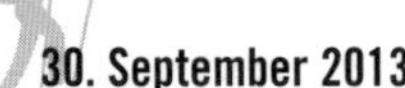

30. September 2013

Toulon-sur-Arroux, Frankreich

Kilometer 936

Gut gelaunt trete ich aus dem dunklen Wald und blinzle erst mal in die strahlende Nachmittagssonne. Vor mir liegt eine von Hecken gesäumte Weggabelung, dahinter erstrecken sich abgeerntete Felder. Ein schneller Blick auf die Uhr sagt mir, dass ich gut in der Zeit liege. Es sind noch etwa fünf Kilometer bis Toulon, wo ich dringend einkaufen gehen muss, denn ich habe fast keine Vorräte mehr. Beschwingt suche ich nach der weiß-rot-weißen Markierung der GRs. Doch da fällt mein Blick auf eine riesige Brombeerhecke. Reife schwarze Beeren strahlen mich geradezu an – und ich kann der Verlockung nicht widerstehen. Schnell setze ich den Rucksack ab, lehne meine Stöcke an die

Hecke und beginne mit der Ernte. Eine saftige Beere nach der anderen verschwindet in meinem Mund, während sich meine Finger langsam violett färben. Erst nach einer guten Viertelstunde kann ich mich von dieser kostenlosen Proviantquelle losreißen – im wahrsten Sinne des Wortes, denn meine Hosenbeine und Socken bleiben immer wieder an den Dornen hängen.

Anfang September in Lothringen waren es vor allem die Mirabellen- und Pflaumenbäume, die mir das Wandern versüßten. Dann kam ich nach Burgund und damit zu den Weintrauben. Zu meiner großen Freude stieß ich immer wieder auf wild wachsende Weinreben am Wegesrand. Im Oktober hoffe ich nun neben Brombeeren auf Äpfel, Birnen, Walnüsse und Feigen.

Sehr zufrieden mit dem herbstlichen Angebot schultere ich wieder meinen Rucksack und checke vorsichtshalber noch mal das GPS-Gerät, das um meinen Hals hängt. Der Track für den GR 131, dem ich zur Zeit folge, biegt hier rechts ab. Doch die weiß-rot-weiße Wegmarkierung, die ich mittlerweile entdeckt habe, zeigt nach links. Schlagartig verschlechtert sich meine gute Laune. Ich habe meine Route nach Tarifa aus allen möglichen Wegstrecken zusammengestückelt und bin dabei oft auch auf wenig begangenen GRs unterwegs. Die entsprechenden Tracks aus dem Internet sind daher manchmal schon veraltet und ungenau. Aus diesem Grund habe ich auch Papierkarten dabei, was aber gelegentlich schon dazu geführt hat, dass ich drei verschiedene Routen zur Auswahl hatte: Mein GPS zeigte eine andere Wegführung als die Papierkarte, und in der Natur war wieder alles ganz anders ausgeschildert. Dazu kommen noch zahlreiche temporäre Wegumleitungen, die natürlich nirgendwo verzeichnet sind.

Ich fluche leise und studiere eingehend das GPS. Laut Track folge ich einem Wirtschaftsweg gut zwei Kilometer bis zu einer Straße – das ist der kürzeste Weg nach Toulon. Wohin mich die Markierungen führen würden, kann ich natürlich nicht sehen, aber alle anderen Routen wären länger. Ich blicke noch einmal auf die Uhr. Durch das Brombeerpflücken habe ich wertvolle Zeit verloren und kann mir keine großen Verzögerungen mehr leisten, wenn ich noch rechtzeitig vor Ladenschluss im Ort ankommen will. »Wird schon gut gehen!«, denke ich also, ignoriere die Markierung und nehme die rechte Abzweigung.

Der breite Wirtschaftsweg führt an Feldern und Wiesen vorbei – wird dann aber leider immer enger und zugewachsener. Nach zwei Kilometern stoppt mich ein Stacheldrahtzaun, während der Weg auf der anderen Seite über eine Weide Richtung Straße führt.

»Verdammt«, entfährt es mir unwillkürlich, und mir wird klar, dass es tatsächlich einen guten Grund für die Streckenverlegung gibt.

Genervt schaue ich auf mein GPS und stelle fest, dass es bis zur Straße gerade mal 400 Meter sind. Hoffnung keimt in mir auf. Ich kann auf der Weide kein Vieh sehen – dafür aber eine niedrige Stelle im Zaun. Dort könnte ich über den Stacheldraht klettern, schnell die Wiese überqueren und es dann noch rechtzeitig bis Toulon schaffen. Kurz entschlossen drücke ich den Zaun nach unten und steige vorsichtig über ihn hinweg. Dann laufe ich eilig die Weide hinab, die zusätzlich von einer dichten Hecke umrandet wird. Alles bleibt ruhig. Ich kann die Straße schon am Fuße des Hanges sehen, als ein unerwarteter Anblick mich abrupt stehen bleiben lässt: In einer Ecke der Umzäunung stehen etwa zwanzig grasende Rinder! Sofort ziehe ich mich an den Rand der Weide zurück – außer Sichtweite der Tiere, die mich noch nicht bemerkt haben. Angstschweiß bricht mir aus, denn auf meinen bisherigen Wanderungen habe ich schon einige unangenehme Erfahrungen mit dem lieben Vieh gemacht. Zeitungsberichte über tödliche Unfälle zwischen Wanderern und Kühen schießen mir durch den Kopf.

Ich versuche, mich zusammenzureißen, und atme erst mal tief durch. Wahrscheinlich handelt es sich um ein paar friedliche Kühe, die gar nicht an mir interessiert sind. Gerade Milchkühe sind an Menschen gewöhnt und harmlos, solange sie keine Kälber bei sich haben, die sie beschützen wollen. Außerdem werden die meisten Viehangriffe auf Menschen durch frei laufende Hunde ausgelöst – und einen solchen habe ich ja nicht dabei.

Vorsichtig spähe ich um die Hecke zu den Rindern – genauer gesagt zwischen ihre Beine. Doch leider prangen da keine vollen Euter, sondern gewaltige Hoden. Erschreckt ziehe ich meinen Kopf sofort wieder zurück. Mein Blutdruck schnellt in die Höhe, und mein Herz rast. Das ist so ziemlich die gefährlichste Situation, die ich mir mit Vieh vorstellen kann: Ich stehe völlig ungeschützt mit zwanzig Stieren auf einer Weide. Dasselbe ist mir schon einmal auf einer Wanderung in Großbritannien passiert. Kaum hatten die Jungbullen mich damals entdeckt, kamen sie auch schon von allen Seiten auf mich zugerannt und umzingelten mich. Ich konnte mich nur durch einen Sprung über den Zaun vor ihren aggressiven Annäherungsversuchen retten. Und damals handelte es sich um neugierige Jungbullen, aber auf dieser Weide befinden sich ausgewachsene Stiere.

Glücklicherweise haben sie mich aber noch nicht entdeckt – und dabei soll es auch bleiben. Jetzt ist ein schneller Rückzug angesagt. Unauffällig laufe ich immer am Zaun entlang zurück und werfe alle paar Meter hektisch einen Blick nach hinten. Im Falle eines Stierangriffs werde ich mich über den Zaun retten müssen. Nur leider ist der hier sehr hoch und stacheldrahtbewehrt. Selbst wenn ich es schaffen würde, heil auf die andere Seite zu kommen, würde ich immer noch in der Falle sitzen, denn direkt dahinter befindet sich eine undurchdringliche mannshohe Hecke. Ich muss also zurück zu meiner Einstiegsstelle. Völlig außer Atem haste ich bergauf und traue mich nicht anzuhalten, um Luft zu schöpfen. Endlich habe ich die niedrige Stelle im Zaun erreicht und werfe sofort ein Bein hinüber. Ich bin so aufgeregt, dass ich gar nicht merke, wie meine Hose durch den Stacheldraht aufgerissen wird. Schnell das zweite Bein hinterher – und endlich bin ich in Sicherheit.

Vor Erleichterung lasse ich mich erst mal ins Gras plumpsen – und dann muss ich unwillkürlich lachen. Ich werde immer wieder dafür bewundert, dass ich in den USA in Gebieten unterwegs war, in denen es Grizzlybären und Klapperschlangen gab. Dabei habe ich persönlich mindestens genauso viel Angst vor angriffslustigen Stieren oder borrelioseverseuchten Zecken.

Als mein Herzschlag sich wieder etwas beruhigt hat, blicke ich kurz auf die Uhr. Ich habe durch diesen Umweg so viel Zeit verloren, dass ich es vor Ladenschluss wohl nicht mehr bis nach Toulon schaffen werde. Verzweifelt suche ich auf dem GPS nach einer Abkürzung, als ich auf der Karte das Zeichen für einen Campingplatz entdecke. Sofort bessert sich meine Laune: Ein *camping municipal*, also ein städtischer Campingplatz, ist wie ein Sechser im Lotto. Diese Einrichtungen sind in der Regel für eine Person mit Zelt ausgesprochen preiswert und haben doch alles, was das Wandererherz begehrt.

Je länger ich überlege, desto besser gefällt mir die Idee, dort zu übernachten. Ich könnte meine Handyakkus aufladen, duschen und sogar ein paar Klamotten waschen, um dann in aller Ruhe am nächsten Morgen einzukaufen. Begeistert rapple ich mich auf und mache mich sogleich auf den Weg, zuerst zurück zur Weggabelung und dann auf dem markierten Weg in die Stadt.

Kurz vor Sonnenuntergang erreiche ich den Campingplatz, der sehr idyllisch direkt am Ufer des Flusses Arroux gelegen ist. Ich will gerade durch das Tor am Eingang treten, als mir eine Frau mit Mantel und Handtasche über dem Arm entgegenkommt.

»Wollen Sie hier einchecken?«, fragt sie mich überrascht. Ich nicke. »Da haben Sie aber Glück. Ich wollte gerade gehen – und danach wären Sie ohne den Türcode nicht mehr auf das Gelände gekommen.«

Ich starre sie mit großen Augen an und frage vorsichtig: »Was kostet denn eine Übernachtung für mich allein in einem Zelt?«

»7,50 Euro!«, antwortet sie prompt, und mir fällt ein Stein vom Herzen. Diesen Betrag kann mein Budget locker verkraften.

»Aber Sie wollten doch gerade nach Hause gehen. Können Sie mich noch einchecken, oder wollen wir das morgen nachholen?«, radebreche ich auf Französisch.

»Kein Problem!«, strahlt mich die nette Dame an. »Das machen wir gleich, dann kann ich Ihnen noch die Anlage zeigen.«

Eine Viertelstunde später fährt die Rezeptionistin endlich vom Hof, und ich sehe mich in meinem neuen Reich um, das ich fast für mich allein habe. Denn der Campingplatz wird in wenigen Tagen für diese Saison geschlossen, sodass sich nur noch vier Wohnwagen auf dem ganzen Gelände befinden. Zuerst dusche ich ausgiebig und heiß. Dann lasse ich mich im »Internet-Raum« nieder, wo ich mein Handy an die Steckdose hänge. Während das Smartphone lädt, nutze ich das WLAN, um ausgiebig zu surfen und mich wieder auf den letzten Stand des Weltgeschehens zu bringen. Ehe ich mich's versehe, sind zwei Stunden um – und da bisher niemand außer mir den Raum betreten hat, beschließe ich, einfach darin zu nächtigen. Flugs blase ich meine Isomatte auf, breite meinen Quilt aus und schlummere schon nach wenigen Minuten höchst zufrieden auf dem Betonfußoden.

Wie bei jedem Stadtaufenthalt schlafe ich am nächsten Morgen erst mal aus. Das heißt, ich stehe nicht schon eine Stunde vor Sonnenaufgang auf, um dann direkt mit den ersten Sonnenstrahlen loszuwandern, sondern schäle mich erst kurz vor acht Uhr aus meinem Quilt. Niemand hat sich während der Nacht in den Internet-Raum verirrt. Noch schlaftrunken schlüpfe ich in meine Schuhe und laufe durch das taunasse Gras ans Flussufer hinunter, das in eine wunderbare Morgenstimmung getaucht ist. Nebelschwaden hängen über dem dampfenden Fluss und werden von den ersten Sonnenstrahlen orange beleuchtet. Links von mir sehe ich die mittelalterliche Brücke über den Arroux, von der leise Motorengeräusche zu mir herüberdringen. Es riecht nach Fluss – und nach Herbst, eine Mischung aus verfaulendem Laub, brackigem Wasser und frisch gemähtem Gras. Tief atme ich die feuchte und kühle Luft ein und strecke mein Gesicht in die Sonne. Es ist nicht mehr zu übersehen: Der Sommer hat ein Ende. Ich laufe in den Winter hinein.

Während ich den wabernden Dunst über dem Fluss betrachte, überdenke ich noch einmal meine Motivation für diese Tour. Ich habe mich ganz bewusst für eine Wanderung im Herbst und Winter entschieden, wohl wissend, dass stetig sinkende Temperaturen und schwindendes Tageslicht mir das Leben schwer machen würden. Aber ich will etwas Neues ausprobieren, meine Komfortzone erweitern. Natürlich habe ich schon Wanderungen im Winter unternommen, aber das waren nur kurze Trips. Bisher bin ich der kalten Jahreszeit immer in der südlichen Hemisphäre entflohen oder habe diese Monate mit der Planung meiner nächsten Reisen verbracht. Mit dieser Wanderung möchte ich herausfinden, ob ich den Winter wirklich in fernen Gefilden verbringen muss – oder ob ich auch einfach in Europa, also direkt vor meiner Haustür, entspannt unterwegs sein kann; oder im Jargon der amerikanischen Langstreckenwanderer ausgedrückt: Ich suche den »Type 1-Fun«.

Die »Spaß«-Skala für Outdooraktivitäten hat drei Typen: Type 1-Fun macht während der Tour Spaß und hinterher natürlich auch noch. Type 2-Fun ist eigentlich eine Quälerei, die sich aber rückblickend verklärt, weil man sich damit etwas bewiesen hat oder gut damit angeben kann. Type 3-Fun ist nur furchtbar und endet im schlimmsten Fall mit einer Verletzung oder gar noch Schlimmerem. Natürlich gibt es keine reinen Type 1- oder Typ 2-Touren, aber ich habe mir vorgenommen, mich auf dieser Wanderung nicht absichtlich zu quälen. Denn nach fast 30 000 Kilometern zu Fuß muss ich mir nichts mehr beweisen – und anderen schon gar nicht.

So habe ich mir kein Zeitlimit gesetzt. Die Wanderung wird eben so lange dauern, wie ich brauche, um nach Tarifa zu kommen. Ich denke, dass fünf Monate reichen sollten, aber wenn daraus sechs Monate werden, ist es auch kein Problem. Außerdem habe ich mein monatliches Budget erhöht. Würde ich den Winter in Deutschland verbringen, müsste ich ja auch Miete und Heizkosten zahlen. Stattdessen will ich mir unterwegs einfach mal eine Unterkunft mehr gönnen – so wie diese Übernachtung auf dem Campingplatz. Dennoch gilt wie üblich eine eiserne Regel für mich: *connecting footsteps*, egal, wie schlecht das Wetter oder der Weg ist – ich werde die Strecke durchgängig laufen. Bei Schwierigkeiten einfach in den Bus steigen und einen Abschnitt überspringen, das gibt es nicht. Es sei denn, ich begäbe mich in Lebensgefahr, aber das ist auf dieser Route nicht zu erwarten.

Noch einmal atme ich tief die kalte Morgenluft ein und überlege, wie ich mir heute in der Stadt zu einer Extra-Portion Type 1-Fun verhelfen kann. Die Antwort ist einfach: mit einem opulenten Frühstück mit frischen Schokoladencroissants und Rosinenschnecken aus der Bäckerei. Schließlich bin ich hier in Frankreich. Lächelnd gehe ich zurück und beginne zu packen.

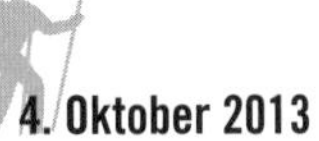

4. Oktober 2013

Arfeuilles, Frankreich

Kilometer 1050

Platsch macht es, als ich direkt in eine tiefe Pfütze trete. Ich spüre, wie das kalte Wasser an meine Füße dringt und fluche innerlich. Aber egal, meine Schuhe und Socken sind sowieso schon total durchnässt, denn es regnet bereits seit Stunden. Missmutig trabe ich weiter und zermartere mir das Hirn, wo ich heute übernachten soll. Der Wetterbericht verheißt Dauerregen die ganze Nacht. Entnervt bleibe ich stehen und nehme meine Brille ab. Durch die vielen Regentropfen auf den Gläsern kann ich meine Umgebung nur noch verschwommen wahrnehmen. Da ich kaum mehr ein trockenes Stück Stoff am Körper habe, um die Brille zu säubern, wische ich das Wasser einfach mit den Fingern ab und setze sie mir wieder auf die Nase. Da fällt mir ein Sportplatz am Wegesrand auf. Neben dem Fußballfeld befinden sich zwei Gebäude, wahrscheinlich die Kasse und die Umkleidekabinen für die Spieler. Und der Clou: Die komplette Rückseite des Kassengebäudes ist überdacht, und es gibt sogar mehrere trockene Bänke an der Hauswand.

Erleichtert stelle ich meinen Rucksack dort ab, der sofort ein kleines Rinnsal auf dem Betonboden erzeugt. Unter Ächzen setze ich mich auf eine der Bänke und schiebe mir die Kapuze meiner Regenjacke vom Kopf. Während über mir die Regentropfen auf das Metalldach hämmern, kommt mir plötzlich eine Idee. Dieser Platz ist von der Straße aus nicht einsehbar, und bei diesem Wetter wird wohl kaum noch eine Fußballmannschaft zum Training kommen. Eigentlich könnte ich doch hier übernachten …

Da fange ich bereits an zu frieren. Es hat zwar noch etwa zwölf Grad, aber meine Regensachen sind völlig durchnässt, der Fleecepullover und das Funktionsshirt darunter sind mittlerweile auch schon feucht. Sobald ich nicht mehr durch ständige Bewegung Wärme produziere, kühle ich sofort aus. Auch wenn ich hier nicht mehr dem Regen ausgesetzt bin, würde es doch eine sehr kalte Nacht werden – und dabei ist es bis Sonnenuntergang noch mehrere Stunden hin. Ich greife zum Smartphone und googele Unterkünfte in der Nähe, denn dies scheint mir genau der richtige Zeitpunkt für etwas Luxus. Schon im nächsten Ort werde ich fündig. *Chambres d'hôtes*, Gästezimmer, werden dort angeboten. Während mein nasses Haar auf das Display des Handys tropft, wähle ich die angegebene Nummer und hoffe auf eine Englisch sprechende Gastgeberin. Doch mein verzweifeltes »*Bonjour! Do you speak English?*« wird am anderen Ende der Leitung von einer Frauenstimme mit einem energischen »*Non!*« beantwortet.

Ich frage mit meinen rudimentären Sprachkenntnissen nach den Gästezimmern und kann dem Schwall aus französischen Worten nur entnehmen, dass die wohl nicht zur Verfügung stehen. Als ich mich schon enttäuscht verabschieden will, erklärt mir die Dame, dass ich einfach in den Ort kommen und dann noch mal anrufen soll – sie würde mir schon etwas anbieten können. Ich habe zwar keine Ahnung was und zu welchem Preis, aber im Moment ist mir das alles egal. Ich verabschiede mich mit vielen »*Merci*« und lege auf.

Eine halbe Stunde später stehe ich vor dem Rathaus in Arfeuilles und wähle dieselbe Nummer noch einmal.

»*J'arrive* – ich komme!«, antwortet mir die freundliche Frau diesmal ohne Umschweife.

Nach gerade mal drei weiteren Minuten im Regen kommt ein klappriger Peugeot angefahren, dem eine energische kleine Französin mit einem riesigen Regenschirm und einem großen Schlüsselbund entsteigt. Sie winkt mir sofort zu, ihr zu folgen, und bietet mir einen Platz unter ihrem Schirm an.

»Wohin gehen wir?«, frage ich neugierig.

»In die Wanderherberge«, erklärt sie mir und schließt eine Minute später die verglaste Holztür zu einem alten Steinhaus auf. »Kommen Sie herein!«

Wir stehen in einem großen braun gefliesten Saal mit einer Kochecke, einem langen Holztisch und vielen Stühlen, der kommunalen *gîte d'étape* des Ortes Arfeuilles. Diese Gruppenunterkünfte für Wanderer, Pilger und Radfahrer befinden sich in kleinen Orten entlang der großen Wanderwege und sind eine typisch französische Einrichtung. Für wenig Geld bieten sie ein Bett im Schlafsaal sowie Dusch- und Kochgelegenheiten. Während die Dame meine Gästeanmeldung ausfüllt, erklärt sie mir, dass sie bei der Gemeinde Arfeuilles für die kommunalen Touristenunterkünfte zuständig ist. Anders als die Gästezimmer, die nur im Sommer angeboten werden, ist diese Wanderherberge das ganze Jahr über geöffnet. Am Ende setzt sie schwungvoll ihre Unterschrift auf das Formular und verlangt 9,22 Euro von mir. Neun Euro kostet die Nacht in der Herberge, die Kurtaxe beträgt 22 Cent. Ich krame sofort nach einem Zehn-Euro-Schein in meinem wasserdicht verpackten Portemonnaie.

Normalerweise würde ich solche Gruppenunterkünfte meiden, aber zu dieser Jahreszeit ist wohl nicht mit großem Andrang zu rechnen. Doch es ist Freitag, Beginn des Wochenendes, und so frage ich vorsichtig nach: »Wie viele Leute sind denn heute hier?«

Meine Gastgeberin zählt centgenau das Wechselgeld ab und antwortet dann prompt: »Es kommt nur noch ein Vater mit seinen zwei Töchtern. Aber die haben das Zimmer im zweiten Stock. Sie sind hier unten im Erdgeschoss untergebracht.« Und damit erhebt sie sich und führt mich in ein Zimmer mit mehreren Betten. Nachdem sie mir den Schlüssel und meine Kopie der Gästeanmeldung in die Hand gedrückt hat, verabschiedet sie sich auch schon mit einem »*Bon séjour* – angenehmen Aufenthalt!«

Ich lasse mich seufzend auf einem der Betten nieder und freue mich ungemein über die preiswerte und schöne Unterkunft. Doch bevor ich endgültig in den Entspannungsmodus wechseln kann, muss ich noch die üblichen Aufgaben eines Stadtaufenthaltes erledigen: Duschen, Wäsche waschen und zum Trocknen über die Heizung legen, das nasse Zelt und den Rucksack aufhängen, den Quilt lüften. Bald sind meine ganzen Habseligkeiten über den Raum verteilt, den nun auch der typische Wandergeruch nach dreckigen Socken und nassem Rucksack erfüllt. Erst jetzt gönne ich mir eine heiße Tasse Tee in der Küche und genieße den Luxus, einfach mal schnell mit dem Wasserkocher ein warmes Getränk zubereiten zu können. Als mein Magen zu knurren beginnt, beschließe ich, mich auf die Suche nach einem Restaurant zu machen. Vielleicht bekomme ich hier etwas Abwechslung von meinem üblichen Couscous und den Instant-Nudeln. Diese verlockende Vorstellung verleitet mich sogar dazu, wieder in meine nasse Regenkleidung zu schlüpfen und die warme Herberge zu verlassen.

Doch zunächst werden meine Hoffnungen enttäuscht: In einer Bar gibt es zwar Pizza, aber die muss man 24 Stunden vorher bestellen. Ansonsten besteht das Abendessen aus einem festen Menü, das es aber erst ab neunzehn Uhr gibt. Bis dahin sind es noch eineinhalb Stunden, also vertreibe ich mir die Zeit mit einem Stadtrundgang. Was ich dabei entdecke, ist wohl ein klassisches Beispiel für Landflucht. Früher hatte der Ort eine Bäckerei und sogar zwei Metzger – heute sind die Läden geschlossen und die Schaufenster mit Sperrholzplatten verrammelt. Überhaupt stehen viele Häuser einfach leer, und der Putz bröckelt von den meisten Fassaden.

Leider fällt das anschließende Abendessen in der Bar ähnlich trist aus: Ich bin der einzige Gast in dem Lokal. Das Drei-Gänge-Menü besteht aus einem *Croque Monsieur*, also einem überbackenen Sandwich zur Vorspeise, Rühreiern mit Tiefkühlkroketten als Hauptgang und einem Flan aus dem Plastikbecher zum Nachtisch. Dennoch ist das immer noch deutlich besser als mein übliches Abendessen, und so trotte ich um zwanzig Uhr doch ganz zufrieden in die Wanderherberge zurück.

Dort treffe ich nun auch meine Mitbewohner, die in der Küche bereits mit dem Abwasch ihres selbst zubereiteten Abendessens beschäftigt sind: den angekündigten Vater mit seinen etwa neun- und zwölfjährigen Töchtern.

»*Bonjour!*«, begrüße ich die Kleinfamilie etwas unsicher und frage mich, was sie wohl in diese Herberge verschlagen hat – denn wie Wanderer sehen die drei nun wirklich nicht aus.

»*Bonsoir!*«, grüßt der Vater freundlich lächelnd zurück und stellt sich als Michel vor. Er spricht etwas Englisch und erklärt mir, dass er regelmäßig mit seinen Mädchen herkommt.

Jetzt kann ich mir die Frage nicht länger verkneifen: »Aber Sie sind doch keine Wanderer, oder?«

Michel lacht laut auf – und erzählt mir eine traurige Geschichte: »Ich bin ein Scheidungsvater. Nach der Trennung ist meine Frau mit den Kindern in diese Gegend gezogen. Ich aber bin in Paris wohnen geblieben. Das sind 400 Kilometer und über vier Stunden Autofahrt von hier aus.« Er nimmt einen Schluck Tee aus einer angeschlagenen Tasse und ruft seinen Kindern etwas zu. Dann fährt er in einer Mischung aus Englisch und Französisch mit seiner Geschichte fort. »Ich sehe die Kinder jedes zweite Wochenende von Freitag bis Sonntagabend. Anfangs habe ich sie hier abgeholt und mit dem Auto zu mir nach Paris gebracht. Am Sonntag sind wir dann wieder zurückgefahren. Dadurch ist fast das ganze Wochenende mit Fahrerei draufgegangen. Ich war gestresst, die Kinder waren genervt, und ich habe eine Menge Geld für Benzin ausgegeben.«

Michel unterbricht kurz seine Erzählung, um seiner jüngeren Tochter beim Einräumen des Geschirrs zu helfen. Mit einem Teller in der Hand fährt er fort: »So konnte das auf Dauer nicht weitergehen, also habe ich eine Unterkunft in der Nähe gesucht, um mich mit meinen Kindern zu treffen. Ein richtiges Hotel oder eine Ferienwohnung kann ich mir jedes zweite Wochenende nicht leisten. Und so bin ich auf die *gîte d'étape* gestoßen. Das kostet mich pro Wochenende gerade mal fünfzig Euro.«

Die Idee leuchtet mir sofort ein. Die Wanderherbergen haben große Familienzimmer mit mehreren Betten und lassen sich auch im Voraus buchen. »Aber stört es denn nicht das Familientreffen, wenn ständig andere Leute in der Herberge sind?«, frage ich interessiert nach.

»Nein, kein bisschen«, antwortet Michel prompt. »Im Winter ist außer uns meist sowieso keiner hier, und im Sommer ist es ganz gut für die Kinder, auch mit Menschen anderer Nationalitäten in Kontakt zu kommen. Justine zum Beispiel lernt gerade Deutsch in der Schule. Das kann sie doch gleich mal ausprobieren.«

Ich wechsle ein paar Worte mit dem schüchternen Mädchen, das sich sehr ziert, seine mageren Deutschkenntnisse an einer Muttersprachlerin zu testen. Dann ziehe ich mich müde in mein Zimmer zurück und gehe wenig später auch schon schlafen.

Als ich es mir im Bett bequem gemacht habe, muss ich noch lange über Michels Geschichte nachdenken. Eines daran lässt mich schmunzeln: Genau wie ich auch Schutzhütten im Wald oder Sportplätze als Übernachtungsmöglichkeit zweckentfremde, nutzt Michel eine Wanderherberge zur Familienzusammenführung. Man muss eben nur kreativ sein.

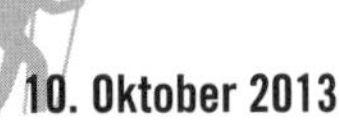

10. Oktober 2013

Retournac, Frankreich

Kilometer 1215

Ein lauter Knall reißt mich unsanft aus dem Schlaf. Verwirrt schrecke ich von meiner Isomatte hoch und denke im ersten Moment, neben meinem Zelt ist eine Bombe explodiert. Ich will schon zur Stirnlampe greifen, weil es noch stockdunkel draußen ist, doch als ich nur das sanfte Tropfen des Regens auf meiner Zeltplane höre, lasse ich mich beruhigt wieder zurücksinken. Denn nach einer Schrecksekunde ist mir klar, was mich so abrupt geweckt hat. Ich kampiere versteckt mitten im Wald, wahrscheinlich ist ein Tannenzapfen oder eine Eichel von einem nahen Baum direkt auf mein Zelt gefallen. Und jedes noch so kleine Ästchen verursacht einen Höllenlärm, wenn es aus mehreren Metern Höhe auf meine hauchdünne Silnylon-Zeltplane prallt.

Bibbernd ziehe ich meinen Quilt wieder bis ans Kinn, denn zu so früher Stunde ist es noch empfindlich kalt. Als eine Windböe durch die Baumkronen rauscht, prasseln dicke, schwere Wassertropfen auf das Zelt, worauf ein feiner Sprühregen auf mein Gesicht niedergeht. Doch meine Behausung ist nicht etwa undicht. Was da auf mich herabregnet, ist lediglich Kondenswasser, das sich aufgrund der hohen herbstlichen Luftfeuchtigkeit und des Temperaturunterschiedes zwischen drinnen und draußen an der Plane meines Einwandzeltes gebildet hat.

Ich drehe mich genervt auf die Seite, um noch eine Runde zu schlafen, als der Alarm meines Handys schrillt. Leise fluchend stelle ich ihn ab und sehe auf meine Armbanduhr. Es ist 6.15 Uhr, damit bleiben noch eineinhalb Stunden bis Sonnenaufgang. Dennoch rapple ich mich sofort entschlossen hoch. Ich muss vor zwölf Uhr im neunzehn Kilometer entfernten Ort Retournac eintreffen, weil dann der dortige Supermarkt schließt und erst drei Stunden später wieder öffnet. Die südeuropäische Angewohnheit, Läden und Sehenswürdigkeiten für eine ausgedehnte Mittagspause zu schließen, bereitet mir zunehmend Schwierigkeiten. Schon jetzt habe ich nur noch elf Stunden Tageslicht zur Verfügung, von denen ich nicht drei vor einem Supermarkt wartend zubringen möchte.

Im Schein meiner Stirnlampe beginne ich mit meiner morgendlichen Routine: Ich schütte etwas Müsli in meinen einzigen Topf, der gleichzeitig als Teller und Tasse fungieren muss. Als ich zu meiner Wasserflasche greife, verziehe ich das Gesicht: Der Plastikbehälter ist fast leer. Ich gieße die letzten Tropfen über das Müsli und rühre alles mit einem Löffel um. Weiteres Besteck gibt es nicht.

Nachdem ich gefrühstückt habe, putze ich mir die Zähne – wie immer ohne Wasser. Dann kann ich das Wegpacken des wärmenden Quilts nicht länger hinauszögern und stopfe ihn in einen wasserdichten Trockensack. Fröstelnd öffne ich anschließend das Ventil meiner Isomatte, sodass die Luft fast komplett ausströmt, während ich nun von meiner körperwarmen Schlafkleidung in meine kalten, dreckigen Wanderklamotten wechsle. Nachts dienten sie mir zusammengeknautscht in einem Kleidersack als Kopfkissen. Dann ziehe ich mir mühsam die vom Vortag nassen Wandersocken über die Füße und rolle die Isomatte zusammen.

Da es weiterhin regnet, packe ich meine Siebensachen noch im Zelt in meinen Rucksack, den ich vorher zum Schutz vor der Nässe mit einer großen Mülltüte ausgekleidet habe. Zu guter Letzt schlüpfe ich in meine nassen Schuhe und Regensachen und krieche nach draußen.

Dort umfängt mich dichter Nebel und fast vollkommene Dunkelheit. Sonnenaufgang ist erst in einer halben Stunde, doch schon in wenigen Minuten wird das Licht der ersten Dämmerung meine Stirnlampe überflüssig machen. Ich ziehe die Heringe aus dem Boden und schüttle das Zelt kräftig aus. Dennoch ist es immer noch tropfnass und daher sehr schwer, als ich es mit klammen Fingern zusammenrolle und in der Außentasche meines Rucksacks verstaue. Ein letzter prüfender Blick, ob ich auch nichts vergessen habe, dann kämpfe ich mich im allerersten Morgenlicht etwa hundert Meter durch den Wald zurück auf den Weg – wobei mir die eng zusammenstehenden Bäume gleich noch eine morgendliche Dusche verpassen. Punkt 7.15 Uhr bin ich zurück auf meiner Route. Wenn ich jetzt mein normales Wandertempo von vier Stundenkilometern ohne Unterbrechung durchhalte, dann erreiche ich den Supermarkt genau vor Ladenschluss. Doch auch bei diesen kühlen Temperaturen werde ich das nicht ohne Wassernachschub schaffen – aber wo soll ich den ohne großen Umweg herbekommen?

Schon eine halbe Stunde später erreiche ich einen allein stehenden Bauernhof mit modernem Wohnhaus und erspähe mit geübtem Blick einen Wasserhahn neben der Terrasse. Unschlüssig bleibe ich stehen und blicke zu den nur matt erleuchteten Fenstern. Soll ich zu dieser frühen Stunde klingeln und nach Wasser fragen – oder einfach durch den uneingezäunten Garten gehen und mich selbst bedienen? Mit Blick auf die Uhr entscheide ich mich für Letzteres. Als ich mit der Flasche in der Hand gerade den Hahn aufdrehen will, öffnet sich mit einem Ruck die Terrassentür. Ich erstarre in meiner Bewegung und erwarte einen wütenden Wortschwall. Doch als ich mich aufrichte, sehe ich nur in die fragenden Augen einer älteren Dame im langen Morgenmantel.

»Entschuldigen Sie vielmals«, stammle ich und laufe knallrot an. »Ich brauche nur ein wenig Leitungswasser für meine Wanderung und wollte Sie um diese Uhrzeit nicht stören.«

»Wo kommen Sie denn so früh schon her?«, fragt die Frau nicht unfreundlich.

»Ähm, ich habe ein paar Kilometer entfernt im Wald kampiert«, erkläre ich möglichst vage.

»Allein?«, fragt die Dame entsetzt, und ich nicke betreten, während ich nun ein zweifaches Donnerwetter wegen Hausfriedensbruchs und illegalen Wildzeltens erwarte.

Doch die Hausbesitzerin sieht mich nur bewundernd an: »Als Frau allein? Sie sind ja mutig! Dann geben Sie mal Ihre Flasche her. Bei der Kälte gebe ich Ihnen lieber heißes Wasser ...«

Schon fünf Minuten später bin ich wieder schnellen Schrittes unterwegs und komme wie schon so oft zu dem Schluss, dass Frauen es auf Wanderschaft in vieler Hinsicht leichter haben als Männer – auch wenn die Medien oder besorgte Mitmenschen das genaue Gegenteil behaupten.

Frauen werden nicht als Bedrohung wahrgenommen, und daher werde ich – so wie gerade eben – fast immer wohlwollend behandelt, wenn ich nach Wasser frage, per Anhalter fahre oder anderweitig Hilfe benötige. Auch ein aufgebrachter Jäger oder Förster wird bei einem weiblichen Wildzelter viel eher Nachsicht walten lassen als bei einem männlichen.

Die Angst der meisten Frauen, draußen allein in der Natur überfallen zu werden, entbehrt in der Realität jeglicher Grundlage. Und das zeigt nicht nur meine Erfahrung, sondern auch ein Blick in die Polizeistatistiken. Eine Frau ist in jeder Großstadt deutlich mehr gefährdet als irgendwo im Wald. Ist eigentlich auch logisch, denn wie sollte ein potenzieller Vergewaltiger wissen, wo gerade eine Solo-Wanderin unterwegs ist oder zeltet? Er wird sicher nicht zwischen den Bäumen warten, bis ein Opfer zufällig vorbeischlendert – denn bis das passiert, hätte er wahrscheinlich schon lange Wurzeln geschlagen. Und so reichen zwei einfache Vorsichtsmaßnahmen aus, um mich vor unliebsamen Überraschungen zu schützen: Ich sage niemandem unterwegs, dass und wo ich abends zelten werde. Und ich wähle meinen Lagerplatz so aus, dass er auch nicht zufällig von einem vorbeikommenden Spaziergänger entdeckt werden kann. So haben mich bisher auf dieser Tour nachts nur die Wildschweine aufgestöbert…

Schwitzend keuche ich schon wieder eine Anhöhe hinauf, denn ausgerechnet heute, als ich es eilig habe, gleicht meine Route einer Achterbahnstrecke. Mit ständigem Blick auf die Uhr lasse ich meine sonst üblichen kleinen Pausen ausfallen, die im Regen sowieso keinen Spaß gemacht hätten. Als ich die Hoffnung auf zeitigen Proviantnachschub schon fast aufgegeben habe, erspähe ich um kurz vor zwölf Uhr endlich den Supermarkt am Stadtrand von Retournac. Die letzten hundert Meter auf Asphalt renne ich – nur um festzustellen, dass das Geschäft bis 12.30 Uhr geöffnet hat…

Als ich eine halbe Stunde später voll bepackt aus dem Laden wieder hinaus in den Nieselregen trete, sperrt die Verkäuferin hinter mir die Automatiktür ab. Ich war der letzte Kunde vor der Mittagspause. Ratlos blicke ich mich auf dem fast leeren Parkplatz um, doch ich kann nirgendwo ein geschütztes Plätzchen mit Sitzgelegenheit entdecken. Es gibt nicht einmal ein Vordach vor dem Supermarkt oder gar eine überdachte Bushaltestelle.

Frustriert beiße ich mir auf die Unterlippe. Da habe ich wahre Köstlichkeiten zum Mittagessen im Rucksack, finde aber keinen Ort, um sie zu verspeisen. Missmutig laufe ich weiter Richtung Ortsmitte und steuere die nächste Kirche an. Gotteshäuser bieten Schutz vor Wind und Regen, genauso wie vor Sommerhitze – wenn sie nicht verschlossen sind. Und ein Friedhof mit Wasseranschluss befindet sich meist gleich nebenan.

Wenige Minuten später stehe ich vor einem gedrungenen romanischen Bauwerk, der Kirche des heiligen Johannes des Täufers aus dem 12. Jahrhundert, wie ein Schild neben dem Eingang verkündet. Gespannt drücke ich die Klinke der unscheinbaren roten Holztür herunter – sie ist tatsächlich geöffnet.

In der Kirche empfängt mich ein schwacher Geruch von Weihrauch und leider dieselbe feuchte Kühle wie draußen. Das menschenleere Gebäude ist nicht geheizt, aber immerhin bin ich hier dem Regen entkommen. Bevor ich aber die romanische Architektur und die modernen Kirchenfenster bewundere, scannen meine Augen ganz automatisch den Verlauf der Elektrokabel am Boden. Ich muss unwillkürlich lachen und frage mich, wie oft ich deshalb schon für einen Kunstdieb gehalten worden bin. Dabei will ich gar nicht die Alarmanlage auskundschaften, sondern suche lediglich nach einer Steckdose. Fast alle Kirchen haben Stromanschluss für die Mikrofonanlage oder die Orgel, sodass ich hier während meiner Mittagspause auch noch mein Handy aufladen kann.

Nachdem ich unter den Lautsprechern neben der Kanzel fündig geworden bin und mein Smartphone versorgt habe, ziehe ich mich in den Vorraum zurück und widme mich diskret meinem Mittagessen: frischem Baguette und Leberpastete. Aus Respekt würde ich zwar lieber draußen essen, aber dort regnet es immer noch unablässig. So hoffe ich einfach, dass der Herrgott und andere Kirchenbesucher mir diese kleine Übertretung verzeihen. Doch während meines Aufenthaltes verirrt sich niemand sonst hierher.

Der Kirchenbesuch tut mir wie so oft in vielerlei Hinsicht gut: Die besinnliche Atmosphäre des Gotteshauses lässt mich nach diesem anstrengenden Vormittag wieder zur Ruhe kommen. Mein Hunger wird gestillt, das Smartphone wieder aufgeladen, und sogar meine Kleidung trocknet ein wenig. Und als ich nach einer Stunde wieder aufbreche, ist die graue Wolkendecke aufgerissen, und Fetzen blauen Himmels kommen zum Vorschein. Dankbar für die seelische und praktische Unterstützung werfe ich ein paar Münzen in den Opferstock – und laufe mit neuer Energie weiter.

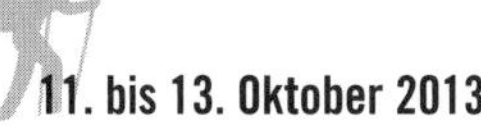

11. bis 13. Oktober 2013

Le Puy-en-Velay, Frankreich

Kilometer 1265

»Ich möchte eine postlagernde Sendung abholen«, rattere ich auf Französisch meinen einstudierten Satz herunter und reiche dem Postbeamten meinen Ausweis. Gelangweilt nimmt er die Plastikkarte entgegen und schlurft in die hinteren Räume der Filiale. Ich warte mit angehaltenem Atem und klopfendem Herzen.

Hierher, auf das Hauptpostamt von Le Puy-en-Velay, habe ich mein erstes Nachschubpaket bestellt. In Europa gibt es zwar genug Supermärkte direkt am Weg, sodass ich mir anders als auf den entlegenen amerikanischen Trails keinen Proviant selbst zuschicken muss. Aber meine Trailrunning-Schuhe halten auch hier nur etwa tausend bis maximal 1500 Kilometer – dann brauche ich ein neues Paar. Und zwar nicht irgendein Paar Schuhe aus dem Laden, das mir womöglich nicht passt, sondern genau die richtige Marke und Größe. Da ich bis hierher bereits fast 1300 Kilometer gelaufen bin, hat mir mein *trail manager* jetzt meine Wunschschuhe gesendet. Mein *trail manager*, das ist mein bester Freund aus Berlin: Bei ihm habe ich mehrere voradressierte Pakete mit Schuhen und Karten deponiert, die er mir jetzt nach Anweisung postlagernd zuschickt. Außerdem kümmert er sich während meiner Abwesenheit um meine Post und alles andere, was unerwartet in der Heimat auf mich zukommt. Nur Blumen gießen muss er nicht, denn ich habe ja schon seit Jahren keinen festen Wohnsitz mehr in Deutschland.

Nach einer gefühlten Ewigkeit taucht der Beamte wieder auf – mit leeren Händen. »Da ist nichts für Sie«, schnaubt er nur kurz und knallt meinen Ausweis auf den Tresen.

Mir sackt das Herz in die Hose. »Es sollte aber ein Paket da sein, ein Schuhkarton«, erkläre ich und forme mit den Händen ein Rechteck.

»Sagen Sie das doch gleich. Ich habe nach Briefen gesucht!«, knurrt der Mann und verschwindet zum zweiten Mal.

Zweifelnd beschließe ich, einfach später noch einmal zu kommen und zu einem anderen Mitarbeiter zu gehen, falls er wieder nichts finden sollte. Doch dieses Mal habe ich Glück. Der mürrische Beamte kehrt mit einem Schuhkarton in den Händen zurück.

»Das macht sechzig Cent Aufbewahrungsgebühr«, fordert er mich auf, und ich zähle ihm sehr erleichtert die Münzen auf den Tresen. Mit dem Paket unter dem Arm verlasse ich schnellstmöglich das Postamt und überlege draußen auf der Straße, was als Nächstes zu tun ist.

Drei Nächte und zwei volle Tage möchte ich in Le Puy bleiben, um Besorgungen und Reparaturen zu erledigen, die Stadt zu besichtigen und vor allem, um auszuruhen. Bei meinen ersten Touren in Europa habe ich den Fehler gemacht, immer nur einen Ruhetag in der Stadt einzuplanen – so wie ich das von meinen Wanderungen in den USA gewohnt war. Doch das hat in Europa nicht funktioniert – jedenfalls nicht für mich. Die *trail towns* in den USA waren nämlich durch die Bank ziemlich langweilige Städte, in denen es außer Supermärkten und *All-you-can-eat*-Restaurants für mich nichts zu sehen gab. Nach dem Einkaufen und Essen konnte ich dort in einem Motel den restlichen Tag faul im Bett verbringen und am nächsten Morgen erholt weiterwandern.

Ganz anders in Europa: In jeder größeren Stadt stoße ich hier auf irgendein Schloss oder Museum und mindestens ein halbes Dutzend interessante Kirchen und Baudenkmäler. Und damit wird es zeitlich eng: Wenn ich neben den Besorgungen auch noch die Stadt besichtigen will, verbleibt mir bei nur einem Ruhetag keine Zeit mehr zum Erholen. Und so habe ich anfangs die Städte oft erschöpfter verlassen, als ich sie betreten hatte. Mittlerweile habe ich meine Strategie geändert und plane fast immer zwei Ruhetage am Stück ein: einen für organisatorische Aufgaben und einen zum Sightseeing. Damit senkt sich zwar meine Kilometerleistung pro Monat, aber ich habe deutlich mehr Spaß beim Wandern – und die Stadtaufenthalte werden zu echten kulturellen Highlights.

Damit diese Zivilisationsausflüge aber nicht mein Budget sprengen, brauche ich als Basis eine preiswerte Unterkunft. In Frankreich sind Hotels für mich unbezahlbar, aber erfreulicherweise gibt es günstigere Alternativen: Die *campings municipaux* gibt es auch in einigen Großstädten, und so habe ich sowohl Metz als auch Dijon von einem jeweils sehr idyllisch gelegenen Campingplatz aus besichtigt. Doch zum entspannten Zelten ist es mittlerweile einfach zu kalt, und so will ich in einer *gîte d'étape* übernachten. In Le Puy en-Velay gibt es sogar zwei Herbergen, da hier der bekannteste französische Pilgerweg beginnt, die Via Podiensis. Auf 760 Kilometern führt er bis nach Saint-Jean-Pied-de-Port in den Pyrenäen und von dort aus als Camino Francés weiter bis nach Santiago de Compostela. Als GR 65 ist dieser Pilgerweg auch in das französische Wanderwegsystem integriert.

Um achtzehn Uhr stehe ich vor der Herberge St. Franziskus, einem grauen Steingebäude aus dem 16. Jahrhundert in der Nähe der Kathedrale. Die schwere Holztür am Eingang ist verschlossen, aber ein Zettel verkündet auf Französisch und Englisch, dass man während der Öffnungszeiten einfach klingeln soll. Eine freundliche Dame in der Touristeninformation hat vor einer halben Stunde hier für mich angerufen und mir ein Zimmer reserviert. Gespannt drücke ich auf den Summer. Nach einer Minute öffnet eine hochgewachsene schlanke Frau mit kurz geschnittenen grauen Haaren. Sie trägt eine braune Cordhose und ein graues Sweatshirt.

»*Bonjour!*«, begrüßt sie mich und führt mich zur Anmeldung. »Ich bin Schwester Marie-Simone.« Verwirrt starre ich die weltlich gekleidete Frau an, die mich sogleich lächelnd aufklärt: »Wir Franziskanerinnen betreiben zwar diese Herberge, aber während der Arbeit tragen wir kein Habit… Werktags arbeiten hier außerdem Frauen, die wir bei ihrer beruflichen und sozialen Wiedereingliederung unterstützen. Doch freitagabends haben alle schon frei, und daher werde ich Sie heute einchecken.« Sie reicht mir ein Anmeldeformular, das ich gewissenhaft ausfülle, während sie hinzufügt: »Sie wollen drei Nächte bleiben. In der Nebensaison machen wir das, aber im Sommer ist der Aufenthalt auf maximal zwei Übernachtungen begrenzt, damit wir alle Pilger unterbringen können.« Ich nicke und freue mich, dass meine Wahl der Jahreszeit auch Vorteile hat. »Wir haben nur Einzel- und Doppelzimmer«, fährt Schwester Marie-Simone fort. »Das Einzelzimmer kostet neunzehn Euro pro Nacht, das macht also 57 Euro insgesamt.«

Nachdem ich bezahlt habe, führt die Schwester mich durch das verwinkelte riesige Haus. Sie zeigt mir einen großen Aufenthaltsraum, eine kleine Küche und einen modern gestalteten Andachtsraum.

»Hier halten wir unser tägliches Stundengebet ab. Wenn Sie möchten, können Sie gerne dazukommen«, lädt sie mich ein und nennt mir die Gebetszeiten. Dann kommen wir zu meinem Zimmer, und ich bin sofort begeistert. Der Raum ist zwar klein, hat aber ein Bett, einen wackligen Tisch, einen alten Stuhl – und vor allem eine Heizung.

»Im Zimmer haben Sie nur ein Waschbecken, aber die Gemeinschaftsduschen sind um die Ecke«, erklärt mir die Schwester noch und verabschiedet sich dann.

Ich setze mich auf das Bett und fühle mich sogleich geborgen. Ob das wohl an den fast einen Meter dicken Steinmauern liegt? Grinsend schlüpfe ich unter die Bettdecke und strecke mich genüsslich aus. Wieder einmal überkommt mich eine tiefe Dankbarkeit. Nach den vielen Nächten im Freien, in denen mich gerade mal ein Millimeter Zeltplane aus Silnylon von meiner Umwelt trennt, ich meine eigene Heizung bin und mich in eiskaltem Wasser im Fluss waschen muss, kommt mir dieses kleine Zimmer wie ein Palast vor. Und mein zweitägiger Stadtaufenthalt wie ein Luxusurlaub.

Den Samstag verbringe ich mit kleineren Arbeiten und Besorgungen. Nach fast 1300 Kilometern hat meine Ausrüstung schon etwas gelitten, und so ist erst mal ein Ausflug in einen Outdoorladen fällig – und in einen Baumarkt. Außerdem muss ich Proviant für das Wochenende und die nächste Wanderetappe einkaufen. Erst als es dunkel wird, komme ich zurück in mein kuscheliges Heim. Im Rucksack jede Menge Lebensmittel, eine neue Stirnlampe, eine billige Schaumstoffmatte und eine Tube Silikon. Dann beginnt die Bastelstunde.

Mein erstes Projekt ist die Herstellung eines *canister cozy*, eines Kartuschenwärmers. Unterwegs benutze ich einen Gaskocher, und mit den sinkenden Temperaturen strömt das Gas immer schlechter aus der Kartusche. Je leerer sie wird, desto mehr schwächelt die Flamme. Den Metallzylinder anzuwärmen hilft in diesem Fall nur sehr kurzfristig, da das Gas sofort wieder durch die Außentemperatur und die Verdunstungskälte beim Ausströmen abkühlt. Eine selbst gebastelte Isolationsschicht soll das verhindern. Dafür habe ich eine billige Schaumstoffmatte gekauft, aber auf anderen Wanderungen hat es auch schon mit Luftpolsterfolie aus dem Verpackungsmüll eines Elektrogeschäftes funktioniert. Mit der winzigen Klinge meines kleinen Schweizer Taschenmessers schneide ich den Schaumstoff zu und klebe ihn mit Isolationsband zu einem Zylinder mit Boden zusammen – fertig! Einen kleinen Vorrat an Klebeband habe ich um meinen Trekkingstock gewickelt auf jeder Wanderung dabei, denn damit kann man fast alles reparieren.

Auch bei meiner zweiten Aufgabe kommt das Isolationsband zum Einsatz: Mein Rucksack aus Silnylon hat mehrere Risse und Löcher, die ich jetzt mit Flicken aus Klebeband abdecke und verstärke. Damit der angeklebte Plastikflicken aber nicht beim nächsten Regen abfällt, greife ich zu meiner zweiten Geheimwaffe und nähe ihn mit Nadel und Zahnseide fest. Zahnseide ist viel haltbarer und reißfester als normales Nähgarn, und ich habe sie zur Dentalhygiene sowieso immer dabei. Multifunktionalität par excellence!

Seufzend wende ich mich nun meinem dritten Problem zu und packe mein Zelt aus. Während der lang anhaltenden Regenfälle der letzten Tage habe ich leider feststellen müssen, dass es an den Nähten nicht mehr ganz dicht ist. Daher habe ich im Baumarkt Silikon gekauft, das ich jetzt mit Terpentin verdünne und in einem alten Joghurtbecher anrühre. Sofort erfüllt ein beißender Geruch mein kleines Zimmer, und ich öffne schnell das Fenster. Dann streiche ich das Silikon mit einem Pinsel immer wieder über die Nähte und hoffe, dass die dünnflüssige Mischung bis in das kleinste Loch vordringt und die Plane komplett imprägniert. Zum Trocknen breite ich das Zelt in einer Ecke im Flur aus und entsorge den leeren Joghurtbecher inklusive Pinsel in dem großen Mülleimer im Hof der Herberge, denn in diesen Chemieausdünstungen kann ich unmöglich schlafen.

Sehr zufrieden mit meinem Werk kehre ich in mein Zimmer zurück. Am morgigen Sonntag habe ich nun Zeit für Erholung und Sightseeing. Entspannt verbringe ich den Rest des Abends in meinem Bett mit der Lektüre eines Krimis aus der kleinen Herbergsbibliothek.

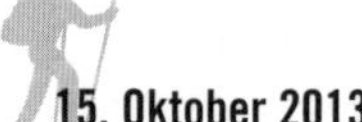

15. Oktober 2013

Vor Saint-Alban-sur-Limagnole, Frankreich

Kilometer 1329

Manchmal geht es sofort nach dem Aufwachen los, ein paar Mal musste ich sogar mein Frühstück dafür unterbrechen. Meist halte ich jedoch bis nach dem Einpacken durch – aber spätestens dann überfällt mich ein dringendes menschliches Bedürfnis. Denn auf großer Wanderschaft meldet sich meine Verdauung mit der Präzision eines Uhrwerks jeden Morgen kurz nach Sonnenaufgang.

Heute bin ich mit gepacktem Rucksack gerade abmarschbereit, als Mutter Natur mit Nachdruck ruft – und ich weiß, dass sie keinen Aufschub duldet! Blitzschnell schaue ich mich um: Ich befinde mich in einem kleinen Wäldchen direkt neben einem überwucherten Feldweg. Unter den Bäumen wächst hohes Gras, das nur dort ein wenig niedergedrückt ist, wo vor wenigen Minuten noch mein Zelt stand. Weit und breit ist niemand zu sehen – außer einem Dutzend Kühen, das auf der anderen Seite des Weges hinter einem Weidezaun meinen Aufbruch interessiert verfolgt. Der breite Hauptweg, auf dem die Via Podiensis verläuft, befindet sich ein paar Hundert Meter weiter am Waldrand außer Sichtweite. Gott sei Dank, denn seitdem ich auf diesem Pilgerweg unterwegs bin, treffe ich an einem Tag mehr Wanderer als sonst in zwei Wochen zusammen.

Ich schaffe es gerade noch, meinen Klopapiervorrat aus der Seitentasche meines Rucksacks zu angeln, bevor ich mich gleich an Ort und Stelle im kniehohen Gras niederlasse. Als ich mit heruntergelassener Hose in die Hocke gegangen bin, höre ich plötzlich Motorengeräusche.

»Da fährt nur jemand den Hauptweg entlang«, beruhige ich mich, doch der Autolärm kommt näher.

Bald sehe ich zu meinem großen Entsetzen, wie ein Jeep auf dem Feldweg heranrumpelt. Der Fahrer hätte sich keinen unpassenderen Augenblick für seinen Besuch aussuchen können.

Ich laufe knallrot an und bereite mich in meiner geduckten Haltung darauf vor, einem belustigten Bauern auf Französisch zu erklären, was ich frühmorgens an seiner Weide zu schaffen habe. Aber wahrscheinlich werde ich angesichts meiner Position und meines Bekleidungszustandes gar keine Erklärung abgeben müssen … Gespannt halte ich den Atem an, als der Wagen fast direkt auf mich zurollt, keine vier Meter entfernt vorbeifährt – und dann etwa achtzig Meter hinter mir zum Stehen kommt. Ich höre, wie die Handbremse angezogen und die Autotür geöffnet wird. Ein Mann in blauer Arbeitskleidung steigt aus und geht mit einem Eimer in der Hand auf die Kühe zu. Überrascht atme ich aus. Entweder ist er ein perfekter Gentleman – oder er hat mich überhaupt nicht gesehen!

Während der Bauer sich mit dem Rücken zu mir mit seinen Kühen beschäftigt, ergreife ich meine Chance, unentdeckt aus dieser peinlichen Situation herauszukommen. Blitzartig stehe ich auf, ziehe meine Hose hoch und ergreife meinen gepackten Rucksack und die Trekkingstöcke. Dann renne ich im Schweinsgalopp den Feldweg hinunter. Das übliche Vergraben meiner Hinterlassenschaft fällt heute leider aus.

Erst als ich den Hauptweg wieder erreicht habe, werde ich langsamer und stopfe mir beim Laufen das Wanderhemd ordentlich in die Hose. Dann lasse ich die Slapstick-Szene noch einmal Revue passieren – und muss dabei schallend lachen.

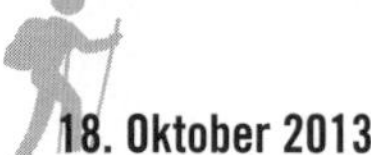

18. Oktober 2013

Gorges du Tarn, Frankreich

Kilometer 1427

Kaum habe ich den Pilgerweg Richtung Süden verlassen, bin ich wieder mutterseelenallein unterwegs – trotz herrlichsten Herbstsonnenscheins, der dem Hochplateau der Cevennen einen mystischen goldenen Schimmer verleiht. Auf meiner aus unterschiedlichen regionalen Wanderwegen zusammengestückelten Route komme ich durch Dörfer mit traditionellen Steinhäusern und Kopfsteinplaster, wandere an endlosen uralten Trockenmauern entlang und kann so manches Steinkreuz am Wegesrand bewundern.

Am heutigen Abend erreiche ich die Gorges du Tarn, eine 500 Meter tiefe Schlucht, die der Fluss Tarn aus dem Felsen gewaschen hat. Bei Sonnenuntergang stehe ich ganz allein auf der riesigen Aussichtsplattform und beobachte, wie der Vollmond am Horizont auftaucht und den französischen Grand Canyon in silbriges Licht taucht.

Doch mit dem Mond kommt die Kälte. Ein eisiger Wind streicht mir durch die Haare und lässt mich frösteln. Ich muss mich bewegen, sonst werde ich schnell auskühlen. Aber ich möchte dieses grandiose Spektakel weiter genießen, denn das Timing mit dem heutigen Vollmond ist perfekt. Da die Strecke auf den nächsten Kilometern sowieso an einer Straße entlangführt, ist dies der ideale Zeitpunkt für eine Nachtwanderung. Ich hole eine warme Mütze und Handschuhe aus dem Rucksack und laufe einfach im hellen Mondlicht weiter. Kein Auto ist unterwegs, still liegt der Fluss tief unter mir. Das einzige Geräusch ist das Rauschen der Blätter im Wind – und das Pochen meines eigenen Blutes in den Ohren. Ich könnte ewig in dieser magischen Stimmung weiterlaufen, doch meine Vernunft siegt. Als nach eineinhalb Stunden meine Route die schmale Straße verlässt, um auf unbefestigten Wegen weiterzuführen, beginne ich mit der Zeltplatzsuche. Und die gestaltet sich ausgesprochen schwierig.

Entlang des Wegs befindet sich nur undurchdringliche Macchia, ein stacheliges Gestrüpp aus immergrünem Hartlaub. Trotz unzähliger Versuche kann ich hier kein einziges unbewachsenes Plätzchen finden, das auch nur annähernd groß genug für mein Zelt wäre. Verzweifelt laufe ich zurück auf die Asphaltstraße und biege dort in einen breiten Wirtschaftsweg ein. Hier gibt es zwar keine Macchia, dafür aber endlose Weidezäune. Und in der Dunkelheit kann ich leider nicht erkennen, was mich hinter dem Zaun erwartet.

Fast eine Stunde irre ich auf Zeltplatzsuche umher, bis ich endlich Glück zu haben scheine: Das Gatter einer großen umzäunten Weide steht sperrangelweit offen. Ein vorgeschobener Stein verhindert das Zuklappen des Tores, das heißt, der Bauer hat die Weide ganz bewusst geöffnet. Und das bedeutet für mich, dass sich hier sicherlich kein Vieh befindet. Erleichtert trete ich durch das offene Tor und suche am Rand der Weidefläche im Schutz von Büschen und Bäumen nach einem geeigneten Plätzchen für mein Zelt. Bald werde ich fündig: Direkt neben dem Gatter befindet sich eine niedrige Baumgruppe auf ebenem Boden. Ich stelle meinen Rucksack ab und hole im Schein meiner Stirnlampe das Zelt heraus. Gerade als ich es am Boden ausbreiten will, sehe ich in der Ferne Autoscheinwerfer. Verblüfft schaue ich auf die Uhr. Es ist mittlerweile 22 Uhr, und ich habe seit über zwei Stunden kein Auto mehr gesehen. Erst glaube ich, dass das Fahrzeug auf einer entfernten Straße unterwegs ist, aber schon bald wird mir klar, dass es auf dem unbefestigten Wirtschaftsweg direkt auf mich zurumpelt. Vielleicht ein Jäger auf dem Heimweg? Sofort schalte ich die Stirnlampe aus und kauere mich auf die Erde, um von den Vorbeifahrenden nicht gesehen zu werden.

Im Schneckentempo kommt der dunkle Jeep immer näher. Staub flimmert im Scheinwerferlicht. Bald kann ich sogar die leise Musik aus dem Autoradio hören. Gespannt warte ich darauf, dass das Fahrzeug am geöffneten Gatter vorbeifährt – und sehe stattdessen, wie es immer langsamer wird und schließlich direkt vor dem Tor hält. Mein Herz scheint stehen zu bleiben.

Die Wagentür geht auf. Ein Paar Beine in schmutzigen Gummistiefeln schwingen heraus. Der Fahrer, ein großer Mann mit Hut und Jacke, steigt mit einer riesigen Stabtaschenlampe in der Hand aus – und scheint im Schein des Autostandlichtes direkt auf mich zuzukommen. Instinktiv drücke ich mich noch flacher auf den Boden und atme so lautlos wie möglich. Ich rieche die trockene Erde und verdorrtes Gras. Aus dem offenen Wagen dringt ein französischer Schlager zu mir herüber. Meine Augen bohren sich förmlich in den Mann, als ich mit angespannten Muskeln jede seiner Bewegungen in der Dunkelheit verfolge. Fragen wirbeln mir durch den Kopf. Was macht er hier um diese Uhrzeit? Warum hat er gerade hier angehalten? Hat er mich gesehen? Hält er womöglich Ausschau nach mir? Doch ich bin wohl nicht der Grund seines Kommens, denn der Mann sucht nicht etwa die Weide ab, sondern hantiert mit dem Rücken zu mir am Gatter – keine zwölf Meter von mir entfernt. Er ist so nah, dass ich mir einbilde, ihn riechen zu können. Noch wendet er mir den Rücken zu, aber was, wenn er sich umdreht und mich im Schein der Taschenlampe entdeckt?

Verzweifelt überlege ich, ob ich mich schnell bemerkbar machen soll. Doch als ich mir diese Szene vorstelle, verwerfe ich den Gedanken sofort wieder. Da springt mitten in der Pampa nachts um zehn eine riesige Frau in verdreckten Klamotten aus dem Gebüsch und erklärt in radebrechendem Französisch irgendetwas Unverständliches. Entweder der Mann bekommt dann gleich einen Herzinfarkt vor Schreck, oder er rennt schreiend davon und holt die Polizei. Und so verharre ich reglos in geduckter Haltung.

Die Sekunden dehnen sich zu einer Ewigkeit aus, bis endlich Bewegung in die Szene kommt. Der Mann schließt das Gatter, hantiert noch ein paar Sekunden herum und läuft dann wieder zurück zu seinem Wagen. Glücklicherweise wird mein Versteck nicht von den Autoscheinwerfern erfasst, die jetzt beim Starten des Motors vom Standlicht in das Abblendlicht wechseln. Der Fahrer setzt kurz zurück auf den Wirtschaftsweg und rumpelt dann weiter Richtung Straße.

Erleichtert atme ich aus. Aber erst als ich das Auto nicht mehr sehen und hören kann, wage ich es, mein Versteck zu verlassen. Zitternd strecke ich meine steifen Glieder und packe hastig mein ausgerolltes Zelt zusammen. »Nur schnell weg hier!«, ist im Moment mein einziger Gedanke. Doch leider bin ich nun auf der Weide eingesperrt, denn der Bauer hat das Gatter verschlossen und sogar mit Draht gesichert. Ich hebe meinen Rucksack über den Zaun, werfe meine Trekkingstöcke hinterher und robbe unter dem Stacheldraht hindurch zurück in die Freiheit. Kurz schaue ich den Weg hinunter Richtung Straße. Alles ist ruhig. Obwohl ich immer noch nicht verstehe, warum der Bauer ausgerechnet zu so später Stunde seine Weide besucht hat, bin ich unglaublich froh, dass ich nicht beim Wildzelten erwischt worden bin.

Doch in meine Erleichterung mischt sich sogleich Sorge: Ich habe immer noch keinen Schlafplatz für die Nacht! Es hilft nichts, ich muss weitersuchen. Fest entschlossen, mich jetzt von allen Weideflächen fernzuhalten, marschiere ich weiter den Wirtschaftsweg entlang und werde tatsächlich nach einer Viertelstunde fündig. Rechts des Weges erstreckt sich unter einer gewaltigen Hochspannungsleitung eine riesige Brachfläche – ohne Umzäunung. Die ist zwar überwuchert von Gestrüpp und übersät mit Erdklumpen, aber zu dieser Stunde kann ich nicht mehr wählerisch sein. Ich suche mir ein halbwegs sichtgeschütztes Plätzchen zwischen einigen hüfthohen Büschen und schlage auf dem buckeligen Boden mein Zelt auf. Nach all der Aufregung ist mir sogar die Lust auf ein warmes Abendessen vergangen. Ich knabbere noch etwas Müsli und ein paar Nüsse, dann strecke ich mich auf meiner Isomatte aus und lausche in die tiefe Stille hinein. Über mir ist nur das leise Sirren der Stromleitung zu vernehmen, ansonsten ist alles ruhig – aber leider nur für kurze Zeit.

In der Ferne ertönt nun nämlich lang anhaltendes Autohupen. Erstaunt blicke ich wieder auf meine Uhr: Es ist fast Mitternacht! Dann schnappe ich auch noch menschliche Stimmen auf, Männerstimmen! Vor Schreck richte ich mich kerzengerade in meinem Zelt auf und horche angestrengt in die Nacht. Lautes Rufen und schrille Pfiffe dringen immer lauter an mein Ohr. Eine ganze Gruppe von Männern scheint lärmend näher zu kommen. Fieberhaft suche ich nach einer Erklärung für den nächtlichen Krach. Ein paar angetrunkene Jugendliche auf der Heimfahrt? Ein nächtliches Saufgelage? Was tun, wenn sie von der Straße auf den Wirtschaftsweg abbiegen und mich auf der Brachfläche entdecken? Ich liege zwar sichtgeschützt zwischen einigen Büschen etwa fünfzig Meter vom Weg entfernt, aber im Lichtkegel von Autoscheinwerfern könnte man mich vielleicht doch ausmachen! Was wird passieren, wenn eine Horde angetrunkener Männer mitten in der Nacht auf eine Frau allein in einem Zelt trifft?

Kalter Schweiß steht mir auf der Stirn, und mein Herz rast. Verzweifelt starre ich durch den Lüftungsschlitz meines Zeltes und versuche, irgendeinen Hinweis zu erhaschen. Doch nichts! Draußen liegt eine völlig verlassene Landschaft im fahlen Mondlicht. Ich zwinge mich, ruhig zu atmen. »Du bist gut versteckt. Man kann dich nicht sehen. Niemand weiß, wo du bist!«, murmle ich wie ein Mantra immer wieder vor mich hin, während die Stimmen lauter und lauter werden.

Da ich es nicht wage, meine Stirnlampe anzuschalten, fische ich im Dunkeln nach meinen Wertsachen. Hastig verstecke ich Geldbörse und Handy unter meinem Pullover. Habe ich irgendeine Waffe, um mich zu verteidigen? Mir fällt nur mein Minitaschenmesser ein. Dessen Klinge ist so kurz, dass ich damit nicht einmal ein Brötchen richtig aufschneiden kann. Mit einem bitteren Lachen realisiere ich, dass ich potenziellen Angreifern völlig schutzlos gegenüberstehen würde.

Wieder werfe ich einen vorsichtigen Blick nach draußen. Doch plötzlich jagt mir eine völlig andere Empfindung Todesangst ein: Die Erde scheint zu beben! Erst ist es nur ein leises Zittern, dann beginnt der Boden förmlich zu vibrieren. Ein Erdbeben? Hier in Südfrankreich? Das kann doch nicht sein! Mein Mund ist wie ausgetrocknet. Meine Finger krallen sich in den Quilt. Die Stimmen und Pfiffe scheinen nur noch hundert Meter entfernt zu sein. Durch die Zeltplane hindurch erkenne ich einen blassen Lichtschimmer, der immer heller wird: Autoscheinwerfer!

Ich richte mich kerzengerade auf und linse durch den Lüftungsschlitz. Was ich jetzt auf dem Wirtschaftsweg erblicke, erfüllt mich erst mit Unglauben – und dann mit einer grenzenlosen Erleichterung: Hunderte von Schafen ziehen gerade mal fünfzig Meter entfernt an meinem Zelt vorbei! Ein halbes Dutzend Hütehunde hält die Herde im Zaum – dirigiert von den gellenden Pfiffen und Zurufen des Hirten. Die Hunde sind so in ihre Arbeit vertieft, dass sie mich überhaupt nicht zur Kenntnis nehmen. Genauso wenig wie der Hirte, der die

Herde mit seinem langsam dahinrollenden Jeep quasi vor sich herschiebt.

Gebannt beobachte ich das Spektakel im Mondlicht, bis der Tross an mir vorübergezogen ist und nur noch eine Staubwolke in der Luft hängt. Dann lasse ich mich erlöst zurück auf meine Matte sinken und weiß nicht, ob ich lachen oder weinen soll. Ich bin Zeuge einer Transhumanz geworden, also eines Schafumtriebes. Und plötzlich machen alle Ereignisse einen Sinn. Bei meiner ersten Begegnung hat der Schäfer vor dem Umtrieb alle Gatter entlang des Weges verschlossen, damit die Herde dort nicht auf Abwege geraten kann. Bei meiner zweiten Begegnung hat er die Schafe dann durch Hupen und mithilfe seiner Hunde über die Straße und den Wirtschaftsweg von einer Weide zu einer anderen getrieben. Die Aktion fand wahrscheinlich nachts statt, weil er tagsüber durch den Autoverkehr auf der Straße behindert worden wäre.

Obwohl der Rest der Nacht absolut ruhig verläuft, dauert es über eine Stunde, bis sich mein Blutdruck wieder normalisiert und ich endlich einschlafen kann.

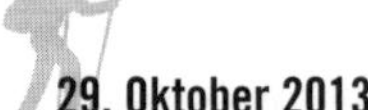

29. Oktober 2013

Montagne d'Alaric, Frankreich

Kilometer 1691

Zuerst glaube ich, dass ich in eine Art Kostümparty hineingeraten bin, denn mir kommen zwei Dutzend junge Frauen im Nonnenhabit entgegen. Doch zur traditionellen langen weißen Tunika und einem schwarzen Schleier tragen sie höchst moderne Turnschuhe und Tagesrucksäcke bekannter Outdoorfirmen. Das Stilgemisch verwirrt mich. Ständig kommen mir weitere Nonnen entgegen, und alle sind sie noch sehr jung. Und ich dachte immer, die religiösen Orden hätten Nachwuchsprobleme.

»*Bonjour! Bonjour!*«, zwitschern sie mir fröhlich lächelnd zu und ziehen in kleinen Grüppchen den Berg hinunter an mir vorbei, während ich mich schwer bepackt die Steigung hinaufquäle.

Schwer atmend bleibe ich stehen und blicke den Nonnen hinterher. Ich bin wohl tatsächlich in einen klösterlichen Wanderausflug geraten. Kopfschüttelnd betrachte ich die Landschaft, die unter einer strahlenden Herbstsonne vor mir liegt. In nordwestlicher Richtung kann ich noch das mittelalterliche Carcassonne erkennen, das ich heute Morgen nach zwei erholsamen Ruhetagen verlassen habe. Vor mir liegen die Alaric-Berge. Dieser winzige Gebirgszug ist gerade mal zwanzig Kilometer lang und maximal 600 Meter hoch, aber der GR 36 scheint hier immer die schwierigste und steilste Route zu nehmen. An den Hängen unter mir stehen Weinstöcke in schnurgeraden Reihen. Leider sind die Trauben schon lange abgeerntet, sonst würde ich mir jetzt einen kleinen Snack gönnen. Seufzend blicke ich auf die Uhr und dann auf den Weg vor mir, der sich endlos immer weiter durch die Macchia nach oben schraubt. Es ist bereits ein Uhr mittags, und ich wollte um diese Zeit schon viel weiter sein. Doch der anstrengende Weg in Kombination mit Proviant für vier Tage und drei Litern Wasser auf dem Rücken haben mir einen Strich durch die Rechnung gemacht. Energisch packe ich meine Trekkingstöcke und setze mich langsam wieder in Bewegung.

Kurz vor Sonnenuntergang habe ich das Minigebirge zwar immer noch nicht durchquert, aber immerhin bin ich jetzt oben angelangt. Ich befinde mich auf einem steinigen Plateau, das heideähnlich mit Gras und einigen wenigen spärlichen Büschen bewachsen ist. Eigentlich ist die ebene Fläche ideal zum Zelten, aber hier würde ich selbst nachts von jedem zufällig Vorbeikommenden sofort entdeckt werden. Und so wende ich mich suchend nach allen Seiten, um einen etwas versteckteren Zeltplatz zu finden. Doch weit und breit sehe ich kein geeignetes Gelände.

Verzweifelt laufe ich weiter, während die Sonne langsam am Horizont versinkt. Da erkenne ich vor mir auf einer Anhöhe eine große Kreuzung mit fünf Wegalternativen, darunter auch mein GR 36. Eilig haste ich zu der Gabelung und sondiere im letzten Tageslicht sofort alle Abzweigungen. Zwei sich kreuzende Wanderwege führen nur wieder auf das offene Plateau, aber ein schmaler Pfad steigt zu einer Anhäufung dichter Macchia hinab. Das ist meine einzige Chance auf Sichtschutz.

Ich laufe den Pfad etwa 200 Meter entlang und schlage mich dann sofort ins Gebüsch. Wie durch ein Wunder findet sich im fast undurchdringlichen Gestrüpp tatsächlich auch ein halbwegs ebenes Plätzchen, das groß genug für mein Zelt ist. Zwar zerkratze ich mir beim Lageraufbau die Arme an den Dornen, aber als ich nach einer halben Stunde und in mittlerweile kompletter Dunkelheit in mein Zelt krieche, bin ich überglücklich über meinen Platz. Ich kampiere jetzt zwar gerade mal zwei Meter vom Pfad entfernt, aber hier wird wohl mitten in der Nacht sowieso niemand vorbeikommen, und außerdem bin ich gut hinter den Sträuchern verborgen. Um zwanzig Uhr strecke ich mich, nachdem ich gegessen und meine Karten studiert habe, auf meiner Isomatte aus und döse zufrieden ein.

Doch der Frieden währt nicht lange. Um 21 Uhr reißen mich laute Stimmen aus dem Schlaf. Erschreckt fahre ich hoch und starre in die Dunkelheit. Oben an der Wegkreuzung, 200 Meter von mir entfernt, blitzen starke Taschenlampen auf. Französische Wortfetzen dringen an mein Ohr – es handelt sich ausschließlich um Männerstimmen. Sofort bin ich in Alarmbereitschaft und überlege fieberhaft, was die Ursache dieses nächtlichen Tumultes sein könnte.

»Jäger!«, schießt es mir als Erstes durch den Kopf. »Vielleicht eine nächtliche Wildschweinjagd!«

Ich zwinge mich, ruhig zu atmen, obwohl ich mir gerade selbst vorkomme wie ein gejagtes Tier. Jegliches Geräusch vermeidend lausche ich so intensiv in die Nacht, dass ich sogar das Blut in meinen Ohren rauschen höre. Selbst das Rascheln meines Quilts erscheint mir im Moment ohrenbetäubend laut. Zu meinem großen Entsetzen werden es immer mehr Männerstimmen, und ich schätze, dass sich dort oben bereits über zehn Personen aufhalten müssen. Immer wieder leuchtet eine Taschenlampe für Sekundenbruchteile direkt auf mein Zelt, und ich frage mich verzweifelt, ob ich nicht schon längst entdeckt worden bin.

Da nehme ich plötzlich so etwas wie Aufbruchstimmung wahr. Die Männer setzen sich in Bewegung. »Gott sei Dank!«, denke ich im ersten Moment. »Sie ziehen endlich ab!« Doch zu meiner großen Überraschung verschwindet die Gruppe nicht auf einem der breiten Wege auf das freie Plateau, sondern kommt ausgerechnet auf dem schmalen Pfad den Abhang hinunter direkt auf mein Lager zu!

»Jetzt ist alles verloren!«, folgere ich in panischer Angst. »Ich bin entdeckt!«

Instinktiv lege ich mich so flach wie möglich auf meine Isomatte, obwohl mich das im Zelt natürlich kein bisschen weniger sichtbar macht. Schwere Schritte kommen immer näher.

»*Putain!* – Scheiße!«, höre ich aus unterschiedlichen Männerkehlen. Was soll ich nur sagen, wenn die nächtlichen Besucher mich aufspüren? Wenn ich doch nur wüsste, um wen es sich handelt! Jäger? Ranger? Kriminelle?

Ein Geruch aus aufgewirbeltem Staub, Männerschweiß und Leder dringt mir in die Nase – oder bilde ich mir das nur ein? Die immer wieder aufblitzenden Taschenlampen sind mittlerweile so nah, dass sie mein Zelt fast taghell erleuchten. Ängstlich drücke ich mich in meinen Quilt und erwarte jede Sekunde, dass jemand den Zelteingang aufreißt und mich anschreit. Doch nichts passiert! Das erste Paar Stiefel entfernt sich schon wieder. Ist das möglich? Hat die Gruppe mich doch nicht entdeckt? Ein Fünkchen Hoffnung keimt in mir auf. Vorsichtig rutsche ich zum Zelteingang und luge unter der Plane hindurch ins Freie. Aus dieser Position in Bodennähe kann ich jedoch nur die Füße der Vorbeilaufenden erkennen. Ich sehe ein Paar schwarze Schnürstiefel, dann noch eines. Als der dritte Mann in identischen Knobelbechern gerade mal zwei Meter von mir entfernt den Pfad entlangstolpert, dämmert es mir langsam: Das sind Soldaten! Und dann fällt mir siedend heiß ein, dass ich heute Morgen beim Verlassen von Carcassonne an einer Militärkaserne vorbeigekommen bin. Plötzlich macht alles Sinn: Das hier ist eine nächtliche Truppenübung!

Diese Erkenntnis entspannt mich sofort, denn das Militär hätte in dieser Situation überhaupt kein Interesse daran, mich zur Rede zu stellen. Als dann der zehnte Soldat mit einem gezischten »*Putain!*« an mir vorbeimarschiert, ohne meinen Lagerplatz zu entdecken, muss ich regelrecht in mich hineingrinsen. Da wandert ein gutes Dutzend hoch qualifizierter Waffenträger direkt neben mir den Weg entlang, ohne die potenzielle Gefahr auch nur zu erahnen. Wenn ich jetzt keine unschuldige Langstreckenwanderin wäre, sondern ein böser Heckenschütze? Fünfzehn Männer sind es insgesamt, und kein einziger bleibt auch nur kurz stehen, um das eigenartige Objekt in den Büschen genauer zu inspizieren.

Als der Letzte vorübergegangen ist, höre ich noch zehn Minuten lang sich immer weiter entfernendes Stiefeltrampeln und französische Flüche, dann kehrt wieder absolute Stille ein. Ich strecke mich auf meiner Matte aus und atme erleichtert auf. Meine Versteck-Strategie hat wieder einmal gut funktioniert. Dann muss ich lachen. Da soll noch einer sagen, Wandern in Europa wäre langweilig. Zwei Jahre meines Outdoorlebens habe ich in Nordamerika verbracht, doch so viele aufregende nächtliche Erlebnisse hatte ich trotz Grizzlybären und Klapperschlangen dort nie …

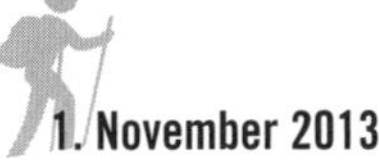

1. November 2013

Vor Saint-Paul-de-Fenouillet, Frankreich

Kilometer 1774

Immerhin werde ich gewarnt: Als ich morgens auf dem GR 36 eine kleine Teerstraße kreuze, begrüßt mich am Waldrand ein oranges Schild mit den Worten »*Chasse en cours* – Jagdbetrieb«. Darunter werde ich aufgefordert: »*Ensemble soyons vigilants* – Gemeinsam müssen wir wachsam sein.« Eine kleine Zeichnung illustriert auch gleich, auf was Jagd gemacht wird: Wildschweine.

Laut Statistik ereignen sich in Frankreich jedes Jahr über hundert Jagdunfälle, davon allein in der letzten Saison mehr als zwanzig tödliche. Mir ist klar, dass ich als einsamer Wanderer jetzt besonders gefährdet bin, und so habe ich mir schon in Carcassonne eine neon-orange Warnmütze gekauft. Damit sehe ich zwar extrem bescheuert aus, werde aber selbst bei Nebel und aus der Entfernung gut erkannt. Um auf Nummer sicher zu gehen, ziehe ich mir jetzt sogar noch zusätzlich eine orange Windjacke an, was mich nicht gerade hübscher macht. Aber für mich gilt *safety first* – eine Langstreckenwanderung ist ja schließlich kein Modewettbewerb.

Während der nächsten Stunden überquere ich komplett unbehelligt von Jägern, Tieren oder Hunden die noch ziemlich zahmen Berge des Pyrenäenvorlandes. Am Wegesrand finden sich erfreulich viele Erdbeerbäume, deren Früchte zwar wie Erdbeeren aussehen, aber eher mehlig schmecken. Normalerweise werden diese zu Marmelade oder Schnaps verarbeitet, aber da ich unterwegs nicht wählerisch sein kann, esse ich die faden Dinger einfach roh. Farblich passen die roten Früchte jedenfalls hervorragend zu meiner orangen Warnkleidung.

Richtig satt werde ich davon allerdings nicht, und so mache ich um zwölf Uhr Mittagspause auf dem Col de Lapres, einem beschaulichen Pass auf 600 Meter Höhe. Mit Steinen umlegte

Feuerstellen zeigen mir, dass ich wohl nicht die Erste bin, die hier rastet. Der lang gezogene Pass ist unbewaldet. Das dichte kurze Gras und der herbe Geruch von Schafskot deuten darauf hin, dass hier im Sommer Vieh weidet.

Mit einem Stöhnen der Erleichterung lasse ich mich in der Herbstsonne auf einem großen Stein nieder und ziehe erst einmal meine Schuhe aus, um die Füße zu lüften. Dann schraube ich meinen kleinen Campingkocher auf die Gaskartusche, fülle Wasser in meinen Titantopf und entzünde das Gas. Als das Wasser wenige Minuten später kocht, hole ich seufzend eine Tüte mit Couscous aus dem Rucksack und schütte den Inhalt in das heiße Wasser.

Schon wieder Couscous. Normalerweise ernähre ich mich unterwegs von dehydrierten Nudelgerichten, Instant-Kartoffelpüree oder Asiasuppen, aber Frankreich ist eines der wenigen westlichen Länder, in denen diese Tütengerichte nicht im Supermarkt angeboten werden. Wahrscheinlich legen die Franzosen so viel Wert auf gutes Essen, dass niemand außer Wanderern dieses Fertigfutter kaufen würde. Die einzige überall erhältliche und schnell zu kochende Alternative ist Couscous. Und den esse ich nun schon seit Wochen fast täglich – mal mit Minz-Zitronen-Geschmack, mal mit getrockneten Tomaten. Und seit Wochen hängt er mir zum Hals heraus. Frankreich ist wahrhaftig kein kulinarisches Highlight für mich als Wanderer.

Ich rühre gerade den gequollenen Couscous mit dem Löffel um, als mich ein Geräusch aufblicken lässt. Wie aus dem Nichts kommen plötzlich zwei große schwarze Hunde direkt auf mich zugeschossen. Sofort erhöht sich mein Pulsschlag, aber ich zwinge mich, ruhig sitzen zu bleiben. Aus Erfahrung – und aufgrund des Warnschilds, das ich vor einigen Stunden gesehen habe – folgere ich, dass es sich um Jagdhunde handeln muss. Und die sind an nichts anderem interessiert als an ihrem Beutetier. Menschen lassen sie während der Jagd links liegen – so hoffe ich jedenfalls. Und tatsächlich fliegen die beiden Hunde einfach an mir vorbei, ohne ihre Hatz auch nur ein wenig zu verlangsamen. Zehn Sekunden später sind sie schon wieder außer Sicht. Erleichtert atme ich tief aus und widme mich wieder meinem Couscous.

45 Minuten später beende ich meine Mittagspause, die ohne weitere Besuche verlaufen ist, und beginne den langen Abstieg in das Dorf Saint-Paul-de-Fenouillet. Bald schon verlässt der GR 36 den grasigen Pass und quert eine steinige, nur mit wenigen Büschen bewachsene Flanke. Ich befinde mich gerade in deren Mitte, als ich aus den Augenwinkeln eine Bewegung am gegenüberliegenden Hang wahrnehme. Alarmiert blicke ich hinüber und traue meinen Augen nicht: Ein paar Hundert Meter Luftlinie entfernt von mir steht ein älterer Mann und zielt mit seinem langen Jagdgewehr auf mich. Sofort ducke ich mich und verstecke mich hinter einem Busch. Hat denn dieser Idiot keine Augen im Kopf? Hält der mich in meiner Warnkleidung für ein oranges Wildschwein?

In der Hoffnung, dass der Jäger seinen Irrtum erkannt hat, wage ich mich nach einer halben Minute wieder aus der Deckung. Der Mann steht mit gesenktem Gewehr immer noch an seinem Platz, doch kaum sieht er mich aus dem Gebüsch auftauchen, legt er schon wieder auf mich an. Entsetzt lasse ich mich zu Boden fallen und überlege fieberhaft, was ich jetzt tun soll. Den Weg entlangrobben anstatt zu laufen, um nicht in seine Schusslinie zu geraten? Oder laut rufen? Erneut stecke ich den Kopf aus dem Gebüsch – und sofort richtet der Mann sein Gewehr wieder auf mich. Was für ein Albtraum! Ist er sehbehindert? Oder ein schießwütiger Geisteskranker? Ich linse durch das Gebüsch zu ihm hinüber und erkenne nach einem kurzen Moment den Grund seines Verhaltens. Der Mann will mich durch das Zielfernrohr seines Gewehres beobachten, was aber aus der Entfernung so aussieht, als ob er auf mich schießen wolle.

Ich hoffe, dass ich mit dieser Erklärung richtigliege und tauche nun endgültig aus meinem Versteck auf. Vorsichtshalber winke ich dem Jäger jetzt mit zwei ausgestreckten Armen zu und laufe mit wackligen Knien und angehaltenem Atem weiter den Weg entlang. Kein Schuss wird abgefeuert, alles bleibt ruhig. Sehr langsam beruhigt sich mein Herzschlag. Da sehe ich schon in einigen Hundert Metern Entfernung den nächsten Jäger und zwei Minuten später noch einen. Beide sind wohl schon in den Sechzigern. Ganz offensichtlich bin ich in eine groß angelegte Treibjagd hineingeraten. Immerhin legt keiner von ihnen auf mich an. In den nächsten zwanzig Minuten erspähe ich insgesamt sechs weitere Mitglieder der Jagdgesellschaft in mehr oder minder großer Entfernung – und dann stoße ich auf einen Jäger direkt an meinem Weg.

»*Bonjour!*«, begrüße ich den älteren Herrn in braunen Cordhosen und einer grünen Lodenjoppe, der etwas gelangweilt auf einem alten Campingklappstuhl am GR 36 sitzt.

»*Bonjour!*«, antwortet der untersetzte Mann freundlich und ist sichtlich erfreut über die Abwechslung.

»Das ist ja eine große Jagdgesellschaft«, stelle ich fest, um das Gespräch in Gang zu bringen. Ich möchte gerne etwas mehr über die französischen Jagdgepflogenheiten in Erfahrung bringen – und mich über den sehbehinderten Jäger beschweren!

»Ja, wir sind insgesamt dreißig Jäger heute«, bestätigt mir mein Gegenüber und fügt hinzu: »Wir jagen Wildschweine.«

»Ist das denn nicht sehr gefährlich für Wanderer wie mich?«, versuche ich das Gespräch in die richtige Richtung zu lenken.

»Kein bisschen«, versichert mir der Mann schnell. »Solange Sie auf den Wegen bleiben, kann gar nichts passieren. Wir bekommen vom Jagdleiter zu Beginn eine Einweisung, wo sich die Wanderrouten befinden. Es darf auf nichts geschossen werden, was wir auf den Wegen sehen. Wir zielen nur auf Wild im Wald oder freien Gelände.«

Plötzlich wird mir ganz flau im Magen, und ich schlucke betreten. Wenn ich wild zelte, bin ich ja direkt im Wald. Und um nicht entdeckt zu werden, ziehe ich bei der Zeltplatzsuche auch meistens meine Warnmütze und -jacke aus… Ich nehme mir sofort vor, meine bunte Kleidung während der Jagdsaison stets anzulassen, denn schließlich möchte ich nicht mit einem Wildtier verwechselt und erschossen werden.

Ich versuche, mir meine Betroffenheit nicht anmerken zu lassen, und gehe zum Angriff über. »Das stimmt aber so nicht! Einer Ihrer Jäger dort oben hat mehrfach auf mich angelegt und mich dabei zu Tode erschreckt!«, erkläre ich entrüstet.

»Ach, der wird Sie nur durch das Zielfernrohr beobachtet haben«, bestätigt der Jäger nun meine eigene Schlussfolgerung.

»Das hat mich aber ziemlich in Panik versetzt!«, entgegne ich verärgert.

»Der Jäger hat das Gewehr doch sicher nicht gespannt. Sie müssen doch am abgeknickten Lauf gesehen haben, dass er damit gar nicht schießen kann«, klärt mich der Mann auf.

Empört berichte ich sofort, dass das definitiv nicht der Fall war. »Sonst hätte ich mich doch nicht so erschrocken«, klage ich ihm mein Leid.

»Na ja, das wird dann wohl ein Versehen gewesen sein …«, brummelt der ältere Herr.

Angesichts des durchaus fortgeschrittenen Alters der gesamten Jagdgesellschaft frage ich mich nun, wie viele Versehen mich wohl noch erwarten, und will daher alarmiert wissen: »Wie viele Jäger sind denn in dieser Richtung noch in der Gegend postiert?«

»Keiner mehr! Ich bin der Letzte«, beruhigt mich mein Gegenüber.

»Na dann: *Bonne chasse* – Waidmannsheil!«, verabschiede ich mich schnell und verlasse zügig die Gefahrenzone.

Als ich eine Stunde später endlich in Saint-Paul-de-Fenouillet ankomme, kaufe ich mir im Supermarkt erst mal eine Wildschweinsalami für das Abendessen …

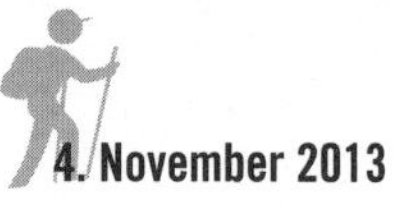

4. November 2013

Amélie-les-Bains-Palalda, Frankreich

Kilometer 1857

Heute ist der große Tag, den ich seit Beginn der Wanderung gleichzeitig gefürchtet und herbeigesehnt habe. Heute werde ich die Pyrenäen überqueren. Schon bei der Tourenplanung war mir klar, dass ich frühestens Anfang November an der französisch-spanischen Grenze ankommen würde. Die hoch gelegenen Pässe sind um diese Jahreszeit schon lange unpassierbar. Ich hatte also nur zwei Planungsalternativen: entweder komplett bis zur Mittelmeerküste laufen und dort die Grenze überqueren – oder einen relativ niedrigen Pass finden und hoffen, dass dieser noch nicht zugeschneit ist. Ich hatte mich für die zweite Variante entschieden; oder ganz konkret für den Pass Coll del Puig de la Neu auf 1400 Meter Höhe. Dieser katalanische Name bedeutet »Schneebergpass« – eine wenig ermutigende Bezeichnung …

Äußerst nervös wandere ich schon um sieben Uhr im allerersten Dämmerlicht los und erreiche bereits eine Stunde später den kleinen Kurort Amélie-les-Bains-Palalda. Mit einem bittersüßen Gefühl laufe ich durch die schmalen Gassen, kaufe mir ein letztes Mal *pain au chocolat* und ein Buttercroissant. Ich bin zugleich traurig und froh, Frankreich zu verlassen. Dieses Land hat für mich als Langstreckenwanderer viele Vor-, aber auch zahlreiche Nachteile. Das Wanderwegenetz in Frankreich wird zentralistisch verwaltet und ist akribisch in unterschiedliche GRs aufgeteilt. Während der Tourenplanung war es für mich einfach, Tracks jedes einzelnen Weges aus dem Internet herunterzuladen und zu meiner Route zusammenzusetzen. Die Wege sind in der Regel ausgezeichnet markiert, sodass ich kaum Navigationsprobleme hatte und auf detaillierte Landkarten verzichten konnte. Papierkarten für eine Strecke von 1500 Kilometern wären auch viel zu teuer und zu schwer gewesen. So habe ich mich mit Übersichtskarten im Maßstab 1 : 100 000 oder Internetausdrucken begnügt.

Das Preisniveau war einer der größten Nachteile für mich: Obwohl ich, wenn möglich, immer in billigen Discountern eingekauft habe, kostete hier alles zwanzig bis dreißig Prozent mehr als in Deutschland. Die tolle französische Küche konnte ich mir nicht leisten, da die meisten Restaurants einfach viel zu teuer waren. Und bei schlechtem Wetter konnte ich auch nicht einfach in ein Hotel oder eine Pension ausweichen – nur die *campings municipaux* und die Wanderherbergen waren bei meinem Budget gerade noch drin. Dazu machten mir Sprachprobleme zu schaffen: Kaum jemand in Frankreich scheint etwas anderes als Französisch sprechen zu können oder zu wollen. Selbst in Touristeninformationen wurde meine Frage: »*Do you speak English?*« wie ein unsittlicher Antrag mit einem heftigen »*Non!*« zurückgewiesen. Auf mein radebrechendes Schulfranzösisch wurde in der Regel zwar freundlich geantwortet, aber komplexe Unterhaltungen waren so nicht möglich.

Nachdem ich die letzten Einkäufe erledigt habe, gehe ich mit dem Handy in der einen und dem GPS in der anderen Hand stadtauswärts. Mit dem Handy versuche ich, irgendwo noch ein offenes WLAN aufzuspüren, denn mein französisches Handyguthaben ist bereits aufgebraucht. Mit dem GPS suche ich den Einstieg in die HRP, die *Haute Route Pyrénéenne,* die mich zum Pass hinaufführen soll. Auf dem Handy werde ich bald fündig. Vor einem alten Bürogebäude kann ich mich noch einmal schnell ins Internet einloggen und den Wetterbericht checken: Für den Nachmittag ist leichter Regen angesagt. Bei der Suche nach dem Wanderweg bin ich weniger erfolgreich: Dort, wo mein GPS den Beginn der HRP anzeigt, befindet sich eine moderne Vorortsiedlung. Über eine Stunde suche ich vergeblich zwischen Einfamilienhäusern am Waldrand nach irgendeiner Markierung oder zumindest einem Weg. Stattdessen finde ich nur Tierpfade, jede Menge Getränkedosen und Zigarettenkippen sowie unwissende Anwohner.

»Wissen Sie, wo ich den Weg auf den Pass zum Schneeberg finde?«, frage ich zwei Hundebesitzer und eine Hausfrau, die gerade den Müll rausbringt. Doch ich ernte nur Kopfschütteln und Mutmaßungen.

»Hier ist er jedenfalls nicht«, lautet die einhellige Meinung aller Befragten.

Auf meiner 1 : 100 000-Übersichtskarte ist der Weg ebenfalls nicht eingezeichnet, denn die HRP ist keine offizielle GR-Route, sondern lediglich ein in verschiedenen Wanderführern beschriebener Streckenvorschlag. Wie für alle Teilstrecken meiner Route habe ich mir auch für die HRP aus dem Internet einen Track auf mein GPS heruntergeladen. Doch während auf meiner bisherigen Strecke von 1900 Kilometern alle Tracks zumindest irgendeinem – wenn auch nicht immer dem richtigen – Weg in der Natur entsprachen, ist ausgerechnet dieser Internet-Download ein reines Fantasieprodukt. Innerlich verfluche ich den Verursacher und wünsche ihm bei seiner nächsten Wanderung eine ähnliche Odyssee, wie ich sie gerade erlebe. Ein Blick auf die Uhr macht mich noch gereizter. Es ist bereits nach zehn, und ich habe noch nicht einmal mit dem Aufstieg begonnen.

Auf der stark befahrenen Durchgangsstraße des Ortes laufe ich schließlich einen Kilometer zurück zu dem alten Bürogebäude, um mit dem dortigen WLAN erneut das Internet zu konsultieren. Während Autos und Lkws auf der D115 Richtung Autobahn an mir vorbeibrausen, googele ich HRP und Amélie-les-Bains-Palalda und werde schon nach wenigen Minuten fündig. Auf einem französischsprachigen Blog ist die Wegführung genau erklärt. Der Einstieg befindet sich 500 Meter von mir entfernt – und ich bin schon zweimal an dem Punkt vorbeigelaufen. Erleichtert stecke ich das Smartphone in meine Hosentasche und laufe wieder zurück. Das Internet ist unterwegs eben mein bester Freund.

Nachdem ich den Weg zum Pass endlich gefunden habe, ist der restliche Aufstieg zwar ein bisschen anstrengend, aber nicht sonderlich schwer. Auf tausend Meter Höhe beginnt es leicht zu regnen. Jeder meiner Atemzüge hinterlässt eine kleine Dampfwolke im herbstlichen Nebel, aber die Temperatur liegt noch deutlich über dem Gefrierpunkt. Um sechzehn Uhr erreiche ich endlich den Pass auf 1400 Meter Höhe, und auch hier liegt nicht das kleinste bisschen Schnee. An einem Felsen befindet sich eine Gedenktafel für die Menschen, die nach dem Spanischen Bürgerkrieg über diesen Pass vor dem faschistischen Franco-Regime nach Frankreich geflohen sind. Wenige Meter daneben stehen bereits die ersten Wegweiser in katalanischer Sprache. Ich bin in Spanien angekommen! Dieser Pass ist aber noch aus einem anderen Grund ein wichtiges Etappenziel: Bis hierher bin ich 1900 Kilometer durch Deutschland und Frankreich gewandert – jetzt liegen noch einmal 1900 Kilometer in Spanien vor mir. Die Hälfte ist nun also geschafft!

Erleichtert schieße ich ein Selfie von mir. Lachend blicke ich in die Kamera – trotz durchnässter Windjacke und feuchtem Haar. Fünf Minuten Pause gönne ich mir auf dem Pass, dann gehe ich beschwingt auf der spanischen Seite weiter – und das liegt nicht nur daran, dass es jetzt bergab geht. Die Pyrenäen, vor deren später Überquerung ich die ganze Wanderung über Angst hatte, liegen nun fast hinter mir.

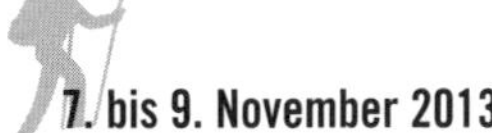

7. bis 9. November 2013
Olot, Spanien

Kilometer 1931

Bereits kurz vor acht Uhr morgens stehe ich gut gelaunt an der Bushaltestelle im kleinen Ort Besalú und warte auf den Bus nach Olot, einer Stadt mit 34 000 Einwohnern in der katalanischen Provinz Girona. Dort möchte ich meinen ersten Ruhetag in Spanien verbringen, Einkäufe erledigen und ein paar Sehenswürdigkeiten besichtigen. Besalú, das direkt an meiner Route liegt, ist hierfür zu klein. Mit mir warten ein paar Hausfrauen mit Einkaufstrolleys und ein halbes Dutzend Teenager mit Schultaschen.

Der Bus kommt pünktlich, und ich nehme in der vorletzten Reihe am Fenster Platz, um in Ruhe meinen Gedanken nachhängen zu können. Meinen Rucksack stelle ich auf den Sitz neben mir. Außer mir sitzen in diesem Teil des Busses nur zwei etwa vierzehnjährige Jungs und widmen sich ganz offensichtlich ihren Hausaufgaben. Mich beachten sie mit keinem Blick, und auch ich schaue nur gedankenverloren zum Fenster hinaus. Der Bus hält in jedem kleinen Ort, um weitere Fahrgäste aufzunehmen, vornehmlich Kinder und Jugendliche auf dem Weg zur Schule. In der Sitzreihe neben mir lassen sich zwei ebenfalls etwa vierzehnjährige Mädchen nieder und halten die hinter ihnen sitzenden Jungs erfolgreich von den Hausaufgaben ab. Obwohl höchstwahrscheinlich nur auf dem Weg in die Schule, sind die beiden Mädels stark geschminkt und mit Miniröcken und hochhackigen Schuhen nicht gerade unauffällig gekleidet. Schmunzelnd lenke ich meinen Blick wieder auf die draußen vorbeifliegende Landschaft und denke an meine Studienzeit in Spanien zurück.

Mit Anfang zwanzig habe ich über ein Stipendium ein Auslandssemester in Madrid verbracht, was mir zu ausgezeichneten Spanischkenntnissen verholfen hat. Schon damals saß ich als einzige Frau mit Jeans und T-Shirt im Hörsaal, während meine Geschlechtsgenossinnen in voller Kriegsbemalung und aufreizendem Outfit zur Vorlesung erschienen.

Doch schnell driften meine Gedanken zu anderen Themen ab, und ich überlege gerade, welche spanische SIM-Karte ich mir für mein Smartphone kaufen soll, als mir ein aufdringlicher Duft in die Nase steigt: Es riecht plötzlich penetrant nach billigem Parfüm. Irritiert blicke ich mich um und sehe, wie das Mädchen neben mir hysterisch kichernd mit einem Flakon herumsprüht. Ich muss husten, was bei den vier Teenies heftiges Gekreische auslöst. Noch kann ich mir ihr Verhalten nicht erklären und sehe nach einem tadelnden Blick auf die vier wieder aus dem Fenster. Doch dann überkommt mich ein unangenehmer Gedanke, bei dem sich mein Magen zusammenkrampft: Ist diese Parfüm-Attacke gegen mich gerichtet? Stinke ich etwa so sehr?

Peinliche Erinnerungen an meine Touren in den USA kommen in mir hoch. In Restaurants wurden wir Langstreckenwanderer fast immer an einem separaten Tisch oder gar in einem anderen Raum platziert, weil sich andere Gäste über den durchdringenden *hiker stink* beschwerten. Und wenn wir per Anhalter mitgenommen wurden, öffnete der Fahrer meist sofort das Beifahrerfenster, um frische Luft hereinzulassen.

Aber so schlimm kann es heute ja nicht sein, denn um mich stadtfein zu machen, habe ich erst gestern Abend mein Hemd und meine Hose notdürftig im Waschbecken einer öffentlichen Toilette gewaschen. Dennoch spitze ich jetzt alarmiert die Ohren und versuche, der Unterhaltung der vier Teenies zu folgen. Was ich da höre, treibt mir die Schamesröte ins Gesicht.

»Die stinkt ja furchtbar«, vermeldet das mir am nächsten sitzende Mädchen lautstark und wendet sich theatralisch angeekelt von mir ab.

»Stimmt – das ist voll eklig!«, unterstützt sie einer der Jungs.

Die unverblümten Äußerungen treffen mich bis ins Mark. Mein Körper verspannt sich, und ich kneife bestürzt die Augen zusammen.

Angesichts meiner für Spanien unüblichen Körpergröße und Kleidung haben die vier wohl richtig gefolgert, dass ich eine Ausländerin bin. Und da sie annehmen, dass ich daher auch kein Wort Spanisch verstehe, ziehen sie jetzt hemmungslos und lautstark über mich her. Doch mit dieser letzten Schlussfolgerung liegen sie falsch. Trotzdem spiele ich weiter die dumme Ausländerin und tue so, als ob ich nichts verstehe. Wenn ich einfach nicht reagiere, werden sie bald das Interesse verlieren und sich anderen Themen zuwenden. So hoffe ich jedenfalls – und liege komplett daneben.

»Die stinkt schlimmer als Scheiße!«, vermeldet der andere Junge jetzt stolz.

Die Jugendlichen quittieren diesen Ausspruch mit lautem Gejohle, während sich meine Hände vor Nervosität ineinander verkrallen. Wie eine gespannte Feder sitze ich auf meinem Fensterplatz und möchte nur noch eines: raus aus dieser peinlichen Situation! Doch mittlerweile ist es zu spät, mir einen anderen Platz zu suchen. Alle Bänke im vorderen Teil des Busses sind bereits besetzt. Ich erwäge verzweifelt, einfach an der nächsten Haltestelle auszusteigen, aber ich habe keine Ahnung, wo ich mich gerade befinde – und wann dort der nächste Bus halten wird.

Also stecke ich mir mit zitternden Händen demonstrativ die Kopfhörer für mein Smartphone in die Ohren und versuche, durch Kopfwippen und Summen zu signalisieren, dass ich völlig unbeteiligt Musik höre – obwohl ich in Wirklichkeit natürlich weiter lausche. Doch auch diese Strategie geht nicht auf. Immer lauter diskutieren die Teenies weiter. Vereinzelt drehen sich schon die Fahrgäste im vorderen Teil des Busses nach uns um. Ich fixiere meine Hände und schiebe mir die Baseballmütze tiefer ins Gesicht.

»Steigt bloß nicht hier hinten aus«, brüllt einer der Jungs, als der Bus an einer Haltestelle stoppt. »Hier stinkt's!«

Ein älterer Herr ignoriert ihn kopfschüttelnd und nimmt den hinteren Ausgang. Als der Bus quietschend wieder anfährt, ist mein Hemd nass geschwitzt. Mein Körper schüttet eine Überdosis Stresshormone aus. Wenn ich nicht schon vorher stark gerochen habe, dann tue ich es jetzt bestimmt. Wann steigen diese verdammten Kinder denn nun endlich aus? Die Minuten dehnen sich zu einer Ewigkeit, während ich das Muster des Sitzbezugs vor mir studiere wie die Heilige Schrift. Endlich kommt der Bus mit einem Ruck wieder zum Stehen. Ich werfe einen verstohlenen Blick nach draußen: Wir sind im Busbahnhof von Olot, der Endhaltestelle, angekommen. Im Bus kommt Unruhe auf. Die Fahrgäste erheben sich, ziehen Mäntel und Jacken an und warten in gebückter Haltung darauf, auf den Gang treten und den Bus verlassen zu können.

»Hier stinkt's!«, skandieren die Jugendlichen neben mir, als die ersten Passagiere drei Sitzreihen vor mir durch den Hintereingang aussteigen und mich dabei mitleidig ansehen.

Einige Erwachsene werfen den Teenies tadelnde Blicke zu, doch niemand kommt mir zu Hilfe. Obwohl mir der kalte Angstschweiß auf der Stirn steht, spiele ich die Rolle der nichts ahnenden Ausländerin naiv lächelnd weiter und bleibe sitzen, bis meine vier Peiniger vor mir den Bus verlassen. Auf der Ausstiegstreppe wirft das Mädchen, das die beiden Jungs besonders angestachelt hat, mir einen letzten triumphierenden Blick zu. Da flammt nach all der Demütigung endlich Wut in mir auf. So ungeschoren sollen die vier mir nicht davonkommen. Ich hole tief Luft, setze eine spöttische Miene auf und sage in perfektem Spanisch zu ihr: »Ich wünsche euch allen noch einen schönen Tag!«

Ihr hämischer Gesichtsausdruck fällt augenblicklich in sich zusammen. »Verdammt! Hat die womöglich alles verstanden?«, höre ich sie noch entgeistert ihren Kumpanen zurufen, aber da wird sie schon von den nachrückenden Fahrgästen nach draußen geschoben.

Mit wackeligen Knien steige ich als Letzte aus dem Bus und sehe gerade noch, wie die vier Quälgeister lärmend in Richtung Stadt verschwinden. Ich flüchte sofort in die Toilette des Busbahnhofs und schließe mich in einer Kabine ein. Hier, wo mich niemand mehr sehen kann, schießen mir im Nu die Tränen in die Augen. Lautlos schluchzend lehne ich mich an die Kabinentür. Erst als neben mir die Spülung rauscht, zwinge ich mich, tief durchzuatmen. Mit tränenblinden Augen suche ich nach Klopapier und schneuze mir die Nase. Dann lasse ich mich auf dem Klodeckel nieder und versuche, ein paar rationale Gedanken zu fassen.

Mir ist klar, dass die Reaktion der Jugendlichen auf meinen *hiker stink* völlig überzogen war. Ich bin wohl vielmehr das Opfer einiger pubertierender Teenager geworden, die sich mit ihren unverschämten Äußerungen gegenseitig imponieren wollten. Die Kids waren in einem Alter, in dem sie in Spanien für das Wort »Scheiße« noch einen Satz heiße Ohren von ihrem Vater bekommen würden. Und auch ich möchte mich nachträglich am liebsten für mein Verhalten ohrfeigen: Anstatt ihren Beleidigungen gleich durch ein paar entschlossene Worte Einhalt zu gebieten, habe ich die Teenies durch meine passive Reaktion fast schon zu ihrer verbalen Mutprobe eingeladen.

Ich werfe das nasse Klopapier in die Toilettenschüssel, nehme meine Mütze ab und streiche mir die verschwitzten Haare aus dem Gesicht. Nebenan wird quietschend die Kabinentür geöffnet und dann mit einem lauten Knall wieder geschlossen. Wasser plätschert ins Waschbecken, und zwei Frauen begrüßen sich auf Spanisch. Auf der Toilette herrscht Hochbetrieb. Obwohl ich meine Kabine nicht länger als nötig blockieren sollte, fühle ich mich noch nicht in der Lage, wieder unter Menschen zu gehen. Ich muss das Geschehene erst einmal für mich einordnen.

Als Langstreckenwanderin bekomme ich in der Regel positives Feedback. Die Menschen bewundern meinen Mut und beneiden mich um meine Freiheit. Für viele bin ich gar ein Vorbild in der Verwirklichung von Träumen. Andere, wie diese Teenies, sehen jedoch keine mutige Heldin, sondern nur eine unangenehm riechende, verdreckte Obdachlose in mir. Warum ich so aussehe, ist ihnen völlig egal. Der Vorfall im Bus hat mir gezeigt, dass der Grat zwischen Bewunderung und Verachtung nur sehr schmal ist. Aber solche Negativerlebnisse sind ausgesprochen selten. Kein Grund also, deswegen in Depressionen oder eine Krise zur verfallen.

Aber ich kann auch nicht leugnen, dass ich nach einer Woche ohne Dusche und Waschmaschine wohl nicht gerade gut rieche und meine gesamte Ausrüstung einen ausgeprägten *hiker stink* aufweist – obwohl ich das selbst nicht merke. Mein Geruchssinn hat sich durch das monatelange Leben in der Natur stark verändert. Meinen eigenen Geruch nehme ich kaum noch wahr, aber das Waschmittelaroma anderer Menschen kann ich schon aus hundert Metern Entfernung riechen. Bevor ich mich auf die Hotelsuche begebe, muss ich herausfinden, wie stark meine Ausdünstungen nun wirklich sind. Und ich habe auch schon einen Plan.

Entschlossen stehe ich auf, betätige die Klospülung und verlasse meinen Zufluchtsort. Im gut besuchten Wartesaal des Bahnhofs setze ich mich mitten auf eine Bank und stelle meinen Rucksack zwischen meinen Beinen ab. Schon wenige Minuten später nimmt ein Mann direkt neben mir Platz. Ich halte den Atem an. Wird er sich gleich wieder angewidert erheben und sich eine andere Bank suchen? Doch nichts passiert. Mein Nachbar würdigt mich keines Blickes und starrt einfach nur gelangweilt auf sein Handy. Mit jeder Minute wird meine Atmung ruhiger und meine Schultern entspannter. Als mich meine Testperson nach zehn Minuten immer noch nicht wahrgenommen hat, erkläre ich das Experiment für beendet und erhebe mich. Selbst jetzt blickt der Mann nicht auf. Mit federnden Schritten und einem erleichterten Lächeln verlasse ich den Bahnhof, um mir ein billiges Hotel zu suchen.

Als ich zwei Stunden später die Pension »La Vila« verlasse, habe ich den hässlichen Vorfall im Bus schon fast vergessen und bin aus gutem Grund wieder bester Laune. Ich bin frisch geduscht, und meine Wäsche flattert sauber auf dem Dach der Pension im strahlenden Sonnenschein, denn der Pensionsbesitzer hat mich bereits morgens um neun Uhr einchecken lassen. Zudem kostet mein geräumiges Einzelzimmer mit WLAN gerade einmal 29 Euro pro Nacht.

Und wie ich bei der jetzt folgenden Einkaufstour feststellen werde, sind nicht nur die spanischen Hotels eine Wohltat für mein monatliches Budget von tausend Euro. Für eine neue SIM-Karte einschließlich Datenvolumen zahle ich im nächsten Telefonladen gerade mal sechs Euro. In Frankreich musste ich für dasselbe Paket mehr als das Vierfache ausgeben. Der Einkauf im Lidl kostet mich genauso wenig wie in Deutschland – und so esse ich in den nächsten beiden Tagen so viel deutschen Weihnachtsstollen und spanischen Mandelkuchen, bis mir fast schlecht wird. Auch für die langen Nächte im Zelt finde ich eine Beschäftigung: In einem Secondhand-Buchladen erwerbe ich für zwei Euro Rosamunde Pilchers »Die Muschelsucher« auf Spanisch. Ansonsten ist diese Art von Literatur ja nicht gerade mein Geschmack, aber es war das dickste Buch im Laden. Wie meine gesamte Wanderlektüre wird auch dieses Werk der Zweitverwertung als Klopapier zugeführt werden – was mich zwingt, jeden Tag mindestens zwei Seiten davon zu lesen …

Das eigentliche Highlight der Stadt ist jedoch das Museum der Heiligen von Olot, das eher eine »Heiligenfabrik« ist. Seit 1880 werden hier christliche Heiligenfiguren in Massen produziert. Gebannt beobachte ich am Nachmittag, wie die Mitarbeiter der Schaumanufaktur den Christusfiguren von der Stange die Wundmale aufmalen und den Marias Heiligenscheine aufsetzen. Egal, in welche Kirche es mich in den nächsten zweieinhalb Monaten meiner Wanderung verschlägt, fast überall werde ich auf diese Heiligenfiguren aus Olot stoßen.

Zwei volle Tage bleibe ich in der Stadt. Als ich zurück nach Besalú fahre, ist es Sonntag – und damit befindet sich auch kein einziges Schulkind im Bus.

Die Nacht verbringe ich an dem wohl schönsten Lagerplatz der gesamten Tour, neben der romanischen Einsiedelei Sant Miquel de Castelló. Von diesem Aussichtspunkt auf über 900 Meter Höhe kann ich bis zu den Pyrenäen blicken, während hinter mir die schroffen, mit immergrünen Steineichen bewachsenen Felshänge der Serra dels Llancers aufragen. Die weite Talebene vor mir ist mit einem grün-braunen Flickenteppich aus Feldern bedeckt. Der Ausblick ist so grandios, dass ich trotz der abendlichen Kühle mein Abendessen ausnahmsweise im Freien zubereite. Beim Kochen und Essen beobachte ich fasziniert, wie sich die Straßen und Häuser im Vall d'en Bas unter mir in der verblassenden Sonne in eine blinkende Lichterkette verwandeln. Statt in meinen Quilt zu kriechen, ziehe ich nach dem Essen all meine warme Kleidung an, um weiter das nächtliche Panorama genießen zu können.

Regungslos stehe ich am Geländer der Aussichtsplattform, spüre den sanften Wind auf meinem Gesicht und rieche das feuchte Gras. 400 Meter unter mir ziehen Autos wie Ameisen auf der Schnellstraße vorbei, doch ich sehe nur ihre Lichter. Kein Motorenlärm dringt zu mir hoch. Völlig ruhig und entspannt lasse ich die Ereignisse der letzten 2000 Kilometer noch einmal Revue passieren.

Zu Beginn dieser Tour hatte ich einige Schwierigkeiten, angefangen mit meiner Knieverletzung und dem schlechten Wetter, das mir das Leben schwer gemacht hat. Dann hat mich der Vorfall mit den Teenagern ganz unerwartet in eine kleine Sinnkrise gestürzt. Doch jetzt habe ich endlich das Gefühl, angekommen zu sein. Meine Verletzung ist verheilt, und ich bin topfit. Mit den Pyrenäen habe ich das größte geografische Hindernis dieser Wanderung überwunden. Und vor mir liegt ein Land, dessen Sprache ich spreche und dessen Preise ich mir leisten kann. Jetzt wird alles gut. Nach dem holprigen Start wird es ein grandioses Finale geben – dessen bin ich mir sicher.

In der Nacht setzt ein leichter Nieselregen ein. Und als ich morgens aus meinem Zelt klettere, leuchten die Gipfel der Pyrenäen weiß im Sonnenaufgang. Dort, wo ich vor einer Woche das Gebirge überquert habe, liegt jetzt Schnee.

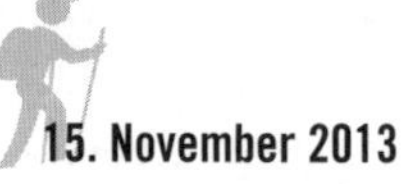

15. November 2013

Kloster Montserrat, Spanien

Kilometer 2114

Die Langstreckenwanderwege heißen auch in Spanien GR. Nur stehen die beiden Buchstaben hier für *Gran Recorrido*, »große Strecke«. Der GR 2 und später der GR 5 führen mich durch die atemberaubend schöne Landschaft der Cordillera Prelitoral und Transversal, zwei Gebirgszüge, die auf bis zu 1500 Meter Höhe parallel zum Mittelmeer verlaufen. Fast senkrecht ragen ihre Felswände auf, und dennoch finden die GRs immer einen unmöglich erscheinenden Weg hinauf auf die weiten Hochebenen. Die Ausblicke von der steilen Abbruchkante sind spektakulär. Im goldenen Licht der untergehenden Sonne komme ich mir vor wie in Mexiko oder Kalifornien – selbst riesige Feigenkakteen gibt es hier – und bin gerade mal dreißig Kilometer Luftlinie von der belebten Mittelmeerküste entfernt. Doch in diese Gebirgszüge verirrt sich kaum ein Tourist, und so treffe ich eine Woche lang keinen anderen Wanderer. Bis ich nach Montserrat komme.

Inmitten der wild zerklüfteten Sandsteingipfel steht seit fast tausend Jahren ein Benediktinerkloster, das heute mit drei Millionen Besuchern pro Jahr nicht nur ein faszinierender Touristenmagnet, sondern vor allem das spirituelle Zentrum der katalanischen Kultur ist. Höhepunkt jeder Besichtigung der Anlage ist die Statue »Unsere Liebe Frau von Montserrat«, die Schutzpatronin Kataloniens. An diesem Ort fanden während des Franco-Regimes antifranquistische Truppen Zuflucht, und auch damals wurde hier in der verbotenen katalanischen Sprache Messe gefeiert.

Als ich nach zwei Stunden und 700 Höhenmetern Aufstieg erschöpft auf dem Berg ankomme, passiere ich zunächst die Stationen der Seil- und Zahnradbahn von Montserrat – und erleide fast einen Kulturschock. Dutzende von Touristen aus aller Herren Länder drängen sich lärmend aus den und in die Bahnen. Überhaupt gleicht das gesamte Gelände mit seinen Souvenirshops, Restaurants und dem Hotel eher einem großen Jahrmarkt als einer Klosteranlage. Am liebsten würde ich diesen hektischen Ort sogleich wieder verlassen und einfach weiterwandern, aber zuerst muss ich noch etwas erledigen. Da der Wetterbericht für die nächsten Tage nichts Gutes verheißt, möchte ich die Möglichkeit haben, die Herbergen des vor mir liegenden Pilgerweges Camí de Sant Jaume zu nutzen – und dazu brauche ich einen Pilgerpass, der hier im Kloster ausgestellt wird.

Es dauert eine ganze Weile, bis ich in dem riesigen Komplex die entsprechende Stelle gefunden habe, die *acogida cristiana*, den »christlichen Empfang«. In einem schmucklosen Büro begrüßt mich ein freundlicher älterer Herr mit grauen Haaren und milder Stimme: »Sie haben Glück, denn ich wollte gerade schließen!«

Erleichtert trage ich schnell mein Anliegen vor, und der Pilgerbetreuer greift sofort in eine Schreibtischschublade, um Formular, Kugelschreiber und Stempel herauszuholen.

Mit dem Pilgerpass, der sogenannten *credencial,* weist der Pilger die ordnungsgemäße Pilgerschaft nach, indem er sich an den Stationen seiner Wanderung entsprechende Stempel holt. Durch Vorlage dieses Nachweises erhält er dann unter anderem Zugang zu den preiswerten Pilgerherbergen. Akribisch trägt der Mann meine Daten in ein Formular und auf der *credencial* ein, versieht alles mit einem wuchtigen Stempelabdruck und kassiert dafür den minimalen Betrag von 1,50 Euro, der in einer alten Geldkassette im Schreibtisch verschwindet.

»Wollen Sie denn heute Nacht gleich in der Herberge bleiben?«, fragt er mich fürsorglich, als er mir den fertigen Pilgerpass zuschiebt.

»Ähm, welche Herberge?«, frage ich verwirrt zurück, denn außer einem schicken Touristenhotel habe ich hier oben keine Übernachtungsmöglichkeit wahrgenommen.

»Für Fußpilger gibt es eine kostenlose Herberge«, klärt mich der Pilgerbetreuer auf, und mein Herz macht einen freudigen Sprung. Draußen geht nämlich bereits die Sonne unter, und für die heutige Nacht ist Regen angekündigt. Aber ich will mich nicht zu früh freuen, denn auch bei schlechtem Wetter schlafe ich in meinem Zelt immer noch ruhiger und besser als in einem überfüllten »Schnarchsaal«.

»Sind denn heute viele Pilger da?«, frage ich daher ausweichend.

Der Pilgerbetreuer greift zu einer Liste auf dem Schreibtisch und erwidert nach einem kurzen Blick: »Nein, heute Abend wären Sie die Einzige in der Herberge.«

Vor Begeisterung muss ich erst einmal kurz nach Luft schnappen, denn das Angebot verschafft mir nicht nur ein trockenes Bett für die Nacht und eine unverhoffte Dusche, sondern auch die Möglichkeit, in aller Ruhe die Basilika zu besichtigen.

Und so sitze ich eine Stunde später sauber und überglücklich in der spärlich beleuchteten Kirche von Montserrat und lausche dem Vespergesang der Mönche. Jetzt am Abend sind fast alle Tagestouristen verschwunden, und die hektische Jahrmarktatmosphäre ist einer kontemplativen, ja fast schon mystischen Stimmung gewichen. Die riesige Basilika besteht aus einem architektonischen Stilgemisch, doch im Dämmerlicht der Kerzen erscheint sie mir wie eine goldschimmernde Höhle. Je länger ich hier sitze, desto ruhiger – und dankbarer – werde ich. Dieses Gefühl verstärkt sich noch, als ich nach dem Abendgesang die zahlreichen Votivgaben und Bittgesuche betrachte, die die Gläubigen in Waschkörben am Eingang hinterlassen haben: alte Gipsverbände, Babyfotos und Dutzende von handschriftlichen Zetteln und Heiligenbildchen zeugen von Krankheiten und Sorgen der Menschen. Und das lässt mir mein eigenes Leben umso glücklicher und unbelasteter erscheinen. Ich bin gesund. Ich kann gut, wenn auch bescheiden von meinen Ersparnissen leben. Vor allem aber kann ich dieses wunderbare und interessante Wanderleben führen. Erfüllt von diesem tiefen Gefühl der Dankbarkeit schlafe ich wenig später in meinem Stockbett im Pilgerschlafsaal ein.

16. bis 18. November 2013

Igualada, Spanien

Kilometer 2139

Angestrengt starre ich aus dem Fenster des Wartehäuschens am Bahnhof von La Pobla de Claramunt. Auf dem Vorplatz ist niemand zu sehen. Kein Wunder, denn es schüttet wie aus Kübeln. Laut Fahrplan kommt der nächste Zug erst in gut zwanzig Minuten. Zeit genug, um mich umzuziehen, damit ich mir in meinen klatschnassen Sachen keine Erkältung hole. Nur möchte ich bei diesem Striptease nicht beobachtet werden. Nach einem letzten prüfenden Blick nach draußen mache ich mich ans Werk. Meine Regenjacke und -hose hänge ich am Fahrplanaushang auf. Dann krame ich in meinem Rucksack nach meiner Schlafkleidung. Beim Wandern würde ich diesen Satz Klamotten niemals tagsüber tragen, denn wenn er nass wird, blüht mir eine kalte Nacht. Doch heute fahre ich in die Stadt, wo hoffentlich ein Bett und eine Zentralheizung auf mich warten. Nachdem ich die trockenen Sachen bereitgelegt habe, streife ich meine Schuhe ab und schlüpfe aus meiner völlig durchnässten Wanderhose. Und so stehe ich gerade in Unterhosen und Socken da, als eine Frau von gerade mal 1,55 Meter um die Ecke kommt.

»Oh«, entfährt es ihr angesichts des unerwarteten Anblicks einer halb nackten Geschlechtsgenossin.

»*Hola!*«, versuche ich sie dennoch möglichst unbeschwert zu begrüßen. Dann setze ich mich auf einen der Plastiksitze und erkläre stotternd: »Keine Angst! Ich bin nur eine Wanderin und will mich gerade umziehen.«

»Okay«, antwortet sie mir nun schon etwas gefasster, stellt sich aber in die gegenüberliegende Ecke des Wartehäuschens.

Eilig beende ich meinen Kleiderwechsel. Als ich wieder wie ein normaler Mensch aussehe, entschuldige ich mich noch einmal für meinen Aufzug.

»Kein Problem!«, sagt die etwa Vierzigjährige jetzt lächelnd. »Ich kann das gut verstehen. Wo willst du denn hin?«

»Nach Igualada, um Proviant einzukaufen.«

»Ich auch. Ich muss zur Arbeit«, erwidert die Frau, die südamerikanischer Abstammung zu sein scheint.

Als ich neugierig nachfrage, erzählt sie mir, dass sie aus Peru kommt. Sie heißt Maria und ist ursprünglich illegal mit einem Touristenvisum eingereist. Nun lebt sie schon seit acht Jahren in Spanien und arbeitet mittlerweile legal als Putzfrau.

»Aber das würde heute nicht mehr funktionieren«, erklärt sie mir seufzend. »Wir Südamerikaner bekommen kaum noch eine Einreisegenehmigung für die EU. Meine Tochter habe ich daher schon seit vier Jahren nicht mehr gesehen.«

»Du hast deine eigene Tochter seit vier Jahren nicht mehr gesehen?«, wiederhole ich ungläubig.

»Ja, genau!«, bestätigt Maria. »Ich kann hier nicht lange weg, weil ich sonst meine Putzstellen verlieren würde. Und Elena, meine Tochter, bekommt kein Visum für Spanien. Und so skypen wir eben jede Woche.« Dann fügt sie stolz hinzu: »Elena studiert jetzt Veterinärmedizin in Lima.«

Als der Zug einfährt, wird unsere Unterhaltung kurz unterbrochen, bis wir einen Platz gefunden haben und den Faden wieder aufnehmen können. Nicht zum ersten Mal bin ich erstaunt, wie schnell mir Fremde ihr Herz öffnen. Für die Südamerikanerin bin ich genau wie sie selbst einfach eine Frau, die sich mit wenig Geld durchs Leben schlägt – und das macht solidarisch.

»Wo willst du denn einkaufen?«, fragt sie mich, als wir gemeinsam in Igualada aussteigen.

»Da, wo es am billigsten ist, am besten im Discounter«, antworte ich.

»Das dachte ich mir schon«, erklärt mir die Peruanerin lächelnd. »Ich nehme dich noch mit zum nächsten Lidl. Da gehe ich auch immer einkaufen …«

Ein paar Stunden später stehe ich mit zwei Plastiktüten vom Discounter und einem vollen Rucksack in einem Altersheim. Dort falle ich nicht nur wegen meines Alters von gerade mal 46 Jahren gewaltig auf.

»Sie wollen sicherlich die Schlüssel für die Pilgerherberge abholen«, spricht mich eine der Pflegekräfte an.

Ich nicke erleichtert, denn in dem überheizten Empfangsraum wurde mir langsam unangenehm heiß. Da sich das kommunale Seniorenheim ganz in der Nähe der Herberge befindet und zudem noch 24 Stunden am Tag geöffnet ist, fungiert die Heimrezeption gleichzeitig als Empfang für die Pilgerherberge. Den Senioren scheint dies auch zu gefallen, denn ich bin schon mehrfach von einigen älteren Damen angesprochen worden.

»Heute Nacht sind noch zwei weitere Pilger in der Herberge«, verkündet die Schwester und händigt mir die Schlüssel aus. Ich bedanke mich und marschiere voller Vorfreude los. Vom heutigen Wandern im Regen und der langen Einkaufstour bin ich ziemlich erschöpft und sehne mich nun nach einem ruhigen Abend in einer warmen Unterkunft.

An der Herberge, dem ehemaligen Schlachthaus des Ortes, angekommen, stecke ich den Schlüssel ins Schloss und öffne die Tür – nur um gleich wie angewurzelt im Eingang stehen zu bleiben: Aus dem Gemeinschaftsraum schlägt mir eine schwüle Hitze entgegen, vermischt mit dem süßlichen Geruch von Marihuana. Ein etwa zwanzigjähriges Pärchen in Hippie-Klamotten sitzt am Tisch – mit einem riesigen Joint in der Hand. Auf dem Tisch stapeln sich ein paar schmutzige Teller und mehrere Weinflaschen, am Boden liegen verstreut einige Kleidungsstücke.

»*Hola!*«, sagt das Mädchen und starrt mich feindselig an. »Wir haben mit keinen anderen Gästen mehr gerechnet.«

»Das sehe ich«, antworte ich nur kurz und hüstele laut. Die beiden sitzen direkt unter einem »Rauchen verboten«-Schild.

»Wir können ja etwas lüften!«, bemerkt der junge Mann unfreundlich, bleibt aber sitzen. Dann sehe ich den Hund. Einen riesigen schwarzen Labrador, der direkt neben der Treppe ins Obergeschoss sitzt und sofort anfängt zu kläffen.

»Was soll denn der Hund hier drinnen?«, frage ich völlig perplex, denn in allen Pilgerherbergen sind Tiere verboten.

»Draußen ist es kalt«, sagt das Mädchen.

»Aha, deshalb habt ihr hier auch alle Heizkörper aufgedreht«, stelle ich genervt fest, denn im Raum herrschen mindestens dreißig Grad.

»Wir haben gefroren«, erwidert das Mädchen und fügt hinzu: »Du kannst ja im Schlafsaal im oberen Stockwerk übernachten, wenn es dir nicht passt.«

So viel Feindseligkeit macht mich sprachlos. Wie Pilger verhalten sich die beiden jedenfalls nicht. Wortlos steige ich die Treppe hoch und bleibe den gesamten restlichen Abend in meinem Zimmer. Da die Tür leider nicht abschließbar ist, stelle ich einen Stuhl unter die Klinke.

Während aus dem Erdgeschoss laute Gesprächsfetzen und immer stärkerer Qualm zu mir hochsteigen, liege ich schlaflos in meinem Stockbett. In dieser angespannten Atmosphäre kann ich unmöglich wie geplant zwei Nächte verbringen …

Da ich stundenlang nicht einschlafen kann, wache ich am nächsten Morgen erst sehr spät auf – und zu meiner großen Freude dringt von unten kein Laut zu mir herauf. Leise schleiche ich ins Erdgeschoss. Und tatsächlich: Die beiden Störenfriede haben zwar ein Chaos in der Küche hinterlassen, sind aber samt Gepäck und Hund verschwunden. Erleichtert drehe ich die Heizungen ab und reiße zum Lüften alle Fenster auf. Als ich eine Stunde später die Herberge in Richtung Altstadt verlasse, sehe ich die beiden an der Hauptverkehrsstraße des Ortes stehen: mit ausgestrecktem Daumen.

Die zweite Nacht in der Pilgerherberge verbringe ich allein. Wie immer nutze ich den guten Internet- und Handyempfang in der Stadt, um meine sozialen Kontakte zu pflegen. Ich schreibe einen Post für meinen Blog, beantworte E-Mails und skype mit Freunden und Bekannten. Heute vor allem mit Robert, einem deutschen Wanderfreund, der zusammen mit seiner Freundin Verena in der nächsten Saison auf dem Appalachian Trail in den USA wandern will. Ich habe in Nordamerika nicht nur diesen einen Trail, sondern über 16 000 Kilometer zu Fuß zurückgelegt und bin daher von den beiden Berlinern zur Beraterin und zum Coach auserkoren worden. Da ich auf dieser Wanderung manchmal tagelang mit niemandem außer der Kassiererin im Supermarkt rede, freue ich mich sehr über das lange Gespräch. Entspannt liege ich mit dem Handy am Ohr auf der unteren Etage meines Stockbettes und diskutiere geduldig Bekleidungskonzepte, Nachschubstrategien und die typischen logistischen Probleme von Langzeitreisenden.

»Glücklicherweise wohnen meine Eltern ja auch in Berlin und können sich, während wir weg sind, um unsere Wohnung kümmern«, erzählt Robert mir nach einer Stunde am Telefon.

»Was, ihr vermietet eure Wohnung für das halbe Jahr gar nicht unter?«, frage ich ungläubig nach.

»Na ja, wir wohnen im Plattenbau in Marzahn – das ist nicht gerade die beliebteste Wohngegend …«, druckst Robert herum.

Aufgeregt schwinge ich die Beine aus dem Bett und setze mich auf. »Ihr fliegt doch schon Anfang Februar in die USA … Und ich käme frühestens Ende Januar zurück nach Deutschland und müsste mir dann eine vorübergehende Bleibe suchen …«

»Ja, würdest du denn auch nach Marzahn, an den Stadtrand von Berlin ziehen?«

Bisher habe ich während meiner Deutschlandaufenthalte immer in unterschiedlichen WG-Zimmern gewohnt – mit gemischtem Erfolg. Eine Vermieterin entpuppte sich als Zwangsneurotikerin, die mir eine zusätzliche Stromkostenpauschale in Rechnung stellen wollte, weil ich mehr als zweimal die Woche Tiefkühlpizza im Backofen zubereitet hatte. Eine andere war Hardcore-Öko und wollte plötzlich nicht mehr mit einem Menschen zusammenleben, der wie ich auch mal beim Discounter statt immer nur im Biomarkt einkauft. Während Roberts und Verenas Abwesenheit hätte ich ihre Wohnung jedoch ganz für mich allein – und niemand würde mir in meine Ess- und Einkaufsgewohnheiten reinreden. Und so antworte ich Robert ganz begeistert: »Aber klar doch! Wie viel soll die Wohnung denn kosten?«

Eine Viertelstunde lang besprechen wir noch die Details der Untervermietung, werden uns aber bald einig, denn für uns alle ist das eine Win-win-Situation: Robert und Verena sparen sich während ihrer Wanderung das Geld für die Miete und ich mir die lästige Wohnungssuche. In dieser Nacht schlafe ich sehr erleichtert ein.

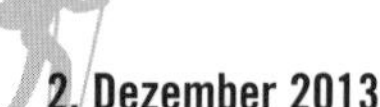

2. Dezember 2013

San Juan de Peñagolosa, Spanien

Kilometer 2490

Wieder einmal stehe ich mitten in der Pampa und habe keine Ahnung, wo mein Weg entlangführen soll. Schon seit einer halben Stunde habe ich keine der weiß-rot-weißen Markierungen mehr gesehen. Dabei ist der GR 7 einer der längsten Wanderwege Spaniens und bildet einen Teil des Europäischen Fernwanderwegs E 4. Bis nach Tarifa werde ich dieser Route nun folgen – und sie immer wieder verfluchen. Denn die Markierung variiert von ausgezeichnet bis überhaupt nicht vorhanden. Was für ein krasser Unterschied zu den zertifizierten deutschen

Qualitätswanderwegen, die mir im Moment Lichtjahre entfernt zu sein scheinen.

Entnervt lasse ich meinen Blick über die verlassene Terrassenlandschaft schweifen. Um auch an den Hanglagen Landwirtschaft betreiben zu können, haben die Bauern schon vor Jahrhunderten in mühevoller Handarbeit mit endlosen Trockenmauern kleine Plateaus angelegt. Heutzutage werden allerdings die wenigsten davon bewirtschaftet, und so stehen hier nur noch ein paar verlassene Oliven- und Obstbäume. Umso verwunderter bin ich daher, als ich plötzlich auf einer dieser Terrassen einen Mann mit Hund erblicke. Aber vielleicht kann er mich ja wieder in die richtige Richtung weisen.

Über bröckelnde Mauern und verwilderte Terrassen steige ich zu ihm hinab. Der etwa Fünfzigjährige ist mit einem altmodischen Trainingsanzug bekleidet, hält eine Plastiktüte in der Hand und erwartet mich schon freundlich lächelnd.

»Entschuldigen Sie bitte die Störung, ich bin eine Wanderin und habe mich verlaufen. Wissen Sie, wie ich von hier aus am besten nach San Juan de Peñagolosa komme?«, frage ich den korpulenten Mann, den meine Anwesenheit überhaupt nicht zu erstaunen scheint. Er stammt ganz offensichtlich aus der Gegend, denn er gibt mir sofort eine ausgesprochen kompetente Wegbeschreibung, während sein Hund schwanzwedelnd neben ihm sitzt.

Erleichtert bedanke ich mich und wende mich schon zum Gehen, als er mich noch einmal anspricht: »Wundern Sie sich eigentlich nicht, was ich hier mache?«

Natürlich habe ich mich genau das die ganze Zeit gefragt – und habe jetzt fast Angst vor der Antwort. Einige Horrorszenarien schießen mir durch den Kopf. Vielleicht ist der etwas schmuddelige Mann ein Triebtäter, der mich gleich in irgendeiner Art und Weise sexuell belästigen wird.

»Ja, das würde mich schon interessieren …«, antworte ich zögerlich und drehe mich mit niedergeschlagenen Augen langsam wieder zu ihm um.

Ich bin mittlerweile felsenfest davon überzeugt, dass er nun mit heruntergelassener Hose vor mir stehen wird. Doch als mein Blick nach oben schweift, entdecke ich kein entblößtes Geschlechtsteil. Mein Gegenüber lächelt mich nur weiterhin freundlich an und antwortet kurz: »Ich suche Trüffel.«

»Trüffel?«, entfährt es mir mit einem dümmlichen Gesichtsausdruck. Doch meine Neugier gewinnt gleich die Oberhand: »Sucht man die denn nicht mit Schweinen?«

»Aber nein. Hunde sind viel schneller und wendiger als Schweine, die die gefundenen Trüffel oft gleich selbst auffressen. Und Hunde sind auch vorsichtiger beim Ausbuddeln.«

Jetzt bin ich Feuer und Flamme: »Haben Sie denn heute schon ein paar Trüffel gefunden?«

»Na klar!«, antwortet der Mann stolz und holt ein großes, schmutziges Stofftaschentuch aus der Plastiktüte. Als er es vorsichtig aufklappt, kommen drei unscheinbare braune Klumpen zum Vorschein.

Neugierig betrachte ich seine heutige Ausbeute und frage interessiert: »Was kostet denn so was?«

»Zur Zeit bekomme ich vom Großhändler etwa 300 Euro für das Kilo. Aber gegen Ende der Saison kann sich der Preis auf bis zu 900 Euro pro Kilo steigern«, erklärt er mir, ganz in seinem Element.

Ich pfeife anerkennend durch die Zähne: »Das ist verdammt viel Geld!«

Doch sofort verschwindet der Glanz aus den Augen des Mannes. Er tätschelt verlegen den Kopf seines Hundes und erzählt: »Ich bin seit mehreren Jahren arbeitslos – wie eigentlich fast alle in unserem Dorf. Die Trüffelsuche ist im Moment meine einzige Einnahmequelle. Und ich habe nicht immer so viel Glück wie heute …«

Betreten sehen wir uns an. »Na, dann wünsche ich weiterhin fette Beute«, verabschiede ich mich mitfühlend.

Doch auch dieses Mal lässt der Mann mich nicht sofort gehen: »Also, wenn Sie heute noch andere Leute treffen, dann erzählen Sie bitte nicht, dass Sie mich gesehen haben. Das Trüffelsammeln ist hier nämlich nicht so ganz legal…«

Mir dämmert jetzt, warum ich so viele »Pilze pflücken verboten«-Schilder gesehen habe. »Aber klar doch!«, versichere ich ihm – und ziehe endgültig von dannen.

Nachdenklich wandere ich weiter zur ehemaligen Einsiedelei San Juan de Peñagolosa. Die letzten Tage und Wochen waren für mich als Wanderer ein absoluter Traum: Ich habe eine atemberaubend schöne Landschaft durchquert, in der sich ein Gebirgszug an den anderen reiht. Dazwischen lagen vereinzelte Bauernhöfe mit kunstvollen Steinhäusern und Trockenmauern, malerische Dörfer im typischen Weiß des Mittelmeerraumes und die imposanten, auf den Anhöhen gelegenen Städte mit ihren noch intakten mittelalterlichen Stadtmauern.

Doch was für mich eine malerische Idylle ist, bedeutet für die Einheimischen in der Regel berufliche Perspektivlosigkeit. In den Dörfern traf ich fast nur auf alte Leute. Die Bauernhöfe waren größtenteils verlassen und verfallen. Auf dem Land gibt es außer Landwirtschaft und Tourismus kaum Arbeit. Die Jungen haben sich in die Großstädte geflüchtet – zumindest die meisten, denn eine Ausnahme sollte ich noch an diesem Abend kennenlernen…

Von San Juan de Peñagolosa auf 1300 Metern steigt der GR 7 in der spektakulären Schlucht des Río Carbo über 500 Höhenmeter hinab nach Villahermosa del Río. Obwohl es bereits langsam dunkel wird, habe ich keine Eile: Immer wieder bieten Terrassen am Wegesrand ideale Zeltmöglichkeiten. Da sehe ich plötzlich 200 Meter vor mir auf dem Weg eine große Gestalt mit einem riesigen Rucksack neben sich auf dem Boden. Abrupt bleibe ich stehen. Schon seit Tagen habe ich keinen einzigen Wanderer mehr gesehen. Und ausgerechnet jetzt bei Sonnenuntergang läuft mir einer über den Weg? Ein roter Punkt glimmt vor mir auf. Der Mann scheint zu rauchen, was ziemlich untypisch wäre für einen Wanderer. Irritiert gehe ich langsam weiter, bin aber auf der Hut.

»*Hola!*«, begrüße ich den Mann zwei Minuten später.

»*Hola!* Wie geht's?«, kommt es mit kehliger Stimme zurück. Wir mustern uns kurz im Dämmerlicht. Der nächtliche Spaziergänger trägt eine zerschlissene Jeans, ein dickes kariertes Flanellhemd sowie abgewetzte Cowboystiefel. Bei mir gehen augenblicklich alle Alarmglocken an, denn das ist bestimmt kein Wanderer.

»Wo willst du denn so spät noch hin?«, gehe ich daher sogleich in die Offensive.

Der Mann nimmt noch einen tiefen Zug von seiner selbst gedrehten Zigarette und antwortet dann: »Nach Hause – noch eine Dreiviertelstunde den Berg hinauf.«

»Du wohnst hier?«, frage ich ungläubig, denn ich habe schon seit einer Stunde keine bewohnte menschliche Behausung mehr gesehen.

»Ja, in einem alten verlassenen Bauernhof«, erklärt er mir und drückt seine Zigarette mit der Stiefelspitze aus.

»Wie willst du denn da jetzt noch hinkommen?«, will ich skeptisch wissen.

»Ich kenne hier jeden Stock und Stein. Den Weg würde ich selbst mit verbundenen Augen noch finden«, behauptet er und setzt erklärend hinzu: »Ich komme gerade vom Einkaufen aus Villahermosa. Für mich heißt das eine Stunde Fußweg in die Stadt und noch einmal eineinhalb Stunden Fußweg zurück nach Hause – wegen der Steigung.«

Jetzt macht wenigstens der prall gefüllte Rucksack des Fremden Sinn. Dennoch bin ich noch nicht ganz von seiner Harmlosigkeit überzeugt. »Warum wohnst du denn mitten in der Pampa? Bewirtschaftest du hier einen Hof?«, bohre ich weiter.

»I wo!«, schüttelt der Mann den Kopf und dreht sich bereits geschickt eine weitere Zigarette. »Ich bin hierhergezogen, weil ich mir die Miete in der Stadt nicht mehr leisten konnte, nachdem ich meinen Job verloren hatte.«

Ein Klicken ertönt, und der Fremde zündet sich die Zigarette an. Der Schein des Benzinfeuerzeugs erhellt sein unrasiertes Gesicht – ich schätze ihn auf Ende dreißig. Der Mann nimmt einen tiefen Zug. Als er den Rauch ausbläst, setzt er bitter hinzu: »In dieser gottverlassenen Gegend bleibt doch niemand freiwillig. Ich wohne hier, weil es nichts kostet.«

Mein Misstrauen verwandelt sich langsam in Mitleid, dennoch bleibe ich vorsichtig.

»Ich will noch hinunter nach Villahermosa«, schwindele ich daher.

»Dafür brauchst du noch eine gute halbe Stunde. Aber der Weg ist ziemlich einfach – das schaffst du auch im Dunkeln«, erklärt mir der Unbekannte freundlich.

»Na, dann gehe ich mal lieber los«, verabschiede ich mich und folge dem Weg, bis der Mann außer Sichtweite ist. Dann erst schlage ich auf einer der Terrassen direkt am Wegesrand unter ein paar alten Olivenbäumen mein Lager auf.

Vor dem Einschlafen geistern mir immer wieder die Begegnungen der letzten Tage durch den Kopf. Die Arbeitslosenquote in Spanien hat dieses Jahr 25 Prozent erreicht, und diese Zahl hat für mich durch die Menschen, mit denen ich mich auf meiner Wanderung unterhalten habe, ein Gesicht bekommen: durch den Trüffelsammler, den Bauernhofbewohner oder die Kellnerin, die mir in Igualada das Abendessen serviert hat – mit akzentfreiem Englisch. Diese junge Frau hatte zwar ihr Literaturstudium mit Auszeichnung abgeschlossen, muss aber jetzt im Restaurant ihrer Eltern als Bedienung arbeiten, weil sie sonst keinen Job findet. Die Jugendarbeitslosigkeit liegt hier bei über fünfzig Prozent …

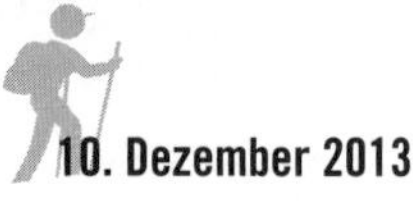

10. Dezember 2013

Vor El Rebollar, Spanien

Kilometer 2672

Im Internet hatte ich gerade mal zwei Wanderer gefunden, die schon auf dem GR 7 in Spanien unterwegs waren: einen Deutschen und einen Engländer. Und beide berichteten übereinstimmend, dass der Weg in einem Tal in Valencia durch einen fast unüberwindbaren Zaun blockiert wäre. Ich hatte gehofft, dass die Zeit dieses Problem gelöst haben würde, aber ich habe kein Glück. Völlig unvermittelt stehe ich eines Abends vor einem etwa drei Meter hohen Maschendrahtzaun. Obwohl ich auf der anderen Seite sogar schon die nächsten Markierungen sehen kann, führt kein Zaunübertritt oder Gatter hinüber. Kein Schild weist auf eine Umleitung oder Sperrung hin. Entmutigt baue ich direkt vor dem Hindernis mein Zelt auf – und zermartere mir die ganze Nacht über das Hirn, wie ich das Zaunproblem angehen soll.

Am nächsten Morgen wache ich wie gerädert unter einem strahlend blauen Himmel auf, was zu dieser Jahreszeit leider eisige Frühtemperaturen bedeutet. Wäre es über Nacht bewölkt gewesen, hätte die warme Luft nicht in die Atmosphäre entweichen können.

Als ich mit zitternden Händen das Zelt zusammenrolle, rieseln kleine Eiskristalle aus der Plane, und mein Atem sendet weiße Dampfwölkchen gen Himmel. Ich muss meine Finger erst unter den Achseln wärmen, bevor ich meine Ausrüstung in den Rucksack packen kann. Und dann begehe ich den größten Fehler des Tages: Anstatt gleich hier den Zaun zu überklettern, will ich um ihn herumlaufen – denn ich nehme an, dass die Umzäunung irgendwo ein Ende haben muss.

Zwei Stunden lang folge ich dem Zaun durch unwegsames Gelände und stachelige Macchia und erreiche dann am Río

Reatillo den absoluten Tiefpunkt des heutigen Tages – und wohl auch der gesamten Wanderung: Ich stehe im eiskalten, aber kniehohen Wasser dieses träge dahinfließenden Baches, inmitten von dornigem Gestrüpp und Schlingpflanzen, und bin den Tränen nahe. Denn selbst hier ist der Zaun immer noch unüberwindbare drei Meter hoch und weist nicht das kleinste Loch, nicht die geringste Lücke auf. Meine Füße fühlen sich wie Eisklumpen an. Sowohl mein Wanderhemd als auch die Hose sind aufgerissen, und ich habe mehrere blutige Kratzer an den Händen. Soweit ich es erkennen kann, verläuft der Zaun weiterhin durch unwegsames Gelände. Und was noch schlimmer ist: Die nächste Straße befindet sich zwei Kilometer entfernt jenseits einer Bergkette – und kein Weg führt dorthin. Den Zaun zu umgehen ist damit praktisch unmöglich.

Frustriert klettere ich mühsam aus dem Wasser und muss erst einmal zehn Minuten lang Gymnastik betreiben, bevor ich meine Füße wieder spüre. Und während ich wie ein Frosch auf der Stelle hüpfe, um meine Beine wieder zu erwärmen, verwandelt sich mein Frust in Wut. Wenn hier ohne Begründung oder Umleitung ein internationaler Wanderweg blockiert wird, dann fühle ich mich jetzt auch nicht mehr verpflichtet, die zahlreichen »Zutritt verboten«-Schilder zu beachten.

Doch wie soll ich über den verdammten Zaun hinüberkommen? Der Maschendraht ist so eng und starr, dass ich mit meinen Schuhen darin keinen Halt finde. Und selbst wenn ich hinaufklettern könnte, habe ich viel zu große Angst, dass der an Metallstangen befestigte Zaun unter meinem Gewicht umkippt – und ich dann drei Meter tief stürze oder mich an den scharfkantigen Drahtenden verletze. Darunter hindurchzukriechen erscheint mir daher am praktikabelsten – doch leider waren die Zaunbauer sehr gründlich: Der straffe Maschendraht reicht bis auf die Erde hinunter und ist sogar noch mit einem überhängenden Rand gesichert, wahrscheinlich um Tiere daran zu hindern, sich unter dem Zaun hindurchzugraben. Ich muss mich noch ein paar Hundert Meter an der Umzäunung entlangkämpfen, bis ich endlich eine geeignete Stelle finde: Hier ist der Zaun am Boden mit großen Steinen und Ästen ausgebessert worden. Eilig entferne ich das Flickwerk und grabe mit den Händen weiter, um die Lücke zwischen Maschendraht und Erdreich so zu vergrößern, dass ich hindurchpasse.

Zehn Minuten und einen abgebrochenen Fingernagel später ist es so weit: Ich werfe meine Trekkingstöcke über das Hindernis, zwänge meinen Rucksack durch das Loch am Boden und robbe dann wie ein Wurm auf dem Bauch durch die schmale Öffnung. Trotz meiner Anstrengungen bleibe ich mit dem Hosenboden am Maschendraht hängen, und der körnige Untergrund zerkratzt mein Gesicht, während ich mit den Händen am Rücken versuche, mich loszumachen. Mit einem leisen Ratschen zerreißt die Hose – aber ich bin endlich frei. Noch ein paar Drehungen und Windungen, dann habe ich es geschafft. Auf der anderen Zaunseite klopfe ich mir notdürftig den Staub von der Kleidung und schultere wieder meinen Rucksack.

Mithilfe des GPS schlage ich mich nun fast drei Kilometer durch das eingezäunte Gelände. Schnell wird mir klar, dass es sich hier um ein Jagdgrundstück handeln muss: In regelmäßigen Abständen sind Hochsitze und Freiflächen eingerichtet, aber erfreulicherweise scheinen an diesem Dienstagvormittag keine Aktivitäten stattzufinden. Da es irgendwo einen offiziellen Zugang zum Gelände geben muss, steuere ich auf Seitenwegen und durch den lichten Wald die nächste Straße an – immer auf der Hut vor Jägern und Jagdaufsehern.

Nach einer Stunde bin ich am Zaun auf der anderen Seite des Areals angelangt und kann sogar schon ein Tor zur Straße erkennen. Da nähert sich ein Auto der Ausfahrt. Instinktiv kauere ich mich auf den Boden und halte den Atem an, als ein Mann in kakifarbener Tarnkleidung aus dem Wagen steigt und umständlich ein großes Vorhängeschloss öffnet. Meine Gedanken überschlagen sich: Soll ich mich bemerkbar machen, damit er mich hinauslässt? Aber dann könnte mich der Mann des unbefugten Eindringens bezichtigen und womöglich wegen

Hausfriedensbruch die Polizei rufen! Dieses Risiko erscheint mir viel zu groß, und so gebe ich meine geduckte Haltung erst auf, als er das Tor wieder verschlossen hat und auf der Straße davongefahren ist.

Als ich mir jetzt den Zugangsbereich genauer ansehe, bereue ich meine vorsichtige Entscheidung sofort. Das Tor besteht aus drei Meter langen Metallstäben, die am oberen Ende mit scharfkantigen Zierspitzen versehen sind. Wie soll ich da nur rüberkommen, ich, die Niete im Schulsport mit gestörtem Gleichgewichtssinn? Nach ein paar Minuten verzagten Selbstmitleids sehe ich doch noch eine Möglichkeit: Die einzelnen Metallstäbe werden von mehreren Querstreben zusammengehalten, auf denen ich hinauf- und auch wieder hinunterklettern könnte. Und die scharfen Spitzen sind so weit auseinander, dass ich gerade noch dazwischenpasse und nicht Gefahr laufe, mich selbst aufzuspießen.

Ich fackle nicht lange, denn jederzeit könnte ein weiterer Besucher ankommen und mich entdecken. Vorsichtig teste ich die Belastbarkeit der schräg angebrachten Querstreben – sie scheinen zu halten. Als ich die oberste Verstärkung erreicht habe, schwinge ich mit angehaltenem Atem vorsichtig ein Bein über die Metallspitzen und verlagere behutsam das Gewicht auf die andere Seite. Als ich dort festen Stand habe, ziehe ich das zweite Bein hinterher. Die Querstrebe biegt sich bedenklich durch, und mit dem Rucksack auf dem Rücken schaukle ich bedrohlich über den scharfen Metallspitzen, aber letztendlich geht alles gut. Noch ein paar Schritte nach unten, dann stehe ich wieder auf sicherem Boden. Erleichtert atme ich aus und verspüre erst jetzt das nagende Gefühl in meinem Magen. Vor lauter Anspannung habe ich seit heute Morgen noch keinen einzigen Bissen zu mir genommen. Vielleicht war ich deshalb so wackelig auf den Beinen? Schnurstracks nehme ich auf der Leitplanke an der Straße Platz und esse erst einmal ein paar Schokoriegel …

Am nächsten Tag treffe ich auf einen Ranger, der an einer Forststraße an seinen Pick-up gelehnt die Umgebung mit einem Fernglas absucht.

»Was beobachten Sie denn da?«, begrüße ich ihn neugierig.

Der bärtige Mann lässt den Feldstecher sinken und blickt mich strahlend an. »Steinadler«, erklärt er und zeigt auf die gegenüberliegende, mit immergrüner Macchia überwucherte Bergkette. »Dort drüben hat ein Pärchen seinen Horst.« Dann reicht er mir das Fernglas.

Erstaunt lehne ich meine Trekkingstöcke an den Wagen und suche seinen Anweisungen folgend in einer Felswand nach dem Nest. Plötzlich fliegt ein gewaltiger Raubvogel auf. Unwillkürlich halte ich den Atem an. Der König der Lüfte steigt mit ein paar kurzen Flügelschlägen empor, kreist dann elegant über dem Tal und verschwindet langsam am Horizont.

»Wow! Der ist ja riesig«, entfährt es mir beeindruckt.

»Ja, Steinadler haben eine Flügelspannweite von zwei Metern«, berichtet mir der Förster stolz, als ich ihm das Fernglas zurückgebe. Angeregt erzählt er mir noch ein paar Minuten lang von den Lebens- und Jagdgewohnheiten der Raubvögel.

»Gehört die Gegend jenseits der Autobahn auch zu Ihrem Revier?«, wechsle ich jetzt das Thema, weil ich etwas über die Hintergründe meines gestrigen Abenteuers erfahren will.

Sein Gesicht verdüstert sich. »Nein, dort befindet sich nur ein privates Jagdrevier«, bestätigt er meine Vermutung.

Aufgeregt berichte ich von meiner illegalen Odyssee durch das abgezäunte Gelände. »Wie kann denn ein privates Unternehmen einfach einen öffentlichen Wanderweg sperren?«, ende ich empört.

Der Förster schweigt einige Sekunden, bevor er bedächtig antwortet: »Der Zaun wurde vor drei Jahren errichtet. Und genauso lange berichten die lokalen Zeitungen schon über das Thema. Die Wanderer sind eigentlich das geringste Problem, denn der Zaun blockiert auch den hiesigen Landbesitzern den Zugang zu ihren Grundstücken.«

»Aber das sind doch öffentliche Wege! Warum unternehmen die Behörden denn nichts dagegen?«, frage ich ungläubig.

Der Mann kratzt sich nachdenklich den Bart. »Die Eigentümer sind einflussreiche Leute mit Geld, mit viel Geld …«, sagt er endlich und steigt in seinen Wagen.

»Alles Gute für Ihre Wanderung!«, verabschiedet er sich und setzt noch hinzu: »Zumindest in meinem Revier werden Sie auf keine Zäune mehr treffen …«

Damit soll der Förster zwar recht behalten, doch werde ich im Laufe der restlichen Wanderung immer wieder auf Hindernisse stoßen: Einmal werde ich auf dem Weg von ungläubigen Landbesitzern abgefangen, die gar nicht wissen, dass der GR 7 über ihr neu erworbenes Grundstück führt. Glücklicherweise eskortieren sie mich dann aber doch sicher an den zwanzig bellenden Hunden, die sie auf ihrem Hof halten, vorbei. An einer anderen Stelle führt mich der Weg über eine aufgegebene Teerstraße, die jedoch in einer Schlucht einfach in den darunter fließenden Fluss abgestürzt ist. Nur eine mühsame Kletterpartie und ein Umweg über schlammige Pfade und durch riesige Olivenhaine führen mich wieder zurück auf den GR 7. Und selbst am vorletzten Tag auf dem Trail stehe ich plötzlich vor einem verschlossenen, spitzenbewehrten Tor mit einem Schild »Privatweg – Zutritt verboten« und muss mich über Viehweiden und einen Fluss um das abgezäunte Grundstück herumkämpfen.

Der GR erfährt in Spanien nicht viel Beachtung durch die öffentlichen Stellen. Die Markierung ist oft lückenhaft bis nicht existent, und es wird wenig in die Instandhaltung der Wege investiert. Kein Wunder, denn während jedes Jahr bis zu einer Viertelmillion Menschen durch Spanien nach Santiago de Compostela pilgert, sind auf dem GR 7 nur eine Handvoll Langstreckenwanderer unterwegs. Daher nehme ich die zahlreichen kleinen und großen Hindernisse mit zunehmendem Gleichmut in Kauf, denn auf dem GR 7 werde ich dafür mit einer großartigen – und zumeist menschenleeren Landschaft belohnt.

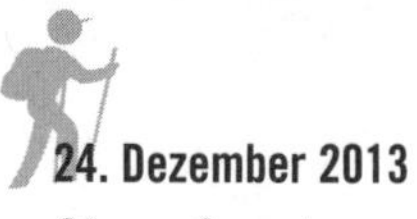

24. Dezember 2013

Cieza, Spanien

Kilometer 3016

Die spanische Provinz Murcia zählt mit 300 Sonnentagen pro Jahr zu den trockensten Gebieten Europas. Ich bin froh, diesen Abschnitt des GR 7 im Winter zurückzulegen, denn im Sommer klettern die Temperaturen hier regelmäßig auf über vierzig Grad – und es gibt keine Schattenspender am Weg. Tagelang wandere ich an Weinstöcken, Mandelbäumen und endlosen, mit Netzen abgedeckten Obstplantagen vorbei, denn Murcia ist Europas größter Produzent von Obst, Gemüse und Blumen. Die meisten Bäume sind schon lange abgeerntet, aber die Orangen und Mandarinen sind jetzt reif.

»Willst du eine Orange?«, werde ich ständig von den Erntehelfern gefragt – und statt einer Orange stecken sie mir dann ein ganzes Kilo der saftigen Früchte in den Rucksack. In diesem Winter leide ich bestimmt nicht unter Vitaminmangel.

Doch nach mehreren Tagen mit bis zu zwanzig Grad und strahlend blauem Himmel kündigt der Wetterbericht heftige Regenfälle an – und das ausgerechnet für den ersten Weihnachtsfeiertag. Gerne würde ich das schlechte Wetter in einem Hotel aussitzen, aber in Cieza, der nächstgelegenen Stadt, gibt es keine preiswerten Unterkünfte. Zähneknirschend beschließe ich, mir für fünf Euro einen Regenschirm zu kaufen, anstatt mehr als fünfzig Euro für ein Hotel auszugeben.

In den weihnachtlich geschmückten Straßen von Cieza hasten Dutzende von schwer bepackten Menschen an mir vorüber. Niemand beachtet mich, denn die Passanten sind wohl in Gedanken schon beim Weihnachtsfest im Kreise ihrer Lieben – während ich den heutigen Abend mutterseelenallein bei strömendem Regen in meinem Zelt verbringen werde. Voller Selbstmitleid irre ich auf der Suche nach einem Wasserspender durch die Altstadt, bis ich an der Plaza Nueva endlich einen Springbrunnen finde. Ich habe gerade meinen schweren Rucksack abgesetzt und meinen Wasserbeutel herausgezogen, als mein Blick auf ein Warnschild fällt: »*Agua no potable* – kein Trinkwasser«. Resigniert setze ich mich auf eine Bank neben dem Brunnen und lasse den Kopf hängen. So hatte ich mir das Weihnachtsfest nicht vorgestellt.

»Brauchst du Wasser?«, ertönt plötzlich eine freundliche Stimme. Erstaunt blicke ich auf. Vor mir steht eine kleine, etwa fünfzigjährige Frau in einem Morgenmantel – obwohl es schon nach Mittag ist. »Ich habe dich von zu Hause aus beobachtet«, klärt sie mich jetzt auf und weist mit dem Kinn auf das nächstgelegene Haus.

»Ja, genau, ich brauche Wasser!«, bestätige ich und erkläre vorsichtshalber schon mal, dass ich als Wanderin auf dem Weg von Deutschland nach Tarifa bin.

Die Frau bekommt immer größere Augen und fragt erstaunt: »Und du bist ganz ohne Begleitung unterwegs? Wo wirst du denn heute schlafen?«

Als ich erzähle, dass ich die heutige Nacht allein in meinem Zelt irgendwo im Freien verbringen werde, schüttelt sie besorgt den Kopf. Dann nimmt sie meinen leeren Wasserbeutel und verschwindet mit einem kurzen »*Espera!* – Warte!« in ihrem Haus.

Erst nach fünf Minuten kommt die Frau schwer bepackt zurück. Zunächst reicht sie mir meinen gefüllten Wasserbeutel, dann drückt sie mir eine weiße Plastiktüte in die Hand und sagt mit einem wohlwollenden Augenzwinkern: »Für Weihnachten!«

Als ich in die Tüte schaue, gehen mir fast die Augen über: Darin befinden sich mehrere Orangen, Nüsse, einige Schokoriegel und die spanische Spezialität Turrón, eine Art weißer Nougat. Fassungslos starre ich meine Wohltäterin an, die über das ganze Gesicht strahlt und mich jetzt sogar noch umarmt.

»*Feliz Navidad!* – Frohe Weihnachten!«, wünscht sie mir, und meine schwermütige Stimmung ist plötzlich wie weggeblasen. Einige Passanten werfen uns belustigte Blicke zu, aber kein Wunder: Da steht eine 1,84 Meter große Frau mit verstrubbelten Haaren in verdreckter Wanderkleidung mit einer riesigen Plastiktüte in der Hand, und an ihrem Hals hängt eine 1,50 Meter große Dame im Bademantel.

Ich stammle immer wieder »*Gracias*« und muss vor lauter Rührung sogar ein paar Tränen verdrücken, als mein persönliches Christkind sich schließlich verabschiedet und mit einem letzten Winken in ihr Haus verschwindet. Mit einem überschweren Rucksack verlasse ich Cieza, und während ich zum Santuario de la Virgen del Buen Suceso hinaufsteige, muss ich lächeln.

Oben an der kleinen Kapelle angelangt, erwartet mich ein grandioser Ausblick: unter mir die Stadt, eingebettet in eine Schleife des Río Segura, die Lebensader dieser Region. Entlang des Flusses zieren Obstplantagen und Gärten die weite Ebene, die vom Gebirgszug der Sierra del Oro begrenzt wird. Über allem hängen ein feiner Nebelschleier und die grotesken Wolkenformationen der heraufziehenden Regenfront. Ganz allein stehe ich auf der weitläufigen Aussichtsplattform vor der Kapelle, doch einsam fühle ich mich nicht mehr. Ich liebe mein Wanderleben, das mir zu so vielen glücklichen Momenten und schönen Begegnungen verhilft. Auch wenn ich heute Abend allein in meinem Zelt feiern werde: Die wunderbaren Erinnerungen an die netten Menschen und die Vorfreude auf meine nächsten Erlebnisse werden bei mir sein.

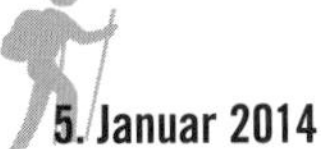

5. Januar 2014

Quesada, Spanien

Kilometer 3300

»Können Sie mir sagen, wann und wo der Dreikönigsumzug beginnt?«, frage ich aufgeregt die Dame an der Kasse des Museums Zabaleta in Quesada.

Verblüfft blickt die junge Frau mich an. An diesem Sonntagabend bin ich die einzige Besucherin in dem kleinen Kunstmuseum, das dem expressionistischen Maler Rafael Zabaleta gewidmet ist.

»Ich bin aus Deutschland und möchte herausfinden, wie man in Spanien Weihnachten feiert«, füge ich erklärend hinzu, worauf sie mich begeistert anstrahlt.

»Da kann ich Ihnen sicherlich weiterhelfen«, kichert sie. »Ich habe nämlich zwei kleine Kinder, die den Umzug gar nicht mehr erwarten können.« Und dann erzählt sie mir ausführlich, dass die Kleinen in Spanien ihre Weihnachtsgeschenke erst am 6. Januar erhalten – und zwar nicht vom Christkind oder dem Nikolaus, sondern von den Heiligen Drei Königen. In fast allen spanischen Städten findet daher am Vorabend des Dreikönigstages ein festlicher Umzug statt, bei dem die Kinder mit Süßigkeiten beschenkt werden – so wie bei den Karnevalsumzügen in Deutschland.

»In Quesada startet der Umzug am Museum. Oder genauer gesagt in unserer Tiefgarage«, erzählt die Frau lachend: »Wenn Sie wollen, führe ich Sie nach unten, damit Sie sich die Wagen und die Kostüme in Ruhe anschauen können.«

Als wir wenig später durch das graue Treppenhaus in die moderne Tiefgarage hinabsteigen, fährt die Museumsangestellte fort: »Der Umzug wird jedes Jahr von einer anderen Gruppe aus dem Ort ausgerichtet, zum Beispiel vom Fußballverein oder der Bauernvereinigung. Dieses Jahr sind die *moteros medievales* dran.«

»Die mittelalterlichen Motorradfahrer führen den Zug an?«, hake ich verblüfft nach und stolpere fast über eine Stufe. »Was soll das denn sein?«

»Das ist eine Gruppe von Motorradfans, die sich bei ihren Ausflügen in mittelalterliche Kostüme kleidet. Sie werden gleich sehen …«, antwortet die Frau und öffnet die schwere Metalltür zur Garage.

Lautes Stimmengewirr und hektische Betriebsamkeit schlagen uns entgegen. Über das ganze Parkdeck verteilt stehen weihnachtlich dekorierte Lkw-Trailer und Geländewagen, dazwischen ein Dutzend Motorräder und Menschen aller Altersgruppen in selbst genähten Kostümen. Mit offenem Mund bleibe ich stehen, doch meine Führerin packt mich am Arm und zieht mich gleich weiter: »Kommen Sie, ich stelle Sie den Heiligen Drei Königen vor.«

Sie schiebt mich durch eine weitere Metalltür in den Verwaltungstrakt des Museums, wo die Hauptakteure des Umzugs sich gerade für ihren Auftritt fertigmachen. Eine Zimmertür öffnet sich – und es erscheint ein Mann mit einem weißen Rauschebart, einer goldenen Pappkrone auf dem Kopf und einem imposanten »Pelz«-Umhang aus Synthetik.

»Darf ich dir unseren heutigen Ehrengast aus Deutschland vorstellen?«, fragt die Museumsmitarbeiterin grinsend, und der »König« streckt mir huldvoll seine behandschuhte Hand entgegen.

»Ich bin Christine«, stelle ich mich vor. »Und welcher der drei Könige sind Sie?«

»Siehst du das nicht, mein Kind? Ich bin Melchior«, antwortet mir der Würdenträger, obwohl er gut zehn Zentimeter kleiner ist als ich.

»Haben Sie denn auch ein Motorrad?«, will ich nun wissen.

»Natürlich! Und zwar eine echte Harley Davidson«, erklärt Melchior stolz und rückt seinen gewaltigen Bart zurecht. »Und du, mein Kind, warst du denn auch immer brav im letzten Jahr?«

»Selbstverständlich!«, behaupte ich im Brustton der Überzeugung und schiebe schnell hinterher: »Bekomme ich denn jetzt auch ein Geschenk?«

»Aber klar doch! Du kannst ein Foto mit mir zusammen machen!«

Meine Belohnung hatte ich mir zwar etwas anders vorgestellt, aber ich freue mich dennoch, als die Museumsmitarbeiterin uns beide ablichtet. Nachdem Melchior sich zu seinen beiden Mitkönigen gesellt hat, bringt meine Führerin mich zurück ins Museum.

»Ich hätte Sie ja gerne noch der Jungfrau Maria vorgestellt, aber die war gerade eine rauchen«, sagt sie entschuldigend, als wir wieder die Treppe hochsteigen. Tja, da kann man nichts machen …

Um 19.30 Uhr stehe ich zusammen mit Hunderten von Kindern und Erwachsenen auf der Straße und bewundere staunend die vorbeiziehenden bunt geschmückten Wagen und die ziemlich laut und falsch spielende Blaskapelle. Die Heiligen Drei Könige, die Jungfrau Maria und das Jesuskind werfen beherzt Süßigkeiten in die Menge, auf die die Kinder des Ortes sofort Jagd machen. Fast alle Kleinen sind zum Sammeln ihrer Beute sogar mit Plastiktüten ausgestattet. Und so bekomme ich angesichts der großen Konkurrenz beim Dreikönigsumzug gerade mal zwei Bonbons ab – obwohl ich im letzten Jahr wirklich ein braves Mädchen gewesen bin …

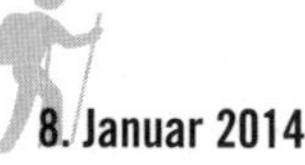

8. Januar 2014

Parque Natural de Sierra Mágina, Spanien

Kilometer 3363

Zwanzig Prozent des weltweit vertriebenen Olivenöls wird in der spanischen Provinz Jaén produziert – mit 66 Millionen Olivenbäumen. Und mittlerweile habe ich das Gefühl, auf dem GR 7 an jedem einzelnen davon vorbeigewandert zu sein. Zu allem Überfluss ist jetzt im Winter auch noch die Ernte in vollem Gang. Damit die Oliven auf ein am Boden ausgebreitetes Netz fallen und eingesammelt werden können, müssen die Erntehelfer die Äste der Bäume kräftig schütteln. Früher benutzten die Bauern hierzu Rechen und Stecken, heute kommen mechanische Rüttelkämme und -arme zum Einsatz, sodass mich ein metallisches Summen auf Schritt und Tritt begleitet. Fast jedes Fahrzeug, das mir auf den Wirtschaftswegen und kleinen Straßen begegnet, ist ein Auto mit einem Anhänger – bis obenhin beladen mit schwarzen Oliven auf dem Weg zu den genossenschaftlichen Ölmühlen.

Der extensive Olivenanbau erschwert leider auch meine Zeltplatzsuche, denn die in Reih und Glied bepflanzten Olivenhaine bieten so gut wie keinen Sichtschutz. So prüfe ich jeden Abend stets zuerst, ob die Bäume einer Plantage bereits abgeerntet sind, bevor ich im hintersten Winkel mein Zelt aufschlage. Und wenn die Sonne aufgeht und die Erntehelfer wieder zur Arbeit treibt, bin ich schon lange wieder unterwegs. Sehnsüchtig denke ich an die Orangenplantagen in den Provinzen Valencia und Murcia zurück, denn rohe Oliven schmecken einfach furchtbar und eignen sich überhaupt nicht als Zusatzproviant.

Dieses Meer aus Olivenbäumen wird in der Provinz Jaén nur durch zwei Naturparks unterbrochen. Die Sierras de Cazorla, Segura y Las Villas bilden den größten Naturpark Spaniens und sogar das zweitgrößte Landschaftsschutzgebiet Europas. Ihre

Gipfel erreichen 2000 Meter Höhe, und so stoße ich zum ersten – und glücklicherweise auch zum letzten – Mal auf dieser Wanderung auf nennenswerte Schneefelder, die mir allerdings außer nassen Socken und Schuhen kaum Probleme bereiten. Mehrere Male sind jedoch die Wasserquellen am Wegesrand zugefroren.

Die zweite »Insel« im *mar de olivos* ist der winzige Naturpark Sierra Mágina. Ganz gemächlich steigt der GR 7 hier auf 1600 Meter Höhe, erst auf einem gut ausgebauten Wirtschaftsweg durch die üblichen schachbrettartigen Olivenhaine, dann auf einem schmaleren Pfad durch Eichenwald und Wacholderbüsche. Als ich endlich den höchsten Punkt erreicht habe, erwartet mich ein wunderbarer Ausblick auf den über 2000 Meter hohen Pico Almadén, dessen schroffe Ostflanke wie ein Dreieck in den strahlend blauen, mit zarten Federwölkchen verzierten Himmel ragt.

Da es schon zwölf Uhr ist, lasse ich mich angesichts dieser traumhaften Aussicht einfach am Wegesrand unter einer Steineiche nieder und hole mein Mittagessen aus dem Rucksack: ein grobes Stangenweißbrot, einen Brocken *queso manchego* und ein Stück *chorizo* aus dem kleinen Tante-Emma-Laden des letzten Dörfchens. An den rauen Stamm der Eiche gelehnt breche ich ein Stück des knusprigen Brotes ab und schneide mit meinem Taschenmesser Käse und Salami in kleine Stücke.

Plötzlich durchflutet mich ein warmes Gefühl des Glückes und der Freiheit: Anstatt wie früher im kalten Deutschland von einem Termin zum nächsten zu hetzen, sitze ich entspannt im T-Shirt in der warmen Sonne – und das im Januar! Meine einzigen Termine sind der Sonnenauf- und -untergang, und nur ich allein bestimme über meine Zeit. Mein Tagesablauf folgt einer gewissen Routine, die ich jedoch jederzeit durchbrechen kann:

Der Wecker meines Handys klingelt eine Stunde vor Sonnenaufgang, aber fast immer wache ich schon etwas früher von selbst auf. Ich bereite mein Frühstück, Müsli mit kaltem Wasser, im Schein meiner Stirnlampe zu und packe anschließend, um bereits mit den ersten Sonnenstrahlen loswandern zu können. Die frühmorgendliche Kälte wird meist von einem grandiosen Sonnenaufgang aufgewogen. Zwölf bis sechzehn Kilometer laufe ich am Vormittag, und wenn ich Glück habe, führt mich meine Route so wie heute durch ein kleines Dorf mit Einkaufsmöglichkeit. Dann besorge ich Brot, Käse und Salami für das Mittagessen, ansonsten koche ich ein Tütengericht auf dem Gaskocher. Eine Stunde Mittagspause gönne ich mir am Tag. In dieser Zeit gibt es nicht nur Essen, sondern ich breite oft mein Zelt und meinen Quilt zum Trocknen aus und lüfte barfuß meine Füße. Nachmittags wandere ich wieder rund fünfzehn Kilometer, sodass ich auf einen Tagesschnitt von dreißig Kilometern komme. Mehr ist bei nur zehn Stunden Tageslicht im Winter meist nicht drin, zumal ich über den ganzen Tag verteilt immer wieder kleine Pausen mache, um einen Snack zu essen, die Karte zu studieren oder einfach mal einen schönen Ausblick zu bewundern. Verläuft die Route auf befestigten oder breiten Wegen, wandere ich auch noch ein paar Stunden in der Dunkelheit weiter.

Selbst wenn die Landschaft wie im »Meer aus Olivenbäumen« nicht ganz so abwechslungsreich ist, wird mir nie langweilig, denn ich höre tagsüber oft Hörbücher – vom Krimi bis zum deutschen Klassiker ist alles dabei. Manchmal bin ich so von einer Geschichte gefesselt, dass ich mehrere Stunden am Stück durchwandere …

Auch an die langen, kalten Nächte habe ich mich gewöhnt. Nach sieben Jahren Outdoorleben sitzt jeder Handgriff beim Lageraufbau, sodass ich in der Regel nicht mehr hinaus in die Kälte muss, sobald ich einmal meine trockene Schlafkleidung angezogen habe und in meinen Quilt geschlüpft bin. Ich koche dann nur noch mein warmes Abendessen im Vestibül meines Zeltes, studiere die Karten für den nächsten Tag und lese ein wenig in einem Buch – bis mir die Finger trotz Handschuhen zu kalt werden. Habe ich an meinem Zeltplatz Internetempfang, gönne ich mir den Luxus, ein wenig im World Wide Web zu surfen und mich über das Weltgeschehen zu informieren. Nachdem ich dann endgültig die Stirnlampe ausgeschaltet und mich fest in meinen Quilt gewickelt habe, lasse ich den Tag noch einmal Revue passieren – und fast immer schlafe ich dann mit einem Gefühl tiefen Glückes ein.

Zufrieden stecke ich mir ein Stück Käse in den Mund und nehme einen großen Schluck Wasser aus meiner Faltflasche. Dann hole ich die Karten für den nun folgenden Wegabschnitt aus dem Rucksack und berechne erneut die Kilometer bis zum nächsten größeren Ort. Schon übermorgen werde ich in Alcalá la Real ankommen und dort einen Ruhetag einlegen.

Da ich meine Übergangswohnung in Berlin sowieso erst Anfang Februar beziehen kann, nehme ich mir in Spanien viel Zeit, um die Städte entlang des GR 7 zu besichtigen. Bei Hotelpreisen um die dreißig Euro für ein Einzelzimmer ist dies auch keine allzu große Belastung für mein monatliches Budget. Die meisten Nächte zelte ich nach wie vor wild, aber während ich in Frankreich höchstens einmal die Woche eine Herberge oder einen Campingplatz aufgesucht habe, gönne ich mir in Spanien mindestens zweimal wöchentlich ein Hotel. Ich spendiere mir dabei sogar meistens ein *menú del día* im Restaurant, was mich in der Regel gerade mal zehn Euro kostet.

Und jede der Städte am Weg hat eine Überraschung für mich parat: In Elda, dem Zentrum der spanischen Schuhindustrie, besuche ich das Schuhmuseum mit seinen zahlreichen Modellen aus den letzten Jahrhunderten. In Bocairent krieche ich auf allen vieren durch in den Fels gehauene Vorratshöhlen aus dem 10. Jahrhundert. In Cazorla mache ich eine Führung mit durch Europas einzige Kirche, die direkt über einem Fluss errichtet wurde. Und als Nächstes stehen Alcalá la Real mit seiner gewaltigen Festung und Antequera mit den zum UNESCO-Weltkulturerbe gehörenden Hügelgräbern aus der Jungsteinzeit auf dem Programm.

Als das letzte Stückchen *chorizo* in meinem Mund verschwunden ist, schüttele ich mir die Brotkrümel vom T-Shirt und packe eine Tafel Schokolade zum Nachtisch aus. Gerade als ich die erste Rippe abbrechen will, mache ich an der Flanke des Pico Almadén eine Bewegung aus. Gespannt verfolge ich nun mit den Augen, wie ein Steinbock das Geröllfeld überquert.

Eigentlich ist es längst Zeit zum Aufbruch, aber ich kann mich nicht von diesem wunderschönen Flecken Erde und der warmen Mittagssonne losreißen. Und so lehne ich mich noch einmal zurück und überdenke die letzten Monate der Wanderschaft.

Diese Tour hat meine Erwartungen bei Weitem übertroffen – und zwar in vielerlei Hinsicht. Mir war klar, dass ich in Europa anders als in den USA nicht durch unberührte Wildnis wandern würde. Dennoch bin ich überrascht, wie viel spektakuläre Natur ich unterwegs erleben durfte. Und zudem war ich hier fast immer mutterseelenallein unterwegs, während ich mir in den USA die Wildnis oft mit Dutzenden von Mitwanderern teilen musste. Kein Wunder: Allein in Deutschland erstreckt sich das Wanderwegenetz über 200 000 Kilometer, während das National Trail System der gesamten USA gerade mal 80 000 Kilometer umfasst. Zwar gibt es auch über die National Trails hinaus Wandermöglichkeiten, jedoch sind diese durch die rechtliche Situation in den Vereinigten Staaten erheblich eingeschränkt. Während es in fast allen europäischen Ländern eine Art »Waldbetretungsrecht« gibt, das den Wanderern auch auf Privatgrund den Zugang zur Natur ermöglicht, ist in Nordamerika das Wandern fast nur auf öffentlichem Land erlaubt.

Und so atemberaubend die Natur in Nordamerika auch ist – umso langweiliger sind die Städte entlang der Trails. Auf dieser Tour jedoch besichtige ich eine Sehenswürdigkeit nach der anderen und genieße immer wieder regionale Spezialitäten. Ja, dies ist eine der angenehmsten und interessantesten Wanderungen meiner gesamten Outdoorlaufbahn.

Steifbeinig stehe ich nun endlich auf, denn nach einer Pause von einer Stunde müssen die Muskeln erst wieder warm werden. Nachdem ich meinen Rucksack geschultert habe, werfe ich noch einen letzten Blick auf den Pico Almadén.

»Danke!«, entfährt es mir unwillkürlich. »Danke, dass ich all das sehen und erleben darf!« Dann laufe ich los – mit einem zufriedenen Lächeln auf dem Gesicht.

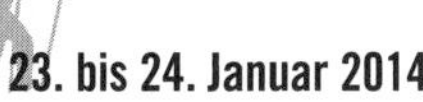

23. bis 24. Januar 2014

Ronda, Spanien

Kilometer 3706

Verblüfft starre ich das Straßenschild am berühmtesten Aussichtspunkt von Ronda an: »Paseo de Kazunori Yamauchi« heißt die Passage, von der aus Touristen aus aller Herren Länder die Puente Nuevo fotografieren. Diese imposante Brücke aus dem 18. Jahrhundert überspannt über einer Schlucht den 120 Meter tiefer liegenden Fluss Guadalevín. Doch was hat ein Japaner damit zu tun? Neugierig hole ich mein Smartphone aus der Hosentasche und googele den Namen. Als ich die Suchresultate lese, muss ich schmunzeln. Yamauchi ist der Erfinder der Videospielserie »Gran Turismo«, und einige der darin enthaltenen Rennsimulationen spielen in Ronda sowie auf der Rennstrecke des nahe gelegenen Ascari-Rings.

Doch das Lächeln gefriert mir im Gesicht, als es plötzlich schmerzhaft in meinem rechten Ohr zieht. Schon seit ein paar Tagen quälen mich immer stärker werdende Schmerzen. Nachdem ich noch ein paar Fotos von der Puente Nuevo im goldenen Licht der Abendsonne gemacht habe, stecke ich mein Handy wieder ein und gehe in die nächste Apotheke, um mir ein Mittel gegen meine Beschwerden zu kaufen. Der Apotheker empfiehlt Nelkenöl, das ich mir auch brav am Abend vor dem Einschlafen ins Ohr tropfe.

Als ich am nächsten Morgen um sieben Uhr im Hotel »Arunda« aufwache, habe ich zwar den stechenden Geschmack von Nelken im Mund, aber mein Ohr tut immer noch weh. Wie vom Apotheker geraten, verabreiche ich mir noch einmal ein paar Tropfen des intensiven Öls – und kann eine halbe Stunde später auf dem rechten Ohr überhaupt nichts mehr hören. Nun kriecht langsam Panik in mir hoch. Was ist die Ursache meiner Beschwerden? Werde ich meine Wanderung so überhaupt noch beenden können? Bei gesundheitlichen Fragen will ich kein Risiko eingehen, und damit ist klar, dass ich einen Arzt aufsuchen muss. Bei der Internetrecherche auf dem Smartphone werde ich schnell fündig. Es gibt ganz in der Nähe eine HNO-Arztpraxis, die am heutigen Freitag ab acht Uhr geöffnet hat. Mit einem mulmigen Gefühl steige ich in meine frisch gewaschene Wanderkleidung und begebe mich an die Hotelrezeption, um nach dem Weg zu fragen.

Nachdem ich dem freundlichen Mann mein Anliegen geschildert habe, schüttelt er bedauernd den Kopf: »Die Arztpraxis wird geschlossen sein, denn heute ist der Feiertag der Virgen de la Paz.«

Frustriert lasse ich die Schultern sinken. In Spanien gibt es neben den national einheitlichen Feiertagen wie Ostern oder Weihnachten noch jede Menge religiöser Festtage, die nur in einer bestimmten Stadt gefeiert werden. So stand ich schon ein paarmal an einem scheinbar normalen Werktag vor verschlossenen Supermarkttüren.

»Aber da hätte ich Sie sowieso nicht hingeschickt. Diese privaten Arztpraxen kosten sehr viel Geld, und Touristen werden bei uns in der Notaufnahme des Gesundheitszentrums kostenlos behandelt«, fährt der Hotelier fort und greift schon zu einem Stadtplan, um mir den Weg zu zeigen.

»Aber Ohrenschmerzen sind doch kein Notfall«, stelle ich skeptisch fest.

»Seit ich dieses Hotel führe, habe ich bestimmt schon mehr als ein Dutzend Touristen in die Notaufnahme geschickt. Und alle EU-Bürger sind dort kostenlos behandelt worden. Außerdem haben Sie heute sowieso keine Wahl, weil alles andere geschlossen ist ...«, erklärt mir der Hotelbesitzer lächelnd und zeichnet mit dem Stift auf der Karte den Weg ein.

Zwanzig Minuten später sitze ich bereits im Wartesaal des Gesundheitszentrums. Tatsächlich wollte der muffige Mann am Empfang kein Geld für die ärztliche Behandlung, sondern notierte sich nach einem Blick auf meinen Ausweis lediglich meinen Namen. Geduldig warte ich eine halbe Stunde neben Müttern mit schreienden Kindern und einigen älteren Herrschaften mit Krückstock und Rollator. Rettungssanitäter bringen einen weiteren Patienten. Wenig später besteigt ein Arzt mit wehendem Kittel und Notfalltasche das Ambulanzfahrzeug und wird mit Blaulicht vom Hof gefahren. Ich starre in mein mitgebrachtes Buch, bin aber viel zu nervös, um der Handlung des Krimis folgen zu können. So lese ich dieselbe Seite bereits zum vierten Mal, als die Tür eines der beiden Sprechzimmer aufgeht und eine junge Ärztin meinen Namen aufruft. Eilig betrete ich den kleinen Behandlungsraum und nehme am Schreibtisch ihr gegenüber Platz.

»Sie sind aus Deutschland, nicht wahr?«, begrüßt mich die junge Frau strahlend. Als ich bejahe, fährt sie aufgeregt fort: »Ich habe in Berlin Medizin studiert!«

»Ich komme aus Berlin und wandere gerade durch ganz Spanien«, erkläre ich ihr – und jetzt kennt ihr Enthusiasmus keine Grenzen mehr. Mit leuchtenden Augen erzählt sie mir von ihren Kommilitonen an der Humboldt-Universität, von ihrer WG in Kreuzberg und vom Berliner Nachtleben. Natürlich freue ich mich über so viel Begeisterung für meine Heimatstadt, aber draußen warten noch mindestens fünf Patienten ...

»Ich habe seit vier Tagen Schmerzen im rechten Ohr«, versuche ich, das Gespräch in eine andere Richtung zu lenken.

»Ja, da schauen wir gleich mal nach«, sagt die Ärztin – und fährt unbeirrt fort, von Berlin zu schwärmen: »Ich wäre so gerne in Deutschland geblieben, weil ich hier in Spanien nur sehr begrenzte Berufsaussichten habe. Aber meine Familie wollte unbedingt, dass ich zurückkomme.«

»Also, können Sie dann mal in mein Ohr gucken?«, bohre ich vorsichtig nach.

»Ja, sofort!«, stimmt die junge Frau zu, spricht aber unverdrossen weiter: »Also ich beneide Sie darum, dass Sie in Berlin leben, während ich hier als Bereitschaftsärztin in Ronda versauere.«

Eigentlich lebe ich normalerweise ja nicht in Berlin, sondern in meinem Zelt, aber diese Bemerkung verkneife ich mir jetzt lieber. Stattdessen halte ich ihr einfach meine rechte Gesichtshälfte hin.

Endlich ergreift die Ärztin ein Otoskop und wirft damit einen Blick in mein Ohr. »Entzündung des Gehörgangs. Ich verschreibe Ihnen antibiotische Ohrentropfen«, stellt sie nur kurz fest und notiert etwas auf einem Rezeptblock. Aber dann holt sie noch ein Blatt Papier aus der Schublade und schreibt eine Telefonnummer darauf.

»Ich gebe Ihnen meine Handynummer – falls Sie auf Ihrer Wanderung noch irgendwelche Hilfe brauchen«, sagt sie freundlich lächelnd und reicht mir beide Zettel. »Ich könnte mit Ihnen noch Stunden über Berlin reden!«

»Danke!«, sage ich ganz gerührt und stecke das Rezept und die Telefonnummer in meine Hosentasche. Wieder einmal hat mir ein wildfremder Mensch einfach so seine Unterstützung angeboten. In diesen Momenten würde ich gerne etwas zurückgeben. »Alles Gute für Sie! Ich hoffe, Sie finden auch hier einen tollen Job«, kann ich nur sagen und verlasse das Behandlungszimmer.

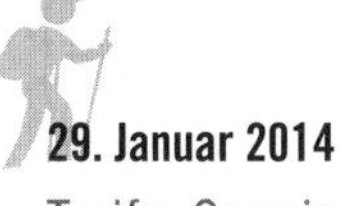

29. Januar 2014
Tarifa, Spanien

Kilometer 3872

Auf den letzten 170 Kilometern zeigt sich der GR 7 noch einmal von seiner schönsten Seite: Täglich ziehen Dutzende von Störchen mit einem gewaltigen Flügelrauschen über mich hinweg, und fast jeder Strommast ist mit einem riesigen Vogelnest gekrönt, denn viele dieser Zugvögel überwintern mittlerweile im Süden Spaniens, anstatt bis nach Afrika weiterzufliegen. Im Naturpark Los Alcornocales wandere ich durch Wälder aus bizarr geformten Korkeichen. Die Stämme der über ein Jahrhundert alten Bäume werden etwa alle acht Jahre »geschält«, und die Eicheln dienen den schwarzen Iberischen Schweinen als Futter. Daneben öffnen sich die ersten zartweißen Blüten der Mandelbäume und läuten bereits jetzt, Ende Januar, den Frühling ein.

Nur der starke Wind, der täglich über die Meerenge von Gibraltar bläst, bereitet mir Probleme. Als für meine letzte Nacht auf Wanderschaft Sturmböen von fast hundert Stundenkilometern angesagt sind und ich den Tag auch noch neben einer Windfarm beenden werde, mache ich mir ziemliche Sorgen wegen der Zeltplatzsuche. Doch auch dieses Mal habe ich großes Glück: Ich entdecke im Gestrüpp direkt neben dem breiten Fahrweg ein flaches, unbewachsenes Plätzchen, das mit Mühe und Not gerade groß genug ist für mein Zelt. Trotz der stürmenden Böen und des Regens verbringe ich im Windschutz der dichten Macchia eine halbwegs ruhige Nacht. Nur dreimal fährt ein Auto an mir vorbei. Und obwohl ich nicht mehr als einen Meter vom Fahrweg entfernt liege, entdecken mich die Fahrer nicht.

Der letzte Tag bricht trübe, aber trocken und relativ windstill an. Der Sturm ist vorüber. Ich packe mein regennasses Zelt in den fast leeren Rucksack und lausche dem rhythmischen *Wuschwuschwusch* der Windräder. Während der Himmel immer weiter aufklart, laufe ich noch ein paar Kilometer durch Eichenwald, vorbei an großen Haufen mit abgeernteten Korkplatten. Als ich die Hochebene verlasse, um auf einem Wirtschaftsweg zum Meer abzusteigen, kommt endgültig die Sonne heraus. Vor mir auf dem Asphalt sonnt sich seelenruhig eine Großfamilie schwarzer Schweine. Selbst als ich mich direkt neben ihnen niederlasse, um meinen warmen Pullover auszuziehen und meine Zip-off-Hose in Shorts zu verwandeln, bleiben sie entspannt liegen und würdigen mich keines Blickes.

Um vierzehn Uhr erreiche ich die Küste. Als ich dort einen hölzernen Wegweiser mit der Aufschrift »GR 7/E4 – Tarifa 2h« sehe, muss ich lachen. Ich denke an die letzten Wochen zurück, in denen ich viele Male verzweifelt nach irgendeiner Wegmarkierung gesucht – und nichts gefunden habe. Hier braucht es weiß Gott keine Beschilderung mehr, denn jetzt muss ich nur noch am Meer entlang bis nach Tarifa laufen. Am Strand angelangt bleibe ich erst einmal stehen und sauge den ungewohnten Anblick in mich auf: Dies ist das erste Mal auf meiner Wanderung, dass ich das Meer erblicke. Obwohl mich die Sonne wärmt, lässt mich die frische Brise unwillkürlich frösteln. Bewundernd schaue ich ein paar Kitesurfern zu, die von der Kälte unbeeindruckt in dicken Neoprenanzügen über das Meer gleiten, und atme tief die salzige Seeluft ein. Der helle Sandstrand ist mehrere Hundert Meter breit und erstreckt sich nach rechts und links so weit das Auge reicht. Am Horizont, jenseits des Meeres, kann ich ein Gebirge erkennen. Es dauert einige Minuten, bis ich realisiere, was ich da sehe: Vor mir liegt Afrika! Ich bin wahrhaftig am südlichsten Punkt des europäischen Festlandes angekommen. Bis nach Marokko sind es von hier gerade mal vierzehn Kilometer.

In der Altstadt von Tarifa stehe ich plötzlich vor der prachtvollen Fassade der Matthiaskirche. Die große, von zwei Säulen gerahmte Tür steht weit offen. Neugierig trete ich ein und lasse mich auf einer Bank nieder, denn die ruhige Kirche scheint mir ein guter Ort, um mich innerlich von dieser Wanderung zu verabschieden. Ich schließe die Augen und denke an die 3800 Kilometer, die ich bis hierher gelaufen bin. Eigentlich sollte ich jetzt begeistert sein, es geschafft zu haben. Oder traurig, weil diese wunderbare Wanderung nun zu Ende geht. Doch ich bin keins von beiden. Ich bin einfach nur zufrieden mit mir und meinem Leben.

Plötzlich reißt mich das Klackern von Absätzen aus meinen Gedanken, und der Duft von schwerem Parfüm steigt mir in die Nase. Irritiert öffne ich die Augen. Die vorher noch fast leere Kirche ist mittlerweile voller Menschen in Festtagskleidung. Mit offenem Mund bestaune ich elegant gekleidete Männer und herausgeputzte Frauen. Ich sehe schwindelerregend hohe Schuhe, Hosen mit akkuraten Bügelfalten, elegante knielange Röcke, makellos geschminkte Gesichter, rot lackierte Fingernägel und perfekt frisierte Haare. Ich komme mir vor, als wäre ich mitten in Werbeaufnahmen für eine Modezeitschrift gelandet – dabei handelt es sich um eine ganz normale Hochzeitsgesellschaft. Warum kommen mir diese Menschen so fremdartig vor? Weil mein eigenes Leben komplett anders aussieht! Meine Trailrunning-Schuhe sind völlig verdreckt und die Sohlen abgelaufen. Meine Socken haben Löcher. Meine Shorts und das T-Shirt sind seit einer Woche nicht mehr gewaschen worden und riechen dementsprechend. Meine Fingernägel haben dicke schwarze Trauerränder, und seit einem halben Jahr war ich nicht mehr beim Friseur. Mit Schrecken fällt mir wieder ein, wie ich noch vor ein paar Wochen zum Gespött der Jugendlichen in Olot wurde. Mir wird plötzlich bewusst, wie weit ich mich schon vom Alltag der meisten Menschen entfernt habe. Vielleicht schon zu weit?

Ich hole tief Luft und schon mit dem Ausatmen kehrt der entspannte Ausdruck auf mein Gesicht zurück. Eine der elegant gekleideten Frauen bemerkt ihn und lächelt mich an. Obwohl sie und ich in unterschiedlichen Welten leben, sind wir wohl beide sehr glücklich darin – und nur das allein zählt.

Ich nicke der Frau freundlich zu, stehe entschlossen auf und verlasse die Kirche. Nach dem gedämpften Licht im Innern des

Gebäudes blendet mich jetzt die Sonne, die vom wolkenlosen blauen Himmel herabstrahlt. Ich kneife die Augen zusammen und versuche, mich zu orientieren. Soll ich erst in der vorgebuchten Unterkunft einchecken oder gleich zur Punta de Tarifa, dem südlichsten Landzipfel Europas, gehen, um dort das Abschlussfoto dieser Wanderung zu machen?

Spontan entschließe ich mich, den Abend nach einem guten Essen gemütlich im Hotel zu verbringen. Das Abschlussfoto kann bis morgen warten. Kaum ist die Entscheidung gefallen, muss ich schmunzeln. Zu Beginn meines Wanderlebens wäre ich sofort zum Endpunkt meiner Tour gegangen und hätte gefeiert. Doch heute, nach über 30 000 Kilometern zu Fuß, ist das Ankommen nicht mehr so wichtig. Ich habe mir schon so oft bewiesen, dass ich es schaffen kann. Start- und Endpunkt sind lediglich ein Gerüst. Das eigentliche Ziel ist der Weg selbst, die Freiheit des Unterwegsseins und das Glück des Draußenlebens.

Und dieses Ziel habe ich auf meiner Wanderung mehr als erreicht.

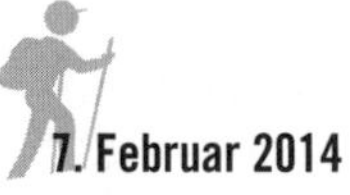

7. Februar 2014

Berlin-Marzahn, Deutschland

»Der Haupthahn für das Wasser befindet sich hinter dem Badezimmerwandschrank«, beendet Robert die Wohnungsführung und fügt hinzu: »Aber im Notfall rufst du einfach meinen Vater an. Der wohnt ja quasi um die Ecke.«

Mir brummt der Schädel, denn fast eine Stunde lang hat mein Wanderfreund mir von der Waschmaschine bis zum Sicherungskasten alles in seiner Wohnung erklärt. Oder besser gesagt, in meiner Wohnung, denn während der 32-jährige Robert zusammen mit seiner gleichaltrigen Freundin Verena in den nächsten fünf Monaten auf dem Appalachian Trail unterwegs ist, werde ich eine Zeit lang in ihrem Apartment im neunten Stock eines Plattenbaus in Berlin-Marzahn zur Untermiete wohnen.

»Wie haben denn eure Eltern überhaupt auf eure Pläne reagiert?«, frage ich neugierig, als wir uns zu Verena an den Wohnzimmertisch setzen.

»Na ja, begeistert sind sie nicht, dass wir einfach so unsere Jobs gekündigt haben, um wandern zu gehen. Aber sie unterstützen uns, wo es geht. Mein Vater ist ja schon in Rente und daher der ideale *trail manager* für uns«, erzählt Robert und gießt uns allen eine Tasse grünen Tee ein.

»Das ist doch super!«, freue ich mich mit den beiden. »Habt ihr denn schon einen Reiseordner für ihn erstellt?«

»Reiseordner? Was soll das denn sein?«, fragt jetzt Verena.

»Na, ich habe für meinen *trail manager* einen Ordner mit Unterlagen für alle Eventualitäten zusammengestellt. Wenn dann ein Notfall eintritt, reicht ein Griff, und er hat alle Informationen parat.«

»Was ist denn da so drin?«, interessiert sich Robert und macht sich gleich Notizen, als ich aufzähle: »Erst mal alle Kreditkartenunterlagen, die PINs für das Handy, Kaufbelege für die Ausrüstung, Kontaktadressen der Krankenversicherung in Deutschland und der Auslandsversicherung, Postvollmachten und Nachsendeantrag, Kopien von Personalausweis und Reisepass …« Robert kommt kaum mit dem Schreiben nach.

»Wow, man merkt, dass du früher Geschäftsfrau warst«, lobt mich Verena.

»Ich habe vor meiner ersten Wanderung sogar ein Testament gemacht und eine Patientenverfügung geschrieben«, ergänze ich stolz. »Ist alles im Reiseordner, denn man weiß ja nie!«

»Der Ordner ist eine super Idee, die mein Vater sicher zu schätzen weiß«, erklärt mir Robert begeistert und setzt etwas zögerlich hinzu: »Nur das Testament lassen wir lieber weg …«

»Gibt es denn sonst noch einen Rat, den du uns mit auf den Weg geben möchtest?«, fragt Verena und sieht mich erwartungsvoll an.

Ich räuspere mich und nehme einen Schluck Tee, denn meine Stimme ist nach fünf Monaten Solo-Wanderung so viel Reden gar nicht mehr gewöhnt. Bevor ich antworte, blicke ich mich in meinem neuen Wohnzimmer um. Auf dem Tisch, dem Sofa und dem Fußboden – überall liegen Ausrüstungsgegenstände herum, denn seit Stunden reden wir, mal abgesehen von der Wohnungsführung, fast ununterbrochen über das Wandern und den Trail.

»Betrachtet das Wandern die nächsten fünf Monate lang als euren Job«, erkläre ich dann langsam.

Robert sieht mich erstaunt an und fragt: »Wie meinst du das? Schließlich wollen wir mit dem Appalachian Trail ja eigentlich eine Auszeit nehmen von der Arbeit!«

Ich kratze mich am Kopf und überlege, wie ich den beiden meine Einstellung am besten erklären kann: »Wenn ihr eure Wanderung als einen langen Urlaub versteht, werdet ihr nur enttäuscht werden. Denn an einen Urlaub hat man den Anspruch, dass er immer toll sein muss. Aber auf einer fünfmonatigen Wanderung ist eben nicht immer alles super.«

Die beiden sehen mich skeptisch an, als ich fortfahre: »Ihr werdet manchmal nachts vor Kälte nicht schlafen können und tagsüber so sehr schwitzen, dass euch der Schweiß in den Augen brennt. Ihr werdet an einigen Tagen so großen Hunger haben, dass ihr an nichts anderes mehr denken könnt als ans Essen. Ihr werdet das Wetter hassen und eure Mitwanderer zum Teufel wünschen. Und vielleicht werdet ihr irgendwann sogar mal die ganze Idee, auf dem Appalachian Trail zu wandern, verfluchen. Aber all das ist ganz normal.« Ich mache eine Pause und nehme noch einen Schluck Tee. »Wenn ihr denkt, dass ihr im Urlaub seid, werden euch all diese Dinge entsetzlich frustrieren. Daher betrachte ich das Wandern, genauso wie das Radfahren und Paddeln, einfach als meine Arbeit. Eine Arbeit, die ich sehr liebe und um nichts in der Welt aufgeben möchte. Aber bei einem Job erwartet man eben nicht, dass jeder Tag großartig ist und alles immer glatt läuft. Bei einem Job ist es normal, dass es Schwierigkeiten und Durststrecken gibt.«

Ernst blicke ich in Roberts und Verenas nachdenkliche Gesichter. »Und eines müsst ihr mir versprechen: Wenn es euch mal so richtig schlecht gehen sollte auf dem Trail – und glaubt mir, das wird passieren –, dann brecht nicht einfach ab. Geht stattdessen in die nächste Stadt und gönnt euch ein Hotel und ein gutes Essen. Wenn ihr am Tag darauf immer noch die Schnauze voll habt vom Wandern, dann dürft ihr nach Hause fahren – jedoch nicht vorher. Aber ich versichere euch: Nach einem Tag Verwöhnprogramm wollt ihr nicht mehr aufgeben …«

Ich schaue die beiden verschwörerisch an und frage: »Versprochen?«

»Versprochen!«, antworten sie wie aus einem Mund. Und jetzt grinsen wir alle drei …

Schon wenige Tage später fliegen Robert und Verena in die USA. Drei Monate werde ich in ihrer Plattenbauwohnung verbringen und meine beiden nächsten Touren vorbereiten: eine Radtour an der Ostsee und einen Paddeltrip durch Schweden.

Bisher hatte ich mir für meine Planungspausen in Deutschland immer ein WG-Zimmer gemietet, sodass ich jetzt den Luxus einer eigenen Wohnung in vollen Zügen genieße. Jeden Morgen freue ich mich darüber, in einem großen Bett auf einer weichen Matratze aufzuwachen anstatt auf einer harten Isomatte im Zelt. Ich koche mir Gerichte aus frischen Zutaten und esse kiloweise Obst und Gemüse statt immer nur Tütensuppen und Schokolade. Und ich treffe endlich wieder meine Freunde und Bekannten, die sonst nur per E-Mail und Skype etwas von mir hören. Leider werde ich auch Stammgast bei meinem HNO-Arzt, denn meine Ohrenentzündung schleppt sich hin.

Meist aber sitze ich am Schreibtisch und recherchiere im Internet, lese Reiseführer und studiere Karten. Auch als es draußen langsam Frühling wird, zieht es mich kaum hinaus in die Sonne, denn ich weiß, dass ich ab Mai wieder sechs Monate lang unentwegt draußen sein werde …

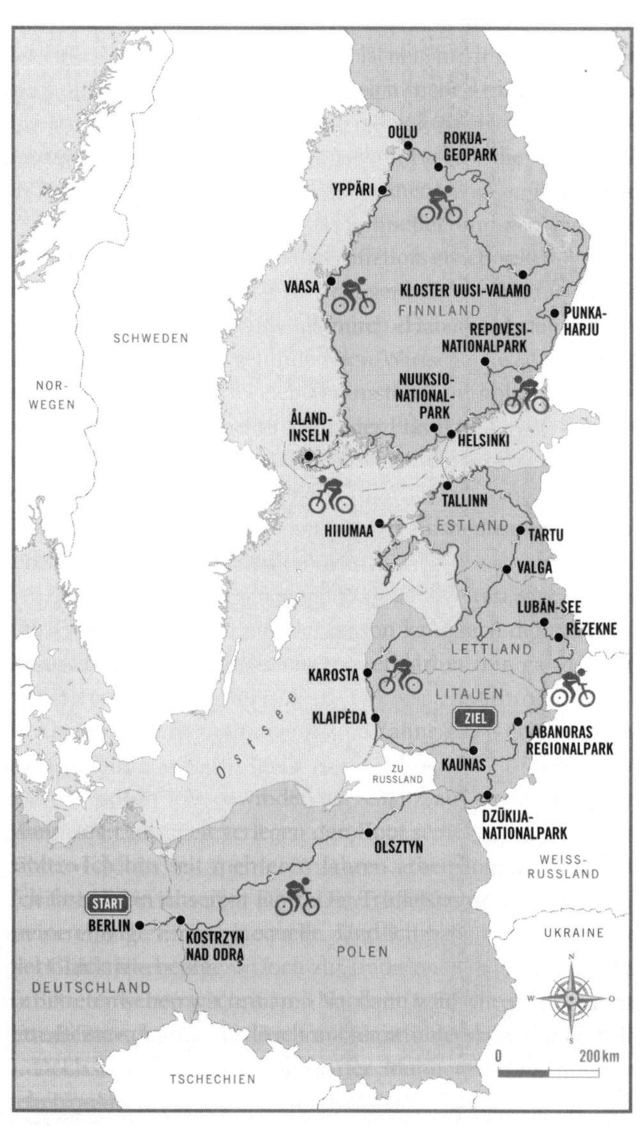
OULU
ROKUA-
GEOPARK
YPPÄRI
VAASA
KLOSTER UUSI-VALAMO
FINNLAND
PUNKA-
HARJU
REPOVESI-
NATIONALPARK
SCHWEDEN
NOR-
WEGEN
NUUKSIO-
NATIONAL-
PARK
ÅLAND-
INSELN
HELSINKI
TALLINN
HIIUMAA
ESTLAND
TARTU
VALGA
LUBĀN-SEE
RĒZEKNE
LETTLAND
KAROSTA
LITAUEN
Ostsee
KLAIPĖDA
ZIEL
LABANORAS
REGIONALPARK
KAUNAS
ZU
RUSSLAND
DZŪKIJA-
NATIONALPARK
OLSZTYN
WEISS-
RUSSLAND
START
BERLIN
KOSTRZYN
NAD ODRĄ
UKRAINE
POLEN
DEUTSCHLAND
N
W
O
S
0
200 km
TSCHECHIEN

Radeln

änge: 7360 Kilometer
änder: Deutschland, Polen, Litauen,
ettland, Estland, Finnland
auer: 112 Tage
bernachtungen in der Natur: 92

Längster Tag: 21:37 Stunden Tageslicht
Kürzester Tag: 14:28 Stunden Tageslicht
Verzehrte Grillwürste: 22
Platte Reifen: 0

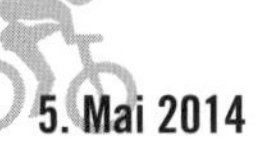

5. Mai 2014

Berlin-Marzahn, Deutschland

Kilometer 0

»Wie geht es denn unseren zwei Wandersleuten?«, frage ich neugierig Roberts Vater.

»Prima, die beiden sind schon in Massachusetts!«

Wir plaudern im blitzblank geputzten Wohnzimmer von Roberts und Verenas Apartment. Den ganzen gestrigen Tag habe ich geschrubbt und gesaugt, um die Wohnung in einwandfreiem Zustand an Roberts Vater zu übergeben, denn heute werde ich wieder losziehen – oder genauer gesagt losradeln. Ich reiche ihm die Wohnungsschlüssel und erkläre: »Es hat mir hier super gefallen. Das war für mich wie Urlaub!«

Der Pensionär strahlt mich an: »Das freut mich sehr! Und wo fahren Sie jetzt genau hin? Irgendwo an die Ostsee, nicht wahr?«

»Ich bin eigentlich schon letztes Jahr losgeradelt, um alle Länder an der Ostsee zu besuchen. Aber dann bin ich gleich am Anfang einen ganzen Monat in Dänemark hängen geblieben, weil es mir dort so gut gefallen hat…«, erzähle ich und muss bei dem Gedanken an die wundervolle Tour lächeln. »Mir wurde schnell klar, dass ich in diesem gemütlichen Tempo nicht alle Länder in einer Sommersaison schaffen würde. Da habe ich mich entschieden, mir lieber etwas Zeit zu lassen und alles entspannt anzuschauen, anstatt immer nur möglichst schnell Strecke zu machen. Und so habe ich den Plan geändert: Letztes Jahr bin ich den westlichen Teil von Berlin durch Dänemark nach Schweden geradelt, und dieses Jahr kommt die östliche Hälfte der Ostseestaaten dran: Ich werde von Berlin durch Polen und das Baltikum nach Finnland fahren und dann wieder ein Stück zurück.«

Roberts Vater nickt zustimmend: »Das heißt, Sie radeln jetzt erst mal Richtung Oder.«

»Genau!«, antworte ich und füge mit einem Blick auf die Uhr hinzu: »Und ich sollte auch langsam los…«

»Ich komme noch mit runter und helfe Ihnen beim Tragen.«

»Prima, dann können Sie ja ein Startfoto von mir machen«, nehme ich das Angebot dankend an. Beim Gepäcktragen bräuchte ich nämlich keine Hilfe, denn ich bin auch beim Radfahren bewusst minimalistisch unterwegs. Daher habe ich nur zwei Hinterradtaschen und einen Packsack dabei, die ich bequem allein transportieren kann.

Während Roberts Vater die Wohnungstür hinter mir abschließt, schlüpfe ich schnell in meine Sandalen und setze schon mal den Fahrradhelm auf. Dann fahren wir gemeinsam mit dem Aufzug nach unten. Draußen erwartet uns ein strahlend blauer Himmel. Selbst hier, in der Plattenbausiedlung von Marzahn, liegt der Frühling in der Luft. Die Bäume auf dem Parkplatz vor dem Haus stehen in voller Blüte, und Vogelgezwitscher übertönt die vorbeifahrenden Autos.

Nachdem wir ein paar Fotos gemacht haben, belade ich mein Fahrrad und schwinge mich auf den Sattel. »Danke für alles!«, verabschiede ich mich von Roberts Vater und trete in die Pedale.

Doch sehr weit komme ich nicht: Zuerst verfranse ich mich zwischen den Hochhausansammlungen am Rande Berlins und stelle dann auch noch fest, dass mein Fahrradtacho nicht funktioniert. Es ist mir zwar ziemlich egal, wie schnell ich unterwegs bin, aber ich möchte doch wissen, wie viele Kilometer ich jeweils zurückgelegt habe. Und so mache ich bereits nach einer guten Stunde die erste lange Pause an einem Rastplatz vor der Kirche in Rehfelde.

Der Fahrradtacho ist durch einen Batteriewechsel schnell wieder einsatzfähig, doch ich nehme mir jetzt erst einmal ausreichend Zeit, um mich nach den fünf Monaten des Wanderns und drei Monaten Berlin-Urlaub wieder auf das Fahrradfahren einzustellen. Zunächst richte ich mir in aller Ruhe mein Cockpit ein, also den Fahrradlenker. Ganz außen links ist das GPS-Gerät befestigt, auf dem ich meine Position ständig überprüfen kann. Rechts daneben befindet sich der Fahrradtacho, auf dem ich nicht nur die Geschwindigkeit, sondern vor allem die Tages- und Gesamtkilometerzahl aufzeichne. In der Mitte habe ich einen wasserdichten Kartenhalter montiert, auf dem sich jetzt der Plan für den Radfernweg R 1 befindet. Ganz rechts außen ist die Klingel befestigt – für mehr ist kein Platz, denn ich muss ja noch die Schaltung und die Bremshebel bedienen können.

Während ich zum Mittagessen ein paar belegte Brötchen vertilge, betrachte ich zufrieden mein bepacktes Fahrrad. Ich habe es *Black Beauty* getauft, denn der Ledersattel und der robuste Stahlrahmen sind tiefschwarz. Drei Wasserflaschen sind daran befestigt, sodass ich auch während des Fahrens trinken kann. Obwohl beim Radfahren das Gewicht keine ganz so große Rolle spielt wie beim Wandern, habe ich auch jetzt mein ultraleichtes Wanderequipment dabei – bis auf wenige Ausnahmen. So werde ich auf dieser Tour in einem geräumigen Doppelwandzelt nächtigen, das eigentlich für zwei Personen ausgelegt ist. Da ich außerdem richtig kochen möchte, statt immer nur Tütengerichte aufzuwärmen, habe ich einen Benzinkocher und ein dreiteiliges Topfset mitgenommen. Und natürlich Fahrradwerkzeug sowie Ersatzschlauch und Luftpumpe. Quilt und Isomatte stecken in einem Packsack, der zwischen den beiden Fahrradtaschen mit einem Spanngurt befestigt wird. Eine Packtasche ist den ganzen Kochutensilien vorbehalten, der gesamte Rest der Ausrüstung kommt in die andere Tasche.

Über 20 000 Kilometer hat *Black Beauty* mich schon treu begleitet – durch den Südwesten der USA, Australien und Neuseeland, Japan und Korea. Jeder Kratzer am Rahmen, jede Delle erzählt mir eine Geschichte. Was wird mich wohl auf dieser Tour erwarten?

Zunächst einmal eine Fahrradstrecke vom Allerfeinsten! Der R 1 führt mich in Brandenburg auf glatt asphaltierten Fahrradstraßen durch endlose Wälder und an riesigen Feldern vorbei. Obwohl meine Beine – und vor allem mein Allerwertester – von der ungewohnten Anstrengung schmerzen, fliege ich förmlich dahin. Ich rieche den Frühling in der Luft, fühle den Fahrtwind über mein Gesicht streichen und beobachte die Störche, die majestätisch über die Wiesen staksen. Ob es wohl dieselben sind, die ich vor einigen Monaten in Südspanien gesehen habe?

Plötzlich überwältigt mich ein beglückendes Gefühl der Freiheit. Lachend strecke ich mein Gesicht in die Sonne und trete noch schneller in die Pedale, denn ich habe das Gefühl, dass es für mich – genau wie für diese Zugvögel – keine Grenzen mehr gibt. Ich kann fahren, wohin ich will. Die ganze Welt steht mir offen.

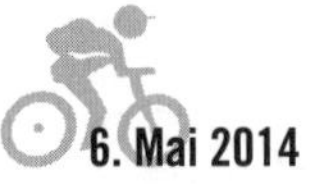

6. Mai 2014

Kostrzyn nad Odrą (Küstrin an der Oder), Polen

Kilometer 106

Als der Lkw mich mit nur wenigen Zentimetern Abstand überholt, krampfe ich mich an meinem Lenker fest und zwinge mich, nicht zur Seite zu schauen. Hauptsache, ich gerate nicht ins Schlingern, wenn der Luftzug des vorbeidonnernden Fahrzeugs mich jetzt gleich erwischt. Denn ausweichen können wir beide nicht, weil auf der Gegenfahrbahn ein Pkw auf uns zurast und die Straße keinen Seitenstreifen hat.

Der Luftsog des Lkw versetzt mir nur einen sanften Schlag, den ich mit einem kräftigen Pedaltritt leicht ausgleichen kann. Und glücklicherweise befindet sich hier auch kein Schlagloch in der maroden Asphaltdecke der Landstraße. Sekunden später sehe ich bereits nur noch die Rücklichter des Lkw und atme dessen stinkende Dieselabgase ein.

Der Fahrer hätte einen Sicherheitsabstand von 1,50 Meter einhalten oder mit dem Überholen warten müssen. Doch diese Richtlinie scheint hier niemanden zu interessieren. Ich habe gerade erst bei Küstrin die deutsch-polnische Grenze passiert, und schon scheine ich verkehrstechnisch in einer anderen Welt unterwegs zu sein. Die kurze Strecke durch Brandenburg war ich fast ausschließlich auf Radwegen oder sogar Fahrradstraßen ohne Autoverkehr unterwegs. Doch kaum bin ich in Polen angelangt, führt mich der internationale Radweg R 1 direkt auf die DK 22, eine enge zweispurige Landstraße mit starkem grenzüberschreitendem Lkw-Verkehr.

Schon wieder höre ich hinter mir einen Lastwagen herandonnern. Ganz automatisch verspannen sich all meine Muskeln, und mein Puls beschleunigt sich. Ängstlich schaue ich auf die Gegenfahrbahn, doch diesmal kommt uns kein Fahrzeug entgegen. Der Lkw schert aus und überholt mich mit fast zwei Metern Abstand. Kaum ist er vorüber, muss ich mit einem scharfen Schlenker einem Riss in der Fahrbahn ausweichen.

Mechanisch trete ich weiter in die Pedale, aber die Freude am Radfahren ist im Moment der Angst vor dem Verkehr gewichen. Und wie immer in solchen Situationen sehe ich das Gesicht von Packman vor mir. Packman, der eigentlich Dave heißt und mit dem ich 2004 auf dem Pacific Crest Trail von Mexiko nach Kanada gewandert bin. Packman, den ich 2008 in seinem Haus in Vermont besucht habe, als ich auf dem Appalachian Trail unterwegs war. Packman, mit dem ich so viele

E-Mails über Fahrradausrüstung ausgetauscht habe, nachdem er seine Liebe für das Mountainbiken entdeckte. Denn Packman ist 2010 mit gerade einmal 37 Jahren bei einem Fahrradunfall in Colorado tödlich verunglückt.

Ich war gerade selbst mit dem Rad in den USA unterwegs, als ich von seinem Tod erfuhr. Ich erinnere mich noch genau, wie ich damals in einem Internetcafé in San Francisco auf den Computerbildschirm starrte und den Artikel mit seinem Bild immer wieder von Neuem las, ohne den Inhalt wirklich zu begreifen. Packman war bei einem Mountainbike-Rennen auf einer engen Straße in einer unübersichtlichen Kurve mit einem Pick-up-Truck zusammengeprallt und wenig später im Krankenhaus seinen schweren Kopfverletzungen erlegen.

Als ich damals das Café verließ, musste ich mich förmlich zwingen, wieder aufs Fahrrad zu steigen und mit wackeligen Knien zurück zu meiner Unterkunft zu radeln. Dort legte ich mich auf das Bett und starrte an die Decke – voller Trauer um meinen Wanderfreund, aber auch voller Angst um mich selbst. Denn sein Tod hatte mir mit brutaler Härte meine Verwundbarkeit als Radfahrer vor Augen geführt.

Beim Wandern bestimme ich allein, welches Risiko ich eingehen will. Ich allein entscheide, ob ich einen reißenden Fluss durchwate oder ein abschüssiges Altschneefeld überquere. Von anderen Menschen bin ich dabei nicht abhängig, sondern höchstens von der Natur. Ganz anders beim Radfahren. Auch wenn ich selbst alle Verkehrsregeln beachte, kann mich dennoch jeder noch so kleine Fehler eines Autofahrers das Leben kosten. Und auf dessen Verhalten habe ich keinerlei Einfluss.

Während ich in meinem Zimmer in San Francisco vor mich hin brütete, habe ich mich hundert Mal gefragt, ob mir das Radfahren dieses Risiko wert ist. Ich war kurz davor, meine Tour abzubrechen und mein Rad für immer in die Ecke zu stellen. Doch Packman hätte sicherlich nicht gewollt, dass ich mich einfach von meiner Angst besiegen lasse. Und so entschloss ich mich damals, nicht aufzugeben, sondern weiterzuradeln. Aber seitdem versuche ich bei jeder Radtour, die Verkehrsrisiken so weit wie möglich zu minimieren. Ich bin bevorzugt auf Radfernwegen unterwegs, denn ihre Routen meiden verkehrsreiche Straßen und führen stattdessen über Radwege oder einsame Landstraßen. Nur eben leider nicht hier …

Rechts vor mir geht ein kleiner Feldweg von der Straße ab. Kurz entschlossen biege ich in ihn ein und steige ab. Dann nehme ich mein GPS-Gerät vom Lenker und überprüfe, wie lange meine Route noch dieser infernalischen Straße folgt, und stelle sogleich erleichtert fest: Der R 1 verlässt schon in zwei Kilometern die viel befahrene DK 22 und führt auf einer Nebenstraße weiter. Das schaffe ich jetzt auch noch. Ich esse zur Beruhigung meiner Nerven erst mal einen Schokoriegel und schwinge mich dann wieder aufs Rad. Packman hätte sicher genau dasselbe getan …

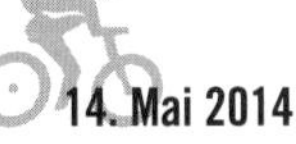

14. Mai 2014

Olsztyn (Allenstein), Polen

Kilometer 707

Ungläubig kneife ich die Augen zusammen: Die unbefestigte Straße vor mir ist durch ein Feuerwehrfahrzeug blockiert. Sechs Männer in weißen ABC-Schutzanzügen und Atemmasken entrollen dicke Schläuche und ziehen sie wild gestikulierend in den nahe gelegenen Wald. Als ich fünfzig Meter vor der gespenstischen Szene zum Stehen komme, erwarte ich, sofort zurückgeschickt zu werden.

Doch nichts passiert! Die wie in einem Katastrophenfilm gekleideten Männer beachten mich überhaupt nicht. Auch höre ich keine heulende Alarmsirene, sondern nur gedämpfte polnische Wortfetzen und das Knacken von Funkgeräten. Ratlos blicke ich auf mein GPS, doch das bestätigt mir nur, dass dies tatsächlich der Weg zum Campingplatz am Ukielsee ist. Eigentlich will ich hier einen entspannten Ruhetag einlegen und die sieben Kilometer entfernte Stadt Olsztyn besichtigen. Doch im Moment sieht es vielmehr danach aus, dass die gesamte Gegend evakuiert wird.

Nach zehn Minuten ereignislosen Wartens beschließe ich, die Feuerwehrleute ebenfalls zu ignorieren. Ich steige ab und schiebe mein Rad in gebührendem Sicherheitsabstand über einen Acker an der Straßenblockade vorbei. Niemand würdigt mich eines Blickes – außer den beiden Insassen eines auf der anderen Seite wartenden Autos mit deutschem Kennzeichen. Neugierig frage ich das darin sitzende Ehepaar durch das heruntergekurbelte Autofenster auf Deutsch: »Geht es hier zum Campingplatz?«

Die beiden nicken freundlich und erklären: »Wir kommen gerade von dort. Es sind nur noch ein paar Hundert Meter den Weg entlang. Aber da ist im Moment niemand. Der Besitzer kommt erst später am Tag vorbei.«

»Ist der Campingplatz denn auch wirklich geöffnet?«, will ich wissen und deute fragend auf die bedrohlich wirkende Szenerie.

Doch die beiden Touristen grinsen nur: »Wir kennen das schon, weil wir öfter hier sind. Das ist nur eine Katastrophenschutzübung, denn in der Gegend befindet sich eine Ausbildungsstätte für Feuerwehrleute.«

Bei dieser harmlosen Erklärung fällt mir ein Stein vom Herzen, denn ich hatte mit einem Chemieunfall oder Tanklasterunglück gerechnet. Erleichtert bedanke ich mich und radle wieder los.

Der riesige Campingplatz ist jetzt in der Vorsaison tatsächlich völlig verlassen. Kein Auto, kein Wohnwagen, nicht ein einziger Mensch ist zu sehen. Seit Beginn meiner Radtour habe ich nicht mehr geduscht, und daher steuere ich schnurstracks die Sanitäranlagen an. Doch als ich die Waschräume betrete, schlägt meine Vorfreude schnell in bittere Enttäuschung um. Die Anlage ist völlig verschmutzt, und überall liegen Bretter und Werkzeug herum. Ich muss mit zusammengebissenen Zähnen duschen, denn das Wasser ist nicht einmal lauwarm, und selbst am Waschbecken gibt es keinen Seifenspender. Glücklicherweise habe ich selbst ein Stück Seife dabei, sodass ich mich und meine verschwitzte Fahrradkleidung gründlich waschen kann.

Mittlerweile ist es Mittag geworden, und mein Magen knurrt. Ich hänge meine Wäsche in einem überdachten Pavillon auf und lasse mich ebenfalls dort nieder, um etwas Brot und *oscypek*, geräucherten polnischen Schafskäse, zu verzehren. Vor mir glitzert der idyllische Ukielsee grünlich in der Sonne, und die Vögel zwitschern um die Wette, aber dennoch bin ich schlechter Laune. Und das liegt nicht nur an der kalten Dusche. Bisher entspricht der Abschnitt durch Polen so gar nicht meinen Erwartungen.

Das Verkehrsaufkommen ist viel höher und der Zustand der Straßen viel schlechter, als ich angenommen hatte. Und Radwege gibt es kaum. Statt durch malerische Ortschaften fahre ich selbst auf dem Land nur an einförmigen Plattenbausiedlungen in unterschiedlichen Stadien des Verfalls vorbei. Meine sozialen Kontakte beschränken sich aufgrund mangelnder Sprachkenntnisse auf den täglichen Einkauf im Tante-Emma-Laden, wo mich die einheimischen Hausfrauen stets misstrauisch beäugen. Ich nehme einen Schluck Wasser aus meiner Faltflasche und verziehe das Gesicht: Selbst das Leitungswasser schmeckt hier entsetzlich, weil es stark gechlort ist.

Motorenlärm reißt mich aus meinen trüben Gedanken. Ein Mann Mitte fünfzig steigt aus seinem Auto und kommt freudestrahlend auf mich zu. In ausgezeichnetem Deutsch stellt er sich als der Campingplatzbesitzer vor.

»Haben Sie schon geduscht?«, fragt er mich bestürzt mit Blick auf meine frisch gewaschene Wäsche. Als ich bejahe, entschuldigt er sich ausführlich für den Zustand der Sanitärräume:

»Jetzt in der Vorsaison bin ich noch am Renovieren. Und da heute morgen alle anderen Gäste abgereist sind, habe ich den Warmwasserboiler ausgeschaltet.« Als er dann lediglich fünf Euro für die Übernachtung haben will, bin ich endgültig versöhnt.

»Woher können Sie denn so gut Deutsch?«, will ich nun wissen.

»Ich habe früher in Deutschland gearbeitet. Und außerdem sind mehr als die Hälfte meiner Gäste Deutsche«, erklärt er stolz und nimmt mir gegenüber auf der Bank Platz.

»Wie kommt das denn?«, frage ich neugierig nach.

Der Mann zündet sich eine Zigarette an und bläst genüsslich den Rauch aus, bevor er mir antwortet: »Das begann schon lange vor der Wende. Die DDR-Bürger durften nicht in die BRD reisen und die Westdeutschen nicht in die DDR. Aber beide konnten nach Polen. Und so haben hier auf dem Campingplatz schon zahlreiche deutsch-deutsche Familientreffen stattgefunden.«

Wir plaudern noch, bis der Pole seine Zigarette ausgeraucht hat. »Soll ich schnell den Boiler für Sie anschalten? Dann könnten Sie in einer halben Stunde heiß duschen …«, fragt er mich besorgt. Doch ich verneine, denn ich will gleich die nahe gelegene Stadt besichtigen.

Der Campingplatzbesitzer strebt nun mit einer Werkzeugkiste aus dem Auto den Sanitäranlagen zu, und ich breche mit dem Fahrrad Richtung Olsztyn auf – mittlerweile bestens gelaunt.

Während meiner Besichtigungstour durch das ehemalige Allenstein komme ich auch zur bekanntesten Kirche der Stadt, der Sankt-Jakobs-Basilika. Am Eingang entdecke ich einen älteren Herrn im Anzug, der laut Namensschild ehrenamtlicher Kirchenführer ist und sogar Deutsch spricht. Obwohl Dutzende von Touristen an ihm vorbeigehen, interessiert sich niemand für seine Expertise. Immer noch in Plauderlaune spreche ich ihn kurz entschlossen an – und bekomme eine bewegende Lebensgeschichte zu hören.

»Ich wurde 1943 als dreizehntes Kind einer deutschen Familie in Allenstein geboren«, erzählt er mir, nachdem ich mich als Besucherin aus Deutschland vorgestellt habe.

»Mussten die Deutschen nach 1945 nicht aus Ostpreußen fliehen?«, frage ich und krame in meinem Gedächtnis nach Details aus dem Geschichtsunterricht.

»Die meisten sind im Januar 1945 geflohen oder wurden später vertrieben, doch meine Familie ist bis heute geblieben – auch wenn das nicht immer einfach war. Anstelle der Deutschen wurden dann Ukrainer und Polen zwangsangesiedelt«, erklärt er mir und fügt lächelnd hinzu: »Und so habe ich mit zwanzig eine Ukrainerin geheiratet.«

Aufmerksam betrachte ich den weißhaarigen Mann, der mir seine dramatische Geschichte so gelassen erzählt und murmele leise: »Das war sicher eine schlimme Zeit damals …«

»Allenstein hatte den Zweiten Weltkrieg fast unbeschadet überstanden. Aber als im Januar 1945 die Russen einmarschierten, haben sie die halbe Stadt aus Wut niedergebrannt. Ich kann es ihnen nicht verdenken. In ihrer Heimat herrschte aufgrund der Verbrannte-Erde-Taktik der Nazis Hungersnot, und hier im deutschen Allenstein stießen sie auf eine blühende Stadt«, erläutert mir der Kirchenführer, während ich plötzlich trotz der frühsommerlichen Temperaturen fröstle. Eine Weile sagen wir beide nichts, dann fügt der alte Mann sanft hinzu: »Das ist alles schon so lange her, und die Zeit heilt fast alle Wunden.«

Fasziniert lausche ich seinen Schilderungen, und so berichtet er mir noch über eine halbe Stunde von seinem Leben als Angehöriger der deutschen Minderheit in Polen, von seinem Vater in sowjetischer Kriegsgefangenschaft und dem Schicksal seiner ukrainischen Frau. Durch seine Erzählungen wird die bewegte Geschichte der Stadt für mich plötzlich plastisch und greifbar.

Zum Abschied schüttle ich dem Siebzigjährigen die Hand: »Danke, dass Sie Ihre Erinnerungen mit mir geteilt haben. Kein anderer Fremdenführer hätte mir die Geschichte so nahebringen können wie Sie!« Seine Augen strahlen, als ich auf mein Fahrrad steige und er mir noch einmal kurz zuwinkt.

Schon auf dem Rückweg zum Campingplatz sehe ich die eintönigen Plattenbauten mit anderen Augen. Genauso wie ich von nun an die vielen Kriegerdenkmale am Straßenrand und die Friedhöfe mit alten deutschen Grabinschriften oder orthodoxen Kreuzen mit neuem Interesse betrachte und mich frage, welche Schicksale sich dahinter verbergen.

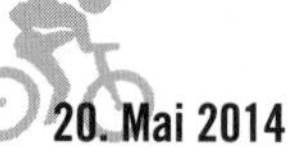

20. Mai 2014
Dzūkija-Nationalpark, Litauen

Kilometer 1088

Genau wie beim Wandern zelte ich beim Radfahren meist wild irgendwo im Wald. Doch anders als beim Wandern bin ich jetzt meist auf Straßen unterwegs. Um deren Lärm zu entfliehen, muss ich je nach Windrichtung manchmal kilometerweit holperige Feldwege entlangrumpeln, bis ich endlich mehr Vogelgezwitscher als dröhnende Lkws höre. Dann erst stelle ich mein Fahrrad ab und suche zu Fuß im Wald nach einem versteckten Plätzchen. Das sollte zwar sichtgeschützt, aber nicht allzu weit vom Weg entfernt sein, denn ich muss ja mein voll beladenes Fahrrad durch Gestrüpp oder über umgestürzte Baumstämme dorthin hieven.

Doch wenn ich das Zelt erst einmal aufgestellt habe, genieße ich die luxuriöse Seite des Reisens per Fahrrad. Mein Abendprogramm beginnt in der Regel mit einer *bottle shower*, einer Flaschendusche. Ich ziehe mich bis auf meine Sandalen aus und spritze mir mit einer Fahrradflasche Wasser über den Körper. Deren Ziehverschluss ermöglicht nämlich nicht nur das Trinken während des Fahrens, sondern fungiert auch als extrem wassersparender Duschkopf. Drei Ein-Liter-Flaschen sind am Rahmen meines Rades befestigt, und ein halber Liter Wasser reicht schon aus, um mich nach einem schweißtreibenden Tag gründlich mit Seife zu waschen. Diese Hygienemaßnahmen und häufiges Waschen meiner Radlershorts sind auch dringend notwendig, um beim ständigen Sitzen und Schwitzen auf dem Sattel Aufschürfungen zu vermeiden. Denn einen »Wolf« kann man sich nicht nur laufen, sondern auch fahren.

An diesem Morgen befindet sich mein Lagerplatz im Dzūkija-Nationalpark im Dreiländereck von Polen, Weißrussland und Litauen. Mein Zelt ist umgeben von endlosem lichtem Kiefernwald ohne jedes Unterholz, und die dicke Moosschicht auf dem leicht welligen Sandboden hat mir ein sehr bequemes Nachtlager beschert. Das Rauschen der Autos auf der nahe gelegenen A 4, die Weißrussland mit Litauen verbindet, ist kaum zu hören, dafür dringt aus weiter Ferne das schrille Kreischen von Motorsägen an mein Ohr. Es ist schon acht Uhr und damit höchste Zeit für den Aufbruch.

Noch sauber von der vorabendlichen *bottle shower* streife ich mir schnell ein frisches T-Shirt über, bevor ich mein Fahrrad belade und auf den Forstweg schiebe. Tief graben sich meine breiten Reifen in den weichen Grund, und ich muss mit aller Kraft in die Pedale treten, um voranzukommen. Bald wird der Weg noch schlimmer. Schwere Forstfahrzeuge haben den Boden aufgewühlt, und in den Fahrspuren haben sich nach dem gestrigen Regen tiefe Pfützen gebildet. Mehrere Male muss ich absteigen und mein schwer beladenes Rad schieben.

Nach einer Viertelstunde Quälerei kommt endlich die geteerte Straße in Sicht. Noch 200 Meter, dann habe ich es geschafft. An der Straßenzufahrt lagern mehrere gefällte Baumstämme, sodass der Boden hier besonders stark zerfurcht und mit Holzabfällen übersät ist. Den heiß ersehnten Asphalt fest im Blick gebe ich jetzt alles, um nicht in der weichen Erde stecken zu bleiben. Doch ich hätte wohl lieber auf den Weg vor mir anstatt auf die entfernte Straße schauen sollen. Ein kurzer Ast verfängt sich in den Speichen meines Vorderrades, und ich gerate ins Schwanken. Mein Rad hat keinen Schwung mehr, denn die Reifen stecken tief im Schlamm. Panisch versuche ich, mit den Füßen am Boden Halt zu finden, doch ich trete ins Leere. Mein Rad kippt einfach mit mir auf die rechte Seite – mitten hinein in eine riesige, schmutzige Pfütze.

Einige Sekunden lang kann ich mich vor Überraschung gar nicht rühren, doch dann läuft mir modriges Wasser in die Nase. Als ich erschreckt den Kopf in die Höhe strecke, fließt eine bräunliche Brühe aus meinem Fahrradhelm. Vorsichtig ziehe ich mein rechtes Bein unter dem umgekippten Rad hervor und rappele mich hoch. Erstaunlicherweise habe ich keine Schmerzen. Nach ein paar bedächtigen Schritten untersuche ich Knie und Knöchel auf Abschürfungen – doch ich finde nichts. Die Pfütze war so tief, dass sie meinen Aufprall komplett abgepuffert hat. Plötzlich muss ich über die Absurdität der Situation lauthals lachen, denn ich stehe da wie ein begossener Pudel: Mein Fahrrad schwimmt in einer riesigen Pfütze, meine Haare sind pitschnass und meine frischen Klamotten völlig verschlammt bis auf die Unterhose.

Während in hundert Meter Entfernung russische Lkws an mir vorbeidonnern, mache ich einen Komplett-Striptease und säubere mich von Humusresten und Kiefernnadeln. Glücklicherweise sind meine Packtaschen wasserdicht, sodass ich jetzt wenigstens in trockene Kleidung wechseln kann: in eine verschwitzte alte Radhose und das stinkende T-Shirt von gestern.

Nur wenig später sehe ich daher schon wieder halbwegs normal aus, wenngleich ich doch etwas muffig rieche. Und als ich nach ein paar Kilometern auf der Straße an ein Flüsschen komme, an dem ich meine verschlammten Klamotten waschen kann, betrachte ich meinen kleinen Unfall schon ganz philosophisch: *Shit happens*, aber ich hatte verdammt viel Glück im Unglück!

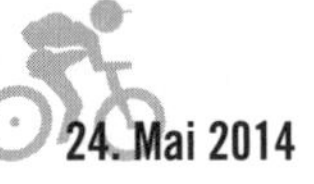

24. Mai 2014

Labanoras-Regionalpark, Litauen

Kilometer 1339

Langsam rolle ich durch das Dorf, und meine Augen suchen an jedem Haus und jedem Bauernhof am Straßenrand nach einem Wasserhahn. Es ist unglaublich schwül. Schweiß steht mir auf der Stirn, und meine Zunge klebt mir am Gaumen. Doch wieder einmal ist meine Suche vergeblich. Keine öffentlich zugängliche Wasserquelle ist zu sehen. Kein offener Hydrant, keine gefasste Quelle, nichts. Ich bin mittlerweile schon so weit, dass ich einfach in einen abgezäunten Garten steigen würde, aber selbst an Privathäusern gibt es keine Wasserhähne. Dafür aber jede Menge kläffender Hunde, die mir einen Wasserdiebstahl sicher nicht erleichtern würden. Und leider gibt es in dem Ort auch keinen Tante-Emma-Laden, in dem ich wenigstens abgefülltes Wasser kaufen könnte.

Resigniert und durstig radle ich weiter. Ich überlege gerade, ob ich nicht einfach an einem Haus klingeln und um Wasser bitten soll, als ich kurz hinter dem Ort einen kleinen Friedhof entdecke. In Westeuropa sind Friedhöfe die Erfolg versprechendste Wasserquelle, denn dort wird es zum Gießen der Blumen auf den Gräbern benötigt. In Osteuropa sind die Gräber zwar auch bepflanzt, aber Wasserhähne habe ich schon seit Ostpolen nicht mehr auf den Friedhöfen gesehen. Daher bin ich auch jetzt nicht sonderlich hoffnungsvoll, als ich mein Fahrrad am Holzzaun abstelle und mich mit meinen drei Wasserflaschen auf die Suche begebe.

Wie üblich sehe ich nirgendwo einen Wasserhahn oder einen -trog, obwohl hinter einigen Grabsteinen abgeschnittene Plastikflaschen stehen, die wohl als Gießkannenersatz dienen. Wo um alles in der Welt bekommen die Friedhofsbesucher nur das Wasser her? Bringen sie es womöglich von zu Hause mit? Immerhin sehe ich eine kleine schattige Sitzbank vor einer Holzkonstruktion. Frustriert nehme ich Platz und strecke meine müden Beine aus.

Bis auf ein paar vereinzelt vorbeifahrende Autos ist es still, und ich höre nur das Summen der Insekten und das Rauschen des Windes in den Bäumen. Es ist ein grandioser Frühsommertag, und ich bin sehr zufrieden mit meiner Radtour. Seit den Masuren im Nordosten Polens bin ich fast nur noch auf kleinen Nebenstraßen mit wenig Verkehr unterwegs. Und auch wenn so manche dieser Straßen unbefestigte Schotterpisten sind, macht das Radeln hier extrem viel Spaß, und selbst das Wildzelten ist einfach. Oft fühle ich mich um fünfzig oder hundert Jahre in die Vergangenheit versetzt. Zwar gibt es auch hier anonyme Wohnblocks stalinistischer Prägung, aber vor allem malerische Dörfer und verträumte Städte. Vilnius hat mir bisher am besten gefallen. Fünfzig Kirchen für eine halbe Million Einwohner gibt es in der litauischen Hauptstadt – aber nur noch eine Synagoge, obwohl vor dem Zweiten Weltkrieg vierzig Prozent der Stadtbewohner Juden waren. Daher wurde Vilnius zugleich auch »Rom des Ostens« und »Jerusalem des Nordens« genannt. Fasziniert bin ich einen Tag lang durch die verwinkelten Gässchen der Altstadt gewandert.

Eigentlich ist Litauen das perfekte Land für eine gemütliche Radtour – wenn da nur nicht das Problem mit dem Wasser wäre. Seufzend lehne ich mich zurück und stoße dabei mit dem Fahrradhelm, den ich immer noch aufhabe, an die Holzkonstruktion hinter mir. Ich drehe mich um und stelle fest, dass es sich wohl um einen alten Brunnen handeln muss, denn ein spitzes braunes Holzdach bedeckt eine runde Betonfassung. Neugierig öffne ich den Verschlag und staune, denn statt auf Spinnweben blicke ich auf einen nagelneuen Metalleimer, der mit einem Seil an einer Winde befestigt ist.

Und nun wird mir plötzlich alles klar: Der ländliche Teil Litauens ist nicht an das öffentliche Wassernetz angeschlossen. Ich bin nur einfach nicht auf die Idee gekommen, dass in einem EU-Land die vielen Brunnen neben den Häusern keine Gartendekoration sind, sondern die Trinkwasserversorgung sichern.

Ich betätige die Kurbel der Winde und lasse den Eimer in den Brunnen hinunter, bis er scheppernd in der Tiefe auf das Wasser klatscht. Ein Metallgewicht bewirkt, dass er sich nun mit Wasser füllt, anstatt einfach auf der Oberfläche zu schwimmen. Mühsam kurble ich jetzt in die andere Richtung und ziehe so den Eimer quietschend wieder nach oben. Als ich ihn auf dem Brunnenrand abstelle, schwappt kaltes klares Wasser heraus. Ich zögere lange, davon zu trinken, denn schließlich befindet sich der Brunnen ja auf einem Friedhof. Ich will lieber nicht so genau darüber nachdenken, was hier alles in das Grundwasser sickert. Aber an der Brunnenabdeckung ist mit einer dünnen Metallkette auch ein Trinkbecher befestigt. Vorsichtig tauche ich ihn in den Eimer und nehme einen kleinen Schluck. Das Wasser ist köstlich.

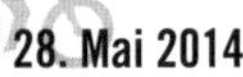

28. Mai 2014

Rēzekne (Rositten), Lettland

Kilometer 1669

Ich muss die Supermarkttür mit dem Fuß aufstoßen, denn in jeder Hand trage ich eine prall gefüllte Fahrradtasche und habe außerdem noch den Packsack unter den linken Arm geklemmt. Vor dem Laden schaue ich mich erst einmal suchend um. Der Tag ist zwar kalt und wolkenverhangen, aber immerhin regnet es nicht. Ich kann meine Mittagspause also unter freiem Himmel verbringen und freue mich, als ich eine Bank direkt vor dem Supermarkt entdecke. Ächzend stelle ich mein Gepäck ab und breite einen Teil der gerade gekauften Vorräte neben mir auf der Sitzfläche aus: einen Liter Trinkjoghurt mit Walderdbeergeschmack in der Plastiktüte, ein paar süße Backwaren und zwei Quarksnacks. Die etwa fünf Zentimeter langen Riegel bestehen aus gepresstem Quark mit unterschiedlichen süßen Füllungen und sind mit einer Schokoladenschicht überzogen. Ich kann von dieser baltischen Spezialität aus dem Kühlregal gar nicht genug bekommen.

Mit einem kurzen Blick auf den Kassenbon stelle ich wieder einmal fest, dass Einkaufen im Baltikum erstaunlicherweise keine billige Angelegenheit ist. Alles, was hier selbst produziert wird, wie Milchprodukte und Backwaren, ist zwar ausgesprochen preiswert, aber fast alle anderen Lebensmittel sind deutlich teurer als im deutschen Discounter.

Ich zerknülle die Supermarktrechnung und beiße gerade genussvoll in einen Quarksnack mit Mohnfüllung, als ein Mann Mitte dreißig mich lächelnd in ausgezeichnetem Englisch anspricht: »Guten Appetit! Diese Quarkdinger sind echt lecker, nicht?«

Hastig schlucke ich den Bissen hinunter. »Danke! Sie sprechen aber gut Englisch«, stelle ich erstaunt fest, denn bisher bin ich in Litauen und Lettland nur auf sehr wenig Menschen mit englischen Sprachkenntnissen gestoßen.

»Ich habe mehrere Jahre in Birmingham als Busfahrer gearbeitet«, erklärt mir der Mann nun bereitwillig. Da ich schon seit Tagen mit niemandem mehr als ein paar radebrechende Sätze gewechselt habe, freue ich mich riesig über die Gelegenheit zu einem Plausch. Schnell schiebe ich mein Mittagessen zur Seite und stelle eine Frage nach der anderen. Juris, so heißt der Mann, wurde in der Nähe von Rēzekne geboren und ist 2007 zusammen mit seiner Frau nach England gezogen.

»Wir haben hier einfach keine vernünftigen Jobs gefunden, und in Birmingham haben wir wenigstens gut verdient«, erzählt er, nachdem er neben mir auf der Bank Platz genommen hat.

»Aber warum sind Sie denn dann nach Lettland zurückgekehrt?«, frage ich nach.

»Also bestimmt nicht wegen des Geldes. Ich arbeite jetzt auch wieder als Busfahrer, verdiene hier aber gerade mal 500 Euro im Monat«, schnaubt Juris. Während ich noch überlege, wie man bei diesen hohen Lebensmittelpreisen und einem so niedrigen Gehalt überleben kann, fährt Juris fort: »Lettland ist ein kleines Land mit etwa zwei Millionen Einwohnern. Und davon sind mehr als ein Viertel Russen, die kaum ein Interesse an diesem Land haben. Wenn jetzt alle jungen Letten ins Ausland gehen, wie soll unser Land dann vorankommen?«

So viel Patriotismus macht mich sprachlos. Aber so ganz habe ich Juris' Erklärung nicht verstanden: »Warum ist diesen Russen denn Lettland so egal?«

»Die Russen sind zur Zeit der sowjetischen Okkupation hierher umgesiedelt worden. Dadurch, dass Rēzekne an der russischen Grenze liegt, stellen sie hier sogar die Hälfte der Bevölkerung. Die meisten von ihnen sprechen nicht einmal Lettisch und weigern sich, die lettische Staatsbürgerschaft anzunehmen.«

»Welche Staatsbürgerschaft haben sie denn dann?«, hake ich nun irritiert nach.

»Gar keine!«, meint Juris trocken. Als er meinen fragenden Gesichtsausdruck sieht, klärt er mich auf: »Offiziell sind sie sogenannte Nichtbürger, die hier zwar leben dürfen, aber zum Beispiel kein Wahlrecht haben. Sie könnten ganz einfach die lettische Staatsbürgerschaft erwerben, aber dazu müssten sie einen Sprachtest bestehen – und das wollen und können viele der Russen nicht.«

Nun verstehe ich plötzlich, warum ich in dieser Gegend beim Wasserholen auf so viele russisch-orthodoxe Friedhöfe gestoßen bin. Und warum im Supermarkt oder auf der Straße mehr Russisch als Lettisch gesprochen wird.

»Am liebsten würde ich den Russen ihre verdammten Satellitenschüsseln wegnehmen, damit sie kein russisches Fernsehen mehr schauen können und endlich hier in Lettland ankommen«, poltert Juris weiter. Gerne würde ich noch mehr über die Situation erfahren, doch leider beginnt es jetzt zu nieseln.

»Ich muss sowieso zur Arbeit«, meint Juris, der nur mit Jeans und T-Shirt bekleidet schnell nass werden würde, und schüttelt mir die Hand. »Ich bin stolz auf mein Land, und ich hoffe, du hast hier eine wunderbare Zeit!«, verabschiedet er sich, während ich hastig meine Regenjacke aus der Packtasche krame.

Nach drei Stunden Radeln im Nieselregen kommt bereits wieder die Sonne heraus. Als ich jetzt einen kleinen Laden am Straßenrand sehe, halte ich noch mal kurz an, um mir einen Nachmittagssnack zu kaufen. Einer der großen Vorteile beim Radfahren ist die opulente Verpflegungssituation, zumindest im dicht besiedelten Europa. Beim Wandern schaffe ich pro Tag nur zwischen dreißig und vierzig Kilometer und bin meist fernab der Zivilisation unterwegs. Beim Radeln mache ich auf Straßen jedoch zwischen achtzig und 120 Kilometer und komme so zwangsläufig an deutlich mehr Geschäften vorbei. Und wenn die dann noch wie im Baltikum auch sonn- und feiertags geöffnet haben, muss ich selten mehr als für einen Tag Proviant mit mir herumfahren. Fast immer koche ich abends mit frischen Zutaten. Ein Tütengericht, das beim Wandern meine Standardnahrung ist, habe ich nur als Notration dabei.

Dieser Dorfladen ist winzig. Wie üblich gibt es eine kleine Kühltheke mit Käse, Wurst und Milchprodukten, ein paar Laib Brot und Backwaren sowie ein Sammelsurium an Waren des täglichen Bedarfs. Besonders groß ist die Getränkeecke mit jeder Menge bunter Energydrinks und Alkoholika. Die pickelige Verkäuferin kaut eifrig auf einem Kaugummi herum und ist so jung, dass sie noch gut zur Schule gehen könnte. Englisch spricht sie deswegen trotzdem nicht und kichert nur, als ich nach meinen heiß geliebten Quarksnacks frage. Ich entscheide mich daher für einen Kakao in der Plastiktüte und eine Packung Chips.

Auch hier gibt es vor dem Laden eine Bank, auf der ich es mir nun gemütlich mache und meine Regenjacke zum Trocknen in die Sonne lege. Kaum habe ich den Kakao geöffnet und zum Trinken angesetzt, biegt ein altersschwacher Lada mit quietschenden Reifen auf den unbefestigten Parkplatz vor dem Laden ein. Vor Schreck ziehe ich schon die Füße hoch, denn der Wagen fährt mit unverminderter Geschwindigkeit direkt auf meine Bank zu und kommt nur zwei Meter vor mir mit einem Ruck zum Stehen. Lautstarke Rockmusik dringt aus dem Gefährt und erstirbt erst, als der Fahrer den Motor abstellt. Dann fliegen die Autotüren auf, und mehrere junge Männer klettern mühevoll aus dem verdreckten Fahrzeug. Alle vier – einschließlich des Fahrers – sind sichtlich angetrunken und haben Probleme, sich aufrecht auf den Beinen zu halten. Grölend betreten sie den kleinen Dorfladen.

Vier besoffene Halbstarke und diese zierliche Verkäuferin – ob das wohl gut geht? Ich schaue auf meine Armbanduhr. Fünf Minuten gebe ich den Kerlen. Wenn sie dann noch nicht aus dem Laden raus sind, werde ich nach dem Rechten sehen. Vorsichtshalber verstecke ich schon mal mein beladenes Rad hinter dem Laden, damit es im schlimmsten Fall kein Opfer von Vandalismus wird. Die fünf Minuten laufen gerade ab, als sich krachend die Ladentür öffnet und die Männer schwer beladen die Eingangstreppe herunterstolpern. Jeder von ihnen hat mehrere Dosen Bier in der Hand und einer eine Stange Zigaretten unter den Arm geklemmt.

Ich halte den Atem an, denn eine Gruppe testosterongesteuerter junger Männer in alkoholisiertem Zustand ist so ziemlich mein schlimmster Albtraum unterwegs. Schon ein paarmal bin ich im Baltikum am helllichten Tag von total betrunkenen Männern angesprochen worden. Gott sei Dank verloren sie jedes Mal das Interesse, sobald sie meine mangelhaften Sprachkenntnisse bemerkten. Und auch jetzt habe ich Glück. Die vier sind viel zu sehr damit beschäftigt, sich selbst und ihre frisch erworbenen Alkoholvorräte in dem kleinen Lada zu verstauen. Kaum sind alle untergekommen, startet mit dem Motor auch wieder die ohrenbetäubende Musik. Der Wagen prescht rückwärts auf die Straße und dann auf und davon. Angeschnallt hat sich übrigens niemand.

Erst als der Lada außer Sichtweite ist, lehne ich mich beruhigt zurück – und bleibe noch eine Viertelstunde sitzen, denn ich möchte diesem betrunkenen Fahrer nicht mit dem Fahrrad auf der Straße begegnen.

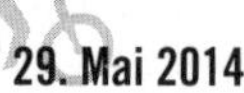

29. Mai 2014

Lubān-See, Lettland

Kilometer 1729

Ich stehe auf einem Vogelbeobachtungsturm und lasse meinen Blick über den größten See Lettlands schweifen. Dabei ist der Lubān-See weniger ein See als vielmehr ein über achtzig Quadratkilometer großes Überschwemmungsgebiet und damit ein idealer Rastplatz für Zugvögel. Seine tiefsten Stellen liegen bei nur 3,50 Meter, und so ist die gewaltige Wasserfläche gesprenkelt mit lauter kleinen und großen Inseln aus Schilf. Sich türmende Wolkenformationen am grauen Himmel lassen die Landschaft noch endloser erscheinen. Am meisten beeindruckt mich allerdings die Stille, die nur vom Quaken einiger Enten unterbrochen wird. Kaum ein Tourist wagt sich in diese abgeschiedene Gegend im Osten Lettlands, und seit dem Aufstehen habe ich kein einziges Auto gesehen.

Das mag aber auch am schlechten Zustand der Straßen liegen, von denen im Baltikum viele nicht einmal asphaltiert sind. Leider ist die Art der Straßenbefestigung auf den Landkarten nicht ersichtlich, sodass ich oft stundenlang auf Schotterstraßen oder geriffelten Wellblechpisten dahinrumple, die mein Tempo drastisch verringern und mich fürchten lassen, dass meine Speichen brechen könnten. Die einheimischen Autofahrer sind davon jedoch völlig unbeeindruckt. Sie ziehen in einem atemberaubenden Tempo an mir vorbei und hinterlassen eine dicke Staubwolke. Durch diesen rasanten Fahrstil werden die quer zur Fahrtrichtung verlaufenden Bodenwellen in der unbefestigten Straße aber nur noch weiter vertieft. Ich habe mittlerweile immer ein Taschentuch griffbereit, das ich mir vor die Nase halten kann, um den Staub nicht einatmen zu müssen. Leider schützt mich das nicht vor hochspritzenden Steinen, die mich einmal sogar schon am Fahrradhelm getroffen haben.

Plötzlich lässt mich lautes Flügelschlagen aufblicken: Ein Storchenpaar zieht über mich hinweg. 10 000 Störche nisten allein hier in Lettland, habe ich gelesen. Bedächtig klettere ich vom Beobachtungsturm herunter und besteige wieder mein Fahrrad. Auf der Fahrt durch das ausgedehnte Sumpfgebiet führt mich die schmale und erfreulicherweise auch asphaltierte Straße an einem futuristisch aussehenden Gebäude vorbei, vor dem einträchtig die lettische und die EU-Flagge im Wind flattern. Auf dem Parkplatz steht verlassen ein Auto. Neugierig steige ich ab und lese an der geöffneten Eingangstür, dass es sich um ein Besucherzentrum des Naturschutzgebietes handelt. Sofort überlege ich, ob ich hier vielleicht mein Handy aufladen und Wasser bekommen könnte – und muss grinsen. Wasser, Proviant und Handy sind für mich unterwegs immer wichtiger als Sehenswürdigkeiten. Aber vielleicht kann ich hier ja das Nützliche mit einer kleinen Besichtigungstour verbinden?

Vorsichtshalber hole ich das Ladekabel für mein Handy aus der Packtasche und betrete das Besucherzentrum, wo mich eine Frau am Empfangstresen freundlich auf Lettisch begrüßt. Mit einfachen Worten erzähle ich betont langsam auf Englisch, dass ich mit dem Fahrrad unterwegs bin, und frage dann direkt: »Könnte ich vielleicht mein Handy aufladen, während ich mich hier umsehe?«

Die zierliche Frau Anfang dreißig nimmt mir Handy und Ladekabel ab und erwidert in fast akzentfreiem Englisch: »Kein

Problem! Ich hänge Ihr Handy in meinem Büro an die Steckdose, damit Sie sich in Ruhe alles ansehen können.«

»Wow, haben Sie in England oder den USA gelebt?«, frage ich, als sie zurückkommt und erhalte dieselbe Antwort wie gestern von Juris: »Ich habe mit meinem Mann zusammen ein paar Jahre in Großbritannien gearbeitet.«

Dass ich so kurz hintereinander auf zwei lettische Ex-Gastarbeiter treffe, ist kein großer Zufall. Laut Statistik arbeitet einer von dreißig Letten in England oder Irland, und diese Arbeitsmigration gerade gut qualifizierter Fachkräfte ist ein riesiges Problem für das kleine baltische Land. Die Geburtenrate und damit die Bevölkerungszahl sind seit dem EU-Beitritt dramatisch gesunken, und das Rentensystem steht vor dem Kollaps. Doch die wirtschaftliche Lage zwingt viele Balten geradezu ins Ausland.

»Meine Mutter hat vierzig Jahre lang als Lehrerin in Lettland gearbeitet und bekommt jetzt gerade mal 240 Euro Rente monatlich. Und ich verdiene kaum doppelt so viel«, empört sich die Frau, als wir ein wenig ins Plaudern geraten, denn außer mir ist weit und breit kein Besucher zu sehen.

Ich denke an die hohen Lebensmittelpreise im Land und frage vorsichtig, wie man bei diesen Renten und Gehältern überleben kann.

»Das geht nur, wenn mehrere Generationen zusammenwohnen«, erklärt mir die Lettin. »Ich lebe mit meinem Mann, meinen Kindern und meiner Mutter in einem Haus, das uns gehört, auf dem Land. Damit sparen wir Miete, und meine Mutter kann auf die Kinder aufpassen, während mein Mann und ich arbeiten. Obst und Gemüse bauen wir größtenteils selbst an. Mein Mann ist Handwerker, und da auf dem Land mehr getauscht wird als gekauft, kommen wir mit zwei Einkommen und einer Rente so halbwegs über die Runden.«

Ich muss schlucken. »Das sind ja keine tollen Perspektiven«, murmle ich ernüchtert nach diesem Blick hinter die Bilderbuch-Kulisse der Touristenprospekte.

»Die baltischen Länder haben die höchste Selbstmordrate innerhalb der EU!«, fährt die Frau traurig fort. »Vor allem bei Männern. Und fast immer ist Alkohol im Spiel. Es gibt keine sicheren Arbeitsplätze mehr wie einst im Sozialismus, und die traditionelle Landwirtschaft geht zugrunde, da greifen viele aus Existenzangst zur Flasche.«

Nach den Begegnungen der letzten Tage glaube ich der Frau aufs Wort. Aber nun drängt sich mir natürlich auch bei ihr die Frage auf: »Warum sind Sie denn trotz alledem zurückgekommen?«

»Lettland ist unsere Heimat. Wir wollten, dass unsere Kinder hier aufwachsen«, erklärt sie mir und lächelt dabei. Fast eine ganze Stunde erzählt sie mir vom Alltag und der Politik in ihrem Land. Erst als eine russische Touristengruppe hereinkommt und beraten werden will, verabschiede ich mich – mit einem aufgeladenen Handy und vollen Wasserflaschen. Von den Schautafeln zur Flora und Fauna habe ich im Besucherzentrum herzlich wenig gesehen, aber trotzdem verdammt viel über dieses Land gelernt.

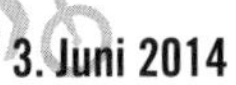

3. Juni 2014

Valka (Walk), lettisch-estnische Grenze

Kilometer 2080

Es ist schon 10.30 Uhr, als ich endlich von meinem Nachtlager aufbreche. Das ist eigentlich viel zu spät und wahrscheinlich darauf zurückzuführen, dass mich die Hitze und die Luftfeuchtigkeit der letzten Tage einfach geschafft haben. Bei fast dreißig Grad regnet es mehrmals am Tag. Tagsüber radle ich von einer Bushaltestelle zur anderen, um mich unterzustellen, und nachts verwandelt sich mein Zelt in eine Sauna. Nach jedem

Regenguss dampft der sumpfige Boden, und zehn Millionen neue Moskitos werden geboren, um mir das Leben schwer zu machen. Und so bin ich auch jetzt schon auf der Flucht vor den winzigen Quälgeistern, als ich mühsam den Forstweg entlangholpre.

Es ist nur noch ein kurzes Stück bis zur Straße, als ich dort einen Radfahrer sehe. Ich stutze, denn es ist nicht irgendein Radfahrer, sondern eine Art Doppelgängerin von mir: eine Frau mit Fahrradhelm, gelber Warnweste, Radhandschuhen und orangen Packtaschen hinten auf dem Gepäckträger. Als ich endlich auf die Straße einbiege, ist ihre Silhouette schon einige Hundert Meter entfernt. Schnell verwerfe ich den Gedanken, in die Pedale zu treten, um die Frau einzuholen. Denn nach meinen bisherigen Erfahrungen sind die zumeist deutschen Urlaubsradler hierzulande nicht auf Unterhaltung erpicht. Der bei den Langstreckenwanderern übliche Informationsaustausch unter Gleichgesinnten findet kaum statt, was vielleicht daran liegt, dass im Baltikum jeder seine eigene Route fährt. Oder weil die meisten Radler nur ein paar Tage oder zwei Wochen statt ein paar Monate unterwegs sind?

Obwohl ich in meinem gemütlichen Tempo weiterfahre, verringert sich der Abstand zur anderen Radlerin immer weiter – bis ich verblüfft feststelle, dass sie wohl auf mich wartet.

»Hallo! Wo kommst du denn her?«, frage ich daher sofort auf Deutsch, als ich zu ihr aufschließe.

Mit der Sprache liege ich richtig, denn sie antwortet lächelnd: »Hallo, ich bin Birgit aus Österreich.«

Sofort verfallen wir in das unter Reisenden übliche Frage-und-Antwort-Spiel von »Woher«, »Wohin« und »Wie« der Tour. Birgit ist schon 63 Jahre alt und lässt sich trotz künstlichen Hüftgelenks und Rückenproblemen nicht vom Radeln abhalten.

»Nur Zelten ist nichts mehr für mich«, erzählt sie mir lachend, als wir jetzt einträchtig nebeneinanderher radeln. »Das machen meine Bandscheiben nicht mehr mit.«

Gleich im Anschluss an ihre Hüftoperation ist Birgit die Eurovelo 6 vom Atlantik bis ans Schwarze Meer gefahren. Jetzt ist die begeisterte Radlerin auf dem über 3000 Kilometer langen Fernradweg R 1 von Frankreich nach St. Petersburg unterwegs.

Genau wie die europäischen Wanderwege durchziehen auch überregionale Fernradwege wie der R 1 ganz Europa, allen voran die siebzehn sogenannten Eurovelos, die vom Europäischen Radfahrerverband ECF betreut werden. Drei davon bilden auch Teile meiner Tour: die Ostseeküsten-Route Eurovelo 10, die Osteuropa-Route Eurovelo 11 und der Eiserne-Vorhang-Trail Eurovelo 13. Obwohl die EU dieses Radwegenetz mitfinanziert, befindet sich das gewaltige Projekt mit einer Gesamtstrecke von 70 000 Kilometern in völlig unterschiedlichen Realisierungsstadien. Manche Abschnitte sind hervorragend ausgeschildert, während es von anderen Routen in der Planungsphase noch nicht mal einen Track zum Herunterladen gibt. Dennoch nutze auch ich, wann immer es geht, die Eurovelos, denn das erspart mir gegenüber einer eigenen Routenplanung so manche böse Überraschung in Form von Hauptverkehrsadern ohne Seitenstreifen oder holprigen Schotterpisten. Außerdem führen sie mich zu den interessantesten Sehenswürdigkeiten und Naturschönheiten eines Landes.

Ich lasse mich kurz hinter Birgit zurückfallen, damit zwei Autos besser überholen können. Dann schließe ich wieder auf und sage: »Mensch, ich bin froh, dich getroffen zu haben. Endlich mal eine ähnlich gesinnte Langstreckenfahrerin!«

»Geht mir genauso«, grinst Birgit. »Ich habe bisher meist nur junge Pärchen auf Kurzurlaub getroffen, die unter sich bleiben wollten. Oder organisierte Radreisegruppen.«

»Mir sind sogar schon Wohnwagenfahrer begegnet, die in einer kommerziell geführten Gruppe unterwegs waren – weil sie allein Angst hatten«, füge ich sogleich hinzu.

»Was soll denn hier gefährlich sein? Alle drei baltischen Länder sind in der EU. Ich fühle mich hier sicherer als zu Hause in Österreich.«

»Wirst du auch immer gefragt, ob du nicht Angst hast, so als Frau allein?«

»Oh ja, ständig!«, bestätigt Birgit lachend.

»Und: Hast du schon mal schlechte Erfahrungen gemacht?«, hake ich nach.

»Nein, nie! Aber in meinem Alter habe ich ja bereits den Oma-Bonus. Wer kann schon einer älteren Dame etwas zuleide tun, die seine Großmutter sein könnte?«

»Wie eine Großmutter siehst du nun nicht gerade aus«, stelle ich erheitert fest. »Aber auch mir ist noch nie etwas passiert, obwohl ich fast deine Tochter sein könnte.«

»Woran auch immer es liegt«, sagt meine Begleiterin jetzt in ernstem Ton. »Ich lasse mich als Frau jedenfalls nicht davon abhalten zu reisen – egal, was die Leute sagen. Und die meisten Bedenkenträger haben ja sowieso keine Ahnung. Die projizieren doch nur ihre eigenen Ängste auf dich, anstatt die Situation realistisch einzuschätzen.«

Nachdem wir schon fast eine halbe Stunde durch dichten Wald geradelt sind, tauchen jetzt in der Ferne Felder und erste Häuser auf. Wir nähern uns der Stadt Valka. Aber eigentlich heißt nur eine Hälfte Valka, denn die lettisch-estnische Grenze verläuft mitten durch den Ort, und der estnische Teil wird Valga genannt. Allerdings ist das Einzige, das daran erinnert, ein einsamer Grenzpfosten, an dem wir schnell ein Erinnerungsfoto von uns beiden schießen.

»Wo willst du heute denn noch hin?«, frage ich meine Begleiterin, als wir unsere Handys wieder einpacken.

»Ich will von hier aus den Bus nach Tartu nehmen«, erklärt mir Birgit. Als sie meinen fragenden Blick sieht, fügt sie sogleich hinzu: »Wenn genug Platz ist, transportieren die Busse auch Fahrräder.«

Doch das meine ich gar nicht: »Warum radelst du da nicht einfach hin?«

»Mir rennt die Zeit davon, denn mein Visum für Russland läuft bald aus.«

Ich nicke, auch wenn ich selbst, soweit es geht, die *Connecting-footsteps*-Idee des Wanderns auch bei Radtouren verfolge: Ich will eine Strecke durchgängig befahren. Zumindest wo es sinnvoll ist, denn auch ich werde von Estland nach Finnland die Fähre nehmen, da ich für den Landweg über Russland ein Visum bräuchte – und dessen Beschaffung ist mir zu teuer und zu aufwendig.

»Schade«, sage ich nur, denn ich hätte gerne noch länger mit Birgit geredet.

Doch die hat eine gute Idee: »Kommst du nicht auch durch Tartu? Ich will die Stadt ausführlich besichtigen und müsste noch da sein, wenn du sie erreichst. Wir könnten uns doch dort treffen?«

»Genauso machen wir das«, freue ich mich und radle nach einem gemeinsamen Mittagessen mit Birgit sehr beschwingt allein weiter.

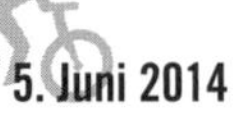

5. Juni 2014
Tartu (Dorpat), Estland

Kilometer 2172

»*Dobryy den!*« und »Guten Morgen!«, schallt es mir mehrsprachig entgegen, als ich den Frühstücksraum meiner Pension in Tartu betrete. An einem langen Holztisch sitzen zwei Männer und eine junge Frau auf Korbstühlen.

»*Hello!*«, rufe ich noch ein wenig verschlafen in die internationale Runde und lasse mich neben dem schlaksigen, bärtigen Mann nieder.

»Ist das dein Fahrrad?«, fragt er mich in gebrochenem Englisch und zeigt in eine Ecke des Zimmers, wo *Black Beauty* zwischen einem Sofa und einem Bücherregal hinter einem silberfarbenen Rennrad steht. Das Fahrrad im Aufenthaltsraum der Pension unterzustellen war nicht etwa meine Idee, sondern der Vorschlag der Hausherrin gewesen.

»Das ist am sichersten«, meinte sie gestern beim Einchecken. Überhaupt ist meine Unterkunft weniger eine Pension als ein Mehrfamilienhaus, in dem die Hausfrau Zimmer mit Frühstück vermietet. Obwohl sie nur ein paar Brocken Englisch spricht, hat die Kommunikation mit ihr hervorragend funktioniert. Zwanzig Euro kostet das kleine Zimmer mit Dusche und WC auf dem Flur, dafür aber mit WLAN und Frühstück. Mehr brauche ich nicht, um mich wohlzufühlen.

»Ja, das schwarze Rad ist meins! Und das andere gehört dir?«, frage ich nun meinen Tischnachbarn, der dies begeistert bejaht – und schon sind wir mitten in einer langen, wenn auch etwas mühsamen Unterhaltung. Sergej ist Russe und bereist mit dem Fahrrad die drei baltischen Staaten im Blitztempo, denn er radelt 200 Kilometer am Tag. Ich schaffe gerade mal die Hälfte. Aufgrund des hohen russischen Bevölkerungsanteils hat er hier keine Verständigungsprobleme. Auch die estnische Hausherrin spricht fließend Russisch. Gerade bringt sie uns weitere *blinis*, duftende Buchweizenpfannkuchen. Dabei ist der Tisch bereits voll beladen mit Brot, Butter und Marmeladen, aber auch sauren Gurken, eingelegtem Fisch und herzhafter Wurst. Mir zeigt sie jetzt einen großen Topf, in dem sich ein gräulicher Brei befindet.

»Das ist *kama*!«, erklärt sie und fordert mich auf zu probieren.

»Was ist das?«, will ich wissen, aber ihr Englisch reicht nicht aus für eine umfassende Antwort. Stattdessen springt das Mädchen ein, eine estnische Studentin, die gerade in Tartu ein Praktikum macht.

»Das ist ein Brei aus dem Mehl von Gerste, Roggen, Hafer, Erbsen und Bohnen, angerührt mit warmer Milch«, erklärt sie mir, und ich verziehe unwillkürlich das Gesicht. Ein Probierlöffel zeigt, dass das Ganze genauso langweilig schmeckt, wie es sich anhört – allerdings scheint das nur für meine Geschmacksknospen zu gelten, denn mein russischer Nachbar greift beherzt zu.

Ich fühle mich sehr wohl in dieser Runde, in der wir nun über russische Visa und baltische Essensspezialitäten sprechen. Als der Rennradfahrer und die estnische Praktikantin aufbrechen, wende ich mich dem letzten Frühstücksgast zu, einem etwa sechzigjährigen deutschen Herrn: »Was hat Sie denn hierher verschlagen?«, frage ich ihn und beiße in ein Marmeladenbrot.

»Ich arbeite ehrenamtlich in einem Dentallabor«, gibt der gut gekleidete Mann zurück und nimmt einen Schluck Kaffee.

»Wieso denn ehrenamtlich?«, hake ich mit vollem Mund nach.

»Ich hatte früher mal ein eigenes Labor in Deutschland und coache jetzt als *business angel* eine ähnliche Firma in Tartu«, erzählt er.

»Warum haben Sie denn Ihre eigene Firma aufgegeben? Sie sind doch in den besten Jahren …«, frage ich scherzend.

»Ich bin an Parkinson erkrankt und konnte nicht mehr arbeiten.«

Obwohl der Mann sehr gelassen wirkt, bleibt mir fast der Bissen im Halse stecken. »Oh, das tut mir leid«, ist alles, was mir jetzt einfällt.

»Ich kann zwar nicht mehr selbst Hand anlegen, aber ich kann immer noch anderen beibringen, wie man guten Zahnersatz herstellt«, sagt er, und erst jetzt fällt mir auf, dass die Kaffeetasse in seiner Hand zittert. »Ich komme einmal im Jahr für ein paar Monate nach Tartu und lasse andere an meinem Wissen teilhaben. Ich habe dadurch das Gefühl, etwas zu bewegen in diesem Land. Und es ist allemal besser, als zu Hause auf den nächsten Schub der Krankheit zu warten.«

Ein paar Sekunden lang sagt keiner ein Wort, dann rückt der Mann seinen Stuhl zurück: »Ich muss jetzt los ins Labor. Die warten sicherlich schon auf mich.«

»Alles Gute und viel Erfolg bei Ihrer Arbeit«, verabschiede ich mich und füge bewundernd hinzu: »Ich finde es toll, was Sie machen!«

Grübelnd bleibe ich noch ein wenig sitzen. Gespräche wie dieses sind wie das Salz in der Suppe, sie machen das Leben unterwegs so viel interessanter. Und sie geben mir reichlich Stoff zum Nachdenken für die vielen Stunden, die ich allein auf dem Fahrrad verbringe.

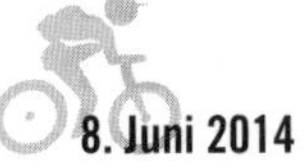

8. Juni 2014
Estnische Ostseeküste

Kilometer 2429

Es ist zwanzig Uhr, ich habe für heute genug und bin hungrig. Und in genau diesem Moment komme ich an einem idealen Wald zum Zelten vorbei. Beglückt biege ich von der asphaltierten Landstraße in die nächste unbefestigte Forststraße ab und radle in den lichten Kiefernwald hinein, der immer schöner wird – zumindest für meine Zwecke. Denn neben einem weichen, moosigen Untergrund gibt es sogar ein paar Büsche im Unterholz als Sichtschutz. Die sind auch notwendig, denn selbst um diese Uhrzeit ist hier noch viel los. Zwei Autos sind mir schon entgegengekommen. Glücklicherweise hat keiner der Fahrer angehalten, um mich über mein spätabendliches Fahrtziel zu befragen.

In regelmäßigen Abständen gehen kleinere Wege von der Forststraße ab. Als ich keine Motorengeräusche mehr vernehmen kann, fahre ich ein paar Meter in einen der überwucherten Wege hinein und steige ab. Jetzt wird es ernst mit der Zeltplatzsuche. Ich schiebe mein Rad hinter ein paar Büsche. Sollte ausgerechnet jetzt ein Auto vorbeikommen, müsste der Fahrer schon Luchsaugen haben, um es zu entdecken. Dann nehme ich meinen Helm ab und hänge ihn über den Lenker, sodass ich mich möglichst ungehindert zwischen den Bäumen bewegen kann. Deswegen bleiben natürlich auch die Packtaschen am Rad und alle Geräte am Lenker. Nur meine Wertsachen trage ich immer in einer Hüfttasche am Körper.

Ich werfe noch einen kurzen Blick auf mein *Black Beauty*, dann stapfe ich querfeldein in den Wald hinein. Es tut gut, sich nach einigen Stunden des Radelns mal die Beine zu vertreten. Nur leider pieksen mir beim Laufen immer wieder kleine Äste in die Fußsohlen, denn ich trage nur Plastiksandalen ohne Socken. Für mich ist das die beste Fußbekleidung beim Radfahren, da bei Regen so nur die Füße nass werden. Und die trocknen dann auch sofort wieder, während feuchte Socken oder Schuhe mir eisige Füße bescheren würden. Anders als beim Wandern sind die Füße beim Radeln nicht in Bewegung und daher viel kälteanfälliger.

Da sich hier viele Stellen als Zeltplatz eignen, kann ich wählerisch sein: Da ist eine Wurzel im Weg, dort ist der Boden zu abschüssig, und der Flecken ist wahrscheinlich nicht genug beschattet. So weit im Norden geht die Sonne schon um vier Uhr auf. Wenn ich also in meinem Zelt entspannt ausschlafen und nicht ab fünf Uhr morgens im eigenen Saft schmoren will, dann brauche ich Schatten in der Frühe.

Ich entferne mich immer weiter von meinem Ausgangspunkt und bin wohl schon über zehn Minuten unterwegs, als ich endlich auf den perfekten Platz stoße. Beim Abschreiten der Liegefläche kann ich weder größere Unebenheiten noch ein allzu steiles Gefälle erfühlen. Die Mitte hat sogar eine kleine Vertiefung – ideal für mich als Seitenschläfer, denn darin liegt meine Hüfte etwas tiefer, und die Wirbelsäule bleibt so gerade. Dann noch ein Blick nach oben. Hier gibt es keine *widow maker*, aber genug Bäume und damit ausreichend Schatten. Mein Heim für die Nacht ist also gefunden – nun muss ich nur noch meine Sachen holen.

Aufmerksam präge ich mir die Stelle ein. Dann drehe ich mich um und gehe zurück zu meinem Fahrrad. Doch schon nach wenigen Metern stutze ich. Ist das der umgestürzte Baum, über den ich vor zehn Minuten gestiegen bin? Bin ich wirklich hier vorbeigekommen? Plötzlich sieht alles so gleich aus. Ich bleibe stehen und halte angestrengt Ausschau nach dem kleinen Weg, an dem ich *Black Beauty* versteckt habe. Doch sosehr ich auch alles mit den Augen absuche, ich kann ihn nicht entdecken – genauso wenig wie mein Rad. Erst steigt Ärger in mir auf. Wie konnte ich nur so blöd sein, mir die Strecke nicht genauer einzuprägen. Doch als ich zwei weitere Minuten kreuz und quer durch den Wald gerannt bin und immer noch keinen Orientierungspunkt gefunden habe, kriecht langsam Panik in mir hoch. Ich bin lediglich mit einem T-Shirt, einer Radler-Shorts und Sandalen bekleidet. Zwar habe ich meine Wertsachen bei mir, doch meine gesamte Campingausrüstung befindet sich an meinem Rad – aber wo zum Teufel ist es?

Ich zwinge mich, ruhig durchzuatmen. Es macht keinen Sinn, planlos in der Gegend herumzulaufen, denn im schlimmsten Fall verirre ich mich dabei noch mehr. Um das Holz gut abtransportieren zu können, ist der Wald in regelmäßigen Abständen mit kleinen Wegen und breiten Forststraßen im Schachbrettmuster durchzogen. Wenn ich also immer in eine Richtung gehe, muss ich zwangsläufig auf einen dieser Wege stoßen. Ich hole noch einmal tief Luft und peile einen großen Baum an, der mir als Landmarke dienen soll. Schnurgerade marschiere ich durch den Wald und erreiche genau wie erwartet schon nach wenigen Minuten einen Weg. Doch in welche Richtung soll ich mich wenden? Aufgeregt eile ich nach rechts den Pfad entlang, die Augen auf das Unterholz gerichtet. Doch nirgendwo blitzen meine orangen Packtaschen auf. Verzweifelt mache ich kehrt und laufe in die andere Richtung – wieder kein Fahrrad. Immerhin erreiche ich jetzt eine breite Forststraße. Aber ist das auch die Forststraße, auf der ich gekommen bin? In diesem flachen, eintönigen Kiefernwald sieht ein Weg wie der andere aus.

Ich schließe die Augen, um meinen Anfahrtsweg genauer zu rekonstruieren. Ich bin über einen Kilometer auf einer breiten Forststraße in den Wald hineingeradelt und dann knapp hundert Meter in einen kleinen Weg eingebogen. Da es nicht dieser Weg ist, muss es einer der nächsten sein. Entschlossen gehe ich auf der Forststraße bis zur nächsten Wegkreuzung und biege dort links ab. Im Gebüsch blitzt etwas Oranges auf. Ich bete, dass es sich dabei nicht um Vogelbeeren handelt, und beschleunige meinen Schritt. Und tatsächlich: Dort im Unterholz steht mein Fahrrad!

Mit weichen Knien schiebe ich *Black Beauty* aus dem Gebüsch und streiche ihm über den schwarzen Ledersattel. Dann muss ich laut lachen – vor Erleichterung, aber auch über meine eigene Dummheit. Da bin ich seit Jahren draußen unterwegs und finde um ein Haar bei der Zeltplatzsuche mein eigenes Fahrrad nicht mehr.

Dies ist mir jedoch eine Lehre: Nie wieder werde ich mich außer Sichtweite von meinem Fahrrad entfernen, ohne mir einen genauen Orientierungspunkt einzuprägen oder gar den Standort auf dem GPS zu markieren.

12. Juni 2014

Nuuksio-Nationalpark, Finnland

Kilometer 2587

Als ich meine Packtaschen im Haltia-Besucherzentrum abstelle und mich aus meiner Regenkleidung pelle, bildet sich auf dem Holzfußboden sofort eine Wasserlache, denn alles ist klatschnass. Draußen schüttet es seit den frühen Morgenstunden. Peinlich berührt blicke ich mich um, doch niemand beachtet mich. Eine ganze Schulklasse drängelt sich in der Garderobe, und ständig strömen neue Gäste an mir vorbei. Kein Wunder, denn das Besucherzentrum liegt mitten im Nuuksio-Nationalpark, und der ist gerade mal vierzig Kilometer von der Hauptstadt Helsinki entfernt. Gestern erst bin ich dort mit der Fähre aus Tallinn angekommen. Aber da ich nach Beendigung meiner Rundtour durch Finnland wieder von Helsinki abfahren werde, habe ich mir die Stadtbesichtigung gespart und bin gleich weitergeradelt.

Der wolkenverhangene graue Himmel verheißt nichts Gutes, und so stelle ich mich auf einen längeren Aufenthalt ein. Ich hänge meine Regenjacke und -hose an einem Kleiderständer auf, hole trockene Sachen und das Ladekabel meines Handys aus meinen Packtaschen und verstaue diese in einem Schließfach. Unauffällig verschwinde ich nun auf die Toilette und ziehe mich um. Dann suche ich mir eine Sitzgelegenheit in Steckdosennähe, stöpsle Ladekabel und Handy ein und mache es mir gut gelaunt bequem. Meine Stimmung sinkt allerdings schnell in den Keller, denn dank des kostenlosen WLANs erfahre ich auf meiner Wetter-App, dass es die nächsten 24 Stunden quasi durchregnen wird – bei einer Tageshöchsttemperatur von zwölf Grad. Frustriert lasse ich das Handy sinken.

Eigentlich ist das hier kein schlechter Ort, um Dauerregen auszusitzen. Das moderne und geräumige Besucherzentrum ist aus hellem Holz gebaut und bietet nicht nur Internet und Toiletten, sondern auch eine Ausstellung über die finnische Natur und ein Restaurant. Ich seufze, denn für Letzteres werde ich tief in die Tasche greifen müssen. Zehn Euro kostet der Eintritt in die Ausstellung und sechzehn Euro das Essen im Lokal. An einem normalen Tag gebe ich auf dieser Tour gerade mal zehn Euro insgesamt aus, nur an Ruhetagen ist mein Budget höher. Ein weiterer Blick durch das Fenster auf den strömenden Regen überzeugt mich jedoch sofort, dass das kein zu hoher Preis ist, um dem Schmuddelwetter zu entkommen.

Aber wenn ich schon hier festsitze, dann will ich den Tag auch sinnvoll verbringen, und so aktualisiere ich zunächst meinen Blog, auf dem ich seit 2008 von meinen Touren berichte. Oft blogge ich nachts im Zelt auf meinem Smartphone, doch das ist auf einem Touchscreen mühsam und langwierig – und verbraucht zu viel Akku-Kapazität. Daher nutze ich, wenn möglich, die Computer in öffentlichen Bibliotheken, Internetcafés oder Besucherzentren wie diesem.

Da erfreulicherweise niemand anders an den Rechner möchte, nutze ich die unerwartete Gelegenheit, nach dem Blog-Update auch noch die nächsten Wochen meines Trips zu planen. Ich will an der finnischen Ostseeküste nach Norden radeln und dann an der Grenze zu Russland zurück nach Helsinki, von wo aus ich mit der Fähre wieder nach Estland übersetzen werde. Denn ich habe vom Baltikum noch lange nicht genug gesehen. Während des ersten Teils meiner Reise habe ich mich vorwiegend im Osten der drei Länder bewegt, auf der Rückreise will ich mehr in den westlichen Küstenregionen radeln, um dann aus einer der baltischen Hafenstädte mit der Fähre zurück nach Deutschland zu gelangen.

Ich verbringe fast acht Stunden im Besucherzentrum, und erstaunlicherweise vergeht die Zeit an diesem erzwungenen Ruhetag sehr schnell. Das Mittagessen gibt es in Büfett-Form, und so schwelge ich fast eine Stunde lang in skandinavischen Spezialitäten wie geräuchertem Lachs, Fischrogen und eingelegtem Gemüse. Die Ausstellung über die finnische Natur ist zwar nicht besonders groß, aber da ich heute alle Zeit der Welt habe, verbringe ich dort auch noch einmal zwei Stunden. So geht es schon auf achtzehn Uhr zu, als ich missmutig meine Gepäcktaschen aus dem Schließfach hole.

Gerade streife ich mir die mittlerweile trockene Regenjacke über, da spricht mich einer der Mitarbeiter auf Englisch an: »Na, das war doch schön, so einen verregneten Tag hier bei uns im Warmen auszusitzen, nicht wahr?«

Vor Schreck laufe ich knallrot an und stottere irgendeine unverständliche Zustimmung. Denn ich hatte eigentlich gedacht, dass ich aufgrund der heutigen Besuchermassen und meines diskreten Verhaltens niemandem aufgefallen wäre. Doch der junge Mann ist nicht etwa verärgert darüber, dass ich das Besucherzentrum als meinen persönlichen Aufenthaltsraum missbraucht habe, sondern vielmehr besorgt um mein Wohlergehen.

»Ich war auch schon oft in Finnland mit dem Rad unterwegs. Das Wetter kann echt nerven!«, erklärt er und zwinkert mir zu. »Wo wollen Sie denn heute übernachten?«

Nun fühle ich mich schon wieder ertappt, denn ich hoffe, in irgendeiner offenen Schutzhütte schlafen zu können. Da ich aber nicht weiß, ob das offiziell erlaubt ist, antworte ich ausweichend: »Ähm, ich werde wohl auf einem der Zeltplätze campen.«

Doch meine Sorge ist ganz unbegründet, denn der freundliche Finne rät mir sogleich: »Schauen Sie doch mal, ob Sie nicht in einer der Kochhütten unterkommen.«

»Kochhütten?«, frage ich verblüfft nach.

»Ja, im Park gibt es mehrere offene Hütten mit einem Grill, damit die Besucher dort ein Barbecue machen können«, erklärt er nun geduldig und zeigt mir auf einer Übersichtskarte des Parks, wo sie sich befinden.

Als ich dann endlich Punkt achtzehn Uhr mit der Hoffnung auf einen trockenen Übernachtungsplatz losradle, schließt einer der Angestellten hinter mir die Tür des Naturzentrums ab. Ich war die letzte Besucherin.

Schon nach fünf Minuten auf dem Rad hat mich das Regenwetter wieder voll im Griff. Meine Brille ist trotz Kapuze voller Wassertropfen, sodass ich alles nur noch verschwommen wahrnehme, und meine nackten Finger und Füße werden zunehmend kälter. Eigentlich habe ich für Regenwetter bei so tiefen Temperaturen Neoprensocken und -handschuhe dabei. Aber für eine kurze Strecke will ich sie nicht anziehen, denn sonst muss ich sie ja anschließend wieder umständlich trocknen. Ich beiße also die Zähne zusammen und quäle mich strampelnd und schiebend einen mit Baumwurzeln übersäten Pfad entlang, denn zu den Kochhütten führt im Nationalpark natürlich keine Teerstraße.

Nach einer Dreiviertelstunde kommt endlich eine große Blockhütte in Sicht. Als ich mein Rad dort anlehne, fällt mir sofort eine Axt ins Auge, die direkt neben dem offenen Eingang hängt. Davor steht ein grober Hackklotz. Im Innern der Hütte sind an einer Seite Holzstücke in allen Größen aufgestapelt, der Boden ist mit Hackschnitzeln, einer Art grobem Holzstreu, bedeckt, was mir ein besonders weiches Lager verspricht. Die Behausung ist so groß, dass ich trotz der Brennholzvorräte bequem mein Zelt aufstellen kann, was mich heute Nacht ein paar Grad wärmer schlafen lassen wird. Ich bin höchst zufrieden mit dieser Unterkunft, nur frage ich mich, wo man in dieser »Kochhütte« kochen soll.

Als ich die Taschen von meinem Fahrrad lade, entdecke ich in 200 Meter Entfernung eine weitere Hütte. Neugierig gehe ich zu Fuß hinüber und schrecke dort zwei etwa zwanzigjährige finnische Jungs auf, die es sich bereits für die Nacht bequem gemacht haben. Auf Bänken und Tischen ist ihre Wäsche zum Trocknen ausgelegt, und auf einem gewaltigen gemauerten Grill mit Eisenrost brutzeln die Reste ihres Abendessens. Während die beiden hastig ihre Sachen zusammenraffen, um mir einen Übernachtungsplatz anzubieten, fällt es mir endlich wie Schuppen von den Augen: Meine Hütte ist lediglich der Lagerplatz für das Brennholz, die eigentliche Kochhütte befindet sich hier. Doch trotz des vielen Wandermobiliars lehne ich das Angebot der beiden ab, denn ich bin beim Schlafen lieber für mich allein.

So krieche ich eine Stunde später in meinen Quilt und lausche dem Trommeln des Regens auf dem Metalldach. Während draußen die Temperatur auf unter zehn Grad gesunken ist und wahre Fluten vom Himmel strömen, liege ich in meiner Brennholzhütte warm, trocken und auf den Hackschnitzeln auch noch ausgesprochen bequem. Entspannt strecke ich mich aus und denke an die vielen skurrilen Behausungen, in denen ich schon während meiner Outdoorlaufbahn genächtigt habe. Selbst mehrere Plumpsklos mit wenig einladenden Gerüchen waren schon dabei, aber das ist allemal besser, als bei einem Unwetter draußen im Zelt zu schlafen. Und dann muss ich plötzlich lachen: Finnland mag zwar teuer sein, aber dafür haben selbst die Brennholzschuppen Hotelqualität.

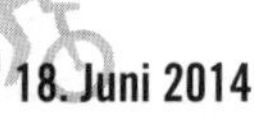

18. Juni 2014
Åland-Inseln, Finnland

Kilometer 2919

Ich sitze auf einer Mauer neben dem Radweg und starre sorgenvoll auf mein Hinterrad, dem die vielen Schotterpisten im Baltikum arg zugesetzt haben. Der Reifen hat kaum noch Profil, obwohl ich vor eineinhalb Monaten mit einem fast neuen Mantel losgefahren bin. Nur leider habe ich diese bedrohliche Abnutzung erst vor ein paar Tagen entdeckt – und wenngleich ich seitdem alle Radläden am Weg abgegrast habe, konnte ich keinen passenden Ersatz finden.

Als ich bedrückt aufblicke, kommt mir ein Mann auf einem voll bepackten Trekkingrad entgegen. Schon die abgenutzte, aber hochwertige Ausrüstung zeigt mir, dass es sich um einen Langstreckenradler handelt. Die *tan line*, also die Bräunungskante entlang der Radler-Shorts, bestätigt mir das. Ich hebe die Hand zum Gruß und lächle ihm freundlich zu, doch der Mann fährt mit einem kurzen Kopfnicken einfach weiter. »Schade!«, denke ich, denn seit meiner Begegnung mit Birgit hatte kein einziger Radler, den ich getroffen habe, mehr Zeit für ein Pläuschchen.

Ich schwinge mich auf mein Gefährt und folge ebenfalls dem Radweg. Etwa zehn Minuten später sehe ich denselben Mann über eine Landkarte gebeugt am Wegesrand stehen. Ich halte an und frage auf Englisch: »Kann ich dir irgendwie helfen?«

»Nein, danke! Ich überlege nur gerade, wie weit ich es von hier aus morgen zur Fähre hätte«, antwortet er und deutet hinter sich auf den Eingang zu einem Campingplatz. Als ich an seinem Akzent erkenne, dass er auch Deutscher ist, kommen wir nun doch schnell ins Gespräch.

Jürgen, so heißt der etwa Fünfzigjährige, ist Lehrer im Urlaubsjahr und seit zwei Monaten auf einer Skandinavien-Rundtour. Er hat bereits Finnland durchquert und will nun ins Baltikum. Da meine Route genau andersherum verläuft, tauschen wir sogleich eifrig Tipps und Empfehlungen aus. Und das ist so interessant, dass ich ihn nach einer halben Stunde mit Blick auf die Uhr frage: »Wollen wir nicht einfach zusammen zelten, damit wir noch ein bisschen weiterplaudern können?«

Jürgen stimmt sofort zu, und da der Campingplatz nur spottbillige 5,50 Euro kostet, schlagen wir unsere Zelte wenig später auf dessen perfekt gemähtem Rasen auf. Außer uns beiden sind kaum andere Gäste da, sodass wir die Bank vor dem Küchengebäude ganz für uns allein haben.

»Sag mal, warum hast du denn nicht angehalten, als du das erste Mal an mir vorbeigefahren bist?«, will ich wissen, während wir unsere Proviantvorräte für ein kaltes Abendbrot ausbreiten.

Er zögert ein wenig, bevor er antwortet: »Ich hatte Angst, dass du dich als allein reisende Frau von mir als Mann belästigt fühlst …«

Verblüfft schaue ich ihn an: »Und ich dachte, du hast kein Interesse am Austausch mit anderen Radlern …«

»Ganz im Gegenteil«, gesteht Jürgen und schneidet etwas verlegen seinen Käse in Stücke. »Ich freue mich total, dass du mich angesprochen hast! Ich hätte mich das nur nicht getraut …«

Nun schäme ich mich ein wenig für meine Fehleinschätzung der Situation. »Ich glaube, da stehen wir Deutsche uns manchmal selbst im Weg«, schlussfolgere ich schließlich und erzähle ihm von der Herzlichkeit der amerikanischen *trail community* und meinen Outdoorerlebnissen. Jürgen ist zwar von Kindesbeinen an begeisterter Radler und Schrauber, dennoch ist dies seine erste große Radreise. Interessiert fragt er mich nach den Details meiner bisherigen Radtouren in den Nationalparks der USA, im australischen Outback und in Neuseeland, Japan und Korea.

»Du warst schon in so vielen spannenden Gegenden unterwegs und kannst doch eigentlich überall hinfahren. Warum radelst du jetzt ausgerechnet durch Europa? Das muss doch total langweilig für dich sein …«, sagt er schließlich nachdenklich und spießt mit seinem Messer ein Stück Käse auf.

»Warum soll Europa denn langweilig sein? Oder anders gefragt: Warum sollen die anderen Länder so viel spannender sein?«, antworte ich provokant, denn Jürgens Frage bekomme ich in ähnlicher Form oft gestellt.

»Na, in den USA oder in Australien gibt es noch so richtig Wildnis, während du hier in Europa immer in der Zivilisation unterwegs bist – oder zumindest nah dran«, stellt Jürgen fest und bietet mir von seinen ausgebreiteten Köstlichkeiten an.

»Und warum soll beim Reisen Wildnis besser sein als Kulturlandschaft?«, bohre ich weiter und schnappe mir ein Stück Salami.

»So in der unberührten Natur, da kommt man doch viel besser in Einklang mit sich selbst …«, erklärt der Lehrer mir nun etwas hilflos und fügt schwärmerisch hinzu: »Ich wollte zum Beispiel schon immer mal nach Alaska!«

»Ich war schon in Alaska, und glaube mir, wenn du im Dauerregen von Tausenden blutrünstiger Stechmücken umschwirrt wirst, dann ist es vorbei mit dem Einklang!«, erkläre ich brüsk, und Jürgen sieht mich verdutzt an.

»Natürlich ist unberührte Wildnis etwas Tolles«, setze ich jetzt beschwichtigend hinzu. »Aber erstens ist die Natur nach deinem Besuch nicht mehr unberührt, und zweitens hast du davon viel zu romantische Vorstellungen …«

Jürgen bricht sich ein Stück Brot ab und nickt nachdenklich. Aus dem nahe gelegenen Sanitärgebäude treten gerade zwei Camper mit Waschbeutel und Handtüchern.

»Weißt du, wir Europäer haben da so eine Art Minderwertigkeitskomplex, weil es auf unserem Kontinent kaum noch Wildnis gibt. Aber wir haben dennoch jede Menge Natur, die wir frei betreten dürfen, selbst wenn es sich um Privatbesitz handelt. In den USA würdest du dafür einen Satz Schrotkugeln ernten. Und dazu kannst du hier noch an jeder Ecke Geschichte und Kultur entdecken!«, erkläre ich weiter.

»Aber auf einer Reise will ich doch vor allem ein Abenteuer erleben. Und dafür ist das dicht besiedelte Europa viel zu zahm«, behauptet der Lehrer und blickt den wohlbeleibten Campinggästen hinterher, die mit Badelatschen und Jogginghosen bekleidet über die weitläufige Rasenfläche zu ihren Wohnmobilen schlappen.

»Wenn du immer nur auf Campingplätzen bleibst, dann werden sich deine Abenteuer natürlich in Grenzen halten …«, gebe ich lachend zu und hole aus meiner Packtasche eine Tüte fertigen Milchreis hervor. Jürgens Augen leuchten, als ich die Plastikverpackung aufsteche und für uns beide in die Mitte des Tisches stelle.

»Was ist denn eigentlich ein Abenteuer?«, frage ich ins Blaue hinein. Während Jürgen noch überlegt, gebe ich mir schon selbst die Antwort: »Ein Abenteuer muss nicht zwangsläufig etwas mit Grizzlybären und Klapperschlangen zu tun haben. Ein Abenteuer ist eine interessante, faszinierende und unter Umständen auch gefährliche Unternehmung mit ungewissem Ausgang, die sich stark vom normalen Alltag unterscheidet. Und so was kannst du genauso gut auch in Europa haben …«

»Stimmt! Und du wärst sicherlich eine prima Lehrerin geworden, denn du klingst schon wie ein Lexikon …« Ich fühle mich ertappt, muss aber in Jürgens ansteckendes Lachen einstimmen.

»Jetzt mal im Ernst«, fährt er fort. »Du hast schon recht. Wir denken immer, dass man für ein Abenteuer in ferne Länder reisen muss. Dabei kann ich vor meiner Haustür genauso viel erleben, wenn ich mich nur aus meiner Komfortzone herausbewege. Und ich war auf dieser Tour ja auch nicht immer nur auf Campingplätzen.«

Während wir nun den Reisbrei bis auf die letzten Reste aus der Verpackung kratzen, erzählt Jürgen mir begeistert von den Einladungen wildfremder Leute, von traumhaften Badeseen und einsamen Stränden, von Bilderbuch-Städtchen und Tante-Emma-Läden. Versonnen stellt er abschließend fest: »In Alaska hätte ich wahrscheinlich nicht so viel Spaß gehabt…«

»In Alaska würdest du nicht mehr oder weniger Spaß haben, sondern einfach anderen. Du kannst überall Abenteuer erleben. Es gibt dafür keine besseren oder schlechteren Orte. Es kommt nur darauf an, was du daraus machst!«

Eine ganze Weile sitzen wir nachdenklich am Tisch, dann zieht Jürgen eine Tafel weiße Schokolade mit getrockneten Blaubeeren aus der Tasche. Wir verspeisen gerade genüsslich je eine Rippe, als mein Blick auf mein Fahrrad fällt, das ich neben mir an der Bank geparkt habe. Obwohl es bereits nach 22 Uhr ist, ist es noch taghell.

»Kannst du dir mal mein Hinterrad anschauen? Der Mantel ist schon ganz abgefahren, und ich Idiot habe keinen Ersatz dabei«, schneide ich jetzt das Thema an, das mir schon den ganzen Tag Sorgen bereitet. Jürgen steht auf und nimmt mein Rad unter die Lupe, während ich fortfahre: »Ich will von hier aus Richtung Norden, wo es nur noch wenige große Städte und damit immer weniger gut sortierte Radläden gibt. Meinst du, der Mantel hält noch ein bisschen durch, wenn ich keinen Ersatz bekomme?«

Der begeisterte Hobbyschrauber macht ein nachdenkliches Gesicht und stellt erst einmal fest: »Das ist doch der Klassiker für ein Trekkingrad. 26-Zoll-Mountainbike-Reifen in fünfzig Millimeter Breite, damit du besser auf unbefestigten Straßen fahren kannst.«

»Genau!«, bestätige ich und kratze den Dreck vom Mantel, sodass man die Beschriftung lesen kann. »Ich will kein unnötiges Risiko eingehen und überlege, nach Helsinki zurückzufahren. Dort bekomme ich sicherlich passenden Ersatz.«

»Das musst du aber gar nicht!«, unterbricht Jürgen mich lächelnd. »Ich habe nämlich genau dieselbe Reifengröße und schenke dir einfach meinen Ersatzmantel!«

Einen Moment bin ich sprachlos. »Jürgen, das geht doch nicht. Den brauchst du doch selbst für den Notfall«, entgegne ich gerührt, doch mein Gegenüber widerspricht mir sofort: »Nein, das glaube ich nicht, denn meine Tour endet bereits in zwei Wochen, und meine Reifen sind ja noch in gutem Zustand.«

Das leuchtet mir ein, dennoch will ich dieses großzügige Geschenk nicht einfach so annehmen: »Diese Mäntel kosten doch über fünfzig Euro pro Stück! Lass mich wenigstens dafür bezahlen!«

Jürgen schüttelt nur den Kopf: »Weißt du, ich habe mein Leben lang immer nur gearbeitet. Erst jetzt mit fünfzig traue ich mich, einfach mal allein für ein paar Monate loszufahren. Und du hast mir heute Abend so viele neue Ideen und Anregungen gegeben, dass ich mich dafür gerne bei dir revanchieren möchte.«

Dann packt er sein Taschenmesser ein, wischt die letzten Brotkrumen vom Tisch und sagt: »Ich gehe schnell mein Werkzeug holen, dann können wir den Mantel gleich wechseln!«

Als ich im Dämmerlicht kurz vor Mitternacht in mein Zelt krieche, bin ich überglücklich. Manche Probleme lösen sich einfach von selbst, wenn man nur auf andere Menschen zugeht. Ich höre noch zwei einsame Autos auf der Straße vorbeibrausen, dann schlafe ich auch schon ein.

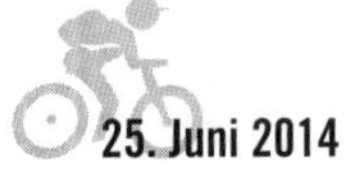

25. Juni 2014

Vaasa, Finnland

Kilometer 3437

»*Uimahalli*« und »*simhall*« steht groß am Eingang des Gebäudes – das bedeutet »Schwimmhalle« auf Finnisch und auf Schwedisch. Finnland ist offiziell zweisprachig. Die schwedischen Muttersprachler machen gut fünf Prozent der Bevölkerung aus und leben entlang der Küstenregion im Süden und Westen des Landes. Auf den finnischen Åland-Inseln wird sogar ausschließlich Schwedisch gesprochen. Hier in Vaasa – oder Vasa auf Schwedisch – sind alle offiziellen Schilder zweisprachig.

Als ich um zwanzig Uhr durch den Ausgang der Schwimmhalle trete, schlagen mir Temperaturen entgegen, die nichts mit Sommer zu tun haben. Eine Kaltfront hat das Land im Griff, und selbst tagsüber steigen die Temperaturen kaum über fünfzehn Grad. Ein eisiger Nordwind zieht mir beim Radeln zusätzlich die Wärme aus dem Körper. Aber die Kälte schreckt mich nicht mehr, seitdem ich die finnische Geheimwaffe für mich entdeckt habe. Da die Sauna ein elementarer Bestandteil der finnischen Kultur ist, gibt es sie in jeder halbwegs großen Stadt als Teil des Schwimmbades, und sie ist gemessen am hiesigen Preisniveau sogar ausgesprochen günstig: Nur 5,70 Euro habe ich dieses Mal an Eintritt bezahlt, und dafür gibt es nicht nur Sauna und Schwimmbad, sondern auch Duschgel und Haartrockner.

In Finnland wird nach Geschlechtern getrennt, dafür aber nackt sauniert. Und man braucht ein Handtuch zum Draufsitzen, denn auch hier gilt: Kein Schweiß darf aufs Holz! Bei Radtouren will ich natürlich kein großes Frotteehandtuch mit mir herumschleppen, zumal es bei diesem trüben Wetter kaum noch trocknen würde. Stattdessen habe ich mir für diesen Zweck in einem Secondhand-Laden ein dünnes Baumwolltuch gekauft. Beim anschließenden Schwimmen fungieren eine schwarze Unterhose und ein eng anliegendes schwarzes Top aus Synthetik als Badeanzug. Mein persönlicher Hygienestandard ist deshalb zur Zeit ausgesprochen hoch!

Es ist schon ein erhebendes Gefühl, sich am Ende eines Tages den ganzen Schweiß und Dreck vom Körper zu waschen. Doch eine Sauna steigert diese Empfindung noch einmal ungemein, denn das Schwitzen macht nicht nur sauber und warm, sondern entspannt Körper und Seele. Und so habe ich jetzt trotz 120 Kilometer Tagespensum bei heftigem Gegenwind kaum Muskelkater – und ausgesprochen gute Laune.

Fast drei Stunden habe ich hier gebadet und sauniert, und jetzt fehlt mir zum vollkommenen Glück nur noch ein guter Zeltplatz. Gemächlich schlendere ich zum Fahrradständer, belade mein *Black Beauty* und radle los. Mit stoischer Ruhe ertrage ich den Nordwind, der meine Durchschnittsgeschwindigkeit auf gerade mal zehn Stundenkilometer reduziert.

»Eins, zwei, drei, vier – eins, zwei, drei, vier!«, zähle ich im Geiste jeden Tritt in die Pedale mit und versuche, in möglichst gleichförmigem Rhythmus zu radeln und zu atmen. Auf der wenig befahrenen zweispurigen Nebenstraße fliegen Felder und einzelne Bauernhöfe an mir vorbei. Zu Briefkästen umfunktionierte bemalte Milchkannen, falunrote Bushaltestellen, blühende Vorgärten laden mich immer wieder zum Anhalten und Fotografieren ein, doch ich will weiter. »Eins, zwei, drei, vier!«, wiederhole ich fast zwei Stunden lang, bis ich nach endlosen Äckern und zahlreichen kleinen Siedlungen endlich ein größeres Waldgebiet erreiche. Ich zweige auf eine breite, frisch gewalzte Forststraße ab und folge ihr fast einen Kilometer, bis ich an einen kleineren Nebenweg gelange und dort, fernab von möglichem Autoverkehr, endlich mit der Zeltplatzsuche beginnen kann.

Wildzelten ist in Finnland rein rechtlich gesehen ganz einfach, denn in allen skandinavischen Ländern gilt das Jedermannsrecht. Danach darf sich jeder – unabhängig von den jeweiligen Besitzverhältnissen – in der Natur frei bewegen,

Pilze und Beeren sammeln und auch wild zelten, solange man Abstand von Wohnhäusern hält. Doch rein praktisch ist das gar nicht so einfach, denn der finnische Wald ist der reinste Dschungel. Überall liegen riesige Felsblöcke herum, sodass ich nirgendwo eine flache Stelle für mein Zelt finden kann. Außerdem ist alles dicht mit Heidelbeersträuchern überwuchert und die Erdschicht so dünn, dass ich mit den Zeltheringen sofort auf Stein stoßen würde – aber genau deswegen habe ich auch ein frei stehendes Zelt dabei, das ohne Verankerung im Boden aufgebaut werden kann. Endlich finde ich einen geeigneten Lagerplatz in einer alten Rückegasse, einem Weg, der zum Abtransport des Holzes schnurgerade in den Wald geschlagen und eingeebnet wurde.

Als ich mein Lager aufgeschlagen habe, lasse ich mich auf meiner Zeltunterlage nieder und beginne mit der Zubereitung des Abendessens. Erst montiere ich Kocher und Benzinflasche zusammen und ärgere mich dann zum hundertsten Mal über den Geruch und den Ruß an meinen Händen, der neben dem hohen Gewicht der größte Nachteil eines Benzinkochers ist. Nach dem Vorglühen erzeugt er fauchend eine blaue Flamme, und ich mache mir erst mal einen Liter Tee. Ein hoher Brennstoffverbrauch ist im Moment kein Problem, denn ich kann Benzin ja an jeder Tankstelle billig nachkaufen.

Dann bereite ich mein Abendessen zu: Linseneintopf mit gebratenen Zwiebeln und Äpfeln. Während die roten schnell kochenden Linsen in meinem zweiten Topf langsam weich werden, trinke ich heißen Tee und schnipple mit meinem großen Schweizer Taschenmesser Zwiebeln und Äpfel. Der Topfdeckel fungiert anschließend als Pfanne, um das Gemüse darin anzubraten. Meine portable Küche beinhaltet außerdem noch je eine kleine Plastikflasche mit Olivenöl und Zitronensaft, einen Gewürzspender und Instant-Gemüsebrühe, sodass ich den Linseneintopf jetzt noch geschmacklich veredeln kann.

Nach einer halben Stunde drehe ich den fauchenden Kocher ab, und es kehrt endlich Ruhe ein. Ich verteile das gebratene Gemüse auf dem nach Curry duftenden Linseneintopf und freue mich auf die schönste Stunde des Tages: Alle Aufgaben sind erledigt, und ich kann einfach nur noch genießen und entspannen – jedenfalls soweit die Moskitos das zulassen. Doch die sind heute aufgrund der trockenen Umgebung und des Windes sehr zahm. Ich lehne mich an eine Fichte und löffle genüsslich meinen Eintopf.

Mit einem wohligen Gefühl denke ich dabei an die vielen Touren, die ich in den letzten Jahren unternommen habe. Ich bin gewandert, geradelt und gepaddelt. In den USA, in Australien, Asien und Europa. Gefallen haben mir diese Reisen aber aus völlig unterschiedlichen Gründen. Manche Touren waren landschaftlich absolut spektakulär, andere vor allem kulturell interessant. Einige Unternehmungen waren eine gewaltige körperliche Herausforderung, andere dagegen der reinste Erholungsurlaub.

Ich habe gelernt, dass es keinen alleinigen »Erfolgsfaktor« für eine Tour gibt. Ich kann in der atemberaubendsten oder exotischsten Landschaft unterwegs sein und mich trotzdem mies fühlen. Oder in meiner altbekannten Heimat das Abenteuer meines Lebens finden. So wähle ich meine Reiseziele unter verschiedenen Gesichtspunkten aus, wobei die Landschaft nur einer von vielen ist. Denn solange ich nur irgendwie in der Natur bin, kann ich mich überall wohlfühlen.

Auch die Gewichtung dieser Kriterien ändert sich ständig. Nach einer körperlich anstrengenden Wandertour gönne ich mir gerne etwas Entspannung beim Radfahren. Wenn ich in einer kalten Klimazone unterwegs war, will ich als Nächstes in die Sonne. Und nachdem ich monatelang Tütengerichte gegessen habe, freue ich mich, unterwegs endlich wieder richtig kochen zu können.

Vor allem aber will ich das berufliche Leistungsdenken nicht auf mein Outdoorleben übertragen. Ich will nicht immer noch länger, schneller oder weiter weg unterwegs sein müssen, um mir oder anderen etwas zu beweisen. Denn ich will mich vor allem einfach wohlfühlen. Und genau das tue ich heute Abend.

Zufrieden kratze ich den letzten Rest Linsen aus meinem Topf und ärgere mich eigentlich nur über eines: Je leckerer ich koche, desto länger dauert der Abwasch …

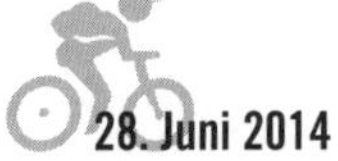

28. Juni 2014

In der Nähe von Yppäri, Finnland

Kilometer 3742

Unerbittlich weht mir der kalte Nordwind entgegen und lässt mich um jeden einzelnen Kilometer kämpfen. Seit meinem Abstecher auf die Åland-Inseln folge ich der Eurovelo 10, der Ostseeküsten-Route. Obwohl es hier, direkt am Meer, kaum Steigungen gibt, komme ich aufgrund des konstanten Gegenwindes nur langsam voran. Und leider folgt der Radfernweg häufig der Europastraße 8. Das ist aufgrund der dünnen Besiedelung Finnlands zwar nicht so schlimm, als würde die Strecke neben einer deutschen Autobahn entlangführen, aber dennoch zerrt der konstante Motorenlärmpegel gewaltig an meinen Nerven. Immerhin bin ich meist auf einem separaten Radweg unterwegs und muss mir die Fahrbahn nicht mit schweren Lkws oder Holztransportern teilen.

Trotzdem bin ich heilfroh, als die Radroute endlich von der E 8 landeinwärts auf eine kleinere Nebenstraße abbiegt. Das Timing ist perfekt, denn es ist bereits nach zwanzig Uhr und damit langsam Zeit, außer Hörweite der Fernverkehrsstraße nach einem Zeltplatz zu suchen. Je weiter ich mich von der Küste entferne, desto schwächer wird der Wind und desto entspannter kann ich in die Pedale treten. Doch irgendetwas stimmt hier nicht. Obwohl ich an einem Samstagabend auf einer völlig unbedeutenden Nebenstraße in Nordösterbotten unterwegs bin, kommt mir ein Auto nach dem anderen entgegen. Hier herrscht fast so viel Verkehr wie auf der Europastraße! Vielleicht kommen die vielen Menschen ja von einem Dorffest? Doch der stete Strom der Fahrzeuge nimmt auch nach einer guten Viertelstunde kein Ende…

Oder ist die E 8 aufgrund einer Baustelle gesperrt worden, und die Autos werden jetzt über diese Nebenstrecke umgeleitet? Diese Vorstellung beunruhigt mich, denn schon morgen früh muss ich der Europastraße wieder folgen. Aufmerksam betrachte ich nun die mir entgegenkommenden Fahrzeuge: Es sind fast ausschließlich Pkws und ein paar Wohnmobile, aber kein einziger Lkw oder Transporter. Vielleicht ein Open-Air-Konzert? Doch wie Festivalbesucher sehen mir die Familien in den Autos auch nicht aus.

Als ich an einem einsamen Gehöft vorbeiradle, sehe ich gerade, wie der Bauer aus der Tür tritt und seinen im Hof geparkten Traktor besteigen will. Das ist eine gute Chance, meine leeren Wasserflaschen aufzufüllen – und nach dem Grund für das hohe Verkehrsaufkommen zu fragen.

»Hallo!«, rufe ich ihm daher zu und biege in die Einfahrt. Erstaunt blickt mich der noch recht junge Mann in Jeans-Latzhose und Gummistiefeln an.

»Kann ich bitte Wasser haben?«, frage ich höflich auf Englisch, doch der Bauer macht nur ein verständnisloses Gesicht. Ich steige ab und halte ihm zur Verdeutlichung meine Fahrradflaschen hin. Jetzt begreift er und bedeutet mir mit Gesten, ihm über den knirschenden Kies hinter das Haus zu folgen.

»*Please!*«, sagt er und zeigt auf einen Wasserhahn, neben dem ein langer Gartenschlauch aufgerollt ist. Während ich dort meine Flaschen fülle, setzt er entschuldigend hinzu: »*English not good!*«

Diese Aussage verblüfft mich, denn bisher sprach wirklich so gut wie jeder Finne, mit dem ich Kontakt hatte, gutes bis ausgezeichnetes Englisch. Die Sprache wird hier nicht nur in der Schule gelehrt, sondern quasi auch im Fernsehen. Denn ausländische Filme werden nicht synchronisiert, sondern lediglich finnisch untertitelt.

Als wir gemeinsam zurück zur Hofeinfahrt gehen, überlege ich angestrengt, wie ich meine Frage am verständlichsten formulieren könnte. »Die vielen Autos? Warum?«, probiere ich es und deute auf die vorbeirauschenden Pkws. Der junge Bauer kratzt sich die Stirn.

»Konzert? Festival?«, radebreche ich weiter. Der Finne scheint nun endlich zu verstehen.

»Christen-Festival!«, antwortet er bestimmt.

»Christliches Festival?«, hake ich nach, doch der Bauer nickt nur und macht zur Veranschaulichung ein Kreuz auf seiner Brust. Nun bin ich zwar nicht wesentlich schlauer, aber die Geduld des Mannes ist endgültig erschöpft. Er hebt kurz die Hand zum Abschied und schwingt sich ohne ein weiteres Wort auf seinen Traktor. Hastig schiebe ich mein Rad aus dem Weg, da tuckert er auch schon an mir vorbei auf die Straße. Es wundert mich nicht, dass er so spät noch auf seine Felder fährt, denn jetzt um die Sommersonnenwende wird es erst gegen Mitternacht dunkel – um dann bereits um zwei Uhr morgens wieder zu dämmern …

Der stete Verkehrslärm dringt auch an meinem heutigen Zeltplatz in einem kleinen Wäldchen an mein Ohr. Erst um Mitternacht verebbt er, um dann bereits um sechs Uhr früh wieder anzuschwellen.

Als ich morgens losradle, werde ich von zahlreichen Fahrzeugen überholt, während mir gestern Abend die Autos noch alle entgegengekommen sind. Um elf Uhr stoße ich endlich auf die Ursache dieser beeindruckenden Massenbewegung: Direkt an der Straße ist ein riesiges Lager aufgebaut. Auf einer abgemähten Wiese stehen in geordneten Reihen Hunderte von Autos und Zelten, dazwischen Scharen von Erwachsenen und Kindern. Langsam radle ich an den nächsten drei Feldern vorbei, die genauso belegt sind.

Plötzlich weht Musik aus Lautsprechern über das flache Land: keine Rockmusik, sondern Kirchengesänge! Sie kommen aus einem riesigen weißen Zelt, das das Zentrum der Veranstaltung zu bilden scheint, denn daneben flattern zwei Dutzend Fahnen verschiedener Länder im Wind. Als ich neugierig absteige, endet der Gesang, und nun schallt mir eine Predigt auf Finnisch entgegen. Der Bauer hatte recht: Das muss eine Art christliches Festival sein.

Jetzt will ich es genau wissen. Ich schiebe mein Fahrrad schnell durch eine Lücke im langsam dahinrollenden Verkehr und spreche einen der Ordner an, die in orangefarbenen Westen die Zufahrt regeln: »Entschuldigung, was ist das hier eigentlich für eine Veranstaltung?«

Der Mann antwortet mir freundlich in tadellosem Englisch: »Das ist die jährliche Sommerversammlung der Laestadianer!«

»Laestadianer?«, wiederhole ich holprig das mir unbekannte Wort.

»Sie sind doch Deutsche?«, fragt er, und ich bejahe.

»Dann haben Sie sicherlich schon von der Herrnhuter Brüdergemeine gehört?« Ich nicke, denn durch Herrnhut bin ich sogar schon einmal gewandert.

»Wir Laestadianer sind eine protestantische Bewegung in der Herrnhuter Tradition.«

»Aber woher kommt denn dieser Name ›Laesta…‹«, meine Zunge verknotet sich fast bei diesem schwierigen Begriff.

»Initiiert wurde unsere Bewegung durch Lars Levi Laestadius, der im 19. Jahrhundert entsandt war, um die Samen in Lappland zu missionieren«, erzählt er mir und fügt stolz hinzu: »Mittlerweile haben wir weltweit schon um die 200 000 Gläubige!«

»Wie viele Besucher kommen denn zu diesem Sommertreffen?«, will ich wissen, nachdem der Ordner mehrere Fahrzeuge eingewiesen hat.

»Fast 70 000 Gäste aus zwanzig Ländern sind es dieses Mal«, antwortet er prompt. Nun wundert mich der starke Verkehr überhaupt nicht mehr. »Das ist die größte religiöse Veranstaltung in ganz Nordeuropa!«, ergänzt er und winkt schon wieder einigen Fahrern.

»Vielen Dank!«, verabschiede ich mich nun, weil ich den netten Mann nicht länger von seiner Arbeit abhalten möchte.

»*God's peace!*«, sagt er feierlich, und ich schwinge mich wieder auf mein Rad. Noch lange begleitet mich der Gesang der Gläubigen aus den Lautsprechern.

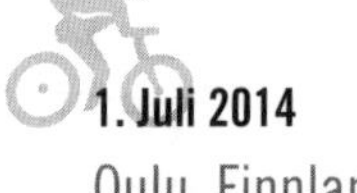

1. Juli 2014

Oulu, Finnland

Kilometer 3902

»*Äiti* – Mama!«, ruft die kleine Inka, als sie mir die Tür öffnet.

Aus dem Hintergrund höre ich die Stimme von Paula. Während Inkas Mutter durch den Flur auf mich zukommt, schaut mich die Sechsjährige mit großen Augen von unten an. Mit ihren langen blonden Haaren, einem lila Kleidchen mit Spitzen und weißen Söckchen sieht sie aus wie eine kleine Prinzessin.

»Du kommst genau richtig! Wir wollen gerade mit dem Abendessen beginnen!«, sagt Paula nun zu mir auf Englisch. Wie ihre Tochter hat sie lange weißblonde Haare und ein ansteckendes Lächeln.

»Prima!«, freue ich mich und folge den beiden in die Küche, nachdem ich im Flur meine Sandalen ausgezogen habe. Paula und ihre Tochter Inka sind Couchsurfing-Gastgeber und beherbergen mich zwei Nächte lang in ihrem Haus in Oulu. Auf dieser Hospitality-Plattform können Reisende im Internet kostenlose Übernachtungsmöglichkeiten bei anderen Mitgliedern anfragen.

Der Tisch in der Küche ist mit mehreren Sorten Vollkorn- und Knäckebrot, Käse, Tomaten und Radieschen gedeckt. So weit kommt mir alles bekannt vor. Doch in der Mitte des Tisches liegt ein angebrannt aussehender weißer runder Fladen.

»Was ist das?«, frage ich Paula neugierig, nachdem wir alle Platz genommen haben.

»*Leipäjuusto!*«, kräht Inka begeistert, als sie meinen fragenden Blick auf die runde Speise sieht.

»Genau! Du kannst es aber auch Quietschkäse nennen!«, sagt Paula, während sie drei Stücke davon abschneidet und auf unsere Teller legt. Dann reicht sie mir ein Marmeladenglas und erklärt: »Wir Finnen essen ihn meistens mit Moltebeeren-Marmelade. Du wolltest doch finnische Spezialitäten kennenlernen, oder?«

Als ich vorsichtig probiere, quietscht die gummiartige Masse tatsächlich beim Draufbeißen, schmeckt aber wie Mozzarella und gerade in Kombination mit der säuerlichen Marmelade erstaunlich gut.

»Das ist ja echt lecker!«, rufe ich daher, und Paula lächelt zufrieden. Sie schneidet sich noch ein kleines Stück ab, legt es in ihre Tasse und gießt heißen Kaffee darüber.

»Du tust Käse in den Kaffee?«, frage ich entgeistert.

»Das ist Kaffeekäse, auch eine finnische Spezialität«, antwortet sie gelassen und fischt das Käsestück aus ihrer Tasse, um genüsslich daran zu lutschen.

»Ihr Finnen seid schon ein bisschen schräg«, stelle ich kopfschüttelnd fest, und Paula sieht das ganz offensichtlich als Kompliment.

»Wusstest du eigentlich, dass hier in Oulu jedes Jahr die Weltmeisterschaft im Luftgitarrenspielen ausgetragen wird?«, erzählt sie mir grinsend. Das wusste ich zwar nicht, aber mittlerweile wundert mich hier gar nichts mehr. Die Finnen wirken zunächst eher steif und wenig gesprächig, haben aber einen grandiosen Sinn für Humor.

Doch als Paula mir nun enthusiastisch von weiteren skurrilen Wettbewerben wie dem Frauentragen und dem Handy-Weitwurf erzählt, fängt Inka an, sich zu langweilen. »*Äiti!*«, kräht die Kleine durchdringend und rutscht vom Stuhl.

Paula nimmt ihre Tochter kurz auf den Schoß, bevor sie sich wieder mir zuwendet und augenzwinkernd sagt: »Inka lernt gerade das Zählen – das kann sie dir doch auch gleich beibringen! Du wolltest doch ein bisschen Finnisch lernen, nicht wahr?«

Während Paula nun den Tisch abräumt, finde ich mich mit Inka auf dem Sofa wieder – vor uns ein Bilderbuch des finnischen Illustrators Mauri Kunnas. Inka schlägt die erste Seite auf und zeigt strahlend auf einen Ziegenbock.

»*Yksi*«, sagt sie und kichert, als ich ihr langsam nachspreche. »*Kaksi*«, erklärt sie nun und zeigt auf zwei Rentiere. Brav wiederhole ich. »*Kolme*«, kommentiert sie ein Bild mit drei grinsenden Skeletten, und so geht es weiter bis zehn mit *neljä, viisi, kuusi, seitsemän, kahdeksan, yhdeksän* und *kymmenen*.

Bald schwirrt mir der Kopf, und zur großen Erheiterung von Inka blicke ich schon ab fünf nicht mehr durch. Dennoch spreche ich immer wieder artig meiner kleinen Lehrerin nach, bis Paula mich endlich lachend erlöst: »Genug gelernt für heute! Jetzt geht es ab in die Sauna!«

»*Sauna* ist das einzige finnische Wort, das ich mir problemlos merken kann«, stöhne ich erleichtert. Finnland hat fünf Millionen Einwohner und drei Millionen Saunas, also mindestens eine pro Haushalt. Und Paulas Schwitzbad genieße ich jetzt ausgiebig, während sie ihre Tochter ins Bett bringt.

Meine Gastgeberin und ich plaudern noch lange bei einer Flasche Rotwein im Wohnzimmer, bevor auch ich schlafen gehe – und zwar im Kinderzimmer, denn Inka darf während meines Aufenthaltes im Bett ihrer Mutter übernachten. Und so bin ich von lauter Barbiepuppen, Plüschtieren und Einhornpostern umgeben, als ich unter die mit Feenmuster bedruckte Bettdecke krieche. Nachdem ich das Licht gelöscht habe, funkeln über mir an der Decke noch ein paar aufgeklebte floureszierende Sternchen. Bis auf das Ticken eines Prinzessin-Lillifee-Weckers herrscht nun Stille in dem Reihenhaus am Stadtrand.

Paula und Inka haben mich an einer Welt teilhaben lassen, mit der ich normalerweise nicht in Berührung komme, denn ich selbst habe keine Kinder. Und genau dieses Eintauchen in andere Kulturen und Lebenswelten mag ich an Couchsurfing. Dennoch nutze ich diese Plattform nur sporadisch, denn oft bin ich an meinem Ruhetag so müde und erholungsbedürftig, dass ich lieber allein bleibe. Beim Couchsurfing suche ich keine billige Übernachtungsmöglichkeit, sondern den Austausch mit anderen Menschen. Daher nutze ich es nur dann, wenn ich genug Energie und Lust habe, mich auf meine Gastgeber einzulassen – und habe dann fast immer so angenehme Erlebnisse wie mit Paula und Inka. Nur das mit dem *yksi, kaksi, kolme* werde ich wohl noch ein wenig üben müssen …

Am nächsten Morgen verabschiede ich mich bereits um halb acht Uhr morgens von der kleinen Familie, denn Paula muss Inka noch vor ihrem Arbeitsbeginn zur Kindertagesstätte bringen. Unschlüssig radle ich langsam los, denn leider regnet es mal wieder, und der Wetterbericht hat erst für den späten Nachmittag eine Besserung vorhergesagt. Starker Regen ist bei all meinen Outdooraktivitäten hinderlich, doch am meisten stört er mich beim Radfahren. Trotz Baseballmütze mit Schirm unter dem Fahrradhelm verschleiern mir schon nach fünf Minuten Fahrt Regentropfen auf den Brillengläsern die Sicht, was im Straßenverkehr natürlich besonders gefährlich ist. Und meine nackten Füße und Hände werden sich im Regen und Fahrtwind schnell in Eisklumpen verwandeln …

Da entdecke ich eine überdachte Bushaltestelle. Schnell stelle ich mich unter und wische mir erst einmal die Brille sauber, bevor ich zu meinem GPS greife. Da ich keinen Zeitdruck habe, will ich dieses Sauwetter lieber im Trockenen aussitzen – und dafür gibt es neben Besucherzentren und Schwimmhallen noch einen weiteren Geheimtipp: öffentliche Bibliotheken. Schnell kalkuliert das GPS die kürzeste Route zu deren Hauptstandort in Oulu.

Als ich um neun Uhr das erst 1982 erbaute modernistische Gebäude betrete, bin ich einer der ersten Besucher. Ich bin sofort von der Bücherei begeistert: Hier gibt es nicht nur kostenloses WLAN und mehrere Computer, sondern auch ein großes Angebot an fremdsprachigen Büchern und Zeitschriften. Allein hundert Tageszeitungen und über 900 Magazine in fünfzehn Sprachen stehen in Papierform zur Auswahl – und weitere 2000 digital. Das ist ziemlich beachtlich für eine Stadt, die gerade mal 200 000 Einwohner hat. Aber Oulu ist als Universitätsstadt und Zentrum der finnischen IT-Wirtschaft ja auch als »Arktisches Silicon Valley« bekannt.

Die nächsten Stunden surfe ich im Internet, studiere deutsche Zeitungen und arbeite mich durch drei Jahrgänge eines amerikanischen Outdoormagazins. Als um vier Uhr nachmittags endlich der Himmel aufklart, fällt es mir schwer, mich von meiner spannenden Lektüre und den bequemen Lesesesseln loszureißen.

»Reisen bildet«, denke ich belustigt und verlasse die Bibliothek ausgeruht – und wohlinformiert.

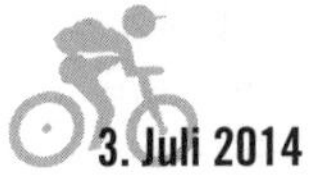

3. Juli 2014

Rokua-Geopark, Finnland

Kilometer 4000

»Erst essen oder erst Sauna?«, fragt Thomas mich grinsend, nachdem er mich ins Haus gebeten hat. »Ich habe extra Rentier-Eintopf für dich gekocht …«

»Hmm?«, überlege ich angestrengt, denn beide Optionen sind extrem verlockend. »Ich glaube, erst in die Sauna, denn es hat auf der Fahrt hierher die ganze Zeit geregnet.«

»Na, dann komm mit!«, erklärt mein Gastgeber lachend. »Ich habe vorsichtshalber schon mal angeheizt …«

Thomas kannte ich bis vor fünf Minuten nur virtuell, und zwar über ein Radforum, in dem er mir bei der Recherche für meine Ostsee-Umrundung als Finnland-Experte aufgefallen war. Nachdem ich ihn angeschrieben hatte, beantwortete Thomas nicht nur all meine Fragen per E-Mail, sondern lud mich auch gleich zu sich und seiner Familie nach Finnland ein. Denn Thomas ist zwar Deutscher, lebt aber mit seiner finnischen Frau und der gemeinsamen Tochter in der Nähe des Rokua-Nationalparks, in dem er auch als Geologe arbeitet.

Als ich eine halbe Stunde später – und sehr viel sauberer – am Esszimmertisch Platz nehme, stellt Thomas sogleich einen Teller mit dampfendem Eintopf vor mir ab.

»Sehr lecker!«, stelle ich schon nach dem ersten Löffel fest. »Und danke für die tolle Einladung!«

»Gern geschehen«, antwortet er lächelnd und nimmt sich auch eine Portion. Während des Essens schmieden wir Pläne für den Rest des Tages, den Thomas sich mir zu Ehren sogar freigenommen hat.

»Wenn du möchtest, dann zeige ich dir den Nationalpark«, bietet er mir an, und ich nicke freudig. »Auf einem der Picknickplätze könnten wir abends noch ein paar Würstchen grillen, und du könntest an dem See auch gleich übernachten.« Dieser Plan klingt für mich perfekt, denn so werde ich Thomas' Familie am Morgen in dem kleinen Häuschen nicht im Weg stehen.

Doch leider kommen wir nicht so schnell los wie geplant. Als ich in Thomas' Kombi steigen will, bleibt er in der Garage stehen und betrachtet besorgt das Hinterrad meines Rades: »Weißt du eigentlich, dass du eine gebrochene Speiche hast?«

Stumm schüttle ich den Kopf. Natürlich weiß ich das nicht, denn sonst hätte ich mich ja in Oulu um die Reparatur gekümmert.

»Hast du denn ein paar Ersatzspeichen dabei?«, will Thomas wissen, und leider muss ich schon wieder verneinen. Meine letzte gebrochene Speiche hatte ich vor zehn Jahren, und daher habe ich weder ein Ersatzteil noch das passende Werkzeug mitgenommen.

»Nein, die müsste ich im Fahrradladen kaufen«, erwidere ich, doch nun schüttelt Thomas den Kopf.

»Aufgrund deiner Nabenschaltung brauchst du eine Spezialgröße, und die wirst du hier auf dem Land nicht bekommen«, erklärt er mir kurz, und ich komme mir mal wieder vor wie ein Idiot. Kein Ersatzmantel, keine Ersatzspeiche, kein Speichenschlüssel – ich habe an nichts gedacht.

»Ich fahre ein ganz ähnliches Rad wie du und kann dir mit einer Ersatzspeiche aushelfen«, fährt Thomas jetzt fort, und in mir keimt Hoffnung auf.

»Das ist ja super! Aber die Felge hat schon eine leichte Acht. Wie soll ich die jetzt neu zentrieren?«, will ich wissen.

Mein Gastgeber lehnt sich an die Garagenwand und sieht mich triumphierend an: »Wie es der Zufall so will, habe ich mir gerade einen Zentrierständer gekauft. Ich könnte ja gleich mal an deinem Rad üben…«

Als Thomas das neu zentrierte Hinterrad einschließlich neuer Speiche bereits nach einer Dreiviertelstunde wieder in meinen Fahrradrahmen einbaut, muss ich bewundernd feststellen: »Wie Üben sah das ja nicht mehr aus…«

»Ich habe das schon ein paarmal gemacht…«, antwortet er bescheiden und drückt mir eine weitere Ersatzspeiche und einen Speichenschlüssel aus Plastik in die Hand: »Die sind für dich – damit du das nächste Mal besser gerüstet bist…«

»Danke!«, erwidere ich nur und kann kaum glauben, dass mir nun schon zum zweiten Mal auf dieser Tour ein neuer Bekannter aus einer riesigen selbst verschuldeten Klemme helfen konnte, weil er ein ähnliches Rad fährt wie ich.

Als wir am Nachmittag durch den Rokua-Nationalpark spazieren, offenbart Thomas noch ein weiteres Talent.

»Der Nationalpark ist zugleich ein UNESCO-Geopark, in dem wir den Besuchern zeigen wollen, wie die verschiedenen Eiszeiten die Landschaft geformt haben. Und das begann vor 2,6 Milliarden Jahren!«, erzählt Thomas und bleibt stehen. »Siehst du den See dort?«, fragt er nun und zeigt auf einen kleinen kreisrunden Kessel mit kristallklarem Wasser. Ich nicke und frage mich, was daran so Besonderes sein soll, denn ich habe in Finnland schon Dutzende solcher Gewässer gesehen.

»Als sich die Gletscher nach der letzten Eiszeit zurückgezogen haben, ist hier ein Eisrest liegen geblieben. Das Schmelzwasser der Gletscher hat dann Sand darauf abgelagert, der wie eine Isolationsschicht das Auftauen des Eispfropfens verhindert hat. Damit ist Toteis entstanden. Erst als sich das Klima weiter erwärmt hat, ist das Eis langsam geschmolzen und hat diesen ab- und zuflusslosen Toteissee gebildet«, erklärt der Geologe voller Enthusiasmus, während ich gebannt zuhöre.

Ich folge ihm auf eine sandige Erhebung, der ich überhaupt keine Bedeutung zugemessen hätte. »Dieser kleine Landrücken bildete vor 10 000 Jahren die Abflussrinne für das Schmelzwasser der Gletscher«, erzählt Thomas, und ich sehe den Buckel nun mit ganz anderen Augen.

»Zeit bekommt bei deiner Arbeit eine ganz andere Dimension«, sage ich nachdenklich, als ich mir die gewaltigen Zeiträume vorzustellen versuche.

»Das kann man wohl sagen«, stimmt der Geologe mir zu und geht in die Hocke. »Nimm zum Beispiel diese Rentierflechte hier«, sagt er und deutet auf ein silbriges Kraut. Dieses unscheinbare Gewächs ist in Nordskandinavien allgegenwärtig, und so schaue ich meinen Führer fragend an.

»Sie wächst gerade mal drei bis fünf Millimeter im Jahr«, führt Thomas aus, und erst jetzt wird mir klar, wie lange es wohl gedauert haben muss, bis dieser silbrige Waldteppich entstanden ist.

»Rentiere fressen davon im Winter zwei Kilogramm pro Tag. Wenn ein Gebiet überweidet wird, dann dauert es Jahrzehnte, bis die Flechte wieder nachwächst«, fährt er fort, während ich neben ihm in die Knie gehen und behutsam über die filzige Oberfläche der Pflanze streiche.

»Aber jetzt habe ich genug erzählt«, meint Thomas und steht auf. »Zeit fürs Abendessen.«

Bald sind wir an einer der Kochhütten des Parks angekommen. Genau wie im Nuuksio-Nationalpark sind die Einrichtungen hier ausgesprochen luxuriös und bestehen aus einer Komposttoilette, einer Brennholzhütte und einer geräumigen Schutzhütte mit großer Feuerstelle samt Grillrost davor. Und das alles direkt an einem idyllischen See.

»Das ist aber nett hier«, entfährt es mir angesichts des wunderbaren Seeblicks.

Thomas stellt seinen Rucksack ab und holt eine Packung *grillimakkara* heraus. Diese dicken Grillwürste habe ich hier schon in vielen Supermärkten gesehen, aber nie gekauft, denn sie enthalten fast mehr Mehl als Fleisch. »63 Prozent Fleischanteil«, lese ich auch auf dieser Packung im Kleingedruckten auf dem Etikett.

»Schmecken die denn auch?«, frage ich daher skeptisch.

»Und ob! Die gehören in Finnland einfach zum Sommer dazu!«, antwortet Thomas begeistert, während er bereits Brennholz auf den Grill schichtet.

Eine halbe Stunde später knistert das trockene Holz im Feuer, und es zischt, wenn das Fett der Würste in die Glut tropft. Die *grillimakkara* liegen bereits kross gebräunt und mit aufgeplatzter Pelle auf dem Grill und verströmen einen aromatischen Duft. Thomas reicht mir einen angespitzten Ast zum Aufspießen der Würste und wünscht: »Na, dann guten Appetit!«

Nachdem ich erst einmal gepustet habe, beiße ich vorsichtig ein kleines Stück ab.

»Lecker!«, rufe ich überrascht, und Thomas lächelt zufrieden.

»Hab ich dir doch gleich gesagt!«, ist sein einziger Kommentar, bevor auch er sich eine Wurst vom Grill holt.

»Es gibt Sachen, die schmecken einfach nicht, wenn man sie zu Hause zubereitet und mit Messer und Gabel am Küchentisch verzehrt. Aber hier draußen in der freien Natur – da kann man nicht genug davon bekommen. Diese *grillimakkara* gehören eindeutig dazu!«, sinniere ich nach der dritten Wurst und wische mir das Fett vom Kinn. Mühelos verdrücken wir die ganze Familienpackung …

Als Thomas mich verlässt, um nach Hause zu fahren, riechen meine Kleider nach Rauch und Fleisch.

»Danke für den wunderbaren Tag«, verabschiede ich mich von ihm und wasche mir erst einmal Gesicht und Hände im See, bevor ich direkt am Ufer mein Zelt aufbaue. Aber der Abend ist viel zu schön, um mich schon schlafen zu legen.

Ich setze mich in den Sand und betrachte die Umgebung. Schilf säumt den Ufergürtel, und ein paar Seerosen verzieren die Wasseroberfläche, auf der sich jetzt die aufgerissene Wolkendecke spiegelt. Neben mir zittert eine Birke in der leichten Brise, auf der anderen Seeseite steht dichter Kiefernwald.

Diese Landschaft ist zwar sehr hübsch, aber alles andere als spektakulär. Man könnte auch sagen: langweilig. Finnland ist daher auch kein allzu beliebtes Ziel unter Radwanderern. Zu monoton, zu flach, zu wenig abwechslungsreich ist das Gelände – so die vorherrschende Meinung. Ich aber fühle mich unglaublich wohl und bin sehr froh, hierhergekommen zu sein.

Acht Jahre lang bin ich nun schon fast ununterbrochen draußen unterwegs und bin dabei durch die atemberaubendsten Gegenden gekommen, habe wilde Tiere beobachtet und imposante Bäume gesehen. Und habe bald gemerkt, dass es nicht darauf ankommt, wie spektakulär eine Landschaft ist oder wie selten die Tiere und Pflanzen sind. Die Natur hat keine Werteskala – und so will auch ich sie nicht bewerten. Denn egal, ob im grandiosen Grand Canyon in den USA oder in diesem unscheinbaren Stück finnischem Kiefernwald: Es ist dieselbe Natur, die die Landschaft geformt hat. Um ihr Wirken zu bewundern, muss ich nicht in ferne Länder reisen. Das kann ich überall – ich muss nur manchmal etwas genauer hinsehen.

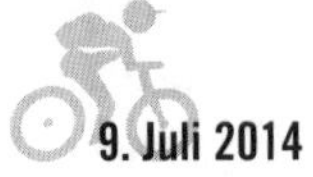

9. Juli 2014

Kloster Uusi-Valamo, Finnland

Kilometer 4547

»Übrigens habe ich heute Geburtstag!«, platze ich heraus.

»Na, dann erst mal alles Gute!«, wünscht mir die Dame an der Rezeption und fügt lächelnd hinzu: »Es freut mich, dass Sie diesen besonderen Tag bei uns im Kloster verbringen wollen!«

Meine neue Unterkunft ist kein normales Hotel, sondern das einzige Mönchskloster Finnlands. Uusi-Valamo wurde erst 1940 gegründet, als 150 russisch-orthodoxe Mönche im finnisch-sowjetischen Winterkrieg aus dem Kloster gleichen Namens am Ladogasee fliehen mussten und sich hier niederließen. Von all diesen Mönchen sind mittlerweile allerdings nur noch acht übrig, zuzüglich zwei Novizen. Gemäß orthodoxer Tradition muss sich das Kloster selbst finanzieren, und das gelingt den Mönchen vor allem mithilfe des Tourismus: 160 000 Besucher kommen jedes Jahr nach Uusi-Valamo, meist als Tagesgäste.

»Sie haben zwei Übernachtungen in unserem Gästehaus gebucht«, fährt die Rezeptionistin nun fort und legt mir ein Anmeldeformular hin. »Das macht 45 Euro pro Nacht. Dusche und WC befinden sich auf dem Korridor.« Ich nicke und freue mich, dass ich überhaupt eine so preiswerte Unterkunft finden konnte.

Während ich den Zettel ausfülle, erzählt die Dame weiter: »Weil wir uns in einem Kloster befinden, gibt es bestimmte Verhaltensregeln. Wir haben hier zum Beispiel kein Radio oder Fernsehen.«

»Das ist für mich kein Problem, denn ich besitze schon seit über zehn Jahren keinen Fernseher mehr …«, antworte ich gelassen und setze meine Unterschrift auf das Papier.

»Um 21 Uhr werden die Lichter auf dem Gelände gedimmt«, geht die Aufzählung weiter, aber auch das schreckt mich nicht.

Wenn ich zelte, gehe ich normalerweise ja auch um diese Zeit schlafen.

»Und wir bitten alle Besucher um angemessene Kleidung, die sowohl Schultern als auch Knie bedeckt«, endet die Rezeptionistin jetzt.

Ich blicke an mir herunter. Obwohl es ziemlich komisch aussieht, habe ich mir eine lange Hose über meine Radler-Shorts gezogen, bevor ich das Klostergelände betreten habe. Und schulterfreie Shirts besitze ich sowieso nicht – wegen der Sonnenbrandgefahr. Ich bin schon froh, dass ich hier Hosen tragen kann. Bei der Besichtigung einer orthodoxen Kirche in Estland wurde ich schon mal in einen Leih-Wickelrock gezwungen, weil Hosen für Frauen dort als unschicklich galten.

»Muss ich denn das Haar bedecken, wenn ich die Kirche besuche?«, will ich es nun ganz genau wissen, um nicht unbeabsichtigt in ein Fettnäpfchen zu treten.

»Wir orthodoxen Frauen machen das zwar, aber wir schreiben es unseren Besuchern nicht vor«, klärt mich die Dame auf.

»Sie sind orthodoxe Christin?«, frage ich interessiert, denn gerade mal ein Prozent der überwiegend protestantischen Bevölkerung Finnlands gehört dem orthodoxen Glauben an.

»Ja, genau. Ich arbeite hier im Sommer als Freiwillige – genau wie Dutzende andere auch. Sonst könnten die Mönche den Touristenansturm ja gar nicht bewältigen.«

Das leuchtet mir sofort ein, denn Uusi-Valamo ist mehr eine Klosterstadt als eine Einsiedelei. Neben einem Hotel und zwei Gästehäusern gibt es auf dem Gelände noch ein Museum, eine Cafeteria, einen Souvenirshop und ein Weingeschäft, in dem man den selbst gebrannten Likör kaufen kann.

»Und weil heute Ihr Ehrentag ist, gibt es noch ein kleines Geschenk«, erklärt mir die Rezeptionistin lächelnd und überreicht mir einen Gutschein für Kaffee und Kuchen in der Cafeteria.

Ich verbringe meinen Geburtstag mit der Erkundung der Klosteranlage und jeder Menge Essen, denn im Restaurant gibt es ein *All-you-can-eat*-Büfett, genau das Richtige für eine hungrige Radlerin. Auch dieses Mal entdecke ich neue finnische Köstlichkeiten: karelische Piroggen aus Roggenmehl mit einer Füllung aus Reis, Butter und Eiern sowie *kotikalja*, ein hausgemachtes süßes Malzbier. Dieses Dünnbier hat es mir so angetan, dass ich glatt zu spät in den Abendgottesdienst der Mönche komme. Aber letztendlich ist das kein Problem, denn die Vesper dauert zweieinhalb Stunden – und wird im Stehen abgehalten. Nur entlang der Wände gibt es eine einzige Sitzreihe für Alte und Schwache. Als erschöpfte Radwanderin ordne ich mich der letzten Kategorie zu und nehme in der hintersten Ecke Platz.

Die Atmosphäre in der Kirche zieht mich sofort in ihren Bann. Die goldglänzenden Ikonen werden von flackernden Kerzen beleuchtet. Ein überwältigender Weihrauchduft erfüllt den Raum. Die vollbärtigen Mönche tragen wallende schwarze Roben und murmeln geheimnisvolle Gebete. Dies allein versetzt mich schon in eine feierliche Stimmung, doch als die Mönche zu singen beginnen, komme ich mir wie in eine andere Welt entrückt vor. Mächtige, mystische Klänge erfüllen den Raum – nur unterbrochen vom Klappern der Weihrauchfässer.

Die wenigen Gläubigen, die zu dieser späten Stunde der Messe beiwohnen, nehmen von mir keinerlei Notiz, sodass ich ungestört meinen eigenen Gedanken nachhängen kann. Obwohl mich die Liturgie mit einer tiefen Ruhe erfüllt, bin ich doch auch ein wenig traurig. Denn seit ich 2007 meinen Job an den Nagel gehängt habe, habe ich keinen einzigen Geburtstag mehr zu Hause mit meinen Freunden verbracht. Auch in diesem Jahr war mein einziges Geschenk der Gutschein der Rezeptionistin. Natürlich habe ich viele Glückwünsche von Freunden und Bekannten per E-Mail oder SMS bekommen. Aber dennoch saß ich heute ohne Gesellschaft vor meinem Geburtstagskuchen, einem Stück trockenem Blechkuchen aus der Cafeteria. Eigentlich bin ich gerne allein unterwegs und fühle mich dabei selten einsam, doch Weihnachten, Silvester oder mein Geburtstag sind auch für mich nicht ganz einfach.

Seufzend blicke ich auf. Die Gottesdienstbesucher neigen den Oberkörper und bekreuzigen sich immer wieder, während einer der Mönche aus der Heiligen Schrift vorliest. Ständig öffnet und schließt sich die Kirchentür, denn die Gläubigen kommen und gehen. Sogar ein paar Mönche verlassen die Kirche für eine kurze Pause während der zweieinhalbstündigen Zeremonie. Eine Weile lausche ich andächtig dem Singsang der Anwesenden, dann driften meine Gedanken wieder ab.

Zu Beginn meines Outdoorlebens habe ich viele meiner Freunde verloren, weil mein neuer Lebensstil nicht zu ihrem Freundschaftsbegriff passte. Denn ich war plötzlich nicht mehr ständig verfügbar für einen gemeinsamen Kinoabend oder einen spontanen Drink. Andere wiederum haben sich hervorragend mit den neuen Umständen arrangiert. Sie genießen die intensive Zeit mit mir, wenn ich denn mal wieder in der Heimat weile. Und wenn ich unterwegs bin, dann telefonieren und mailen wir. Meine außergewöhnlichen Lebensumstände erfordern also außergewöhnliche Maßnahmen, sowohl von meinen Freunden – als auch von mir selbst. Ein Geburtstag getrennt von meinen Lieben ist eben Teil davon. Und im Verhältnis zu den vielen schönen Seiten meines Lebens ist das nur ein geringer Preis.

Eine ganze Weile noch sitze ich still auf der Bank und genieße den mystischen Gesang der Mönche. Meine Traurigkeit ist einem tiefen Gefühl der Dankbarkeit gewichen. Dankbarkeit dafür, dies alles erleben zu dürfen. Denn auch diese Erfahrungen sind ein Geschenk. Ein sehr großes sogar, dass ich letztendlich für nichts in der Welt eintauschen möchte.

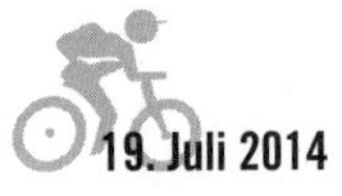

19. Juli 2014
Punkaharju, Finnland

Kilometer 5097

Staunend bleibe ich vor der riesigen Konstruktion stehen: 120 Kettensägen verschiedenster Firmen und Bauweisen bilden einen gewaltigen Turm, der wie ein überdimensionierter Weihnachtsbaum alle anderen Exponate in der Ausstellungshalle überragt. Denn im Museum Lusto in der Nähe von Savonlinna geht es ausschließlich um den Wald. Schon seit vier Stunden schlendere ich durch die weitläufigen Räume und erfahre alles, was ich schon immer über Forstwirtschaft wissen wollte – und noch viel mehr.

Kein Wunder, dass es ausgerechnet in Finnland ein so riesiges Waldmuseum gibt, denn drei Viertel der Fläche des gesamten Landes ist bewaldet. In Deutschland ist es zum Vergleich gerade mal ein Drittel. Forstprodukte machen zwanzig Prozent aller finnischen Exporte aus, in den Fünfzigerjahren waren es sogar noch fünfzig Prozent!

Einige Kinder klettern ein paar Meter weiter gerade kichernd aus einem Harvester, einer Maschine, die der Holzernte dient. Sie fixiert die Bäume, fällt und entastet sie und legt die fertigen Stämme schließlich ordentlich für den Abtransport bereit. Wann immer ich diese schweren Maschinen auf meinen Wanderungen im Einsatz sehe, mache ich einen weiten Bogen um sie, denn schließlich will ich keine herumfliegenden Äste abbekommen. Doch hier im Museum kann ich gefahrlos die Fahrerkabine besteigen und mich wie ein Maschinenführer fühlen.

Lautes Poltern lockt mich aber schon nach zwei Minuten zur nächsten Attraktion, einem Forstmaschinensimulator. Eine Familie mit zwei Kindern verlässt gerade die Ecke mit dem Testaufbau, sodass ich gleich in den leicht erhöhten Führerstand steigen kann. Vor mir liegen mehrere fünfzig Zentimeter große Holzwürfel, die ich nun mit dem Greifarm des Simulators packen und aufeinanderstapeln soll. Verwirrt betrachte ich die Schalter und Hebel auf dem Armaturenbrett und fange an zu experimentieren. Ein Hebel öffnet die Klaue am Greifarm, ein anderer schwenkt den Arm horizontal in alle Richtungen, ein weiterer hebt und senkt ihn. Beim Versuch, einen der Holzblöcke zu erfassen, beiße ich mir vor Konzentration in die Unterlippe – und stoße den Klotz dennoch nur plump vom Stapel. Mit einem lauten Poltern fällt er zu Boden. Zwei sechsjährige Jungen haben sich mittlerweile neben dem Führerstand eingefunden und blicken feixend zu mir nach oben.

Ich stelle fest, dass aus mir wahrscheinlich kein guter Waldarbeiter geworden wäre, und räume das Feld für die beiden Kinder. Da ich nach so vielen Stunden Museumsrundgang nicht mehr aufnahmefähig für weitere Daten und Fakten bin, steuere ich nun die »Stätte der Stille« an. In diesem Raum wird virtuell die Herbstlandschaft an einem finnischen See nachgestellt. Erschöpft von der langen Besichtigungstour lasse ich mich auf eine der Holzbänke sinken und schließe die Augen. Ich lausche vertrauten Geräuschen: den Rufen der Vögel, dem Springen der Fische auf dem Wasser, dem Rascheln der Tiere im Unterholz. Hier kommen sie nur aus dem Lautsprecher, aber jeden Abend höre ich Ähnliches draußen in der Natur.

Ich lehne den Kopf an die Wand und strecke meine müden Füße aus. Es war eine gute Entscheidung, hierherzukommen, und die zehn Euro Eintritt waren eine hervorragende Investition. Die Besichtigung von Museen, Schlössern und Sehenswürdigkeiten ist in Finnland eine teure Angelegenheit, aber dennoch gönne ich mir alle paar Tage diesen Luxus – denn er ist eine der schönsten Seiten meines Lebensstils. Ich war schon immer sehr wissbegierig und kann mich für die unterschiedlichsten Themen begeistern. Doch als ich noch berufstätig war, konnte ich meinem Bildungshunger nur abends oder am Wochenende frönen – wenn ich dann noch Lust und Energie hatte.

Jetzt sind meiner Neugier kaum noch Grenzen gesetzt. Ganz im Gegenteil: Vor allem wenn ich mit dem Fahrrad unterwegs bin, sehe ich mich geradezu mit einem kulturellen Überangebot konfrontiert. Ob alte Kirche am Wegesrand oder prächtige Kathedrale in der Hauptstadt, verfallene Festungsruine oder prachtvolles Schloss, kleines Heimatmuseum oder moderner Ausstellungsbau – täglich gibt es entlang meiner Routen etwas Neues zu entdecken. Auf meinen ersten Radtouren habe ich mich dabei oft übernommen, habe zu viel zu schnell besichtigt – bis irgendwann jede Kirche und jedes Schloss gleich aussahen. Heute wähle ich gezielt aus und schaue mir lieber eine Sehenswürdigkeit ganz ausführlich an. So wie dieses Museum, das leider schon in einer Stunde schließt.

Leise erhebe ich mich und verlasse mit steifen Beinen die »Stätte der Stille«, um auch noch die letzten Ausstellungsräume zu besuchen.

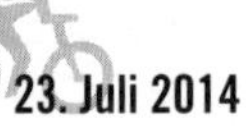

23. Juli 2014

Repovesi-Nationalpark, Finnland

Kilometer 5364

Kichernd nähern sich zwei etwa sechzehnjährige Mädchen der Brennholzhütte, die auch im Repovesi-Nationalpark zur Grundausstattung aller Rastplätze gehört. Die beiden sind Teil einer großen russischen Jugendgruppe, die mit ein paar Dutzend finnischen Urlaubern den heißen Hochsommertag hier verbringt. Es ist so voll, dass ich mir einen der Grills mit einem einheimischen Wandertrupp teilen muss. Verführerisch duftend brutzelt nun eine Handvoll *grillimakkara* vor mir auf dem Rost.

Die beiden Mädchen hieven ein gewaltiges Holzscheit aus dem Schuppen und wuchten es auf den Hauklotz. Das wäre an und für sich nichts Ungewöhnliches, wenn da nicht das Outfit der beiden wäre: Die zwei üppig gebauten Teenies – die eine mit blondem Zopf, die andere hat die dunklen Haare offen – tragen nämlich nichts außer einem äußerst knappen Bikini. Keine Sonnenbrille, kein Tuch um die Hüften, ja nicht einmal Schuhe an den Füßen, sodass sie inmitten der Holzsplitter fast auf Zehenspitzen laufen müssen.

Ich wende kurz meine Würstchen auf dem Grill. Als ich aufschaue, stakst das blonde Mädchen gerade vom Schuppen zurück – mit einer gewaltigen Axt auf der nackten Schulter. Erstaunt beobachte ich, wie das andere sorgfältig das Scheit auf dem Hauklotz aufstellt und die Blondine das schwere Beil mühevoll über den Kopf hebt, um auszuholen. Ich halte den Atem an, als die Axt jetzt niedersaust. Sie trifft das Scheit nur an der Seite, sodass es unbeschadet herunterfällt. Immerhin nicht auf die nackten Füße der beiden, sondern auf den sandigen Boden.

Mir wird vom bloßen Zuschauen angst und bang, zumal mein treues *Black Beauty* nicht weit entfernt an der Wand des Holzschuppens lehnt. Als die beiden Teenies nun giggelnd beraten, wer den nächsten Versuch wagen soll, bringe ich mein Fahrrad unauffällig in Sicherheit vor herumfliegenden Holzstücken.

Nachdem ich es neben mir an die Picknickbank gelehnt und erneut meine Würstchen gewendet habe, beginnt der zweite Akt des Schauspiels. Selbst meine finnischen Grillpartner beobachten nun interessiert, wie der Betreuer der Teenager laut auf Russisch schimpfend herbeieilt – lediglich bekleidet mit einem Goldkettchen und einer knappen Badehose, aber immerhin mit Badelatschen. Ich erwarte nun eigentlich, dass er den beiden Mädchen einen Vortrag über Arbeitsschutz hält und sie von dem Hackklotz wegholt – doch genau das Gegenteil passiert. Der Russe wuchtet das Scheit wieder auf den Hauklotz, entreißt dem Mädchen die Axt und spaltet beherzt das Holz in zwei Teile – während die Teenager nur ein paar Zentimeter entfernt stehen. Zehn Minuten geht es nun so weiter, während die

Mädchen Scheit um Scheit heranschleppen. Gemeinsam transportieren sie das Brennholz anschließend auf den Armen zum Lagerplatz der Jugendgruppe, wobei der männliche Betreuer einmal fast über seine Badelatschen stolpert.

Kopfschüttelnd hole ich eine knusprige Grillwurst vom Feuer und beiße genussvoll hinein. Die *grillimakkara* sind mein absolutes Lieblingsessen geworden, und so ist dies bereits die vierte Packung, die ich während meines Aufenthaltes in Finnland verspeise. Ich sitze umringt von drei Familien mit kleinen Kindern, mehreren Wandergruppen und zwei Mountainbikern, während die russischen Jugendlichen den Strand belagern. Hunde bellen, mehrere Kinder plärren, die Jugendlichen planschen im Wasser, dazu das Stimmengewirr der Erwachsenen. Mir ist das zu viel Trubel, und so schwinge ich mich nach der letzten Wurst wieder auf mein Fahrrad.

Heute ist eigentlich mein Ruhetag. Aber da ich weder Lust zum Couchsurfen hatte noch den hohen Preis für eine Herberge zahlen wollte, habe ich einfach zwei Packungen *grillimakkara* und mehrere Tafeln weiße Schokolade mit getrockneten Blaubeeren gekauft und bin zum Entspannen in den Repovesi-Nationalpark geradelt. Nur leider war ich nicht die Einzige mit dieser Idee. Schon der Parkplatz am Eingang war voller Autos, die Hälfte davon mit russischem Kennzeichen.

Langsam holpere ich die Forststraße entlang. Radfahren ist hier zwar im Gegensatz zum Autoverkehr erlaubt, aber auf den mit Baumwurzeln übersäten Wegen sehr beschwerlich. Doch ich habe es nicht weit zu meinem versteckten Zeltplatz direkt am See. Hundert Meter muss ich mein Rad durch Büsche und Gesträuch schieben, dann erreiche ich den kleinen, von einer Gruppe Fichten beschatteten Sandstrand. Ich lehne mein Rad an einen der Bäume und entledige mich sofort meiner Sandalen und Kleider, denn nun ist es Zeit für ein Bad. Da hier kein Mensch weit und breit zu sehen ist, laufe ich nackt ins Wasser und lasse mich nach einigen Schritten vollends in das kühle Nass gleiten. Prustend mache ich ein paar Schwimmzüge und spüre förmlich, wie Dreck und Schweiß vom Körper abgewaschen werden.

Selten war ich auf einer Tour so sauber wie bei dieser Radreise durch Finnland. Denn ich springe in jeden See am Weg – an manchen Tagen schwimme ich sogar drei Mal. Und nach jedem Bad steige ich erfrischt und belebt aus dem Wasser. Natürlich schaffe ich so nicht allzu viele Kilometer, und auch das Beerenpflücken hält mich mindestens eine Stunde täglich vom Radeln ab. Aber wer kann schon den vielen saftigen Heidelbeeren widerstehen, die jetzt überall als blaue Punkte aus dem Gebüsch hervorblitzen? Dazu kommen die süßen Walderdbeeren, deren aromatischer Duft mich förmlich zum Anhalten zwingt.

Auch jetzt ernte ich erst einmal ein paar Blaubeeren, bevor ich mich in langen Hosen und einem langärmeligen Hemd ans Wasser setze. Denn im Moment stört mich eigentlich nur eines: die Moskitos, aber selbst die halten sich an diesem heißen Tag zurück.

Entspannt lege ich mich auf meine Matte und beobachte, wie über mir ein paar winzige Wölkchen über den strahlend blauen Himmel ziehen. Zu hören ist nur das Summen der Insekten und der schrille Ruf eines Sterntauchers.

Finnland erscheint mir bei diesen sommerlichen Temperaturen und dem schier endlosen Tageslicht als wahrhaftiges Radlerparadies. Nachdem ich sieben Wochen lang einmal rund um das Land geradelt bin, macht mich der Gedanke, dass ich es in ein paar Tagen wieder Richtung Baltikum verlassen werde, fast ein wenig traurig. Denn ich habe mich hier ausgesprochen wohlgefühlt. Doch als ich jetzt auf dem Rücken liegend über die anderen Länder dieser und früherer Touren nachdenke, fällt mir auf, dass es mir eigentlich fast überall sehr gut gefallen hat – wenn ich nur lange genug im Land geblieben bin.

Denn bei einigen Ländern, wie Polen am Anfang dieser Tour, hatte ich erhebliche Anlaufschwierigkeiten. Ich bin erst dann mit ihnen warm geworden, als ich »den Dreh raushatte«. Oft sind es nur kleine Tricks, die mir das Leben angenehmer machen. Und es dauert eben ein paar Tage oder Wochen, bis man sie lernt. Wie zum Beispiel einige Worte der Landessprache. Oder welches die besten und billigsten Supermärkte sind. Und welche Produkte darin am besten schmecken. Auch die Wasserbeschaffung läuft in jedem Land anders ab. Während ich im Baltikum meistens »Friedhofswasser« getrunken habe, stellten sich in Finnland Supermärkte als beste öffentlich zugängliche Wasserquelle heraus, denn dort gibt es an der Pfandflaschenrückgabe immer ein Waschbecken zum Reinigen der Hände. Am meisten haben mich die finnischen Toiletten beeindruckt, weil sich dort am Waschbecken neben den Wasserhähnen auch immer noch ein Duschschlauch befindet. Damit konnte ich mir die beim Radfahren am meisten beanspruchte Körperregion regelmäßig gut reinigen. Als Langstreckenradler kann man sich eben auch über die kleinen Dinge des Lebens freuen!

Meine finnische Best-of-Liste ist lang: *Grillimakkara*, *uimahalli* mit *sauna* und Nationalparks mit Kochhütten stehen darauf ganz oben.

Ich räkle mich behaglich auf meiner Matte und greife zu einem Taschenbuch, einem deutschen Reiseführer für das Baltikum. Erst mal eine Runde lesen, dann vielleicht noch einmal schwimmen vor dem Abendessen? Schließlich ist ja heute Ruhetag. Wie schon Dutzende von Malen zuvor auf dieser Tour blättere ich wahllos durch die Seiten, und immer wieder entdecke ich etwas Neues: ein spannendes Museum, einen schönen Strand, eine geschichtliche Anekdote. Ich bedauere zwar, Finnland bald zu verlassen, aber gleichzeitig freue ich mich auch schon auf das Baltikum. Denn auch meine baltische Best-of-Liste ist schon ziemlich lang …

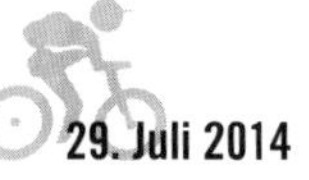

29. Juli 2014

MS Finlandia, Fähre nach Tallinn (Reval), Estland

Kilometer 5653

Die Warteschlange der Lkws scheint endlos zu sein. Ich radle an Dutzenden von Brummis mit russischen, estnischen und polnischen Kennzeichen vorbei, bis ich schließlich an der Rampe der gewaltigen Fähre anlange. Noch rollt ein Auto nach dem anderen aus dem Schiff heraus, denn es dauert noch fast eine Stunde bis zur Abfahrt. Ich bin der einzige Radfahrer in der Warteschlange und komme mir neben den gewaltigen Lkws vor wie Gulliver bei den Riesen. Endlich endet der Strom der herausfahrenden Autos. Die Einweiser in gelben Warnwesten kommen nun die Rampe herunter auf die wartenden Fahrzeuge zu. Die vorne stehenden Fahrer lassen bereits die Dieselmotoren an, doch als Erstes werde ich in den Bauch des Schiffes gewunken. Beherzt schwinge ich mich auf mein Rad und folge den Anweisungen bis zu den Fahrradstellplätzen. Die bestehen auf dieser Fähre ganz einfach aus ein paar Europaletten, auf denen ich mein Fahrrad an die Schiffswand lehnen und mit alten Spanngurten festzurren kann.

Während ich mit der Befestigung kämpfe, schiebt sich neben mir Brummi um Brummi aufs Parkdeck. Der Lärm und die Dieselabgase in dem engen Frachtraum lösen in mir Fluchtinstinkte aus. Ich hole noch schnell das Ladekabel und meinen Reiseführer aus den Packtaschen und renne nach oben. Meine Wertsachen trage ich in meiner Bauchtasche ja immer am Körper. Die Packtaschen jedoch lasse ich am Fahrrad und hoffe das Beste.

Das Schiff hat insgesamt neun Decks. Hunderte von Menschen streben nach und nach die engen Treppen hinauf in die oberen Etagen. Über 2000 Passagiere und mehr als 600 Fahrzeuge kann die riesige Fähre in zweieinhalb Stunden von Helsinki nach Tallinn transportieren. Auf der Suche nach einem schönen Sitzplatz schlendere ich über die Oberdecks, in denen es Restaurants, Cafés und Läden, ja sogar Glücksspielautomaten gibt. Eine schon etwas in die Jahre gekommene Live-Band sorgt im Tanzsalon mit finnischen Schlagern für Stimmung, und schon bald wagen sich die ersten Paare auf die Tanzfläche. Auch ich lasse mich in dieser in blau gehaltenen Lounge mit den großen Panoramafenstern nieder, um mithilfe des bordeigenen WLANs meinen Blog zu aktualisieren. Doch so richtig kann ich mich nicht konzentrieren: Immer wieder schweift mein Blick vom Smartphone zu den tanzenden Paaren.

Die grell geschminkte Sängerin säuselt schmachtend eine romantische Schnulze ins Mikrofon, sodass die Paare sich nun eng umschlungen auf der Tanzfläche wiegen. Wehmütig blicke ich durch die großen Fenster nach draußen auf die in der Sonne glitzernde See und fühle mich ziemlich allein. Beim Wandern bin ich am liebsten solo unterwegs. Schon deswegen, weil man lange Distanzen nur schafft, wenn man konsequent sein eigenes Tempo geht. Das gilt zwar ähnlich auch für das Radfahren, aber hier vermisse ich viel eher einen Partner – und zwar zunächst aus ganz pragmatischen Gründen: Zu zweit kann einer zum Beispiel auf die Räder aufpassen, während der andere einkaufen geht …

Der Bandleader macht eine Ansage auf Finnisch – oder ist es Estnisch? Die Passagiere klatschen, und ich verstehe wieder mal kein Wort. Ständig mit einer fremden Sprache und einem anderen Kulturkreis konfrontiert zu sein, kostet Kraft. Dann ist es entspannend, sich mit einem Partner in der eigenen Sprache austauschen zu können oder dem anderen die Kommunikation zu überlassen. Zu zweit ist der Kulturschock einfacher wegzustecken, und man muss nicht mit allen Schwierigkeiten allein fertig werden.

Musikpause! Die Tänzer strömen zu ihren Sitzen, und das Stimmengewirr schwillt an. Neben mir nimmt ein jüngeres Paar Platz und fängt sofort an, lautstark zu streiten, wahrscheinlich weil er einen über den Durst getrunken hat. Ich muss schmunzeln, denn ganz offensichtlich hat die Zweisamkeit nicht nur Vorteile. Das gilt auch unterwegs: Ein Paar oder eine Gruppe wird als autarke Einheit wahrgenommen, was Außenstehende wiederum abschreckt. Ich hingegen werde als allein reisende Frau oft angesprochen, bekomme Informationen und Hilfe angeboten. Und ehrlich gesagt möchte ich nach den vielen Jahren, die ich nun solo unterwegs bin, auch die Freiheit und Unabhängigkeit nicht mehr missen.

Ich ziehe das Ladekabel mit meinem Smartphone aus der Steckdose und mache mich auf den Weg zum Aussichtsdeck, wo ich die Einfahrt der Fähre in den Hafen von Tallinn beobachte – und die Passagiere. Einige stehen stumm an der Reling oder filmen, ein junges Pärchen küsst sich verträumt, ein Vater nimmt sein Kind auf die Schultern. Egal ob allein, zu zweit oder in der Gruppe: Es gibt keine »ideale« Reiseart. Aber es gibt einen kapitalen Fehler: nicht zu reisen, weil man sich allein nicht traut.

Der Kapitän kündigt in mehreren Sprachen das baldige Anlegen des Schiffes an, und so kehre ich nach unten zurück. Als ich die wasserdichte Sicherheitstür zum Parkdeck öffne, schlägt mir heiße, stickige Luft entgegen. Die Lkws stehen so dicht gedrängt, dass ich mich zwischen eingeklappten Außenspiegeln und Bordwand hindurchquetschen muss, um zu meinem Stellplatz zu kommen. Rad und Packtaschen stehen dort völlig unbehelligt und anscheinend gut bewacht, denn zwischen zwei Brummis haben sich vier osteuropäische Fahrer auf Europaletten zum Kartenspielen niedergelassen. Dort lassen sie sich mehrere dicke Würste, Tomaten und Brot schmecken. Genau wie ich wollten oder konnten sich die Fahrer das teure Büfett im Restaurant nicht leisten. Erst als die Fähre mit einem dumpfen Ruck anlegt, packen sie Proviant und Spielkarten wieder ein und klettern steifbeinig in das Führerhaus ihrer Fahrzeuge.

Als sich langsam die Laderampe senkt, flutet Tageslicht in den Bauch des Schiffes, doch die erhoffte frische Brise bleibt aus. Stattdessen startet nun ein Fahrer nach dem anderen den

Dieselmotor und rollt im Schneckentempo an mir vorbei Richtung Ausfahrt, denn anders als bei der Beladung sind die Lkws nun als Erstes dran. Ich presse mir ein Stofftaschentuch vor Mund und Nase, um nicht die stinkenden Abgase einatmen zu müssen, und warte ungeduldig ab, bis der Einweiser nun auch mich endlich heranwinkt. Mit wackligen Beinen rolle ich als Letzte über die schwankende Rampe vom Schiff und bin froh, als ich zehn Minuten später das betriebsame Hafengelände verlassen kann.

Es ist bereits achtzehn Uhr, und normalerweise wäre ich bei der späten Ankunft in einer Großstadt mit viel Verkehr ziemlich gestresst. Doch ich kenne Tallinn ja bereits und habe sogar im Internet dasselbe Hostel wie bei meinem letzten Aufenthalt gebucht. »Das ist ja fast wie nach Hause zu kommen!«, denke ich zufrieden und radle entspannt dem zweiten Teil meiner Baltikum-Tour entgegen.

3. August 2014
Hiiumaa (Dagö), Estland

Kilometer 5907

»Au!«, schreie ich, als ich einen brennenden Schmerz an der Wade spüre. Blitzartig schlage ich zu – und treffe die Bremse. Nur leider stürze ich dabei fast vom Fahrrad. Kaum halte ich an, um den Insektenstich an meinem Bein zu untersuchen, fallen zwei weitere Bremsen über mich her. Während ich schon wieder in die Pedale trete, muss ich auf Knie und Oberschenkel trommeln, um die Biester zu vertreiben. Ihr Stich ist extrem schmerzhaft und führt zu juckenden Quaddeln, die nun meine Beine zieren. Wenn man genau sein will, handelt es sich eher um einen Biss, denn die Bremsen reißen mit ihren Mundwerkzeugen kleine Wunden in die Haut. Und daran hindert sie auch keine Kleidung, abgesehen von meinen Regenklamotten, in denen ich bei fast dreißig Grad aber nun wirklich nicht radeln will.

In Europa gibt es zwar fast keine wilden Tiere, die mir ernsthaft gefährlich werden könnten, dafür aber neben den Bremsen genug andere Insekten, die mich auf Trab halten. Moskitos sind zwar ziemlich nervig, aber am meisten Angst habe ich vor Zecken. Denn die übertragen die Hirnhautentzündung FSME und Borreliose. Gegen FSME habe ich mich natürlich impfen lassen, doch gegen Borreliose gibt es keinen Impfschutz. Obwohl ich mich bei meinen Touren jeden Abend akribisch nach Zecken absuche, habe ich mich schon zweimal mit Borreliose infiziert – und musste daher in den letzten Jahren bereits zwei Antibiotika-Kuren über mich ergehen lassen.

Die Flucht auf dem Fahrrad misslingt, denn auf dem schmalen, mit Baumwurzeln überzogenen Waldweg komme ich nicht schnell genug voran, um die Quälgeister loszuwerden. Schon wieder landet eine Bremse auf meinem Fuß und versucht, mich in den Zeh zu beißen. Durch wildes Strampeln lässt sich das Insekt nicht abschütteln, sodass ich noch einmal anhalten muss, um es mit der Hand wegzuwischen.

Um nicht die Beherrschung zu verlieren, atme ich tief ein und schließe für einen Moment die Augen. Mein Ziel an diesem Abend ist ein Zelt- und Picknickplatz an der Nordküste von Hiiumaa, der zweitgrößten Insel Estlands. Dort am Strand wird es keine Bremsen mehr geben – so hoffe ich zumindest. Doch im Moment verfluche ich mich für die Idee, dorthin zu radeln, weil sie mich durch diesen mit Insekten verseuchten Wald führt und mich voraussichtlich sowieso nur an einen voll belegten Lagerplatz bringen wird.

Die staatliche Forstbehörde RMK betreibt über sechzig kostenlose Zeltplätze in ganz Estland. Doch jetzt zur Haupturlaubszeit sind diese Plätze fast immer von Großfamilien mit schreienden Kindern, plärrenden Autoradios und pausenlos glühenden Grills okkupiert.

Seufzend öffne ich die Augen und fahre wieder los. Wenn der Platz schon belegt ist, werde ich mich einfach im Wald hinter dem Strand zur Ruhe legen. Denn zu meiner großen Freude ist Estland zu fünfzig Prozent bewaldet, und es gilt wie in Skandinavien das Jedermannsrecht.

Laut GPS sind es nur noch hundert Meter bis zum Strand – und eine halbe Stunde bis Sonnenuntergang. Ich trete kräftig in die Pedale. Als nach zwei Minuten tatsächlich das Meer in Sicht kommt, muss ich auch schon absteigen, weil ich im tiefen Sand kaum noch vorwärtskomme. Ich schaue mich suchend um, doch ich kann keinen einzigen Menschen entdecken, kein geparktes Auto. Stattdessen stehe ich vor einer Strandidylle: so weit das Auge reicht, feiner heller Sand, ein paar vom Wind gekrümmte Kiefern und das Meer, über dem ein wolkenloser blauer Himmel prangt. Der Rastplatz ist mit mehreren überdachten Tischgruppen und zwei gemauerten Grills ausgestattet, und am Waldrand kann ich sogar eine Trockentoilette erblicken. Doch niemand nutzt dieses Sommeridyll. Nur die überquellenden Mülleimer lassen darauf schließen, dass hier tagsüber viel los war.

Ich lehne mein Rad an eine der Picknickbänke, ziehe meine Schuhe aus und laufe barfuß am Wasser entlang. Mein Ärger über die nervenden Bremsen ist wie weggeblasen – genau wie die Insekten selbst, denn vom Meer her weht eine leichte Brise. Vor fünf Minuten noch war ich eine Getriebene, doch jetzt fühle ich mich angekommen. Hier richte ich mein Zuhause für die Nacht ein.

Glücklich ziehe ich mich aus und gehe ein paar Schritte ins Meer hinein, über dem jetzt langsam die Sonne versinkt und die ganze Szene in goldenes Licht taucht. Die Ostsee ist hier eigenartig zahm, das Wasser an der Küste extrem seicht. Nur winzige Wellen umspülen meine Beine. Als ich fast schon hundert Meter hinausgewatet bin, spüre ich immer noch den leicht schlickigen Grund unter den Füßen. Das Meer ist angenehm warm, und die salzige, leicht modrige Seeluft vermischt sich mit dem harzigen Geruch der Kiefern. Ich breite die Arme aus und spüre, wie ein sanfter Wind meinen Körper streichelt. Dann gehe ich in die Knie und tauche komplett in die Fluten ein.

Ich bin so bezaubert von dieser Landschaft, dass ich in den nächsten Tagen alle drei estnischen Inseln – Hiiumaa, Saareema und Muhu – per Fahrrad erkunde. Aufgrund der Ferienzeit finde ich zwar keine verlassenen Campingplätze mehr, aber immer einen stillen Platz in den Dünen, sodass ich jeden Abend mit dem Rauschen der Brandung im Ohr und Seeluft in der Nase einschlafe.

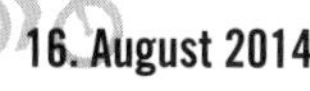

16. August 2014

Karosta, Lettland

Kilometer 6914

»Stillgestanden!«, brüllt der Mann in der schlecht sitzenden sowjetischen Uniform, und ein Dutzend Touristen stellt sich mehr oder minder gerade entlang der weißen Linie auf dem Appellplatz auf.

»Augen geradeaus!«, kommandiert er, und die Gesichter wenden sich ihm zu. Zwei junge Mädchen in Shorts kichern.

»Hier wird euch das Lachen noch vergehen!«, prophezeit der Soldat in finsterem Ton, und die beiden Teenies verstummen. Rechts neben mir steht ein großer, etwa zwanzigjähriger Mann in so perfekter Haltung, dass ich sicher bin, dass er selbst gerade erst seinen Militärdienst absolviert hat.

»Rührt euch!«, erschallt es nun, und die ältere Dame links von mir sackt förmlich in sich zusammen.

»Ihr befindet euch im Militärgefängnis des Flottenstützpunktes Karosta«, bellt der Mann und läuft mit hinter dem Rücken verschränkten Armen vor unserer kleinen Gruppe auf und ab.

»Revolutionäre Matrosen der zaristischen Marine, Deserteure der deutschen Wehrmacht, Volksfeinde in der Zeit des Stalinismus, Aufständische der Roten Armee, Disziplinbrecher der lettischen Streitkräfte – sie alle saßen hier im Lauf der letzten hundert Jahre ein.«

Unser Aufseher bleibt abrupt vor uns stehen und schlägt sich mit der Faust in die Hand. »Und heute seid ihr dran!«, setzt er grinsend hinzu und lässt diese Botschaft einige Sekunden sacken.

»Rechts – um!«, schreit er nun, und die ganze Kompanie, bestehend aus fünfzehn Touristen aus aller Herren Länder, wendet sich nach rechts. »Mir nach! Im Gleichschritt, marsch!« Gefügig folgen wir ihm – erstaunt, belustigt und genervt – zur Erlebnistour durch das Gefängnis.

Diese einstündigen Führungen werden täglich im Stundentakt angeboten, kosten gerade mal 4,50 Euro und erfreuen sich regen Zuspruchs. Ich musste über eine Stunde warten, bis ich einen Platz in dieser englischsprachigen Gruppe ergattern konnte.

Im Gänsemarsch steigen wir die breiten, ausgetretenen Treppen hinauf in ein mehrstöckiges Backsteingebäude und werden durch endlose, nur mit nackten Glühbirnen erleuchtete Gänge geführt. Rechts und links befinden sich Dutzende von schweren Holztüren, die mit einem kreisrunden Guckloch versehen sind. Im Moment stehen fast alle Türen offen, dahinter sehen wir leere Zellen.

»Hier hinein!«, weist uns der Aufseher an, und wir quetschen uns in einen der kleinen Räume.

»Ihr seid nur fünfzehn. Aber früher wurden hier bis zu dreißig Leute eingesperrt. Sitzen oder liegen konnte da niemand.« Ernüchtert blicken wir Besucher uns gegenseitig an.

»Und damit ihr auf keine falschen Gedanken kommt: Aus diesem Gefängnis ist noch nie jemand entkommen …« Damit knallt er die schwere Holztür zu und verschließt sie mit einem quietschenden Riegel. Die Zelle wird jetzt ausschließlich durch ein halbrundes, vergittertes Fenster beleuchtet, das sich hoch über unseren Köpfen an der dicken Außenmauer des Gefängnisses befindet. Die mit brauner Ölfarbe gestrichenen Wände sind mit eingeritzten Graffitis verziert. Es riecht nach starkem Desinfektionsmittel.

»Die Zellen waren so überfüllt, dass die Insassen aufgrund des Sauerstoffmangels Atemnot bekamen«, kommt es nun gedämpft von draußen. Verstohlen mustern wir uns. Wir stehen dicht gedrängt und versuchen, niemanden auch nur zufällig zu berühren. Die beiden jungen Mädchen tuscheln kichernd miteinander, ansonsten sagt keiner ein Wort. Nach einer peinlich langen Stille hören wir endlich das metallische Quietschen des Riegels, dann öffnet sich die Tür. Sofort treten wir aus der Zelle hinaus in den schummrig beleuchteten Gang und sammeln uns um unseren Tourguide.

»Wenn euch das gefallen hat, dann könnt ihr heute hier übernachten«, erklärt dieser uns nun grinsend und wirbt ausführlich für eine weitere Touristenattraktion des Gefängnisses: »Dabei bekommt ihr sogar ein echtes Bett. Auf Wunsch könnt ihr auch auf einem Brett am Fußboden schlafen. Nur eingeschlossen werdet ihr in jedem Fall …«

Von der Website des Betreibers weiß ich, dass man sogar eine »Gefängnisnacht extrem« buchen kann – Übernachtung inklusive nächtlichen Zählappells und Verhör. Allerdings nur nach Unterzeichnung einer Einverständniserklärung und Haftungsfreistellung.

Der Soldat zeigt uns Isolationszellen, das Büro der Gefängnisleitung und die Wohnungen der Aufseher. Er demonstriert sogar die Funktionsweise der Latrinen, indem er sich über das offene Hockklo kauert. Kabinen gibt es nicht.

»Hier hat sich seit der Zarenzeit wenig verändert. Bis 1997 gab es Gefangene in Karosta«, erklärt er und zeigt uns gleich noch die Gemeinschaftswaschbecken. Die Tour endet in der Kantine, wo eine Büfettdame in Sowjet-Kostüm lokale Spezialitäten verkauft, stilecht unter Stalin-Porträts.

Ich setze mich jedoch lieber nach draußen und blättere die bunten Broschüren des Gefängnisses durch, die in Deutsch, Englisch, Russisch, Lettisch und Litauisch verteilt werden. Erstaunt lese ich dort, dass es in Karosta ein »Labyrinth der Sinne« und einen »Escape Room« gibt. Für Gruppen wird gar das Spionagespiel »Flucht aus der UdSSR« angeboten, bei dem die Teilnehmer in Tarnkleidung einen bewegungsunfähigen Kameraden zu einem rettenden U-Boot bringen müssen – ohne von den sowjetischen Wachen erwischt zu werden.

Nachdenklich starre ich die roten Backsteinmauern des Gefängnisses an und überlege, was ich von dieser Art des historischen Erlebnistourismus halten soll, die mir auf meiner Tour durch Osteuropa schon mehrfach begegnet ist. So zum Beispiel in Polen, wo ich das riesige Gelände des ehemaligen Führerhauptquartiers »Wolfsschanze« besichtigt habe. Dort kann man in einem gepanzerten Militärfahrzeug über das weiträumige Gelände fahren oder aber übernachten – und zwar im früheren Wohnhaus der Leibwache Hitlers. Im Bunker von Stabsgeneral Jodl werden Schießübungen angeboten – mit Softgun-Repliken von Waffen der Wehrmacht.

Die Schauplätze und die Aufarbeitung der neueren Geschichte sind überall im Baltikum ein Touristenmagnet, auch wenn sie nicht immer so reißerisch vermarktet werden wie in Karosta. Ich habe in allen drei baltischen Ländern das jeweilige Okkupationsmuseum besucht, in dem die Zeit der Besetzung durch die Nazis und die Sowjetunion von 1940 bis 1991 dokumentiert wird. In Lettland ist dieses Museum gar das besucherstärkste des ganzen Landes. Besonders berührt hat mich das litauische Museum, das sich im Gebäude des ehemaligen KGB-Hauptsitzes befindet. Dort ist sogar der Hinrichtungsraum zu besichtigen, in dem über tausend Regimegegner vom Geheimdienst exekutiert wurden. Die Toten verscharrte man in Massengräbern. Einschusslöcher an den Wänden und die unter einem Glasfußboden gezeigten Reste persönlicher Gegenstände der Ermordeten sprechen eine leise, aber viel eindringlichere Sprache über die Gräuel dieser Zeit als die Realityshows in Karosta oder der Wolfsschanze.

Ich bringe die Broschüren zurück an die Kasse und hole meine dort deponierten Radtaschen ab.

»Wir haben heute Nacht noch ein paar Zellen frei! Möchten Sie nicht hier übernachten?«, fragt mich die junge Kassiererin freundlich, als sie mir mein Gepäck reicht.

»Nein, danke! Mir reicht es schon so«, antworte ich mehrdeutig und gehe zurück zu meinem Fahrrad.

20. August 2014

Kaunas (Kauen), Litauen

Kilometer 7310

»Verdammt!« Fluchend halte ich an. Der mit Schlaglöchern und Verwerfungen übersäte Radweg, der höchstwahrscheinlich seit seiner Anlage in den Fünfzigerjahren nicht mehr gepflegt wurde, endet einfach im Nirgendwo. Oder genauer gesagt vor einer riesigen Plattenbausiedlung. Nur will ich da nicht hin, sondern einfach weiter der viel befahrenen Straße folgen. Genervt wende ich mein Rad und fahre zurück, um todesmutig in den schnell fließenden Verkehr einzufädeln. Lkws mit schweren Anhängern donnern nur Zentimeter entfernt an mir vorbei.

Nach ein paar Hundert Metern kommt der Verkehr vor einer roten Ampel komplett zum Erliegen. Eine Baustelle verengt die Straße hier auf eine Spur, der Verkehr aus der Gegenrichtung hat gerade Vorfahrt. Ich schlängle mich rechts an den wartenden Fahrzeugen vorbei, um beim Umschalten der Ampel auf Grün auf der *pole position* zu stehen. Denn die Länge der Grünphase ist auf die Geschwindigkeit von Autos ausgelegt. Als Radfahrer schaffe ich es hingegen nicht, lange Baustellen schnell genug zu durchfahren – und bin dann plötzlich auf der schmalen Fahrbahn mit einem Verkehrsstrom aus der Gegenrichtung konfrontiert. Wenn ich Glück habe, kann ich mich dann in den Straßengraben retten – oder muss mich demütig an den Rand drücken und das Beste hoffen.

Die Behelfsampel schaltet auf Grün, und ich trete in die Pedale, als wäre der Teufel hinter mir her. Mir ist klar, dass die Autofahrer mich in diesem Moment hassen, denn sie müssen mich einer nach dem anderen überholen.

»Ich wäre jetzt auch lieber auf einem Radweg unterwegs!«, möchte ich ihnen am liebsten zurufen, doch leider gibt es keinen Radweg. Selbst der Gehweg ist Teil der Baustelle. Und so rase ich einfach, so schnell ich kann, durch die Dieselabgase und den Geruch von heißem Teer. Als Letzte erreiche ich das Ende der Baustelle, gerade mal drei Sekunden, bevor dort die Ampel auf Grün umspringt.

Immerhin habe ich jetzt ein paar Minuten Ruhe, bevor die nächste Autokarawane an mir vorüberzieht. Dann rette ich mich auf den Gehweg, um nicht schon wieder mit den Brummis auf Tuchfühlung gehen zu müssen. Doch leider muss ich auf dem Bürgersteig an jeder Straßeneinmündung absteigen, um meine Felgen zu schonen, denn die hohen Bordsteine sind hier nicht im Geringsten abgeflacht. Da taucht schon das nächste Hindernis auf: Ich möchte links auf eine kreuzende Straße abbiegen, doch die verläuft auf einer Brücke zehn Meter über mir. Dort hinauf führen nur zwei Dutzend schmale steile Stufen. Das wäre nun schon die dritte Treppe heute Morgen, die ich mein Fahrrad hoch- oder runtertragen muss.

Ich halte an und schaue erst auf die Uhr, dann auf mein GPS. Eigentlich wollte ich an meinem heutigen Ruhetag nur schnell die knapp zehn Kilometer zum Neunten Fort radeln, einem Museum, das als Gedenkstätte für die Opfer des Faschismus und Stalinismus dient. Doch ich bin schon über eine halbe Stunde unterwegs und habe gerade mal die Hälfte der Strecke geschafft.

Radfahren im Baltikum beschert mir ein Wechselbad der Gefühle: Mal bin ich auf brandneuen, von der EU geförderten Radwegen unterwegs, dann wieder auf unbefestigten Wellblechpisten oder auf jahrzehntealten Straßen voller Schlaglöcher – und nie kann ich anhand der Karte vorhersehen, was mich erwartet. Großstädte sind am schlimmsten, denn hier gibt es keine oder zumindest keine benutzbaren Radwege, dafür aber jede Menge Verkehr. Und Kaunas ist wohl die fahrradunfreundlichste Stadt der gesamten Tour. Ich blicke noch einmal zu der hohen Treppe und beschließe dann, dass ich schon genug Gedenkstätten besichtigt habe. Heute ist schließlich mein Ruhetag. Ich drehe einfach um und radle zurück zu meinem Hotel.

Gegen Mittag bummle ich zufrieden die 1,6 Kilometer lange Fußgängerzone von Kaunas entlang, die Laisvės alėja oder Freiheitsallee. Ein Bus hat mich bequem in einer Viertelstunde hierhergebracht, und mein Fahrrad steht nun sicher in der Garage meines Hotels. Ein köstliches vegetarisches Mittagessen im »Hare-Krishna«-Restaurant hat mich endgültig mit diesem Tag versöhnt, sodass ich jetzt ganz entspannt die Auslagen in den Geschäften bewundere. Doch in den Schaufenstern sehe ich nicht nur Mode, Bücher und Elektrogeräte, sondern auch mein eigenes Spiegelbild – und das zeigt schonungslos, dass ich schon seit einem halben Jahr nicht mehr beim Friseur war. Meine krausen Haare reichen mir bis über die Schultern und stehen wild nach allen Seiten ab. Dadurch bekomme ich zwar keinen Sonnenbrand im Nacken, wirke optisch aber wie ein weiblicher Waldschrat. Seit ich nicht mehr regelmäßig an Seen vorbeikomme, habe ich nur etwa einmal die Woche Gelegenheit, mir die Haare zu waschen – auch wenn die verschwitzte Kopfhaut unter dem Fahrradhelm meist schon viel früher unangenehm juckt.

Als ich noch überlege, wann ich nach meiner Rückkehr nach Deutschland Zeit für einen neuen Haarschnitt habe, komme ich an einem Friseursalon vorbei. Ist das ein Zeichen des Schicksals? Nur eine Kundin wird darin gerade bedient, und niemand sitzt auf den Wartestühlen. Blitzschnell überprüfe ich mein Äußeres: Ich trage mein Ausgeh-Outfit, da ich meine Radlerklamotten zusammen mit meinem Drahtesel im Hotel gelassen habe. Dort habe ich heute Morgen auch geduscht und meine Haare gewaschen. Ich bin also durchaus präsentabel, auch wenn meine Haare etwas verfilzt sind. Kein Wunder, denn aus Gewichtsgründen habe ich auf Tour keinen Kamm dabei. Die Finger müssen reichen.

Ich beschließe, die Gelegenheit im wahrsten Sinne des Wortes beim Schopf zu packen. Als ich die Tür zum Salon öffne, bimmelt eine Glocke, und eine der Friseurinnen empfängt mich mit einem Schwall unverständlicher Worte. Erst jetzt wird mir die Problematik meines Vorhabens klar: Wie soll ich mit Zeichensprache erklären, welchen Haarschnitt ich möchte? Vorsichtig frage ich daher: »*English?*«

Ein weiterer verbaler Schauer geht auf mich nieder, dann wird eine andere Dame herbeigeholt.

»Wie kann ich Ihnen helfen?«, fragt die zweite Friseurin mit starkem slawischen Akzent.

Die elegante Einrichtung des Studios macht mich vorsichtig, und so frage ich zunächst: »Was kostet denn ein Haarschnitt?«

»35 Litas!«, also umgerechnet zehn Euro, lautet die Antwort nach kurzer Inspektion meiner Haare.

Erleichtert versuche ich nun zu erklären, wie ich mir meine neue Frisur vorstelle, doch das scheint niemanden zu interessieren. Stattdessen werde ich einer dritten Friseurin übergeben und zum Waschbecken geführt. Dreimal wird mein Kopf nun abgespült, shampooniert und massiert – eine Wohltat für jemanden wie mich, der sich die Haare oft nur mit kaltem Wasser waschen kann.

Meine Hair-Stylistin, eine stark geschminkte Russin in den Vierzigern, führt mich danach zu einem Friseurstuhl und bindet mir eine Schürze um. Ich versuche nun auf Englisch und mit Gesten, meinen Wunschhaarschnitt zu beschreiben, stoße damit aber auf komplettes Unverständnis.

»*Ne Angliyskiy* – kein Englisch!«, erklärt mir die Friseurin nur lapidar, während sie sich energisch mit der Bürste durch meine verfilzten Haare arbeitet.

Angesichts der Tatsache, dass die seit vier Monaten keinen Kamm mehr gesehen haben, geht das erstaunlich gut. Leider muss ich dazu auch meine Brille abnehmen, ohne die ich blind bin wie ein Maulwurf. So stelle ich erst anhand der kalten Schere an meinem Hals fest, dass meine Hair-Stylistin nun munter drauflosschneidet. Mit meinen kurzsichtigen Augen kann ich gerade noch im Spiegel erkennen, dass sie mir wohl doch keine allzu radikale Kurzhaarfrisur verpassen will. Schlimmer als vorher kann es kaum werden, und außerdem wachsen Haare ja nach. So schließe ich einfach die Augen und konzentriere mich auf meine anderen Sinne. Im Radio dudeln litauische Schlager, und es riecht nach Parfüm, Shampoo und Haarspray.

In Deutschland gehe ich zu Friseur-»Discountern«, wo ein Haarschnitt fünfzehn Euro ohne Fönen kostet und nie länger als eine Viertelstunde dauert. Als diese Stylistin aber erst nach einer ganzen Stunde Bürste und Fön endgültig weglegt und mich ausgiebig mit Haarspray besprüht, stelle ich mich innerlich schon auf eine gesalzene Rechnung ein. Vorsichtig greife ich zu meiner Brille – und erkenne mich kaum wieder! Mein Spiegelbild lächelt mir mit einem glatten Pagenschnitt und akkuratem Seitenscheitel entgegen. Ich sehe richtig elegant aus, wenn man vom Schlabber-T-Shirt mal absieht. Auch meine Friseurin scheint ausgesprochen zufrieden mit dem Ergebnis der Transformation. Sie kehrt schnell noch den dicken braunen Haarteppich am Boden zusammen und geleitet mich zum Tresen, wo mich die nächste positive Überraschung erwartet.

»35 Litas«, tippt sie in die Kasse, also tatsächlich nur die vereinbarten zehn Euro. Ich hatte noch nie einen so grandiosen Haarschnitt und schon gar nicht für so wenig Geld. Begeistert drücke ich ihr ein üppiges Trinkgeld in die Hand und verlasse beschwingt mit vielen »*Thank you*« den Salon.

Bald werde ich wieder in Deutschland sein, und zum ersten Mal komme ich frisiert statt verwildert zurück. Was werden meine deutschen Freunde wohl zu dieser Verwandlung sagen? Kichernd wie ein Teenager schieße ich zunächst ein Selfie von mir – und bleibe den Rest des Tages vor fast jedem Schaufenster stehen.

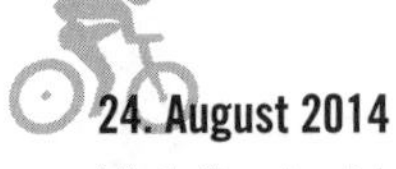

24. August 2014

Kiel, Deutschland

Es ist bereits 22 Uhr und stockdunkel, als die riesige Fähre in den Hafen von Kiel gleitet. Mit Dutzenden von aufgeregten Passagieren stehe ich in der kühlen Nachtluft an Deck und betrachte fasziniert das präzise Anlegemanöver des monströsen Schiffes. Wie ich soeben ausgerechnet habe, ist das die fünfzehnte – und längste – Fährpassage dieser Tour. Über 23 Stunden hat die Überfahrt von Klaipėda in Litauen nach Kiel gedauert. Viel geschlafen habe ich in meinem billigen und unbequemen Schlafsessel nicht, zumal die meisten anderen Passagiere in dieser Kabinenklasse schnarchende osteuropäische Fernfahrer waren. So bin ich jetzt müde, traurig und aufgeregt zugleich. Traurig, weil meine Radtour nun zu Ende ist. Aufgeregt, weil ich als Nächstes mit dem Kajak Schweden durchpaddeln will. Und leider liegen zwischen meiner Ankunft und der geplanten Abfahrt nach Schweden nur vier Tage, in denen ich einen fliegenden Ausrüstungswechsel von Radeln auf Paddeln bewerkstelligen muss. Das ist sehr knapp, aber wenn ich meine Tour vor Wintereinbruch schaffen möchte, muss ich mich ranhalten – und eine eigene Wohnung zum langen Ausruhen habe ich ja auch nicht mehr.

Ich atme noch einmal tief die salzige Seeluft ein, die sich zunehmend mit den Dieselabgasen aus dem Schiffsschornstein vermischt. Als der Kapitän nun per Lautsprecher ankündigt, dass die aus Sicherheitsgründen verschlossenen Parkdecks bald geöffnet werden, kommt Unruhe auf. Familien sammeln sich und suchen ihr Gepäck zusammen, die ersten Passagiere steigen schon die engen Treppen hinunter zu ihren Fahrzeugen. Trotz der Ankunft zu so später Stunde habe ich keinen Grund zur Eile, denn heute werde ich abgeholt. Ich lehne mich noch einmal über die Reling und beobachte, wie das Schiff im Zeitlupentempo am Kai angelegt. Erst als die Rampe des Laderaums heruntergelassen wird, schlendere ich gemütlich zu meinem Fahrrad, denn als Radlerin werde ich sowieso als Letzte vom Parkdeck gelotst.

Als ich zwanzig Minuten später vom Hafengelände rolle, steht mein Freund Christian schon wartend neben seinem Ford Kombi.

»Willkommen zurück in Deutschland!«, sagt der stämmige Hüne, der mich mit seinen 1,90 Metern überragt, und klopft mir lachend auf den Rücken.

»Christian, ich bin so froh, dass du mich abholst!«, erwidere ich dankbar und gestehe: »Um diese Uhrzeit im Dunkeln durch die Stadt fahren und eine Unterkunft suchen, ist einer meiner schlimmsten Reise-Albträume.«

»Gern geschehen!«, erklärt mein Freund und öffnet den Kofferraum des Kombis, den er vorsichtshalber schon mit Decken ausgelegt hat. »Jetzt verstauen wir erst einmal dein Fahrrad.«

Auf der kurzen Fahrt zu Christians Haus fallen mir fast die Augen zu. »Entschuldige bitte meine Müdigkeit …«, setze ich an, als wir am Ziel halten und mein Fahrrad ausladen.

Doch mein Freund unterbricht mich gleich: »Ach, es ist auch für mich schon ziemlich spät. Ich zeige dir noch schnell dein Zimmer, und dann gehen wir beide einfach schlafen. Reden können wir später immer noch. Ich habe morgen früh einen Termin, aber ich könnte dich um elf Uhr zum Mittagessen abholen.«

Erleichtert stimme ich zu und sinke bereits eine Viertelstunde später völlig gerädert in Christians Gästebett in tiefen Schlaf.

Als ich am nächsten Morgen aufwache, ist es schon fast zehn Uhr, und die Sonne scheint grell in mein Zimmer im ersten Stock des frisch renovierten Fachwerkhauses. Christian ist bereits unterwegs, und ich laufe nun ständig zwischen meinem Zimmer im oberen Stockwerk und dem Parterre mit Badezimmer, Toilette und Küche hin und her, um zu packen und mich ausgehfertig zu machen. Kurz vor elf Uhr nehme ich in Socken ein letztes Mal eilig die Holztreppe hinunter ins Erdgeschoss. Mit Schwung trete ich mit dem rechten Fuß auf die erste Stufe – und rutsche aus. Völlig verdutzt realisiere ich, wie ich hart auf meinem Hintern aufsetze und dann hilflos mit dem rechten Bein voraus eine Treppenstufe nach der anderen hinunterschlittere. Erst am Fuß der Treppe, nach fünfzehn glatten Stufen, komme ich mit einem grotesk angewinkelten linken Bein zum Stillstand. Ein paar Sekunden lang bleibe ich starr vor Schreck regungslos sitzen und glotze die Haustür vor mir an. Dann durchflutet mich der Schmerz – und die Angst. Habe ich mich ernsthaft verletzt?

Mühsam strecke ich mein linkes Bein aus und betaste vorsichtig das Knie: Es fühlt sich schon jetzt heiß und geschwollen an. Ich ziehe mich am Treppengeländer hoch und richte mich auf. Als ich das Gewicht langsam auf mein linkes Bein verlagere, zieht ein dumpfer Schmerz durch meinen Körper. Überhaupt fühlen sich mein Hintern und meine Beine an wie ein einziger blauer Fleck.

Mit zusammengekniffenen Lippen mache ich ein paar winzige Schritte. In diesem Moment wird ein Schlüssel in das Haustürschloss geschoben, und Christians massige Gestalt erscheint im Türrahmen. »Was ist denn passiert?«, fragt er sofort. »Du bist ja kalkweiß!«

»Ich bin die Treppe heruntergefallen«, presse ich zwischen den Zähnen hervor.

»Oh Gott, hast du dich verletzt?«, fragt mein Gastgeber besorgt und schließt die Haustür hinter sich.

»Ich glaube nicht«, antworte ich tapfer und humple auf ihn zu.

»Soll ich dich stützen?«, bietet er mir an und hält mir seinen rechten Arm hin.

»Nein, danke! Es geht schon«, erwidere ich und versuche zu lächeln.

Tatsächlich bin ich mittlerweile optimistischer, denn als ich vor einem Jahr zu Beginn meiner Wanderung schon einmal auf dieses Knie gefallen bin, hatte ich ähnliche Schmerzen. Und die sind ja bereits nach wenigen Tagen wieder verschwunden.

»Lass uns gleich essen gehen, denn ich will den Zug um fünfzehn Uhr nach Berlin nehmen«, schlage ich daher vor. »Wenn wir langsam laufen, schaffe ich das schon.«

Den Weg zum Restaurant bewältige ich auch noch relativ problemlos humpelnd zu Fuß. Aber nachdem ich mich nach dem Mittagessen von meinem Gastgeber verabschiedet habe, fällt mir das Radeln zum Bahnhof schon deutlich schwerer. Das Umsteigen in Hamburg mit einem schwer beladenen Fahrrad wird zur schmerzhaften Tortur, und als ich in Berlin aus dem Zug steige, kann ich das linke Knie kaum noch beugen. Die letzten Kilometer zur Wohnung meiner Freundin Sonja lege ich daher mit der S-Bahn, statt wie geplant mit dem Fahrrad, zurück. Selbst das kurze Stück vom S-Bahnhof bis zu ihrem Haus schiebe ich mein Rad, statt zu fahren.

Ich bin am Ende meiner Kräfte, als ich bei ihr ankomme und im Dunkeln ihren Namen am Klingelbrett des vierstöckigen Mietshauses suche. Doch jetzt wird alles gut werden. Drinnen erwarten mich eine verständnisvolle Freundin, ein Abendessen und eine weiche Matratze. Ich betätige die Klingel und warte. Doch nichts passiert. Ich probiere es noch einmal und halte den Knopf nun mehrere Sekunden lang fest gedrückt. Doch auch dieses Mal kein Summen des Türöffners, keine Stimme aus der Gegensprechanlage.

Warum öffnet Sonja nicht? Sie hatte mir meinen Empfang doch heute Morgen noch per E-Mail bestätigt! Mir schießen Tränen in die Augen. Wo soll ich jetzt eine Übernachtungsmöglichkeit finden? Und wie dort hinkommen?

Ich lehne mein Fahrrad an die Hauswand und hole mit zitternden Händen mein Handy aus der Hüfttasche. Dabei bin ich so ungeschickt, dass mein Fahrradschlüssel klirrend auf den Gehsteig fällt. Ich schaffe es kaum, ihn mit meinem steifen Knie aufzuheben. Mit verschwitzten Fingern suche ich Sonjas Nummer auf dem Handydisplay und rufe sie an. Mit jedem Klingelton sackt mir das Herz weiter in die Hose. Ich will schon fast auflegen, als Sonja sich plötzlich fröhlich meldet.

»Gott sei Dank!«, entfährt es mir vor Erleichterung. »Sonja, wo bist du denn?«

»Na, ich bin hier bei mir zu Hause und warte auf dich«, antwortet meine Freundin verwundert.

»Und ich stehe vor deiner Tür und habe schon zweimal geklingelt«, schniefe ich ins Telefon.

»Ach, da ist mal wieder die Klingel kaputt. Ich mache dir auf!«, antwortet Sonja munter, und schon höre ich das Summen im Türschloss.

»Danke!«, wispere ich erleichtert und wische mir die Tränen aus dem Gesicht.

Eine Viertelstunde später sitze ich in Sonjas Küche vor einer heißen Tasse Tee und erzähle von meinem Unfall.

»Das schaut nicht gut aus«, erklärt meine Freundin, als ich meine Hose hochziehe und ihr mein stark geschwollenes Knie zeige. »Aber heute Abend kannst du sowieso nichts mehr machen. Und morgen sieht die Welt vielleicht schon ganz anders aus …«

Als ich um Mitternacht in Sonjas kleiner Kammer auf einer Matratze am Fußboden liege, starre ich im Dunkeln an die Decke. Nun ist das eingetreten, wovor ich mich schon seit Jahren fürchte. Ich bin verletzt – und habe keine eigene Wohnung, keine eigene Rückzugsmöglichkeit und keinen wirklichen Alternativplan. Was soll ich nur tun, wenn die Beschwerden im Knie nicht bald von allein nachlassen?

27. August 2014

Berlin, Deutschland

»Frau Thürmer, bitte!«, ruft mein langjähriger Hausarzt von der Tür seines Behandlungsraumes in das Wartezimmer. Ich stütze mich auf einen Spazierstock, den Sonja mir mitgegeben hat, und humple mühsam Richtung Sprechzimmer. Die Augen aller Patienten folgen mir.

»O je, was ist denn mit Ihnen los?«, fragt der Arzt besorgt, als ich mich in den Stuhl neben seinem Schreibtisch fallen lasse.

»Ich bin gestürzt und habe mir das linke Knie verletzt«, erzähle ich bedrückt und kremple mein Hosenbein hoch.

»Ist das beim Wandern passiert?«, erkundigt er sich, als er mein schmerzendes Knie betastet.

»Nein, das ist ja die Ironie des Schicksals«, lamentiere ich. »Da bin ich Tausende von Kilometern durch Osteuropa geradelt, und nichts ist passiert. Aber kaum komme ich nach Deutschland zurück, falle ich bei einem Freund von der Treppe.«

»Und wie ich Sie kenne, wollen Sie bald wieder los, nicht wahr?«, fragt der Arzt und macht sich Notizen auf meiner Karteikarte.

Ich nicke: »Eigentlich wollte ich morgen zu einer zweimonatigen Paddeltour aufbrechen …«

Der Allgemeinarzt und Chirotherapeut betreut mich schon seit Beginn meiner Wanderlaufbahn. Er hat bereits mehrere Borreliose-Tests mit mir durchgeführt, hat mich über mögliche Folgen von Mangelernährung durch Tütensuppen aufgeklärt, und vor allem hat er mir immer wieder die Rückenwirbel eingerenkt, wenn ich mit einer Fehlstellung von einer Tour zurückkam. Er kennt meinen Lebensstil und weiß, dass ich hart im Nehmen bin. Doch nun schüttelt er den Kopf: »Sie können ja kaum laufen …«

Betreten schaue ich zu Boden. Genau diese Reaktion hatte ich befürchtet. Sanft fährt der Arzt fort: »Sie müssen Ihrem Körper etwas Ruhe gönnen!«

Ich nicke und frage flehentlich: »Wann kann ich denn wieder los?«

»Das kann ich Ihnen nicht sagen. Ich nehme an, dass es lediglich eine Meniskusreizung ist, aber da hilft nur Schonung. Ihr Knie sollten Sie in den nächsten Wochen möglichst wenig belasten.«

»Kann man denn da nichts anderes machen?«, starte ich einen letzten Versuch.

»Nein, nur abwarten!«, rät mir der Arzt und streckt mir die Hand zum Abschied hin. »Das wird wahrscheinlich von allein wieder. Aber Sie sollten sich auf jeden Fall ein paar Tage erholen!«

»Sei froh, dass du eine Paddeltour geplant hast. Da musst du wenigstens nicht viel laufen«, tröstet mich Sonja beim Abendessen.

»Stimmt! Wandern oder Radfahren kann ich in den nächsten Wochen absolut vergessen«, versuche auch ich dieser deprimierenden Situation etwas Positives abzugewinnen. Als ich vor einigen Jahren neben dem Wandern auch noch mit dem Radeln und Paddeln anfing, wollte ich mir damit Alternativen für den Fall aufbauen, dass mir Verletzung, Krankheit oder Abnutzungserscheinungen das Wandern unmöglich machen. Und genau dieser Fall ist jetzt eingetreten.

Meine Verletzung hat aber auch einen positiven Effekt: Kaum habe ich meinen Freunden von dem Unfall und seinen Folgen erzählt, hagelt es von allen Seiten Einladungen in Gästezimmer, auf Wohnzimmersofas und in Schrebergärten. Anstatt wie befürchtet auf der Straße zu stehen, habe ich jetzt die Qual der Wahl bei der Unterbringung. Gott sei Dank, denn ich möchte nirgendwo länger als drei oder vier Tage verbringen, um niemandem zur Last zu fallen. Obwohl Sonja mich einlädt, bis zum Beginn meiner Paddeltour bei ihr zu wohnen, ziehe ich nach vier Tagen von ihrer Kammer auf Leons Wohnzimmercouch um.

Meine Genesung schreitet nur langsam voran. Zwar kann ich schon bald wieder ohne Stock gehen, doch das Knie bereitet mir weiterhin Schmerzen. Zweimal verschiebe ich die Abfahrt mit der Bahn, und erst zehn Tage nach meinem Unfall wage ich den Aufbruch nach Schweden.

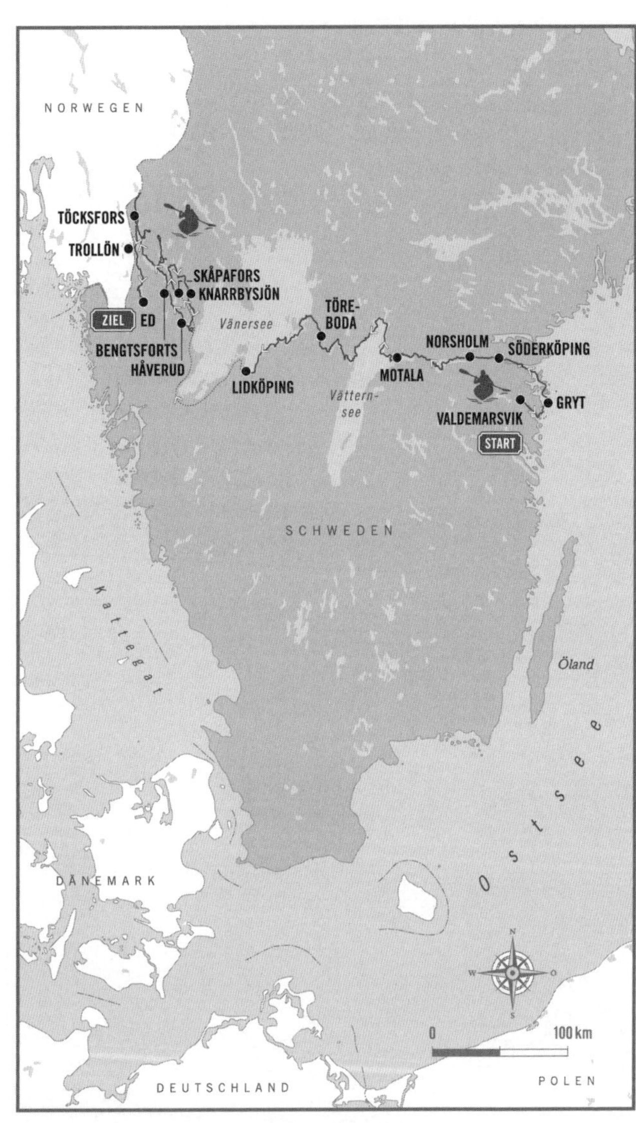
NORWEGEN
TÖCKSFORS
TROLLÖN
SKÅPAFORS
KNARRBYSJÖN
ZIEL
ED
BENGTSFORTS
HÅVERUD
Vänersee
TÖRE-
BODA
LIDKÖPING
NORSHOLM
SÖDERKÖPING
MOTALA
Vättern-
see
GRYT
VALDEMARSVIK
START
SCHWEDEN
Kattegat
Öland
Ostsee
DÄNEMARK
N
W
O
S
0
100 km
DEUTSCHLAND
POLEN

Paddeln

Länge: 852 Kilometer
Davon zu Fuß: 35 Kilometer
Länder: Schweden
Dauer: 46 Tage
Übernachtungen in der Natur: 42
Längster Tag: 13:40 Stunden Tageslicht
Kürzester Tag: 9:54 Stunden Tageslicht
Verzehrter Milchreis: 5 Kilogramm
Anzahl der umtragenen Schleusen: 89

5. September 2014

Valdemarsvik, Schweden

Kilometer 0

Als ich die Augen aufschlage, bin ich zunächst völlig orientierungslos. Helles Tageslicht durchflutet mein Zelt. Ich höre das Kreischen von Möwen und rieche salzige Seeluft. Und dann fällt es mir wieder ein: Ich befinde mich auf dem Campingplatz von Valdemarsvik an der Ostküste Schwedens, direkt an dem fünfzehn Kilometer langen Fjord, der hinaus auf die Schärengärten von Gryt und Tjust führt.

Jetzt erinnere ich mich auch wieder an den gestrigen Anreisetag, vor dem ich mich so gefürchtet hatte. Morgens früh um sieben Uhr bin ich bereits in Berlin losgefahren, aber erst nachts um 22 Uhr hier auf dem Campingplatz angekommen. Dazwischen lagen drei Umstiege mit der Bahn und in den Bus – mein 23 Kilogramm schweres Faltkajak und meinen Fünfzehn-Kilo-Rucksack immer im Schlepptau. Das zusammengefaltete Boot konnte ich auf meinem Bootswagen wie einen Einkaufstrolley schieben, doch beim Ein- und Aussteigen musste ich Mitreisende um Hilfe bitten. Und so haben gestern zwei Geschäftsmänner im Anzug, ein türkischer Teenager und ein schwedischer Busfahrer mein Gepäck die steilen Stufen jeweils hoch- und wieder heruntergewuchtet. Beim Bahnsteigwechsel habe ich glücklicherweise immer funktionierende Aufzüge vorgefunden.

Ich schließe noch einmal die Augen, voller Erleichterung darüber, dass alles so gut verlaufen ist: Alle Züge waren pünktlich, die Mitreisenden hilfsbereit, und selbst mein lädiertes Knie hat mitgespielt. Aber noch bin ich nicht auf dem Wasser … Heute muss ich erst noch Vorräte einkaufen, das Kajak zusammenbauen und meine Ausrüstung wasserdicht im Boot verstauen.

Seufzend krieche ich aus meinem Zelt – und habe sofort wieder gute Laune, denn mich erwartet ein strahlend blauer Himmel über dem schmalen, in der Sonne glitzernden Fjord. Vergnügt schlüpfe ich in meine Sandalen und mache mich auf den Weg zur Rezeption.

»*Hej!*«, begrüßt mich eine blonde Dame freudestrahlend, als ich an den Tresen trete.

»Ich habe vor ein paar Tagen angerufen, um Bescheid zu geben, dass ich nachts erst spät ankommen würde«, erkläre ich auf Englisch.

»Dann sind Sie die Paddlerin aus Deutschland?«, fragt die Empfangsdame, und ich nicke.

»Sie haben wirklich noch Glück mit dem Wetter zum Saisonende!«, erklärt sie mir und schiebt mir ein Anmeldeformular und einen Kugelschreiber zu.

»Jetzt ist hier schon Saisonende?«, erkundige ich mich, und die Rezeptionistin nickt bestätigend: »Wir schließen den Campingplatz in zwei Wochen!«

Nachdenklich fülle ich das Formular aus. Meine geplante Tour soll fast zwei Monate dauern – und jetzt ist hier schon Saisonende …

»Wo wollen Sie denn paddeln?«, reißt die nette Frau mich aus meinen Gedanken.

»Ich möchte mit meinem Kajak Schweden einmal von Osten nach Westen durchqueren«, erkläre ich, und die Schwedin zieht überrascht die Augenbrauen hoch. »Von hier aus will ich durch die Schärengärten von Gryt und St. Anna bis nach Mem. Dann geht es durch den ganzen Göta-Kanal zum Vänernsee und von dort durch den Dalsland-Kanal bis zur norwegischen Grenze.«

»Aber auf dem Göta-Kanal sind die Schleusen doch jetzt gar nicht mehr in Betrieb.«

»Ich weiß! Aber mit dem Kajak kann ich die Schleusen ja umtragen«, erwidere ich. Und als ich den skeptischen Blick der Rezeptionistin sehe, füge ich noch hinzu: »Ich habe ja auch einen Bootswagen!«

Nachdem ich für meine Übernachtung im Zelt gezahlt und einen Blick auf die Uhr geworfen habe, muss ich eine Bitte loswerden: »Check-out ist ja schon in einer Stunde, aber ich muss erst einkaufen und dann mein Faltkajak zusammenbauen. Kann ich das noch hier auf dem Gelände machen?«

»Aber klar doch! Im Moment sind hier so wenige Camper, dass Ihr kleines Boot niemanden stört«, erteilt sie mir die Erlaubnis und wünscht mir dann noch viel Glück bei meiner Tour. So humple ich erleichtert Richtung Stadt, um dort Proviant für die nächsten vier Tage einzukaufen.

Es ist schon ein Uhr mittags, als ich schwer bepackt mit Lebensmitteln auf den Campingplatz zurückkehre – und mir erst einmal etwas zu essen mache. Denn auf den nächsten Arbeitsgang habe ich so überhaupt keine Lust. Laut Hersteller dauert der Zusammenbau meines Faltkajaks nur vierzig Minuten. Diese Zeit habe ich noch nie geschafft. Mein bisheriger Rekord liegt bei einer Stunde fünfzehn Minuten. Und da hatte ich Übung und kein steifes Knie. Sosehr ich mein Kajak auch liebe: Auf- und Abbau sind eine Qual.

Zunächst schnalle ich den klobigen Aufbewahrungssack ab, hebe ihn vom Bootswagen herunter und lege ihn auf den Rasen. Als ich die Reißverschlüsse öffne, quillt mir der Inhalt schon entgegen: ein Doppel- plus Ersatzpaddel und Paddelleine, eine Rettungsweste, eine Spritzdecke, eine Lenzpumpe, ein Schwamm, ein Deckskompass und mehrere Trockensäcke. Erst nachdem ich das ganze Zubehör zur Seite gelegt habe, kann ich die schwere fünf Meter lange Bootshaut herauswuchten und auf dem Rasen entrollen. Dann stecke ich die vordere sowie die hintere Hälfte des Aluminiumgerüstes zusammen und schiebe die beiden Konstruktionen durch die Sitzluke in die Bootshaut.

Jetzt beginnt der schwierige Teil: Ich muss die beiden Gerüsthälften miteinander verbinden und die Rohrkonstruktion mit einem Hebel spannen, um dem Boot Stabilität zu geben. Bald steht mir der Schweiß auf der Stirn, denn der Hebel rutscht ständig ab, und die ineinandergeschobenen Rohre verkeilen sich.

Ein schwedisches Ehepaar beobachtet mich mitleidig, während ihr Terrier aufgeregt an meinen Vorräten schnüffelt – mein Bootsaufbau findet am Hundestrand des Campingplatzes statt. Ich lege eine kurze Pause ein und esse erst einmal ein Stück Schokolade, um mich zu beruhigen. Der Trick funktioniert, denn als ich zehn Minuten später einen zweiten Anlauf starte, rutschen die Aluminiumrohre fast wie von selbst an ihren Platz. Jetzt kann ich die Steueranlage und den Hängesitz montieren.

Doch ein Kraftakt steht mir noch bevor: Die letzten beiden Querspanten, sozusagen die Rippen des Bootes, müssen nun noch in dem Aluminiumgerüst verkeilt werden. Nur leider kann ich mich aufgrund meiner Verletzung dazu nicht hinknien. Also setze ich mich neben dem Boot auf den Rasen und drücke und schiebe so lange, bis beide Spanten sitzen – und einer meiner Fingerknöchel blutig geschürft ist.

Aber der Rest ist jetzt ein Kinderspiel: Ich blase die Luftschläuche auf und montiere das Ruderblatt. Stolz betrachte ich anschließend mein Werk: fünf Meter lang und 63 Zentimeter breit ist das dunkelgrüne Einerkajak.

»Tolles Boot«, kommentiert auch prompt ein Spaziergänger. »Wo wollen Sie denn heute noch damit hin?« Dieser Kommentar zwingt mich, einen Blick auf meine Uhr zu werfen – und leider ist es nun schon vier Uhr nachmittags.

»Heute werde ich wohl nirgendwo mehr hinkommen«, erwidere ich trocken, denn ich muss ja noch meine ganze Ausrüstung verpacken und verstauen.

»Na, das schöne Wetter soll ja noch eine ganze Weile halten«, beschwichtigt mich der Passant und verabschiedet sich.

Ich überlege kurz – und laufe dann Richtung Rezeption, um eine weitere Übernachtung zu bezahlen. Denn das Packen wird mich mindestens noch eine Stunde kosten, und um acht Uhr wird es bereits dunkel. Vor allem aber tun mir vom Aufbau bereits jetzt die Arme und Schultern so weh, dass ich heute nicht mehr paddeln möchte.

Wieder beim Boot habe ich dadurch alle Zeit der Welt, um das optimale Staukonzept für diese Tour zu finden. 175 Kilogramm kann ich zuladen, das ist für mich mit meiner Ultraleicht-Ausrüstung kein Problem. Doch ich muss mein gesamtes Camping-Equipment erst einmal in den wasserdichten Packsäcken unterbringen und diese dann durch die schmalen Ladeluken in die engen Stauräume in Bug und Heck quetschen. Und dabei natürlich die ideale Gewichtsverteilung im Boot und die Zugriffshäufigkeit auf die einzelnen Packsäcke beachten.

Es dauert tatsächlich über eine Stunde, bis ich das perfekte Packkonzept für Campingausrüstung und Proviant gefunden habe – und damit bin ich noch nicht fertig. Denn schließlich habe ich ja auch ein Ersatzpaddel und einen Bootswagen dabei, die ich aufgrund ihrer Größe nicht im Kajak selbst verstauen kann. Mit Spanngurten und Gummileinen befestige ich beides auf dem Hinterdeck.

Um sechs Uhr abends habe ich dann endlich alles zu meiner vollsten Zufriedenheit erledigt und bin froh, dass ich jetzt nicht noch lospaddeln muss. Stattdessen baue ich erneut mein Zelt auf dem Campingplatz auf – und genieße beim Abendessen den Blick auf den Fjord.

6. September 2014

Schärengarten von Gryt, Schweden

Kilometer 25

Das kleine Motorboot kommt mit unverminderter Geschwindigkeit auf mich zu. Ich halte die Luft an, als der Fahrer freundlich winkend zwanzig Meter entfernt an mir vorbeizieht. Statt zurückzuwinken fluche ich leise, denn schon sehe ich die Heckwellen direkt auf mich zurollen. Hastig tauche ich das Paddel ins Wasser und drehe mein Boot im rechten Winkel in die Wellen hinein, die mich sogleich auf eine kleine Achterbahnfahrt schicken. Aber das ist immer noch besser, als wenn sie seitwärts ins Boot schwappen. Nach einer halben Minute beruhigt sich die Wasseroberfläche wieder. Ich orientiere mich anhand meines Deckskompasses und nehme wieder Kurs auf eine der vielen kleinen felsigen Inseln vor Gryt, der sogenannten Schären.

Es ist ein Samstag mit herrlichem Sommerwetter. Kein Wunder also, dass Dutzende von Sportbooten durch den Schärengarten flitzen. Die meisten Fahrer sind ausgesprochen höflich und drosseln im Vorüberfahren die Geschwindigkeit. Doch einige wenige scheinen nicht zu realisieren, in welche Schwierigkeiten ihr Wellenschlag einen Paddler wie mich bringen kann – zumal ich mich am Anfang dieser Tour noch sehr unsicher fühle.

Ich habe zwar schon über 5000 Kilometer mit dem Boot zurückgelegt, aber wirklich viel Ahnung vom Paddeln habe ich nicht. Das meiste habe ich mir selbst beigebracht oder von Freunden kurz zeigen lassen. So beherrsche ich gerade mal ein paar elementare Paddelschläge und den Wiedereinstieg in ein gekentertes Boot. Außerdem war ich bisher nur auf Seen und Flüssen, wie dem Yukon und dem Mississippi, unterwegs, und dies ist mein erster Ausflug auf dem Meer. Oder besser gesagt im Salzwasser, denn hier im geschützten Schärengarten ist vom offenen Meer wenig zu spüren.

Ein paar rücksichtslose Sportbootfahrer sind aber auch schon das einzige kleine Ärgernis an einem ansonsten perfekten Tag. Seit dem frühen Morgen paddle ich bei strahlendem Sonnenschein und fast kompletter Windstille. Erst ging es aus dem Fjord hinaus aufs Meer und jetzt an Dutzenden von kleinen und großen Schäreninseln entlang.

Ich sitze mit fast ausgestreckten Beinen im Kajak, wobei mir mein Knie keine Schmerzen bereitet. Da ich direkt auf der Wasseroberfläche throne, schützt eine Spritzdecke meinen Unterkörper vor Regen, Wellengang und Spritzwasser. Seitdem ich den Fjord heute Vormittag verlassen habe, ziehe ich ununterbrochen mein Doppelpaddel durch das Wasser. Ein Paddelschlag rechts, links, rechts, links, rechts, links … Ich komme zwar gut voran, aber jetzt, um vier Uhr nachmittags, schmerzt mein Rücken von der ungewohnten Sitzposition, und meine Arme sind müde. Vor allem aber quält mich langsam ein menschliches Bedürfnis.

Aufmerksam umrunde ich eine der kleinen Inseln. Ich sehe am Uferbereich aber nur nackten Fels. Kein noch so schmaler Sandstrand ermöglicht hier ein sanftes Anlanden. Die Gummihaut meines Expeditionskajaks ist zwar mit Kielstreifen verstärkt, aber zu starker Felskontakt könnte ein Loch hineinscheuern.

Da mein Bedürfnis allerdings immer dringender wird, entschließe ich mich zu einem Landungsversuch zwischen zwei Felsen. Dort will ich seitwärts auf einen der Steine klettern. Schnell manövriere ich den Bug in die Vertiefung, öffne meine Spritzdecke und setze mich zum Aussteigen auf den Spant hinter meinem Sitz. Doch als ich den ersten Fuß neben das Boot setze, rutsche ich sofort weg, denn der unter Wasser befindliche Teil des Felsens ist mit glitschigen Algen bewachsen, auf denen mein nackter Fuß keinen Halt findet.

Glücklicherweise ist die Brandung minimal. So schwappen zumindest keine Wellen ins Boot, während ich krampfhaft überlege, wie ich aussteigen soll. Schließlich pfeife ich auf Eleganz, nehme das Boot zwischen meine Beine und robbe über das Deck nach vorne. An der Spitze lasse ich mich nach rechts auf den Felsen plumpsen, um mein linkes Knie zu schonen. Wahrscheinlich hätte ein Walross bei diesem Manöver sportlicher ausgesehen als ich, aber immerhin bin ich trocken an Land gekommen.

Eilig ziehe ich das Kajak aus dem Wasser und erleichtere erst einmal meine Blase, was aufgrund meines steifen Knies jedoch einen weiteren akrobatischen Akt erfordert. Dann erkunde ich in wenigen Minuten die kleine Insel. Eine alte Feuerstelle und eine hängen gelassene Wäscheleine zeigen mir, dass hier schon viele Leute gezeltet haben – und schnell gebe ich der Versuchung nach, es ihnen gleichzutun. Es ist zwar fast noch vier Stunden lang hell, aber an diesem ersten Tag möchte ich es nicht übertreiben.

Ich baue mein Zelt unter ein paar ausladenden Kiefern auf und verzehre mein Abendessen mit Blick auf das Meer. Als ich schließlich im Schein des Mondes auf meiner Isomatte liege und statt Sportbootmotoren nur noch das sanfte Plätschern der Wellen höre, überkommt mich ein tiefes Wohlbehagen. Denn trotz meiner Verletzung habe ich alle Anfangsschwierigkeiten dieser Reise gemeistert, und der erste Tag auf dem Wasser ist hervorragend verlaufen. Jetzt kann die Tour so richtig losgehen – und ich freue mich riesig auf das Abenteuer, das vor mir liegt. Nur das Ein- und Aussteigen werde ich wohl noch ein bisschen üben müssen …

9. September 2014

Söderköping, Schweden

Kilometer 90

Der Göta-Kanal im Südosten Schwedens ist insgesamt 190 Kilometer lang. Der Großteil der Strecke besteht jedoch aus fünf Seen, die durch lediglich 87 Kilometer Kanal miteinander verbunden sind. Innerhalb von 22 Jahren haben 58 000 Arbeiter den Kanal gegraben und gesprengt. Doch nach seiner Fertigstellung im Jahr 1832 war ihm kein großer wirtschaftlicher Erfolg beschieden, denn schon 1855 spielte die Eisenbahn eine zunehmend wichtige Rolle. Während der Güterverkehr per Schiff durch 58 Schleusen und fünfzig Brücken verlangsamt und im Winter sogar ganz eingestellt wurde, war der Bahntransport einfach schneller und vor allem ganzjährig möglich. Heute zieht der Kanal pro Jahr drei Millionen Touristen an: Jachtbesitzer, Segler, Radfahrer und Touristen, die einfach mal einen Blick auf Schwedens größtes Bauwerk werfen wollen.

Das erste Stück des Kanals und damit drei Schleusen umfahre ich noch auf dem Flüsschen Storån. Erst in Söderköping hebe ich mein Kajak aus dem Wasser und ziehe es mit dem Bootswagen die kurze Strecke zum Kanal. Doch bevor ich von dort weiterpaddle, will ich noch einkaufen. Aber was soll ich in der Zwischenzeit mit dem Kajak machen? Ein fünf Meter langes Boot kann ich in einer Stadt nicht einfach irgendwo verstecken. Und Anschließen wie ein Fahrrad ist bei einem zerlegbaren Faltboot auch keine sichere Maßnahme, zumal sich darin auch mein gesamtes Paddelzubehör und die Campingausrüstung befinden. Ich werde das Boot also im Hafen liegen lassen müssen – und das Beste hoffen. Immerhin kann man mit diesem sperrigen Ungetüm nicht einfach schnell abhauen, ohne gehörig aufzufallen.

Ich parke meinen schwimmenden Untersatz direkt am Wasser und verstaue die Rettungsweste unter der Spritzdecke im

Cockpit. Als ich die Sitzluke mit einer großen Plastiktüte zudecke, um den Inhalt vor neugierigen Blicken und Regen zu schützen, fällt mir ein verwahrloster Mann auf. Mit alten, verdreckten Schlabberklamotten, einem ungepflegten Rauschebart und zwei Plastiktüten in der Hand halte ich ihn sofort für einen Obdachlosen, der ziellos durch den Hafen streift. Aber vielleicht ist er ja gar nicht so planlos unterwegs, sondern wartet nur darauf, mein Boot ausräumen zu können?

Misstrauisch beäuge ich den Mann, und es fällt mir nun doppelt schwer, mein teures Kajak aus den Augen zu lassen. Unwillkürlich taste ich in meiner Hüfttasche nach meinen Wertsachen und reiße mich widerwillig los. Ich renne fast zum Supermarkt, wo ich in Windeseile meine Einkäufe erledige.

Als ich schon zwanzig Minuten später wieder zurückkehre, liegt mein Boot noch unberührt am Wasser. Erleichtert stelle ich die Tüte mit dem Proviant neben mir auf den Boden und schaue mich um. Der vermeintliche Obdachlose sitzt in einem Café am Hafen und liest seelenruhig *Dagens Nyheter*, eine schwedische Tageszeitung; vor sich eine Tasse Cappuccino, die ich mir mit meinem Budget und bei den schwedischen Preisen sicher nicht leisten könnte. Nun legt er die Zeitung beiseite, denn die Kellnerin serviert ihm gerade ein verlockend aussehendes Mittagessen.

Als ich beschämt den Blick abwende und an mir herunterschaue, muss ich unwillkürlich lachen. Denn auch ich trage alte, verdreckte Schlabberklamotten. Zwar habe ich keinen Rauschebart, dafür aber eine ziemlich zerzauste Frisur, und ich trage ebenfalls eine Plastiktüte mit mir herum. Warum halte ich andere Menschen in einem solchen Aufzug für kriminelle Obdachlose, wenn ich doch selbst genauso aussehe?

Kleinlaut verstaue ich meinen neu erworbenen Proviant in den Trockensäcken und mache mich auf die Suche nach einer geeigneten Einsetzstelle für mein Boot.

Sechs Stunden später und sieben Schleusen weiter komme ich am westlichen Ende des Sees Asplången an. Es ist bereits sieben Uhr, und ich brauche einen Zeltplatz. Die absolut ebene und wie manikürt wirkende Rasenfläche an der dortigen Schleusenanlage ist dafür geradezu ideal! Aber darf man hier überhaupt zelten? In unmittelbarer Nähe befindet sich ein gelb gestrichenes Holzhaus, wohl das ehemalige Wohnhaus des Schleusenwärters. Und in dessen Garten ist ein älteres Ehepaar trotz des leichten Nieselregens mit dem Stutzen von Hecken beschäftigt. Ich ziehe mein Boot an Land und schlendere zu den beiden hinüber, die mich aufgrund des lauten Wasserrauschens am leckenden Schleusentor noch gar nicht bemerkt haben.

»Entschuldigung«, räuspere ich mich. Der Mann lässt seine Gartenschere sinken und blickt mich erwartungsvoll an. »Ich paddle den Göta-Kanal hinunter und wollte fragen, ob ich heute Nacht hier an der Schleuse zelten kann!«

Die beiden Eheleute schauen sich fragend an. Nach längerem Schweigen kommt der Mann um den Gartenzaun herum auf mich zu. Ängstlich erwarte ich nun eine unfreundliche Abfuhr, doch er holt nur einen Schlüsselbund aus der Tasche und erklärt: »Kein Problem! Dann schließe ich Ihnen mal die Toilette des Schleusenwärterhäuschens auf!«

Erleichtert folge ich ihm zu dem kleinen Gebäude, in dem während der kurzen Saison von Mitte Juni bis Mitte August in der Zeit von neun bis achtzehn Uhr der Schleusenwärter arbeitet. Heutzutage sind das meist Studenten, die sich in den Semesterferien etwas Geld dazuverdienen. Der ältere Herr schließt am hinteren Teil des Häuschens einen kleinen Toilettenraum auf.

»Hier bekommen Sie auch Trinkwasser«, sagt er und zeigt auf ein winziges Waschbecken.

»Ich hoffe, ich störe Sie nicht?«, frage ich besorgt, denn wenn hier in der Hochsaison jeden Tag jemand zelten will, wäre ich als Anwohner auch genervt.

»Kein bisschen! Paddler kommen hier so selten durch, dass wir gerne aushelfen.« Und schon schlurft er zurück in seinen Garten. »Schlafen Sie gut!«, brummelt er noch – und verschwindet wieder hinter der Hecke.

Vergnügt errichte ich in Windeseile mein Lager und lasse mich unter dem Vordach des Schleusenwärterhäuschens zum Kochen nieder, denn es nieselt noch immer. Geschützt vor Nässe genieße ich die wunderbare Aussicht auf den See Asplången – und dieser Anblick ist mir wohlvertraut. Vor über einem Jahr war ich schon einmal hier, damals allerdings mit dem Fahrrad. Ich war auf den zum Radweg umfunktionierten Treidelpfaden entlang des Göta-Kanals unterwegs, als ich in dieser Schleuse neben zwei Jachten einen einsamen Kajakfahrer entdeckte – damit war der Plan, diese Paddeltour zu unternehmen, geboren.

Während mein Abendessen – gedünsteter Brokkoli – vor sich hinköchelt, komme ich ins Grübeln. Bei meinen ersten Wanderungen hatte ich noch ein wenig Angst, ob mich das Leben im Freien nicht auf Dauer langweilen und mir die Ideen ausgehen würden. Doch ich wurde schnell eines Besseren belehrt. Von jeder Tour kam ich mit mindestens zwei oder drei neuen Einfällen zurück. Und so kam zum Wandern bald das Radeln und dann das Paddeln hinzu. Meine ersten Touren machte ich noch in den USA, aber auf der Suche nach Alternativen für den Winter landete ich schnell in Australien und Neuseeland. Als mir diese Länder nach ein paar Jahren aufgrund des schwächelnden Euros zu teuer wurden, begann ich Europa zu erforschen. Und stellte dabei fest, dass ich nicht in ferne Länder fliegen muss, um Abenteuer zu erleben.

Ich lüfte den Topfdeckel und prüfe, ob der Brokkoli gar ist. Vorsichtig gieße ich das Wasser ab und würze das Gemüse mit Salz, ein paar Spritzern Zitronensaft und Olivenöl. Dann schnipple ich eine Packung Schafskäse hinein und rühre alles einmal um.

Obwohl ich gerade mal vier Tage unterwegs bin, habe ich meine Tourenwunschliste bereits um eine weitere Idee verlängert. Es hat mir in den Schärengärten so gut gefallen, dass ich irgendwann die gesamte Ostküste Schwedens abpaddeln möchte. Und so ist es auf jeder Tour. Ich habe mittlerweile so viele Ideen, dass ich mit ihrer Verwirklichung die nächsten zehn Jahre füllen könnte.

Ich lehne mich bequem an das Häuschen, strecke die Beine aus und genieße mein Abendessen mit Seeblick. Und wie so oft auf meinen Touren empfinde ich eine tiefe Dankbarkeit für diese schier unendlich vielen Perspektiven, die sich mir immer wieder auftun. Ich bin ein reicher Mensch – auch wenn ich mit verdreckten Klamotten und einem Tagesbudget von zehn Euro unterwegs bin. Mein Leben kommt mir wie ein bunter Hochglanzkatalog voller verlockender Angebote vor. Und ich muss nur auswählen, welches der vielen Abenteuer ich als Nächstes angehen will.

10. September 2014

Norsholm, Schweden

Kilometer 114

Beim Paddeln auf einem Kanal kann man sich nicht verfahren, es gibt keine Strömung, und man ist auf der tiefer liegenden Wasserstraße fast immer gut vor Wind geschützt. Eigentlich paradiesische Zustände, wenn da nicht die Schleusen wären. Die insgesamt 58 Schleusen am Göta-Kanal sind außerhalb der Hauptsaison nicht mehr bemannt. Wer jetzt noch durch den Kanal will, muss die Schleusungen für teures Geld vorbestellen, was aus Kostengründen so gut wie niemand macht. Das hat für mich den Vorteil, dass ich fast allein unterwegs bin, bedeutet aber auch, dass ich alle Schleusen mühevoll umtragen muss. Da der Kanal fast ausschließlich von Motor- oder Segelbooten befahren wird, gibt es hierzu aber weder Ein- und Aussetzstellen noch Stege für Paddler. Ein Ausstieg im Wasser ist unmöglich, denn ein Kanal hat keine abflachende Uferzone, sondern nur eine steile Böschung, die mit scharfkantigen Steinen befestigt ist. Und die wiederum sind Gift für meine empfindliche Bootshaut.

Um dennoch unbeschadet anlanden zu können, habe ich die »Kartoffelsack«-Methode entwickelt. Ich bringe mein Kajak parallel zum Ufer neben den Steinen zum Stehen, kralle mich seitwärts im Gras der Böschung fest und robbe dann mit dem Oberkörper voraus aus dem Boot. Dieses Manöver funktioniert zwar hervorragend, hat aber offensichtliche ästhetische Nachteile… Dann lege ich eine billige Schaumstoffmatte, die mir beim Paddeln als isolierende Sitzunterlage dient, auf die Steine und ziehe das Kajak darüber an Land. So wird die dünne Bootshaut nicht beschädigt.

Vor der Schleuse von Norsholm hat niemand meine unbeholfene Aktion beobachtet, denn an diesem grauen Tag sind in der kleinen Stadt keine Spaziergänger unterwegs. Hastig bedecke ich die Sitzluke mit einem großen Müllbeutel und laufe in Sandalen los, um den besten Weg für die Portage auszukundschaften. Normalerweise muss ich nur dem ehemaligen Treidelpfad bis ans andere Ende der Schleuse folgen. Doch was schon auf der Karte schwierig ausgesehen hat, entpuppt sich während meiner Aufklärungstour in Norsholm als wahrer Albtraum: Ich muss mit dem Bootswagen nicht nur die Hauptverkehrsstraße, sondern auch eine Bahnlinie queren. Zwar stoße ich auf einen Bahnübergang, doch der ist mit zwei ineinander verschränkten Zäunen gesichert. Fußgänger und Radfahrer können ihn im Zickzack passieren, aber nicht mit einem fünf Meter langen Boot im Schlepptau. Ich gehe noch ein paar Hundert Meter nach rechts und nach links, doch eine andere Übergangsstelle kann ich nicht entdecken. Selbst ein illegales Überqueren der Bahngleise ist nicht möglich, denn die Zugstrecke ist im weiteren Verlauf durch einen hohen Zaun gesichert.

Entmutigt schlängle ich mich durch den Bahnübergang, um auf der anderen Seite der Schleuse nach einer geeigneten Einsetzstelle zu suchen – für den Fall, dass ich es irgendwie über die Bahngleise schaffen sollte. Doch als ich die Schleusenwand hinunterspähe, liegt der Wasserspiegel unüberwindbare zwei Meter unter mir. Hier bekomme ich nicht einmal mein Kajak ins Wasser, geschweige denn mich in das Boot. Frustriert blicke ich mich nach Alternativen um, doch direkt hinter der Schleuse befinden sich nur noch eingezäunte Privatgrundstücke – und ein immer düsterer werdender Himmel.

Als ich mit hängendem Kopf den Rückzug zu meinem Kajak antrete, erspähe ich in der Nähe des Bahnübergangs einen kleinen Supermarkt. Hoffnung keimt in mir auf, denn vielleicht kann ich dort ja einen guten Ratschlag bekommen oder sogar Hilfe rekrutieren. Als ich noch mit Spritzdecke und Schwimmweste bekleidet den Laden betrete, unterbrechen die Kassiererin und ein Kunde sofort ihr Gespräch und starren mich ungläubig an.

Leicht errötend frage ich in die Stille hinein: »Entschuldigen Sie, gibt es hier noch einen weiteren Bahnübergang? Ich paddle auf dem Göta-Kanal und komme mit meinem Kajak auf dem Bootswagen nicht über die Gleise.« Doch die etwa vierzigjährige Frau schüttelt nur den Kopf.

»Warum heben Sie denn das Boot nicht einfach über die Absperrung am Bahnübergang?«, entgegnet sie, während ihr Kunde, ein groß gewachsener Mann mit militärisch kurzem Haarschnitt, seine Einkäufe in eine Tüte packt.

»Weil ich ein fünf Meter langes und voll beladenes Boot nicht allein hochheben und tragen kann«, erwidere ich mutlos.

»Na, dann muss Ihnen halt jemand helfen«, stellt sie resolut fest und wendet sich an ihren Kunden, der gerade den Laden verlassen will. »Erik, geh mal mit raus und hilf der Frau beim Tragen!«

Der braun gebrannte Mann schaut etwas verdutzt drein: »Ich muss in einer Viertelstunde meine Tochter vom Kindergarten abholen.«

Aber die Verkäuferin winkt gleich ab. »Das dauert doch keine fünf Minuten«, argumentiert sie forsch und kommt hinter der Kasse hervor.

»Ich hole schnell das Kajak mit dem Bootswagen«, ergreife ich die Gelegenheit beim Schopf und verschwinde, bevor der Mann es sich anders überlegen kann.

Fünf Minuten später schiebe ich mein Kajak vor den Laden, wo mich mein unfreiwilliger Helfer bereits mit vor der Brust verschränkten Armen ungeduldig erwartet.

»Soll ich das Boot noch schnell ausräumen, damit es etwas leichter wird?«, biete ich ihm an, während ich es vom Wagen schnalle, doch er schüttelt energisch den Kopf.

»Als ich noch beim Militär war, haben wir bei Übungen zu zweit in solchen Booten Verletzte abtransportiert«, erklärt er nur und schultert den Bug meines Kajaks so energisch, dass ich mir ernsthaft Sorgen um das fragile Aluminiumgerüst mache.

»Also, mit einem solchen Faltboot können Sie sicherlich keine Krankentransporte vornehmen«, gebe ich vorsichtig zu bedenken, doch mein Helfer will schon losmarschieren.

»Moment!«, rufe ich verdutzt und hieve mir mühevoll das Heck auf die Schulter.

Trotz der schweren Last spaziert der durchtrainierte Mann jetzt so behände zwischen den Zäunen des Bahnübergangs hindurch, dass ich fast nicht hinterherkomme. Kaum haben wir die Gleise überquert, setzt er das Kajak sanft auf dem Asphalt ab und erklärt entschuldigend: »Ich muss leider los, sonst würde ich noch weiter tragen helfen.«

»Wissen Sie denn, wo ich das Boot wieder einsetzen kann?«, frage ich noch schnell.

»Das machen Sie am besten auf dem Grundstück von Åke, der hat sicher nichts dagegen! Sagen Sie einfach, Sie kommen von mir«, antwortet mein Helfer noch und wendet sich hastig zum Gehen.

»Vielen Dank für alles! Aber wie heißen Sie denn eigentlich?«, rufe ich ihm noch hinterher, bekomme aber keine Antwort mehr.

Ich schnalle mein Kajak wieder auf den Bootswagen und ziehe es die Straße entlang Richtung Wasser, obwohl ich keine Ahnung habe, wo sich das Grundstück von Åke befinden soll. Ausgerechnet jetzt beginnt es auch noch zu regnen.

Glücklicherweise kommt mir genau in diesem Moment eine junge Frau mit Schirm entgegen, die gedankenverloren einen Pudel Gassi führt.

»Verzeihen Sie«, spreche ich sie an, »können Sie mir sagen, wo Åke wohnt?«

»Åke? Einen Åke gibt es hier nicht«, stellt sie nüchtern fest und fragt, nachdem sie mich und meinen schwimmenden Untersatz eingehend gemustert hat: »Aber was wollen Sie denn von ihm?«

Und so erzähle ich zum zweiten Mal von meinen Schwierigkeiten beim Umtragen der Schleuse.

»Aber das ist doch gar kein Problem! Einsetzen können Sie auch im Garten meiner Freundin Gunilla«, antwortet sie mir und zeigt auf das nächste Haus, das am Wasser gelegen ist.

»Ich kann doch nicht einfach mein Kajak über das Grundstück fremder Leute schleifen.«

»Aber ja doch! Gunilla hat damit sicher kein Problem«, erklärt mir die Frau und zieht an der Leine ihres Hundes, der neugierig meine nackten Füße in den Sandalen beschnüffelt.

Als sie meinen skeptischen Blick sieht, öffnet sie das quietschende Gartentor zum Grundstück und sagt: »Bringen Sie doch schon mal Ihr Boot zum Wasser. Ich klingle derweil und sage meiner Freundin Bescheid.«

Angesichts des immer stärker fallenden Regens werfe ich meine Bedenken schnell über Bord und folge der jungen Frau. Erst bugsiere ich mein langes Kajak durch den engen Eingang, dann rolle ich es über einen holperigen Weg hinunter zum Ufer – immer darauf bedacht, nicht in Blumenbeete zu treten oder sonstigen Schaden in dem gepflegten Garten anzurichten.

Ich bin so konzentriert, dass ich kaum höre, wie meine Straßenbekanntschaft mir zuruft: »Es ist niemand zu Hause! Aber wenn jemand kommt, sagen Sie einfach, ich hätte es Ihnen erlaubt!«

Hier in Norsholm mit seinen 600 Einwohnern scheint jeder jeden zu kennen. Ich nicke also nur noch schwach und frage schon gar nicht mehr nach ihrem Namen. »Danke!«, rufe ich nach oben, aber da höre ich am Quietschen des Gartentürchens, dass ich wieder allein bin.

Bevor ich mein Kajak zu Wasser lasse, richte ich mich kurz auf und verschnaufe. Der Göta-Kanal mündet hier in den Roxen, einen 95 Quadratkilometer großen, lang gestreckten Flachlandsee, dessen Ufer mit einem dichten Schilfgürtel bewachsen sind. Am Himmel türmen sich dunkle Wolkenformationen, und große Regentropfen platschen auf die Wasseroberfläche.

Die Kälte an meinen nackten Füßen reißt mich aus meinen Betrachtungen, denn auf dem schlickigen Uferstreifen versinke ich immer tiefer im Morast. Mühsam stapfe ich durch den Schlamm und schiebe das Boot ins flache Wasser, das sich durch die aufgewirbelten Sedimente braun verfärbt. Baden möchte ich hier nicht. Als das Kajak endlich frei schwimmt, nehme ich es zwischen meine Beine, ziehe meine Füße mit einem lauten Schmatzen aus dem Matsch und lasse mich in den Sitz fallen. Dann paddle und stake ich durch den lichten Schilfgürtel hinaus auf den See und reinige meine heraushängenden Füße einschließlich Sandalen in klarerem Wasser vom Dreck. Erst als ich meine Beine wieder im Boot verstaut und die Spritzdecke fest verschlossen habe, atme ich erleichtert auf. Wieder einmal habe ich ein Hindernis überwunden. Doch es hat sich auch von Neuem gezeigt, was für ein Handicap das Kajak außerhalb des Wassers ist …

13. September 2014

Motala, Schweden

Kilometer 197

Den ganzen gestrigen Abend habe ich auf dem Klo verbracht. Aber nicht etwa, weil ich Verdauungsprobleme hatte. Sondern weil mir die öffentliche Toilette an der Schleusentreppe in Motala so luxuriös wie das »Hilton« erschien. Der große Raum war geheizt und windgeschützt, während mein Zelt am Fuß der Schleusenanlage von einer steifen Brise geschüttelt wurde. Und so habe ich auch einfach dort gekocht, schließlich gab es sogar warmes und kaltes Wasser. Eine Annehmlichkeit, die außerdem dazu führte, dass ich mir zum ersten Mal auf dieser Tour die Haare wusch. Geföhnt habe ich sie dann unter dem elektrischen Handtrockner. Nebenbei konnte ich auch mein Handy aufladen, denn an der Wand befand sich eine funktionierende Steckdose. Wahrscheinlich hätte ich auch noch in der Toilettenanlage geschlafen, wäre sie nicht über Nacht abgeschlossen worden.

Heute Morgen bin ich bereits früh aufgestanden, um mein Boot den steilen Hang neben der sechsstufigen Schleusentreppe hochzuschieben – ohne die neugierigen Blicke der zahlreichen Touristen, die sich hier tagsüber an der größten Attraktion Motalas tummeln. Gemütlich bin ich am Denkmal für Baltzar von Platen vorbeigepaddelt, den deutsch-schwedischen Erbauer des Göta-Kanals, um im Stadtzentrum anzulanden. Denn ich muss mich noch auf die nächste Etappe meiner Paddeltour vorbereiten, den Vätternsee. 135 Kilometer ist er lang, aber nur 31 Kilometer breit, und damit der zweitgrößte See Schwedens.

»Kann ich Ihnen helfen?«, fragt mich ein grauhaariger Verkäufer in der einzigen Buchhandlung Motalas, und ich nicke erleichtert.

»Ich suche nach Karten für den Vättern«, erkläre ich und zücke meinen Atlas für den Göta-Kanal oder besser gesagt die Lose-

Blatt-Sammlung, in die ich das Ringbuch verwandelt habe. Denn das kompakte Kartenwerk war zu unhandlich und zu schwer, um es in meiner wasserdichten Kartentasche vor mich auf das Bootsdeck zu legen.

»Aber natürlich! Ihr Kartenatlas zeigt ja nur einen kleinen Ausschnitt des Vättern, weil die Motorbootfahrer den direkten Weg über den See wählen«, versteht der Verkäufer mein Anliegen sofort, denn er ist, wie er mir nun erzählt, selbst begeisterter Paddler.

»Die Querung von 31 Kilometern auf offenem Wasser bei diesen herbstlichen Temperaturen – das traue ich mir einfach nicht allein zu«, gestehe ich ein.

»Selbst wenn Sie es sich zutrauen würden, könnte ich Ihnen nur davon abraten. Das Nordufer des Vättern ist einfach viel zu schön, um es links liegen zu lassen«, schwärmt der Hobby-Paddler und führt mich zu einem großen Tisch, auf dem er nun eine Karte ausbreitet.

»Schauen Sie selbst! Überall Buchten und kleine Inselgruppen. Es gibt sogar speziell eingerichtete Lagerplätze mit Schutzhütten für Wasserwanderer. Ein Paddlertraum!«, begeistert er sich und rät mir: »Lassen Sie sich mindestens drei oder vier Tage Zeit, um das ganze Gebiet ausführlich zu erkunden.«

Ich werfe einen kurzen Blick auf die Karte. »Wo kann ich denn entlang der Strecke Trinkwasser nachfüllen?«, will ich wissen, denn ich möchte nicht Wasser für vier Tage mitschleppen.

»Wie meinen Sie das?«, fragt der Verkäufer und blickt mich verwundert an.

»Na, wo gibt es einen öffentlich zugänglichen Wasserhahn?«, präzisiere ich meine Frage und denke an die Schleusenwärterhäuschen und Jachthäfen mit Wasseranschlüssen entlang des Kanals.

»Der Vättern ist eines der größten Trinkwasserreservoirs Schwedens«, stellt der Ladenangestellte nun nüchtern fest. »Ich schöpfe das Trinkwasser beim Paddeln einfach direkt aus dem See.«

Nun ist es an mir, ungläubig zu schauen. »Und Sie filtern oder behandeln das Wasser vor dem Trinken nicht?«, frage ich vorsichtig nach.

»Nein! Aber wenn Sie auf Nummer sicher gehen wollen, dann schöpfen Sie es draußen auf dem See während des Paddelns und nicht direkt am Ufer«, erläutert er mir geduldig, und ich brauche ein paar Sekunden, bevor ich diese Information verarbeitet habe. Natürlich ist mir klar, dass man früher einfach Wasser aus Flüssen und Seen trinken konnte. Und dass das auch heute noch an manchen abgelegenen Orten dieser Welt möglich ist. Aber Mittelschweden hatte ich nun nicht als solche »Wildnis« eingeordnet – zumal ich gerade an dem riesigen alten Industriegelände Motalas verbeigekommen bin. Aber wieder einmal muss ich mein Bild von Europa korrigieren.

»Ich nehme die Karte«, erkläre ich daher knapp.

»Viel Spaß!«, wünscht er noch und reicht mir lächelnd das zusammengerollte Blatt.

Tatsächlich genieße ich meine Zeit auf dem Vättern sehr. Drei Tage lang paddle ich bei Sonnenschein und Windstille durch die nördliche Hälfte des Sees, zelte an idyllischen Sandstränden und schwimme sogar noch im glasklaren Wasser. Doch am vierten Tag zeigt der Vättern mir sein anderes Gesicht …

16. September 2014
Vätternsee, Schweden

Kilometer 266

Um vier Uhr morgens wird mir klar, dass ich in dieser Nacht keinen Schlaf mehr finden werde. Ich schalte mein Smartphone an, um zum hundertsten Mal voller Hoffnung auf eine Besserung den Wetterbericht zu überprüfen. Doch der sagt unverändert: Wind aus Osten mit vierzig Stundenkilometern! Beim Wandern hätte ich für diese Vorhersage nicht einmal ein müdes Lächeln übrig, aber beim Paddeln ist sie durchaus bedrohlich. Denn der Wind kommt für mich aus der falschen Richtung. Ich befinde mich am Westufer des Vättern, sodass der auflandige Ostwind über die ganze Breite des Sees hinweg riesige Wellen aufbauen kann, die mein Kajak seitwärts überschwemmen oder gar zum Kentern bringen können.

Noch befinde ich mich ausreichend windgeschützt auf einem Lagerplatz auf der Inselgruppe von Kyrkogårdsön, aber die glatte Wasseroberfläche im Archipel ist trügerisch. Draußen auf dem See brodelt das Wasser.

Bisher war die Fahrt auf dem Göta-Kanal ein Kinderspiel, denn bei einer maximalen Kanalbreite von weniger als zehn Metern kann einem Paddler kaum etwas passieren. Aber auf dem riesigen Vättern bin ich dem Wind schutzlos ausgeliefert. Zum ersten Mal auf dieser Tour habe ich Angst.

Während ich das Frühstück zubereite, gehe ich nochmals meine beiden Optionen durch. Da ich kaum noch Proviant habe, kann ich das Wetter nicht einfach aussitzen. Ich muss also entweder hier in der Nähe an Land gehen, mein Boot zusammenbauen und mich zu Fuß oder per Anhalter in die nächste Stadt durchschlagen; oder ich versuche, die letzten zwanzig Kilometer bis Karlsborg trotz des Windes am Seeufer entlangzupaddeln. Aber ist diese letzte Option angesichts meiner bescheidenen Kajakkenntnisse noch mutig oder schon leichtsinnig?

Vor Angst und Aufregung ist mir so übel, dass ich mein Müsli kaum herunterbringe. Mehrfach muss ich mich zwingen, tief durchzuatmen, um nicht zu erbrechen. Doch ich muss essen, denn ich habe mich entschlossen, das Paddeln zumindest zu versuchen. Und dafür werde ich all meine Energie brauchen.

Es ist erst fünf Uhr, als ich mein kärgliches Frühstück beende und meinen Titantopf im Wasser des Sees spüle. Die Sonne wird erst in eineinhalb Stunden aufgehen, doch um überhaupt eine Chance zu haben, muss ich so früh wie möglich aufbrechen. Denn der Wind wird im Laufe des Tages noch mehr auffrischen.

Mit ganz besonderer Sorgfalt mache ich im Schein der Stirnlampe mein Kajak startklar. Zunächst verpacke ich meine gesamte Ausrüstung in wasserdichten Trockensäcken. Meinen zweiten Satz Kleidung stecke ich vorsichtshalber sogar zuerst noch in eine Plastiktüte, denn sollte ich ins Wasser fallen, brauche ich bei den heutigen Temperaturen von gerade mal zwölf Grad trockene Sachen zum Wechseln. Nachdem ich die Packsäcke sicher im Boot verstaut habe, sichere ich das Kajak noch zusätzlich mit einer Kentersocke. Dieser Sack aus wasserundurchdringlichem Material wird so in den Süllrand des Cockpits gehängt, dass ich später zum Paddeln mit den Füßen hineinschlüpfen kann. Im Falle des Kenterns verhindert er, dass das komplette Boot voll Wasser läuft und sinkt.

Auf dem Deck befindet sich heute so wenig wie möglich: Hinter mir ist die Lenzpumpe befestigt, vor mir die wasserdicht verpackte Seekarte und der Bordkompass. Einen kleinen Trockensack mit meinem restlichen Proviant und etwas Trinkwasser schnalle ich griffbereit vor dem Cockpit fest. Gewissenhaft überprüfe ich jetzt noch, ob die Ladeluken gut verschlossen sind. Mein Paddel ist wie üblich mit einer Leine gesichert, aber heute befestige ich sogar noch meine Brille mit einem Band am Kopf, denn ohne meine Sehhilfe bin ich aufgeschmissen. Dann ziehe ich die Spritzdecke an und darüber die Schwimmweste.

Als alles perfekt verstaut und befestigt ist, setze ich mich noch einen Moment auf die Bank an meinem Lagerplatz und bereite mich nun auch geistig auf den *worst case* vor. Damit ich unter Schock nicht falsch reagiere, gehe ich im Kopf noch einmal jeden einzelnen Schritt der Selbstrettung im Notfall durch: das gekenterte Boot wieder auf die richtige Seite drehen, die Kentersocke ausleeren, sich an der gegenüberliegenden Sicherheitsleine festhalten und den Oberkörper auf das Bootsheck hieven, das äußere Bein auf das Heck schwingen und sich so rittlings auf das Kajak setzen, bis zur Sitzluke robben und schließlich wieder einsteigen.

All das habe ich schon Dutzende von Malen geübt, aber bisher nur im seichten Wasser bei angenehmen Bedingungen. Ich hoffe inbrünstig, dass ich heute nicht ausprobieren muss, ob mir dieses Manöver auch bei einer Wassertemperatur von zwölf Grad und starkem Wellengang gelingt.

Als es um zehn vor sechs Uhr langsam zu dämmern beginnt, steige ich in mein Boot und lasse es mit ein paar Paddelschlägen hinaus in das ruhige nachtschwarze Wasser des Archipels gleiten. Doch die morgendliche Idylle währt nicht lange, denn schon nach zehn Minuten kommt der offene Vättern in Sicht- oder besser gesagt in Hörweite, denn es liegt dichter Nebel über dem Wasser. Das Rauschen der gewaltigen Wellen auf dem See ist jedoch schon aus ein paar Hundert Metern Entfernung zu vernehmen.

Ich schalte die Stirnlampe an meinem Kopf auf die höchste Stufe und in den Blinkmodus, bete aber inständig, dass nicht ausgerechnet heute ein Fischerboot unterwegs ist und mich bei diesen schlechten Sichtverhältnissen über den Haufen fährt. Dann packe ich das Paddel fester und stürze mich in das Getümmel aus grauen Wellen. In den ersten Minuten verkrampft sich mein ganzer Körper vor Angst, was mein Boot noch kippeliger macht, als es sich für mich sowieso schon anfühlt. Vor jeder Welle halte ich ein paar Sekunden die Luft an. Wird sie mein Boot umwerfen? Oder mich durchnässen? Doch nichts dergleichen passiert. Ich hüpfe zwar wie ein Spielball auf den Wogen herum, aber mein Kajak bleibt dabei stabil. Und ein paar Spritzer Gischt machen mir in meiner wasserdichten Paddlerjacke nun wirklich nichts aus, zumal Neoprenbündchen an Hals, Armen und Hüfte auch dort das Eindringen von Wasser verhindern.

Nach einer Viertelstunde auf dem Wasser entspanne ich ein wenig. Denn wenn ich bisher noch nicht gekentert bin, wird der Wellengang vielleicht doch nicht ganz so gefährlich sein, wie ich befürchtet hatte. Ich richte meine Aufmerksamkeit jetzt vor allem darauf, zwar nahe am rettenden Ufer zu bleiben, aber dennoch einen weiten Bogen um felsige Hindernisse zu machen, die immer wieder unvermittelt vor mir in der Brandung auftauchen. Der dichte Nebel erschwert diesen Hindernislauf beträchtlich, und auch die gerade aufgegangene Sonne verbessert die Sichtverhältnisse kaum. Ohne mein GPS wäre ich in dieser Suppe ziemlich aufgeschmissen. Ich kämpfe mich Kilometer um Kilometer voran und verdränge die Tatsache, dass das Ufer an vielen Stellen eine felsige Steilküste ist, die im Falle einer Kenterung keinesfalls Rettung bedeuten würde.

Nach zwei Stunden erreiche ich mit den Granviksskären das nächste Archipel, dessen Windschutz mir eine kurze Verschnaufpause gewährt. Eine kleine, verlassene Motorboot-Slipanlage böte mir hier eine einfache Ausstiegsmöglichkeit …

Während ich mit leicht zitternden Händen ein paar Nüsse und meinen letzten Schokoriegel in mich hineinschlinge, evaluiere ich nochmals meine Situation. Es ist erst kurz nach acht Uhr, und ich habe schon die Hälfte der Strecke bis nach Karlsborg geschafft. Nur noch zehn Kilometer oder knapp drei Stunden trennen mich also vom nächsten sicheren Hafen am Kanal. Ich gönne mir nur zehn Minuten Pause, bevor ich wieder hinaus auf den brodelnden See paddle. Denn so kurz vor dem Ziel will ich nicht einfach aufgeben und mein Boot einpacken. Diese letzten zehn Kilometer werde ich jetzt auch noch schaffen. Doch auf dieser Strecke erwarten mich nicht nur beängstigend hohe Wellen, sondern auch ein militärisches Sperrgebiet für Schießübungen. Meine Karte zeigt, dass hier über mehrere Kilometer der Uferbereich nicht befahren oder betreten werden darf. Ich vertraue aber einfach darauf, dass man mich nicht gleich erschießen wird, wenn ich in Seenot geraten und trotz des Verbotes dort anlanden sollte.

Der Nebel hat sich mittlerweile gelichtet, aber auch der Wind ist stärker geworden – genau wie mein Selbstvertrauen. Und mich hat jetzt der Ehrgeiz gepackt. Ich ziehe so kraftvoll und entschlossen durch wie noch nie zuvor auf dieser Tour.

Schon nach weniger als einer Stunde kommt das Sperrgebiet in Sicht. Von hier aus werden militärische Flugkörper über dem See abgeschossen, doch heute kann ich keinerlei Aktivitäten bemerken. Nur einige desolat wirkende Betonkonstruktionen verzieren den Uferstreifen. Eine einen Kilometer lange Landzunge ragt ins Wasser hinein. Während ich mühsam auf der Seeseite mit den immer höher werdenden Wellen kämpfe, sehe ich auf der windgeschützten Landseite eine fast spiegelglatte Wasseroberfläche. Nur ein paar Dutzend Meter liegen dazwischen. Es wäre so einfach, hier anzulanden und das Boot auf der ruhigeren Seite wieder einzusetzen, doch alle fünfzig Meter warnt mich ein Schild: »Betreten verboten. Militärisches Sperrgebiet.«

Endlich erreiche ich die Spitze der Landzunge, paddle einige Meter um sie herum – und die Achterbahnfahrt auf den Wellen hat sofort ein Ende. Jetzt brauche ich erst einmal eine kurze Pause. Erschöpft lege ich mein Paddel ab und öffne den Trockensack mit dem Proviant. Erst als ich in die Tüte mit den Nüssen greife, sehe ich die Bojen, die das Gebiet hinter der Landzunge absperren. Genau wie meine Karte anzeigt, ist die windgeschützte Bucht Sperrgebiet. Und ich befinde mich mittendrin.

Da entdecke ich auch schon ein Motorboot, das direkt auf mich zuhält. Nachdem ich heute noch kein einziges Fahrzeug auf dem Wasser gesehen habe, schließe ich eine Zufallsbegegnung aus. Das wird ein Militärboot sein. Da meine Ruhepause nun bald ein unfreiwilliges Ende nehmen wird, nutze ich die mir verbleibenden zwei Minuten und schlinge hastig noch ein paar Handvoll Erdnüsse hinunter. Dann ist das Boot mit der schwedischen Flagge auch schon bei mir angelangt. Ein Mann in Uniform steht am Bug des Schiffes und redet sofort auf Schwedisch auf mich ein. Ich verstehe zwar kein Wort, aber ich nehme erleichtert zur Kenntnis, dass sein Gesichtsausdruck noch ziemlich freundlich ist.

»Es tut mir leid, ich spreche kein Schwedisch. Nur Englisch oder Deutsch!«, entgegne ich unterwürfig.

»Sie befinden sich hier in einem militärischen Sperrgebiet. Haben Sie denn nicht die Schilder und die Betonnung gesehen?«, fragt er mich nun in fließendem Englisch, sieht mich aber weiterhin wohlwollend an.

»Oh, das tut mir sehr leid. Ich dachte, nur der Bereich draußen auf dem See ist gesperrt«, flunkere ich mit einem möglichst unschuldigen Gesichtsausdruck.

»Der Sperrbereich endet am Ufer etwa auf Höhe des Funkmastes«, erklärt er mir nun und zeigt in die angegebene Richtung. Ich nicke interessiert, obwohl mir das nach einem Blick auf die Karte auch schon klar war.

»Bleiben Sie bitte außerhalb des abgesperrten Gebietes!«, ermahnt er mich in einem etwas strengeren Ton.

»Selbstverständlich«, beteuere ich und greife sofort gehorsam zum Paddel.

»Gute Fahrt noch!«, wünscht mir der Uniformierte zum Abschied und tippt sich mit dem Finger an die Mütze. Dann dreht das Motorboot bereits ab und ist wenige Sekunden später hinter der Landzunge verschwunden.

Ich atme erleichtert aus – in Schweden sind offensichtlich selbst die Angehörigen des Militärs freundlich.

Als ich eine knappe Stunde später die enge Hafeneinfahrt von Karlsborg passiere, kommt die Sonne heraus. Der Wind, der draußen auf dem Vättern die Wellen zum Toben bringt, kräuselt hier gerade mal die Wasseroberfläche. Erschöpft, aber sehr zufrieden mit mir klettere ich mit wackeligen Knien am Strand des Campingplatzes aus meinem Kajak und genehmige mir einen Ruhetag.

19. September 2014
Töreboda, Schweden

Kilometer 351

Ein Angler am Ufer beobachtet interessiert, wie ich mich in meinem Kajak langsam der Eisenbahnbrücke in Töreboda nähere. Mir wird auch bald klar, warum er mich so gebannt anstarrt. Der Abstand zwischen dem Wasserspiegel und der Unterseite der Brücke beträgt weniger als einen halben Meter, und sowohl er als auch ich überlegen jetzt, ob ich da wohl durchpasse.

Ich lasse mich ein paar Minuten reglos auf dem Wasser treiben und hoffe, dass mein Zuschauer das Interesse verliert; oder genau in diesem Moment ein Fisch an seiner Angel anbeißt. Doch nichts dergleichen passiert. Seine Augen sind unaufhörlich ganz allein auf mich gerichtet.

Seufzend paddle ich direkt auf die Brücke zu, die für Motor- und Segelboote in der Hauptsaison durch Fernsteuerung hochgeklappt wird. Doch in der Nebensaison habe ich nur zwei Alternativen: Entweder schlängle ich mich hier unten durch, oder ich muss die Brücke umtragen. Nach einem Blick auf das steinige Ufer und die steile Böschung beschließe ich, die Durchfahrt zumindest zu probieren.

Schnell schaue ich hinter mich: Da ragen lediglich die Räder meines Bootswagens in die Höhe, und die sind so niedrig, dass ich daran wohl nicht hängen bleiben werde. Also schiebe ich zunächst den Bug des Kajaks unter die Brücke. Kein Problem, da sind mindestens noch dreißig Zentimeter Platz. Aber jetzt komme ich selbst an die Reihe. Bedächtig lege ich das Paddel vor mir auf das Deck und halte mich mit den Händen an der Vorderseite der Brücke fest. Dann lehne ich mich mit dem Oberkörper so weit wie möglich zurück, hole tief Luft und schiebe mich mit den Armen vorwärts. Aus den Augenwinkeln nehme ich noch wahr, wie der Angler meine akrobatischen

Übungen beeindruckt verfolgt, dann umfängt mich unter dem Bauwerk schemenhafte Dunkelheit. Mein Kopf befindet sich nur wenige Zentimeter unter der Klappkonstruktion der Brücke. Es riecht nach modrigem Wasser, Teer und Schmierfett. Obwohl ich noch nicht einmal an der tiefsten Stelle angelangt bin, ist es bereits so eng, dass ich kaum zu atmen wage.

Plötzlich höre ich ein metallisches Summen, und die Brücke beginnt leise zu vibrieren.

»Ein Zug!«, schießt es mir durch den Kopf, und der Gedanke, dass in einigen Sekunden eine tonnenschwere Eisenbahn nur wenige Zentimeter über mir vorbeidonnert, versetzt mich in Panik. Hastig hangle ich mich samt Boot wieder zurück und stoße mich kraftvoll von der letzten Metallstrebe ab.

Der Zug rattert lautstark über die Brücke. Obwohl ich schon wieder fünf Meter von ihr entfernt bin, muss ich mir dennoch die Ohren zuhalten. Erst als der Lärm langsam verklingt, fällt mir auf, dass meine rechte Hand ölverschmiert ist. Ich habe in meiner Panik in die Kettenschmiere an der Klappkonstruktion gegriffen. Genervt starre ich zunächst auf meine schmutzige Hand und dann auf den Angler, der seinen Blick erst jetzt mit einem kaum unterdrückten Lachen von mir abwendet.

»Verdammt!«, fluche ich, denn da ich das Paddel angefasst habe, ist nun auch dessen Schaft verdreckt. Vergeblich versuche ich, die zähe Paste im Kanalwasser abzuwaschen.

Da ich nun eingesehen habe, dass ich wohl wirklich nicht unter der Brücke durchkommen werde, paddle ich ans Ufer und wische mir dort die Hände notdürftig am Gras ab. Dann steige ich mit der bewährten »Kartoffelsack«-Methode aus und ziehe mein Boot aus dem Kanal. Normalerweise würde ich es jetzt auf meinen Bootswagen schnallen und bis zur nächsten Einsetzstelle ziehen, aber hier ist die Böschung leider so steil, dass der Wagen umkippen würde.

Am Anfang meiner Tour hätte ich noch versucht, das Problem irgendwie allein zu lösen. Doch mittlerweile habe ich eingesehen, dass ich beim Solo-Paddeln viel mehr auf die Hilfe anderer angewiesen bin als beim Wandern. Meinen kleinen, leichten Wanderrucksack kann ich überall selbst hintragen, aber ein fünf Meter langes und 23 Kilo schweres Kajak ist außerhalb des Wassers ein echter Klotz am Bein.

Ich werde also um Hilfe bitten müssen und habe da auch schon eine Idee. Nachdem ich den Angler mit meiner Slapstick-Einlage so amüsiert habe, könnte er sich ja nun erkenntlich zeigen. Grinsend drehe ich mich um – und stelle fest, dass der Mann nach Vorstellungsende einfach verschwunden ist.

»Ausgerechnet dann, wenn man mal einen Zuschauer brauchen könnte, ist keiner da!«, zetere ich leise, aber da naht auch schon mein Retter. Ein älterer Herr führt auf dem Weg neben dem Kanal zwei perfekt frisierte weiße Pudel Gassi. Als ich ihm mein Anliegen vortrage, zögert er trotz seines fortgeschrittenen Alters keine Sekunde. Gemeinsam – er am Bug und ich am Heck – tragen wir das Boot die Böschung hinauf. Schon zwei Minuten später setzen wir beide unseren Weg fort: er mit seinen gestylten Hunden und ich mit meinem schicken Boot im Schlepptau. Mit etwas Hilfe lebt es sich auch als Paddlerin ganz wunderbar.

Nachdem ich ein paar Hundert Meter weiter und eine kleine Einkaufstour später wieder in den Kanal eingesetzt habe, erlebe ich den Göta-Kanal noch einmal von seiner besten Seite. Ich passiere ohne jegliches Problem vier weitere Brücken und vier Schleusen, komme an einsamen Wiesen und Feldern vorbei, sehe idyllische schwedische Holzhäuser. Doch obwohl ich bis in den Abend hinein noch im T-Shirt paddle, sehe ich die untrüglichen Zeichen: Die Felder sind abgeerntet, das Gras auf den Wiesen hat sich braun verfärbt, und die ersten abgefallenen Blätter treiben auf dem Kanal. Wie schon seit Tagen begegne ich keinem einzigen anderen Boot; nur ein paar Radler sind noch auf dem ehemaligen Treidelpfad unterwegs.

Als ich am nächsten Morgen auf einem der Rastplätze für Radtouristen aufwache, scheint über Nacht der Herbst angebrochen zu sein. Dichter Nebel liegt über dem Kanal und gibt mir einen guten Grund, mich in der Schutzhütte noch einmal umzudrehen und eine weitere Stunde zu schlafen. Erst um neun Uhr breche ich auf, und zwar zunächst zu Fuß, denn ich muss gleich zwei Schleusen umtragen.

So ziehe ich gerade mein Kajak auf dem Bootswagen hinter mir her, als mich ein älterer Spaziergänger einholt und freundlich begrüßt: »Guten Morgen! Wo wollen Sie denn hin?«

»Ich bin aus Deutschland und paddle auf dem Göta-Kanal«, rattere ich meine Standardantwort herunter und gehe vorsichtig weiter, denn mein Knie ist immer noch nicht ganz schmerzfrei.

Doch anstatt mich zu überholen, verlangsamt der Mann seinen Schritt und fragt interessiert weiter: »Ist das denn nicht furchtbar langweilig, auf einem Kanal zu paddeln?«

»Langweilig?«, erwidere ich empört. »Was soll denn daran langweilig sein?«

»Na, Sie paddeln doch einfach nur geradeaus und sehen gar nichts außer einer Fahrrinne!«, behauptet der Mann nun.

»Der Göta-Kanal verbindet fünf Seen miteinander, sodass ich bisher die meiste Zeit auf natürlichen Gewässern unterwegs war. Und am Kanal selbst gibt es jede Menge interessanter Orte zu entdecken«, berichte ich aufgebracht und werde noch langsamer.

Mein Begleiter nickt nachdenklich. »Ich habe hier in der Nähe ein Wochenendhaus und gehe sehr häufig am Kanal spazieren. Da habe ich mich eben gefragt, warum ich dabei so gut wie nie Paddler sehe«, erklärt er nun sein Interesse.

»Vielleicht lassen sich die meisten Paddler von den vielen Schleusen abschrecken«, mutmaße ich nun beschwichtigt. »Dabei muss man meist nur einmal aussteigen und kann dann gleich eine ganze Schleusengruppe umtragen. So wie hier, wo ja auch zwei Schleusen dicht hintereinanderliegen.«

»Wie lange sind denn Ihre Portagen?«, will er nun wissen.

»Meistens sind es nur ein paar Hundert Meter, aber die längste Portage liegt noch vor mir: In Sjötorp, wo der Kanal in den Vänernsee mündet, da muss ich heute fünf Schleusen umtragen. Das sind dann zweieinhalb Kilometer ...«

»Dann haben Sie wenigstens etwas Abwechslung«, stellt der ältere Herr nun lächelnd fest. Ich bleibe stehen, denn wir sind mittlerweile an der zweiten Schleuse angelangt, wo ich mein Boot wieder einsetzen kann. »Endet Ihre Tour dann in Sjötorp?«

»Oh, nein – ich bin noch ein paar Wochen unterwegs und will über den Vänernsee und den Dalsland-Kanal bis zur norwegischen Grenze paddeln«, erkläre ich stolz, während ich mein Boot vom Wagen hebe.

»Wollen Sie das noch im Anschluss machen?«, fragt er verwundert. Ich richte mich auf und nicke. Und dann sagt der Mann einen Satz, der mir bis ans Ende dieser Tour nicht mehr aus dem Kopf gehen wird: »Aber der Winter beginnt in Schweden doch schon im Oktober ...«

24. September 2014
Lidköping, Schweden

Kilometer 463

Der große Speiseraum des ganzjährig geöffneten Campingplatzes ist fast leer, denn Ende September machen hier nur noch Wohnmobilfahrer Urlaub. Und die essen in ihren eigenen vier Wänden. Nur eine Familie mit zwei Kindern hat gerade das selbst zubereitete Abendessen beendet und ist mit dem Abräumen beschäftigt. Ich habe mich in einer Ecke am Fenster niedergelassen. Vor mir auf dem langen Esstisch liegen die Unterlagen für den Rest meiner Tour. Ich beuge mich über die Karte des Vänernsees und folge mit dem Zeigefinger zum x-ten Mal der Küstenlinie. Seufzend blicke ich auf und beobachte, wie die

Familie lachend den Raum verlässt. Nun sitze ich ganz allein da mit meiner Entscheidung…

Der Vänernsee ist der größte See in der Europäischen Union und mehr als zehnmal so groß wie der Bodensee. 150 Kilometer ist er lang und achtzig Kilometer breit. Vier Tage bin ich bereits an seinem Ufer entlanggepaddelt und musste dabei schon aufgrund eines Sturmes einen unfreiwilligen Pausentag einlegen. Voller Unbehagen erinnere ich mich daran, wie ich das letzte Unwetter auf dem Campingplatz von Mariestad ausgesessen habe. Der Wind war so heftig gewesen, dass mein Zelt selbst unter dem Vordach einer Hütte fast umgeweht wurde und ich die Nacht daher im Fernsehraum der Anlage verbringen musste. Und als ich am Morgen danach wieder in mein von Raureif überzogenes Boot stieg, hing die schwedische Flagge am Strand in Fetzen am Fahnenmast…

Nun prophezeit der Wetterbericht noch viel Schlimmeres: drei Tage lang heftiger Nordwind mit bis zu fünfzig Stundenkilometern. Und das ist für mich am Südufer des Sees wieder mal die falsche Richtung. Die Situation ist ähnlich wie am Vättern, nur dass die Wellen sich hier über hundert Kilometer Seelänge aufbauen können statt nur über dreißig…

Ich stütze den Kopf auf die Hände und schließe die Augen. Egal, wie ich es drehe und wende: Ich werde mindestens drei Tage lang nicht paddeln können, und auch danach ist nicht sicher, ob sich der Wind wieder legt. Entweder sitze ich diese Zeit an Land aus – oder ich breche hier ab und paddle in den geschützteren Gewässern des Dalsland-Kanals weiter.

Beim Gedanken an die zweite Option verziehe ich das Gesicht. So wie die *connecting footsteps* beim Wandern eine wichtige Maxime für mich sind, ist es mir auch auf dieser Paddeltour wichtig, meine geplante Route durchgängig zu befahren. Wer beschwerliche Abschnitte einfach umgeht, beraubt sich meiner Ansicht nach der schönsten Erfahrungen auf einer Tour. Denn kaum etwas bringt so viel Befriedigung wie das Erlebnis, eine schwierige Situation allein gemeistert zu haben. Auch wenn man währenddessen bestenfalls Type 2-Fun hat, verklärt sich das Erlebte nachträglich zu einem Erfolg. Wo aber liegt in diesem Fall die Grenze zu Type 3-Fun, also einer potenziell lebensgefährlichen Situation?

Unwillig stehe ich auf und gehe hinüber in die Küche, um mir eine Tasse Tee zu kochen – und die schwierige Entscheidung noch etwas aufzuschieben. Mit der dampfenden Tasse neben mir auf dem Tisch starre ich zehn Minuten später wieder auf die Karte. Der Vänern ist so groß, dass er eher einem Binnenmeer gleicht als einem See. Selbst wenn nach drei Tagen der Wind wie vorhergesagt abflauen sollte, müsste ich noch fast eine Woche auf dem Vänern paddeln – und jetzt im Herbst bezweifle ich, dass das Wetter mitspielen wird. Ich werde entweder bei grenzwertigem Wind paddeln oder mich auf weitere Schlechtwettertage an Land einstellen müssen.

Ich trinke einen kleinen Schluck. Schon vor Jahren habe ich gelernt, dass ein fester Endtermin mir den Spaß an einer Tour gründlich vermiesen kann, weil ich dann immer mit dem Blick auf den Kalender unterwegs bin. Und so gibt es auch bei diesem Trip kein Datum, zu dem ich wieder zurück in Deutschland sein muss. Trotzdem: Auch wenn ich selbst keine Eile habe, gibt es doch eine natürliche Frist.

»Aber der Winter beginnt in Schweden doch schon im Oktober…«. Der ältere Herr mag zwar etwas übertrieben haben, aber dennoch ist mir klar, dass ich auch im besten Fall nur noch wenige Wochen gutes Paddelwetter haben werde. Und wo verbringe ich diese Zeit am besten?

Ich stelle die Tasse ab und blättere in den Karten des Dalsland-Kanals. Der Wind, der mich hier auf dem gewaltigen Vänern in Angst und Schrecken versetzt, würde mir auf den kleineren Gewässern weiter im Westen nichts anhaben. Und selbst wenn! Während ich hier in Lidköping das schlechte Wetter auf einem teuren Campingplatz aussitzen muss, könnte ich in Dalsland unfreiwillige Paddelpausen auf einem der zahlreichen Naturlagerplätze mit Schutzhütte und Feuerstelle verbringen.

Draußen beginnt es langsam zu dämmern, und so schaue ich immer wieder zum Fenster hinaus. Ein Auto fährt über den Platz, Wagentüren schlagen, dann kehrt wieder Stille ein. Jetzt höre ich nur noch entferntes Kinderlachen und das Summen des Kühlschranks in der Küche.

Ich muss mir eingestehen, dass es angesichts der Umstände nur einen einzigen Grund gibt, die nächsten drei Tage auf diesem öden Campingplatz abzuhängen: meinen Ehrgeiz, die ganze Strecke durchgängig paddeln zu wollen. Aber will ich mich dafür auf dem Vänern in Gefahr bringen? Und mehrere Tage opfern, die ich woanders auf dem Wasser verbringen könnte? Nein, denn Prinzipien hin oder her: Ich bin vor allem unterwegs, um eine schöne Zeit zu haben, und nicht, um mein Leben zu riskieren. Und so fasse ich endlich einen Entschluss. Morgen früh werde ich das Boot auseinanderbauen und mit dem Bus nach Dalsland fahren, um dort meine Tour fortzusetzen.

Energisch raffe ich die Karten zusammen, packe mein Handy ein und mache mich in der einbrechenden Dunkelheit auf den Weg zu meinem Zelt.

Als ich am nächsten Morgen aus meinem Schlafsack krabble, scheint das Wetter mich und meine Entscheidung verhöhnen zu wollen. Bei strahlend blauem Himmel weht gerade mal ein laues Lüftchen. Doch ich lasse mich nicht beirren, denn ich habe sofort nach dem Aufwachen den Wetterbericht überprüft. Und der meldet weiterhin beharrlich für die nächsten drei Tage Starkwind aus dem Norden.

Als ich nach dem Frühstück im warmen Aufenthaltsraum mit dem Abbau meines Lagers und des Bootes beginne, hat es weniger als zehn Grad. Immer wieder muss ich meine Hände unter die Achseln stecken, damit das Gefühl in meine Finger zurückkommt. Ich zerlege gerade das Aluminiumgestänge meines Zeltes, als ein Mann mit drei Hunden über den Rasen auf mich zukommt und bewundernd neben meinem Boot stehen bleibt.

»Guten Morgen! Du hast ja ein tolles Boot«, begrüßt er mich auf Deutsch mit schwedischem Akzent und nickt mir aufmunternd zu. Verblüfft sehe ich den weißhaarigen Mann an.

»Danke schön!«, sage ich und frage natürlich neugierig nach: »Woher wissen Sie denn, dass ich Deutsche bin?«

»Oh, ich habe so oft mit Deutschen zusammengearbeitet, dass ich sie auf Anhieb erkenne! Und nur Deutsche sind so verrückt, jetzt noch auf dem Vänern zu paddeln«, erklärt er mir lachend, während seine Hunde neugierig mein Boot beschnüffeln.

»Was machen Sie denn beruflich?«, will ich wissen, da mir ein Pläuschchen gerade wesentlich lieber wäre als der anstrengende Bootsabbau.

»Eigentlich bin ich schon im Ruhestand, aber ich arbeite immer noch ein bisschen als Unternehmensberater. Und nebenbei bin ich auch noch im Rotary Club in Lidköping aktiv«, erklärt er mir mit einem verschmitzten Lächeln und streckt mir die Hand hin. »Ich heiße übrigens Nicke! Und hier in Schweden duzen wir uns alle…«

»Ich bin Christine«, erwidere ich, als wir uns die Hand schütteln, und erzähle Nicke ein wenig von meiner beruflichen Vergangenheit in der Unternehmenssanierung.

»Da haben wir ja einiges gemeinsam«, stellt Nicke anschließend fest und ergänzt begeistert: »Ich paddle übrigens auch, wenn ich in meinem Sommerhaus in Dalsland bin.«

»Dalsland? Genau da will ich jetzt hin.«

»Wohin denn genau?«

Ich krame meine Karten hervor und zeige ihm die geplante Route. »Beenden will ich die Tour am Stora Le im Städtchen Ed«, schließe ich meine Beschreibung ab und sehe ihn erwartungsvoll an. Als ortskundiger Paddler kann er mir ja vielleicht noch ein paar Tipps geben. Doch Nicke gibt mir viel mehr als gute Ratschläge.

Er räuspert sich kurz und zeigt mir einen Punkt auf der Karte: »Mein Sommerhaus befindet sich hier, nur zehn Kilometer entfernt von Ed am Stora Le. Wenn du willst, kannst du dort übernachten, in aller Ruhe dein Boot abbauen und dich wieder auf die Zivilisation vorbereiten.«

»Bist du denn im Oktober in deinem Sommerhaus?«, frage ich etwas verwirrt und lasse die Karte sinken.

»Nein, im Herbst ist niemand da. Aber ich kann dir sagen, wo der Schlüssel versteckt ist.«

Jetzt verschlägt es mir für einen Moment die Sprache. Nicke, der mich vor gerade mal zehn Minuten kennengelernt hat, bietet mir einfach so sein Sommerhaus zum Übernachten an. Und dieses Haus ist für meine Zwecke auch noch perfekt gelegen! Mir kommt es so vor, als ob das Schicksal mich in meiner Entscheidung von gestern bestärken will. Ich werde zwar eine Teilstrecke überspringen, bekomme dafür aber ein wunderbares Finale für meine Tour geschenkt.

Während ich das großzügige Angebot noch verdaue, fährt mein Wohltäter auch schon fort: »Mein Nachbar Lennart kümmert sich während meiner Abwesenheit um das Haus. Ich werde ihm Bescheid sagen, wenn du kommst, damit er dir Heizung und Warmwasser anstellen kann.«

Als ich die Worte »Heizung« und »Warmwasser« höre und mir die Temperaturen im Oktober vorstelle, freue ich mich wie ein Kind an Weihnachten. Und Nicke als Weihnachtsmann hört gar nicht mehr auf, Gaben zu verteilen: »Lennart kann dich dann vielleicht auch mit seinem Auto nach Ed zum Busbahnhof fahren.«

»Danke! Du kannst dir gar nicht vorstellen, wie sehr du mir damit hilfst«, bringe ich endlich gerührt hervor, aber Nicke nickt einfach nur und sagt: »Gern geschehen!«

Drei Stunden später fährt er mich mit meiner sperrigen Ausrüstung zur Bushaltestelle. Bevor er sich verabschiedet, überreicht er mir ein paar ausgedruckte Fotos seines Sommerhauses.

»Damit du nicht aus Versehen in das falsche Haus einbrichst«, sagt er dabei lachend und diktiert mir dann noch seine Kontaktdaten ins Handy.

Nachdem er mich und mein umfangreiches Gepäck in den Bus verfrachtet und sich mit einer kurzen Umarmung verabschiedet hat, muss ich an meine Wanderungen auf den amerikanischen Langstreckentrails zurückdenken. »*The trail provides* – Der Weg versorgt dich«, sagen die Wanderer dort immer.

Ganz offensichtlich gilt diese Maxime auch für Langstreckenpaddler, denn als ich zwei Stunden später in Mellerud aus dem Bus steige, erwartet mich auch dort ein freundlicher Helfer.

Martin ist ein in Schweden lebender Deutscher, den ich über ein Outdoorforum im Internet kennengelernt habe. Schon bei der Vorbereitung dieser Tour hat er mich mit zahlreichen E-Mails unterstützt, und nun holt er mich sogar mit seinem Auto am Bahnhof ab. Wir fahren erst zu einem Supermarkt, in dem ich Vorräte für die nächsten Tage einkaufe, und dann zu einer Schutzhütte am See Svärdlången, wo ich morgen ganz einfach in den Dalsland-Kanal einsetzen kann. Nachdem wir dort in der hereinbrechenden Dämmerung mein schweres Gepäck ausgeladen haben, hat Martin sogar noch eine Überraschung für mich in petto.

»Ich habe uns was zum Grillen mitgebracht«, verkündet er und holt zwei Packungen mit marinierten Steaks und Würstchen aus einer Kühltasche.

»Super!«, frohlocke ich begeistert, bis mir einfällt, dass vor dem Grillwurst-Essen ja das Feuermachen steht. »Dann schaue ich mal nach Brennholz«, erkläre ich daher schon weniger enthusiastisch und blicke mich in der mittlerweile vollständigen Dunkelheit suchend um.

»Musst du gar nicht«, erwidert Martin grinsend, schaltet seine Stirnlampe ein und holt einen Einweggrill aus dem Kofferraum seines Autos.

Und so sitzen wir bereits eine Dreiviertelstunde später auf der Liegefläche der Schutzhütte und verspeisen im Schein unserer LED-Lampen Bratwurstbrötchen und Nackensteaks.

»Köstlich!«, erkläre ich mit vollem Mund und greife zu einer Softdrink-Dose, die mein Wohltäter ebenfalls mitgebracht hat.

»Ich habe mir letzte Woche übrigens tatsächlich fast genau dasselbe Kajak gekauft wie du«, erzählt Martin, der mich per E-Mail ausführlich über die Vor- und Nachteile verschiedener Bootstypen befragt hat.

»Das ist eine gute Wahl!«, freue ich mich und schlecke meine Finger ab, bevor ich mir ein Nackensteak vom Grill angle.

»Aber ich glaube nicht, dass ich damit wie geplant die Donau runterpaddeln werde...«, fügt er nun zögerlich hinzu und beißt in eine Bratwurst.

»Wieso denn nicht?«, frage ich verwundert nach. »Das Boot ist doch ein ausgezeichnetes Expeditionskajak und wie gemacht für so eine lange Tour.«

»Ich habe zu viel Angst, dass mir das teure Stück bei einem Landgang geklaut wird...« Martin spricht damit ein altes Problem von Langstreckenpaddlern an, denn ein fünf Meter langes Boot kann man nur schwer diebstahlsicher parken.

»Dank der grünen Farbe ist das gar kein so großes Problem«, tröste ich ihn aus eigener Erfahrung. »Wenn du es gut im Gebüsch oder hohen Gras versteckst, wird es kaum jemand entdecken.«

»Ich habe mir das Boot aber in Rot gekauft...«, gibt Martin jetzt kleinlaut zu.

»War das ein Sonderangebot? Ich hatte dir doch Grün als beste Tarnfarbe empfohlen«, hake ich erstaunt nach.

»Aber ein rotes Kajak sieht auf den Fotos so viel besser aus als ein grünes!«, platzt er nun heraus.

Einen Moment vergesse ich sogar zu kauen. Da kauft Martin sich ein rotes Kajak, um schönere Reisefotos machen zu können – und tritt die Tour dann gar nicht an, weil sie ihm mit dem roten Boot zu riskant erscheint.

Doch Martins Foto-Fixierung ist alles andere als ungewöhnlich. Früher brachte man von Expeditionen Tierfelle und Stoßzähne als Trophäe mit, heute sind es möglichst spektakuläre Bilder. Viele Outdoorenthusiasten versuchen mit teurer Kameraausrüstung und intensiver Fotonachbearbeitung, ihr Reiseziel möglichst einsam, exotisch oder gefährlich darzustellen – und manchmal vermute ich neben ästhetischen Aspekten ein gewisses Statusdenken hinter ihren Bemühungen. Oftmals sind die Betreffenden aber einfach mehr am Fotografieren interessiert als an der Natur, die dann lediglich eine möglichst tolle Kulisse für das eigentliche Hobby liefert.

Mir persönlich erscheint es allerdings absurd, aus Gewichtsgründen meinen Zahnbürstenstiel abzusägen und gleichzeitig eine schwere Fotoausrüstung mitzuschleppen. Und ich konzentriere mich lieber auf das Wandern, Radeln oder Paddeln selbst, als lange nach dem richtigen Blickwinkel und Sonnenstand für eine Aufnahme zu suchen. Aber so kommt es auch, dass ich mit meiner Handy-Knipse meist weniger als zehn Fotos am Tag schieße, von denen die Hälfte verwackelt oder unterbelichtet ist.

Auf den amerikanischen Trails habe ich aber vor allem eins gelernt: *Hike your own hike!* Oder allgemeiner ausgedrückt: Mach deine Tour so, wie es dir Spaß macht – und nicht wie andere es dir vorschreiben.

»Du wirst schon eine Lösung finden, die für dich passt!«, ist daher alles, was ich zu Martins neuem Boot sage, nachdem wir beide eine Weile schweigend unseren Gedanken nachgehangen haben. »Und danke für das tolle Essen!«

25. September 2014

Skåpafors, Schweden

Kilometer 463

Ich erwache vom Rauschen des Windes in den Bäumen und dem Trommeln des Regens auf dem Dach. Und obwohl dieses Wetter sich alles andere als gut anhört, zaubert es mir sofort ein Lächeln auf das verschlafene Gesicht. Denn ich liege vor dem Wetter geschützt in einer Hütte. Egal, wie sehr es stürmt – ich werde heute im schmalen Svärdlången paddeln können, und zwar zum nächsten komfortablen Lagerplatz. Mit diesen angenehmen Gedanken drehe ich mich noch einmal um, ziehe mir meinen Quilt über die Nase und schlafe eine weitere Runde. Schließlich zog sich der gestrige Grillabend bis elf Uhr nachts.

Erst als um zehn Uhr der Regen aufhört, erhebe ich mich endlich von meiner Isomatte und setze mich noch in Schlafklamotten mit baumelnden Beinen auf die Lagerfläche der Schutzhütte. In diesem Aufzug, also mit bunten Socken, einer langen Unterhose, einer dicken Fleecejacke und einer Schlupfmütze bekleidet, würde ich zwar sicher keinen Schönheitswettbewerb gewinnen, aber erstens ist es noch empfindlich kalt, und zweitens ist außer mir sowieso keiner hier. Martin ist gestern Nacht nämlich noch zurück nach Hause gefahren. Während ich meinen Benzinkocher anwerfe, um mir zur Feier des Tages ein warmes Frühstück zu gönnen, betrachte ich ausgiebig meine Umgebung.

Ich befinde mich auf dem Lagerplatz Nummer 49 Skåpanäset. Mehr als hundert dieser offiziellen Plätze wurden im Seengebiet Dalsland-Nordmarken eingerichtet, und die meisten von ihnen sind genau wie hier mit einem Windschutz ausgestattet: einer Schutzhütte aus Holz, die nach einer Seite hin offen ist und auf der Lagerfläche Platz für sechs bis acht Personen bietet. Direkt vor meiner Hütte könnte ich auf einer befestigten Feuerstelle kochen, es gibt sogar einen kleinen Brennholzvorrat. Eine Komposttoilette ist etwas weiter – in olfaktorisch sicherer Entfernung – aufgestellt.

Nachdem ich zwei Teebeutel in das kochende Wasser geworfen und den laut fauchenden Benzinkocher abgestellt habe, höre ich plötzlich Schritte. Als drei Ranger zwischen den Bäumen hervortreten, sackt mir erst mal das Herz in die Hose. Denn für die Benutzung dieser luxuriösen Lagerplätze benötigt man eigentlich eine sogenannte Naturpflegekarte, aber die konnte ich gestern Abend nach meiner Ankunft leider nirgendwo mehr erwerben. Und so bin ich jetzt quasi illegal hier…

Während zwei der grün gekleideten Ranger kaum Notiz von mir nehmen und stattdessen die Umgebung inspizieren, kommt der dritte direkt auf mich zu.

»Guten Morgen, junge Frau! Ich hoffe, ich störe dich nicht beim Frühstück«, begrüßt er mich angesichts meiner Schlafbekleidung jovial in astreinem Deutsch.

»Na ja…«, stottere ich etwas verwirrt und ziehe mir die Skimütze vom Kopf, um zumindest etwas repräsentabler auszusehen. »Bist du etwa auch aus Deutschland?«

»Ganz genau! Aber ich lebe und arbeite schon seit ein paar Jahren hier in Dalsland«, antwortet er schmunzelnd und tritt unter das Vordach der Schutzhütte, denn draußen geht gerade wieder ein Schauer nieder.

»Entschuldige bitte die direkte Frage: Warum stellt man hier in Schweden ausgerechnet einen Deutschen als Ranger ein?«, formuliere ich höflich und wundere mich darüber, dass mir schon wieder ein Landsmann über den Weg läuft.

»Na, als die Amerikaner den Wilden Westen erforscht haben, hatten sie doch auch immer einen indianischen Übersetzer dabei…«, erklärt er mir mit einem so schelmischen Grinsen, dass ich unwillkürlich lachen muss. »Aber mal im Ernst: Im Sommer sind in dieser Gegend mehr Deutsche als Schweden unterwegs«, bestätigt er nun das, was ich auch schon von vielen anderen Outdoorfreunden gehört habe.

»Ist es hier in der Hochsaison wirklich so überlaufen?«, frage ich interessiert nach, denn mir sind wahre Horrorgeschichten zu Ohren gekommen. Ganze Busladungen von Abenteuertouristen sollen jede Woche mit einem Pauschalpaket inklusive Boots- und Ausrüstungsverleih hierhergekarrt werden.

»Das stimmt leider!«, nickt der Ranger und wird plötzlich ernst. »Und diese Pauschalanbieter sind auch nicht sehr beliebt, denn sie nutzen zwar die gesamte Infrastruktur, lassen aber kaum Geld hier. Die bringen ja sogar ihren eigenen Proviant mit. Und der Veranstalter zahlt seine Steuern nicht in Schweden, sondern in seinem Herkunftsland…«

Jetzt tauchen auch die beiden anderen Ranger mit Klemmbrettern unter dem Arm wieder auf, verschwinden aber nach einem kurzen schwedischen Wortwechsel gleich wieder.

»Wir machen gerade eine Lagerplatzinventur«, erklärt mir der Deutsche. »Unser größtes Problem ist nicht einmal der Massentourismus, denn der wird sich langfristig selbst regulieren. Viel schlimmer ist die *Boot-Camp*-Mentalität dieser Leute!«

»Was meinst du denn damit?«, frage ich und greife nach meinem Teetopf, der mittlerweile schon gut abgekühlt ist.

»Bei unserer Inventur entdecken wir jedes Jahr mehr Schäden«, berichtet der Ranger und zählt auf: »Die Bäume neben den Lagerplätzen werden einfach abgehackt, obwohl wir Brennholz bereitstellen. Die Dächer vieler Schutzhütten sind kaputt, weil die Leute raufklettern und auf ihnen herumlaufen. Einige kommen hier sogar schon in komplettem Militäroutfit an statt in Paddelklamotten.«

»Warum das denn?«, forsche ich erstaunt nach und nehme einen großen Schluck Tee.

»Die wollen Survival-Techniken üben und Bear Grylls spielen. Und dabei die Natur bezwingen, statt sie zu schützen. Wir dürfen dann anschließend ihren Dreck wieder wegmachen, wie zum Beispiel das da!«, sagt er und zeigt auf ein paar Holzstangen und eine Plastikfolie, die am Rande des Lagerplatzes herumliegen.

»Ich habe mich auch schon gefragt, was das ist.«

»Das kann ich dir sagen: Hier haben wieder ein paar Möchtegern-Abenteurer ein Vordach für die Hütte bauen wollen, damit sie trocken um das Lagerfeuer herumsitzen können…«, schnaubt der Deutsche nun erbost. »Die Einnahmen aus der Naturpflegekarte reichen kaum aus, um ständig Brennholz nachzuliefern, die Plätze sauber zu halten und die ganzen Schäden auszubessern.«

Das ist mein Stichwort. »Also, ich bin gestern erst ganz spät abends hier angekommen und habe daher leider noch keine solche Karte«, beichte ich und hoffe auf Milde.

»Kein Problem, die kannst du bei mir kaufen. Ich geh mal welche holen«, sagt der Ranger zu meiner großen Erleichterung und verschwindet kurz im Wald. Sechs Euro kostet eine Karte und erlaubt mir eine Übernachtung auf einem der gut ausgestatteten Lagerplätze. Natürlich könnte ich nach dem skandinavischen Jedermannsrecht auch wild zelten, aber bei dem zu erwartenden herbstlichen Wetter sind die Schutzhütten Gold wert. Und so kaufe ich dem Ranger gleich mehrere Naturpflegekarten ab.

»Na, dann gute Fahrt! Vielleicht sehen wir uns ja noch mal auf dem Wasser«, verabschiedet der sich, nachdem wir unsere Transaktion beendet haben.

Meine Glieder streckend mache auch ich mich nun ans Werk und beginne mit dem Aufbau meines Faltkajaks. Aber schon nach einer Stunde bekomme ich wieder Besuch. Zwei voll beladene Boote steuern direkt auf die Anlegestelle meines Lagerplatzes zu. Erstaunt beobachte ich, wie vier Jungs herausspringen und sich sogleich abwechselnd einen *high five* geben. Bekleidet sind die Mittzwanziger mit grünen Militärhosen, Regenjacken und Baseballmützen – dazu trägt jeder von ihnen ein gewaltiges Bowie-Messer in einer Lederscheide am Gürtel. Ich frage mich insgeheim, welche wilden Tiere oder Feinde die Jungs damit erlegen wollen. Oder ob das klobige Messer an der Hüfte nicht einfach nur beim Paddeln stört…

»Hallo! Wo kommt ihr denn her?«, begrüße ich die Neuankömmlinge dennoch freundlich und erfahre, dass die Truppe aus England stammt und soeben eine einwöchige Paddeltour beendet hat.

»*It has been great!*«, versichern sie sich gegenseitig immer wieder und klopfen sich dabei auf die Schultern.

Während ich nun weiter an meinem Kajak arbeite, schaffen die Engländer den Inhalt ihrer beiden Kanadier mühselig in die

Schutzhütte, die ich eilig für sie frei geräumt habe. Ultraleicht sind die vier nicht gerade unterwegs, denn ihre zwei Kanutonnen und mehrere Packsäcke sind prall gefüllt mit dicken Schlafsäcken, Unmengen von Kleidung und jeder Menge Bierdosen.

»Jetzt wird gefeiert!«, verkünden sie mir freudestrahlend. Eine Hälfte der Truppe verschwindet Richtung Stadt, um Biernachschub sowie Würste und Fleisch zum Grillen zu kaufen, während die andere fast den gesamten verbliebenen Holzvorrat Scheit für Scheit auf der Feuerstelle aufschichtet. Obwohl es gerade mal zwei Uhr ist und die Temperaturen mehr als erträglich sind, lodert schon wenig später ein gewaltiges Feuer vor der Hütte.

Hastig bringe ich mein mittlerweile fertig aufgebautes Kajak vor dem Funkenflug in Sicherheit und beeile mich mit dem Verstauen meiner Ausrüstung.

»Wenn ihr jetzt schon so anheizt, wird euch heute Nacht der Brennholzvorrat ausgehen«, warne ich die zwei Engländer noch, während ich meine Packsäcke zusammensammle und in mein Boot schaffe.

»Kein Problem!«, erwidern die beiden ganz unverzagt. »Dann holen wir eben Nachschub aus dem Wald!«

Darauf schüttele ich nur noch den Kopf und paddle nach einem kurzen Abschiedsgruß von dannen. Immerhin habe ich nun verstanden, was der Ranger mit *Boot-camp*-Mentalität meinte …

29. September 2014

Knarrbysjön, Schweden

Kilometer 518

Erst blicke ich auf meine Uhr, dann auf Axt und Säge und zuletzt auf meine nackten Füße in den Sandalen. Dann seufze ich unentschlossen. Ich habe mein heutiges Nachtquartier auf Platz 99 am See Knarrbysjön aufgebaut. Es ist erst fünf Uhr nachmittags, ich habe also noch genug Zeit, um zum ersten Mal auf dieser Tour selbst ein Lagerfeuer zu machen. Dafür gibt es hier auch genug Brennholz, doch das müsste ich erst kleinsägen oder zerhacken. Und das bringt mich zu meinen zwei linken Händen und meinen nackten Füßen. Aufgrund meines Treppensturzes humple ich immer noch ziemlich stark. Will ich da meine Füße noch zusätzlich der Gefahr durch verunglückte Axthiebe oder abgerutschte Sägen aussetzen? Bei meinem Geschick bräuchte ich zum Holzhacken zumindest Sicherheitsschuhe …

Schließlich lege ich den dünnsten Ast aus dem Brennholzhaufen auf den bereitgestellten Sägebock, fixiere ihn mit meinem linken Fuß und setze die rostige Bügelsäge an. Fünf Minuten mühe ich mich vergeblich an dem Ast ab, bevor ich beschließe: »Lagerfeuer sind sowieso völlig überbewertet …«

Ich schleppe das lange Holzstück, das durch meine Versuche gerade mal eine kleine Einkerbung bekommen hat, zum Brennholzstapel zurück und sammle dort ein paar dürre Ästchen auf. Zum Grillen meiner Bratwürste sollte das reichen. Und danach krieche ich sowieso unter meinen Quilt und brauche kein Lagerfeuer mehr.

Das kleine Feuer habe ich schnell entfacht, denn meine derzeitige Buchlektüre muss unter diesen Umständen eben nicht nur als Klopapier, sondern auch als Anzünder herhalten. Dann werfe ich eine Packung schwedischer Bratwürste auf den rostigen Grill über der Feuerstelle und beobachte fasziniert, wie sich die Pelle erst braun verfärbt und dann aufplatzt. Als zischend das Fett ins Feuer tropft, spieße ich die erste Wurst mit der Gabel auf und nehme vorsichtig einen kleinen Bissen.

»*Enjoy your meal!* – Guten Appetit!«, ertönt es plötzlich auf Englisch neben mir, und ich schrecke zusammen. Ich war so sehr mit dem Feuer beschäftigt, dass ich das ältere Ehepaar gar nicht bemerkt hatte, das mich jetzt so freundlich begrüßt.

»Danke schön!«, erwidere ich und mustere die beiden. In Jeans und Leinensakko sehen sie nicht gerade aus wie Paddler.

Der Mann registriert meinen forschenden Blick und erklärt freundlich lächelnd: »Wir wohnen in der Nähe und kommen auf unserem Abendspaziergang immer an diesem Lagerplatz vorbei.«

»Na, da werden Sie im Sommer ja immer reichlich Gesellschaft haben«, stelle ich fest, doch der Mann schüttelt den Kopf und erklärt: »In dieser Ecke des Seengebietes ist kaum etwas los, weil die einzelnen Gewässer nicht durch einen Kanal oder Schleusen miteinander verbunden sind. Die langen Portagen schrecken die meisten Paddler ab.«

Ich nicke wissend, denn auch ich werde den morgigen Tag mit einer vier Kilometer langen Umtragung beginnen. »Das bin ich gewöhnt«, erzähle ich und berichte von meinem Unterfangen, Schweden mit dem Kajak zu durchpaddeln.

»Aber der Knarrbysjön liegt ja nun nicht gerade auf dem direkten Weg an die norwegische Grenze«, stellt der Mann ganz richtig fest.

»Da haben Sie recht«, stimme ich ihm zu. »Aber nachdem ich nun schon wetterbedingt nicht wie geplant auf dem Vänern paddeln konnte, will ich zumindest dieses Seengebiet ausgiebig erkunden.«

»Gute Idee, denn es ist einfach wunderschön. Nicht umsonst haben wir uns vor zwanzig Jahren in dieser Gegend ein Sommerhaus gekauft«, stimmt die Frau mir zu, und ihr Mann erzählt, dass sie eigentlich Schweizer sind, aber den Großteil des Sommers hier verbringen. Überrascht, dass ich ihren Akzent nicht gleich einordnen konnte und sie meinen offenbar auch nicht, wechseln wir nun vom Englischen ins Deutsche. Wir plaudern einige Minuten, bevor die beiden neben mir auf einem umgelegten Baumstamm an der Feuerstelle Platz nehmen.

Eine ganze Weile genießen wir einfach nur die friedliche Atmosphäre und blicken hinaus auf den lang gestreckten See. Vor uns ragen ein paar Schilfgräser aus dem Wasser, dahinter liegt die Oberfläche spiegelglatt in der Abenddämmerung. Das gegenüberliegende Ufer ist komplett mit Wald gesäumt. Kein Lufthauch ist zu spüren, und es ist vollkommen still – bis auf das leise Prasseln meines kleinen Feuers. Plötzlich steigt mir ein leicht verbrannter Geruch in die Nase …

»Meine Würstchen!«, rufe ich erschrocken und schiebe hastig das Grillgut zur Seite – gerade noch rechtzeitig. Da die sechs Würste der Packung selbst mir ein bisschen zu viel sind, biete ich meinen neuen Bekannten verlegen an zuzugreifen.

»Nein danke, wir haben schon zu Abend gegessen«, lehnen sie höflich ab und schlagen stattdessen vor: »Wir würden Sie aber gerne morgen zu uns zum Frühstück einladen.«

Erfreut über diese nette Geste sage ich zu, und nachdem die beiden mir den Weg zu ihrem Haus beschrieben haben, lassen sie mich mit meinem leicht verkohlten Abendessen allein.

Damit ich nicht verschlafe, klingelt am nächsten Morgen ausnahmsweise sogar mal mein Handy-Wecker. Denn ich möchte zu meinem Frühstückstermin auf keinen Fall zu spät kommen. Da ich auf meine Gastgeber natürlich einen guten Eindruck machen möchte, schnuppere ich vor dem Anziehen vorsichtig an meinen Paddelklamotten – und die riechen nach dem gestrigen Feuer hundert Meter gegen den Wind nach Rauch.

So stehe ich pünktlich um acht Uhr in meiner Schlafkleidung vor dem Sommerhaus der Schweizer, die mich schon mit einem gedeckten Tisch erwarten.

»Wäre es vielleicht möglich, vor dem Frühstück noch kurz zu duschen?«, bitte ich die beiden, denn angesichts der herbstlichen Temperaturen habe ich mir heute die morgendliche Katzenwäsche im See gespart.

»Kein Problem!«, erwidert Anna, die Frau des Hauses, ohne mit der Wimper zu zucken – so als ob es ganz normal wäre, dass Gäste vor dem Essen erst einmal Körperpflege betreiben. Sie geleitet mich in das Badezimmer, wo ich mich zum ersten Mal seit einer Woche wieder heiß duschen und dabei sogar den Luxus von Shampoo, Duschgel und einem sauberen Handtuch genießen kann.

Ich fühle mich wie ein neuer Mensch, als ich mich im Esszimmer niederlasse und das beste Frühstück seit Monaten vorgesetzt bekomme. Denn die beiden Schweizer verwöhnen mich ganz stilecht mit einer riesigen Portion Birchermüsli, gekrönt von frischen Früchten und flüssiger Sahne. Und damit nicht genug: Neben frischem Brot und Butter stehen auch verschiedene Schweizer Käsesorten und selbst gemachte Marmelade auf dem Tisch. Während ich mir unermüdlich neue Brote schmiere und heißen Kakao trinke, erzähle ich den beiden von meinen Outdoorabenteuern der letzten Jahre.

»Mir scheint, Sie haben Ihre Berufung gefunden«, stellt Anna nach einer Stunde fest, während ihr Mann Hans mir die dritte Tasse heiße Schokolade eingießt. »Nachdem ich mit sechzig aufgehört habe zu arbeiten, erging mir das ähnlich. Ich habe damals nämlich eine Ausbildung zur Sterbebegleiterin gemacht und arbeite seitdem ehrenamtlich in einem Hospiz.«

Gebannt stelle ich meine Tasse ab und richte mich auf meinem Stuhl auf. »Bitte erzählen Sie mir mehr über Ihre Ausbildung und Ihre Arbeit«, bitte ich die Schweizerin interessiert.

Während Anna nun sehr bewegend von ihrer ehrenamtlichen Tätigkeit berichtet, muss ich immer wieder an meinen Freund Bernd denken. Im Jahr 2004 erlitt er mit gerade mal 46 Jahren völlig unerwartet einen Schlaganfall und konnte danach nicht mehr allein gehen und sprechen, ja kaum noch schlucken. Als ich ihn damals im Pflegeheim und nach einem weiteren Schlaganfall auch im Krankenhaus besuchte, hätte ich gerne gewusst, was ich ihm in dieser Situation noch Gutes tun könnte. Obwohl Bernd sich nicht mehr äußern konnte und auch wenige Monate später verstorben ist, hat mir sein Schicksal zu einer unglaublich wichtigen Erkenntnis verholfen: Lebenszeit ist endlich und vor allem nicht planbar. Damit gab er mir damals den Anstoß, schon mit Ende dreißig aus meiner beruflichen Karriere aus- und in das Outdoorleben einzusteigen.

»Warum interessiert Sie das so sehr?«, fragt Anna mich plötzlich und nimmt einen Schluck Kaffee.

Ich blicke gedankenverloren auf den Teller vor mir, während ich überlege, wie ich meine Antwort formulieren soll. Dann schaue ich zu Anna auf und räuspere mich. »Wissen Sie, ich bin zwar erst 47 und habe eigentlich vor, noch viele Jahre zu wandern, zu radeln und zu paddeln – aber irgendwann einmal werde auch ich nicht mehr draußen unterwegs sein können oder wollen. Und für diesen Fall haben Sie mir gerade eine wunderschöne Idee geschenkt. Danke!«

2. Oktober 2014

Håverud, Schweden

Kilometer 563

Staunend nähere ich mich in meinem Kajak dem Wasserfall von Håverud. Fast zehn Meter stürzt das Wasser hier zwischen Felsen vom See Aklång in den Ånimmen. Für die Erbauer des Dalsland-Kanals war diese enge Schlucht im 19. Jahrhundert ein fast unüberwindbares Hindernis auf dem Weg vom Vänernsee in Schweden bis zum Haldenkanal in Norwegen. Dabei mussten sie auf der insgesamt 254 Kilometer langen Wasserstraße nur zwölf Kilometer Kanal graben oder in den Fels sprengen. Der Rest besteht aus natürlichen Gewässern.

Für Håverud hatte der Kanalbauer Nils Ericson eine geniale, wenn auch für die damalige Zeit wagemutige Idee: Er umging die Stromschnellen, indem er die Schiffe über vier Schleusen auf ein Aquädukt anhob, das über den Wasserfall hinweg in den Aklång führt. Doch damit nicht genug: Über dem Aquädukt überquert eine klappbare Eisenbahnbrücke die Schlucht – und darüber wiederum, also noch ein Stockwerk höher, befindet sich eine Straßenbrücke.

Während an diesem sonnigen Vormittag Dutzende von Touristen das technische Meisterwerk bewundern, gilt meine Aufmerksamkeit bald einem anderen Problem: Auch ich muss mit meinem Kajak die zehn Meter Höhendifferenz zwischen den beiden Seen überwinden, aber genau wie im Göta-Kanal werden die Schleusen hier außerhalb der Saison nicht bedient. Ich muss mich wohl darauf einstellen, wie üblich wieder einmal mühevoll umtragen zu müssen, nur kann ich hier weit und breit keinen geeigneten Platz zum Anlanden finden. Der gesamte Uferbereich ist mit Ketten abgesperrt und dazu noch mit zahlreichen »*No portage!*«-Schildern versehen.

Der Grund ist klar: Im Sommer herrscht hier natürlich Hochbetrieb mit Dutzenden von Kanus jeden Tag. Wenn nun jeder dieser Paddler sein Boot aus dem Wasser ziehen und über das Ufergelände schleifen würde, sähe der Rasen sicherlich nicht mehr so gepflegt aus. Zudem ist die Schleusengebühr in Höhe von drei Euro die einzige Einnahmequelle der Kanalgesellschaft an den Paddlern …

Ich lande nun gezwungenermaßen illegal am Gelände eines schicken Hotels an, ziehe mein Boot schnell unter der dortigen Absperrung durch und schiebe es dann möglichst unauffällig über den Rasen – sofern das mit einem fünf Meter langen Boot überhaupt möglich ist. Erst als ich unbehelligt das Schleusengelände erreicht habe, atme ich auf. Doch dies war erst der Anfang des Manövers: Wie soll ich jetzt über das Aquädukt kommen? Denn neben der schmalen Trogbrücke gibt es natürlich keinen Treidelpfad …

Ich lasse mein Boot samt Inhalt wieder einmal unbeaufsichtigt stehen und begebe mich inmitten der Touristenscharen auf Erkundungstour. Als ich nach einer halben Stunde in dem steilen Gelände immer noch keine gute Umtragemöglichkeit gefunden habe, steuere ich in meiner Not die kleine Touristeninformation an der Schleusenanlage an.

»Kann ich Ihnen helfen?«, ertönt es da von einem kleinen Souvenirstand, als ich das Gebäude betrete. Ich drehe mich zur Seite und blicke in das freundliche Gesicht des Verkäufers.

»Ich wollte eigentlich zur Touristeninformation«, erkläre ich, doch der Mann schüttelt sogleich den Kopf und zeigt auf einen verwaisten Tresen.

»Die ist seit 1. Oktober geschlossen«, erklärt er mir, und ich stelle fest, dass das Reisen in der Nachsaison auch Nachteile hat.

»Ich bin mit dem Kajak unterwegs und suche den besten Weg, um die Schleuse zu umtragen«, erläutere ich mein Problem.

Bedächtig wiegt der Verkäufer den Kopf und erklärt dann langsam: »Also, das wird ziemlich schwierig… Sie müssen komplett außen herum: erst einmal durch die Bungalowsiedlung den Berg zur Straße hoch, dann über die Bahngleise die Hauptstraße entlang nach links, über die Brücke und danach den ersten Feldweg rechts steil hinunter. Da ist dann ein Picknickplatz, an dem Sie wieder einsetzen können.«

»Wie weit ist das denn?«, frage ich etwas verzagt.

»Ich schätze mal, zwei Kilometer«, entgegnet er und sieht mich mitleidig an.

Und damit behält er leider recht. Ich muss mein Kajak fast zwei Kilometer hoch und runter über die Straße ziehen, um das knapp 400 Meter lange Schleusengebiet zu umtragen. Doch dabei bleibt es nicht. Der Dalsland-Kanal hat insgesamt 31 Schleusenkammern an siebzehn Stationen, von denen mich jede einzelne an meine Grenzen bringen wird. Ich werde mein Kajak über steile Kaimauern aus dem Wasser hebeln und dabei beten, dass das Boot nicht auseinanderbricht. Ich werde es unter

Elektrozäunen hindurchschieben und dabei höllisch aufpassen, keinen Stromschlag abzubekommen. Vor allem aber werde ich mein Boot mit meinem immer noch lädierten Knie insgesamt zwanzig Kilometer weit über Land zerren – nachdem ich schon am Göta-Kanal fünfzehn Kilometer umtragen habe. Doch wer sein Kajak liebt, der schiebt…

Obwohl die Schleusen für mich die größte Herausforderung auf dem Dalsland-Kanal darstellen, haben sie auch etwas Gutes: Da es an jeder der elektrisch betriebenen Einrichtungen einen Stromanschluss gibt, ist mein Handy stets aufgeladen!

4. Oktober 2014

Bengtsfors, Schweden

Kilometer 594

Als ich nach dem Einkaufen zu meinem Boot zurückkomme, habe ich Proviant für die nächsten fünf Tage und einen Liter Benzin für meinen Kocher im Rucksack. Und ich bin bester Laune, denn jetzt muss ich nur noch meine Vorräte verstauen, einsteigen und lospaddeln. Die Schleuse von Bengtsfors habe ich nämlich schon vor meiner Shoppingtour umtragen.

Vorsichtig laufe ich die steile Böschung zum Wasser hinunter, denn der Kanal ist in der Stadt tief in das Erdreich eingegraben. Mein Kajak wartet an einer kleinen Anlegestelle auf mich. Ich lege meinen Rucksack ab und setze mich in der wärmenden Mittagssonne auf den Bootssteg aus Kunststoff. Während ich gemächlich die neu erworbenen Vorräte in meinen Packsäcken unterbringe, beobachte ich neugierig die Umgebung. Auf der Brücke vor mir herrscht reger Betrieb, denn heute findet im Ort eine Art Volkslauf statt. Jogger mit Startnummern auf der Brust rennen in bunten Outfits nur wenige Meter entfernt an mir vorbei, beklatscht und angespornt von Zuschauern und Passanten. Ich bin froh, dass ich hier unten am Kanal außerhalb des Trubels packen kann, und lasse mir viel Zeit dabei.

Erst als der Strom der Läufer auf der Brücke schon langsam abnimmt, bin ich abfahrbereit. Ächzend erhebe ich mich, streife Spritzdecke und Rettungsweste über und schiebe mein Kajak parallel zum Ufer ins Wasser. Dann setze ich mich neben das Cockpit auf den Steg und werfe einen letzten Blick auf die Brücke. Immer noch kämpfen sich dort einige erschöpfte Läufer voran, doch die sind viel zu sehr mit sich selbst beschäftigt, um mich und mein Einstiegsmanöver zu beachten.

»Gut so!«, denke ich erleichtert, denn obwohl ich schon Hunderte von Malen in mein Boot gestiegen bin, bin ich bei dieser kippeligen Angelegenheit immer noch etwas nervös. Und mein unbewegliches Knie macht die Sache nicht gerade besser …

Wie im Lehrbuch lasse ich meine Beine nun in die Einstiegsluke gleiten, stütze mich mit einer Hand auf dem Steg und mit der anderen Hand hinter dem Kajaksitz ab und verlagere meinen Körperschwerpunkt, sprich meinen Hintern, Richtung Boot. Eigentlich müsste ich mich jetzt nur noch elegant in den Sitz unter mir plumpsen lassen, doch hier ist der Steg niedriger als mein Kajak. Statt also von oben in das Cockpit zu schweben, bleibe ich mit meinem Allerwertesten am Süllrand hängen und stelle entsetzt fest, dass ich das Boot dadurch immer weiter vom Steg wegschiebe.

Und dann geht alles ganz schnell. Erst hänge ich noch grotesk mit dem Po zwischen Steg und Boot, dann kann ich mein Gewicht nicht mehr halten – und stürze mit einem lauten Platschen in das kalte Wasser.

Nach einer Millisekunde ungläubigen Staunens ziehe ich mich sofort am Steg wieder hoch und klettere unbeholfen an Land. Mein erster Blick geht zur Brücke. Steht dort schon eine feixende Menschenmenge, die meinen unfreiwilligen Tauchgang bejohlt?

Doch nimmt niemand Notiz von mir. Ich will schon erleichtert aufatmen, als mich ein zweiter panischer Gedanke durchzuckt: mein Handy! Denn das befindet sich wie immer in meiner Hüfttasche – und ist nicht wasserdicht verpackt. Mit zitternden Händen öffne ich den Reißverschluss und hole das Smartphone heraus. Auf dem Display glitzern ein paar Wassertropfen … Wenn das Handy beschädigt sein sollte, ist der Rest meiner Tour gefährdet. Wie sollte ich sonst den Wetterbericht abfragen, meine Rückreise planen oder im Notfall Hilfe alarmieren?

Angespannt drücke ich auf die Einschalttaste. Und gerade als die Zuschauer auf der Brücke einen letzten müden Läufer bejubeln, leuchtet der Startbildschirm auf. Erleichtert seufze ich und schließe kurz die Augen, um wieder ruhiger zu werden. Denn noch beben meine Beine, und mein Herz schlägt rasend schnell – vor Schrecken, aber auch vor Scham. Da bin ich auf dem Yukon und dem Mississippi gepaddelt, ohne ein einziges Mal zu kentern. Und ausgerechnet hier an einem friedlichen Kanal falle ich wie ein Anfänger einfach ins Wasser.

Ich öffne die Augen und zwinge mich, mehrere Male tief durchzuatmen. Denn anstatt mir selbst Vorwürfe zu machen, sollte ich mich jetzt um die Schadensbegrenzung kümmern. Ich sehe an mir herunter: Mein Oberkörper ist fast trocken, da ich nicht komplett untergetaucht bin. Ich muss also nur die Hose wechseln. Doch meine Wechselkleidung befindet sich in meinem Kajak – und das ist bei meinem missglückten Einstieg gekentert.

Immerhin kann ich mich nun dafür loben, dass das Boot bei meiner Wasserlandung noch am Steg vertäut war. Denn so kann ich es wenigstens einfach heranziehen, anstatt dafür nochmals in den Kanal springen zu müssen. Ich muss jedoch all meine Kräfte aufbieten, um es vom Steg aus wieder umzudrehen, denn es ist halb mit Wasser vollgelaufen.

Nachdem ich so einen Großteil des Wassers entfernt habe, überprüfe ich den Inhalt der Packtaschen, die sich erfreulicherweise als komplett wasserdicht erweisen. Schnell entledige ich mich meiner nassen Hose und schlüpfe in trockene Kleidung. Dann breite ich alles, was nass oder feucht geworden ist, auf dem Bootssteg und dem Rasen an der Anlegestelle zum Trocknen aus. Dazu zählen auch die Geldscheine in meinem Portemonnaie, die ich einzeln mit Gewichten beschwert in die Sonne lege. Leider befindet sich immer noch literweise Restwasser im Kajak, das beim Anheben einfach nur in den tieferliegenden Teil des Boots fließt. Mit der Lenzpumpe und einem Schwamm arbeite ich eine Stunde lang, bis endlich wieder alles komplett trocken ist. Immerhin ist mir danach ziemlich warm.

Obwohl meine Kleidung noch feucht ist, sitze ich schon zwei Stunden nach meinem unfreiwilligen Bad wieder im Kajak und paddle hinaus auf den Lelång. Die nassen Sachen werde ich wohl abends an einem der Lagerplätze noch einmal zum Trocknen in die Abendsonne legen müssen – aber immerhin ohne potenzielle Zuschauer …

5. Oktober 2014

Lelång, Schweden

Kilometer 614

Verblüfft lasse ich mein Paddel sinken und starre auf die Insel vor mir: Vier Boote legen gerade vom dortigen Lagerplatz ab. Seit Beginn meiner Tour habe ich keinen einzigen Paddler mehr gesehen – und jetzt gleich vier Kanadier auf einmal! Ich freue mich schon auf ein ausgedehntes Pläuschchen, als ich realisiere, dass die acht Paddler mich gar nicht bemerkt haben. Jeweils zwei Männer sitzen in einem Boot, und durch die zu mir herüberdringenden Wortfetzen kann ich sie schnell als Deutsche identifizieren. Erst versuche ich, sie einzuholen, doch schon sehr bald halte ich lieber einen gebührenden Sicherheitsabstand ein. Denn die acht Jungs, die ich auf Mitte zwanzig schätze, bewegen sich im Zickzack vorwärts. Und obwohl es gerade erst halb elf ist, bin ich mir nicht sicher, ob dieser Schlangenlinienkurs auf mangelnde Paddelkenntnisse oder erhöhten Alkoholkonsum zurückzuführen ist.

Selbst aus 200 Meter Entfernung rieche ich über den See hinweg ihren intensiven Lagerfeuergeruch und beobachte erstaunt, wie sie sich in ausgelassener Stimmung mit ihren Booten mehrfach fast gegenseitig rammen. Zwanzig Minuten später steuern sie schon wieder die nächste Insel an. Kaum angelandet, verschwindet die Hälfte der Besatzung hinter den spärlich gesäten Bäumen.

»Schlechtes Blasenmanagement«, denke ich grinsend, als sie mich endlich entdecken und mir mit der linken Hand freundlich zuwinken, während sie mit der Rechten versuchen, ihre Hosen zu schließen. Wäre ich näher dran gewesen, hätten die vier mir womöglich noch aufs Boot gepinkelt …

Währenddessen prosten sich ihre vier Kollegen gerade mit Bierdosen zu und lichten sich beim Trinken gegenseitig mit der Kamera ab. Als sich die Truppe vor der Schutzhütte der Insel wieder vereint, grölt einer der Jungs: »Unser Lied … zwo, drei, vier!« – und sofort ertönt ein lautstarker Schauergesang. Nach einer Schrecksekunde erkenne ich den Song: »Scheiß drauf – Malle ist nur einmal im Jahr!«

Ich habe genug gesehen und vor allem gehört. Hastig tauche ich mein Paddel wieder ins Wasser und ziehe mit Leibeskräften durch, um so schnell wie möglich von hier fortzukommen.

Doch dies war meine letzte Begegnung mit anderen Paddlern. Während es im beliebten Dalsland-Gebiet im Sommer geradezu vor Wassertouristen wimmelt, werde ich jetzt im Oktober die Seen bis zum Ende meiner Tour ganz für mich allein haben.

13. Oktober 2014

Töcksfors, Schweden

Kilometer 743

»Herzlichen Glückwunsch zum bestandenen Appalachian Trail!«, gratuliere ich Robert am Telefon.

Ich liege entspannt auf meinem Bett in der Jugendherberge von Töcksfors, wo ich gestern einen Ruhetag eingelegt habe. Und bevor ich gleich pünktlich zum Check-out wieder lospaddle, nutze ich noch einmal das kostenlose WLAN, um mit meinem Freund und früheren Vermieter Robert zu skypen.

»Danke, danke! Es war einfach super!«, sagt Robert am anderen Ende der Leitung in Deutschland. Ich sehe förmlich, wie er über das ganze Gesicht strahlt, als er mir begeistert von seinen Erlebnissen auf dem amerikanischen Langstreckentrail erzählt.

»Sucht ihr euch jetzt wieder einen Job, oder geht ihr gleich noch einmal auf Tour?«, frage ich nach einer Viertelstunde.

»Hm, ich sag es dir einfach geradeheraus«, erwidert Robert, und seine Stimme wird plötzlich sehr ernst. »Verena und ich haben den Trail zwar zusammen beendet, aber wir haben uns unterwegs als Paar getrennt.«

»Oh!«, ist das Einzige, was mir auf Anhieb zu dieser überraschenden Nachricht einfällt.

»So ein Langstreckentrail ist wie ein Katalysator. Weil man dabei seinen Partner in allen möglichen Extremsituationen kennenlernt, finden sich dort viele Paare fürs Leben. Aber leider funktioniert das auch anders herum. Verena und ich haben festgestellt, dass wir letztendlich nicht zusammenpassen«, stellt Robert traurig fest.

»Und wie geht es jetzt für euch beide weiter?«, frage ich vorsichtig nach und setze mich auf meinem Bett auf.

»Genau das ist einer der Gründe, warum ich heute mit dir skypen wollte. Ich fliege in ein paar Tagen nach Australien, während Verena erst einmal in unserer gemeinsamen Wohnung bleibt, bis sie einen neuen Job und ein eigenes Apartment gefunden hat«, erklärt Robert und macht mir dann ein überraschendes Angebot: »Unsere Wohnung in Marzahn hat ja zwei Zimmer. Wenn du möchtest, kannst du nach deiner Rückkehr in eines davon einziehen und dir mit Verena die Miete teilen.«

»Das ist ja super!«, entfährt es mir unwillkürlich, sodass ich mich gleich verbessern muss. »Damit meine ich natürlich das Wohnungsangebot, nicht eure Trennung…«

»Ist schon klar«, beschwichtigt mich Robert, bevor wir jetzt noch die Details meiner Rückkehr und meines Einzugs besprechen.

Als ich wenig später die Jugendherberge verlasse, bin ich angesichts der Trennungsgeschichte zwar etwas betrübt, aber andererseits auch erleichtert, dass sich mein Wohnungsproblem wieder einmal rechtzeitig gelöst hat. Denn meine Paddeltour nähert sich ihrem Ende. Töcksfors liegt gerade mal fünf Kilometer Luftlinie von der norwegischen Grenze entfernt. Doch noch will ich nicht zurück nach Deutschland. Heute will ich einen kleinen Abstecher in den Östensee machen. Das ist zwar eine Sackgasse, die ich wieder zurückpaddeln muss, aber ich will dieses wunderbare Seengebiet so lange erkunden, wie das Wetter mitspielt.

Nach meinem behaglich warmen Herbergszimmer erwarten mich draußen kühle Temperaturen und eine lange Portage durch den Ort. Die vielen norwegischen Touristen, die mit dem Auto über die nahe Grenze zum billigen Einkaufen nach Töcksfors gekommen sind, staunen nicht schlecht, als ihnen im dichten Nebel ein fünf Meter langes Kajak auf dem Bürgersteig entgegenkommt…

Fast eine Stunde brauche ich für das Umtragen durch den Ort und das Verstauen meiner Ausrüstung. Danach bin ich vor lauter Anstrengung so durchgeschwitzt, dass ich mittags nur mit einem dünnen Merinopulli als Baselayer und meiner Fleecejacke bekleidet ins Boot steige. Bei fünf Grad Tageshöchsttemperatur beginne ich daher schon nach wenigen Kilometern auf dem Wasser zu frösteln, doch meine warme Zusatzkleidung befindet sich leider gut verstaut weit hinten in meinem Boot.

Als ich mutterseelenallein auf dem völlig ruhigen See dahingleite, überkommt mich der Ehrgeiz. Ich lasse zwei einladende Schutzhütten einfach links liegen und beschließe, die siebzehn Kilometer bis zum letzten Lagerplatz am nördlichen Ende des Östensees einfach durchzuziehen. Während einer kurzen Pinkelpause setze ich mir eine warme Mütze auf und ziehe Neoprensocken über meine eiskalten nackten Füße – das muss reichen. Denn Mütze und Socken befanden sich griffbereit in dem kleinen Trockensack mit Tagesproviant vor mir auf dem Bootsdeck. Den Packsack mit der restlichen Kleidung aus dem Stauraum des Kajaks herauszuziehen erschien mir zu aufwendig, und so paddle ich frierend weiter.

Erst liegen noch dichte Nebelschwaden auf dem einsamen See und verleihen der Herbstlandschaft fast mystische Züge. Fast lautlos schwebe ich über das dunkle Wasser, auf dem schon die ersten braunen und gelben Blätter schwimmen. Als der Nebel sich im Laufe des Nachmittags lichtet, spiegeln sich darin die dichten Wälder am Ufer und der graue wolkenverhangene Himmel. Die feuchte Luft riecht modrig nach verfaulendem Laub und schlägt sich in winzigen Wassertröpfchen auf meiner Fleecejacke und dem Bootsdeck nieder. Kein Vogelgezwitscher ist mehr zu hören, nur noch selten dringt das typische *wak wak wak* einer Stockente an mein Ohr.

Als ich um halb sechs Uhr an meinem Ziel, dem Lagerplatz Nummer 29, anlande, bin ich total durchgefroren. Bibbernd steige ich aus meinem Kajak – und finde keinerlei Einrichtungen außer einem alten Plumpsklo vor. Ausgerechnet diese Lagerstätte ist ein reiner Zeltplatz ohne Windschutz!

Leise fluchend wäge ich meine Möglichkeiten ab. Ich kann nun einfach hier mein Zelt aufschlagen oder zweieinhalb

Kilometer zurück zur letzten Schutzhütte paddeln. Vor allem muss ich schnell entscheiden, denn in weniger als einer halben Stunde geht die Sonne unter. Da für die Nacht Regen und Temperaturen um den Gefrierpunkt gemeldet sind, entscheide ich mich hastig für die Variante mit der Schutzhütte. Eilig schiebe ich mein Kajak zurück in den See, steige wieder ein und paddle so schnell los, wie ich es nach siebzehn Kilometern auf dem Wasser ohne Pause vermag.

Denn nicht nur der nahende Sonnenuntergang drängt mich zur Eile. Ich bin mittlerweile völlig durchgefroren, und mit dem schwindenden Tageslicht sinkt die Temperatur weiter. Nach wie vor bin ich nur mit einem dünnen Pulli und einer Fleecejacke bekleidet, weil für einen Kleidungswechsel keine Zeit war. Durch kräftige, lange Paddelschläge versuche ich, Wärme zu generieren, aber meine Füße in den nassen Neoprensocken fühlen sich trotzdem an wie Eisklötze, und meine bloßen Hände sind fast taub.

»Eins, zwei, drei, vier, fünf, sechs, sieben, acht!«, zähle ich jeden einzelnen Paddelschlag mit und zwinge mich, vierzigmal durchzuziehen, bevor ich auf dem GPS wieder meine Position kontrolliere. Noch tausend Meter bis zum Ziel, noch 500 Meter, noch hundert Meter. Zehn Minuten nach Sonnenuntergang lande ich im letzten Dämmerlicht auf einer kleinen Insel am Lagerplatz 28 an.

In Situationen wie dieser zahlt sich meine jahrelange Routine aus. Ohne nachzudenken weiß ich genau, was jetzt zu tun ist. Denn mein Körper ist gefährlich nahe an einer Unterkühlung und mein Gehirn daher zu keiner großen Denkleistung mehr fähig. Wie ferngesteuert ziehe ich mein Boot aus dem Wasser, schleppe die Packsäcke hinauf in die Schutzhütte und entledige mich schnell der nassen Neoprensocken. Dann ziehe ich alle mir zur Verfügung stehenden Kleidungsschichten an, setze mich auf meine Isomatte und krieche unter meinen Quilt.

Während langsam wieder Gefühl in meine eiskalten Füße kommt, werfe ich mit klammen Fingern unbeholfen meinen

Benzinkocher an und bereite mir einen großen Topf Trinkschokolade aus der Tüte zu. Erst als ich mit den Händen das heiße Metallgefäß umschließe und große Schlucke des Getränks mich von innen wärmen, wird mir der Ernst meiner Lage bewusst. Ich sitze zwar jetzt wohlbehalten in einer Schutzhütte, doch hätte mich noch vor einer halben Stunde jeder kleine dumme Zufall in eine lebensbedrohliche Situation bringen können. Was wäre passiert, wenn ich aus irgendeinem Grund gekentert wäre? Hätte ich in meinem unterkühlten Zustand noch klar genug denken können, um den Weg zurück ins Boot oder an Land zu finden? Und selbst wenn ich mich in Sicherheit hätte bringen können, wäre dann meine verbliebene trockene Kleidung ausreichend gewesen, um mich wieder auf Betriebstemperatur zu bringen?

Nachdenklich presse ich meine Finger an den heißen Topf. Meine Ausrüstung lässt mir bei den momentanen Temperaturen keinen großen Spielraum für Fehler. Mit dem herannahenden Winter wird es immer fahrlässiger, ohne Partner und ohne Trockenanzug weiterzupaddeln. Ich nehme noch einen großen Schluck Kakao und blicke durch die Nacht hinaus auf den dunklen See. Und dann wird mir klar, dass es Zeit wird, die Tour zu beenden.

15. bis 17. Oktober 2014

Insel Trollön im Stora Le, Schweden

Kilometer 808

Als ich am Lagerplatz Nummer 9 Könnemyren aussteige, sehe ich zuerst den Hund und wundere mich. Denn streunende Hunde sind in Schweden ausgesprochen selten. Ganz besonders im Oktober, wenn schon lange niemand mehr in den Sommerhäusern am Ufer des Stora Le wohnt. Neugierig erklimme ich den Hang, der zur Schutzhütte hinaufführt. Dort steht das Herrchen, ein älterer Mann mit einer neon-orangen Warnjacke über der grünen Jagdbekleidung und einem beeindruckenden Gewehr im Anschlag. Nur leider sieht der Jäger mich nicht, denn er fixiert angestrengt einen Punkt in der entgegengesetzten Richtung.

»Hallo!«, rufe ich, um ihn auf mich aufmerksam zu machen. Langsam dreht er sich um und starrt mich einige Sekunden lang ungläubig an.

»Sind Sie hierher gepaddelt?«, fragt mich der Mann nun in gebrochenem Englisch. Eine ziemlich überflüssige Frage, denn auf einen Waldspaziergang weisen meine Spritzdecke und Rettungsweste nicht gerade hin.

»Ja, ich bin mit dem Kajak unterwegs«, antworte ich dennoch höflich, denn mit einem bewaffneten Menschen bricht man lieber keinen Streit vom Zaun.

»Wir jagen hier Elche«, erklärt er mir nun und lässt freundlicherweise sein Gewehr sinken. »Wollen Sie etwa in der Schutzhütte übernachten?« Ich nicke wohlerzogen, obwohl klar ist, dass ich um diese Uhrzeit wohl kaum nur die Bäume anschauen will.

»Die Jagd dauert mindestens noch zwei Stunden. Es wäre besser, wenn Sie erst danach wiederkommen. Sonst werden Sie womöglich noch für einen Elch gehalten und dann … bumm!«, erklärt mir der alte Herr lautmalerisch. Sein Hund hat sich mittlerweile neben ihn gesetzt und starrt mich ebenfalls an.

Ich fühle mich auf diesem Lagerplatz nun nicht mehr wirklich willkommen und beschließe, den Rückzug anzutreten, denn erfreulicherweise herrscht an dem riesigen See Stora Le kein Mangel an Schutzhütten. Schon 700 Meter weiter befinden sich die nächsten zwei Lagerplätze auf der Insel Trollön. Und dies scheint mir sowieso der passendere Übernachtungsplatz für heute zu sein, denn mitten durch die kleine Insel verläuft die schwedisch-norwegische Grenze. Ich habe das Ziel meiner Tour also erreicht.

Doch als ich eine Viertelstunde später mein Boot dort an Land ziehe, kommt in mir kein Hochgefühl auf. Denn noch ist meine Reise nicht beendet. Bis zum Sommerhaus von Nicke sind es weitere fünfzig Kilometer, also mindestens eineinhalb Tage auf dem Wasser. Und das Wetter sieht nicht gut aus. Bei Nieselregen hat es gerade mal fünf Grad, und der Wetterbericht verspricht noch eine weitere Verschlechterung. Ich lasse mich daher in der windgeschützteren Hütte auf der norwegischen Seite nieder und gehe früh schlafen.

Schon um sechs Uhr, also lange vor Sonnenaufgang, krieche ich gähnend aus meinem Quilt, denn jetzt aktualisiert der norwegische Internetwetterdienst seine Tagesvorhersage. Als ich in meine Sandalen schlüpfe, sind diese mit Raureif überzogen. Noch schlaftrunken stolpere ich im schwachen Schein meiner Stirnlampe über die Insel, um einen Ort mit gutem schwedischen Handyempfang zu finden. Als mir das Smartphone endlich zwei Balken anzeigt, lade ich hoffnungsfroh die Website – und werde bitter enttäuscht. Drei Grad Tageshöchsttemperatur, starke Winde und den ganzen Tag Regen meldet die Vorhersage für heute. Erst morgen ist eine leichte Besserung in Sicht. Frustriert schalte ich mein Handy aus und tapere wieder zurück in mein warmes Bett, um noch eine weitere Runde zu schlafen. Denn bei diesem Wettermix scheint es mir zu gefährlich, allein und mit meiner begrenzten Ausrüstung zu paddeln – zumal ich genug Proviant habe, um einen Tag einfach abzuwettern.

Als ich mich in meinen Quilt kuschle, muss ich wieder an meine Begegnung am Göta-Kanal denken: »Aber der Winter beginnt in Schweden doch schon im Oktober …« – der Mann hatte recht.

24 Stunden sitze ich auf der kleinen Insel Trollön fest. Und bei Temperaturen um den Gefrierpunkt und Regen gibt es nicht viel, womit ich mir die Zeit vertreiben kann, ohne schon nach wenigen Minuten zu frieren. Ich zelebriere jeden Schluck Tee

und jedes Stückchen Schokolade. Ich füttere ein paar Vögel und ein Eichhörnchen mit Haferflocken aus meiner Frühstücksration und beobachte, wie die zutraulichen Tiere sich sogar zu mir auf die Lagerplattform wagen. Vor allem aber lese ich. Doch selbst das ist bei dieser Kälte schwierig, denn trotz Handschuhen muss ich nach spätestens zehn Minuten das Buch zur Seite legen und meine Finger unter dem Schlafsack wieder anwärmen. Meistens genieße ich Literatur unterwegs ja in Form von Hörbüchern, denen ich beim Wandern oder Radeln mehrere Stunden am Tag lausche. Doch in meiner jetzigen Situation sind gedruckte Bücher besser, denn sie schonen meinen Akku …

In meinen Quilt gemummelt betrachte ich die vielen Kommentare und Schnitzereien, die andere Paddler an den Wänden der Schutzhütte hinterlassen haben. Diese freie Zeit zum Lesen und Nachdenken empfinde ich als ein riesiges Privileg meines Lebensstils. Während meiner beruflichen Karriere diktierten mein Job und meine Vorgesetzten, was ich las und über was ich nachdachte. Meine intellektuellen Kapazitäten waren zum großen Teil fremdbestimmt – zumindest acht Stunden am Tag. Und nach der Arbeit hatte ich meist weder Energie noch Lust, mich mit Kunst, Religion oder Philosophie zu beschäftigen. Als Teenager sinnierte ich noch über die großen Fragen des Lebens, als Berufstätige zerbrach ich mir stattdessen den Kopf über Finanzierungskonzepte und Businesspläne. Und obwohl mich diese beruflichen Inhalte faszinierten, war ich doch nicht mehr alleinige Herrin meiner Gedanken. Durch mein Outdoorleben habe ich mir diese Freiheit wieder zurückerobert. Jetzt bestimme ich allein, womit ich mich beschäftigen will.

Ich nehme wieder mein Buch zur Hand, Walter Kempowskis Familientrilogie. Weil ausgerechnet dieses Werk in Deutsch in einem schwedischen Secondhand-Laden für umgerechnet einen Euro zum Verkauf stand, setze ich mich an diesem Tag fasziniert mit der deutschen Nachkriegszeit auseinander. Auf meinen Touren stoße ich ständig auf spannende Themen –

durch Bücher oder Museen, durch Begegnungen mit Menschen oder durch die Geschichte der bereisten Orte. Und ich genieße den Luxus, frei und ungehemmt darüber nachdenken zu können.

Als ich am nächsten Morgen wieder um sechs Uhr auf der höchsten Erhebung der Insel mein Smartphone anschalte, verkündet der Wetterbericht eine Tageshöchsttemperatur von sagenhaften fünf Grad, kaum Wind und wenig Regen. Das Wasser ist zwar immer noch deutlich wärmer als die Luft, aber damit kann nun die letzte Etappe meiner Tour beginnen. Ich kündige Nicke mit einer kurzen E-Mail meine Ankunft für den nächsten Tag an, ziehe fast meine gesamte Kleidung inklusive Südwester, Regenjacke, Neoprenhandschuhen und -socken über und steche bei Sonnenaufgang in See.

18. bis 20. Oktober 2014

Nahe Ed, Schweden

Kilometer 852

Zögerlich fahre ich an den schmalen alten Holzsteg heran und sehe mich in der kleinen Bucht um. Bin ich wirklich am richtigen Grundstück? Nicke hat mir zwar Fotos seines Sommerhauses geschickt, aber die Anlegestelle kenne ich nur aus einer Beschreibung per E-Mail. Vorsichtig klettere ich vom Kajak auf den Steg und dehne erst einmal meine verkrampften Beine. Sechzehn Kilometer bin ich ohne Unterbrechung von meinem letzten Lagerplatz hierhergepaddelt. Mit steifen Gliedmaßen klettere ich durch den Wald einen steilen Hang hinauf. Wenn das hier Nickes Sommerhaus ist, dann habe ich einen anstrengenden letzten Bootstransport vor mir.

Der unbefestigte Weg führt mich direkt auf ein gepflegtes Rasengrundstück, in dessen Mitte ein zweistöckiges falunrotes Holzhaus steht. Und das sieht genauso wie auf Nickes Fotos aus. Jetzt muss ich nur noch den Schlüssel finden, denn mein Gastgeber befindet sich ja nicht hier, sondern im über hundert Kilometer entfernten Lidköping. Ich laufe um das Haus herum und greife unter das Brett des linken hinteren Fensters. Wie beschrieben finde ich dort einen Zylinderschlüssel. Eilig steige ich nun die vier Holzstufen zum Hauseingang hinauf, schiebe den Schlüssel ins Schloss, und tatsächlich öffnet sich nach zwei Umdrehungen die Tür.

Ich ziehe mir im Vorraum die Schuhe aus und trete ein. Der Anblick, der sich mir nun bietet, überrascht mich. Ich hatte ein spärlich eingerichtetes Sommerquartier erwartet. Stattdessen stehe ich in einer mit allen Schikanen ausgestatteten Wohnung. Staunend laufe ich durch das Wohnzimmer mit Fernseher und Stereoanlage in die riesige Küche, schaue kurz in das Gästezimmer mit frisch bezogenem Bett und entdecke schließlich das mollig warme Badezimmer. Bettwäsche und Heizung habe ich wohl Nickes Nachbarn Lennart zu verdanken, der heute Vormittag das Haus für meinen Besuch vorbereitet hat. Aber bevor ich mich all diesem Luxus so richtig hingeben kann, muss ich noch einiges erledigen …

Erst als es langsam draußen dunkel wird, lasse ich mich erschöpft auf die weiche Wohnzimmercouch fallen. Mein Boot und meine feuchte Paddelausrüstung befinden sich zum Trocknen im Schuppen, meine handgewaschenen Sachen hängen auf der Leine, und ich selbst bin frisch geduscht. Jetzt fehlt mir eigentlich nur noch guter Handyempfang, doch leider hat mein schwedischer Mobilfunkbetreiber in dieser Gegend ein großes Funkloch. Aber selbst dieses kleine Detail hat mein großzügiger Gastgeber bedacht.

»In meinem Sommerhaus hat man nur bei einem einzigen Anbieter Empfang. Deshalb bewahre ich in der Anrichte im Wohnzimmer eines meiner alten Handys auf, auf dem ich dich abends anrufen kann«, hatte Nicke mir vor zwei Tagen per E-Mail geschrieben. Und kaum habe ich das Telefon gefunden und angeschaltet, klingelt es auch schon.

»Hallo?«, melde ich mich etwas unsicher und hoffe, dass ich jetzt nicht irgendeinen Fremden in der Leitung habe.

»Christine, bist du gut angekommen?«, höre ich da zu meiner großen Erleichterung Nickes Stimme.

»Aber klar!«, antworte ich begeistert und berichte meinem Wohltäter von den Erlebnissen der letzten Tage. »Nicke, du ahnst gar nicht, wie sehr du mir mit dieser Einladung geholfen hast. Wenn ich mir vorstelle, dass ich jetzt draußen in der Kälte sitzen und mein Boot im Regen auseinanderbauen müsste …«

»Ich freue mich sehr, dass deine Tour so ein schönes Ende findet«, antwortet er.

Nach dem anstrengenden heutigen Tag dringt damit zum ersten Mal in mein Bewusstsein, dass ich jetzt tatsächlich am Ende meiner Reise angekommen bin. Heute bin ich zum letzten Mal aus meinem Kajak gestiegen. Morgen werde ich es endgültig auseinanderbauen. Und in drei Tagen werde ich bereits wieder in Deutschland sein. Ein Hauch von Traurigkeit überkommt mich. Aber auch Dankbarkeit, dass alles so gut gelaufen ist. Ich sitze mit dem Handy am Ohr auf dem Sofa und lächle.

»Christine, bist du noch dran?«, reißt mich Nickes Stimme aus meinen Gedanken.

»Ja, natürlich!«, antworte ich hastig.

»Ich habe nämlich noch eine gute Nachricht für dich. Du musst übermorgen nicht zur Bushaltestelle nach Ed laufen. Ich habe gerade mit Lennart telefoniert, und er holt dich Montag um neun Uhr ab«, teilt er mir nun mit.

Erst bin ich einen Moment sprachlos, dann bedanke ich mich erleichtert: »Nicke, das ist ja großartig! Vielen, vielen Dank für alles!«

»Gern geschehen! Melde dich einfach mal, wenn du wieder in Deutschland angekommen bist. Und jetzt schlaf gut!«, verabschiedet sich mein Gastgeber und legt auf.

Montagmorgen um kurz vor neun Uhr sitze ich wie verabredet auf der Holztreppe vor Nickes Haus und warte auf Lennart. Gedankenverloren blicke ich auf den vor mir liegenden Packsack mit meinem Boot. Fast den ganzen gestrigen Tag habe ich damit zugebracht, mein Kajak winterfest zu machen und mitsamt dem Zubehör in dieser Transporttasche zu verstauen. Aufgrund der hohen Luftfeuchtigkeit war das Boot im Schuppen allerdings nicht komplett trocken geworden, sodass ich die letzten Feuchtigkeitsreste wegföhnen musste. Die Erinnerung daran, wie ich mit dem Haartrockner in der Hand in meinem Boot herumgekrochen bin, lässt mich schmunzeln. Meine eigenen Haare föhne ich nicht so sorgfältig. Doch gleich werde ich wieder ernst, denn ich überlege, wann und wo ich dieses Kajak wohl wieder ins Wasser schieben werde. An der Donau? Oder in den Schärengärten an der schwedischen Ostküste? Außerdem habe ich auf meiner diesjährigen Radtour die finnische Seenplatte entdeckt …

Ich stütze die Ellbogen auf der Stufe hinter mir ab, lege den Kopf in den Nacken und blicke hinauf zu den Wolken am Himmel. Als ich jetzt die kühle feuchte Herbstluft einatme, ziehen die Bilder dieser Tour noch einmal vor meinem inneren Auge vorüber. Die Erinnerung zaubert ein Strahlen auf mein Gesicht, und in mir steigt eine tiefe Dankbarkeit auf für diese wunderbaren Erfahrungen – und all die Möglichkeiten, die noch vor mir liegen.

Wenn ich andere Menschen ganz direkt frage »Bist du glücklich?«, dann erhalte ich in der Regel nur ausweichende Antworten: »Eigentlich schon«, »Könnte schlechter sein« oder »Ich habe mich gut arrangiert«. Ein begeistertes »Ja!« bekomme ich dabei selten zu hören. Als ich vor über zehn Jahren mein Outdoorleben begonnen habe, stand bei mir nicht Selbstfindung, sondern einfach Neugier im Vordergrund. Das große Glück habe ich damals nicht gesucht – und trotzdem gefunden. Denn ohne jedes Wenn und Aber kann ich heute sagen: »Ja, ich bin glücklich!«

Motorengeräusche reißen mich aus meinen Gedanken. Lennart kommt auf dem unbefestigten Weg langsam mit dem Auto auf das Haus zugefahren. Als er mich auf der Treppe sitzen sieht, hebt er die Hand und winkt mir zu. Mit einem freudigen Lächeln auf den Lippen stehe ich auf und gehe ihm entgegen. Denn das Leben ist voller verlockender Angebote – und ich muss nur auswählen aus diesem bunten Hochglanzkatalog.

Lust auf mehr?

Dann sollten Sie unbedingt umblättern.

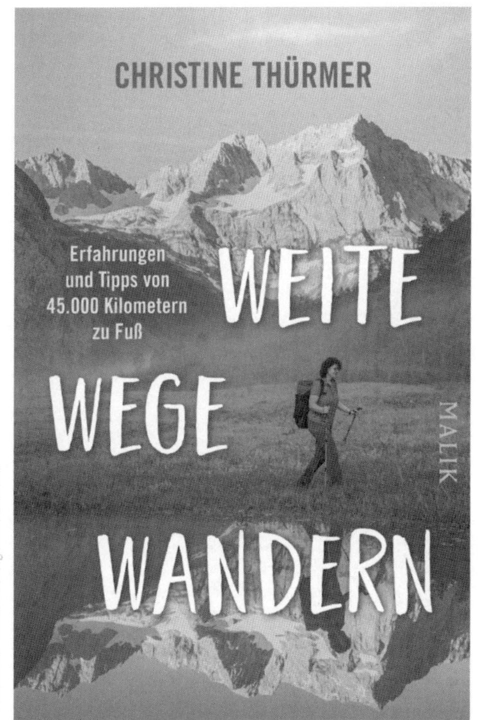

*Cover- und Preisänderungen vorbehalten

Leseprobe

Christine Thürmer

Weite Wege Wandern

Erfahrungen und Tipps von 45.000 Kilometern zu Fuß

MALIK Klappenbroschur, 288 Seiten

ISBN 978-3-89029-525-1

Leseproben, E-Books und mehr unter www.malik.de

Warum Weitwandern: Wie mich unterwegs das Glück fand

Wann wird aus einer Wanderung eine Weitwanderung? Es gibt keine offizielle Definition: Laut Wikipedia muss man dazu nur mehrere Tage unterwegs sein, der Alpenverein spricht ab 500 Kilometern Länge von einer Fernwanderung und ich selbst fange unter 1000 Kilometern gar nicht erst an. Der große Unterschied zwischen Wandern und Weitwandern liegt jedoch nicht in irgendwelchen Zahlen, sondern in dem, was es mit Ihnen macht. So werden Sie sich auch auf kurzen Touren erholen, Stress abbauen und fit werden, doch Langstreckenwandern hat noch ein ganz anderes Potenzial: Es wird Sie lehren, Ihren Körper zu lieben. Es wird Ihnen Zukunftsängste nehmen und dafür Selbstvertrauen und Freiheit schenken. Es wird sogar Ihre Werte und Einstellungen verändern. Vor allem aber wird es eines bewirken: Es wird Sie zu einem glücklicheren Menschen machen.

Senkung der Glücksschwelle

»Das neue Jahr beginnt gut«, denke ich voller Dankbarkeit am Neujahrsabend 2013. Den ganzen Tag bin ich bei Temperaturen knapp über dem Gefrierpunkt durch den Regen über die Berge der Appalachen gelaufen. Ohne Pause, denn hier am Benton MacKaye Trail in Tennessee gibt es keine Unterstellmöglichkeiten, nur endlose Eichen- und Ahornwälder. Kleidung, Socken,

Schuhe – alles ist komplett durchnässt und mit Schlammspritzern übersät.

Ich hatte mich schon auf eine kalte Nacht im klammen Zelt eingestellt, als ich völlig unerwartet, aber noch rechtzeitig vor Einbruch der Dunkelheit, diese luxuriöse Unterkunft an einer Forststraße entdeckte. Jetzt liege ich hier warm und trocken, meine von der Feuchtigkeit verschrumpelten Füße stecken in dicken Socken, und meine Kleidung trocknet auf der Wäscheleine neben mir.

»Ich bin eben ein echter Glückspilz«, freue ich mich und lausche dem monotonen Prasseln auf dem Dach über mir. Da höre ich plötzlich Motorengeräusche. Alarmiert fahre ich hoch und fürchte, dass ich gleich vertrieben werde. Mein Paradies ist nämlich nicht etwa ein Hotelzimmer oder eine Schutzhütte am Weg, sondern ein Plumpsklo des US Forest Service. Wenn den Autofahrer auf dem Waldparkplatz da draußen ein dringendes menschliches Bedürfnis überfiele, käme ich in arge Erklärungsnöte.

Gespannt halte ich die Luft an. Doch vor meiner verriegelten Toilettentür knistert lediglich ein Funkgerät, und Hunde winseln leise. Erleichtert atme ich aus. Draußen scheint ein nächtlicher Jäger zu parken, der sich per Funk mit dem Rest der Jagdgesellschaft abstimmt. Und tatsächlich knirschen schon nach wenigen Minuten die Autoreifen auf dem Kies. Der Fahrer wendet und braust davon. Als ich nur noch das Rauschen des Windes in den Baumkronen und die Regentropfen auf dem Metalldach höre, lasse ich mich erleichtert zurück auf meine Isomatte sinken.

»Gott sei Dank musste ich hier nicht raus«, denke ich, als ich mich in meinen warmen Quilt kuschle – und pruste dann laut los. Fernab der Zivilisation betrachte ich dieses Plumpsklo tatsächlich als mein persönliches Neujahrsgeschenk des Himmels. Die behindertengerechte und damit sehr geräumige Toilette wurde wohl erst vor ein paar Wochen aufgestellt, ist daher noch ziemlich sauber und riecht kaum – zumindest wenn man den Klodeckel herunterklappt.

Dass ich mich über eine Nacht in einer Komposttoilette so freuen kann wie andere über das Hilton, liegt an meinem minimalistischen Lebensstil als Langstreckenwanderin. Unterwegs passen all meine weltlichen Besitztümer in einen kleinen Rucksack und wiegen gerade mal knapp sechs Kilogramm. Ein Zelt, eine Isomatte, eine Art Schlafsack und ein einziger Satz Wechselkleidung sind neben ein paar Kochutensilien und ein bisschen Kleinkram alles, was ich dabeihabe. Mehr brauche ich selbst jetzt im Winter nicht.

Diese Reduktion auf das Wesentliche macht mich extrem dankbar für alles, was über meinen niedrigen Komfortlevel hinausgeht. Dinge, die früher ganz selbstverständlich waren, empfinde ich heute als Luxus: Weil ich mich unterwegs meistens im kalten Fluss wasche und auf einer schmalen Isomatte schlafe, freue ich mich über eine warme Dusche oder ein weiches Bett wie zuvor über eine Gehaltserhöhung. Während meine Ansprüche in meinem vorigen Leben mit zunehmendem Alter und Einkommen immer mehr gestiegen sind, hat meine Zeit als Weitwanderin das genaue Gegenteil bewirkt: Meine Glücksschwelle hat sich drastisch gesenkt – und zwar so weit, dass mich jetzt schon ein Plumpsklo entzückt.

Diese Veränderung meiner Wahrnehmung verschafft mir nicht nur auf Tour regelmäßig unglaubliche Glücksmomente, sondern beeinflusst auch mein »normales« Leben in der Heimat außerordentlich positiv – selbst wenn ich dabei im Überschwang der Gefühle bei meinen Mitmenschen manchmal etwas Befremden auslöse …

Nachdem ich zu Beginn meiner Outdoorlaufbahn meine eigene Wohnung gekündigt und meine Habseligkeiten eingelagert hatte, musste ich mir nach jeder Wanderung wieder eine vorübergehende Unterkunft in Deutschland suchen. Die Wohnungs- oder WG-Besichtigungen verliefen anfangs fast immer nach demselben Schema und haben die Vermieter oft etwas verwirrt zurückgelassen …

Vermieter/in (neugierig): »Was machen Sie so beruflich?«

Ich (stolz): »Ich bin Langstreckenwanderin!«

Vermieter/in (irritiert): »Was ist das denn für ein Beruf?«

Ich (begeistert): »Ich wandere lange Strecken zu Fuß. Genauer gesagt, bin ich ein ***thru**hiker*, weil ich diese Wege in einer Saison **durch**wandere.«

Vermieter/in (verwirrt): »Aha!« Pause. »Ich zeige Ihnen erst einmal das Zimmer.« (Führt mich in einen mehr oder minder abgewohnten Raum mit Möbeln der ausgezogenen Kinder/vom Sperrmüll/ aus dem Secondhandladen.)

Ich (ekstatisch): »Das ist ja großartig! Ein richtiges Bett! Ich muss nicht auf dem Boden schlafen! Und es gibt sogar einen Schreibtisch mit einem echten Stuhl! Dann kann ich beim Arbeiten ja an einem Tisch sitzen! Gibt es womöglich auch ein Badezimmer mit fließend warmem Wasser?«

Vermieter/in (alarmiert): »Ähm, also, wir melden uns, wenn wir uns für einen Bewerber entschieden haben ...«

Natürlich habe ich nie mehr von ihnen gehört. Die Vermieter fühlten sich durch meinen Enthusiasmus über die eher dürftige Wohnungsausstattung wohl entweder veräppelt – oder vermuteten einen psychischen Schaden. Dabei ist diese Begeisterung einfach das Resultat meines genügsamen Lebensstils auf Tour. Erst als ich mir meine euphorischen Äußerungen verkniff, fand ich eine Bleibe.

Bis auf diese kleinen Verwicklungen hat das Weitwandern mein Leben ausschließlich positiv verändert. Fast jeden Abend liege ich in meinem Zelt oder Bett, denke über den vergangenen Tag nach und könnte vor Freude über die wunderbaren Erlebnisse laut »Danke! Danke! Danke!« schreien. Obwohl ich das gar nicht beabsichtigt hatte, habe ich unterwegs das große Glück gefunden. Oder wie die nordamerikanischen Langstreckenwanderer sagen: *Thruhiking has ruined my life, thank God!* – Weitwandern hat mein Leben ruiniert, Gott sei Dank!

»Go with the flow, baby!«

Es ist schon nach 20 Uhr, als ich Děčín mit einem prall gefüllten Rucksack und vollem Bauch verlasse. Der Einkauf im ersten tschechischen Supermarkt am Weg hat viel länger gedauert als geplant. Einen Teil des Proviants habe ich gleich an Ort und Stelle zum Abendessen verspeist, weil ich an diesem heißen Junitag nach mehr als zehn Stunden zu Fuß dringend eine Pause brauchte. Doch nach einem kräftigen Anstieg liegt die Stadt nun hinter mir, und ich erreiche hoch über dem Elbtal noch vor Einbruch der Dunkelheit wieder den Wald.

Eigentlich sehe ich bereits zwischen den ersten Bäumen passable Zeltmöglichkeiten, aber es drängt mich vorwärts: »Es kommen bestimmt noch bessere Plätze!« Da entdecke ich auf der Karte einen zwei Kilometer entfernten Aussichtspunkt, der bei Sonnenuntergang bestimmt ein schönes Elbpanorama bietet. Eine halbe Stunde später will ich allerdings trotz des spektakulären Blicks auf die Lichter im Tal auch dort nicht bleiben. In der Abenddämmerung laufe ich vorbei an den bizarren Felsformationen der Böhmischen Schweiz und werfe erst wieder einen Blick auf die Karte, nachdem ich schon die Stirnlampe hervorholen muss. In vier Kilometern Entfernung befindet sich ein besonders ebenes Waldstück – und so gehe ich noch eine Stunde im diffusen Mondlicht auf breiten Forststraßen.

Erst als es nach dem Abzweig auf einen Pfad so steil und felsig wird, dass mir trotz Stirnlampe erhebliche Verletzungsgefahr in der Dunkelheit droht, schlage ich widerwillig mein Zelt auf – nach 43 Kilometern! Eine völlig unerwartete Leistung auf dem ersten vollen Wandertag einer Tour, die mich auf 3000 Kilometern von Deutschland bis zum Schwarzen Meer führen wird. Obwohl ich gänzlich untrainiert gestartet bin, schmerzen mir die Glieder nur leicht. Ich schwebe sogar fast auf einer Wolke der Euphorie, als ich mich um 23 Uhr auf meiner Isomatte ausstrecke. Nach vielen Monaten am Schreibtisch bin ich endlich wieder draußen unterwegs – und sofort in den »Flow« geraten!

Der Begriff Flow stammt von dem ungarisch-amerikanischen Psychologen Mihály Csíkszentmihályi (das spricht sich ungefähr wie »Tschicksentmihei«) und bezeichnet einen Zustand absoluter Vertiefung und restlosen Aufgehens in einer Tätigkeit. Beste Beispiele sind Künstler im Schaffensrausch oder spielende Kinder. Glücksforscher Csíkszentmihályi definiert mehrere charakteristische Eigenschaften eines Flow-Zustands und beklagt, dass diese bei den meisten beruflichen Tätigkeiten fehlen. Auf das Weitwandern treffen sie jedoch allesamt zu!

Die Ziele sind klar, und Rückmeldung kommt sofort. Bei einer Wandertour sind Ziele eindeutig geografisch definiert – genauso wie die Rückmeldung: Läuft man schneller oder weiter, erreicht man seinen Bestimmungsort früher.

Handlungsmöglichkeiten und Fähigkeiten entsprechen einander. Tun sie das nicht, droht Langeweile bei Unterforderung oder Stress bei Überforderung. Wandern kann prinzipiell fast jeder, und den Schwierigkeitsgrad legt man eigenständig entsprechend seiner Fähigkeiten und Fitness bei der Tourenwahl oder der Etappenplanung fest.

Das Gefühl der Kontrolle einer Situation ist beim Wandern fast immer gegeben, da man komplett selbstbestimmt und nur wenigen unkontrollierbaren Störfaktoren, wie zum Beispiel dem Wetter, ausgesetzt ist.

Wenn diese drei Voraussetzungen zutreffen, beginnt der Flow durch gesteigerte Konzentration auf ein begrenztes Tätigkeitsfeld. Andere Reize werden ausgeblendet, und man vertieft sich so sehr in sein Tun, dass die Handlungen mühelos und wie von selbst ablaufen. Das Zeitgefühl verändert sich, man lebt völlig im Hier und Jetzt, und es ist kein Platz mehr für frustrierte

Rückblicke auf die Vergangenheit oder Zukunftsängste. Das geht bis zum Aussetzen des Ich-Bewusstseins, man verschmilzt praktisch mit der Handlung.

Natürlich laufen Langstreckenwanderer nicht ständig in völliger Ekstase durch die Gegend. Doch auch wenn es zwischendurch mal langweilige oder stressige Etappen gibt, stellt sich der Flow oft ein – »Go with the flow, baby!«, rufen sich die Thruhiker nicht ohne Grund häufig zu.

Im Flow führt man eine Tätigkeit einzig und allein um ihrer selbst willen aus, das Ziel wird unerheblich. Diese sogenannte Autotelie (der Selbstzweck) ist die höchste Form der Eigenmotivation – oder wie Csíkszentmihályi es nennt: das Geheimnis des Glücks. Und dieses wunderbare Glück habe ich tatsächlich auf den Weitwanderwegen unserer Welt gefunden.

Endlich Zeit zum Nachdenken

In Florida hat schon ein einziger Meter Höhenunterschied drastische Auswirkungen: Im Apalachicola National Forest im Nordwesten des Bundesstaates führt mich der Florida Trail auf den höheren Lagen durch lichten Fichtenwald, während ich etwas weiter unten zwischen enormen Sumpfzypressen durch knietiefes Wasser wate. Ich wundere mich also nicht darüber, dass der schmale Pfad vor mir im schokoladenbraunen Sumpfwasser verschwindet und erst dreißig Meter weiter wiederauftaucht. Trotzdem nehme ich alarmiert meine Kopfhörer aus den Ohren: Direkt auf dem Weg wärmt sich nämlich ein fast zwei Meter langer Alligator in der Sonne, der nun erschreckt ins Wasser gleitet. Der kräftige schuppige Schwanz klatscht noch einmal kurz auf, dann ist das massige Reptil ausgerechnet in dem Sumpf verschwunden, den ich jetzt durchqueren muss.

»Alligatoren sind ungefährlich für Erwachsene. Die fressen nur Hunde und Kinder…«, hatten mir US-amerikanische

Freunde erklärt, dennoch starre ich wenig überzeugt auf die absolut undurchsichtige braune Brühe. An Land könnte ich dem gepanzerten Tier einfach davonrennen, aber im Wasser hätte ich keine Chance gegen seine mehr als achtzig messerscharfen Zähne. Die nächste halbe Stunde versuche ich vergeblich, einen trockenen Weg um das Gefahrengebiet herum zu finden.

Als ich mich gezwungenermaßen doch todesmutig in den Sumpf hineinwage, überfällt mich im fast hüfthohen Wasser Panik, und ich renne zurück ans Land. Bei dieser Tiefe hätte der Alligator überhaupt kein Problem, mich mit seinen gewaltigen Kiefern zu packen und in ein leckeres Abendessen zu verwandeln. Fast fünf Minuten stehe ich am Rand der Senke und atme zur Beruhigung mehrmals tief durch, bevor ich nach dem Motto »Augen zu und durch« den nächsten Versuch starte. Voller Hektik platsche ich geräuschvoll durch das Wasser – und erreiche nach wenigen angstvollen Sekunden wohlbehalten, aber nass bis auf die Unterhose die andere Seite.

Nach ein paar Hundert Metern auf dem sandigen Weg beruhigt sich mein Herzschlag. Ich schalte meinen MP3-Player wieder ein – und muss bald laut lachen. Gerade höre ich das mittelalterliche Nibelungenepos und bin bei Siegfrieds unerschrockenem Kampf mit dem Drachen angelangt. Darin wird der siegreiche Held nach einem Bad im Blut des erlegten Ungeheuers (fast) unverwundbar. Im Vergleich dazu habe ich mich bei meiner Begegnung mit dem Urvater aller Drachen deutlich weniger tapfer angestellt. Einen derartigen Aktualitätsbezug hätte ich bei diesem Hörbuch nicht erwartet …

Im Laufe der nächsten Stunden und Tage zieht mich das Nibelungenlied immer stärker in seinen Bann. Während ich in Florida durch Sümpfe, Zuckerrohrplantagen und Großstadtvororte wandere, entfaltet sich auf meinem MP3-Player ein spannendes Drama über mutige Krieger, stolze Königinnen und ruchlose Verräter – und zwar auf Mittelhochdeutsch mit neuhochdeutscher Übersetzung. Als sich nach neun Stunden sämtliche Akteure in einem letzten Blutbad niedergemetzelt haben, beschäftigt mich die Geschichte von Treue, Verrat und Rache noch viele Tage und Wochen. Was ich zunächst für ein verstaubtes Märchen gehalten hatte, erwies sich als höchst moderne Parabel – und ich genieße den Luxus, die vielen Denkanstöße beim Wandern ungestört weiterverfolgen zu können.

Zwischen Zehn-Stunden-Arbeitstag, Familie, Freunden und den schnöden Anforderungen des Alltags finden die meisten Menschen kaum mehr Zeit und Kraft für Besinnung und Reflexion, Kunst und Kultur – oder gar mittelalterliche Heldenepen. Selbst wenn man sich als Jugendlicher noch begeistert mit den großen philosophischen, politischen oder sozialen Fragen beschäftigt hat, bestimmt im Erwachsenenleben häufig ein Vorgesetzter, wofür man einen Großteil seiner intellektuellen Fähigkeiten einzusetzen hat – zumindest tagsüber. Abends übernimmt dann die Familie das Kommando. Das Denken kreist notgedrungen eher um die Hypothek auf dem Haus oder die Betreuungspläne für die Kinder als um die Frage nach dem Sinn des Lebens.

Eine Weitwanderung ist eine hervorragende Gelegenheit, den Geist endlich einmal wieder frei schweifen zu lassen: Einerseits regt die Bewegung das Denken an, andererseits bindet das Laufen keine großen mentalen Kapazitäten. Kein Wunder also, dass viele Philosophen von Aristoteles bis Rousseau bevorzugt im Gehen sinnierten. Unterwegs liefern neben (Hör-)Büchern auch die Wege selbst neues Gedankenfutter: die Kultur und Geschichte der durchwanderten Landschaft, die Pflanzen und Tiere am Wegesrand oder Begegnungen mit anderen Wanderern. Auf Tour führe ich die intensivsten Gespräche, denn losgelöst vom Alltagsballast und hungrig nach Anregungen kann ich mich voll auf meine Gesprächspartner konzentrieren, die so viel aufrichtiges Interesse oft gar nicht mehr gewohnt sind.

Während man zu Hause ständig selektieren oder sich gar abschotten muss, um nicht mit Reizen überflutet zu werden, macht eine Weitwanderung den Kopf frei und damit Lust auf geistige Ausflüge. So wandert man nicht nur mit den Füßen, sondern auch mit den Gedanken zu neuen Zielen.

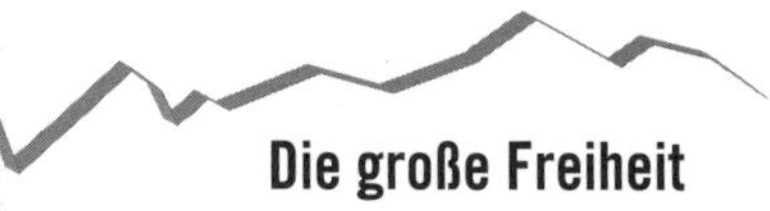

Die große Freiheit

Eigentlich will ich heute noch mindestens fünfzehn Kilometer auf dem Salzburger Almenweg laufen und nur mal kurz aus Neugier in die Hütte hineinspähen. Doch kaum stehe ich in der Tür, packt mich auch schon ein älterer Herr am Ärmel. »Hock dich her zu uns!«, glaube ich seine Salzburger Mundart zu verstehen. Er nimmt mir in der voll besetzten Wirtsstube den Rucksack ab und drückt mich zwischen sich und zwei weiteren Männern in Lederhosen und Strickjanker auf eine hölzerne Eckbank. Dabei wollte ich doch gleich wieder gehen …

Auf dem Tisch stehen eine riesige Teekanne, mehrere Tassen und ein Hackbrett (nicht das Küchenutensil, sondern das Saiteninstrument). Mein neuer Freund bearbeitet es sogleich mit filzbezogenen Schlägeln und intoniert dazu mit lautem Bariton: »Da Pforra mocht d Predigt, da Metzga mocht d Wurscht. Da Glauben, der mocht selig und d Hitz mocht an Durscht!«

Lachend heben er und seine beiden Kameraden die Tassen und schieben mir ebenfalls eine zu, denn: »Wandern macht ja auch durstig!« Voller Erstaunen darüber, dass dieses muntere Herrentrio gesundheitsbewusst Tee trinkt, nehme ich einen großen Schluck – und muss sofort husten. Das Getränk ist mit einem ordentlichen Schuss Schnaps angereichert. Mein Sitznachbar klopft mir hilfsbereit auf den Rücken und ruft lautstark in die Schankstube: »Warum trinken Mäuse keinen Alkohol? – Weil sie Angst vorm Kater haben!« Schallendes Gelächter aller Gäste. »Was ist grün und sitzt auf dem Klo? – Ein Kaktus!«

Eine Stunde lang jagt ein Kalauer den nächsten, lediglich unterbrochen von den Lachsalven der Zuhörer – und kleinen Trinkpausen. Ich verstehe zwar rein sprachlich nur die Hälfte, muss mir aber trotzdem bald vor lauter Lachen den Bauch halten. Immer, wenn ich endlich aufbrechen will, kommt ein besonders guter Witz dazwischen, oder mir wird erneut nachgeschenkt. Als mal wieder ein *Gstanzl* ertönt, stoße ich meinen Sitznachbarn in die Rippen und frage, wer sie für diesen Auftritt engagiert habe.

»Niemand!«, antwortet er entrüstet. »Wenn uns Pensionisten unten im Tal zu langweilig wird, nehmen wir die Seilbahn hier herauf und machen ein bisserl Musik. Irgendein depperter Tourist gibt uns dann schon immer ein paar Schnäpse aus …«

Bald gesellt sich sogar der Wirt zum Musikertrio. Obwohl wir Mitte Juli haben, schwingt er sich einen hölzernen Schneeschieber über die Schulter und entlockt ihm mit einem Kochlöffel ein atemberaubendes Percussion-Solo. Als er den mit einem Strick bespannten Butterstampfer als Bass hinzunimmt, verstummt selbst das letzte Gespräch in der Stube, und alle Gäste lauschen der improvisierten Alpenkapelle.

Erst nach über drei Stunden stolpere ich aus der Hütte in die frische Abendluft. Mein Bauch schmerzt vom vielen Lachen, und ich bin ganz schön beschwipst. Die ungeplante Pause hat mein Tagesprogramm und damit wohl auch die Tourenplanung für die restliche Woche ziemlich über den Haufen geworfen. Trotzdem laufe ich höchst beschwingt weiter – denn beim Fernwandern ist mir das relativ egal!

Während ich in meinem vorherigen Leben als Managerin komplett durchgetaktet von einer Besprechung zur nächsten hetzte, habe ich jetzt lediglich zwei Termine am Tag: Sonnenauf- und -untergang. Hinzu kommen in meinem imaginären Wanderkalender zwei wichtige Jahresereignisse: der Beginn des Frühjahrs mit der Schneeschmelze, die die Saison im Hochgebirge eröffnet, und der Wintereinbruch, der sie dann wieder beendet. Ansonsten bin ich absolut frei in meiner Entscheidung, wann und wo ich wandere.

Trotz dreistündiger Verspätung könnte ich heute wie geplant fünfzehn Kilometer laufen, wenn ich in der Dunkelheit meine

Stirnlampe einschalte. Oder ich schlage mein Zelt schon bei Sonnenuntergang auf und gehe dafür morgen früher los. Oder ich verkürze meinen nächsten Ruhetag, mache unterwegs weniger Pausen oder laufe eine Abkürzung. Die Entscheidung über diese vielen Möglichkeiten liegt ganz allein bei mir.

Selbst das Wetter hat nur einen geringen Einfluss. Anders als bei Rad- oder Kanutouren macht mir heftiger Wind zu Fuß eher wenig aus. Und im Dauerregen ist Wandern zwar ungemütlich, aber in vielen Gegenden genauso machbar wie Touren im Winter.

Beim Weitwandern habe ich unglaublich viel Freiheit und Flexibilität: Ich kann bei fast jedem Wetter und zu jeder Jahreszeit irgendwo unterwegs sein. Zudem bin ich in kein starres Zeitkorsett gepresst, sondern lege meinen Tagesablauf nach Lust und Laune fest: Habe ich viel Energie, laufe ich mehr oder schneller. Bin ich müde, wandere ich eben weniger Kilometer. Habe ich eine spannende Begegnung, halte ich ein langes Pläuschchen. Und wenn ich etwas Interessantes am Wegesrand sehe, besichtige ich es einfach. Grenzen setzt auf einer Wandertour höchstens die Natur – alles andere bestimme ich selbst!

Body Positivity – den eigenen Körper lieben lernen

Ausgerechnet die als prüde verschrienen US-Amerikaner haben zwei ausgesprochen freizügige Wanderrituale: Am Ziel ihrer langen Tour lichten sich die Thruhiker gerne nackt oder zumindest leicht bekleidet ab, und der Tag der Sommersonnenwende ist in den USA inoffiziell der *Naked Hiking Day*, an dem viele im Adams- und Evakostüm in der Natur unterwegs sind – wenn Mücken und Temperaturen dies zulassen.

Auch von mir und neun Mitwanderern gibt es entsprechende Fotos vom nördlichen Terminus des Pacific Crest Trails. Obwohl strategisch platzierte Handschuhe und Schals die entscheidenden Körperstellen verdecken, darf ich diese Aufnahmen nicht öffentlich zeigen: Alle Beteiligten haben sich damals zur strengsten Geheimhaltung verpflichtet. Ich kann aber verraten, dass keiner von uns Chancen auf eine Modelkarriere gehabt hätte oder gar im Schwimmbad bewundernde Blicke auf sich ziehen würde. Denn obwohl wir nach über 4000 Kilometern zu Fuß natürlich alle ziemlich fit waren, glänzen die Herren nicht mit Sixpack-Muskeln, sondern zeigen entweder abgeschmolzene Bierbäuche oder sind abgemagerte Hungerhaken. Die Damen haben statt straffer Bikinifiguren Cellulite in unterschiedlichen Stadien und Hängebusen. Von der verwilderten Kopf- und Gesichtsbehaarung wollen wir gar nicht sprechen. Der auffallendste Hinweis auf fünf Monate Draußenleben ist die *tan line*: Unsere Oberkörper und Oberschenkel sind käsig weiß, Arme und Beine hingegen dunkelbraun gebrannt.

Trotz all dieser Makel präsentieren wir zehn vor Freude übermütig lachend unsere Körper. Warum? Weil wir unglaublich stolz auf sie sind! Unsere Füße haben uns treu Tausende von Kilometern durch ein ganzes Land getragen – und da ist es völlig egal, ob am Oberschenkel Orangenhautdellen prangen oder Krampfadern die Waden zieren. Die unrasierten Beine, die verschrammten Knie und die aufgekratzten Mückenstiche empfinden wir nicht als Schönheitsmakel, sie sind ganz im Gegenteil Symbole unserer Leistungen. Der tägliche Muskelkater und die steifen Gelenke sind keine lästigen Begleiterscheinungen, sondern Zeichen von Lebendigkeit.

Wir haben uns nämlich nicht in einem sterilen Fitnessstudio gequält, um Schönheitsidealen zu entsprechen. Wir haben unsere Körper dazu genutzt, wofür sie eigentlich geschaffen sind: zum Laufen! Wir Menschen sind nicht dazu gemacht, die Tage sitzend in einem Bürostuhl zu verbringen und uns dann auf einem Laufband mit Blick auf den Fernsehbildschirm zu bewegen. Nein, wir gehören nach draußen in die Natur!

Thruhiker erbringen körperliche Höchstleistungen, um sich ihre Träume zu erfüllen – nicht, um anderen Menschen zu gefallen oder Körpernormen zu entsprechen. Beim Langstreckenwandern geht es um das Glück von innen, nicht um die Anerkennung von außen.

Da Weitwanderer auf dem Weg durch die Natur wenig Kontakt mit der Zivilisation haben, verlieren auch andere gesellschaftliche Normen an Relevanz: Kleidung hat keine modischen Funktionen mehr, sondern vor allem praktische. Wie man darin aussieht, interessiert sowieso kein (Wild-)Schwein, und die Mitwanderer wirken ähnlich verwahrlost wie man selbst. Wichtig ist nur, dass die Bekleidung warm und trocken hält. Da Stil und Ästhetik in der Wildnis irrelevant werden, lassen die meisten männlichen Thruhiker außerdem das Rasierzeug zu Hause und legen sich einen zotteligen Vollbart zu, während viele Frauen ohne Make-up und BH wandern.

Doch der Körper ist kein bloßes Instrument zur Erreichung eines geografischen Zieles. Er wird selbst zum Quell der Freude, denn die Glücksmomente beim Weitwandern sind sehr direkt und physisch: völlig ausgehungert in einen Schokoriegel beißen, verschwitzt in einen kühlen See springen oder an einem kalten Tag warme Sonnenstrahlen auf der Haut spüren … Dieses körperliche Wohlbehagen ist so viel intensiver als die eher abstrakte Befriedigung im Berufsalltag. Eine Beförderung löst sicherlich ein Glücksgefühl aus, doch es dauert sehr lange, bis sich dieses über den Umweg der nächsten Gehaltszahlung, dem Abheben vom Geldautomaten und dem Kauf eines Konsumgutes auch in körperliche Zufriedenheit verwandelt.

Durch das Weitwandern werden Sie vermutlich ein paar Kilogramm abnehmen, aber in einen gut aussehenden Athleten werden Sie sich trotzdem nicht verwandeln – das wird Ihnen nach der Tour allerdings schnurzpiepegal sein. Selbst wenn Sie nicht allen Mode- und Schönheitsidealen entsprechen, werden Sie sich in Ihrem Körper ausgesprochen wohl, gesund und fit fühlen!

Stärkung des Selbstvertrauens

Prustend tauche ich aus dem badewannenwasserwarmen Swan River auf und greife sofort nach dem knallroten Kajak, das ich gerade absichtlich zum Kentern gebracht habe. Nachdem ich das Boot strampelnd wieder umgedreht habe, stemme ich meinen Oberkörper mühsam am Heck hoch, schwinge ein Bein darüber und robbe rittlings nach vorne ins Cockpit. Schon seit zwei Stunden übe ich diesen *wet entry*, also den Wiedereinstieg in ein gekentertes Boot. Keiner der vielen Ausflügler in diesem Vorort der westaustralischen Stadt Perth beachtet mich noch bei meinen tollpatschigen Bemühungen. Bei meinem australischen Freund und Paddellehrer Alan sieht das Manöver höchst elegant aus, ich hingegen wirke wohl eher wie ein gestrandetes Walross.

»Na, wie war ich?«, rufe ich vom Kajak aus Alan zu, der es sich am Ufer im Schatten seines Wohnmobils gemütlich gemacht hat. Doch anstatt meine Selbstrettungsübungen zu kommentieren, starrt er konzentriert auf seinen Laptop und reagiert überhaupt nicht. Dabei hatte sich der kundige Paddler sofort bereit erklärt, mir Privatunterricht zu geben, als ich ihm von meinem neuesten Plan erzählte: Ich will in einem halben Jahr den über 3000 Kilometer langen Yukon befahren, obwohl ich bisher so gut wie keine Paddelerfahrung habe. Also bereite ich mich jetzt in Australien auf Alaska vor.

Mit drei kräftigen Schlägen erreiche ich das sandige Ufer und klettere ungelenk aus dem Boot. »Also, dein Trip auf dem Yukon dürfte kein Problem werden«, erklärt mir Alan mit zufriedener Miene, als ich triefend vor ihm stehe.

»Echt jetzt? Bin ich schon so gut?«, frage ich freudestrahlend nach und wische mir das nasse Haar aus dem Gesicht. »Nein, das nicht!«, meint mein Outdoorfreund trocken und klappt das Laptop zu. »Du stellst dich immer noch an wie der letzte Mensch. Aber ich habe gerade den Schwierigkeitsgrad des Yukon recherchiert. Dort gibt es nur eine einzige Stelle mit Wildwasser-Stufe II. Der Fluss ist so einfach, dass ihn selbst du als blutige Anfängerin schaffen kannst…« Diese entwaffnende Ehrlichkeit macht mich einen Moment sprachlos, dann brechen wir beide in schallendes Gelächter aus.

Alan sollte recht behalten: Als ich diese Stelle, die sogenannten Five Finger Rapids, gut sechs Monate später passiere, werde ich von den Wellen zwar kräftig geduscht, flutsche mit meinem Boot jedoch wohlbehalten durch den engen Felskanal. Die Selbstrettungsmanöver, die ich so ausgiebig in Australien trainiert habe, muss ich auf dem Yukon glücklicherweise kein einziges Mal anwenden.

Wandern ist zwar meine erste und größte Liebe, aber zwischen meinen vielen Touren zu Fuß bin ich mittlerweile außerdem 6500 Kilometer gepaddelt und 30 000 Kilometer geradelt. Je länger ich draußen unterwegs bin, desto mehr Tourenideen bekomme ich. Mal eben den Yukon befahren? Wird sicherlich auch ohne viel Erfahrung klappen! Oder einmal längs durch Japan radeln? Tolle Idee, selbst wenn ich kein Wort Japanisch spreche und schon zum Reifenwechsel eine Stunde brauche! Früher hätte ich solche Trips gar nicht in Betracht gezogen. Doch seit meiner ersten Langstreckenwanderung gibt es nur noch sehr wenig, was ich mir nicht zutraue. Ein paar Hundert oder gar Tausend Kilometer zu Fuß zu gehen stärkt das Selbstvertrauen enorm und verhilft zu einer realistischen Selbsteinschätzung, denn natürlich werde ich nicht auf Anhieb den Mount Everest besteigen. Deshalb stürze ich mich auch nicht Hals über Kopf in meine Projekte, sondern bereite mich bestmöglich vor, zum Beispiel mit Rettungsübungen auf den Yukon und Fahrradreparatur- und Sprachkursen auf Japan.

Am Ende hat mich die Erfahrung immer wieder gelehrt, dass man viel mehr schaffen kann, als man von sich selber glaubt oder einem von anderen zugetraut wird. Weitwandern eignet sich ideal zum Austesten der eigenen Möglichkeiten, da man ohne hohen vorherigen Einsatz sehr schnell großartige Erfolgserlebnisse erzielt. Besondere Fähigkeiten und Kenntnisse sind dabei genauso wenig vonnöten wie ausgeprägte Fitness. Jeder, der einen Fuß vor den anderen setzen kann, kann fernwandern. Man benötigt kein teures Equipment und kommt mit einem minimalen Budget zurecht.

Das neu erworbene Selbstbewusstsein und die Erkenntnis, mit wie wenig man auskommen kann, verschaffen einem nicht nur neue Perspektiven im Outdoorbereich, sondern helfen gleichzeitig immens im beruflichen und privaten Kontext. Wer Gewitter oder Grizzlybären überstanden hat, verliert die Angst vor einem Vorstellungsgespräch oder einer klärenden Aussprache. Wer tagelang marschiert ist, hält anstrengende Arbeitsphasen besser durch. Und die Erfahrung, wie weit man mit minimaler Finanzkraft und Ausrüstung kommt, reduziert Existenz- und Zukunftsängste drastisch.

Jeder Mensch hat Wünsche und Träume, doch die meisten halten sie aus den unterschiedlichsten Gründen für unerreichbar. Mir hingegen erscheint mein Leben mittlerweile wie ein bunter Hochglanzkatalog voller verlockender Angebote, aus denen ich lediglich auswählen muss. Meine zahlreichen Touren haben mir immer wieder gezeigt, dass viele vermeintliche Hinderungsgründe ausschließlich in den Köpfen der Menschen existieren, nicht jedoch in der Realität.

Mimesis zur Einführung

Friedrich Balke

Mimesis zur Einführung

JUNIUS

Junius Verlag GmbH
Stresemannstraße 375
22761 Hamburg
www.junius-verlag.de

Umschlaggestaltung: Florian Zietz
Titelbild: Graffito in Liverpool, CC0
Satz: Junius Verlag GmbH
Printed in the EU 2018
ISBN 978-3-96060-302-3

Bibliografische Information der Deutschen Nationalbibliothek
Die Deutsche Nationalbibliothek verzeichnet diese Publikation in der Deutschen Nationalbibliografie; detaillierte bibliografische Daten sind im Internet über <http://dnb.dnb.de> abrufbar.

Zur Einführung ...

... hat diese Taschenbuchreihe seit ihrer Gründung 1977 gedient. Zunächst als sozialistische Initiative gestartet, die philosophisches Wissen allgemein zugänglich machen und so den Marsch durch die Institutionen theoretisch ausrüsten sollte, wurden die Bände in den achtziger Jahren zu einem verlässlichen Leitfaden durch das Labyrinth der neuen Unübersichtlichkeit. Mit der Kombination von Wissensvermittlung und kritischer Analyse haben die Junius-Bände stilbildend gewirkt.

Seit den neunziger Jahren reformierten sich Teile der Geisteswissenschaften als Kulturwissenschaften und brachten neue Fächer und Schwerpunkte wie Medienwissenschaften, Wissenschaftsgeschichte oder Bildwissenschaften hervor. Auch im Verhältnis zu den Naturwissenschaften sahen sich die traditionellen Kernfächer der Geisteswissenschaften neuen Herausforderungen ausgesetzt. Diesen Veränderungen trug eine Neuausrichtung der Junius-Reihe Rechnung, die seit 2003 von der verstorbenen Cornelia Vismann und zwei der Unterzeichnenden (M.H. und D.T.) verantwortet wurde.

Ein Jahrzehnt später erweisen sich die Kulturwissenschaften eher als notwendige Erweiterung denn als Neubegründung der Geisteswissenschaften. In den Fokus sind neue, nicht zuletzt politik- und sozialwissenschaftliche Fragen gerückt, die sich produktiv mit den geistes- und kulturwissenschaftlichen Problemstellungen vermengt haben. So scheint eine erneute Inventur der Reihe sinnvoll, deren Aufgabe unverändert darin besteht, kompetent und anschaulich zu vermitteln, was kritisches Denken und Forschen jenseits naturwissenschaftlicher Zugänge heute zu leisten vermag.

Zur Einführung ist für Leute geschrieben, denen daran gelegen ist, sich über bekannte und manchmal weniger bekannte Autor(inn)en und Themen zu orientieren. Sie wollen klassische Fragen in neuem Licht und neue Forschungsfelder in gültiger Form dargestellt sehen.

Zur Einführung ist von Leuten geschrieben, die nicht nur einen souveränen Überblick geben, sondern ihren eigenen Standpunkt markieren. Vermittlung heißt nicht Verwässerung, Repräsentativität nicht Vollständigkeit. Die Autorinnen und Autoren der Reihe haben eine eigene Perspektive auf ihren Gegenstand, und ihre Handschrift ist in den einzelnen Bänden deutlich erkennbar.

Zur Einführung ist in der Hinsicht traditionell, dass es den Stärken des gedruckten Buchs – die Darstellung baut auf Übersichtlichkeit, Sorgfalt und reflexive Distanz, das Medium auf Handhabbarkeit und Haltbarkeit – auch in Zeiten liquider Netzpublikationen vertraut.

Zur Einführung bleibt seinem ursprünglichen Konzept treu, indem es die Zirkulation von Ideen, Erkenntnissen und Wissen befördert.

Michael Hagner
Ina Kerner
Dieter Thomä

Inhalt

Einleitung

Seiner *Fröhlichen Wissenschaft* (»*la gaya scienza*«) von 1887 stellt der Philosoph Friedrich Nietzsche folgenden Vierzeiler als Motto voran:

> »Ich wohne in meinem eignen Haus,
> hab niemandem nie nichts nachgemacht
> Und – lachte noch jeden Meister aus,
> Der nicht sich selber ausgelacht.« (FW 7)

Diese Verse stehen »Über meiner Haustür«. Es handelt sich um ein Schwellengedicht, das auch in dieses Buch einführen soll. Denn es geht im Folgenden um die Entfaltung eines Paradoxes, das die Mimesis, ein Grundwort der europäischen Philosophie, von Beginn an begleitet und das in dem Maße an Schärfe gewinnt, in dem die Nachahmung als handwerkliche Technik in Misskredit gerät. Spätestens in der Moderne, so wird die Geschichte der Mimesis gerne erzählt, legen Künstlerinnen und Künstler Wert darauf, in ihrem eignen Haus zu wohnen und die »Werkherrschaft«[1] über das, was sie herstellen, auszuüben. Um 1800 tritt die europäische Kultur ins Zeitalter der sogenannten Genieästhetik und ihrer urheberrechtlichen Absicherung ein, der Nietzsche in den ersten beiden Zeilen scheinbar seine Reverenz erweist, wenn er mit einer dreifachen Negation – »niemandem nie nichts« – die eigene Originalität betont.

Nie jemanden etwas nachgemacht zu haben ist das höchste Lob, das sich die moderne Kultur um 1800 aussprechen kann. Die folgenden zwei Zeilen in Nietzsches Motto markieren dann aber einen spektakulären Umschwung, der für die Epoche der Geniekultur insgesamt charakteristisch ist. Mit einem Gelächter quittiert der Philosoph die Originalitätsprätention ebenso schroff, die er zunächst rückhaltlos affirmiert hatte: Ein Meister, der sich auf seine Werkherrschaft etwas einbildet, gehört ausgelacht. Zur Meisterschaft gehört gerade die Fähigkeit, die angemaßte Originalität der eigenen Hervorbringungen zu durchschauen und damit auch die Unvermeidbarkeit der Nachahmung anzuerkennen. Die fröhliche Wissenschaft wird getragen von der Einsicht in die geteilte Handlungsmacht noch *jeder* Hervorbringung und gerade auch solcher Produktionen, die als meisterhafte sich ungeteilter Anerkennung erfreuen. Der französische Philosoph und Historiker der Denksysteme, Michel Foucault, der die philosophischen Impulse Nietzsches im 20. Jahrhundert aufgegriffen hat, bringt die Entzauberung von Anfängen und Ursprüngen auf den Punkt, der sich auch diese Einführung verpflichtet fühlt. Der fröhliche Wissenschaftler verfällt nicht in Depressionen, wenn er die Suche nach den Ursprüngen für vergeblich hält. Diese Suche ist vergeblich, denn sie »möchte alle Masken abtun, um endlich eine erste Identität aufzudecken«[2], das Wesen der Sache, wie es die philosophische Metaphysik beansprucht. Wenn die Mimesis bereits im Rahmen ihrer ersten umfassenden Problematisierung bei Platon den philosophischen Verdacht auf sich zieht, dann deshalb, weil sie die Maskerade, von der Foucault spricht, bis zum Äußersten treibt.

Der Name Platons taucht verschiedentlich in den Überlegungen Foucaults auf – und das nicht zufällig. Unmittelbar bevor er in seinem Dialog *Politeia* eine Kritik der Mimesis vorlegt, hat er die aus seiner Sicht entscheidende Frage an seine Leser formuliert: *Können die Götter sich verwandeln?* Täuschen und lügen sie? Sind sie Maskenwesen? Oder sind sie nicht vielmehr Urheber des Guten, Wahren und Schönen, so dass eine Philosophie, die diese Werte auch in der politischen Welt etablieren will, sich auf diese unveränderlichen Götter berufen kann? Einem Gott, so sagt es Platon unmissverständlich, ist es »unmöglich, daß er sich selbst sollte verwandeln wollen; sondern jeder von ihnen bleibt, wie es scheint, da er so schön und trefflich ist als möglich, auch immer ganz einfach in seiner eigenen Gestalt.« (P 381c) Dass Götter weder lügen noch täuschen können, dass ihnen solches *unmöglich* ist, also philosophisch verboten wird, ist das entscheidende Argument, um eine Mimesis zurückzuweisen, die in der Fähigkeit besteht, die von Platon unablässig bemühte Konstanz der Dinge und Wesen als scheinhaft zu entlarven. Nichts fällt Göttern und Menschen schwerer, als in ihrer »eigenen Gestalt« zu bleiben, so dass, um wenigstens ein wenig soziale Erwartbarkeit zu ermöglichen, Institutionen nötig sind, die diese Unveränderlichkeit antrainieren. Die Mimesis, die Platon aufgrund ihrer Fähigkeit zur exzessiven Vervielfältigung und Selbstverwandlung kritisiert, muss er zugleich in Anspruch nehmen, um sie seinem Projekt einer politischen Zähmung und Formung der Individuen dienstbar zu machen. Denn wie anders sollte die Philosophie in einer Kultur, der die Maskenhaftigkeit ihrer vielen Götter ganz selbstverständlich war, ein neues Kulturmodell etablieren, das auf der Einrichtung fester und verlässlicher, jederzeit auffindbarer Subjekte beruhte, die in einer *politisch* genannten Ordnung ausschließlich mit der Herrschaft über sich selbst und der Regierung der anderen beschäftigt werden sollten?

Vor dem Hintergrund dieser weitreichenden kulturellen und politischen Implikationen der Mimesis geht diese Einführung einen anderen Weg, als er in der Begriffsgeschichte von Mimesis und Nachahmung lange üblich war. Sie stellt die überragende

Rolle infrage, die Aristoteles, dem Schüler Platons, zugewiesen wurde, um die Vorherrschaft einer bestimmten Konzeption der Mimesis zu rechtfertigen, die sich in der Formel *ars imitatur naturam* niederschlägt. Hans Blumenberg verweist in seinem ideengeschichtlichen Abriss die »Nachahmung der Natur« in die »Vorgeschichte der Idee des schöpferischen Menschen«. Er tut dies unter Hinweis auf Aristoteles und konstruiert eine jener charakteristischen linearen Genesen, von denen die Geistesgeschichte so voll ist:

»Fast zwei Jahrtausende lang schien es, als sei die abschließende und endgültige Antwort auf die Frage, was der Mensch in der Welt und an der Welt aus seiner Kraft und Fertigkeit leisten könne, von Aristoteles gegeben worden, als er formulierte, die ›Kunst‹ sei die Nachahmung der Natur.« (NN 55)

Wenn Blumenberg hier einen Vorbehalt anmeldet, dann nur aus dem typisch modernen Selbstverständnis einer singulären historischen Position heraus. Die Idee einer Nachahmung der Natur habe »unsere metaphysische Tradition derart beherrscht [...], daß für die Konzeption des authentischen Menschenwerkes kein Spielraum blieb« (NN 61 f.). Blumenberg kritisiert die Aristoteles zugewiesene *metaphysische* Tradition also nur, um die *anthropologische* Fiktion an ihre Stelle zu setzen. Sie wird aber nicht als Fiktion benannt, sondern soll Ausdruck dessen sein, was der Mensch seinem Wesen nach ist, nämlich das »schöpferische Selbstbewußtsein« (NN 62).

Diese Einführung möchte sich nicht zwischen Metaphysik und Anthropologie entscheiden müssen, wie es Blumenberg noch unvermeidlich schien. Die Alternative ist vermeidbar, weil sich das scheinbar zwei Jahrtausende gültige Mimesisverständnis bereits einer Reduktion dessen verdankt, was Mimesis vor Aristoteles war. Dabei geht es nicht darum, hinter den kanonischen Philosophen einen ›wahreren‹ Ursprung zu identifizieren, der möglicherweise noch im Nebel einer philologisch wenig dokumentierten Frühgeschichte liegt. Wir müssen zu diesem Zweck nicht zu den Vorsokratikern, sondern nur zu Platon zurückkehren, weil hier ein komplexeres Mimesisverständnis vorliegt. In Platons Auseinandersetzung mit dem Wort und den Praktiken, die es bezeichnet, wird die *Herausforderung* greifbar, die die Mimesis für die philosophische Theorie und ihre politischen Ansprüche darstellte. Platon bringt die Philosophie gegen eine kulturelle Macht in Stellung, die auf der Mimesis gründete und die über das Theater und die Dichtung als den ›angestammten‹ Sphären mimetischer Praktiken hinausweist. Daher Platons Hinweis auf die Götter. Dass Mimesis die Nachahmung *menschlicher* Handlungen (auf der Theaterbühne oder im alltäglichen Leben) meint, wie es Aristoteles in der *Poetik* feststellt – und dass sie darüber hinaus für den Erwerb von Kenntnissen überhaupt eine zentrale Rolle spielt, ja sogar für angeboren ausgegeben wird (Poe 1448b) –, ist bereits Ausdruck einer philosophischen Entschärfung mimetischer Vorgänge und Praktiken.

Und selbst das Drama, auf das Aristoteles seine Theorie der Mimesis baut, ist Platon nicht deshalb so verdächtig, weil es »bei Anderen eine Täuschung erregen will«[3], sondern weil die Mimesis den Darsteller zu verwandeln droht. Das griechische Drama hat von sich aus wenig mit unseren Bühnenaufführungen zu tun. Das wird unmittelbar klar, wenn man an die Wesen denkt, »die auf den hohen Stelzen der Kothurne stehend, mit riesenmäßigen den Kopf überragenden stark bemalten Masken vor dem Gesicht [...] sich kaum bewegen können«. Das Drama beginnt, so Nietzsche,

»indem der Mensch außer sich ist und sich selbst verwandelt und verzaubert glaubt. In dem Zustande des ›Außer sich seins‹, der Ecstase ist nur ein Schritt noch nöthig: wir kehren nicht wieder in uns zurück, sondern gehen in ein anderes Wesen ein, so daß wir uns als Verzauberte geberden. Daher rührt im letzten Grunde das tiefe Erstaunen beim Anblick des Drama's: der Boden wankt, der Glaube an die Unlöslichkeit und Starrheit des Individuums.«[4]

Auch wenn Nietzsches Genealogie des griechischen Dramas nicht unwidersprochen geblieben ist, greifen seine Überlegungen doch philosophische Vorbehalte auf, die Platon der Tragödie und dem Schauspiel insgesamt gegenüber vorbringt. Dass Götter »Zauberer« seien und »wie aus dem Hinterhalt bald in dieser, bald in jener Gestalt« erscheinen könnten, dass sie ihre »eigene« Gestalt gegen fremde Gestalten »tauschen« könnten (P 380d), erzeugt Unruhe beim Philosophen, weil er zwar von Göttern spricht, aber letztlich doch immer die menschlichen Angelegenheiten vor Augen hat, deren Stabilität gefährdet ist, wenn die Konstanz der Gestalten und damit die soziale Verlässlichkeit durch exzessive Nachahmung infrage steht. Weil sie die Konstanz der Gestalten nicht respektiert und weil sie, wie das erste Kapitel dieser Einführung zeigt, keinerlei Grenzen im Hinblick auf dasjenige, was nachahmenswert und was nicht nachahmenswert ist, akzeptiert, ist Mimesis der zentrale Skandal für die gute Ordnung, der sich die Philosophie verschreibt. Die *Natur*, die der Mimesis dann später unter Berufung auf Aristoteles als invariante Bezugsgröße vorgegeben wird, ist bereits der Versuch, den inhärenten Exzess mimetischer Praktiken zu kurieren: Zugelassen ist sie, wenn sie eine als wesensmäßig vollständig und perfekt vorgestellte Natur nachahmt, statt den Gestaltwandel zu provozieren oder ephemere Effekte zu produzieren.

Noch aus einem anderen Grund ist Platons Auseinandersetzung mit der Mimesis für die gegenwärtige Beschäftigung mit dem Konzept produktiv: Stets sind es konkrete Orte und Techniken oder Verfahren, an denen er die Wirksamkeit der Mimesis studiert. Sosehr das Theater auch ein Ort ist, an dem die Mimesis ihre bedenklichen Effekte entfaltet, sosehr fürchtet Platon die Mimesis doch gerade wegen der Mobilität derer, die sie praktizieren. Die Rhapsoden, die von Stadt zu Stadt ziehen, sind ein besonderer Gegenstand seines Misstrauens: Diese Männer, die sich »künstlicherweise vielgestaltig zeigen«, weil sie unterschiedlichste Rollen anzunehmen vermögen, möchte er am liebsten gar nicht über die Schwelle der Stadt lassen; oder doch nur, um ihnen, wie es ironisch heißt, »das Haupt mit vieler Salbe« zu begießen und mit »Wolle« zu bekränzen und sie dann umstandslos »in eine andere Stadt [zu] geleiten« (P 398a). Den professionellen Mimetikern kann kein Bürgerrecht zugestanden werden. Die Mimetiker konkurrieren mit den Philosophen um nichts Geringeres als die Wahrheit: Denn wenn Wahrheit kurzerhand definiert werden kann als »vorstellen was ist« (P 413a), dann vermögen eben dies mimetische Techniken mit noch mehr Nachdruck als der umständliche theoretische Diskurs, den die Philosophen handhaben. Für die Mimesis hat die ontologische Unterscheidung zwischen dem, was ist und was nicht ist, keinerlei Relevanz. Was Theoretiker für problematisch halten mögen, kann der Mimetiker, eben weil er es ausführt, vor Augen stellen und mit Seinsanspruch versehen.

Im Mittelpunkt dieser Einführung stehen mimetische Praktiken und Operationen, deren Wirksamkeit sich auf unterschiedlichsten Ebenen quer durch alle historisch-epochalen Großformationen (Altertum, Mittelalter, Neuzeit/Moderne) nachweisen lässt und die nicht nur für die Kunst, sondern für Kulturen überhaupt unabdingbar sind. Mimetische Verfahren und Praktiken lassen sich nicht in eine Entwicklungsgeschichte einfügen, in deren Verlauf Kulturen oder politische Ordnungen sich zunehmend von ›Fremdbestimmungen‹ befreien, um zu ›sich selbst‹ vorzustoßen. Das weithin verbreitete Bild einer radikal a-mimetischen Moderne, das zunächst auf dem Feld der Künste etabliert wurde und lange Zeit das Selbstbewusstsein der Avantgarden und der kunsthistorischen Theoriebildung[5] bestimmt hat, hat sich inzwischen verwischt. Bruno Latour hat darauf hingewiesen, dass das Wort ›Moderne‹ »immer im Verlauf einer Polemik eingeführt [wird], in einer Auseinandersetzung, in der es Gewinner und Verlierer, Alte und Moderne gibt. ›Modern‹ ist daher doppelt asymmetrisch: Es bezeichnet einen Bruch im regelmäßigen Lauf der Zeit, und es bezeichnet einen Kampf, in dem es Sieger und Besiegte gibt.«[6] Von einem solchen asymmetrischen Konzept der Moderne hält diese Einführung den Begriff und die Praxis der Mimesis frei, denn er verstellt die Einsicht in die Kontinuität mimetischer Verfahren und Praktiken über alle Epochenschwellen und historischen Zäsuren hinweg. Der modernistische Horizont der Bestimmung von Mimesis als geschichtsphilosophische Abgrenzungstheorie ist nicht zu halten, da diese Bestimmung immer wieder von den historisch produktiven Prozessen mimetischer Zirkulation und Übertragung durchbrochen wird. Mimesis trägt also einer essenziellen *Messiness* der Bezugnahmen auf das jeweils Andere einer Kultur Rechnung.

Sosehr diese Einführung auch den Rückgang auf die antike Ausgangskonstellation der Mimesis produktiv zu machen versucht, hält sie doch Abstand von Versuchen, sie zu einem pathetischen Gegenprinzip moderner Vernunft zu erklären. Dies geschieht in Theodor W. Adornos und Max Horkheimers geschichtsphilosophischem Entwurf einer *Dialektik der Aufklärung* (1944)[7], in dem Mimesis ein nicht länger auf Selbsterhaltung und Naturbeherrschung abzielendes Zivilisationsmodell ermöglichen soll.

Die herrschaftskritische Funktion mimetischer Praktiken wird hier überdehnt, indem Mimesis für das schlechthin Andere der Herrschaft, sei sie nun wissenschaftlich, technisch oder politisch ausgerichtet, einstehen soll. Wird Mimesis also auf der einen Seite als mit der Moderne inkompatibel in deren Vorgeschichte verwiesen, wird sie auf der anderen Seite mit geschichtsphilosophischen Erwartungen aufgeladen, die durch ihre spezifische Funktionsweise in keiner Weise gedeckt sind.

Mimesis verfügt seit ihrer antiken Konzeptualisierung über einen *protokollarisch-regulierenden* und einen *exzessiven* Pol. Bei Platon steht einer prinzipiell offenen Serie von *unwürdigen* Nachahmungen, die der philosophischen Kritik verfallen, eine *empfohlene* Nachahmung dessen gegenüber, was unveränderlich und gut ist. Als ›gute‹ Nachahmung wird diese »Ideenmimesis« (Blumenberg) daran gemessen, wie getreu sie ein bestimmtes Vorbild (die Idee, die Natur) reproduziert bzw. wie ähnlich das Abbild dem Urbild ist. Die protokollarisch-regulierende Mimesis muss allerdings den Körper des Nachahmenden ergreifen, damit sie auch die erwünschte soziale Wirksamkeit entfaltet. Sie äußert sich dann als »die dauerhafte Art und Weise, sich zu geben, zu sprechen, zu gehen und darin auch: zu *fühlen* und zu *denken*«[8]. Der Soziologe Pierre Bourdieu hat in ausdrücklichem Rückgriff auf die griechische Philosophie ein Konzept des *Habitus* entwickelt, das er nutzt, um den Zusammenhalt auch moderner Gesellschaften herrschaftskritisch zu hinterfragen. Die gute Mimesis bei Platon ist der Habitus, das Wissen um den Platz des Einzelnen in der sozialen Ordnung und die Bereitschaft, diese zugewiesene Position zu akzeptieren. Wenn Platon dem Nachahmenden attestiert, von der Nachahmung das Sein »davonzutragen«, steht ihm die Inkorporierungsleistung der Mimesis vor Augen. Um nicht nur den Geist, sondern auch die Körper der Bürger vollständig in die gewünschte politische Ordnung einbinden zu können, muss sich Platon die herrschaftsstabilisierende Kraft der Mimesis aneignen.

Von dieser protokollarischen Mimesis, die einen funktionalen Beitrag zur Stabilität der politischen Ordnung leistet, indem sie eine generalisierte Gehorsamsbereitschaft erzeugt, ist eine tendenziell ordnungssprengende, exzessive Mimesis zu unterscheiden. Sie steht der protokollarischen Mimesis allerdings nicht einfach unverbunden gegenüber. Der mimetische Exzess ist häufig die ins Extrem oder über jedes vernünftige Maß hinaus getriebene Nachahmung. Die Präzision der Nachahmung kann dann bis zu einem solchen Grad gesteigert werden, dass sich Betrachter über den künstlichen Charakter des Artefakts täuschen und es für die Sache selbst halten. Der *protokollarische* Impetus der Mimesis schlägt in die Bewunderung der Originalkopie oder den notorischen Verdacht der *Simulation* um. Er setzt einen ihm eigenen Exzess frei, insofern die perfekte Nachahmung die Differenz zwischen ihr und dem Modell nicht länger erfahrbar macht. Mimesis unterläuft im Akt der perfekten Anschmiegung an ihr Vorbild dessen unbefragte Autorität, indem sie die Kopie an die Stelle des Originals setzt und dieses damit als prinzipiell substituierbar erscheinen lässt. Die antike Vorstellung einer mimetischen Mechanisierung des Lebendigen, wie sie der Mythos von Echo und Narziss ausführt (Kapitel I), der Dilettantismus als eine Strategie der Popularisierung des vermeintlich unnachahmbaren Genies um 1800 (Kapitel IV) oder die Verkehrung des Verhältnisses von Modell und Serie in der modernen industriellen Produktionsweise (Kapitel VII) sind wirkungsmächtige Beispiele aus unterschiedlichen Epochen, an denen sich die Sorge um die mimetische Aufwertung des ›bloß‹ Sekundären oder Minderen nachvollziehen lässt.

Ob es sich nun um den Spiegel, das Theater, den Tanz und die Pantomime (Kapitel I), den königlichen Zweitkörper und die performanceartigen Verdopplungen des leidenden Körpers Christi (Kapitel II) handelt, ob Medien der Relokalisierung antiker Relikte und Ruinen in der Renaissance, mimetische Maschinen, wie der Guckkasten Albertis (Kapitel III), gemalte Bilder mit den Szenen des gewöhnlichen Lebens (Kapitel IV) oder die römischen ›Kolosse‹ einer revolutionären Mimesis im Mittelpunkt stehen (Kapitel V), ob Schreibszenen, Possen der Alltäglichkeit, tragische oder komische Wiederholungszwänge (Kapitel VI) oder schließlich Remediation und Internetmeme (Kapitel VII) in der digitalen Kultur der Gegenwart herangezogen werden: Stets werden in dieser Einführung Medien und Mimesis systematisch aufeinander bezogen, um die Vielfalt mimetischer Praktiken und ihrer Trägersysteme vor Augen zu führen und um dem Eindruck entgegenzuwirken, als handele es sich bei der Mimesis ausschließlich um eine *inter-subjektive* Beziehung, wie sie im Modell des Schauspielers und seiner Rolle prägend geworden ist. Gerade die moderne Industrie- und Medienkultur zeigt nun aber, dass Mimesis zugleich ein wesentlich *inter-objektives* Verhältnis konstituiert, das zwischen der Serie und ihren Elementen besteht. Mimesis führt ein Moment der Unähnlichkeit oder Variation in die Beständigkeit der Objekte selbst ein und lässt ihre Gestalt um marginale Differenzen herum ›schwanken‹. Objekte transformieren sich in *Objektile*, insofern sie sich auf einer Bahn der unabschließbaren Entwicklung befinden. Das Trugbild folgt nicht im gehörigen Abstand als Drittes auf Abbild und Urbild: Es dringt in die Dinge ein und ersetzt den Bezug auf den einen Prototyp (den Entwurf) durch eine Vielfalt von Ideen, die im Objekt koexistieren, das eben deshalb seine Formkonstanz einbüßt.

Mimesis wird in dieser Einführung nicht auf künstlerische Praktiken und epistemische Verhältnisse eingeschränkt. Als regulierte oder sogar ritualisierte *imitatio* taucht sie in der Sphäre des Theaters und des Tanzes auf, wo sie Funktionen einer Wissensübermittlung und der Stabilisierung der ethisch-politischen Ordnung übernehmen kann. Zugleich wird ihr als machtvolle Mimesis, die ›alles‹ nachzuahmen vermag (*Pantomimesis*), mit Argwohn begegnet, oder sie wird, wie sich exemplarisch an Lukians Lob der Tanzkunst ablesen lässt, wegen ihrer Fähigkeit zur Seinsveränderung oder Metamorphose und damit wegen der ungebührlichen Angleichung des Subjekts an ›niedrige‹ Lebensformen oder bloße Objekte gefürchtet (Kapitel I).

Unter nachantiken Bedingungen kommt sie in der Konzeption einer *Christomimesis* zum Ausdruck, die sich nicht an Ideen oder einer perfekten Natur, sondern an der Lebens- und Leidensgeschichte eines Religionsstifters orientiert: Diese kann politisch-theologisch gedacht werden, wenn sich der irdische König als Geweihter und Nachahmer Christi legitimiert, oder sie manifestiert sich in der Sphäre des einfachen Gläubigen, der angehalten wird, Christus in seinem Alltag nachzuahmen. Mit der Christomimesis verschiebt sich die Problematik der Mimesis von der Nachahmung einer als vorbildlich verstandenen Natur auf die dargestellte Wirklichkeit einer alltäglichen Umwelt, in der der Religionsstifter, wie Erich Auerbach in seiner großen Studie *Mimesis. Dargestellte Wirklichkeit in der abendländischen Literatur* formuliert hat, »nicht als ein Held und König, sondern als ein Mensch niedrigster sozialer Stufe«[9] erschienen ist (Kapitel II). Anders als bei Platon, der den Göttern eine unerreichbare Höhenlage zuweist, so dass Menschen sie nur nachahmen können, um daran den Abstand zum Ideal zu erfahren, zielt die Christomimesis auf eine tatsächliche Wiederverkörperung des Religionsstifters im Leben der Gläubigen ab.

In der Renaissance wird Nachahmung in einer durch technische Hilfsmittel ermöglichten künstlerischen Mimesis greifbar, die sich noch nicht von den als ›niedrig‹ eingestuften *mechani-*

schen (im Unterschied zu den sogenannten *freien*) Künsten abgekoppelt hat. Der vom Renaissancehistoriker Jacob Burckhardt so genannte »Wunsch zu reproduzieren« bestimmt die komplexen populären Praktiken, in denen sich eine Wiederauferstehung der Antike vollzieht, wobei dieser »Wunsch« von den gelehrten Aneignungen, wie sie den neuzeitlichen Humanismus und die Antikerezeption bestimmen, zu unterscheiden ist. Dass sich Renaissancen ausgerechnet an dem vollziehen, was bereits historisch abgelebt ist und nur mehr in Spuren und Überresten existiert, belegt einmal mehr den historischen Einsatz der Mimesis, die die Aufteilung der Geschichte (Vergangenheit, Gegenwart, Zukunft) ignoriert und Szenerien herbeiführt, in denen es zu einer ungebührlichen Überlagerung der Zeiten kommt (Kapitel III).

Obwohl die Genieästhetik um 1800 jede Bezugnahme auf das Prinzip der Nachahmung und der Regelbefolgung strikt vermied, weil dem Subjekt das ursprünglich Gott vorbehaltene »Attribut des Schöpferischen« (NN 57) *hinzugewonnen* wurde, bricht ausgerechnet in dieser sozialen und kulturellen Umbruchphase die Frage nach der Reproduzierbarkeit artistischer Freiheit und Originalität auf. Sie wird mit dem Konzept des Dilettantismus beantwortet: Große Genies, um sich beim Publikum durchzusetzen, sind, wie ausgerechnet Goethe und Schiller feststellten, auf Nachahmer angewiesen, die sie popularisieren, auch wenn die Zulassung solcher Nachahmer das Risiko birgt, dass die Produkte der Nachahmung von den Werken der Originalität ununterscheidbar werden. Dass sich die Kunst seit der Epochenschwelle um 1800 wesentlich als Poiesis und nicht mehr als Mimesis versteht, wird zudem durch die ästhetische Theoriebildung jener Zeit selbst relativiert: Ausgerechnet Hegel, der in seinen *Vorlesungen über die Philosophie der Kunst* gegen die Nachahmung aufs Schärfste polemisiert, preist die niedere Mimesis der Genremalerei dafür, dass sie den oberflächlichen Schein der Dinge in tausend Effekten nachzuahmen und zu verstärken versteht und dies, indem sie Gegenstände und flüchtige Ereignisse des Alltags auf die Leinwände bringt und dadurch allererst kunstfähig macht (Kapitel IV).

Mit der Epochenschwelle um 1800 hat die Moderne nicht nur das Vertrauen in eine perfekte Natur, sondern auch in die Vorbildlichkeit geschichtlicher Akteure und Ereignisse verloren, die noch in der Renaissance als nachahmenswert gepriesen wurden. Moderne Historiografie beruht auf der trennscharfen Unterscheidung der Zeitalter und Epochen und hat vor nichts mehr Furcht als vor dem Anachronismus. Aber wie sich ausgerechnet an der Geschichte der modernen Revolutionen, beginnend mit der Großen Französischen Revolution zeigt, ist die Moderne, um ihre historischen Brüche und Zäsuren vollziehen zu können, auf Akte der historischen Wiederholung angewiesen. Karl Marx hat mit seinem Begriff einer *weltgeschichtlichen Totenbeschwörung* die Unabweisbarkeit mimetischer Bezüge in der Geschichte dargelegt – und zwar gerade dann, wenn das Versprechen der Akteure darin besteht, eine radikal neue Zeit durch ihr Handeln herbeizuführen. Dabei ist historische Mimesis keineswegs nur ein Unternehmen der Herrschaftssicherung für die jeweiligen Machthaber, die ihre Entscheidungen aus vermeintlich präfigurierenden Ereignissen ableiten. Sie eröffnet auch den der Macht Unterworfenen die Möglichkeit, *im Namen von* zu sprechen. Damit stellt sie, wie Shoshana Felman am Beispiel der monströsen Staatsverbrechen des Nationalsozialismus zeigt, den überlebenden Opfern Darstellungsformen zur Verfügung und trägt deren traumatische Erfahrungen in die ›große‹ Geschichte von Verfolgung und Ausgrenzung ein, die auch zu Europa gehört (Kapitel V).

Die Entwicklung technischer Analogmedien (Fotografie, Phonografie, Kinematografie) im 19. Jahrhundert wird von einer philosophischen Beschäftigung mit mimetischen Praktiken begleitet, deren wichtige Vertreter Nietzsche, Kierkegaard, Freud und Benjamin sind. Sie eröffnen eine Epoche, die in dieser Einführung, mit einem Ausdruck des französischen Philosophen Henri Bergson, das Zeitalter der Repetiermechanismen genannt wird. *Repetiermechanismen* verweisen auf die Macht der Wiederholung und der Automatismen und damit auf die Wirksamkeit eines Unbewussten, das nicht länger, wie noch bei Platon, zum Anlass philosophischer Zurückweisung, sondern zum Gegenstand der Erkenntnis wird. Gerade weil technische Analogmedien ›wahllos‹ aufzeichnen, was sich ereignet, und weil sie zugleich über neue Verfahren der Zusammensetzung der so generierten Realitätsfragmente verfügen (»Improvisation«, »Montage«), sind sie in der Lage, unseren Alltag als einen Fremdkörper erscheinen zu lassen, der seine tragische (Nietzsche) oder komische (Kierkegaard, Bergson) Seite enthüllt. Den Erkenntniswert solcher durch Apparate generierten Nachahmungen hat Benjamin mit dem Begriff der *Reproduzierbarkeit* zu fassen versucht: Reproduzierbarkeit ist nicht hinreichend bestimmt, wenn man sie bloß auf die Dimension der materiellen Vervielfältigung fotografischer oder filmischer Aufzeichnungen bezieht. Grundlegender für die Frage der epistemischen Wertigkeit mimetischer Verfahren im 20. Jahrhundert ist Benjamins These, dass die Haltung andächtiger Kontemplation, die Kunstwerke und andere Objekte auslösten, unter den veränderten medialen Bedingungen durch eine *wiederholte* und *prüfende* Sichtung ersetzt werde, die sich als ein ›chirurgisches‹ Verhältnis zum Gewebe des Alltags begreifen lasse, das diesem vollständig neue Ansichten entreißt. Repetiermechanismen, anders gesagt, schematisieren die Wirklichkeit nicht nach feststehenden Regeln, sondern legen ein Feld von Differenzen frei, das diese Wirklichkeit prekärer erscheinen lässt, als sie es von sich behauptet (Kapitel VI).

Die Ausweitung der mimetischen Zone, die im abschließenden Kapitel anhand exemplarischer Konstellationen beschrieben wird, weist eine *mediale* und eine *kommunikative* Seite auf: Seit den Arbeiten des Soziologen Gabriel Tarde, der 1890 eine Abhandlung über die *Gesetze der Nachahmung* verfasste, werden Nachahmungsprozesse in ihrer grenzüberschreitenden und autoritätsunterminierenden Funktion greifbar. Sie weisen damit weit über die Sphäre des Theaters und des Tanzes hinaus, an denen sie historisch zuerst erfahren und erläutert wurden, aber auch über die technischen Analogmedien und ihre wirklichkeitserschließende Kraft. Der mimetische Exzess unter den Bedingungen unserer zeitgenössischen Kultur wird zum einen am neuen Status technischer und industriell fabrizierter Objekte greifbar, die Subjektqualitäten annehmen, insofern der Gegenstand nicht länger auf eine räumliche Prägeform, sondern auf eine zeitliche Modulation bezogen wird. Zum anderen bestimmen mimetische Bezüge die Verhältnisse, in denen Medien unterschiedlicher historischer Herkunft zueinander stehen: *Remediation* und *analoge Nostalgie* bezeichnen zwei exemplarische medienhistorische Konstellationen, die die gegenwärtige Digitalkultur zutiefst prägen. Sie legen die Präsenz und Wirksamkeit älterer, vor-digitaler Medien und Medienpraktiken im digitalen Zeitalter offen, auf die unsere Kultur für die Gestaltung von *Interfaces*, also den Schnittstellen zwischen den digitalen Maschinen und unseren Körpern, zurückgreift.

Die kommunikative Seite des mimetischen Exzesses hebt auf die von Tarde betonte Verbreitungsdynamik von Ideen und Vorstellungen ab, in der er eine eigenständige Quelle von Innovation erkennt, denn die Wiederholung durch Verbreitung produziert Differenz und Variation, statt die Konstanz einer zeitenthobenen Form zu sichern. Unter den digitalen Bedingungen der Gegenwart wird diese auf Ausbreitungsprozesse abhebende Dimension der Mimesis in den Debatten um die sogenannten *(Internet-)Meme* virulent, in denen sich die Funktion der Gedächtnisbildung (Memorierung) mit derjenigen der zirkulierenden Imitation verbindet. Mimesis unter den gegenwärtigen medienkulturellen Vorzeichen führt also zu einer Imprägnierung des Gedächtnisses mit Inhalten, die durch ihre ubiquitäre Präsenz im Netz die Aufmerksamkeit der Nutzer auf sich ziehen. Anders als in klassischen Massenmedien wie der Presse, dem Radio oder dem Fernsehen erlaubt die neue Medientechnik allerdings den Nutzern, an den Memen ›mitzuschreiben‹ und diese ›Mitschrift‹ in den Prozess der weiteren Verbreitung einzuspeisen. Diesen Kurzschluss zwischen den klassischerweise geschiedenen Akten der Produktion, Distribution und Rezeption hat Tarde antizipiert, wenn er die Nachahmungsdynamik als die »stürmische Orginialität der unter dem jeweiligen Joch schlecht gebändigten Elemente« (GN 93) beschreibt. Mit dem Joch hat er ein Bild für die mimetische Ordnung gefunden, deren Funktion darin besteht, die Nachahmungs- und Verbreitungsdynamik zu bändigen. Mit der »stürmischen Originalität« demokratisiert er das Schöpferpathos der Genieästhetik, deren sozialen und kulturellen Ort er als die »Brutstätte der künftigen großen Neuerungen« (GN 93) bezeichnet. Die digitalen Kommunikationstechnologien unserer Zeit sind solche Brutstätten – aber auch sie haben ihre Vorläufer, wie sich in der Rückschau auf antike Notizbücher zeigt. Diese für den ›privaten‹ Nutzen angefertigten und vielfach geteilten Notizen ohne akademischen Anspruch können jederzeit weitergeschrieben und mit neuen Texten verknüpft werden. Die Offenheit und Konnektivität der so entstehenden Sammlungen haben die sogenannten *Hypomnemata* mit den Blogs und Vlogs unserer Tage gemeinsam, die einen kontinuierlichen Strom von Texten, Tönen und (bewegten) Bildern erzeugen, welche aufeinander reagieren.

***

Für zahlreiche Anregungen, Hinweise und Zuspruch danke ich zuvörderst den Mitgliedern der DFG-Forschergruppe *Medien und Mimesis*, in deren Rahmen ich mehrfach Kapitel und Abschnitte dieser Einführung zur Diskussion stellen konnte. Namentlich danken möchte ich Maria Muhle, Hanna Engelmeier und Elisa Linseisen, die wichtige Gesprächspartnerinnen im gemeinsamen Projekt »Mindere Mimesis« waren und sind. Danken möchte ich meinem Kollegen Manuel Baumbach, der mich auf Lukian hingewiesen hat und wertvolle Hinweise zur antiken Ausgangskonstellation des Buches geben konnte. Ein Dank geht an Linda Simonis, die mich einlud, Überlegungen zur Fortwirkung der platonischen Mimesiskritik in der von ihr mit herausgegebenen Zeitschrift *Comparatio* zu veröffentlichen. Julia Eckel, deren eigene Forschungen zum animierten Bild vielfältige Bezüge zur Mimesis-Thematik aufweisen, möchte ich für die sorgfältige Lektüre des Manuskripts sowie für ihre wertvollen Kommentare danken. Danken möchte ich schließlich Giulia Nemann, die das Register erstellt hat.

I. Exzessive Mimesis

1. Mimesis: Ein Übermaß an Ausdruck

Hermann Koller hat in seiner großen begriffsgeschichtlichen Studie *Die Mimesis in der Antike* von 1954 die »Entwicklung des Mimesisbegriffs« in das auf der folgenden Seite abgebildete Schema überführt, das nicht gerade durch Übersichtlichkeit besticht. Entscheidend ist die Aufspaltung der Begriffswurzel, die auf den *mimos* (den Akteur und Maskenträger eines dionysischen Kultdramas) zurückführt. Ausgehend von diesem Befund bestimmt Koller die Mimesis als »tänzerisch-musikalische ›Darstellung‹« (MA 120). Diese Auffassung ist in der Klassischen Philologie nicht unwidersprochen geblieben. Allerdings muss den Kritikern entgegengehalten werden, dass Koller selbst den Zusammenhang von Mimesis und Tanz nicht exklusiv versteht, sondern am Anfang seines Entwicklungsdiagramms der Mime als »Akteur eines dionysischen Kultdramas« (MA 120) steht. Zudem führt die Relativierung des Tanzes als Paradigma der Mimesis in der Forschung nicht dazu, dass der Bezug völlig aufgekündigt wird. So schreibt etwa Christoph Wulf in einem älteren Überblicksartikel als primäre Bedeutung die »direkte Darstellung des Aussehens, der Handlung und der Äußerungen von Tieren und Menschen durch Sprache, Gesang und/oder Tanz« fest.[10] Und Wulf macht sich auch die von

Entwicklung des Mimesisbegriffes[11]

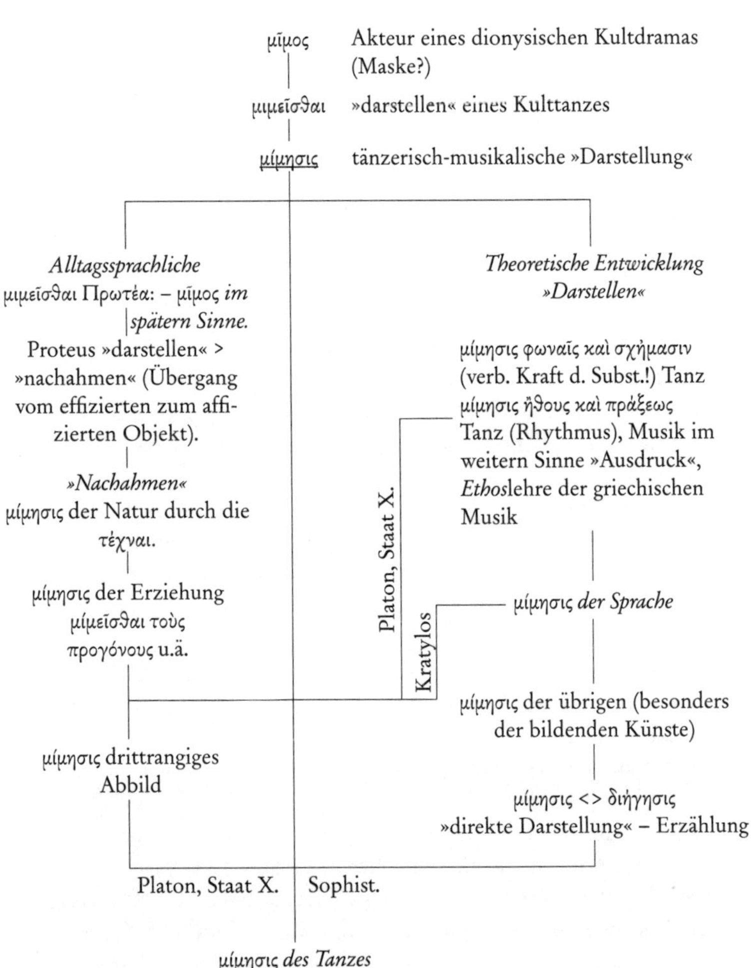

Koller entwickelte These zu eigen, dass die Funktion des Mimos zunächst nicht darin besteht, nachzuahmen bzw. »eine Ähnlichkeit her[zu]stellen«[12]. Mit der »Posse«, die das »›niedrige‹ Leben« darstellt und zur Belustigung der Reichen und Wohlhabenden aufgeführt wird, ist eine performative Dimension der Mimesis aufgerufen, die noch Platon beunruhigt, dessen Auseinandersetzung mit mimetischen Praktiken in einem politischen, genauer herrschaftskritischen Kontext steht. Der Mimos kann nämlich sogar Götter auf eine Weise erscheinen lassen, dass sie wenig respektabel wirken und damit nicht als Garanten der guten Ordnung taugen.

Kollers Hinweis auf den Tanz hat aber noch eine andere Berechtigung in der Sache, auf die der französische Soziologe Pierre Bourdieu hingewiesen hat. Bourdieu hat wie kein zweiter Gesellschafts- und Kulturtheoretiker im 20. Jahrhundert umfassend Gebrauch gemacht von der Einsicht in die performative Dimension der Mimesis. Die Performativität der Mimesis weist über die ästhetische Sphäre hinaus und ist Bourdieu zufolge der Grund, warum Platon »im Rahmen der Pläne für seinen idealen Staat die Kontrolle über die Mimesis«[13] beansprucht. Mimesis eröffnet die Möglichkeit einer *Auseinandersetzung* über den Platz bzw. die eigene Stellung im sozialen oder politischen Raum:

> »Der Sinn für die eigene soziale Stellung als Gespür dafür, was man ›sich erlauben‹ darf und was nicht, schließt ein das stillschweigende Akzeptieren der Stellung, einen Sinn für Grenzen (›das ist nichts für uns‹), oder, in anderen Worten, aber das gleiche meinend: einen Sinn für Distanz, für Nähe und Ferne, die es zu signalisieren, selber wie von seiten der anderen einzuhalten und zu respektieren gilt«[14].

Der Sinn für die eigene Stellung im sozialen Raum entsteht nicht als Wirkung eines Befehls oder als die Befolgung einer Regel oder eines Gesetzes, sondern durch die dauerhafte Inkorporierung von Wahrnehmungsformen und Dispositionen. Dass sich die soziale Ordnung auch verkörpern muss, hat Bourdieu mit dem Begriff des *Habitus* zu fassen versucht. Die Bedeutung, die die griechische Philosophie pädagogischen Prozessen zuweist, hängt mit diesem Wissen um die soziale und politische Funktion der Ausbildung von Gewohnheiten zusammen. Was Koller als Ausdruckstheorie der Mimesis verhandelt, firmiert bei Bourdieu als Einverleibung der Strukturen. Tanz, und allgemeiner: *Rhythmus* erweisen sich dabei als ein auf Einübung beruhendes körperbezogenes Bewegungsprogramm, das bereits die Pythagoreer »in ihre Erziehung aufgenommen« hatten (MA 121). Der Tanz eignet sich deshalb als *Modell* des Mimetischen, weil er den *ganzen* Körper engagiert und sich als ein Programm der Beherrschung von keineswegs ›natürlichen‹, ungewöhnlichen Posituren beschreiben lässt. Dieses Programm lässt sich nicht auf Lernprozesse reduzieren, die sich im Modus des Wissenstransfers oder der Regelbefolgung vollziehen.

Von bloßer Nachahmung eines Vor-Bildes ist die ›getanzte Mimesis‹ also dadurch unterschieden, dass sie »die dauerhafte Art und Weise« bezeichnet, »sich zu geben, zu sprechen, zu gehen und darin auch: zu *fühlen* und zu *denken*«[15]. Ein solches Modell der einverleibten Mimesis, die Platon auf die *schemata tou somatos* zurückführt, gewinnt in der Sozialtheorie der Gegenwart deshalb neue Bedeutung, weil hier die Vorstellung, dass soziales Handeln durch bloße Rollenübernahme zustande kommt, schon seit Längerem einer kritischen Revision unterzogen wird. Ein derartiges Modell geht nämlich davon aus, dass die Akteure im sozialen Raum im Grunde alle ›nur Theater spielen‹ und damit stets in der Lage sind, Distanz zu den jeweiligen Rollenzumutungen aufzubringen – so wie der professionelle Schauspieler niemals vergisst, dass es ein memorierter Text ist, den er aufsagt.

Kollers Intuition, den Tanz zum Modell der Mimesis zu machen, erweist sich rückblickend als durchaus hellsichtig: Mimesis ist ein generatives Prinzip, das Verfahren der ›Einkörperung‹ oder Verleiblichung bezeichnet und wesentlich *rekursiv* funktioniert, weil nur so dauerhafte, allerdings nicht unveränderbare Dispositionen entstehen.

Lange also, bevor sie zum Gegenstand *philosophischer* Auseinandersetzungen wird, umfasst Mimesis eine Reihe von explizit performativen Künsten, die das erzählende Wort zwar einschließen können, aber nicht auf es reduzierbar sind. Von Literatur und bildender Kunst, in deren Horizont Mimesis dann viel später vielfach verhandelt wird, wenn der Begriff seine theoretische Karriere antritt, ist also zu Beginn dieser Entwicklung noch nicht die Rede. Das gilt auch ganz buchstäblich, insofern nämlich *mimos* »und alle davon abgeleiteten Begriffe [...] in der frühen literarischen Sprache trotz metrischer Verwendbarkeit nicht vorkommen« (MA 119). Von daher liegt, so Koller, die »*Vermutung*« nahe, »mimos bezeichne den Akteur oder die Maske des dionysischen Kultdramas«.

Während die Mittelachse des Schaubilds, unbekümmert um die seitlichen Verzweigungen, den am Tanz abgelesenen performativen Sinn von Mimesis bewahrt, bilden sich an den Seiten komplexe Spezialbedeutungen aus, deren Zusammenhang mit der Bedeutung »tänzerische Darstellung« nicht immer leicht ersichtlich ist. Für Koller steht jedoch fest, dass sich nur »von diesem Ausgangspunkt her [...] die Aufspaltung der Bedeutungen in ›nachahmen‹ und ›darstellen‹« (MA 119) sprachlich einwandfrei erklären lasse. Die Grundbedeutung ist daher auch nicht in einem bloß chronologischen Sinne zu verstehen, als stünde sie am Anfang einer Zeitachse und verlöre sich dann im weiteren Verlauf. Bezogen auf diese Senkrechte kommt es auf der linken Seite zu Ausdifferenzierungen von Mimesis als Nachahmung in bestimmten institutionellen Kontexten (Technik als Naturnachahmung, Erziehung, Philosophie). Diese Seite nimmt ihren Ausgangspunkt in der alltagssprachlichen Verwendung von *mimeisthai*, für die, wie auch für die institutionellen Verwendungsweisen, offenbar die Vorstellung eines abgrenzbaren nachzuahmenden Objekts zentral ist. Dieses kann eine Figur aus dem mythischen Arsenal sein (das Beispiel, das Koller für die alltagssprachliche Verwendung angibt, ist Proteus, der Gott der Verwandlungen), es kann sich aber auch um komplexere Objekte wie die »Natur« (als Gegenstand handwerklich-technischer Nachahmung) oder um Positionen innerhalb einer Genealogie handeln, wenn etwa in erzieherischen Zusammenhängen Taten von Vorfahren (*progonous*) als nachahmungswürdig empfohlen werden. In Platons Mimesis-Diskussion im X. Buch der *Politeia* schließlich, hat sich der Abstand zwischen Vorbild und Nachahmung derart vergrößert, dass der Mimesis als »drittrangigem Abbild« der Idee jeder Wahrheitsbezug abgesprochen wird: Hier sind es triviale Alltagsgegenstände wie Tische und Bettgestelle, anhand deren Platon die Differenz zwischen dem technischen Wissen des Handwerkers und den nichts als scheinhaften Produktionen des Nachbildners (z.B. Malers) erläutert.

Auf der rechen Seite des Schemas führt die »theoretische Entwicklung« des Bedeutungsaspekts der Mimesis, die Koller mit dem Verb »darstellen« bezeichnet, zur sogenannten »*Ethos*lehre der griechischen Musik« (MA 120), von wo aus sie auf das Feld der bildenden Künste und schließlich auf die an Sprache gebundene Poesie (Drama, Epos) übertragen wird. Es ist allerdings missverständlich, wenn Koller die Entwicklungen auf dieser Seite der Theorie zuordnet. Die »theoretische Entwicklung« würde besser zu den Befunden auf der linken Seite der Tabelle passen. Das ist auch der Grund für die Querverbindungen, also die Linien, die Koller zwischen den platonischen Bestimmungen der

Mimesis als drittrangigem Abbild und ihrer Verwendung im Tanz (Rhythmus) und in der Musik sowie zur Nachahmungskraft der Sprache zieht. Diese Aspekte der theoretischen Entwicklung der Mimesis sind ja ebenfalls Gegenstand des philosophischen Nachdenkens bei Platon, nämlich in seinen Dialogen *Politeia* und *Kratylos*. Im Kern geht es auf der rechten Seite um eine Entwicklung, in der, maßgeblich durch die pythagoreische Schule ins Werk gesetzt, die orgiastischen Kulttänze in ihrer »therapeutischen Bedeutung« (MA 121) erkannt werden und diese »Musik im weitern Sinne« (MA 120) in der Erziehung und der Politik der Griechen Eingang findet. Die *mimesis ethous kai praxeos* wird von Platon einerseits als problematisch, ja gefährlich zurückgewiesen, weil sie in den Händen der Dichter die Körper und Seelen des ihnen ausgelieferten Publikums in ihren Bann zieht; sie wird andererseits aber philosophisch angeeignet, denn die Bewertung der Mimesis ändert sich vollständig, wenn sie den Zwecken der guten Ordnung, die die Polis realisiert, dient. Die Polis muss ›getanzt‹ werden, sie muss zu einem Schema körperlichen Verhaltens, einem Habitus werden, wenn sie nicht nur den Philosophen überzeugen, sondern die Affekte und Verhaltensweisen der Bürger transformieren soll.

Sosehr Platon also im III. Buch der *Politeia* auch die Mimesis verwirft, wenn sie die Dichter und Theaterschauspieler handhaben, deren Enthusiasmus auch vor der Darstellung absolut darstellungsunwürdiger Dinge nicht zurückschreckt, sosehr ist er doch zugleich an einer philosophischen Aneignung der Mimesis interessiert, weil die »direkte Darstellung« (MA 120) über ein größeres Suggestionspotenzial verfügt als die distanzierte »Erzählung« (*diegesis*). Die direkte Darstellung ist eine *Verkörperung*, ein »Übermaß an Ausdruck« (MA 117), das Platon tadelt[16], wenn es sich auf nicht nachahmungswürdige Personen, Dinge oder Ereignisse richtet, und das auch Aristoteles zurückweist, wenn er am Ende seiner *Poetik* eine »Darstellungsart, die alles darstellt«, (*apanta mimeisthai*) »vulgär« nennt (Poe 1462a). Dass Platon die ›alles‹ nachahmende Mimesis verwirft und dass Aristoteles als Beispiel für die vulgäre Mimesis schlechte Flötenspieler anführt, »die sich drehen, wenn sie einen fliegenden Diskus nachahmen sollen« (Poe 1461b), wertet Koller als eine erneute Bestätigung dafür, »daß die schauspielerische, musikalische und tänzerische Darstellung auch noch bei Aristoteles mit Mimesis bezeichnet wurde« (MA 118).

2. Von der Nachahmung das Sein davontragen: Platons Warnung

Der Literatur- und Medienwissenschaftler Friedrich Kittler teilt den Zuhörern seiner Berliner Vorlesung *Philosophien der Literatur* eine »schöne Geschichte« mit, die Aristoteles einer spätantiken Quelle zufolge in »einem heute verlorenen Kapitel der ›Poetik‹ selber geschrieben« habe (PhL 51). In dieser schönen Geschichte sei »beim Miteinandertanzen einer als Muse kostümierten Dorfschönen und eines als Gott maskierten unkenntlichen jungen Mannes, wie das für griechische Feste schlechthin typisch war, kein anderer als der Dichter aller Dichter, nämlich Homer mit seinen berühmten Musenanrufungen, gezeugt worden« (PhL 51 f.). Mimesis spielt für Kittler »zwischen Göttinnen und Göttern auf der einen Seite, Frauen und Männern auf der anderen« (PhL 58). Männer und Frauen tun bei dem, was dann später, im Christentum, zum Inbegriff des Niedrigen (der ›Fleischeslust‹) wird, nichts anderes als das, was ihnen die Götter vormachen, womit eben das Niedrigste handstreichartig zum Ausdruck des Höchsten umgewertet wird. »Der Akt selber braucht Modelle« (PhL 52), zitiert Kittler den französischen Psychoanalytiker Jacques Lacan, um die Sache auf den lapidaren Punkt zu bringen. Damit trägt Lacan die Relation von Vorbild und Abbild, die doch bereits auf einem philosophischen Missverständnis von Mimesis beruht, in den Begriff ein – wenn auch mit unverkennbar ironischem Unterton. Platon hatte zwar Bettgestelle als Beispiele für handwerklich solide Abbilder angeführt, aber das Geschehen, dessen Schauplatz sie sind, nicht seinerseits auf Vorbilder bzw. Ideen bezogen. *Philosophie* besteht nach Platon darin, die Dichtung als Mimesis oder ›tanzende Nachahmung‹ der Götter und ihres Lebens abzusetzen zugunsten eines metaphysischen Konzepts der Teilhabe (*metexis*) am unvergänglich großen Sein der Ideen, das in und durch die philosophische Rede bewerkstelligt wird. Die vorphilosophische Verankerung der Mimesis in der kultischen Darstellung göttlicher Vorbilder und Verhaltensweisen teilt bei allen Unterschieden den für die philosophische Umwertung der Mimesis auffälligen Blick nach oben, wo sie ihre Vorbilder, Modelle oder ›Ideen‹ findet. Woher kommt dieses Privileg der Göttinnen und Götter, für die ›anderen‹ zu stehen, zu denen die tanzende Darstellung der Mimesis eine Beziehung herstellt?

Dass Mimesis »wirklich nur im Tanz seine Kernbedeutung findet« (MA 39), ist zwar die Auffassung, die Kittler von Koller übernimmt; den Beschreibungen der Kulttänze, die sich etwa bei Aischylos finden, lässt sich aber entnehmen, dass die Darstellung sich keineswegs exklusiv an der Sphäre der Götter orientiert, wenn etwa »›stierstimmige‹, furchterregende *mimoi* zur infernalischen Tanzmusik als Begleitung brüllten wie Stiere« (MA 39). Während Kittlers These darauf hinausläuft, dass sich die Tanzenden die Götter zu ihrem Vorbild nehmen, verurteilt Platon im III. Buch der *Politeia* (ebenso wie in seinem Dialog *Ion*) die dichterische Mimesis, weil sie das erotische Begehren, das Menschen den Verstand raubt, ausgerechnet an Göttern vorführt, die der Dichter im Moment des Verlustes aller »Selbstbeherrschung« (P 390b) zeigt. Damit trägt der Philosoph aber der ursprünglich orgiastischen Dimension der Mimesis Rechnung, wenn er sie auch verwirft.[17] Wie kann man nur auf dichterische Weise sagen, ereifert sich Sokrates seinem Gesprächspartner Adeimantos gegenüber,

> »daß Zeus, was er, während die andern Götter und die Menschen schliefen, allein wachend beschlossen hatte, das insgesamt leichtfertig vergißt, lediglich aus Verlangen nach der Liebeslust, und dergestalt außer sich gesetzt wird beim Anblick der Hera, daß er nicht einmal ins Gemach gehen will, sondern gleich dort auf der Erde sich zu ihr gesellen begehrt und selbst sagt, er sei so von dem Verlangen überwältigt, wie nicht einmal damals, als sie zuerst einander genaht, ›geheim vor den liebenden Eltern‹?« (P 390b–c)

Aber Platon geht sogar noch weiter als an dieser Stelle, an der er die Niedrigkeit der Mimesis an den ›unwürdigen‹ räumlichen und zeitlichen Umständen festmacht, unter denen sich die Leidenschaft des Zeus äußert. Sie raubt ihm nicht nur die Sinne und die Entscheidungskraft, sie ist so heftig, dass sie die *Orte*, an denen sich die Lust allenfalls zeigen darf – im Schlafgemach und nicht auf der Erde –, und die *Zeit* – die aufgeschobene Erfüllung des Begehrens und nicht die sofortige, die den Beschluss ›leichtfertig‹ vergessen lässt – ignoriert.

Mimesis ist für Platon, technisch gesehen, zunächst eine Art des Vortrags bzw. der Darstellung, die er der *Diegesis*, also der Erzählung gegenüberstellt. Die Diegesis ist Platon grundsätzlich geheurer als die Mimesis, weil sich hier die dichterische Rede als Rede oder Bericht des Dichters, der als Erzähler in der Rede auftritt, zu erkennen gibt. Anders als in Tragödien und Komödien ist die epische Rede dem Erzähler bzw. Rhapsoden zurechenbar, denn wir sehen bzw. hören, dass er es ist, der sie (als Geschichte, die *anderen* zugestoßen ist) *berichtet*, selbst wenn er zeitweise seine Stimme bestimmten Figuren leiht, die in seiner Rede zu sprechen beginnen (P 393a). Die Mimesis als Nachahmung ist für Platon überhaupt nur akzeptabel, wenn sie jederzeit einen gewissen *Abstand zwischen Nachahmenden und Nachgeahmten* garantiert und sich *als* Nachahmung zu erkennen gibt. Von der unmarkierten Mimesis geht grundsätzlich eine Gefahr aus, weil sie die fundamentale platonische Ordnungsregel (eine Art höheres philosophisches Expertentum oder Interferenzverbot) infrage stellt, der zufolge »jeder einzelne *eine* Verrichtung zwar vollkommen verrichten kann, viele aber nicht« (P 394e).

Wenn Platon sich bereits die auf menschliche Handlungen eingeschränkte Konzeption der schauspielerischen Mimesis zu eigen gemacht hätte, die sein Schüler Aristoteles vertreten wird[18], dann hätte es nicht so langer Beispiellisten bedurft, um die Auswüchse einer uneingeschränkten, diegetisch undisziplinierten Mimesis vor Augen zu führen. Und anders als Aristoteles, der im Theater den institutionellen Garanten einer eingeschränkten Mimesis vor Augen hatte, operiert Platon mit einem Mimesisverständnis, für das entscheidend ist, dass das mimetisch affizierte Subjekt eine fundamentale *Selbstverwandlung* durchmacht, die man nur denken kann, wenn man sich »von der Szenographie des Subjekts und des Objekts«[19] löst, die unserer modernen Auffassung von der Welt zugrunde liegt. Mimesis bei Platon ist mehr als eine Darstellungsweise, sie bezeichnet eine Existenzweise. Die »tapferen Männer«, an die sich der philosophische Diskurs der *Politeia* richtet, müssen davor bewahrt werden, »Unedles« oder sonst etwas »Schändliches« nachzuahmen, »damit sie nicht von der Nachahmung das Sein davontragen« (P 395c–d). *Von der Nachahmung das Sein davontragen* heißt Gefahr laufen, dass Nachahmungen, »wenn man es von Jugend an stark damit treibt, in Gewöhnungen und in Natur übergehen, es betreffe nun den Leib, oder die Töne oder das Gemüt« (P 395d).

Mimesis entdeckt und stiftet Korrespondenzen und Analogien zwischen kategorial geschiedenen Seinsbereichen, über deren Grenzen die Philosophie wacht: »Wir werden also nicht erlauben«, dekretiert Platon, dass die, die »tüchtige Männer« werden sollen, »ein Weib darstellen, da sie doch Männer sind«, »eine Kranke aber gar oder Verliebte oder Gebärende noch viel weniger« (P 395d-e). So wenig die Mimesis die Geschlechterordnung infrage zu stellen hat, so sakrosankt hat ihr die soziale Ordnung zu gelten, weshalb Subalterne wie »Mägde und Knechte«, also Sklaven, ebenfalls dem Mimesisverbot unterliegen und ihrerseits nicht die Position von Nachahmenden einnehmen dürfen, die, wie Platon nur zu genau weiß, in der Komödie sogar Hauptrollen spielen. Dasselbe gilt von moralisch zweifelhaften Menschen und erst recht von solchen, denen die Vernunft völlig abhandengekommen ist: »Ich denke aber, auch Wahnsinnigen muß man sie nicht gewöhnen sich ähnlich zu machen in Reden und Taten. Denn kennen muß man freilich wahnsinnige ebenso wie böse Männer und Frauen, dichten aber und darstellen (*mimeisthai*) nichts von ihnen« (P 396a). Das Gleiche gilt von den zahlreichen Berufen, die darzustellen sich ebenfalls verbietet, erst recht aber ist alles ausgeschlossen, was die Grenze der Mimesis über den Bereich der menschlichen Angelegenheiten hinaus erweitert: »wiehernde Pferde«, »brüllende Stiere und rauschende Flüsse und brausende Meere und Donner und alles dergleichen« (P 396b).

Damit ist es noch nicht genug. Die ganz Macht der Mimesis, die eben in ihrer Fähigkeit zur grenzenlosen Darstellung des Minderen, Unwürdigen oder Infamen besteht, bringt Platon in einer Formulierung zum Ausdruck, die einmal mehr deutlich macht, dass hier selbst der Raum des Theaters oder der Bühne nicht länger den Spielraum mimetischer Formen und Operationen vorgibt. Wer nicht die dichterische Rede auf die Erzählung einzuschränken bereit sei und in diese Rede allenfalls »einen kleinen Teil Darstellung (*mimesis*)« aufnimmt, der wird wiederum

> »je schlechter er ist, um desto mehr alles darstellen und nichts seiner für unwert halten; so daß er unweigerlich alles im Ernst und vor vielen nachahmen wird, sowohl wovon wir eben sprachen als auch Donner und Geräusch von Sturm und Hagel und von Achsen und Rädern, und Töne von Trompeten und Flöten und Pfeifen und allen Instrumenten und dazu die Stimme von Hunden und Schafen und Vögeln: kurz, der ganze Vortrag von solchen wird nachahmend sein an Stimme und Gebärde.« (P 397a)

Es sind ›übermächtige‹ meteorologische Erscheinungen wie Sturm, Hagel, Blitz und Donner ebenso wie die technischen Geräusche von Vehikeln (»Achsen und Räder«), musikalische Töne, wie sie Instrumente hervorbringen, sowie nicht zuletzt die Geräusche tierischer Lebewesen (Pferde, Stiere, Hunde, Schafe, Vögel) und anderer Naturerscheinungen (rauschende Flüsse, brausende Meere), über die Platon ein Mimesisverbot verhängt: allesamt also *audiovisuelle Phänomene*, die unterhalb der Ebene sprachlicher Codierung angesiedelt sind und die erst viele Jahrhunderte nach Platons Mimesisbann durch den Verbund von technischen Analogmedien – also unter Umgehung ihrer Nachahmung durch den Menschen und der ihm zur Verfügung stehenden mimischgestischen Repertoires – speicher- und übertragbar werden.

3. Mimetische Existenzweise und Ideenmimesis

Mimesis erweist sich also für Platon nicht nur als eine Darstellungs-, sondern zugleich auch als eine (gefährliche) »Existenzweise«[20], weil sie zugleich ein poetisches Register *und* eine Seinsveränderung bei denen bezeichnet, die mimetisch affiziert werden.

Sich allem, was überhaupt existiert, ähnlich zu machen bedeutet, jeden ontologischen Vorbehalt auf ein ›autonomes‹ Selbst oder Sein, das sich von allem anderen unterscheidet, aufzugeben. Seit seiner antiken Theoretisierung ist der Mimesisbegriff eng mit der »Macht der Seelenwandler«[21] verbunden und referiert auf einen »Zustand, den man durch eine glückliche Verbindung der Verben sein und haben bezeichnet: ›wir sind *gehabt* worden – das ist es: ›Man ist *mitgerissen* gewesen, *besessen*, *bewohnt*.‹«[22] Die Rolle der Metamorphose in der griechischen Kultur (vgl. I/4) ist ein Hinweis auf das seinsverändernde Potenzial der Mimesis, dem Platon sehr genau Rechnung trägt[23], eine Einsicht, die in der modernen Ethnologie und ihrer Erforschung von Trance- und Besessenheitskulten erneut Bedeutung gewonnen hat (vgl. Kapitel V/2).

Im diametralen Gegensatz zu ihrer Bestimmung als natürliches Vermögen aller Lebewesen bei Aristoteles ist Mimesis vor allem im Kontext der Ethnologie auch unter modernen Bedingungen auf die Herstellung eines Verhältnisses zu dem definiert, was das eigene Selbstverständnis am stärksten herauszufordern droht. Platon erweist sich in dieser Hinsicht deutlich anschlussfähiger als sein philosophischer Schüler. Anders als in der ästhetischen Perspektive auf Mimesis verzichtet die ethnologische Sichtweise auf ihre Abwertung im Namen der *Poiesis*: Poiesistheorien dominieren die ästhetische Theoriebildung der Moderne, weil Kunst ganz grundsätzlich als ›kreativer Prozess‹ modelliert wird[24] und mimetisches Verhalten vor dieser Folie von vornherein als ›minderwertige Nachahmung‹ diskreditiert wird. Für den antiken, (vor-)platonischen ebenso wie für den ethnologischen Mimesisbegriff dagegen ist das Verhältnis zu einer Alterität entscheidend, das sich exemplarisch in den sogenannten Besessenheitskulten zeigt, die die Ethnologie erforscht: »Der Besessene scheint aufgehört zu haben, er selbst zu sein; er handelt und *spricht als ein Anderer*; und eben dies ist auch in der europäischen Tradition das älteste und wahrscheinlich ursprünglichste Bestimmungsmerkmal von *mimesis*.«[25] Platon verwirft die Mimesis im III. Buch der *Politeia*, weil er in der unziemlichen Angleichung an ein (nicht-menschliches) Anderes eine Gefahr für die philosophisch ausgezeichnete Selbstherrschaft und für das selbständige Handeln erkennt – eine Gefahr, der sogar die Götter in Momenten der erotischen Besessenheit (*mania*) unterliegen.

Im Rahmen seiner »Lehre vom Ähnlichen« hat Walter Benjamin den Bezug zum Anderen als dem Nicht-Menschlichen in seiner Funktion für die Mimesis bestätigt. Mit Blick auf die mimetischen Praktiken der Kinder vermutet er, dass jede der »höheren Funktionen« des Menschen »entscheidend durch mimetisches Vermögen mitbestimmt ist«[26]. Das Vermögen selbst verankert er im »Spiel«, aber in einem Spiel, das die pädagogische Normalisierung der Mimesis als Nachahmung vorbildlichen Verhaltens und Aneignung von Kenntnissen und Fertigkeiten verkehrt: Das Spiel ist »in vielem seine Schule. Zunächst einmal sind Kinderspiele überall durchzogen von mimetischen Verhaltensweisen, und ihr Bereich ist keineswegs auf das beschränkt, was wohl ein Mensch vom andern nachmacht. Das Kind spielt nicht nur Kaufmann oder Lehrer, sondern auch Windmühle und Eisenbahn. Die Frage aber, auf die es ankommt, ist nun die: was diese Schulung des mimetischen Verhaltens ihm eigentlich für einen Nutzen bringt?«[27]

Der Sache nach ist dieser Zusammenhang allerdings bereits bei Platon von entscheidender Bedeutung, denn die im Höhlengleichnis der *Politeia* entfaltete Lehre von der Wahrheit erweist sich, wie Martin Heidegger gezeigt hat, in ihrem Kern als eine pädagogische Lehre. Benjamins Wiederaufnahme der Theorie des mimetischen Vermögens markiert diesen pädagogischen Zusammenhang und wendet sich damit zugleich gegen seine spätere Entschärfung durch Aristoteles. Dafür kann er ausgerechnet in Platon einen Gewährsmann finden, denn Platon ist sich, anders als Aristoteles, der *dramatischen* Dimension pädagogischer Ein- und Umgewöhnung noch bewusst. Die Ideen nämlich, auf die Platon den Blick der Menschen ausrichten möchte, haben dies mit den Windmühlen und Eisenbahnen des Kinderspiels gemeinsam, dass sie gerade nicht das für die Nachahmung ›Nächste‹ oder Angemessene sind, sondern eine (für den Erwachsenen) »ungewohnte Umwendung des Blickes«[28] erfordern. Für Aristoteles hat die pädagogische Verankerung der Mimesis ihre spektakuläre Dimension, die bei Platon mit dem Aufstieg von der Höhle ans Tageslicht verbunden war, eingebüßt. Dieser Übergang verlangte »eine Umgewöhnung der Augen vom Dunkeln auf das Helle« und führte zu ihrer Verwirrung.[29] Für Platon drückt sich in diesem schmerzhaften Prozess der Um- und Eingewöhnung des Menschen das Wesen der *Paideía*, also der griechischen Erziehung aus. Heidegger zieht den deutschen Begriff »Bildung« heran, um die normative Spannung des platonischen Bildbegriffs zum Ausdruck zu bringen: »›Bildung‹ ist Prägung zumal und Geleit durch ein Bild. Das Gegenwesen zu *paideía* ist die *apaideusía*, die Bildungslosigkeit. In ihr ist weder die Entfaltung der Grundhaltung geweckt, noch wird das maßgebende Vor-bild aufgestellt.«[30]

Es ist vor diesem Hintergrund kein Zufall, dass Benjamin die aristotelisch-neuhumanistische Reduktion des mimetischen Verhaltens auf die Beziehung zwischen Menschen und ihren Handlungen ganz ausdrücklich *nicht* nachvollzieht, wobei schon an seiner Beispielwahl für konventionelles mimetisches Rollenspiel auffällt, dass an die Seite des Kaufmanns der pädagogische Funktionär und institutionelle Mimesisspezialist: der *Lehrer* tritt. Das Kind, weit davon entfernt, sein mimetisches Verhalten auf die ›Vorahmung‹ der späteren Erwachsenenrollen einzuschränken, verhält sich wie der von Platon inkriminierte Mimetiker, der

»wiehernde Pferde«, »brüllende Stiere und rauschende Flüsse und brausende Meere und Donner und alles dergleichen« nachahmt, also allesamt Beispiele für ›Seiendes‹, das im Sinne Platons nicht ideenfähig ist und die geforderte Umwendung des Blicks ›nach oben‹, zu den Ideen oder Vor-Bildern hintertreibt.

4. Echo und Narziss: Mimesis als Mechanisierung des Lebendigen

Mit der von dem Philosophen Henri Bergson übernommenen Formel einer »Mechanisierung des Lebendigen«[31] hat der Literaturwissenschaftler Gérard Genette die Komik oder den Witz der Mimesis auf den Punkt gebracht. Wenn der Mime sich zur Nachahmung natürlicher oder technischer Geräusche hergibt und damit der Stimme (*phone*) oder dem gesprochenen Wort (*logos*) das Privileg entzieht, dann verweist eine derartige Ausweitung der mimetischen Zone auf eine weitere Dimension der Mimesis, die ihren Bezug zu Maschinen und technischen Medien betrifft. Technische Analogmedien, die im 19. Jahrhundert ihren Siegeszug antreten – Fotografie, Phonografie und Kinematografie – dehnen nicht einfach nur die Fülle dessen aus, was sie zu registrieren vermögen und was keiner Schrift darzustellen möglich war. Im technischen Widerhall der Worte etwa, die ein phonografisches Aufzeichnungsgerät speichert und wiedergibt, wird der intentionalen Rede eines Sprechers zugleich ihre Künstlichkeit oder Selektivität vorgehalten, denn das Analogmedium gibt einfach (wenn natürlich auch nicht ungefiltert) ›alles‹, jedes »Blabla«[32] wieder – völlig unbekümmert um die Bedeutung oder den Sinn, den das Gesagte oder Gehörte haben mag. Technische Analogmedien, ausgestattet mit der Fähigkeit zur Speicherung des Aufgezeichneten inklusive aller Störgeräusche, kennt die Menschheit zwar nicht vor dem 19. Jahrhundert, aber ihre mimetischen Effekte, die mit Genette als solche der Entleerung oder ›Sterilisierung‹ beschrieben werden könnten, werden bereits im antiken Mythos thematisiert.

Platon glaubt im X. Buch der *Politeia* die Mimesis dadurch zu diskreditieren, dass er sie als ein Vermögen darstellt, das jedem Beliebigen zugänglich ist, der über ein geeignetes Gerät oder Medium verfügt. Er bezieht die Mimesis auf die Vorstellung einer ›leeren‹ oder mechanischen Wiederholung, die bei demjenigen, der sie praktiziert, keinerlei besondere Kunstfertigkeit voraussetzt. *Jeder* kann das, was die Künstler als ihr Monopol ausgeben: »Merkst du nicht«, wendet sich Sokrates an seinen konsternierten Gesprächspartner, »daß auch du selbst imstande bist, auf gewisse Weise alle diese Dinge zu machen?« Eine Weise, die im Übrigen »gar keine schwere« sei,

> »sondern die vielfältig und in der Geschwindigkeit angewendet wird. Am schnellsten aber wirst du wohl, wenn du nur einen Spiegel nehmen und den überall herumtragen willst, bald die Sonne machen und was am Himmel ist, bald die Erde, bald auch dich selbst und die übrigen lebendigen Wesen und Geräte und Gewächse, und alles, wovon soeben die Rede war.« (P 596d-e)

Was am leichtesten herzustellen ist, wenn man nur über das geeignete Medium verfügt – ließe sich nicht eine Geschichte technischer Reproduktionsmedien schreiben, die von der Idee der Leichtigkeit angetrieben wird: Leichtigkeit im Sinne des physischen Gewichts, Leichtigkeit im Sinne der Bedienung des Funktionsmechanismus, Leichtigkeit im Sinne der Abbildung, die Platon als schattenhaft bezeichnet, weil sie sich nicht um das ›Gewicht‹ oder Volumen der Dinge kümmern muss, sondern sich mit Aspekten oder Ansichten der Dinge zufriedengibt?

Im Mythos verhandeln die Geschichten von Echo und Narziss, wie sie Ovid zusammenführt, das Thema der mechanischen Wiederholungen bzw. Verdopplungen und entfalten damit die Problematik des *Spiegels* als des Ortes der undurchschauten Repräsentation. Sie verfügt über eine fatale Macht der Bindung an das Bild, die den auf solche Weise ›Faszinierten‹ zum Verhängnis wird. Echo überträgt gewissermaßen das Motiv des Spiegels aus dem Bereich des Visuellen in den des Akustischen. Das Echo hat hier also nichts von der treuen Erinnerung an Worte oder Gesänge, die es durch Wiederholung wiederbelebt. In der Variante des Mythos, die Ovid in den *Metamorphosen* erzählt, wird Echos Sprechvermögen infolge einer göttlichen Bestrafung auf charakteristische Weise *eingeschränkt*. Die Nymphe verliert das Vermögen, von sich aus, also eigeninitiativ das Wort zu ergreifen, und sieht sich reduziert auf einen *Mechanismus*, der darin besteht, die Wörter *anderer* zu wiederholen, das heißt: sie unverstanden oder als »Gegen-Stimme«[33] zurückzuschicken (statt, wie man erwarten würde, auf sie zu antworten). Ja mehr noch, wie ein Spiegel, der nur bestimmte *Ausschnitte* der Wirklichkeit innerhalb seines Rahmens wiederholen kann und der auch nicht über die Möglichkeit ihrer Speicherung zwecks späterer ›Wiedererinnerung‹ verfügt, »verdoppelt Echo der Reden / Ende«[34]. Sie trägt also nicht, wie platonische Dialoge, ganze Reden zurück, sondern nur mehr die *letzten Wörter* der vernommenen Stimme. Echo reproduziert eine Rede in vollständiger Treue nur um den Preis, sie gleichzeitig zu verstümmeln. Die Verstümmelung ist nun im Mythos die Bedingung für eine verzerrte Kommunikation, die die Mimesis, wie bei Platon, als Ort des Scheins und des Trugs entlarvt. Die Wörter nämlich, die Narziss und die in ihn verliebte Echo austauschen, erzeugen bei beiden die Illusion, dass sie miteinander sprechen, weil sich die Signifikanten auf zwei Ebenen zu verstehen geben: Narziss, der, von seinen Begleitern getrennt, nach ihnen ruft, täuscht sich, wenn er in Echo einen von ihnen vermutet, der ihm antwortet; und Echo täuscht sich, wenn sie, die in ihn verliebt ist, seine Fragen als Werbungen um ihre Gunst versteht. Narziss unterliegt der Täuschung, weil es ein Fragment seiner eigenen Stimme ist, die ihm Echo in perfekter Nachahmung dessen, was sie hört, zurückbringt. Narziss hört in der Antwort Echos sich selbst – und flieht vor ihr, als sie ihm unerwartet selbst gegenübersteht und die akustische Illusion durchbrochen wird.

Der Mythos unterliegt selbst der Struktur der Wiederholung, wenn er das Schicksal der versteinerten Echo in dem des Narziss zu einer erneuten Aufführung bringt, wobei diesmal der *Spiegel* als Ort der systematischen und unvermeidlichen *Verkennung* eine zentrale Rolle spielt. Weil Narziss jede Beziehung zu anderen (Nymphen, Männern) ausschließt, wird er von den Göttern zu unerfüllbarer Selbstliebe verurteilt. Wer sich mit niemandem vereinigen möchte, muss sich mit sich selbst vereinigen. In Ovids Beschreibung des Spiegeleffekts überlagern sich dabei pathetische und parodistische Züge, wie sie auch für Platons Beschreibung der Mimesis charakteristisch sind: Sie vermag das Publikum zu verzaubern, bedient sich dabei aber leicht zu durchschauender, mechanischer ›Tricks‹. Vor allem kommt es in Ovids Bearbeitung des Mythos zu einer epistemischen Beurteilung des Bildwertes, die die platonische Verwerfung des Spiegelbildes, das sich bloß auf die Wiedergabe der flüchtigen Erscheinung der Dinge beschränkt, aufgreift. Das pathetische Moment äußert sich in einer bestimmten *Fixierung* oder Bannung des Blicks, der sich dem Bild, das eine Wasseroberfläche zurückwirft, nicht freiwillig aussetzt, sondern bei der Befriedigung eines vitalen Bedürfnisses auf es stößt:

»Während des Trinkens liebt er [Narziss], berückt von dem Reiz des erschauten / Bilds einen leiblosen Wahn, was Welle ist, hält er für Körper / Staunt sich selber an; und reglos bleibt mit gebanntem / Blick wie ein Standbild er starr, das aus parsischem Marmor gehauen.«[35]

Der Verwandlung Echos in Stein entspricht hier die Verwandlung des Narziss in ein marmornes Standbild. Die mimetische Dimension dieser Verwandlung besteht also darin, dass ausgerechnet das erschaute ›leiblose‹, flache Bild über die Kraft verfügt, auch den Körper des Betrachters in ein Bildwerk zu verwandeln, und ihm damit jede Beweglichkeit und am Ende sogar das Leben raubt: »Schaut er mit unersättlichem Blick die Lügengestalt und / Geht an den eigenen Augen zugrund.«[36] Dort, wo er für Momente eine gewisse Beweglichkeit zurückerhält, versteigt er sich zu Gesten, die die Verkennung des Eigenbildes im Spiegel der Quelle noch verstärken und unfreiwillig *parodieren*: Küsse gibt er dem Spiegelbild und zu umarmen versucht er es. Narziss wird Opfer eines mimetischen Exzesses, denn was der Wasserspiegel unwillkürlich hervorbringt, übersteigt an bildlicher Prägnanz und affektiver Intensität alles, was ein Künstler zu zeigen in der Lage wäre – es sei denn, er versteht sich, wie Pygmalion, dessen Mythos Ovid ebenfalls erzählt, auf die Kunst der (sogar Tiere) täuschenden Nachahmung.

Die Macht des Wasserbildes erweist sich darin, dass selbst die desillusionierende Kraft der Erkenntnis nicht gegen sie ankommt. Einmal ist es die Ermahnung des Erzählers selbst, die den Bericht unterbricht und sich direkt an Narziss wendet, um ihm den illusionären Charakter der ›Lügengestalt‹ vorzuhalten. Das andere Mal ist es der Monolog des vom Wahn Geblendeten, der sich bis zur Selbsterkenntnis vorarbeitet. In beiden Fällen vermag die Einsicht in den trügerischen Charakter des Bildes nicht den Bann des »leiblosen Wahns« zu brechen. Was den Mythos von Echo und Narziss für eine Theorie der Mimesis also so bedeutsam macht, ist die Präsenz einer philosophischen Kritik an der mimetischen Macht zur Selbstverwandlung: Der Mythos also, weit davon entfernt, das Gegenteil der philosophischen Vernunft zu sein, lässt deren Stimme ausdrücklich vernehmen – und zwar im Moment einer Unterbrechung der mythischen Erzählung, in der der Erzähler eine philosophische Lektion erteilt. Wie sich zeigt, wird die Theoriegeschichte der Mimesis von der Vorstellung ihrer Gefährlichkeit heimgesucht – und zwar gerade auch dort, wo die Mimesis zum Gegenstand einer umfassenden Apologie gemacht wird.

5. *Pantomimos* und mimetische Raserei: Lukians *Dialog über die Tanzkunst*

Um den systematischen Einsatz der Debatten um die exzessive Mimesis deutlich zu machen, möchte ich Platons philosophische Verwerfung der Mimesis einen anderen Text zur Seite stellen, der sich im zweiten nachchristlichen Jahrhundert mit der *Tanzkunst* beschäftigt und den von Koller herausgestellten Zusammenhang von Mimesis und tänzerisch-musikalischer Darstellung besser zu verstehen erlaubt. Von Lukian aus Samosata ist eine große Apologie der Tanzkunst überliefert, die eine eigentümliche Stellung im Prozess der Ausweitung mimetischer Praktiken einnimmt. Lukian als Autor der sogenannten »Zweiten Sophistik« ist aufgrund seiner Stellung zur klassischen antiken Bildungstradition in vielfacher Hinsicht selbst als eine buchstäblich mimetische Figur, eine *figura mimetica*, anzusprechen. Den autobiografischen Anspruch, wahres oder authentisches, und das heißt für einen Leser nachprüfbares Wissen über seine Person und ihre Bildungsgeschichte sowie über seine literarischen Absichten vorzulegen, begegnet er mit hochartifiziellen »Verfahren der Anonymisierung einerseits, der Allusionscollage andererseits«[37]. Indem er die präsumptive eigene Identität aus literarischen und philosophischen Prätexten mischt und zusammensetzt, stellt Lukian die Konstruierheit jeder *persona* offen aus. Manuel Baumbach und Peter von Möllendorff haben diese literarische Technik in ihrer mimetischen Struktur eindringlich beschrieben, weshalb sie den Namen Lukian konsequent in Anführungszeichen setzen: »›Lukian‹ zeigt sich uns [...] als eine rein imitativ generierte Figur, als eine *figura mimetica* par excellence, eine sorgfältige Komposition kultur- und literaturgeschichtlicher Reminiszenzen an Bildungsleitfiguren der klassischen Tradition.«[38] Weil Lukian das mimetische Spiel auf die eigene Person ausdehnte, verwundert es nicht, dass er die kulturkonstitutive Rolle der Mimesis zum Thema eines folgenreichen Dialogs gemacht hat.

Lukians Apologie der Tanzkunst ist für eine Theorie der Mimesis, die sich ihre Perspektive nicht von ihrer philosophischen Einhegung vorschreiben lassen will, deshalb so maßgebend, weil sie die eigentümliche Offenheit einer mimetischen Darstellung, die nichts für darstellungsunwürdig hält, reflektiert, ohne doch deshalb die Möglichkeit ihrer sozialen Nützlichkeit oder pädagogischen Dienstbarkeit in Abrede zu stellen. Eine Theorie der Mimesis, wie sie in dieser Einführung zugrunde gelegt wird, platziert ihren Gegenstand zwischen Institutionalität und Alterität, anders gesagt: Sie versteht sie als eine Darstellungspraxis, die intensiven institutionellen Regulierungen unterliegt[39] und die zugleich ein Milieu subversiver Aneignung und Umkehrung bezeichnet. Daher ist sie, wie gezeigt, für Platon ein philosophischer Schrecken, denn die Mimen, die er im Blick hat, sind sich nicht zu schade, sogar subalterne oder selbst nicht-menschliche Akteure und Phänomene aus ihrer alltäglichen Umwelt nachzuahmen. Mimesis ist seit ihrer Problematisierung in der antiken

Philosophie von der Erfahrung einer Exzessivität untrennbar: Exzessive Nachahmung kann dabei sowohl Formen der Wiederholung, des Kopierens und der ›leeren‹ Nachahmung als auch Modi einer Einverleibung, Seinsveränderung oder Metamorphose umfassen, die das Leben des Subjekts an ›niedrigere‹ Lebensformen oder sogar unbelebte Objekte angleichen.

Lukians Apologie setzt nicht zufällig mit einer Polemik ein, deren platonische Abkunft naheliegt. Den Streit tragen Lykinos, der Lobredner, und Kraton, sein Gegenspieler, aus, wobei die deutlich größeren Redeanteile beim Fürsprecher des Tanzes liegen. Kraton, der Kritiker des Tanzes, führt nicht nur die Herrschaft im Namen, sondern weiß sich auch mit der Philosophie im Bunde, die im Tanz nur eine »heillose und weibische Sache« sehen kann (VdT 425). Kraton ist es völlig rätselhaft, wie jemand wie Lykinos, der eine profunde philosophische Ausbildung genossen hat, sich dazu hergeben kann, die Sache des Tanzes zu verteidigen. Der Tanz stört die gute Ordnung schon deshalb, weil die Tänzer nicht davor zurückscheuen, sexuelle Anrüchigkeiten vorzuführen. Kraton ist die metamorphotische Macht nicht geheuer, über die die Tanzkunst verfügt, wie seine ironische Mahnung an seinen Dialogpartner offenbart, der sich davor hüten möge, nicht »unversehens aus einem Manne in eine lydische Flötenspielerin oder in eine Bacchantin verwandelt« (VdT 426) zu werden. Geschlechterverwirrung, Zauberei, Selbstverwandlung bzw. Selbstentfremdung und schließlich Versklavung sind die weitreichenden Vorwürfe, die der Philosoph Kraton gegen die Tanzkunst und ihr mimetisches Vermögen richtet. Lykinos, ihr Lobredner, ist nicht bereit, diese Aufteilung der Praktiken in solche, die ›syrenischer‹ Art sind, und in andere, die ein bestimmtes Wissen vermitteln, zu akzeptieren. Während Kraton den Lobredner der Tanzkunst als ihr größtes Opfer diffamiert, weil er im Medium des Diskurses eine Praxis zu rechtfertigen versucht, die für ihren Kritiker nichts als organisierte Raserei ist, beharrt Lykinos darauf, dass es sich bei der Tanzkunst um einen Gegenstand des Wissens und des praktischen Nutzens handelt. Was den letzteren Punkt angeht, wiederholt er die philosophische Konzeption des Tanzes (und der Mimesis), wie sie der Pythagoreismus entwickelt hatte und die besagt, dass die Tanzkunst zur »Verbesserung des Gemüts beitrage, indem sie die Seelen der Zuschauer in wohlgeordnete Bewegungen setzt« (VdT 428).

Der Tanz erfährt bei Lukian eine *kosmologische Extension*: Weit davon entfernt eine neue Erfindung zu sein, die von heute oder gestern ist, erweist er sich zunächst einmal gar nicht als eine Praxis, in der Schauspieler auf einer Bühne für ein Publikum wollüstige Verrenkungen zum Besten geben. Der Tanz ist vielmehr »mit dem ganzen Weltall einerlei Ursprung« (VdT 429), denn den ersten Reigen tanzen nicht Menschen miteinander, sondern die Gestirne, wie man an der bereits in Platons *Timaios* beschriebenen schönen Harmonie ihrer Bewegungen ablesen kann. So alt wie die Tanzkunst ist im Übrigen auch ihr Lob, denn nicht nur Homer und Hesiod, sondern auch der Gott des Orakels, Apollon, haben sie gepriesen. Und selbst die Philosophen begegneten der Tanzkunst nicht durchweg mit Ablehnung, wie Lykinos unter Hinweis auf Platons *Nomoi* feststellt, in denen dieser einige Gattungen von Tänzen bewundere und andere verwerfe (VdT 439). Lykinos begnügt sich aber nicht mit dem Anciennitätsnachweis der von ihm gelobten Tanzkunst. Was immer Philosophen und Götter zu seinem Lob vorgebracht haben mochten, entscheidend ist neben der Schönheit tänzerischer Bewegungen vor allem ihre unübertreffliche Nützlichkeit, die in der Fähigkeit zur *pantomimischen* Darstellung liegt. Der Tanz hat mit der epischen Kunst, wie sie von den Rhapsoden ausgeübt wurde, die Fähigkeit gemein, das Wissen einer Kultur zur Darstellung zu bringen[40]; gleichzeitig hat er dem Epos die Unabhängigkeit seiner Wirkung vom Verständnis des Wortes voraus. Die Tanzkunst, so ließe sich mit einem medientechnischen Anachronismus formulieren, ist das antike Pendant zum modernen Film, denn wie im frühen Kino der Stummfilmzeit kommt sie (sieht man von Zwischentiteln ab) ohne die Hilfe der Sprache aus[41]: Der Pantomime stellt alles »durch Bewegungen und Gebärden sichtbar« dar und muss die »Deutlichkeit« »auf einen so hohen Grad bringen, daß wir alles, was er uns zeigt, ohne einen Ausleger begreifen«, so dass für ihn der Spruch des Orakels gelte, »daß wir den Stummen verstehn und hören,/wiewohl er nicht redet« (VdT 446).

Lukian steigert in seiner Lobrede auf die Tanzkunst also auf der einen Seite die Mimesis zu einer Pantomimesis, einer *alles* nachahmenden Kunst der universellen Wissensvermittlung, die sich eines hohen sozialen und politischen Nutzens erfreut. Von dieser Konzeption der Mimesis als Technik, die den kommunikativen Erfolg *unter Umgehung* sprachlichen Verständnisses garantiert und damit auf die Vielsprachigkeit eines imperialen Herrschaftsraums mit seinen zahlreichen Regionalsprachen und Dialekten abgestimmt ist, ist eine andere Dimension der Mimesis als tänzerischer Darstellung zu unterscheiden. Diese Dimension wird im Mythos von *Proteus* sowie in einer Anekdote am Ende des Textes thematisch, wo es, nach all der breiten Entfaltung der tänzerischen Tugenden, endlich um die Diskussion ihrer Fehler und Laster geht. Auch in Lykinos' Lobrede enthüllt sich eine Struktur der mimetischen Ordnung, die neben ihrer sozialen und kulturellen Nützlichkeit noch über eine andere Seite verfügt, die wir mit dem mimetischen Exzess oder der Hypermimesis bezeichnen. Der griechisch-römischen Achse einer zivilisatorischen und diplomatischen Ausbreitung und Befestigung der Mimesis, die eine transkulturelle Kommunikabilität garantiert, steht ein mythischer Akteur, Proteus, gegenüber, der nicht zufällig ins griechisch-römische Außen verwiesen wird: Proteus, »der ein

Ägyptier gewesen sein soll«, sei in Wirklichkeit nichts anderes als ein »sehr geschickte[r] Tänzer, der eine ganz besondere Gabe für die Pantomime hatte und sich gleichsam in alles verwandeln und durch Bewegungen und Gebärdenspiel die Flüssigkeit des Wassers, das Auflodern des Feuers, den Grimm des Löwen, die Wut des Panthers und das Säuseln eines Baumes, kurz alles, was er wollte, nachahmen konnte« (VdT 433).

Lukian erkennt im Proteus-Mythos die Verkehrung einer Operation in eine natürliche Eigenschaft: Der Mythos schreibe das, »was Kunst bei ihm war, seiner Natur zu, gleich als ob er das alles wirklich worden sei, was er durch Nachahmung darstellte. Ein Talent, das sich auch bei den Tänzern unserer Zeit wiederfindet, die sich in einem Augenblicke zu verwandeln und den Proteus selbst nachzuahmen wissen.« (VdT 433 f.) Proteus erweist sich unter dem Blick des Mythenkritikers und Mythenparodierers Lukian als ein Tänzer, der für sein Publikum als solcher nicht mehr erkennbar ist, weil er geworden zu sein scheint, was er bloß nachahmt, also, mit Platons Formel gesprochen, von der Nachahmung das Sein davonträgt. Aber Proteus ist nicht nur eine Figur des getäuschten Publikums, sondern zugleich auch eine Figur der aufs Höchste gesteigerten Leistung des Tänzers, der aufgrund der *Geschwindigkeit seiner Metamorphosen* sowie der *Heterogenität der Gestalten*, in die er sich verwandelt, tatsächlich proteische Qualitäten annimmt. Die Beispiele, die Lukian für diese Heterogenität anführt, bestätigen, wenn auch mit umgekehrten Wertvorzeichen, die platonische Ausdehnung der mimetischen Kapazität auf Bereiche jenseits des für Menschen Nachahmungswürdigen (das Auflodern des Feuers, die Wut des Panthers usw.).

An zwei Stellen des Textes wird deutlich, dass Lykinos' Lobrede auf eine allumfassende Mimesis die platonische Sorge nicht fremd ist. Die Lobrede verhandelt das Übermaß einer Nachahmung, die den Nachahmenden derart erfasst, dass er von seinem ›Vorbild‹ ununterscheidbar wird. Was der Proteus-Mythos nur als Möglichkeit bezeichnet und mit einigen abstrakten Beispielen vor Augen stellt: die mimetische Selbsttransformation, arbeitet Lukian am Ende seines Textes zu einer hochsymptomatischen Szene aus, die in seiner Gegenwart spielt. Ausgangspunkt ist der philosophische Anspruch, der Mimesis das wahre Maß vorgeben zu können, das nur durch falschen Kunsteifer überschritten werde. Die Pantomimesis kann in Raserei ausarten, wenn dieses wahre Maß verfehlt wird und stattdessen Techniken der mimetischen *Überladung* angewendet werden. Lykinos führt ein Beispiel an, in dem ein berühmter Tänzer der Mimesis zum Opfer fällt, als er die Raserei (des Ajax, dem die ihm zugesprochene Rüstung Achills verweigert wird) auf der Bühne darstellen muss. Dieser Tänzer begeht den *Fehler* einer unziemlichen, nämlich exzessiven Anähnlichung seiner selbst an das Sujet seiner Darstellung, so dass die Anähnlichung in Selbstverwandlung umschlägt. Er lässt den Abstand vermissen, den jede theatrale oder tänzerische Darbietung, so jedenfalls unterstellt es Lykinos, aufbringen muss, damit der Darsteller für das Publikum weiterhin von seiner ›Rolle‹ unterschieden bleibt. In Lykinos' Beispiel *wird* der Tänzer, der die Raserei bloß darstellen soll, zu einem Rasenden, weil er »gänzlich über alle Grenzen der schönen Nachahmung hinausschweifte und, anstatt einen Rasenden zu agieren, sich so gebärdete und betrug, daß jedermann glauben mußte, er sei selbst rasend geworden« (VdT 455).[42]

Nachdem Lykinos die Bühnenausschweifungen des rasenden Mimen beschrieben hat, die den Rivalen des Ajax, Odysseus, beinahe das Leben gekostet hätten, erkennt der Text, auch hier auf einer Linie mit den platonischen Vorbehalten den homerischen ›Gedichten‹ und den Theaterdarbietungen gegenüber, die größere Gefahr in der mimetischen Affektübertragung, die das

Publikum durch ›Ansteckung‹ in dieselbe Raserei versetzt wie den Tänzer:

»Das tollste dabei war, daß seine Raserei auch die Zuschauer ansteckte; eine Menge von ihnen sprangen auf, schrien wie die Unsinnigen und warfen die Kleider von sich. Freilich waren es lauter Leute vom untersten Pöbel, die wenig davon verstunden, was recht oder was falsch gemacht wurde, und in der Einbildung, daß dies die vollkommenste Darstellung der Leidenschaft des Ajax sei, dem Tänzer durch diese fanatische Teilnehmung ihren Beifall am besten zu beweisen glaubten: aber auch die Leute von der feinern Sorte, wiewohl sie sich des ganzen Vorgangs schämten, sahen doch zu deutlich, daß hier nicht Ajax, sondern der Tänzer rase, und getrauten sich daher nicht, das Geschehen durch ihr Stillschweigen zu tadeln, sondern suchten vielmehr den tollen Menschen durch den Beifall, den sie ihm zuklatschten, zur Ruhe zu bringen.« (VdT 456)

Was Platon damit meint, dass der Mime von der Nachahmung das Sein davontrage, wird in dieser komplexen Szene ausfabuliert: Der Vertreter einer sogenannten Zweiten Sophistik bekräftigt Platon über alles hinaus, was dieser selbst zur Gefährlichkeit der Mimesis anführte. Das von ihm entfaltete Exempel führt die Mimesis nicht nur als eine Gefahr für Leib und Leben der Akteure vor, sondern beschreibt sie darüber hinaus in ihrer affektiven Übersprungsqualität, die dafür verantwortlich ist, dass die schauspielerische Darbietung in einen Tumult umschlägt.

Die rasende Mimesis eines rasenden Ajax bringt nicht nur das Publikum selbst zum Rasen, oder jedenfalls seine ›minderen‹ Teile, sie erweist sich auch als ein Politikum, denn der rasende Akteur verlässt nicht nur seinen ihm zugewiesenen Platz und mischt sich unter die Zuschauer, er »sprang sogar von seinem Platz herab mitten in die Ratsherrenbank und setzte sich zwischen zwei Konsularen, denen mächtig bang wurde, er möchte einen von ihnen für den verhaßten Widder [den er dem Epos nach für Odysseus hält, FB] ansehn und ihn zupeitschen« (VdT 456). Wenn sich auch die Befürchtung des Publikums nicht bewahrheitet, der Tänzer sei tatsächlich (dauerhaft) rasend geworden, so zieht doch das Ereignis eine Krankheit nach sich. Der Tänzer *fürchtet*, »wirklich einen Anfall von Tollheit« gehabt zu haben, und damit die Rückkehr des Zustandes, weshalb er sich mit dem Hinweis »›Es ist genug, *einmal* geraset zu haben‹« (VdT 457) standhaft weigert, je wieder den Ajax zu geben. Lykinos distanziert sich zwar von der ›Einbildung‹ des Tänzers, für einen Moment in einem ›klinischen‹ Sinne der Raserei verfallen zu sein, aber er schließt doch die Möglichkeit einer Raserei als das Ergebnis einer mimetischen Ansteckung keineswegs grundsätzlich aus.

Umso erstaunlicher wird man es finden, dass die Lobrede an ihrem Ende den Freund, der der Tanzkunst so ablehnend gegenüberstand, zum gemeinsamen Besuch einer Tanzdarbietung mit dem Argument zu überreden versucht, »daß du ganz davon bezaubert werden und dich selbst bis zum Rasen darein verlieben wirst« (VdT 457). Die eben noch als mimetisches Desaster beschriebene Raserei des Ajax-Tänzers wird an dieser Stelle, sicher aus rhetorischen Gründen, in Anspruch genommen, um die *Unwiderstehlichkeit* der Pantomime zu begründen. Die Lobrede hat an ihrem Ende selbst Teil am Akt der Verwandlung ihres Adressaten, wenn Lykinos sich sicher ist, dass Kraton das Staunen der Circe erspart bleiben wird, von dem Homer angesichts des standhaften Odysseus berichtet: »Staunen ergreift mich, da dich der zauberische Trank / nicht verwandelt.« Denn Lykinos fügt hinzu: »Im Gegenteil, ich hoffe, du sollst zu deinem Vorteil verwandelt werden und wahrlich nicht, um den Kopf eines Esels oder das Herz eines Schweins zu bekommen.« (VdT 457) Vielmehr werde der Besuch im Theater zu einem Bildungserlebnis für den mimetischen Skeptiker, dessen Verstand von der tänzerischen Darbietung profitiere. Es bleibt also am Ende der Lobrede das interessante Paradox, dass Lykinos noch den gefährlichen Aspekt der Mimesis, ihr Verwandlungspotenzial, für den Bildungsauftrag der maßvollen Mimesis nutzen zu können glaubt.

6. Modernes Postskriptum zur antiken Pantomimesis: Diderots *Rameaus Neffe*

Der Sprung von Lukian zu Denis Diderot, mit dem dieses Kapitel schließt, der Sprung vom zweiten nachchristlichen ins 18. Jahrhundert scheint gewagt, denn er geht noch über jenen Abstand hinaus, den Michel Foucault zu überbrücken sich berechtigt gefühlt hat, als er in *Wahnsinn und Gesellschaft* über Diderots Dialog *Rameaus Neffe* feststellt:

> »Es handelt sich um eine Existenz, die sich fern in die Zeit eingräbt und sehr alte Gestalten, darunter unter anderem ein schelmenhaftes Aussehen aufnimmt, das an das Mittelalter erinnert und auch die modernen Formen der Unvernunft ankündigt, die mit Nerval, Nietzsche und Antonin Artaud zeitgenössisch sind.« (WG 349 f.)

In Rameau wiederholt sich die Vielgestaltigkeit des Pantomimen auf eine ›pathologische‹ Art, die Lukian beschreibt: wenn er das Erstaunen der Barbaren anführt angesichts der »fünferlei verschiedene[n] Masken« (VdT 448), die für den Tänzer in Bereitschaft liegen, der also offenbar fünf Seelen in einem Leibe habe; wenn er von dort zu den »Solözismen« übergeht, die die ungeschickten Tänzer kennzeichnen, die sich »falsch« bewegen und mit »ihren Füßen oder Händen ganz was anders [sagen], als sie, der Musik zufolge, hätten sagen sollen« (VdT 454); und wenn er schließlich die Raserei des entfesselten Mimen in allen

Einzelheiten vor Augen stellt, deren Echo bei Diderot den platonischen Schrecken vor der exzessiven Anähnlichung noch verstärkt. Von einer solchen Entfremdung des Geistes ist Rameau auf dem Höhepunkt seiner improvisierten Verwandlungskunst, die keiner Bühne bedarf, betroffen (vgl. dazu Kapitel VI/2), von einem »Enthusiasmus so nahe an der Tollheit«, dass sein philosophischer Beobachter und Unterredner in Zweifel darüber gerät, »ob man ihn nicht in einen Mietwagen werfen und gerade ins Tollhaus führen muß« (RN 72 f.).

Die Beschreibung der Raserei Rameaus übertrifft diejenige Lukians in ihrem Detailreichtum und ihrer Drastik, wobei die Bahn des mimetischen Exzesses in dem Moment beschritten wird, in dem Rameau sich auf die wahllose Nachahmung unziemlicher Objekte verlegt. Der Philosoph bewundert ihn, solange er seine Stimme nutzt, um die »Zartheit des Gesangs« zu steigern, während er in Lachen ausbricht über die Art, »wie er die verschiedenen Instrumente nachmachte« (RN 73). Die Imitation der Instrumente ist keine genuine Mimesis, weil sie die Effekte anderer Medien wiederholt, die auf diese Wiederholung gar nicht angewiesen sind. Die Nachahmung der Instrumente, für die seine Stimme nicht ›gemacht‹ ist, raubt auch der Stimme die ›schöne‹ Ausdrucksqualität, die den Philosophen zuvor zu Tränen gerührt hatte:

»[Er] schrie, sang mit Gebärden eines Rasenden und machte ganz allein die Tänzer, die Tänzerinnen, die Sänger, die Sängerinnen, ein ganzes Orchester, ein ganzes Operntheater, sich in zwanzig verschiedene Rollen teilend, laufend, innehaltend, mit der Gebärde eines Entzückten, mit blinkenden Augen und schäumendem Munde. [...] Was begann er nicht alles! Er weinte, er lachte, er seufzte, blickte zärtlich, ruhig oder wütend. Es war eine Frau, die in Schmerz versinkt, ein Unglücklicher, seiner ganzen Verzweiflung hingegeben, ein Tempel, der sich erhebt, Vögel, die beim Untergang der Sonne sich im Schweigen verlieren. Bald Wasser, die an einem einsamen und kühlen Orte rieseln oder als Gießbäche von Bergen herabstürzen, ein Gewitter, ein Sturm, die Klage der Umkommenden, vermischt mit dem Gezisch der Winde, dem Lärm des Donners, er war die Nacht mit ihren Finsternissen, er war der Schatten und das Schweigen, denn selbst das Schweigen bezeichnet sich durch Töne. Er war ganz außer sich.« (RN 73f.)

Die Passage ist zum einen ersichtlich eine Bekräftigung und detailreiche Ausschmückung der Stelle aus der *Politeia*, in der sich Platon über die Mimesis der Geräusche mokiert. Im »schäumenden Mund« des außer sich geratenen Neffen wiederholt sich zum anderen die mimetische Raserei Lukians – allerdings mit dem Unterschied, dass es hier nicht ein mythologischer Prätext ist, der sie auslöst, sondern das unregulierbare mimetische Vermögen selbst, das unterschiedslos die ganze Welt in ihren oberflächlichen Aspekten nachzuahmen versucht. In den Worten Foucaults:

»Die Unvernunft ist gleichzeitig die Welt selbst und dieselbe Welt, nur durch die dünne Oberfläche der Pantomime von sich selbst getrennt. Ihre Kräfte sind nicht mehr die der Entwurzelung, ihr gehört es nicht mehr zu, das auftauchen zu lassen, was radikal anders ist, sondern die Welt im Kreis immer des Gleichen drehen zu lassen.« (WG 356)

Foucault vergisst allerdings zu erwähnen, dass diese Ausweitung der mimetischen Zone auf alles und jedes, was es in der Welt gibt, bereits eine Dimension der Mimesiskritik bezeichnet, die wir bei Platon finden. Für die mimetische Anverwandlung menschlicher Grundaffekte (Weinen, Lachen, Seufzen, Blicken ...) mag noch gelten, dass sich Rameau hier die »Maske des Vertrauten und Identischen« (WG 356) anlegt (und es auf diese Weise ›verfremdet‹); aber mit dem Gendercrossing (»es war eine Frau, die in Schmerz versinkt«) eröffnet Rameau eine Bahn, an deren Ende sich die Mimesis nicht länger auf die Reproduktion anthropologischer Formen und Gesten beschränkt, sondern das ganze, unabsehbare Feld transhumaner oder nicht-humaner Objekte und Phänomene umfasst, das bereits Platon anführte, um die Exzessivität der Mimesis zu brandmarken. Tempel, Vögel, rieselnde oder reißende Ströme, Gewitter und Stürme: Es fehlen an dieser Stelle nur die Geräusche der technischen Vehikel und Artefakte, mit denen Platon seine Liste dessen, was man die ausufernde Prosa der Welt nennen könnte, enden lässt.

Der mimetische Exzess resultiert bei Platon wie bei Diderot aus dem, was der Philosoph und Rameau-Kommentator Hegel als die Praxis einer »absoluten Verkehrung« (PhG 372) bezeichnet. Die pantomimische Praxis passt zu einer Figur wie der Rameaus, der seine Nachahmungen mitten in der Welt und in ihrem Alltag stattfinden lässt. Indem er sie als eine mimische Iteration seiner eigenen und der Reden anderer anlegt, parodiert er sie und »verkehrt« damit im Sinne Hegels ihren Sinn. Die mimetischen Kräfte Rameaus mögen nicht die einer »Entwurzelung« (WG 356) sein, wie sie Foucault dem Wahnsinn vorbehält, der eine andere Welt erschließt, aber sie haben die Kraft, die Welt durch die Wiederholung desselben in einen Taumel zu versetzen und sie damit dem kritischen Prozess einer Entleerung auszusetzen. Rameaus Dasein bestimmt Hegel daher als »das allgemeine *Sprechen* und zerreißende *Urteilen*, welchem alle jene Momente, die als Wesen und wirkliche Glieder des Ganzen gelten sollen, sich auflösen, und welches ebenso dies sich auflösende Spiel mit sich selbst ist. Dies Urteilen und Sprechen ist daher das Wahre und Unbezwingbare, während es alles überwältigt; dasjenige, um welches es in dieser realen Welt *allein wahrhaft* zu tun ist.« (PhG 372) Rameau überwältigt alles pantomimisch, indem er es, unbesorgt um die soziale oder politische Hierarchie seiner Gegenstände, in eine »Skale« (PhG 373) überführt, die wie ein Vergleichsraum funktioniert.

Sachwalter all jener ›Momente‹, die das ›Wesen‹ der Welt ausmachen, und damit des *»einfachen Bewußtseins* des Wahren und Guten« (PhG 373), ist in Diderots Dialog der ›einsilbige‹ Philosoph, der unablässig die Werte der Moral und der Tugend heraufbeschwört, die Rameau in ihrer verlogenen Komplizenschaft mit dem Schändlichen und Niederträchtigen entlarvt. Gedanken, die für die »Ehrlichkeit weit auseinander liegen« (PhG 373), bringt Rameau, der ›verkehrte‹ Geist, zusammen. Hegel erkennt zugleich, dass Rameaus permanenter Einspruch gegen »alles Eintönige« (PhG 373) mit Notwendigkeit den Rahmen des gesprochenen Wortes überschreiten und in den Raum der Musik eintreten muss. Das »zerrissene Bewußtsein« (PhG 372) Rameaus ebnet auf der einen Seite den Weg zu einer Psychopathologie devianten oder ›anormalen‹ Verhaltens, seiner Ticks, hysterischen Posituren und neurotischen Verhaltensformen, wie Foucault andeutet, wenn er im Rahmen seiner *Geschichte des Wahns im Zeitalter der Vernunft* feststellt: »Das Lachen des *Neveu de Rameau* präfiguriert und reduziert die ganze Bewegung der Anthropologie des neunzehnten Jahrhunderts.« (WG 357) Auf der anderen Seite verweist Hegels Beschreibung der diskursiven und musikalischen »Gemische« (PhG 373) auf folgenreiche künstlerische Praktiken, die die um 1800 etablierte Autorität des autonomen Kunstwerks ignorieren, indem sie das Eintönige in eine Polyphonie übersetzen, der jede Harmonie ausgetrieben ist. Denn Rameaus pantomimische Kostproben zeichnen sich nicht nur dadurch aus, die unterschiedlichsten Töne musikalischer Artefakte oder beliebiger Geräusche wiederzugeben, sondern vor allem durch die völlige Respektlosigkeit gegenüber der Integrität des ästhetischen Werkzusammenhangs. Deshalb kennzeichnet Hegel die Rede Rameaus als »die Verrücktheit des Musikers« (PhG 372), womit er die Dimension des ›Wahnsinns‹ mit derjenigen einer besonderen ästhetischen Kompetenz zusammenbringt. Eine der wenigen Stellen, die Hegel zitiert (und, wie so häufig, leicht abwandelt und um Diderots Hinweis auf die Rolle der Nachahmung kürzt), lautet in Goethes Übersetzung:

»Er häufte und verwirrte dreißig Arien, italienische, französische, tragische, komische von aller Art Charakter. Bald mit einem tiefen Baß stieg er bis in die Hölle, dann zog er die Kehle zusammen und mit einem Fistelton zerriß er die Höhe der Lüfte und mit Gesang, Haltung, Gebärde ahmte er die verschiedenen singenden Personen nach, wechselweise rasend, besänftigt, gebieterisch und spöttisch. Da ist ein kleines Mädchen, das weint, und er stellt die ganze kleine Ziererei vor. Nun ist er Priester, König, Tyrann, er droht, befiehlt, erzürnt sich, er verzweifelt, beklagt sich und lacht, immer im Ton, im Takt, im Sinn der Worte, des Charakters, des Betragens.« (RN 72)

Nicht so sehr die mimetische Perfektion als das rasende Tempo und die Frequenz der Stellungen und Affektpositionen, die Rameau übergangslos und unbesorgt um ihren Zusammenhang wie die Nummern einer Revue aufeinander folgen lässt (›häufen und verwirren‹), zeichnen dessen Auftritt aus; die Pantomimesis Rameaus steht ersichtlich in der Nachfolge des Lukian'schen Proteus.

Rameaus Niedrigkeit, deren Bestimmung das philosophische Thema des Dialogs ist, besteht in seiner radikalen Suspension des Geltungsbereichs dessen, was Hegel das ›einfache Bewußtsein‹ nennt. Rameau ist nicht ›niedrig‹ im Sinne des Verbrechers, der sich gegen das Gute entscheidet, um seinen Vorteil herauszuschlagen. Er ist alles andere als erfolgreich. Er schlägt sich mehr schlecht als recht durch. Er wird von seinen begüterten Gastgebern, auf deren Wohlwollen er angewiesen ist, verjagt, weil er die Niedrigkeit, die ihm zugewiesen und die er zur Belustigung seiner reichen Gönner vorspielen soll, zurückweist. Rameau ist einmal aus seiner Rolle gefallen, die darin bestand, alle

Rollen, die seine Gastgeber sich wünschen, zu spielen: »denn ich bin ohne Bedeutung. Man macht aus mir, vor mir, mit mir alles, was man will, ohne daß es mir auffällt.« (RN 16) Rameau fällt seiner eigenen Technik der mimetischen Entleerung zum Opfer. Daraus zieht er die Konsequenz, dieses Schicksal nicht schweigend zu erdulden, sondern die soziale Komplizenschaft dessen, was die moralische Unterscheidung strikt trennt – das Gute und das Böse –, durch seine Rede und ihre pantomimische Verdopplung zu entlarven. Die Anekdote einer *erhabenen* Bosheit, die Rameau erzählt, dient dazu, seine eigene Niedrigkeit von ihr abzuheben: Während die »Schrecklichkeit der Handlung« (RN 66) dem Täter Bewunderung und Anerkennung verschaffen kann, ist Rameaus Niedrigkeit bloß einer allgemeinen Verachtung wert, weil sie die Bedingung der Möglichkeit moralischer Unterscheidungen angreift bzw. den Punkt anvisiert, an dem das Unterschiedene ineinander übergeht. Rameau gibt Platons Vorwurf, dass man von der Nachahmung das Sein davontrage, an die Tugend zurück, die als Nachahmung des Guten ebenfalls auf schauspielerisches Talent angewiesen ist. Er *travestiert* das moralische Verhalten, weil es auf der »langgewohnte[n] Nachäffung mutvollen Betragens« (RN 39) beruhe. Wie er an einer anderen Anekdote exemplifiziert, ist es ein Leichtes, das tugendhafte Verhalten eines mutigen Mannes als die Camouflage eines Feiglings und damit als eine Form des Selbstbetrugs aufzudecken: Der Mutige »machte so lange die Gebärden, daß er glaubte, die Sache zu haben« (RN 39).

Von dem »Gemische« (PhG 373) der musikalischen Nachahmung spekuliert Diderot (und Hegel folgt ihm in diesem Punkt), dass es eine kulturelle, politische und religiöse Ordnung zum Einsturz bringen kann. Neben der Mimesis der Formen (die auf Ähnlichkeit beruht) gibt es eine Mimesis der Rhythmen und »Akzente« (RN 70), die sich unmittelbar in körperliches Verhalten übersetzt, ohne dass zuvor eine Bedeutungszuschreibung des Gehörten nötig wäre. Einmal mehr ist es die Gewöhnung, die hier als Modus der mimetischen Wirkung beschrieben wird: »Man wird uns an die Nachahmung der leidenschaftlichen Akzente, der Naturakzente, durch Gesang und Stimme und durchs Instrument gewöhnen; denn das ist der ganze Umfang musikalischer Gegenstände.« (RN 70) Diese Nachahmung soll die Zuhörer von ihrem »Geschmack für Aufflüge, Lanzen, Glorien, Triumphe, Viktorien« (RN 70) und damit für die repräsentativen Posen einer ›alten Musik‹ allmählich entwöhnen, wobei Rameau diesen Entwöhnungsvorgang im Gespräch mit dem Philosophen nach dem Modell einer schleichenden religiösen Missionierung konzipiert: »Das Reich der Natur setzt sich ganz sachte fest«, indem ein bislang noch »fremder Gott« sich »bescheiden auf den Altar, an die Seite des Landesgötzen« setzt:

»Nach und nach gewinnt er Platz, und an einem hübschen Morgen gibt er mit dem Ellbogen seinem Kameraden einen Schub, und Bauz! Baradauz! Der Götze liegt am Boden. So sollen die Jesuiten das Christentum in China und in Indien gepflanzt haben.« (RN 71)

Das metamorphotische Potenzial der Mimesis, das Platon nicht zufällig ebenfalls im Rahmen eines Dialogs problematisierte, der die politische Ordnung zu seinem Thema hat, wird von Diderot als Einbruch musikalischer »Naturakzente« begriffen, deren unerhörte Töne eine glanzvolle Repräsentation zerstören – allerdings auf gänzlich unblutige Weise, wie Hegel hervorhebt, der mit den Metaphern des »Ineinanderfließen[s]« und der »durchdringende[n] Ansteckung« (PhG 387) die kulturelle und politische Unwiderstehlichkeit der Aufklärung (als eines Denkstils und einer Epoche) charakterisiert. Gegen den Despotismus, die Priesterherrschaft und den ›dumpfen‹ Glauben der Massen setzt sich die Aufklärung nicht mit der Kraft des besseren Arguments durch, sondern auf dem Wege einer mimetischen Übertragung, die Hegel mit dem »*Verbreiten* wie eines Duftes in der widerstandslosen Atmosphäre« (PhG 387) vergleicht. Vor dem Geschriebenen kann man seine Augen verschließen, um es nicht zur Kenntnis zu nehmen; von der Musik werden wir dagegen wie von einem Duft *umhüllt*: »Wir können den Schall nicht automatisch ausschalten. Wir sind eben nicht mir Ohrlidern versehen.«[43]

Wenn das mimetisch affizierte Bewusstsein dann die neue Lage begreift, ist es für die Rückkehr zur alten Ordnung längst zu spät: »der Kampf gegen sie verrät die geschehene Ansteckung; er ist zu spät, und jedes Mittel verschlimmert nur die Krankheit, denn sie hat das Mark des geistigen Lebens ergriffen, nämlich das Bewußtsein in seinem Begriffe oder sein reines Wesen selbst« (PhG 387). Obwohl Hegel durchaus auch die militante, politisch konfliktreiche Geschichte der Aufklärung nicht verborgen geblieben ist, hat er im Anschluss an Diderots Dialog ein bis heute wirkungsmächtiges Modell der Kulturrevolution entwickelt, das im 19. Jahrhundert, nämlich bei Gabriel Tarde, *soziologisch* ausbuchstabiert wird. Tarde nimmt die Nachahmung als eine elementare soziale Tatsache in den Blick, die die Dynamik kultureller Verbreitungs- und sozialer Anverwandlungsprozesse in Begriffen beschreibt, welche das Ansteckungsmodell wiederaufnehmen (vgl. dazu Kapitel VII/1).

II. Christomimesis

1. Der Pol der Machthaber: *Die zwei Körper des Königs*

So unzweifelhaft die griechische Herkunft des Begriffs und der mit ihm verbundenen Praktiken ist und so unzweifelhaft es zu einer römischen Wiederaufnahme und Transformation der Mimesis als *imitatio* kommt, so ist damit doch die Geschichte der Wiederaufnahmen, Aneignungen und Umfunktionierungen mimetischer Praktiken nicht abgeschlossen. Das zeigt sich vor allem am Christentum, in dessen Mittelpunkt das Leiden bzw. die *passio* eines niedrigen oder erniedrigten Körpers steht. Der Romanist Erich Auerbach hat in seiner *Mimesis* betitelten Studie die Figur Christi und das ihr zugefügte Leiden als die Gründungsszene einer spezifisch nachantiken Literatur identifiziert, auf die er noch die modernen und gegenwärtigen Ausläufer eines Realismus der Beleidigten und Erniedrigten zurückführt. Auerbach verschiebt die Problematik der Mimesis von der Nachahmung einer als vorbildlich verstandenen Natur (in der Nachfolge des Aristoteles) auf die dargestellte Wirklichkeit einer alltäglichen Umwelt, in der der Religionsstifter »nicht als ein Held und König, sondern als ein Mensch niedrigster sozialer Stufe« (M 73) erschienen war.[44]

Für den Realismus einer auf die Passionsgeschichte zurückgeführten modernen Literatur ist entscheidend, dass er eine *ernste* Nachahmung des Alltäglichen anstrebt, um ihm tragische Effekte abzugewinnen. Für die Antike, so Auerbach, spiele die eigentliche Tragödie »immer nur zwischen den *happy few*, während das Wirkliche, als Gemeines« tief unter dieser Sphäre liege. »Sein Andringen nach oben ist immer illegitim.«[45] Die christliche Umwertung der Mimesis besteht nun genau darin: das, was bis dahin als der tragischen Darstellung unwürdig galt, weil ihm jede heroische Erhabenheit abgeht, in seiner ihm eigenen Würde ›nachzuahmen‹ und es damit als legitim erscheinen zu lassen. Mimesis wird bei Auerbach explizit gegen das Modell einer Nachahmung des antiken Vorbildes gewendet. Der christliche wie der spezifisch moderne Realismus verwirklichten eine »vollständige Lösung von jener Lehre«, die die Literatur auf die Nachahmung einer spezifischen (sozial oder stilistisch verstandenen) »Höhenlage« verpflichtete (M 515).

Der Historiker Ernst Kantorowicz hat aus anderer, nämlich verfassungsgeschichtlicher und politisch-theologischer Perspektive die Bedeutung der christlich umgewerteten Mimesis für die mittelalterliche Idee eines Priesterkönigtums herausgestellt. Die politisch-theologischen Debatten des Mittelalters, die Kantorowicz exemplarisch an Pamphleten des sogenannten Normannischen Anonymus, eines königstreuen, namentlich nicht überlieferten Klerikers, untersucht, übersetzen die von Auerbach beschriebene Spannung zwischen (niedriger) Menschlichkeit und (höchster) Göttlichkeit in der Person Christi in das Thema der sogenannten »persona mixta« (ZK 65), einer »gemischten Person«, die verschiedene ›Kapazitäten‹ in sich enthält. In der Person Christi überlagern sich weltliche und geistliche Funktionen, das heißt: Sie sind kopräsent, so dass die Rede vom Gottmenschen beiden Bestandteilen gleichermaßen Bedeutung zumisst. Wenn Christus der *Gesalbte* ist, dann überträgt die politische Theologie durch den Akt der Weihung (*consecratio*) die unsterbliche Kapazität auf die weltlichen Könige. Sie werden auf diese Weise zu *christomimetes*,

Nachahmern Christi, wobei Kantorowicz diesen Mechanismus unter systematischem Rückgriff auf die Sphäre des *Theaters* beschreibt. Weil der König nur *Deus per gratiam*, also durch Einsetzung und Weihung *werden* konnte, was Christus *ist*, teilt er mit allen Nachahmern das Risiko der Verfehlung des Nachgeahmten. Auch Christus erweist sich in den Evangelien als Schauspieler, denn nichts an seiner ›sozialen‹ Lage disponiert ihn dazu, so zu handeln und zu sprechen, wie er es in der Selbstzuschreibung als Erlöser tut. Seine Fähigkeit, Jünger oder Nachfolger hervorzubringen, ist nicht unabhängig von der Performanz seines Auftritts. Der zum *christomimetes* transformierte irdische Herrscher ist in einem noch höheren Maße den Gefahren des Bühnenspiels ausgesetzt: dass er »buchstäblich Schauspieler und Darsteller Christi, das lebende Bild des Zweinaturen-Gottes auf der irdischen Bühne« (ZK 68) ist, greift die performativ-theatrale Dimension des Mimischen auf und stellt die Mimesisbeziehung, die die politische Theologie herstellt, unter spezifische Gelingens- und Scheiternsbedingungen. Der hochmittelalterliche Investiturstreit ist auf der Bühne der großen Politik der Ausdruck für diesen *mimetischen Konflikt*, aus dem das klerikale Reich unter päpstlicher Leitung insofern als Sieger hervorging, als es den Königen, ganz gleich wie christlich sie sich auch geben mochten, die Verfügung über das Priesterliche erfolgreich entzog. Der *Vicarius Christi* wird zum »Monopol des Papstes« (ZK 109); dem König und Kaiser wird abgesprochen, Christus zu *verkörpern*, dessen reale Anwesenheit auf das Sakrament des Abendmahls begrenzt wurde.

Kantorowicz' Studie ist für eine politische Theorie der Mimesis unter den Bedingungen der neuzeitlichen Territorialstaatsbildungen deshalb so instruktiv, weil er nur zu gut weiß, dass der »Jargon des Doppelkörpers kein Reservat der Juristenzunft« (ZK 47) ist und die christliche Spannung von Inkarnation und Passion sich auch außerhalb der gelehrten Abhandlungen und Sentenzen der Verfassungslehre und politischen Theologie zur Geltung brachte. Er erörtert diese Spannung exemplarisch in einem Kapitel zu Shakespeares *König Richard II.*, weil in diesem Drama die politische Dynamik vorgeführt wird, die aus einer Appropriation des Jargons der Juristen für einen weltlichen Herrscher resultiert. Diese Aneignung ist maßgeblich dafür verantwortlich, dass sich die politische Theologie des Mittelalters auch noch »in die menschliche Wirklichkeit« der Moderne und unserer Gegenwart übertragen lässt (ZK 48). »Die Tragödie Richards II. ist die Tragödie der zwei Körper des Königs« (ZK 49), weil die Mimesis, verstanden als Nachahmung des christlichen Vorbildes, in Shakespeares Drama in eine *mimetische Rivalitätsbeziehung* umschlägt, die sich zwischen den Polen der Inkarnation und der Passion entfaltet. Gelungen ist die *Christomimesis* dann, wenn der irdische König sich erfolgreich die Züge Christi aneignet, die ihn als Sieger über die menschliche Unzulänglichkeit, wie sie sich exemplarisch im Tod äußert, auftreten lässt. Dieses glänzende Bild kontrastiert mit dem, was man das dunkle Leidensbild Christi nennen könnte, der bekanntlich jener König ist, der am Kreuz das Schicksal von Verbrechern erleiden muss. In Shakespeares Stück dämmert König Richard, wie Kantorowicz schreibt, dass »sein Vikariat Christi auch das Vikariat des Menschen Jesus in sich schließen könnte« und dass er »seinem göttlichen Meister auch in die menschliche Erniedrigung und ans Kreuz folgen müßte« (ZK 52). Der legitime König, der in der konkreten politischen Situation mit dem Widerstand aristokratischer Gegner konfrontiert wird, die ihn in einen Krieg verwickeln, den er am Ende verliert, erkennt, dass sich die königlichen Vorrechte schnell als Fiktionen erweisen, wenn sie durch mächtige Feinde bestritten werden.

Shakespeare führt die Degradation des Königs als einen Vorgang der Aufspaltung der beiden Personen vor. Für diesen dramatischen Prozess ist entscheidend, dass er durch den Degradierten selbst vollzogen und ratifiziert wird: Es genügt nicht, dass seine Widersacher Richard militärisch besiegen. Shakespeare kommt es darauf an – in der berühmten *Spiegelszene*, die den Höhepunkt des Dramas darstellt[46] –, die mimetische Ähnlichkeitsbeziehung zwischen irdischem Herrscher und siegreichem Christus in eine Erfahrung radikaler Unähnlichkeit umschlagen zu lassen.[47] Der Höhepunkt der Tragik ist in dem Moment erreicht, in dem der König sich selbst im Spiegel, den er sich vorhält, nicht mehr wiedererkennt und das Medium dieser fatalen Selbsterkenntnis, die ihn auf den sterblichen Erstkörper reduziert, anschließend zerstört:

»Die Züge seines Antlitzes im Spiegel verraten, daß er jede Möglichkeit eines zweiten oder Superleibs verloren hat – nichts mehr vom hohen politischen Körper des Königs, von der Gottähnlichkeit des erwählten Stellvertreters des Herrn [...]. Der zersplitternde Spiegel bedeutet – oder ist – das Auseinanderbrechen jeder möglichen Dualität. Alle diese Aspekte sind auf einen reduziert: das banale Gesicht und die unbedeutende Physis eines armseligen Menschen, eine Physis, der nun jede Metaphysik fehlt.« (ZK 62)

2. Der Pol der Machtunterworfenen: *De imitatione Christi*

»Jahrhundertlang war das Buch von der Nachfolge Christi das christliche Erbauungsbuch mit der größten Verbreitung« – so wird im Nachwort zur Thomas von Kempen zugeschriebenen (vermutlich aber lediglich von ihm überarbeiteten)[48] *Nachfolge Christi* (*De imitatione Christi*) resümiert. Selbst die »Verschiedenheit der

Glaubensbekenntnisse stand seiner weiten und tiefen Wirkung nicht im Wege« (NC 231). Der König als *christomimetes*, so hatte Kantorowicz gezeigt, *ist* nicht Christus, er *wird* ihm gleich, indem er sich dem siegreichen Christus ähnlich macht. Er muss seine Christusähnlichkeit beständig unter Beweis stellen, so wie ein Schauspieler auf der Bühne bei jedem Auftritt aufs Neue seine Fähigkeiten, der ihm übertragenen Rolle gerecht zu werden, bestätigen muss. Diese performative Dimension der Nachahmung Christi bestimmt auch die Konzeption des Erbauungsbuches, das am Pol des beliebigen Gläubigen, der über kein klerikales oder weltliches Amt verfügt, die Spannung zwischen göttlichem Prototyp und sichtbarem Stellvertreter wiederholt. Die Nachfolge im Sinne der Aufforderung Christi soll das *ganze* Leben der Gläubigen erfassen und jedes Detail ihrer alltäglichen Existenz durchdringen. So wie der christomimetische Herrscher ein »lebendes Bild des Zweinaturen-Gottes auf der irdischen Bühne« (ZK 68) abgeben muss, so muss auch der einfache Gläubige bestrebt sein, das »Leben und Verhalten« Christi »treu nachzuleben« (NC 9). Man hat daher die *Nachfolge Christi* mit einem geistlichen Tagebuch verglichen, das die Heilsbotschaft weniger lehren als vielmehr mit allen Sinnen aufzunehmen ermöglichen soll, damit sie sich im Gläubigen physisch reinkarniert. Nicht die Wiederholung theologischer Dogmen, sondern die Angleichung des eigenen Lebens an dasjenige des Erlösers ist die Aufgabe, vor die der Gläubige gestellt wird: »Wer die Lehre Christi in ihrer Fülle kennen lernen und schmecken will, der muß mit allem Ernste danach streben, daß sein ganzes Leben ein zweites Leben Jesu werde.« (NC 9) Der *Zweitkörper*, der in der politischen Theologie das Privileg des Königs ist, nimmt in der Konzeption der *Imitatio Christi* die Form des allen Gläubigen offenstehenden *zweiten Lebens* an.

Die frohe Botschaft kann wie eine Nahrung (ein anderer ›Leib Christi‹) vom Körper des Gläubigen aufgenommen und durch seine Sinne empfunden werden (die es also nicht einfach ›abzutöten‹ gilt). Die Polemik gegen die Lüste des Fleisches, die auch die *Nachfolge Christi* aufgreift, soll die Bereitschaft der Sinne erhöhen, sich einem subtileren Geschmack zu öffnen, als es derjenige ist, den man beweist, wenn man die fleischlichen Genüsse bevorzugt. Jesus »über alles lieb zu haben« bedeutet, sein Herz »ganz leer machen von allen Geschöpfen«, so dass Christus »gerne bei dir« wohnt, denn er teilt »sein Reich mit keinem anderen« und will in deinem Herzen »wie ein König auf seinem Throne herrschen« (NC 66). Der einfache Gläubige, der als *Nachfolger* Christi vertraulich angesprochen wird, ist in einem noch eminenteren Sinne als der königliche Herrscher *Christomimetes*, weil er nicht nur durch den Akt der Weihe und Salbung für einen bestimmten Zeitraum christusähnlich geworden ist. Der Nachfolger Christi muss vielmehr die »große Kunst, mit Jesus umgehen zu können«, beherrschen, denn »du kannst Jesus schnell von dir vertreiben und seine Gnade verlieren«, wenn du dich »nach auswärts« (NC 67 f.) neigst und damit die intime Beziehung zu ihm verlierst.

Ausgerechnet jenen politischen Ausnahmezustand, in dem der König seinen Superleib einbüßt, erhebt der Autor der *Nachfolge Christi* zum erstrebenswerten Idealbild: »Jesus hat jetzt viele Jünger, die im himmlischen Reiche gern mit ihm herrschen möchten, aber wenige, die sein Kreuz auf Erden tragen wollen.« (NC 75) Indem Richard II. in Shakespeares Drama den Spiegel, den er sich vorhält, wütend zu Boden wirft, demonstriert er aus der Perspektive der wahren Nachfolger Christi im Moment seiner äußersten Ohnmacht die Unwilligkeit, dieses Kreuz zu tragen, und stellt sich damit außerhalb der Gemeinschaft der wahren Gläubigen:

»Viele lieben Jesus, solange sie nichts zu leiden haben. Viele loben und preisen ihn, solange sie Tröstungen von ihm empfangen. Aber, wenn Jesus sich verbirgt und sie auch nur eine kurze Weile allein läßt, da klagen sie gleich oder verlieren gar den Mut.« (NC 75)

Für die Strategie der Nachfolge Christi ist es durchweg entscheidend, dass sie die Nachfolge des *gedemütigten* und *gekreuzigten* Jesus propagiert, also nicht die des siegreichen Gottessohnes, der von den Toten aufersteht und sich als himmlischer Herrscher etabliert. Niemand sei »reicher«, so wertet der Autor der *Nachfolge Christi* die geläufige Vorstellung von Macht und Reichtum um, als derjenige, »der sich und alle Dinge verlassen, sich an die unterste Stelle hinsetzen kann« (NC 76), wodurch die *christomimesis* als eine Beziehung radikaler Unähnlichkeit zum göttlichen Prototyp erscheint. Während das Kreuz aus politisch-theologischer Perspektive den Glanz der zukünftigen Herrschaft Christi nur verzögert und fast wie ein Unfall auf dem Weg zu seiner Apotheose erscheint, ist es für die Nachfolger Christi, die von Herrschaftsambitionen gänzlich frei sind, das eigentliche Ziel irdischer Existenz. Statt das Kreuz und das Leiden, das es symbolisiert, nach Kräften zu meiden, heißt es für den Gläubigen, das Kreuz zu suchen: »So ist denn überall für dich ein Kreuz zugerüstet und wartet auf dich überall. Du kannst auch dem Kreuze nirgends entlaufen, wo du immer hinlaufen magst.« (NC 78)

Christus nachfolgen heißt eine Lebensform nachzuahmen, nicht nur ein Bild oder einen Prototypen. Es heißt auch, ein pädagogisches Programm zu durchlaufen, wodurch sich die Mimesis von der Sphäre des Theaters zu der der Schule und des Lernens verschiebt: »Niemand kann das Leiden Jesu so herzlich und innig nachempfinden als wer einmal in der Leidensschule etwas ähnliches an sich erfahren hat.« (NC 78) Die Nachfolge Christi ist das Ergebnis einer Übung, die in dem Maße gelingt, wie Jesus selbst als Lehrmeister fungiert, der seine eigene Lebensgeschichte in ein nachahmbares Muster verwandelt: »Mein ganzes Leben sei nichts als eine Übung nach dem Muster deines Lebens; denn darin finde ich Heil und Heiligung.« (NC 182) Die Mimesis der Gläubigen erscheint als steigerungsfähig in dem Maße, wie sie »recht viel Widriges für Christus« leiden. Nur »auf dem Wege des Leidens« können sie »Christus ähnlicher und allen seinen Heiligen gleichförmiger werden« (NC 81). Während in Shakespeares *Richard II.* der König die *passio* als ein historisches Schicksal erfährt, das ihm aristokratische Rebellen bereiten und das seinen politischen Status gefährdet, wird der Leser der *Nachfolge Christi* ermutigt, das Kreuz Christi von Anfang an auf seine Schulter zu nehmen und den unbeendbaren spirituellen Kampf als Lebensform zu akzeptieren.

Die Entscheidung, sein Leben als frommer Ordensmann ›am Kreuz‹ zu führen, steht aber auch nicht völlig außerhalb jedes politisch-theologischen Kalküls. Sie wird mit einer *Teilhabe* an der kirchlichen *potestas* schon auf Erden belohnt – einer Macht, die dem Nachfolger Christi kein politischer Gegner entreißen kann und die bereits einen Vorgeschmack auf die Zeit gibt, wenn der Gläubige im Himmel mit Christus »auf dem Throne sitzen« (NC 182) wird. Die frommen Ordensmänner bilden eine *ecclesia militans*, eine kämpfende Kirche, in der Christus als »Führer« und »König« vorangeht:

»Seht! unser König geht vor uns her; er wird auch für uns streiten. Laßt uns als Männer ihm nachgehen. Kein Schrecken schrecke uns zurück! Das sei unser Entschluß: den Tod der Ehre im Kriege zu sterben! Die Schande, daß wir von der Fahne des Kreuzes fliehen, wollen wir unserer Ehre nicht antun.« (NC 183)

Mit dem Paradox einer Fahne des Kreuzes vollzieht das Erbauungsbuch die von Kantorowicz beschriebene korporative Wendung der Lehre von den zwei Körpern des Königs nach. Diese Wendung besteht darin, dass dem natürlichen Körper ein mystischer zur Seite gestellt wird, der zugleich ein korporativer oder kollektiver Körper ist mit Christus als seinem ›Haupt‹. Der mystische Zweitkörper des *Christomimetes* wurde »im Laufe der Zeit immer weniger mystisch und bedeutete schließlich einfach die Kirche als politische Organisation oder – auf dem Wege der Übertragung – jede politische Körperschaft der säkularen Welt« (ZK 217). Den Tod der Ehre im Kriege zu sterben erweist sich als Formel einer politisch-theologischen Aufladung der Nachfolge Christi. Diese Formel steht im Widerspruch zur eigentlichen Konzeption der Nachfolge, die das Erbauungsbuch, wie gezeigt, in ausdrücklicher Distanz zu *jedem* irdischen Herrschaftsanspruch der Nachfolger definiert hatte. Die Christomimesis, anders gesagt, unterliegt der Verstaatlichung.

Wenn die Gläubigen sich im Körper der Kirche sammeln, dann hat diese Metapher zugleich eine politische Funktion, wie die Märtyrer belegten, die ihr Leben für das Himmelreich bzw. die himmlische Stadt Jerusalem gegeben hatten: »Der christliche Märtyrer, der sich für das unsichtbare Reich geopfert hatte und für seinen himmlischen Herrn *pro fide* gestorben war, sollte bis ins 20. Jahrhundert das wahre Vorbild staatsbürgerlicher Selbstaufopferung bleiben.« (ZK 243 f.) Eine durchaus exzessiv zu nennende Mimesis organisiert die politische Geschichte der sogenannten säkularisierten Staaten, insofern aller Patriotismus »von den ethischen Werten lebte, die er aus der patria im Himmel auf die Staaten der Erde übertrug« (ZK 244). Die sogenannten modernen Territorialstaaten und ihre ›versachlichte‹ Herrschaftsstruktur erweisen sich als mystische Körper, die ihre Entstehung komplexen Übertragungs- und Analogiebeziehungen verdanken und damit die Vorstellung Lügen strafen, sie wären das Produkt einer Säkularisierung, die ihre religiöse Substanz aufzehrte und sie vollständig in Gebilde ›eigenen Rechts‹ verwandelte. Der Patriotismus und seine späteren nationalistischen Exzesse sind der Beweis für die Fortdauer mimetischer Beziehungen auch unter den Bedingungen staatspolitischer Autonomie: Mimesis als die Beziehung zu einem Anderen kommt noch in den Handlungen zum Tragen, mit denen dieses Andere erklärtermaßen *abgestoßen*, aber in der rhetorischen Form einer Analogie weiter in Anspruch genommen wird.[49] So wenden sich die neuzeitlichen Staaten zwar gegen den Universalismus der Kirche und ihren globalen Herrschaftsanspruch, aber beerben zugleich deren ›mystische‹ Substanz, denn der Staat kann sich überhaupt nur *gegen-mimetisch* (also auf dem Wege einer *durchgestrichenen Nachahmung*) konstituieren, nämlich als ein der Kirche vergleichbares *corpus mysticum*:

»Wenn tatsächlich jeder Christ, der im Körper der Kirche lebte, verpflichtet war, sich zur Verteidigung dieses Körpers zu erheben, so war es naheliegend zu behaupten, daß jeder Franzose, der in dem Körper ›Frankreich‹ lebte, sich zur Verteidigung dieser nationalen Körperschaft zu erheben hatte. Dank dieser Analogie bekam der Tod für den politischen Verband oder die *patria* eine wahrhaft religiöse Perspektive.« (ZK 274)

3. Die Konvulsion: Christomimesis als Reenactment

Die pantomimetische Raserei, der Lukian seine Aufmerksamkeit gewidmet hatte (vgl. dazu Kapitel I/5), erfährt unter christlichen Vorzeichen eine Veränderung, die der französische Kunsthistoriker Georges Didi-Huberman als eine »mimetische Unbändigkeit« gefasst und am Beispiel der sogenannten Konvulsionärinnen beschrieben hat. Die diesen Konvulsionärinnen eigene religiöse

Besessenheit manifestiert sich in exzessiven körperlichen Ausbrüchen, von denen unklar bleiben kann, ob sie willkürlich herbeigeführt oder durch die Wirksamkeit einer übermächtigen Instanz, die sich des Körpers der Konvulsionärinnen bemächtigt, bewirkt werden. Für die Konvulsionärinnen von Saint-Médard greift Didi-Huberman auf Diderots Ausführungen in dessen Aufsatz »Über die Frauen« zurück, an dem sich nachverfolgen lässt, wie die Besessenheit allmählich vom religiösen ins medizinische Register wechselt. Diderot sieht in ihr eine Form des weiblichen »Hysterismus« (MU 153) und leistet damit der zukünftigen Transformation der Besessenheit in ein klinisches Phänomen Vorschub, die sich im 19. Jahrhundert auch institutionell vollziehen wird[50]:

»Die Frau ist in ihrem Inneren mit einem Organ versehen, das empfänglich ist für schreckliche Krämpfe. Dieses Organ beherrscht sie und ruft in ihrer Phantasie Hirngespinste aller Art hervor. Im hysterischen Delirium kommt sie auf die Vergangenheit zurück und greift in die Zukunft vor; alle Zeiten werden ihr dann zur Gegenwart.« (ÜF 19)

Die Konvulsionärinnen heben die Ordnung der Zeit auf und erneuern in der Gegenwart des 18. Jahrhunderts die »Kindheit der Kirche« (ÜF 19), indem sie selbst zu Kindern und kindisch werden. Sie vereinen in ihrem Tun und ihren Darstellungen »Laster und Mimesis« (MU 153) und realisieren damit eine Verbindung, die dem Mimesisbegriff seit seiner Behandlung bei den antiken Philosophen innewohnt.

Worauf bezieht sich Diderot konkret? Es gab in Paris zu jener Zeit, Mitte des 18. Jahrhunderts, Frauen – und damit gemeint ist eine übersichtliche Zahl von laut Didi-Huberman »rund 15« –, »die heimlich eine unbändige Nachahmung Christi betrieben: Sie kreuzigten sich gegenseitig, ›wirklich und ohne Täuschung und

Betrug‹, sie ließen sich auspeitschen, tranken den Essig der Passion, ließen sich abermals kreuzigen und die rechte Brust durch einen Lanzenstoß durchbohren, gemäß einer unerschütterlichen und erschreckenden Planung.« (MU 155) Die Beschreibung mag heute an die ›existenziellen‹ Performances einer Marina Abramović erinnern, bei denen die Künstlerin auf eine unerhörte Weise ihren eigenen Körper einsetzt und sich den damit verbundenen Risiken aussetzt: Schreien bis die Stimme wegbricht, Tanzen bis zum Umfallen, Einritzen der eigenen Haut mittels einer Rasierklinge, Auspeitschen des eigenen Körpers oder stundenlanges Dasitzen in völliger Bewegungslosigkeit sind nur einige der Beispiele, die hier zu nennen wären. Wie bei den Konvulsionärinnen beeindrucken auch die Performances der Künstlerin, weil die Zufügung von körperlichem Schmerz Beweisfunktionen übernimmt: Bewiesen wird im Falle der Konvulsionärinnen von St. Ménard der *Glaube*, indem die Passion Christi mit dem eigenen Körper noch einmal erlitten wird, oder im Falle der Künstlerin die fortdauernde *Liebe* zu ihrem ehemaligen Partner, bezeugt von den Tränen, die über ihr Gesicht laufen, als dieser sie während der Performance *The artist is present* im New Yorker MoMa aufsucht. Die Künstlerin beglaubigt zwar keine religiöse Botschaft, aber sie setzt ihren Körper als ein Medium der Authentifizierung und des Reenactments, in diesem Fall: einer vermeintlich längst abgeschlossenen affektiven Episode ihres Lebens, ein. Die Konvulsionärinnen legen die Heilige Schrift mit dem eigenen Körper aus, statt die rechtmäßige Auslegung als eine exegetische Aufgabe den professionellen Schriftgelehrten oder Theologen zu überlassen, die die Exegese auf eine strikt textuelle Beziehung begrenzen. Die Konvulsionärinnen führen ihren Körper in einer Weise vor, dass das Leiden, von dem die Evangelien nur erzählen, sichtbar vor Augen tritt und sich auf diejenigen, die der Passion beiwohnen, überträgt.

Für die aufklärerische Position des Philosophen Diderot bleibt der Einwand virulent, dass die Konvulsionärinnen bloß Theater spielen und daher nicht(s) bezeugen, sondern schlicht betrügen. Sie sind Artisten ihrer körperlichen Affekte: »Wenn einer Frau sehr viel daran liegt, euch irrezuführen, wird sie den Rausch der Leidenschaft vortäuschen; ja sie wird ihn sogar empfinden, ohne sich zu vergessen.« (ÜF 18) Aber diese entlarvende Haltung, die die religiöse Besessenheit mit der erotischen Verführungskraft gleichstellt, wird der Wirkungsmacht einer mimetischen Unbändigkeit, die die Vergangenheit in der Gegenwart auferstehen lässt, nicht gerecht. Darauf hat Michel Foucault in seinen Vorlesungen über *Die Anormalen* hingewiesen, einer umfassenden Diskurs- und Machtgeschichte der Besessenheit in Europa. Foucault hebt zum einen die Vielfalt der diskursiven Versuche hervor, mit denen man die Besessenheit in Beschlag zu nehmen versuchte. Er nennt sie einen »Spinnen-Begriff, der seine Fäden ebensosehr nach der Seite der Medizin und Psychiatrie wie nach derjenigen der Religion und des Mystizismus zieht« (DA 277). Foucault weist zum anderen darauf hin, dass die Konvulsionen, die ihren Ort zunächst in den Klöstern hatten, wo sie den Widerstand gegen die umfassende spirituelle Lenkung manifestierten, auch politisch wirksam werden und sich in den Konfessionskonflikten als ein Massenphänomen erweisen. In allen Fällen gilt: Die Konvulsion artikuliert sich »auf der Linie eines religiösen oder politischen Widerstandes« (DA 291).

Mit seinem unmittelbar folgenden Hinweis auf die »Protestanten der Cevennen« legt er eine Spur, die zu verfolgen umso interessanter ist, als sie zu einem von Foucault nicht erwähnten literarischen Text führt, der den Überlegenheitsanspruch grundsätzlich infrage stellt, mit dem eine aufklärerisch-skeptische, für die Moderne charakteristische Haltung versucht, die religiöse Besessenheit als Phantom zu entlarven. Ludwig Tiecks 1826 erschienene Novelle *Der Aufruhr in den Cevennen*, die basierend auf einem umfassenden historischen Quellenstudium eine »höchst merkwürdige Begebenheit« (AC 9), wie es im Vorwort zu dem Text heißt, zum literarischen Gegenstand macht, spielt bereits durch ihren Titel auf die politischen Implikationen der Besessenheit an, die der Text am Beispiel des Konfessionskonflikts zwischen Hugenotten und staatlichem Katholizismus zu Beginn des 18. Jahrhunderts in Frankreich entfaltet. Tieck bestätigt Foucaults Hinweis, dass sich die Besessenheit in dem Moment, in dem sie zu einem Phänomen wird, das auch die »gesellschaftlich ziemlich niedrigstehende Bevölkerungsschicht« (DA 291) erreicht, zugleich zu einem politischen Ereignis wird, denn die Hugenotten oder *Camisards* (»Blusenmänner«) sehen sich als Rebellen bezeichnet, die der Staat mit (para-)militärischen Mitteln bekämpft und die sich ihrerseits durch eine Guerilla-Taktik, welche aus dem Wald (Cevennen) heraus operiert, allen Versuchen ihrer Rekatholisierung erwehren.

Der titelgebende Aufruhr in den Cevennen ist also sowohl spirituell (›Aufruhr der Seele‹) als auch politisch (Revolte, die den Staat herausfordert) codiert. »Der Streit mit den Rebellen« erweist sich daher als eine »schwierige Sache«, denn der »Mut und die gewöhnliche Disziplin eines Soldaten« reichen nicht hin, um religiöse Parteigänger auszuschalten, die ihrerseits nicht ›wie Soldaten‹ kämpfen, sondern sich irregulärer Mittel bedienen. Mit ›besessenen‹ Rebellen, denen man den Status der Rechtsperson abspricht[51], kann man nicht kämpfen wie mit »Eugen und Marlborough« als den staatlich anerkannten Feinden eines anderen Landes (AC 40). Mit Rebellen, so machen ihre Gegner klar, kann man nur auf Rebellenart kämpfen, denn es handelt sich bei ihnen um »Lumpengesindel« (AC 40). Sie werden einfach »totgeschlagen« wie Hunde, wenn sie sich weigern, sich bekehren zu lassen (AC 27). Die mimetische Rivalität, die zwischen zwei Konfessionen derselben Religion ausbricht, mündet in eine intensivere Feindschaft als ein ›konventioneller‹ Krieg zwischen Staaten, die ihre Interessen verfolgen.

Die Intensität der Feindschaft, der sich die Camisards ausgesetzt sehen, die Bedenkenlosigkeit, mit der katholische Geistliche die an den Hugenotten begangenen Grausamkeiten in hetzerischen Reden rechtfertigen, ist der Ratlosigkeit geschuldet, mit der sie dem Diskurs der Besessenheit begegnen, der in vielen Passagen des Romans detailliert beschrieben wird. In diesen Passagen wird immer wieder der Skandal angeprangert, dass die Hugenotten das einschränkende Recht des sprechenden Subjekts verletzten, das besagt, dass »nicht jeder beliebige über alles beliebige reden kann«[52]. Der Aufruhr in den Cevennen ist vor allem anderen eine Diskurs- und Medienrevolte[53], die auf einer untersagten Aneignung des Diskurses des Anderen beruht. In Tiecks Roman sind es die am wenigsten für eine derartige Rede qualifizierten Subjekte, nämlich *Kinder*, die vom Diskurs des Anderen auf unerklärliche Weise heimgesucht werden. Die Kinder, von denen ein Pfarrer in Tiecks Novelle gesprächsweise berichtet, treten wie ausgebildete Pfarrer oder Propheten auf, sie zeigen sich als Meister eines Diskurses, der von ihnen auf mimetische Weise Besitz ergriffen hat und der daher die Redeordnung, die nicht nur darüber entscheidet, *worüber* zu welcher Zeit und an welchen Orten gesprochen werden darf, sondern auch *wer* das Rederecht hat, fundamental infrage stellt:

»Daß Kinder, diese kleinsten Krabben von drei Jahren, sich mit Ermahnen und Bußpredigten abgeben, und so vertraut von allen Sünden sprechen, als hätten sie schon längst das ganze Register davon durchgemacht, ist eine weltbekannte Sache; oft wollen die Blitzkröten noch obenein prophezeien, sprechen meist in gutem, klaren Französisch, was sie oft wohl Zeit ihres Lebens noch nicht gehört haben – das erklär mal einer alles, wer seine Lust am Erklären hat. Einige sagen, es sind Krämpfe, andere, sie sind vom Teufel besessen, die von ihrer Partei halten es für Inspiration. Drüben in Alais sitzen einige hundert, groß und klein, alt und jung, das prophezeit durcheinander, daß die Mauern des Gefängnisses brechen möchten. Nun hat sich das Collegium medicum von Montpellier hinübergemacht, jeder Doktor hat Kappe und Mantel mitgenommen [...] Die haben sie nun observiert, diskurriert, disputiert, kalkuliert, spekuliert, deduziert – und was ist das Ende vom Liede? Daß wir so klug sind, wie zuvor. Für göttliche Eingebung, sagen die weisen Herren, können sie es nicht halten, weil König und Geistlichkeit so sehr dagegen sind; weil aber die Leute doch lauter geistliche Dinge sprechen und singen, für Besitzung des Teufels ebensowenig, auch kännten sie die Art und Weise dieses Herrn noch nicht. Krämpfe und körperliche Gebrechen seien es auch nicht, sondern es sei ihnen etwas ganz Unerhörtes und Neues, was man auch wohl neu benamen, und daher wohl am besten Fanatismus, und diese Leute Fanatiker nennen müßte.« (AC 30 f.)

Die Rede der Kinder ist für den katholischen Beobachter der entsprechenden Szenen (wie vermutlich auch für den Leser der Novelle) vollständig unerklärlich. Der aufklärerische Kampfbegriff »Fanatismus« leitet sich von *fanum* als dem heiligen Ort ab, der allein der Gottheit vorbehalten ist. Der Begriff erklärt nichts. Er ist ein strategisches Manöver, mit dem die Vernunft die Ansteckungskraft einer Rede durch ihre Stigmatisierung zu bannen versucht. ›Fanatiker‹ sind von Häretikern dadurch unterschieden, dass ihr Diskurs nicht durch die rechtgläubige oder dogmatische Gegenrede zu diskreditieren ist und zugleich der medizinischen Diagnostik ihre Grenzen aufzeigt. Dass vom göttlichen Geist erfüllte Kinder über etwas sprechen, das sie nicht ›verstehen‹ können, irritiert den Beobachter vor allem deshalb, weil die kindliche Rede von der Rede der autorisierten und legitimierten Gelehrten formal *ununterscheidbar* ist. Die *Verwirrung* der Beobachter würde weniger stark ausfallen, wenn der Besessene sich einer Sprache bedienen würde, der keinerlei Bedeutung zugeschrieben werden könnte und die daher pures Rauschen wäre.

»Das erklär mal einer alles, wer seine Lust am Erklären hat« (AC 31): Der weitere Verlauf der Novelle zeigt, dass diese Fähigkeit, aus einer niederen und nicht legitimierten Position heraus das Wort zu ergreifen, schließlich auch demjenigen zuwächst, der der Rede der Besessenen zunächst mit Spott und Ablehnung begegnet. Vorbereitet wird diese Ansteckung durch die Ratlosigkeit der Mediziner, die in Tiecks Erzählung ohne Erfolg ihre spezifischen Beobachtungstechniken auf »etwas ganz Unerhörtes und Neues« anwenden. Wenn selbst die moderne Wissenschaft vor der religiösen Besessenheit versagt, überrascht es nicht, dass auch der konfessionelle Widerstand gegen ihre Übertragungsmacht zusammenbricht. Ausgerechnet einer der glühendsten Gegner der Hugenotten fällt trotz seiner affektiven Widerstände am Ende selbst der Besessenheit zum Opfer, nachdem er sich verkleidet in ihre Gemeinschaft eingeschlichen hatte, um sie auszuspionieren. Eine zunächst nur äußerliche, der Tarnung dienende Nachahmung der ›verzückten‹ Stellungen, die die Camisards einnehmen, geht über in eine religiöse Konversion, wobei das entscheidende Medium dieser Selbstverwandlung einmal mehr die begeisterte Rede eines Kindes ist. Die bloß äußerliche Wiederholung von Gesten und Reden schlägt in Mimesis um, bei der das Subjekt plötzlich und ohne sich wehren zu können *von der Nachahmung das Sein davonträgt* und tatsächlich *ein Anderer wird*, ohne sich über diese Selbstveränderung vernünftig Rechenschaft ablegen zu können.

III. Mimesis und das Problem der Renaissance(n)

1. Der Wunsch zu reproduzieren: Die römische Leiche

Vom Italien der Renaissance-Zeit sagt Jacob Burckhardt, dass sich, sobald die mittelalterliche »Barbarei« hier aufhöre, bei »dem noch halb antiken Volk die Erkenntnis seiner Vorzeit« melde: »es feiert sie und wünscht sie zu reproduzieren« (KR 177). Außerhalb Italiens könne von einer Renaissance nur als gelehrter und reflektierter Veranstaltung die Rede sein, während in Italien diese Nachahmung der antiken Vorbilder zugleich die »Erinnerung an die eigene alte Größe« (KR 177) wecke und damit ein Element der Populärkultur werde: Man versteht dort das Latein ohnehin besser und man ist umgeben von lauter Denkmälern oder »Resten«, die diese Entwicklung »gewaltig« beförderten. Zwar haben sich die Renaissance-Künstler und ihre Theoretiker wortreich auf das Prinzip der Nachahmung der Natur bezogen und hier insbesondere die Nachahmung der geschaffenen Natur (*natura naturata*) in ihrem ganzen Detailreichtum von der Nachahmung der schaffenden Natur (*natura naturans*) als dem Produktionsprinzip alles dessen, was existiert, unterschieden.[54] Aber die durchgängige Berufung auf die aristotelische Formel (*ars imitatur naturam*) kann nicht über ihre wesentlich rhetorische und gelehrte Inanspruchnahme hinwegtäuschen. Der Kunsthistoriker Michael Baxandall hat darauf hingewiesen, dass die Nachahmung der Natur »trotz ihrer scheinbaren Einfachheit« einer »der am schwierigsten abzuwägenden Ausdrücke der Kunstkritik der Renaissance«[55] ist. Dass der Maler »›mit der Natur oder Wirklichkeit selbst wetteifert oder sie übertrifft‹«: Formulierungen dieser Art »stellten das einfachste Klischee der Belobigung dar, das man verwenden konnte, und etablierten einen unspezifizierten Realismus als einheitlichen Qualitätsstandard«[56].

An diese topische Verwendung der *imitatio*, die in unzähligen Traktaten variiert wird, ist zu erinnern, um vor diesem Hintergrund eine ganz andere Seite der Renaissance freizulegen, die man ihre *unheimliche* nennen könnte. Diese unheimliche Seite kommt ausgerechnet im maßlosen *Begehren nach Reproduktion* zum Ausdruck, das mit der Zerstörung und dem Tod und damit einer wenig vorbildlichen Natur verbunden ist. Immer hat es ja zunächst den Anschein, als ziele die *imitatio* auf die Nachahmung eines perfekten Vorbilds – aber Burckhardt macht klar, dass es nichts als Reste und Ruinen sind, an denen sich das von ihm nationalkulturell situierte Begehren zu reproduzieren entzündet (die Italiener sind das ›natürliche‹ Volk oder, wie Burckhardt auch schreibt, die »Race« der Renaissance): Rom, das Zentrum der Renaissance, ist eine »Ruinenstadt«, und aller neu erwachten »Pietät« zum Trotz hält die Tendenz der Trümmervermehrung an (KR 180). Das »Studium der Reste« nimmt zu, weil sich die Reste vermehren: Das Rom der »schismatischen Päpste« war

»in bezug auf die Reste des Altertums schon bei Weitem nicht mehr, was es einige Menschenalter vorher gewesen war. Eine tödliche Verwüstung, welche den wichtigsten noch vorhandenen Gebäuden ihren Charakter genommen haben muß, war die Schleifung von 140 festen Wohnungen römischer Großen durch den Senator Brancaleone um 1258 [...] Gleichwohl blieb noch immer unendlich viel mehr übrig, als was gegenwärtig aufrechtsteht, und namentlich mögen viele Reste noch ihre Bekleidung und

Inkrustation mit Marmor, ihre vorgesetzten Säulen u.a. Schmuck gehabt haben, wo jetzt nur der Kernbau aus Backsteinen übrig ist.« (KR 182f.)

Rom wird buchstäblich immer weniger: eine Trümmerwüste, die wegen ihres »unglückseligen Materialwerts« (im Unterschied zum Ausstellungswert, auf den es Burckhardt abgesehen hat) geschätzt wird, denn der Marmor hat die Eigenschaft, »leicht zu Kalk gebrannt werden zu können« (KR 183) und damit als Baustoff in zeitgemäßere Architektur Eingang zu finden. Rom ist in architektonischer Hinsicht bereits derart *gemindert*, physisch wie repräsentativ, dass die bauliche Evidenz, die die Renaissance benötigt, gewissermaßen entfällt: Wer es restaurieren möchte, sieht sich zunehmend auf andere Medien verwiesen, wie die sogenannten »Regionenbücher« (KR 184), mit denen es gelingt, grafisch eine urbane Topografie wiederzuerwecken, die dem allgemeinen Ruin verfallen und damit tendenziell unwahrnehmbar geworden ist. In dem Maße, wie der antike Topos Rom dem Verfall preisgegeben ist, treten Medien an seine Stelle, die das Übriggebliebene sammeln und an eigens dafür vorgesehenen Orten archivieren (Speicherung der Reste) oder die es wenigstens ›verzeichnen‹, also die materialen Topoi in Form von Skizzen und Registern inskribieren – allerdings mit den für papierne Inskriptionen charakteristischen Abstraktionseffekten, also der Flächigkeit der Darstellung und ihren perspektivischen Verkürzungen. Diese Inskriptionen sind auf Forschungsreisen oder *field trips* angewiesen. Die Renaissance erweist sich daher als das Resultat einer »intensiven Ethnographie« des Inlands: Sie beruht auf einer Beobachtung, die Marcel Mauss zufolge »so vollständig und so ausführlich wie möglich sein soll, ohne etwas auszulassen«[57]. Der erste Schritt einer derartigen Ethnografie besteht immer darin, »ein Fahrtenbuch zu eröffnen, in dem man jeden Abend die über den Tag erbrachte Arbeit notiert: Ausgefüllte Papiere und gesammelte Objekte werden in dieses Tagebuch Eingang finden, das ein leicht zu konsultierendes Nachschlagewerk darstellen soll.«[58] Mauss stellt sich diese Fahrtenbücher als eine Sammlung von Beschreibungsblättern vor, die von Anhängen begleitet sind, »besonders von einem photographischen und wenn möglich von einem kinematographischen Anhang«, ergänzt um Zeichnungen, die die »Handhabung« von Gegenständen zeigen.[59]

Burckhardt erläutert die Renaissance-Ethnografie, die auf technische Analogmedien wie Fotografie und Film noch nicht zurückgreifen kann, am Beispiel der Reisen, die Papst Pius II. unternahm:

> »Noch in seinen letzten Jahren als Papst [...] läßt er sich auf dem Tragsessel über Berg und Tal nach Tusculum, Alba, Tibur, Ostia, Falerii, Ocriculum bringen und verzeichnet alles, was er gesehen; er verfolgt die alten Römerstraßen und Wasserleitungen und sucht die Grenzen der antiken Völkerschaften um Rom zu bestimmen.« (KR 185)

Was das Unternehmen der Renaissance von einer intensiven Ethnografie im Stile der modernen Ethnografie unterschied, war die Einschränkung auf den »Eifer für die römischen Altertümer« (KR 185), denn die dazugehörenden römischen Menschen standen für keine Beobachtung mehr zur Verfügung. Die Ethnografie sucht ›das Andere‹ an räumlich entfernten, aber grundsätzlich zeitgleichen Orten auf, so dass sich für sie das Problem der Vergegenwärtigung einer Zivilisation, die nur mehr in Resten materieller Kultur existiert und sich daher der Technik teilnehmender Beobachtung grundsätzlich entzieht, nicht stellt. Die Sammelaktivitäten, die eine Renaissance-Ethnografie ausmacht, unterscheiden sich allerdings von bloßer Archäologie in dem Maße, wie man sich von ihnen eine Wirkung verspricht, die sich nicht anders als phantasmatisch nennen lässt: »Ciriaco von Ancona durchstreifte nicht bloß Italien, sondern auch andere Länder des alten Orbis terrarum und brachte Inschriften und Zeichnungen in Menge mit; auf die Frage, warum er sich so bemühe, antwortete er: um die Toten zu erwecken.« (KR 185 f.)

Die exzessive Mimesis beweist sich hier also als für Sterbliche vermessener Wunsch und Aneignung einer Geste, die nach christlicher Lehre allein Gott vorbehalten ist: die *Erweckung der Toten*. Sie geht über die bloße Nachahmung antiker Vorbilder und damit über Gelehrsamkeit und Kunstfertigkeit hinaus. Die Renaissanceforschung hat gezeigt, dass sich die wesentlichen Aktivitäten der sogenannten Humanisten auf die Verfügbarmachung und Übersetzung lateinischer und vor allem griechischer Texte richteten, die im Mittelalter keine Rolle gespielt hatten und insofern vergessen worden waren. Die Humanisten waren überzeugt, »daß man unbedingt die Alten studieren und nachahmen müsse, um gut zu schreiben und zu reden«[60]. Diese praktische Zweckbestimmung der humanistischen Studien, auf die der Philosophiehistoriker und Renaissance-Experte Paul Oskar Kristeller hinweist, muss von dem Begehren unterschieden werden, das u.a. in uferlosen Sammelaktivitäten seinen Ausdruck fand. Ihm liegt ein religiöses Anliegen zugrunde, das hier gewissermaßen in den Dienst der Erneuerung oder Verlebendigung einer heidnischen Zivilisation tritt. Die Konstellation, die im 20. Jahrhundert dann Sigmund Freud im Rahmen seiner Lektüre von Wilhelm Jensens Erzählung *Gradiva* (1902) entfaltet[61], verweist auf die Bedeutung des Wahns für das Unternehmen einer Renaissance: Denn der Held der Erzählung, ein junger Archäologe, zeigt sich derart beeindruckt von dem Gipsabdruck eines Reliefbildes aus einer römischen Antikensammlung, dass er ohne zu zögern erst seine Gelehrsamkeit und zuletzt sein Leben in den Dienst der Aufklärung des Rätsels stellt, das diese Gradiva – wie er sie nennt – für ihn darstellt. Weil der Altertumswissenschaftler im Bild eines schreitenden jungen Mädchens etwas »Heutiges« findet, »als ob der Künstler den Anblick auf der Straße ›nach dem Leben‹ festgehalten habe«[62], gibt er der anonymen Schönen nicht nur einen Namen, sondern stattet sie auch mit einer fiktiven Genealogie aus und spekuliert über ihre ›ethnische‹ Zugehörigkeit: »Ihr Gesichtsschnitt dünkt ihm griechischer Art, ihre hellenische Abstammung unzweifelhaft; seine ganze Altertumswissenschaft stellt sich allmählich in den Dienst dieser und anderer auf das Urbild des Reliefs bezüglichen Phantasien.«[63]

Was als Nachahmung der Antike firmiert, gehorcht also durchaus einem Zwang, der wahnhafte Züge trägt: Dieser kann praktischer Art sein und sich institutioneller Anerkennung erfreuen, wenn er, wie im Fall der Humanisten, darauf abzielt, die antike Literatur in den Dienst der rhetorischen Ausbildung zu stellen[64]; die Nachahmung kann aber auch im Dienste von *Phantasien* stehen, die sich nicht abweisen lassen, wobei die Rolle solcher wahnhaften Vorstellungen durchaus nicht bedeutet, dass es sich in diesem Fall um lediglich private Vorlieben oder fetischistische Praktiken vereinzelter Individuen handelt. Burckhardts Renaissancegeschichte wimmelt von Beispielen, die die Rolle des Bildes oder der Phantasie betonen *und zugleich* den kollektiven Charakter des Begehrens nach Reproduktion oder Vergegenwärtigung. Die Ruinenwelt, zitiert er Boccaccio, sei »altes Gemäuer, und doch neu für moderne Gemüter« (KR 185). Aber die Reproduktion, um die es bei der Renaissance-Mimesis geht, umfasst nicht nur die Verzeichnung von Daten des klassischen Altertums oder die Sammlung von Relikten einer untergegangenen Zivilisation. Sie wächst sich zu einem populären Phänomen aus und ergreift die Einwohner der Stadt Rom, die sich nicht mit zusammengetragenen Artefakten zufriedengeben, sondern ihre eigenen ›lebendigen‹ Körper benutzen, um Situationen und Szenen erhöhter figuraler Ausprägung *nachzustellen*:

»Wir werden unter Paul II., Sixtus IV. und Alexander VI. prächtige Karnevalsaufzüge stattfinden sehen, welche das beliebteste Phantasiebild jener Zeit, den Triumph altrömischer Imperatoren, darstellten. Wo irgend Pathos zum Vorschein kam, mußte es in jener Form geschehen.« (KR 187)

Mit »Phantasiebild« und »Pathos« hat Burckhardt genau jene »mimetische Unbändigkeit« (Didi-Huberman) bezeichnet, die ein integrales Moment des Renaissance-Komplexes ist. Sie schließt an christliche Praktiken an, die die Schrift nicht nur in Form von gelehrten Kommentaren und öffentlichen Auslegungen (Predigten) deuten, sondern sie mit dem eigenen Körper auslegen (vgl. Kapitel II/3). Der französische Zeichentheoretiker Roland Barthes hat für die Exerzitien des Ignatius von Loyola (1491–1556) die Rolle von Nachahmung und Wiederholung als Techniken der Inkorporierung am Beispiel der Leidensgeschichte erläutert. Das Theater der Exerzitien besteht in einer maximalen Anverwandlung des Gläubigen an das Leben Christi, die dessen ganzen Alltag beherrscht:

»er wird mit ihm geboren, wandert mit ihm umher, ißt mit ihm und begibt sich mit ihm in die Leidensgeschichte. So wird vom Exerzitanten ständig gefordert, zweimal zu imitieren, zu imitieren, was er sich vorstellt: an Christus denken, ›als ob man ihn mit seinen Jüngern essen sähe, seine Art zu trinken, zu schauen, zu sprechen‹; und versuchen, ihn nachzuahmen.« (SFL 74 f.)

Das heißt konkret: ›Christus‹ in die Szenen der alltäglichen sozialen Beziehungen des Gläubigen einzufügen. Barthes sieht die Besonderheit der Übungen darin, dass sie einen Bildbegriff implizieren, der alle Signifikanz zugunsten der Materialität reduziert:

»Indem Ignatius sich (diesen Körper hier) vor das Kreuz stellt, versucht er, über das Signifikat des Bildes (den christlich, universell meditierten Sinn) hinauszugehen bis hin zum Erzählten, dem materiellen Kreuz, diesem Holz in Kreuzform, dessen zufällige Attribute er durch die imaginären Sinne aufzunehmen sich bemüht.« (SFL 74)

Diesen paradoxen »Aufstieg zur Materie« hält Barthes für »das Wesentliche des devoten Realismus« (SFL 74), eine Formulierung, die an dieser Stelle herangezogen werden soll, um eine der zentralen Figuren der Renaissancegeschichte Burckhardts zu erhellen, nämlich die *römische Leiche* selbst.

Renaissance ist die Arbeit an der römischen Leiche. Dass Renaissance, also das Begehren nach einer Wiedergeburt dessen, was unwiderruflich vergangen ist, möglich ist, muss allerdings evident gemacht und bewiesen werden. Es bedarf eines vorzugsweise visuellen Zeugnisses für die Möglichkeit der Wiederauferstehung und damit zugleich einer Bestätigung, dass die affektive Besetzung antiker Größe und Schönheit sowie der Wille zu ihrer Reproduktion unter nachantiken Bedingungen berechtigt sind. Dieses Evidenzzeichen heftet sich nun gerade nicht an das »beliebteste Phantasiebild« jener Zeit, das den »Triumph altrömischer Imperatoren« darstellt (KR 187). Statt in die Sphäre großer Politik, die den Ruhm des römischen Reiches begründet hat und deren Erneuerung Niccolò Machiavelli betreiben wird[65], verweist das Zeichen, das Burckhardt anführt, auf die Sphäre römischer Alltäglichkeit und auf einen Körper, der tatsächlich einen Aufstieg zur Materie ermöglicht: Denn dieser Körper ist – erneut und ähnlich wie bei Jensen – derjenige einer jungen Frau, von der keine Geschichte überliefert ist (selbst eine Aufschrift mit Namen und genealogischer Markierung ist zweifelhaft). Nur ihr Körper selbst ist es – dieses Mal in materiell überlieferter, nicht steinern nachgebildeter Form –, der bereitsteht für jene »phantasmatische Begegnung des Begehrens, das unmittelbar am materiellen Körper gebildet wird« (SFL 74). Das »Pathos«, von dem Burckhardt geschrieben hatte, dass es in der Form der kollektiven Reenactments von Triumphzügen zum Ausdruck kommen müsse, verschiebt sich in der folgenden Szene auf die römische Leiche selbst, die über das Bild des verwesten Körpers triumphiert:

»Bei dieser Stimmung der Gemüter geschah es am 18. April 1485, daß sich das Gerücht verbreitete, man habe die wunderbar schöne, wohl erhaltene Leiche einer jungen Römerin aus dem Altertum gefunden. Lombardische Maurer, welche [...] ein antikes Grabmal aufgruben, fanden einen marmornen Sarkophag, angeblich mit der Aufschrift: Julia, Tochter des Claudius. Das Weitere gehört der Phantasie an; die Lombarden seien sofort verschwunden samt den Schätzen und Edelsteinen, welche im Sarkophag zum Schmuck und Geleit der Leiche dienten; letztere sei mit einer sichernden Essenz überzogen und so frisch, ja so beweglich gewesen wie die eines eben gestorbenen Mädchens von 15 Jahren; dann hieß es sogar, sie habe noch ganz die Farbe des Lebens, Augen und Mund halb offen. Man brachte sie nach dem Konservatorenpalast auf dem Kapitol, und dahin, um sie zu sehen, begann nun eine wahre Wallfahrt; viele kamen auch um sie abzumalen; ›denn sie war schön, wie man es nicht sagen noch schreiben kann, und wenn man es sagte oder schriebe, so würden es, die sie nicht sahen, doch nicht glauben‹. Aber auf Befehl Innocenz VIII. mußte sie eines Nachts von Porta Pinciana an einem geheimen Ort verscharrt werden; in der Hofhalle der Konservatoren blieb nur der leere Sarkophag. Wahrscheinlich war über den Kopf der Leiche eine farbige Maske des idealen Stils aus Wachs oder etwas Ähnlichem modelliert, wozu die vergoldeten Haare, von welchen die Rede ist, ganz wohl passen würden. Das Rührende an der Sache ist nicht der Tatbestand sondern das feste Vorurteil, daß der antike Leib, den man endlich hier in Wirklichkeit vor sich zu sehen glaubte, notwendig herrlicher sein müsse als Alles was jetzt lebe.« (KR 187 f.)

Die römische Leiche ist schön. Sie ist wohlerhalten, sie hat, so könnte man sagen, ohne irgendwelche Spuren der Verwesung überlebt. Bestimmte Operationen am toten Körper – seine Versenkung in eine Grabstätte, seine Umschließung durch einen Sarkophag und schließlich und vor allem: seine Behandlung mit einer »sichernden Essenz« – haben den Verfall und die Auflösung verhindert und die Mädchenleiche damit für eine zum Zeitpunkt ihrer Grablegung noch unabsehbare Zukunft aufbewahrt. Die Nachbildung und Verlebendigung einer Toten durch eine *Figur*, die mit der Toten identisch ist und sämtliche Zeichen der Vergänglichkeit löscht, hatte Platon in seiner Serie von Beispielen unstatthafter Nachahmungen nicht vorgesehen – eine Untote überstieg gewissermaßen seine Phantasie und erweist sich damit als ein äußerster Fall exzessiver Mimesis, die sich zudem an der niedersten und vergänglichsten Materie, welche schutzlos Verfall und Verwesung preisgegeben ist, vollzieht. Der Exzess dieser Mimesis übersteigt gewissermaßen noch die künstlichen Zurüstungen, die man unternommen hat, um Duplikationen Verstorbener in Wachs herzustellen.[66] Die Maurer, die die Leiche entdeckt haben, verweigern allerdings den »Aufstieg zur Materie« und geben sich aus ›materialistischen‹ Motiven sehr anderer Art mit den Grabbeilagen zufrieden, um mit ihrer Beute den Ort ihrer Entdeckung schleunigst zu verlassen. Ausgerechnet die christliche Wallfahrt dagegen gibt das Modell ab, das Burckhardt verwendet, um den Aufstieg zur ›heidnischen‹ bzw. vorchristlich-antiken Materie zu beschreiben, den das Publikum vollzieht, wenn es die im Konservatorenpalast ausgestellte Leiche aufsucht.

2. Renaissance und *relocation*

Die Renaissance lässt sich, medienhistorisch gesprochen, als *relocation* beschreiben. Dieses Konzept hat der Filmwissenschaftler Francesco Casetti vorgeschlagen (LG 17–42), um unter den digitalen Bedingungen der Gegenwart die neuen Orte des Kinos nach seinem Ende oder Tod zu untersuchen.[67] Renaissance bezeichnet in den historischen Lehrbüchern eine mehr oder weniger gut abgrenzbare kulturhistorische Epoche. Sie ist darüber hinaus aber auch ein Problembegriff, der das merkwürdige *Überleben* medienkultureller Praktiken selbst unter radikal gewandelten historischen Bedingungen bezeichnet. Was aber heißt hier »Überleben«? Wie vollzieht sich die »Wiedererweckung des Altertums« (KR 175), wie Burckhardt den dritten Abschnitt seiner *Kultur der Renaissance in Italien* überschreibt, also eine Mimesis im größten Stil, die sich nicht auf bestimmte partikulare Kunst- oder Wissensformen oder Lebensweisen beschränkt, sondern eine Kultur im Ganzen zu reproduzieren wünscht? Das Kino als eine audiovisuelle Form der Wiedererweckung von Ereignissen teilt mit der Renaissance den Wunsch zu reproduzieren, weshalb es immer wieder zu Debatten um die »Errettung der äußeren Wirklichkeit«[68] Anlass gegeben hat. Kino, schreibt Casetti, »offers us perfect reconstructions of the present and the past. [...] Films involve our entire body.« (LG 115) Die perfekte Rekonstruktion erweist sich als ein Fall von Mimesis, weil sie den gesamten Körper (der Schauspieler, der Zuschauer) in Anspruch nimmt und sich nicht allein auf einen bestimmten Sinn verlassen kann, wie es für das akademische, buchgestützte Studium des Altertums charakteristisch ist.

Burckhardt beschreibt die Renaissance in diesem Sinne als ein Unternehmen der Relokalisierung. Mit *relocation* bezeichnet Casetti den Vorgang, dass ein Medium wie der Film seinen angestammten Platz (das Kino) einbüßt und an anderen, verteilten Orten stattfindet. Die ursprüngliche Erfahrung dauert nur mehr in Form von Überresten (*relics*) fort, die allerdings wie Reliquien die Gegenwart des alten Modells ›reaktivieren‹ (LG 9).[69] Die Renaissance lässt sich in diesem Sinne als eine Form der Relokalisierung beschreiben, weil es völlig neue Medien und Praktiken sind, die die Antike nicht kannte, mit denen man deren Gehalt zu erneuern versucht. Der bereits erwähnte Papst Pius II., also der Inhaber der höchsten kirchlichen Autorität, taucht ein weiteres Mal in Burckhardts Kulturgeschichte auf: Wieder sehen wir ihn, wie er sich »auf dem Tragsessel über Berg und Tal bringen« (KR 298) lässt, diesmal aber nicht, um ein spezifisches Wissen über antike Lokalitäten zu gewinnen, sondern um die »Schönheit« der Natur zu genießen: Panoramatische Aussichten ebenso wie »einzelne malerische Motive« (KR 299) beglücken ihn, und den »Gipfel seines landschaftlichen Schwelgens bildet sein Aufenthalt auf dem Monte Amiata im Sommer 1462, als Pest und Gluthitze die Tieflande schrecklich machten« (KR 300). In methodischer Hinsicht ist nun interessant, wie Burckhardt diese päpstlichen Reisen aufs Land, die er als Beispiel für die Wiedergewinnung eines antiken Naturverständnisses in nachantiken Zeiten heranzieht, einschätzt:

> »Dies ist lauter wesentlich moderner Genuß, nicht Einwirkung des Altertums. So gewiß die Alten ähnlich empfanden, so gewiß hätten doch die spärlichen Aussagen hierüber, welche Pius kennen mochte, nicht hingereicht, um in ihm eine solche Begeisterung zu entzünden.« (KR 300)

Was die Antike mit ihrer Renaissance verbindet, ist keine kausale Beziehung, sondern ein *Feld der Ähnlichkeit* – ihre Erneuerung funktioniert retroaktiv. Es sind also bestimmte zeitgenössische Impulse, die die »spärlichen Aussagen« der Überlieferung ergänzen bzw. ihnen überhaupt erst die Macht einer bestimmten affektiven Wirksamkeit eröffnen, wobei diese affektive Wirksamkeit sich nur einstellt, wenn man die Studierstube verlässt und sich ›in die Natur‹ begibt.

Um die Renaissance als mimetisches Phänomen zu begreifen, wird in methodischer Hinsicht vorausgesetzt, dass wir die Vorstellung einer stabilen und abgeschlossenen, nach Epochen geordneten Vergangenheit aufgeben – zugunsten einer Auffassung, die nach Hypothesen in der Vergangenheit sucht, welche nicht oder nur unvollständig realisiert wurden und für deren Überprüfung jetzt, in unserer Gegenwart, eine neue Gelegenheit gekommen ist.[70] Für diese methodischen Überlegungen kann man sich auf ein Fragment Walter Benjamins stützen, in dem dieser die Beziehung von Kunstwerken und Medien erörtert.[71] Das Fragment ist auch deshalb von Bedeutung, weil es implizit nach den Bedingungen für die jeweilige Ausprägung des mimetischen Vermögens fragt. Mit Burckhardt zu sprechen: Unter welchen Umständen wird aus (verschütteter) Tradition (lebendige) Reproduktion? Wie gelingt es einer längst vergangenen Kultur, nicht bloß akademisch rezipiert zu werden, sondern eben mimetisch, und das heißt mit Blick auf die Renaissance-Problematik: Wie gelingt es der von Burckhardt so genannten »hundert gestaltige[n] Schar« von Antike-Enthusiasten, nicht nur zu wissen, »was die Alten gewußt haben«, sondern dieses Wissen auch so weit zu inkorporieren, dass sie schließlich denken und »bald auch zu empfinden beginnen wie die Alten dachten und empfanden? Die Tradition, der sie sich widmen, geht an tausend Stellen in die Reproduktion über.« (KR 201)

Dass Burckhardt die ›Unstetigkeit‹ und damit die kulturelle Mobilität einer vielgestaltigen Schar als Voraussetzung des Projekts einer »Wiedererweckung des Altertums« (KR 175) beschreibt, hat sein Pendant in Benjamins ungewöhnlicher Ansetzung des Medienbegriffs – ungewöhnlich deshalb, weil hier gerade das Nachlassen eines bestimmten medialen Zugriffs bzw. einer medialen Rahmung als Voraussetzung für die Entbindung zukünftiger Wirkpotenziale erscheint:

»Das Medium, durch welches Kunstwerke auf spätere Zeiten wirken, ist immer ein anderes als das, durch das sie in ihrer Zeit wirken, es wechselt auch in jenen spätern Zeiten den alten Werken gegenüber immer wieder. Immer aber ist dieses Medium verhältnismäßig dünner als dasjenige auf das diese Werke zur Entstehungszeit auf ihre Zeitgenossen wirkten.«[72]

Im weiteren Verlauf wendet sich Benjamin gegen die naheliegende Auffassung, es ließe sich zwischen einem »Zeitwert« der Werke (also ihrer historischen Gebundenheit) und ihrem »Ewigkeitswert« (ihrem vermeintlich ›überzeitlichen‹ Potenzial) unterscheiden. Statt sich kulturbeflissen auf sogenannte Ewigkeitswerte zu beziehen (die Antike ist von überzeitlicher Bedeutung), gilt es, so Benjamin, »zu untersuchen, welche Seite des Werkes es eigentlich ist (von Werten abgesehen), die so den spätern heller zutage liegt als den Zeitgenossen«[73]. Für den Schöpfer, schreibt Benjamin, ist »das Medium um sein Werk so dicht«, dass ihm und seinen Zeitgenossen nur wenige, nämlich durch die mediale Rahmung vorgegebene Einstellungen dem Werk gegenüber möglich sind. Es bedarf der ›dünnen‹ oder ›dünneren‹ Medien, um eine zukünftige Wirkung des Werkes sicherzustellen. Das Werk alleine, so mächtig und großartig es uns auch erscheinen mag, kann da nichts ausrichten. Ein *dünnes Medium* ist nicht die Abwesenheit des Medialen, sondern die Wirksamkeit einer Schicht, die andere Strahlen durchzulassen vermag.

Das »Humanistenwesen« (KR 202) ist in der Darstellung Burckhardts ein solches ›dünnes Medium‹, das schon von Zeitgenossen kritisch gesehen wird, weil es Bildungsgüter an Orten und für Personen verfügbar gemacht habe, die man gerne weiterhin in ihrer Bildungsferne belassen hätte. Mit den »Poeten-Philologen« betritt eine hybride Gruppe von Intellektuellen die Bühne, die das antike Wissen in neue Formen und Formate überführen und es mit derart ›dünnen Medien‹ umgeben, dass es für Akte der Nachahmung auch durch Unberufene offensteht. Darüber beklagen sich die Kritiker einer ›dünnen‹ Medialisierung von Kultur, wie Burckhardt berichtet:

> »Damals habe in Florenz Alles lesen können, selbst die Eselstreiber hätten Dante's Canzonen gesungen, und die besten noch vorhandenen italienischen Manuskripte hätten ursprünglich florentinischen Handarbeitern gehört; damals sei die Entstehung einer populären Enzyklopädie wie der ›Tesoro‹ des Brunetto Latini möglich gewesen« (KR 202).[74]

Die Renaissance ist daher nicht einfach die Wiederkehr einer kulturellen Praxis oder einer ganzen Zivilisation, die man sich nach dem Bild eines ›Kulturkreises‹ vorstellt, sondern die Fähigkeit dieser Praxis oder Zivilisation, sich andere Erscheinungsweisen und Erscheinungsorte zu suchen und andere, nämlich nicht-akademische Öffentlichkeiten zu adressieren: »Nicht das Wissen der Italiener als solches, sondern die Reproduktion des Altertums in Literatur und Leben muß uns beschäftigen« (KR 197), formuliert Burckhardt die methodische Maxime einer Kulturtransferforschung, in deren Zentrum nicht die gelehrte Traditionsbildung, sondern die phantasmatische und kollektive Übertragung steht. Die Renaissance erweist sich nicht zuletzt als ein populärkulturelles Phänomen, wie eben der *Kult* um die schöne römische Mädchenleiche beweist.

Die Geschichte dieser Leiche, die Burckhardt erzählt, vollzieht sich als Öffnung einer Grabstätte und anschließende *Relokalisierung* des toten Mädchenkörpers an einen anderen Ort, den Konservatorenpalast, wo der Körper ausgestellt wird und der öffentlichen Inspektion zugänglich ist. Zum Kunstwerk kann die Leiche nur werden, weil sie, in Benjamins Begriffen, das denkbar dichteste Medium (das Grab, das ihren Körper fest verschließt und jeder Wahrnehmung wie Wirkung entzieht) durch ein dünneres Medium ersetzt (die Hofhalle des Palastes). Der Kultwert der Untoten ist damit an seinen Ausstellungswert gebunden, so dass die Gegenüberstellung beider Dimensionen, die Benjamin im *Kunstwerk*-Aufsatz vornimmt, hinfällig wird (KtR 485). Die Leiche, die begraben wird, damit sie niemand sehen kann, führt für eine bestimmte Zeit das Leben eines öffentlich zugänglichen Mediums. Das Bild, das sie abgibt, reproduziert in ontologischer Hinsicht den Effekt eines fotografischen oder filmischen Bildes, denn auch wenn es sich dabei nur um ein »Phantasiebild« (KR 187) handeln mag, so berichtet man doch von der schönen Leiche, dass sie »noch ganz die Farbe des Lebens, Augen und Mund halb offen« (KR 188) habe, also gewissermaßen als das Medium ihrer einstigen Lebendigkeit agiert und damit ihren tatsächlichen physischen Status dementiert. Die Relokalisierung der schönen Leiche ist mit ihrer Ausstellung auf dem Kapitol aber noch nicht abgeschlossen; denn im Publikum, das zu ihr pilgert, befinden sich viele, die sie »abmalen« und damit die schöne Leiche auf andere, dauerhaftere Weise der Vergänglichkeit entziehen. Das kann der Papst als Hüter des Buchstaben- und Bildmonopols nicht dulden, denn es ist die Kirche, die die legitimen Sujets der Darstellung und ihre Darstellungsformen vorgibt. Eine antike Schönheit einfach durch beliebige Enthusiasten abmalen zu lassen gefährdet die symbolische Ordnung. Die Leiche muss daher nicht nur wieder begraben, sondern an einem *geheimen* Ort »verscharrt« werden, an dem sie endlich dem Verwesungsprozess überlassen werden kann, der zukünftige Wiederauferstehungen ausschließt.

Die römische Mädchenleiche ist in mimetische Beziehungen unterschiedlichster Art eingelassen. Da ist zunächst der vermutete Akt der Konservierung selbst, der Überzug mit einem Firnis, der die Leiche in ihr eigenes Abbild verwandelt, in eine Leinwand, die das Bild der weiblichen Schönheit festhält und der Vergänglichkeit alles Irdischen entzieht. Diese Mimesis, die dem vergänglichen Körper des Mädchens den Anstrich eines unvergänglichen Zweitkörpers gibt, wird im Rahmen der Ausstellung der schönen Leiche durch eine mimetische Relation ergänzt. Man kann sie als eine weitere Arbeit an dieser toten Schönheit begreifen, nur dass diese Arbeit jetzt nicht an ihrem Körper selbst, sondern *auf dem Papier* stattfindet. Das Publikum, das sich nicht nur um sie versammelt, um sie anzuschauen, sondern um sie zu zeichnen, wird dadurch zum Produzenten einer populären Kunstform. Die Zeichnungen sind ein dünnes Medium im Sinne Benjamins, nicht nur, weil sie den Körper der schönen Leiche in eine zweidimensionale Repräsentation verwandeln, sondern weil sie ihn zugleich einer unabsehbaren Vervielfältigung und Mobilisierung aussetzen: Als gezeichneter Körper löst er sich von jeder definitiven Bindung an einen Ort und transformiert sich in ein mediales Zirkulationsphänomen. Burckhardts Spekulation, dass nach der Entfernung der Leiche anstelle des Kopfes »eine farbige Maske des idealen Stiles aus Wachs oder etwas Ähnlichem modelliert« (KR 188) worden sei und über den »leeren Sarkophag« hinweggetröstet habe, erweitert die mimetischen Bezüge, in die der Mädchenkörper eingefügt ist, um eine weitere Dimension: Die Mimesis zeigt sich hier als ein Vorgang der artifiziellen Supplementierung und exzessiven Idealisierung, die das Phantasiebild auch noch nach der endgültigen Zerstörung seines materiellen Trägers bewahrt.

Dem mimetischen Akt, der an das Medium der Zeichnung oder Malerei gebunden ist, kommt deshalb eine so entscheidende Bedeutung zu. Er befördert die Verbreitung dessen, was Burckhardt das »feste Vorurteil« (KR 188) nennt und was Freud dann in seiner *Gradiva*-Analyse, die um ein anderes römisches Mädchen kreist, als Wahnbildung untersucht. Diese Untersuchung schließt, wie beschrieben, nicht an umfängliche psychiatrische Akten, sondern ebenfalls an ein ›dünnes Medium‹ an, nämlich die literarische Erzählung Wilhelm Jensens, die Freud rekapituliert und kommentiert. In beiden Fällen, bei Burckhardt wie bei Freud, ist es eine Art verkehrter Platonismus, der ihren Analysen und Kommentaren zugrunde liegt; verkehrt deshalb, weil der philosophisch geforderte Blick auf die Idee der Schönheit sich hier ausgerechnet auf einen konservierten antiken Leib oder auf die mindere Reproduktion (Gipsabdruck) eines antiken Kunstwerks ausrichtet. Mimesis als einer Kulturtechnik des Idealisierens gelingt, was keine Idee der Schönheit vermag – wie Burckhardt erkennt, wenn er in seinem Schlusskommentar zur römischen Leichen-Episode seiner Überraschung Ausdruck verleiht, dass für das Publikum ausgerechnet das ›aufgehübschte‹ Bild einer Mädchenleiche den »antiken Leib« schlechthin figuriert, der »notwendig herrlicher sein müsse als Alles was jetzt lebe« (KR 188). Es ist hier also nicht die Materie als solche, die zum Vorbild der Idee wird, sondern die Materie in ihrer *niedersten*, der Dekomposition anheimfallenden Erscheinung, die zum Exemplum und Evidenzzeichen einer alles überstrahlenden Idee wird, vor der »Alles was jetzt lebe« verblasst.

3. Mindere Mimesis: Die Tricks der Nachahmung und Albertis Tränen

Zum Bild der Renaissance, das Burckhardt zeichnet, gehört ein spezifischer Typ von Individualismus, der wenig gemein hat mit der modernen Vorstellung von Individualität, weil er nicht Einzigartigkeit, sondern Vergleichbarkeit voraussetzt und auf Praktiken der Nachahmung verweist, statt das Unnachahmliche zu bezeichnen. Der vielseitige oder allseitige Mensch (*uomo universale*) ist kein Genie, wie es um 1800 erfunden werden wird. Für die moderne Ästhetik ist die Auffassung entscheidend, »daß Kunst nicht gelernt werden kann«, während die Alten »unter Kunst immer etwas [verstanden], das gelehrt und gelernt werden kann« (SdK 166). Dass die schönen Künste in der Antike nicht nur völlig anders gruppiert wurden, als wir es gewohnt sind[75], und dass sie nicht von handwerklichen Kunstfertigkeiten geschieden waren, spiegelt sich auch im Konzept der Nachahmung wieder – und zwar gerade dort, wo ihr kritisch begegnet wird. Obwohl sie immer wieder herangezogen wird, um einen Zusammenhang zwischen Dichtkunst, Musik und den bildenden Künsten herzustellen, wird sie zugleich, wie die Diskussion der Mimesis in der *Politeia* zeigt (vgl. Kapitel I/2), mit vielen Vorbehalten konfrontiert.

Wo immer Platon von den nachahmenden Künsten spricht, »scheint diese Gruppe neben den ›schönen Künsten‹ [...] auch andere Tätigkeiten einzuschließen, die weniger ›schön‹ sind, wie die Sophisterei, oder der Gebrauch des Spiegels, Zaubertricks oder die Nachahmung von Tierstimmen« (SdK 170). Die künstlerische Nachahmung ist im Kern, wie Platon an der Malerei demonstriert, von durchaus *minderer* Art, ein Trick, dessen technische Sophistik darin besteht, dass es gar keiner besonderen Eigenschaften und Fertigkeiten bedarf, um beeindruckende malerische Effekte hervorzubringen, wenn man über die richtigen Instrumente oder Apparate verfügt. Der künstlerische Modus erweist sich bei Platon als die *müheloseste* Weise, etwas herzustellen und zu zeigen, die leichteste, vielfältigste und schnellste:

»Am schnellsten aber wirst du wohl, wenn du nur einen Spiegel nehmen und den überall umhertragen willst, bald die Sonne machen und was am Himmel ist, bald die Erde, bald auch dich selbst und die übrigen lebendigen Wesen und Geräte und Gewächse, und alles, wovon eben die Rede war.« (P 596d–e)

An diese auffällige Ambivalenz, mit der bereits die antike Philosophie der Mimesis und der mühelosen, mechanischen Hervorbringung mimetischer Effekte begegnet, ist hier zu erinnern, weil Mimesis als *Imitatio* auch in der Renaissance nicht auf einen genuin ästhetischen Grundbegriff eingeschränkt wird, sondern weiterhin sehr unterschiedliche Praktiken umfasst, die keine spezifische Affinität zu den später so genannten ›schönen Künsten‹ haben:

»Weder für Dante noch für Thomas von Aquin nimmt der Begriff Kunst die Bedeutung an, die wir damit verbinden, und man hat betont oder zugegeben, daß für Thomas von Aquin das Handwerk des Schuhmachers, die Kochkunst und die Kunst des Jongleurs, die Grammatik und die Arithmetik nicht weniger und in keinem anderen Sinne artes sind als die Malerei und Bildhauerei, die Dichtkunst und Musik, die niemals als geschlossene Gruppe auftreten und nicht einmal als nachahmende Künste zusammengefaßt werden.« (SdK 174)

Burckhardts Porträt Leon Battista Albertis, der mit seinem Traktat *Über die Malkunst* (*Della Pittura*) von 1540 den neuzeitlichen, auf der Zentralperspektive beruhenden Bildbegriff maßgeblich geprägt hat, trägt dieser Uneinheitlichkeit der *artes* Rechnung und legt zugleich eine mindere Dimension mimetischen Verhaltens frei, die weniger in Albertis Schriften zur Malerei als vielmehr in seiner Vita greifbar wird. Statt die Malerei auf die Mimesis der Ideen zu gründen, führt er einen Begriff von Bildrichtigkeit ein, dessen Maßstab, wie sich zeigt, in letzter Instanz ein technischer ist, der nicht auf die Existenz eines künstlerischen Ingeniums angewiesen ist. Die Malerei ist eine Angelegenheit der Handhabbarkeit beliebiger Sujets, die perspektivisch auf die Instanz des Künstlers hin geordnet sind und daher präzise angebbare Positionen im Raum besetzen. Mimesis in der Herstellung von Bildern nimmt bei Alberti die Form einer tendenziell grenzenlosen Virtuosität an, die sich gerade auch auf Gebieten beweist, die in keinem unmittelbaren Zusammenhang mit der künstlerischen Produktion stehen. Die künstlerische Meisterschaft ist nur eine Variante der Körperbeherrschung, auf die sich Alberti so viel einbildet.

Diesen Aspekt des neuzeitlichen Weltbildes hat Martin Heidegger herausgestellt, wenn er es als dessen maßgebliche Leistung ansieht, nunmehr »das Gegenständliche vor den Menschen gebracht« und, »in dessen Bescheid- und Verfügungsbereich gestellt« zu haben.[76] Albertis ebenso schlichte wie scheinbar selbstverständliche Sätze müssen in ihrer dogmatischen Funktion verstanden werden, um zu begreifen, wie sehr sein revolutionärer Bildbegriff die historisch vorausliegenden und auch die nachfolgenden Bildpraktiken, die keineswegs auf dieselbe Weise Sichtbares und Unsichtbares trennen, mit einer Zensur belegen: »Von den Dingen, die wir nicht sehen können, wird niemand bestreiten, dass sie den Maler nichts angehen. Der Maler soll sich nur um die Nachbildung dessen bemühen, was man sieht.«[77] Um ›nur‹ im Raum verteilte Gegenstände wie durch ein Fenster zu sehen, bedarf es einer spezifischen Disziplinierung des Auges, die Alberti in seiner Lebensbeschreibung in ihrer Technisierbarkeit offenlegt. Dass es Objekte sind, über die der Maler Bescheid wissen und die er in seinen Verfügungsbereich bringen muss, heißt nicht, dass diese Art der Sichtbarmachung sich auf eine bloße Entscheidung des erkennenden Subjekts zurückführen lässt, das alle Vorurteile, mit der es die Welt bislang betrachtete, abwirft. Die neuzeitliche Nachbildung dessen, was die Wahrnehmung oder *perceptio* sieht, erbt von der antiken Ideenmimesis ein spezifisches Blickregime, das Platon in einem *aufblickenden* Sehen verankert, dessen Richtigkeit (*orthotes*) der Philosoph bestimmt, während Alberti dieses Regime als System der Dinge begreift, die dem Bescheid wissenden Maler *gegenüberstehen.* Weil es um die Richtigkeit des Blickens geht, wenn diese in Antike und Neuzeit auch jeweils unterschiedlich ausgelegt wird, verwundert es nicht, dass, wie Burckhardt bemerkt, die *Vita* »von ihm als Künstler nur wenig« (KR 145) und seine Bedeutung für die Architekturgeschichte gar nicht erwähnt. Die *Vita* vernachlässigt also gerade jene Aspekte seines Lebens, wegen der wir Alberti heute besonders schätzen. Die Aspekte, die sie behandelt, zeigen, dass die Etablierung eines Bild- und Blickstandards auf Praktiken und Verhaltensweisen beruht, die nicht selbst wiederum diesen Standards genügen. Das Bescheidwissen, anders gesagt, setzt die Bereitschaft voraus, sich nicht allein in der perzeptiven Dimension des Weltzugangs zu bewegen und die Welt als einen wesentlich visuellen Raum aufzufassen, in dem Sein, mit Heidegger zu sprechen, ständig vorhanden ist.[78]

Was erzählt Albertis *Vita* also tatsächlich? Sie weiß von seinen »allseitigen Leibesübungen und Turnkünsten [...] Unglaubliches« zu berichten, nämlich z.B., »wie er mit geschlossenen Füßen den Leuten über die Schultern hinwegsprang, wie er im Dom ein Geldstück emporwarf, bis man es oben an den fernen Gewölben anklingen hörte, wie die wildesten Pferde unter ihm schauderten und zitterten – denn in drei Dingen wollte er den Menschen untadelhaft erscheinen: im Gehen, im Reiten und im Reden« (KR 145). In der Musik erweist er sich als Autodidakt, die beiden Rechte studiert er bis zur Erschöpfung, um sich dann, weil sein »Wort-Gedächtnis geschwächt« ist, »auf Physik und Mathematik« zu werfen und schließlich noch »alle Fertigkeiten der Welt« zu erlernen, wie es etwas unbescheiden heißt. Dies gelingt ihm, weil er sich keineswegs bloß einer theoretisch angeleiteten Methode bedient, sondern weil er ein radikal induktives Vorgehen praktiziert, das einmal mehr deutlich macht, dass die *artes* noch nicht auf die uns geläufige Weise hierarchisiert sind. Alberti verschafft sich nämlich sein ›universales‹ Wissen, »indem er Künstler, Gelehrte und Handwerker jeder Art bis auf die Schuster um ihre Geheimnisse und Erfahrungen befragte. Das Malen und Modellieren[79] – namentlich äußerst kenntlicher Bildnisse, auch aus dem bloßen Gedächtnis – ging nebenein.« (KR 146)

Wie sehr die Nachahmung einem technischen Schematismus unterliegt, beweist neben dem *Velum*[80] oder Fadengitter als Perspektivbehelf des Malers der »geheimnisvolle Guckkasten« (*camera ottica*), den Burckhardt erwähnt, weil er »besondere Bewunderung« erregte – nämlich aufgrund seiner Fähigkeit, auf *mechanischem* Wege »bald die Gestirne und den nächtlichen Mondaufgang über Felsgebirgen erscheinen« zu lassen, »bald weite Landschaften mit Bergen und Meeresbuchten bis in duftige Fernen hinein, mit heranfahrenden Flotten, im Sonnenglanz wie im Wolkenschatten« (KR 146). Die technische Seite der Künste wird hier also nicht nur als eine *körper*technische, sondern zugleich auch – in noch gesteigerter Veräußerlichung künstlerischer Kompetenz – als eine *apparat*technische aufgefasst, denn alles, was der geheimnisvolle Guckkasten erscheinen lässt, vermögen auch die Maler nicht besser darzustellen. Der Guckkasten Albertis, diese veritable *mimetische Maschine*, erzeugt mit derselben Mühelosigkeit seine Bilder wie der Spiegel Platons, auch wenn beide Erfindungen noch daran kranken, die Bilder nicht speichern zu können. Der Guckkasten firmiert daher als Paradigma der Mechanisierbarkeit künstlerischer Arbeit, noch bevor diese ins Zeitalter ihrer vollendeten technischen Reproduzierbarkeit eintritt. Deshalb widmet Alberti in seinem Traktat auch den technisch-mathematischen Aspekten der Malerei, die die Perspektive betreffen, die größte Aufmerksamkeit und erkennt die Überlegenheit der zeitgenössischen Malerei in ihrer *Komposition*, die nicht eine Frage der Schönheit, sondern der Wahrheit oder Richtigkeit ist: »Du wirst kaum irgendeinen ›Vorgang‹ der Alten (*storia antiqua*) sehen, der richtig komponiert (*attamente composta*) wäre.«[81]

Die Technik, die Alberti beherrscht, steht der Mimesis nicht entgegen, wie es ein moderner Technikbegriff suggeriert, der sich etwas auf seine Vorbildlosigkeit einbildet (NN 50 ff.). Sie ist in mimetische Prozesse eingebettet, die affektive und kognitive Übertragungen ermöglichen und die sich wenig um etablierte Grenzen zwischen Wissensformen und Praktiken kümmern. Die Existenz dieser Übertragungen bestreiten Platons Maxime, dass jeder immer nur eines vollständig beherrsche. Das Wissen, das die Beherrschung »aller« Fertigkeiten der Welt ermöglicht, muss den Experten durch hartnäckige Befragung entrissen und angeeignet werden; umgekehrt wird Alberti für seine Bereitschaft gelobt, »alles, was er hatte und wußte«, bedenkenlos mitzuteilen, »wie wahrhaft reiche Naturen immer tun, ohne den geringsten Rückhalt«: Alberti »schenkte seine größten Erfindungen umsonst weg« (KR 146). Alberti begreift sich als Teil eines umfassenden Netzwerks, das die Grenzen von freien und mechanischen Künsten, von Künstlern, Gelehrten und Handwerkern *jeder Art* durchdringt und die Bedingung für die kontinuierliche Vermehrung und Verbesserung des Wissens ist. Dieser geistigen Beweglichkeit Albertis entspricht eine mimetische Affektivität,

»ein fast nervös zu nennendes, höchst sympathisches Mitleben an und in allen Dingen. Beim Anblick prächtiger Bäume und Erntefelder mußte er weinen; schöne, würdevolle Greise verehrte er als eine ›Wonne der Natur‹ und konnte sie nicht genug betrachten; auch Tiere von vollkommener Bildung genossen sein Wohlwollen, weil sie von der Natur besonders begnadigt seien; mehr als einmal, wenn er krank war, hat ihn der Anblick einer schönen Gegend gesund gemacht.« (KR 147)

Mimesis erscheint hier als der »rätselhaft innige Verkehr mit der Außenwelt« (KR 147), dessen leidender und pathogener Seite (›Nervosität‹) Burckhardt allerdings eine therapeutische Funktion zur Seite stellt. Die Serie von prächtigen Bäumen, Erntefeldern, würdevollen Greisen, Tieren von vollkommener Bildung hat nichts gemeinsam außer die ihnen beigegebenen Epitheta, die höchstes Lob und vorbildliche Eigenschaften aussprechen. Die ihnen zugeschriebene Perfektion stiftet einen Zusammenhang zwischen alltäglichen, banalen und in diesem Sinne ›niederen‹ Objekten und Personen, die höchst unterschiedlich sind, so dass man ohne die rhetorischen Erhöhungsformeln gar nicht sehen würde, was ihre Kraft zu affizieren ausmacht.

Die Epitheta sind rühmender Art, und es geht Burckhardt in dem Kapitel, in dem er die Biografie Albertis aufruft, darum, den *Ruhm* als das Medium eines spezifischen Renaissance-Individualismus herauszuarbeiten. Dieser Ruhm hat die Besonderheit, dass er Personen und Ereignissen zugeschrieben wird, die von sich aus keinen Anspruch auf ihn erheben können. Er kommt als das Ergebnis einer Übertragung und ›unrechtmäßigen‹ Aneignung zustande. Beispiele sind die Tyrannen und Usurpatoren, die keinen legitimen Anspruch auf öffentliche Macht erheben können, aber auch Poeten wie Petrarca, die sich krönen lassen und damit in einem zeremoniellen Akt auftreten, der einst Helden und Heiligen vorbehalten war. Dass dieser spezifische Renaissance-Ruhm daher auch Schmährede, Parodie und Witz umfasst, dass er die Nachahmung nicht nur zur Wiedererweckung lobenswerter Vorbilder einsetzt, sondern auch zur Verhöhnung ungerechtfertigter Prätentionen und Machtansprüche, belegt die Nähe dieser Nachahmung zu den Techniken einer minderen Mimesis. Jacob Burckhardt findet für diese Konstellation, in der er den Beginn der späteren »Journalistik« ausmacht (KR 171), einen an Deutlichkeit nicht zu überbietenden Vergleich: »In der Tat war Italien eine Lästerschule geworden wie die Welt seitdem keine zweite mehr aufzuweisen gehabt hat, selbst in dem Frankreich Voltaire's nicht.« (KR 166) Dass dieser historische Superlativ seine Berechtigung hat, belegt Burckhardt mit dem Hinweis, dass die mindere Mimesis in den zahllosen »Zelebritäten jeder Gattung«, den Staatsmännern, Geistlichen, Erfindern, Entdeckern, Literaten, Künstlern und Dichtern, ihre reiche Beute fand. Die exzessive Mimesis manifestiert sich also in der Renaissance im phanatasmatischen *Wunsch zu reproduzieren*, der eine unerreichbare Vergangenheit besetzt, ebenso wie im *Wunsch zu destruieren*, der die gegenwärtigen Vorbilder und Autoritäten richtet und seinen Ausdruck in einer Flut von Streitschriften findet, deren Absicht und Ton Burckhardt nicht anders als »infam« (KR 171) nennen kann.

IV. Verwerfung und Rückkehr der Mimesis um 1800

1. Mimesiskonflikt in der philosophischen Ästhetik: Hegel

Pygmalions Statue tritt in den Diskursen, in denen um 1800 die Nachahmung als Verfahrensprinzip in den Künsten diskreditiert wird, neben die Trauben des Zeuxis, nach denen die Tauben pickten: Die Kunst hätte ihr Höchstes darin, nicht nur die Natur nachzuahmen, sondern das auf eine derart virtuose Weise zu tun, dass sie nicht nur die Menschen, die das Bild betrachten, sondern die Tiere und damit die Natur selbst zu überlisten scheinen: »So ahmt der Mensch auch Nachtigallen nach«, heißt es in den Notizen Hegels zu seiner kunstphilosophischen Vorlesung von 1826. Und er fügt trocken hinzu: »das ist aber nur einzelne Virtuosität, kommt nicht in Betracht.« Der nächste Satz vermag der Nachahmung immerhin eine gewisse handwerkliche Bedeutung für den Künstler abzugewinnen: »Auf der anderen Seite ist die Nachahmung der Natur – z.B. Lichtreflexe – wichtig für die Maler.«[82] Will man die Geschichte der Nachahmungsverwerfung im Zeichen der Genieästhetik nicht auf die bekannte Weise nacherzählen, wie es noch Blumenberg tut, wenn er die Nachahmung in die »Vorgeschichte der Idee des schöpferischen Menschen« (NN 55) verweist, kommt es darauf an, sich mit dieser »anderen Seite« der Naturnachahmung zu beschäftigen, die Hegel tatsächlich als eine Herausforderung ersten Ranges für seine Ästhetik erkennt.

Dennoch steht auch bei Hegel zunächst die Verwerfung des Nachahmungsprinzips, das für Jahrhunderte die Kunst als *imitatio naturae* definiert hatte, im Vordergrund. An die Stelle der Imitation der Natur tritt jetzt die Produktion der Natur, die im Falle des Künstlers Genie heißt. Mit seiner rigorosen Verwerfung des Nachahmungsprinzips wiederholt Hegel die Überlegungen, die Immanuel Kant in seiner *Kritik der Urteilskraft* angestellt hatte. Kant hatte den zu seiner Zeit noch gültigen Regelpoetiken und ästhetischen Rezepturbüchern den seither kanonischen Vorwurf gemacht, dass der Künstler, wenn er auf diesen Titel Anspruch erheben will, nicht nach bestimmten Regeln arbeiten darf, sondern die einzige Regel von seiner eigenen Natur empfängt:

»Darin ist jedermann einig, daß Genie dem *Nachahmungsgeiste* gänzlich entgegen zu setzen sei. Da nun Lernen nichts als Nachahmen ist, so kann die größte Fähigkeit, Gelehrigkeit (Kapazität) als Gelehrigkeit, doch nicht für Genie gelten.«[83]

Hegel ist sich allerdings mit Kant nicht nur in der prinzipiellen Zurückweisung des Nachahmungsprinzips einig – und zwar sowohl im Sinne einer Nachahmung der vortrefflichen Natur (wie sie die Griechen verkörperten)[84] als auch einer Nachahmung der ›bloßen‹ oder empirischen Natur in ihrer ›geistlosen‹ Erscheinung; er liefert noch ein quasi-soziologisches Argument, dem zufolge die Gegenwart »ihrem allgemeinen Zustande nach der Kunst nicht günstig« sei (VÄ 1, 25). Das Nachahmungsverbot läuft also auf die Diagnose eines Endes der Kunst hinaus, weil unter den prosaischen Bedingungen der Moderne griechische Schönheit nicht mehr hervorzubringen sei. Ästhetik ist daher für Hegel eine rückwärtsgewandte Disziplin, die Trauerarbeit leistet.

Hegels Verhältnis zum Nachahmungsprinzip ist allerdings erheblich komplexer, als es die wenigen abfälligen Bemerkungen zu seiner Rolle in den Künsten zu Beginn der *Vorlesungen über die Ästhetik* nahelegen. Die Nachahmung als unterschiedslose Kopie des Vorhandenen wird in den Vorlesungen, informationstheoretisch gesprochen, durch die Nachahmung als Selektion von Komplexität ersetzt. Hegels Ästhetik ist der Kampfplatz dieser beiden Nachahmungstendenzen, die einen historisch folgenreichen regelrechten *Mimesiskonflikt* konstituieren. Ein tendenziell entropischer Nachahmungsbegriff, der nichts auslässt und der nach Hegels Tod mit der Erfindung der Fotografie technisch implementierbar zu werden scheint, steht einem Darstellungsbegriff gegenüber, der sorgfältig zwischen Wesen und »Beiwesen« (also den empirisch-kontingenten Umständen) (VÄ 2, 81) trennt, ohne jemals diese Differenz dauerhaft stabilisieren zu können. So wie Hegel die Hypermimesis im Falle der Porträtmalerei in schärfsten Tönen verurteilt, weil sie die Ehrfurcht vor der menschlichen Gestalt, und hier vor allem: dem *Gesicht* als Spiegel der Seele, vermissen lässt – »Es gibt Porträts, welche, wie geistreich ist gesagt worden, bis zur Ekelhaftigkeit ähnlich sind« (VÄ 1, 67) –, ist ihm dieselbe Mimesis in seinen Ausführungen zur Genremalerei hochwillkommen. Ausgerechnet im Abschnitt über das »Verhältnis des Ideals zur Natur« weist er der bildenden Kunst die Aufgabe zu, sich die »äußerlich und innerlich ordinäre Natur« (VÄ 1, 222) in ihrer ganzen Breite zum Gegenstand zu nehmen, statt sie, wie es seine metaphysische Doktrin erfordert, aus dem Kunstschönen durch die Operation des sogenannten *Idealisierens* auszuschließen. Sosehr schon mit Hegels Tod der spekulative Idealismus seiner Philosophie rasch an Zustimmung einbüßt, sosehr war doch der Operation des Idealisierens eine strahlende Zukunft beschieden. Der Idealismus mag eine philosophische Hauptströmung sein, die man wie andere Strömungen dieser Art auch philosophiehistorisch ableiten und in ihre Grenzen weisen kann. Das ›Idealisieren‹ ist im Unterschied dazu eine Kulturtechnik, die darin besteht, die Wirklichkeit oder die vulgäre Natur, die sich nicht ›aufheben‹ oder leugnen lassen, durch spezifisch ästhetische Operationen akzeptabel zu machen. »Idealisieren« definiert Hegel als »dies Aufnehmen in den Geist, dies Bilden und Gestalten von seiten des Geistes« (VÄ 1, 221), der seine ›Macht‹ gerade darin beweist, dass er einer ungeistigen oder »ordinären Natur« ein anderes Aussehen verschafft. Hegels Beschreibungen der künstlerischen Aktivität rücken diese in die Nähe einer Praxis, die man dann im fotografischen Kontext als *Retuschieren* bezeichnen wird: »Der Künstler deshalb nimmt nicht alles das in Formen und Ausdruckweisen auf, was er draußen in der Außenwelt vorfindet und weil er's vorfindet« (VÄ 1, 217).

Mit dem Konzept des Idealisierens reagiert Hegel aber nicht zuletzt auf seine eigene Diagnose vom Ende der Kunst, die nur so lange zwingend erscheint, wie die Kunst als solche »an die schönen Tage der griechischen Kunst« (VÄ 1, 24) gebunden wird. Dann entsteht tatsächlich die Frage, ob sie mit den *hässlichen Tagen* der Moderne nicht tatsächlich ihre Existenzberechtigung verliert. Der holländischen Genremalerei, der Hegel verschiedentlich in seinen Vorlesungen Aufmerksamkeit schenkt, kommt für die Frage nach dem Schicksal der aristotelischen Formel von der Nachahmung der Natur deshalb eine so zentrale Rolle zu, weil hier erklärtermaßen nicht länger eine vorbildliche und vollständige, ›ideale‹ Natur die Referenz der Kunstübung abgibt, sondern ihre unrühmlichen, infamen, niedrigen und gemeinen Seiten zum Bild werden – Neid, ›Scheelsucht‹, Habbegier »im Kleinlichen und Sinnlichen«, so drückt sich Hegel aus (VÄ 1, 222). Wenn es beim Kunstschönen darum geht, eine Idee, also etwas wesentlich Unsichtbares, sinnlich erscheinen zu lassen, dann verweisen die »Bildchen« der Holländer auf die reproduktive Dimension einer Mimesis, die im Modus des »noch einmal« verfährt: »Die Holländer haben den Inhalt ihrer Darstellungen aus sich selbst, aus der Gegenwart ihres eigenen Lebens erwählt, und dies Präsente auch durch die Kunst noch einmal verwirklicht zu haben ist ihnen nicht zum Vorwurf zu machen.« (VÄ 1, 222)

Von Michel Foucaults Überlegungen zum *Leben der infamen Menschen*[85] bis hin zu Jacques Rancières Theorie des ästhetischen Regimes lässt sich in unserer Zeit eine Wiederaufnahme von Überlegungen feststellen, die das demokratische Potenzial der Genremalerei herausarbeiten. Das ästhetische Regime etwa, das die Kunst »von jeder spezifischen Regel und Hierarchie der Gegenstände, Gattungen und Künste« befreit, sprengt zugleich, wie Rancière feststellt, »die Grenze der *mimesis*«[86], die sich nicht länger, wie im aristotelischen Modell, an die Existenz und Wirksamkeit von Tätigkeitsformen bindet, welche von sich aus nachahmungswürdiger als andere erscheinen, so dass sie von den übrigen sozialen Praxisformen abgetrennt werden können. Nirgendwo sonst als bei der Beschäftigung mit der holländischen Genremalerei kommt Hegel einem genuin materialistischen Motiv seiner Kunstphilosophie näher, das die Bedeutung der Gegenstände und ›Inhalte‹, auf die sonst abgehoben wird, zugunsten der Konzentration auf die Wirkungsweise künstlerischer, genauer *malerischer Effekte* relativiert. Wenn Rancière daher den Beginn des ästhetischen Regimes mit Hegels Interesse an einer spezifischen Dimension der holländischen Genremalerei beginnen lässt, dann identifiziert er diese Dimension nicht mit bestimmten Sujets der modernen Künste, sondern mit »den Lichtreflexen«[87]. Worauf bezieht sich Rancière mit dieser Einschätzung?

Dort, wo Hegel das erste Mal in seinen Vorlesungen auf die holländische Genremalerei zu sprechen kommt, unmittelbar nachdem er die durch Winckelmann stimulierte »Sucht nach idealischer Darstellung« (VÄ 1, 212) kritisiert hatte, formuliert er zugleich eine weitreichende These, die der gesamten Ausrichtung seiner ›Inhaltsästhetik‹ widerstreitet: Der »Inhalt«, so heißt es, sei bei der Beurteilung eines ästhetischen Artefakts eigentlich »ganz gleichgültig«, so dass er durchaus auch Dinge und Ereignisse umfassen kann, die wir außerhalb der Kunst liegend betrachten, ja sogar solche, für die wir uns »im gewöhnlichen Leben nur nebenher etwa augenblicklich interessieren« (VÄ 1, 214). Es kann sich also bei diesem Inhalt um etwas ausgesprochen Prosaisches, Nebensächliches und Vorübergehendes handeln, dem wir keinerlei Bezug auf ein Höheres attestieren, das den Künstler eigentlich zu interessieren hat. Diese ›Unrühmlichkeiten‹, die so ganz im Gegensatz zu den griechischen Göttern stehen, an denen Hegel ansonsten den ›göttlichen‹ Gehalt des sinnlichen Scheinens abliest, hat auch Foucault vor Augen, wenn er nicht so sehr eine Hagiografie der infamen Menschen, die mit der absolutistischen Polizei in Konflikt gerieten und ›weggesperrt‹ wurden, sondern eine Sammlung von Anekdoten und Dokumenten plante, die keine »Sammlung von Porträts« seien, sondern von »Fallen, Waffen, Schreie[n], Gesten, Haltungen, Hinterhältigkeiten, Intrigen«[88]. Foucault beschrieb sein Verfahren in methodischer Hinsicht folgendermaßen: »Ich war auf die Suche nach jenen Teilchen ausgegangen, deren Energieladung um so größer ist, je kleiner und unscheinbarer sie selbst sind.«[89]

Ganz im Sinne dieser Maxime, von den ›Teilchen‹ auszugehen, fragmentiert die holländische Genremalerei das Wirkliche, bevor sie es nachahmt, und entzieht ihm damit die Substanzialität des Inhalts zugunsten einer Multiplikation der malerischen Effekte: Die »vorhandenen flüchtigen Scheine der Natur« habe diese Malerei

»zu tausend und aber tausend Effekten umzuschaffen gewußt. Samt, Metallglanz, Licht, Pferde, Knechte, alte Weiber, Bauern, aus Pfeifenstummeln, den Rauch herausblasend, das Blicken des Weins im durchsichtigen Glase, Kerle in schmutzigen Jacken, mit alten Karten spielend: solche und hundertelei andere Gegenstände, um welche wir uns im alltäglichen Leben kaum bekümmern [...] werden uns in diesen Gemälden vors Auge gebracht. Was uns aber bei dergleichen Inhalt, insofern ihn die Kunst uns darbietet, sogleich in Anspruch nimmt, ist eben dies Scheinen und Erscheinen der Gegenstände als durch den Geist produziert, welcher das Äußere und Sinnliche der ganzen Materiatur[90] im Innersten verwandelt.« (VÄ 1, 214)

Wird für die künstlerische Produktion um 1800 ansonsten das Modell des Prometheus (und damit: eine andere, flexibel gestaltbare Materie) herangezogen, der, wie es in Goethes berühmtem Gedicht heißt, »Menschen nach seinem Bilde formt«, indem er Lehm verwendet und zu diesem Zweck schrittweise alle »Störgrößen, die der Lehm in seiner materiellen Zufälligkeit dem Geschäft einer Menschenbildung entgegensetzte«[91], beseitigte, so operiert die effekthascherische holländische Malerei nicht gegen diese materielle Zufälligkeit, sondern verstärkt sie auf spezifische Weise, indem sie mit den Oberflächen einer bestehenden *Materiatur* arbeitet. Damit legt sie zugleich von der Existenz von Künsten Zeugnis ab, die ihre Wirkung nicht der Reduktion von Komplexität und der Herstellung imaginärer Gestalthaftigkeiten verdanken, wie sie derselbe Hegel an der griechischen Kunst bewundert und philosophisch festschreibt. Der idealisierenden Strategie, die die materiellen Vorhandenheiten säubert und reinigt, um lauter ideale Porträts zu erzeugen, steht eine *exzessive Mimesis der Effekte* gegenüber, die zu fixieren erlaubt, was gemeinhin unterhalb der Wahrnehmungs- und Darstellungsschwelle verharrt: *die Mikrophysik und Mikrokinetik der Dinge und Ereignisse.* Die Anatomie der stabilen Formen, wie sie die Gestalt des Menschen bestimmen, wird in der holländischen Malerei durch eine »Anatomie des Details«[92] ersetzt, so dass im Bild eine »große Hymne an die ›kleinen Dinge‹«[93] entsteht.

Seine Geistbesessenheit hindert Hegel also nicht daran, den Effekt der Genrebilder als eine vorweggenommene Momentfotografie in ihrer technischen Spezifik zu kennzeichnen:

»Denn statt existierender Wolle, Seide, statt des wirklichen Haares, Glases, Fleisches und Metalls sehen wir bloße Farben, statt der totalen Dimensionen, denen das Natürliche zu seiner Erscheinung bedarf, eine bloße Fläche, und dennoch haben wir denselben Anblick, den das Wirkliche gibt.« (VÄ 1, 214f.)

Bloße Farben, *bloße* Flächen sind hier kein Einwand gegen eine mindere Mimesis; im Gegenteil bewundert Hegel deren Fähigkeit, durch Techniken der Nahsicht und der Miniaturisierung des Formats die Zone der Sichtbarmachung auf die »wertlosen Objekte« und die flüchtigen Vorgänge zu lenken. Die Macht der holländischen Malerei bestimmte Hegel protofotografisch als ihre Fähigkeit zur dauerhaften Fixierung dessen, »woran wir sonst rücksichtslos vorübergehen würden« (VÄ 1, 216). Indem die Bilder das Flüchtige und Unscheinbare dauerhaft fixieren, lassen sie es an einer Ewigkeit teilnehmen, die doch der Kunstmetaphysik zufolge, der sich Hegel verschreibt, allein den substanziellen Inhalten oder ›Ideen‹ vorbehalten ist.

Im Herzen einer Kunstphilosophie also, die alles dem Ideal oder dem »sinnliche[n] *Scheinen* der Idee« (VÄ 1, 151) unterordnet und die das »Prinzip von der Nachahmung der Natur« der Lächerlichkeit preisgibt, weil der Mensch »stolzer darauf sein« könne, »den Hammer, den Nagel usf. erfunden zu haben, als Kunststücke der Nachahmung zu fertigen« (VÄ 1, 67): ausgerechnet im Herzen dieser idealistischen Kunstphilosophie kehrt die exzessive Mimesis zurück. Die Merkmale dieser Mimesis, die das Nachahmungsverdikt nicht dauerhaft auszuschließen vermag, liest Hegel an der holländischen Genremalerei ab. Die Genremalerei ist ein Fall exzessiver Mimesis, weil sie

- die eigentlich vom Kunstschönen ausgeschlossene ordinäre oder gemeine Natur als kunstwürdig behandelt;
- weil sie Dinge und Ereignisse darstellt, die unterhalb der menschlichen Wahrnehmungsschwelle des Publikums und seiner durch die praktischen Erfordernisse des Alltags bestimmten Perzeptionsgewohnheiten liegen;
- weil sie die ansonsten von Hegel behauptete Vorbildlichkeit der menschlichen Gestalt für die Kunst infrage stellt, indem sie die unabsehbare und unabzählbare Menge von Gegenständen sichtbar macht, »um welche wir uns im alltäglichen Leben kaum bekümmern« (VÄ 1, 214);
- weil sie in spezifischer Weise die »vorhandenen flüchtigen Scheine der Natur« verstärkt und zu neuerzeugten Effekten umarbeitet, womit sie die Kunst überhaupt aus der metaphysischen Opposition von Wesen und Erscheinung, Oberfläche und Tiefe herauslöst;
- weil sie die der Darstellung von Ideen vorbehaltene ästhetische Ewigkeitserwartung auf Phänomene äußerster Flüchtigkeit verschiebt, die auf diese Weise an der Sphäre des Überzeitlichen Anteil erhalten;
- weil sie den unendlichen Aspektreichtum der Dinge und Ereignisse zu keiner Totalität zusammenfügt und auch im Hinblick auf ihr Format die Detailorientierung, Fragmentierung und Miniaturisierung des ontologisch Minderen unterstreicht[94];
- weil schließlich die Kleinheit und Kleinigkeiten dieser Malerei ausgerechnet der Ort für eine paradoxe Wiederkehr der Götter unter den Bedingungen des gegenwärtigen prosaischen Weltzustands sind.

Der letzte Punkt verdient eine Erläuterung. Im Rahmen seiner Bemerkungen zu einem Bild des spanischen Malers Bartolomé Esteban Murillo montiert Hegel das auch hier »aus der gemeinen Natur« entnommene Sujet mit den Göttern des klassisch-antiken Ideals, denen sein Kunstbegriff verpflichtet ist, weil die Götterstatuen von allen »Verkehrungen und Verzerrungen, welche mit der Endlichkeit der Erscheinungen zusammenhängen« (VÄ 1, 207), befreit sind. Die Betteljungen, die das Bild zeigt, haben zwar »keine weiteren Interessen und Zwecke«, wie es eigentlich der kunstwürdige Gegenstand erfordert; obwohl mit allen sichtbaren Zeichen der Armut und Niedrigkeit versehen, sind sie »zufrieden und selig« – und eben an dieser Stelle fügt Hegel in Form eines Vergleichs hinzu: »fast wie die olympischen Götter hocken sie am Boden; sie handeln, sie sprechen nichts, aber sie sind Menschen aus *einem* Stück, ohne Verdrießlichkeit und Unfrieden in sich; und bei dieser Grundlage zu aller Tüchtigkeit hat man die Vorstellung, es könne alles aus solchem Jungen werden.« (VÄ 1, 224)

Hegel treibt an dieser Stelle die Ähnlichkeit bis zum Zerreißen: Denn welcher Abstand könnte größer sein als der zwischen Betteljungen und griechischen Göttern, zumal wenn die Götter hier als *hockende* vorgestellt werden, statt als stehende oder wandelnde. Nur einer derartigen Genremalerei ist es vorbehalten, die erhabenen Götter auf den Boden zu setzen und sie mit Betteljungen zusammenhocken zu lassen. Weil Hegel die Provokation dieses Bildes nur zu genau spürt, muss er den Knaben auf dem Bild all die Sorglosigkeit und Seligkeit andichten, die das Privileg griechischer Götter – und freier, jeder Arbeit enthobener, nur der Muße hingegebener Philosophen – war. In den Betteljungen, denen Hegel eine derart blendende Zukunft verspricht, erkennt man ein Echo des Prometheus, den Goethe in seinem gleichnamigen Gedicht gewissermaßen als die Einlösung jenes

Hegel'schen Versprechens präsentiert, »es könne alles aus solchem Jungen werden«. Und *alles* heißt hier: ein Selbsthelfer, der bereits in der Kindheit erfährt, dass er ›von oben‹ keine Hilfe oder Rettung (gegen die Gewalt der Titanen) erwarten kann, und der sich selbst auf die Schulter klopft mit der rhetorischen Frage: »Hast du nicht alles selbst vollendet, / Heilig glühend Herz?«[95]

2. Meister der Nachahmung: Die Dilettanten

Selbst dort, wo man, wie in der *Ästhetischen Theorie* Theodor W. Adornos, im 20. Jahrhundert die Mimesis als einen zentralen Einsatz künstlerischer Produktion wiederentdeckt, wird weiterhin die Vorstellung einer radikalen Autonomie des Kunstwerks hochgehalten, wie sie um 1800 gegen den Anspruch sogenannter Regelpoetiken etabliert wurde, die die Herstellung von Kunst als ein lehr- und lernbares Geschäft beschreiben, das sich nach rhetorisch-poetischen Standards und damit schulförmig vollzieht. Die Nachahmung von Mustern des Geschmacks, die man seit Kants *Kritik der Urteilskraft* den Dichtern und Künstlern verweigerte, kehrt allerdings als Nachahmung genialer Werke zurück, die sich von der Produktion auf ihre Rezeption verschiebt. Denn den Lesern und Betrachtern obliegt es nun, die Werke in ihrer Einbildungskraft ›nachzuschaffen‹ oder zu reflektieren, also sie ihrerseits, wie Kant sagt, zu beurteilen, ohne dazu Begriffe zu verwenden: »Schön ist das, was ohne Begriff allgemein gefällt«[96], weil es die Vorstellungskräfte in ein freies Spiel versetzt. Die Kultur- und Bildungsrevolution um 1800 besteht darin, den Leser »in eine Produktivität« zu erheben, »die ebenso genial ist wie das Tun des Dichters« (PhL 136). Rezipienten werden nicht länger durch die rhetorische Struktur des manifesten Werks gesteuert, sondern versehen geschriebene Texte mit lauter eigenen

›genialen‹ Einfällen, die eine Literatur- oder Kunstwissenschaft dann zum Gegenstand von sogenannten *Interpretationen* macht.

Diese Art einer *re-produktiven Nachahmung*, die den Kern aller sogenannten Rezeptionsästhetiken definiert, parasitiert zwar am genialen Schöpfertum, ist aber zugleich mit dem Verbot verbunden, dass Interpreten, so genial ihre Interpretationen auch sein mögen, jemals selbst Werkherrschaft und damit Autorenstatus erlangen. Autorschaft entsteht daher durch die Konstruktion eines Rechtsanspruchs auf das eigene Wort (Urheberschaft), der Nachahmern (Verlegern, Nachdruckern) allenfalls Nutzungsrechte zugesteht. Selbst der Akt, mit dem man ein Buch erwirbt, kann niemals zur Übertragung der genialen Signatur auf den Käufer und eventuellen Leser führen – eine Signatur, die mehr ein »Stigma« als ein veräußerbarer Besitz ist (PhL 149) –, so dass sich der harte Kern der Genieästhetik als die Behauptung einer radikalen Unübertragbarkeit begreifen lässt. Das Genie kann keine Teilhabe an dem gewähren, was es sich als seine unverfügbare Eigentümlichkeit, also als seine Natur zurechnet:

> »Seit Fichte gehört jedem von uns, sofern er nur schreibt, etwas, was ihm im Sinn eines Darüber-verfügen-Könnens überhaupt nicht gehört. Viel eher könnte man sagen, daß der Autor seiner Gedankenform gehört; er gehorcht ihr, indem er schreibt, ja mit Notwendigkeit.« (PhL 149)

Moderne Ästhetik entsteht dann bei Hegel zwar, wie gezeigt, als scharfe Kritik am »Prinzip von der Nachahmung der Natur« (VÄ 1, 64), aber sie inkorporiert die Nachahmung zugleich auf eine viel ›innigere‹, nämlich geistige Art, insofern es der ästhetischen Betrachtung gerade darum geht, mit (anderen) Worten noch einmal zu sagen, was sich im Kunstwerk sinnlich-konkret oder ›bildhaft‹ manifestiert. Die ›freie‹ Interpretation, die ganz auf das Spiel der Einbildungskraft im Rezipienten zurückgeht, verzichtet auf die buchstäbliche Wiederholung, also Verdopplung ihres Gegenstandes oder auf seine Zurückführung auf rhetorische Regeln, die das Kunstwerk ermöglichen. Dadurch macht sie sich zugleich vom je individuellen Werk abhängiger als die vormaligen gelehrten Kommentare, die nur wiederholten, was *über* ein Werk bereits an Wissen vorlag, weil dieses Werk immer nur als die Realisation eines Typus bzw. einer Gattungsnorm aufgefasst wurde. Weil es keine »objektive Geschmacksregel« geben kann, so Kant, »welche durch Begriffe bestimmte, was schön sei«[97], muss die freie Interpretation hinter die Fassade des Werkes auf das künstlerische Vermögen zurückgreifen, das es hervorgebracht hat und das seine subjektive Signatur ist.

Nun haben es ausgerechnet *die* Exponenten klassischer Literatur um 1800, Goethe und Schiller, keineswegs für ihrer unwürdig gehalten, über die Grenzen des Genies und die Unvermeidbarkeit seiner institutionellen Funktionalisierung in Schule und Universität nachzudenken. Die neue Nachahmung der unnachahmbaren, weil genialen Dichter heißt *Bildung* und sie ist keineswegs ins Belieben der zu Bildenden gestellt, sondern wird durch Massenalphabetisierung sowie durch die Etablierung von neuen schulischen Qualifikations- und Prüfungskriterien verwaltungstechnisch implementiert. Der reformierte preußische Staat, so hat eine diskursgeschichtlich informierte Literaturwissenschaft gezeigt[98], wünscht sich gebildete Beamte, die im Medium des Aufsatzes nachgewiesen haben, dass sie nicht nur beliebige Schriftstücke abzufassen verstehen, die im Verwaltungsalltag relevant werden, sondern auch ihre persönlichen Lektüreerlebnisse in methodischen Interpretationen fortschreiben können, um auf diese Weise ihre Teilhabe an einem neuen Geist zu dokumentieren. Dass aus genialer Dichtung Schulbuchlektüren und Prüfungsgegenstände werden, ist allerdings nur die halbe Wahrheit über den diskursiven Stellenwert von Literatur um 1800.

Was eine Kultusbürokratie den ›freien‹ Dichtern antut, hat sein Pendant in Projekten über die Nachahmung genialer Produktionen, die die genialen Autoren selbst anstoßen. So entwerfen 1799 die späteren Klassiker der deutschen Dichtung, Johann Wolfgang Goethe und Friedrich Schiller, »Schemen und Skizzen« zu einer Abhandlung, die dann nicht zustande kommt, die aber genug Material enthält, aus dem hervorgeht, wie das Dioskurenpaar unter dem Stichwort des *Dilettantismus* den »Nachahmungstrieb«[99] einem bestimmten Regime unterwerfen wollte und bei diesem Versuch am Ende scheiterte.

Die Dilettanten stehen in keinem guten Ruf. Sie machen alles nur »zum Zeitvertreib«, verfolgen diverse Nebenzwecke und wollen dennoch für wahre Künstler gelten. Sie wollen »nicht allein betrachten und genießen, sondern auch an ihrer [der Künste, FB] Ausübung teilnehmen« (ÜD 750). Auf den ersten Blick scheint es also so, als würden Goethe und Schiller nur die schärfsten Worte der Abgrenzung finden, um ihr Verhältnis zu den Dilettanten zu bestimmen. Schiller erklärt diesen »Pfuschern« (ÜD 749) deswegen unverhohlen den Krieg[100], während Goethe eine Dilettanten-Schule fordert, in der der Liebhaber großer Kunst dazu angehalten wird, bei seinen eigenen Produktionen gewisse Regeln zu beachten, denn anders als das wirkliche Genie, das an keine Regeln gebunden ist, kann der Dilettant »das Reich der Kunst selbst« niemals erweitern (ÜD 748), sondern nur zur Verbreitung der existierenden genialen Produktionen einen Beitrag leisten. Der Auftrag dieser Schule ist daher erfüllt, wenn der Liebhaber einsieht, dass »sein Ziel, Künstler zu werden, für ihn unerreichbar bleibt«[101]. Dem Dilettanten kommt allerdings eine Funktion zu, auf die seine Kritiker nicht verzichten wollen: Er kann durch seine Schulung zum Kenner werden und als solcher dem Genie und seiner Reputation zuarbeiten. Goethe und Schiller identifizieren in ihren »Schemen und Skizzen« den Dilettanten als einen exzessiven Mimetiker und fordern zur Begrenzung des Dilettantismus für jede einzelne Kunst ein »Regulativ« (ÜD 748), das die mimetische Dynamik einschränkt. Exzessiv ist die Mimesis des Dilettanten, weil er überall »das Passive an die Stelle des Aktiven« setzt (wie bereits für die antike Struktur der Pantomimesis beschrieben, vgl. Kapitel I/3). Das Regulativ stellt die mimetische Ordnung wieder her, indem es den exzessiven Mimetiker daran erinnert, dass er kein Recht hat, aus den »Wirkungen«, die er »auf lebhafte Weise« durch die Rezeption der Kunstwerke erleidet, zu schließen, nun selbst »mit diesen erlittenen Wirkungen wirken zu können« (ÜD 748). Gegen diesen mimetischen Trugschluss richten sich die Entwürfe über den Dilettantismus vor allem.

Goethe und Schiller geht es in ihren Entwürfen zum Dilettantismus aber nicht nur um die bloße Abweisung, sondern um die Nutzbarmachung einer ästhetischen Leidenschaft, die ständig in Gefahr steht, den gebotenen Abstand zum genialen Vorbild, dem sie gilt, zu vergessen. Dem Dilettanten wird in der Dilettanten-Schule vor Augen gestellt, dass die ›schrankenlose‹ Nachahmung der genialen Werke der Würde der Kunst, die ihm doch so viel bedeutet, allergrößten Schaden zufügt und dass der Verzicht auf die Nachahmung mit einem vertieften Wissen über ihren Gegenstand entgolten wird. Aber die Dilettanten-Schule kommt wie jede Schule nicht ohne den mimetischen Mechanismus aus – denn um den Abstand der eigenen Produktionen von den wahren Kunstwerken einschätzen zu können, bedarf es eben der Nachahmung von Mustern und Paradigmen, die als künstlerische Vorbilder über jeden Zweifel erhaben sind. Der Amateur wird »an die kurze Leine genommen«, wenn er, wie Goethe und Schiller am Beispiel der Lyrik zeigen, durch den ganzen entsprechenden Kanon geführt wird, damit er lernt, »›gute‹ Lyrik« hervorzubringen.[102] Paul Fleming hat auf die Paradoxie hingewiesen, die in dem Moment entsteht, in dem Goethe und Schiller den Amateur für die Nachahmung der *hervorragendsten* Vorbilder in Poesie und Lyrik tadeln, die doch zugleich Teil seiner Ausbildung sein soll. Dilettanten erweisen sich dann als Plagiatoren, weil es ihren Nachahmungen tatsächlich gelingt, von den Originalen, die sie nachzuahmen beauftragt sind, ununterscheidbar zu werden.

Fleming spricht in diesem Zusammenhang von einer »Einflussangst«[103], ein Begriff, der die Abwehrreaktionen einer sogenannten Genieästhetik gegen das Konzept der Nachahmung auf den Punkt bringt. In dem Maße, wie sich Dilettanten als nützlich erweisen für die Verbreitung des Künstlerprestiges, drohen sie zugleich in ihren eigenen Produktionen mit den Originalgenies gleichzuziehen oder diese sogar zu übertreffen und damit die ›wahren‹ Künstler zu vernichten oder zu ›entnerven‹, indem sie

> »jedes Originalschöne [...] nachsprechen, nachäffen und ihre Leerheit damit ausflicken. So wird die Sprache nach und nach mit zusammen geplünderten Phrasen und Formeln angefüllt, die nichts mehr sagen, und man kann ganze Bücher lesen, die schön stilisiert sind und gar nichts enthalten. Kurz alles wahrhaft Schöne und Gute der echten Poesie wird durch den überhandnehmenden Dilettantismus profaniert, herumgeschleppt und entwürdigt.« (ÜD 742)

Würde der Dilettant nur Schund nachahmen, ginge von ihm keine Gefahr aus. Aber als Genie-Verstärker und Kopist großer Kunst, der sich nicht »über den Begriff mechanischer Fertigkeiten erheben« (ÜD 733) kann, scheint es ihm am Ende doch zu gelingen, was nach Fichte eigentlich ausgeschlossen ist: die Nachahmung des Eigentümlichsten der künstlerischen Produktion (des genialen ›Stigmas‹), weshalb Goethe und Schiller in diesem

Vorgang einer Nachahmung des per definitionem Unnachahmbaren nur eine Profanierung des Genies erkennen können: »Der Dilettant ist so zugleich die Kopiermaschine und das Löschpapier des Genies.«[104] In dem Maße, wie es ihm gelingt, die »Codes des Ausdrucks« nachzuahmen, entthront er tatsächlich die »Idee von Meisterschaft«[105] und nimmt damit jenes Lachen Nietzsches vorweg, das jedem Meister galt, der nicht sich selbst auslacht: »Der Dilettantismus negiert den Meister«[106], nicht weil er die Überlegenheit von Schund und ästhetischer Minderwertigkeit auf dem Kunstmarkt demonstriert (und die Nachfrage nach Originalprodukten vermindert), sondern weil seine Nachahmungsfertigkeit die Idee der Meisterschaft und ihre Möglichkeit im Kern antastet und die Unterscheidbarkeit zwischen Idee und Nachahmung, Original und Kopie außer Kraft setzt.

V. Historische Mimesis: Tragödie und Farce

1. Weltgeschichtliche Totenbeschwörung: Karl Marx

Zum modernen Selbstverständnis gehört die Gewissheit: Geschichte wiederholt sich nicht. Immer weniger lässt sich aus dem, was gewesen ist, ableiten, was sein wird. Reinhart Koselleck hatte mit begriffsgeschichtlichen Argumenten die Vorstellung zurückgewiesen, dass man aus der Geschichte lernen könne, denn eine derartige Konzeption setzt offenbar eine Strukturkonstanz historischer Ereignisse voraus. Die Geschichte hört unter den Bedingungen ihrer modernen Beschleunigung auf, unsere Lehrmeisterin zu sein. Die Zukunft lässt sich immer weniger aus der Vergangenheit ableiten, Erfahrungsraum und Erwartungshorizont treten auseinander.[107] Im 20. Jahrhundert spielt die Zurückweisung historischer Vorbildlichkeit oder Nachahmungswürdigkeit in der französischen *Annales*-Schule, die angetreten war, die Geschichtsschreibung von jeder Bezugnahme auf ›große Ereignisse‹ und den Konzepten epochaler Rahmung zu reinigen, eine zentrale Rolle. Die *Annales*-Historiker hatten es sich zur Aufgabe gemacht zu durchbrechen, was einer ihrer prominenten Vertreter, François Furet, die »Vermächtnishistoriographie«[108] nennt. Furet hatte die Wirksamkeit dieses Modells am Beispiel der Französischen Revolution nachgewiesen und das marxistische Reenactment dieser Revolution einer fundamentalen historiografischen Kritik unterzogen. Die Französische Revolution zu *denken*, wie es Furet forderte, hieß von nun an, ihr nicht wiederum die Parolen und Skripte[109] zu entwenden, um die historischen Ereignisse aufzuführen, die mit der Oktoberrevolution und den antikolonialen Befreiungsbewegungen die Weltgeschichte des 20. Jahrhunderts bestimmten. Furet wünscht sich eine offensichtlich politisch motivierte »›Abkühlung‹«[110] der Französischen Revolution, ihre ›Entmythologisierung‹. Er wünscht sich, dass die Revolution endlich an ihr Ende kommt.

Die Geschichtsschreibung geht also dort, wo sie sich einem normativen Konzept der Moderne verpflichtet fühlt, aus einem expliziten Nachahmungsverbot hervor, wie es Hans Blumenberg für die moderne Kunst und Technik bekräftigt hat: So wenig wie Kunst und Technik unter modernen Bedingungen noch auf eine Nachahmung der Natur zurückgeführt werden können, weil diese Idee für die »Konzeption des authentischen Menschenwerkes« (Blumenberg) keinen Spielraum ließe, so wenig kann die moderne Geschichtsschreibung den Spielraum der historischen Akteure dadurch behindern, dass sie ihnen die Nachahmung unüberbietbarer Vorbilder zur Aufgabe macht. Konnte Machiavelli die Nachahmung der Beispiele *der Alten* zwar für schwierig, aber keineswegs für unmöglich halten, lässt sich für eine Geschichtsschreibung, die sich dem Selbstverständnis der Moderne verpflichtet fühlt, gar nicht mehr verständlich machen, wieso ein derartiger Impuls zur historischen Nachahmung überhaupt entsteht. Denn die geschichtlichen Akteure ebenso wie ihre Historiker unterlaufen auf diese Weise ja das Selbstbewusstsein der Moderne, eine Epoche aus eigenem Recht bzw. die Epoche der »humanen Selbstbehauptung«[111] zu sein, die sich ein für alle Mal von den Mächten der (vor allem kirchlichen und theologischen) Heteronomie getrennt hat. Nachahmung erscheint aus dieser Perspektive als ein Akt der Unterwerfung, der dem spezifisch modernen Impuls, aus Freiheit zu handeln und sich sein Gesetz selbst zu geben, entgegensteht.

Modern zu sein heißt zu wissen, wie man die Zeiten trennt und auf Epochen oder Phasen verteilt, so dass temporale Überlagerungen oder Verwischungen möglichst ausgeschlossen bleiben. Walter Benjamin hat in der Vorstellung einer »homogenen und leeren Zeit« die konzeptuelle Voraussetzung einer solchen Geschichtsauffassung gesehen. Er hat ihr ein Modell einer Geschichte als »von ›Jetztzeit‹ erfüllte[r]« Konstruktion entgegengestellt.[112] Um diese Auffassung zu erläutern, führt er interessanterweise ein Beispiel an, das vielen als ein revolutionäres politisches Gründungsereignis der Moderne gilt:

> »So war für Robespierre das antike Rom eine mit Jetztzeit geladene Vergangenheit, die er aus dem Kontinuum der Geschichte heraussprengte. Die Französische Revolution verstand sich als ein wiedergekehrtes Rom. Sie zitierte das alte Rom genau so, wie die Mode eine vergangene Tracht zitiert.«[113]

Geschichte wiederholt sich also doch – allerdings nicht in der Weise zyklischer Vorstellungen, die sie dem Modell astronomischer oder jahreszeitlicher Umläufe unterwerfen. Benjamin bindet philologische (»zitieren«) und populärkulturelle (»Mode«, »vergangene Tracht«) mimetische Strategien zusammen, um die Arbeit der historischen Konstruktion genauer zu bestimmen. Das Zitat hat nicht nur die Funktion der Absicherung eines Arguments oder einer These durch eine Belegstelle. Es ist zugleich ein Modus der Inkorporierung eines fremden Textes (der hier etymologisch mit dem Textil zusammengeführt wird) in den ›eigenen‹ Text, der ihn an unterschiedlichen Zeiten teilhaben lässt. In Texten ist in der Regel die Nahtstelle durch spezifische Zeichen markiert, an denen der eigene Text an den fremden, inkorporierten stößt. Das Zitat der vergangenen Tracht dagegen kann den Körper, der sie trägt, so weit verwandeln, dass er wie ein Element aus der Vergangenheit erscheint, dem die Tracht ursprünglich angehört.

Die Geschichte wie der Alltag überhaupt ist von den unterschiedlichsten Formen eines Mimetismus durchzogen, dessen entscheidendes Merkmal die Selbstverwandlung ist (vgl. dazu Kapitel I/2). Der Mimetismus setzt voraus, dass das Subjekt in der Lage ist, ›seiner Zeit‹ zu entkommen bzw. sich nicht darauf zu beschränken, seiner Zeit (seinem Alter, seiner Lebensphase) anzugehören[114]: »Bei den Kindern handelt es sich zunächst darum, die Erwachsenen zu imitieren. Daher der Erfolg der Rüstungen und der Miniaturspielzeuge, die die Werkzeuge, die Gerätschaften, die Waffen und die Kriegsmaschinen reproduzieren, deren sich die Erwachsenen bedienen.«[115] Die Verhaltensweisen der *mimicry*, so Roger Caillois, »gehen weit über die Kindheit hinaus bis in das Leben der Erwachsenen. Sie umfassen gleichermaßen jede Vergnügung, der man sich maskiert oder verkleidet hingibt, und die gerade darum Vergnügen ist, weil der Spieler sich maskiert oder verkleidet.«[116] Caillois unterscheidet im Rahmen der *mimicry* als einer fundamentalen Art des Spiels Formen, die explizit für Mimik und Travestie vorgesehen sind, von solchen, an denen sich Mimik und Travestie entzünden, ohne dass diese Effekte in der Absicht der entsprechenden Praktiken liegen. Im Theater und auf der Bühne gehören die Verkleidung und die Maske zu den vorgesehenen Mitteln einer kalkulierten Verwandlung, die der Schauspieler im Einvernehmen mit dem Zuschauer und zu dessen Vergnügen vornimmt. Die *mimicry* kann sich aber auch an agonalen Formen des Spiels, wie sportlichen Veranstaltungen, entzünden, die Champions oder Stars hervorbringen, mit denen das Publikum sich identifiziert. Eine »weltgeschichtliche Totenbeschwörung« (AB 115), bei der Figuren oder

Helden einer längst vergangenen historischen Epoche wiederauferstehen, um den gegenwärtigen historischen Akteuren zur Seite zu stehen, sieht Caillois allerdings nicht vor – jedenfalls nicht in seinem Buch über *Die Spiele und die Menschen.* Karl Marx beschreibt diesen Fall in seiner Schrift *Der achtzehnte Brumaire des Louis Bonaparte* und bewegt sich dabei durchweg im Register der Travestie, der Kostümierung und der Maskierung: Die französischen Revolutionäre stellen eine Ähnlichkeit zur Geschichte Roms her, sie verstehen ihre Revolution in der Tat als »wiedergekehrtes Rom«.

Mit den Kategorien, die Caillois einführt, um die Mimese nichtmenschlicher Lebewesen (Travestie, Tarnung, Einschüchterung) zu beschreiben, lässt sich sagen, dass sich die Revolutionäre für die »Vertreter einer anderen Art« ausgeben.[117] Die *Travestie*, also die Kostümierung der Revolutionäre als wiedergekehrte Römer, erweist sich allerdings aus der Perspektive dessen, der sie beschreibt, als eine *Tarnung*, denn zwar sprechen die Revolutionäre im Namen Roms, legen »römische Kostüme« an und benutzen »römische Phrasen« (AB 116), aber das tun sie, um zugleich unerkannt zu bleiben – und in gewisser Weise auch sich selbst zu *verkennen*, denn sie wollen nicht nur für etwas anderes durchgehen, sie *glauben* auch an ihre eigene politische Schauspielerei. Es bleibt der Analyse, die Marx vorlegt, vorbehalten, die historische Aufgabe zu bestimmen, die sie *tatsächlich* vollbrachten, indem sie als wiedergekehrte Römer auftraten, nämlich die »Entfesselung und Herstellung der modernen *bürgerlichen* Gesellschaft« (AB 116) mit ihren primär ökonomischen Zielsetzungen. Die »Totenerweckung« verfolgte also ein Ziel, das erst für die späteren Beobachter, nicht jedoch für die revolutionären Zeitgenossen selbst als solches benennbar wurde. Deshalb kann Marx den bezeichnenden Satz formulieren: »Die neue Gesellschaftsformation einmal hergestellt, verschwanden die vorsündflutlichen Kolosse und mit ihnen das wieder auferstandene Römertum – die Brutusse, Gracchusse, Publicolas, die Tribunen, die Senatoren und Cäsar selbst.« (AB 116)

Die Rede von den »vorsündflutlichen Kolossen« verweist auf die dritte Dimension der Mimese, nämlich die *Einschüchterung*, denn die *colossi* sind spezielle Arten von Bildern Verstorbener, die nicht bloß deren Züge wiedergeben (Ikonizität), sondern die ihr *Double* sind: »Durch den *colossos* hindurch steigt der Tote ins Licht des Tages hinauf und manifestiert vor den Augen der Lebenden seine Gegenwart.«[118] Die *colossi* sind nicht einfach ›Riesenfiguren‹ (sie sind im Gegenteil ursprünglich überhaupt nicht groß), sondern finden sich in Grabstätten der prähellenischen Zeit, wo sie die Funktion hatten, »ein fehlendes Skelett zu ersetzen«[119], weil der Leichnam für die Bestattung nicht zur Verfügung stand. Marx' *colossi* dagegen sind gerade durch ihre Fähigkeit gekennzeichnet, ihre Grabstätten zu verlassen und »endlos zwischen der Welt der Lebenden und der Toten umherzuirren«[120]. Von ihnen gehen durchaus unheimliche und gefährliche Kräfte aus, denn ohne ihre »Dienste« wären die Revolutionäre nicht fähig, »die neue Weltgeschichtsszene aufzuführen« (AB 115). Marx spricht ganz direkt von den »Geistern der Vergangenheit« (AB 115) und den »Gespenstern der Römerzeit« (AB 116). Mit der Hilfe dieser Kolosse vermochten die Revolutionäre ihre nicht unblutigen Aufgaben zu vollbringen, nämlich zum einen den »feudalen Boden in Stücke« zu schlagen und zum anderen »die feudalen Köpfe« abzumähen (AB 116). Die Wirksamkeit der römischen Kostüme, Masken und Phrasen stellt Marx seinen Lesern als so einschüchternd vor Augen, dass er nur die Ergebnisse der Revolution nüchtern bilanziert, den organisierten Widerstand der ›feudalen‹ Mächte dagegen mit keinem Wort erwähnt.

Der achtzehnte Brumaire schreibt bereits mit seinem Titel das Ereignis des Staatsstreichs von 1851, dessen Hauptakteur der Neffe des *großen* Napoleon war, in den zum Zeitpunkt des Ereignisses längst nicht mehr gültigen Revolutionskalender ein, um auf ironische Weise seinen Anachronismus zu diagnostizieren. Gilles Deleuze hat die »wesentlich theatralische Idee« hervorgehoben, die Marx hier ins Spiel bringt. Für ihn besteht die Leistung des Textes darin, die Wiederholung in der Geschichte nicht länger als einen »Reflexionsbegriff« (DW 124) des Historikers zu handhaben, der die Wiederholungen, die den Akteuren selbst undurchsichtig geblieben sind, von außen an sein Material heranträgt (DW 124). Deleuze unterscheidet davon eine Form der Wiederholung, in der diese

> »die historische Bedingung [ist], unter der etwas Neues wirklich entsteht. Die Ähnlichkeit zwischen Luther und Paulus, zwischen der Revolution von 1789 und der Römischen Republik usw. offenbarten sich nicht in der Reflexion des Historikers, vielmehr sind die Revolutionäre zunächst für sich selbst dazu bestimmt, sich als ›wiedererstandene Römer‹ zu erleben, bevor sie zur Tat fähig werden, die sie durch Wiederholung im Modus einer eigenen Vergangenheit begonnen haben, also unter Bedingungen, unter denen sie sich notwendig mit einer Gestalt der historischen Vergangenheit identifizierten.« (DW 123 f.)

Wenn Deleuze feststellt, *»die Wiederholung ist eine Bedingung der Tat, bevor sie zu einem Reflexionsbegriff wird«* (DW 124), dann trifft er damit zwar eine Dimension der Ausführungen bei Marx, er verfehlt aber deren Ambivalenz. Marx ist nämlich gerade nicht bereit, die von ihm entdeckte oder sichtbar gemachte Dimension der Geschichte als eine unaufhebbare Dimension historischer Handlungsmacht, der immer die Struktur eines Handelns ›im Namen von‹ zugrunde liegt, zu behandeln. Er versteht die Wiederholung zwar nicht ausschließlich als einen Reflexionsbegriff, sondern bestimmt sie zugleich als einen Modus ausgerechnet revolutionärer historischer Praxis. Aber die historische Ermöglichungsleistung, sosehr sie auch betont wird, gerät sofort in ein Zwielicht, wenn es heißt: »Die Tradition aller toten Geschlechter lastet wie ein Alp auf dem Gehirne der Lebenden.« (AB 115) Sosehr Marx also auch die Mitwirkung der ›toten Geschlechter‹ an der Aufführung der neuen Weltgeschichtsszene im Falle der Großen Französischen Revolution als unvermeidlich hinstellt, lässt doch der Tenor seiner Ausführungen keinen Zweifel daran, dass ihm ein Modus geschichtlicher Praxis vorschwebt, der *zukünftig* Rückgriffe dieser Art in den Fundus der alteuropäischen Masken und Bühnencharaktere überflüssig machen soll. Marx träumt von einem Modus historischer ›Entwicklung‹, der ohne den »Tigersprung ins Vergangene«[121] auskommt und sich stattdessen einer Poesie bedient, die »aus der Zukunft kommt« (AB 117). Die revolutionäre Geschichte, die alle bisherige Geschichte übersteigen und überwinden wollte, war im eminenten Sinne eine weltgeschichtliche Totenbeschwörung, weil die Revolutionäre noch »Anfänger« (AB 115) in ihrer revolutionären Sprache waren und nur im »römischen Kostüme und mit römischen Phrasen die Aufgaben ihrer Zeit« (AB 116) vollbringen konnten. Auch Marx teilt den typisch modernen Vorbehalt gegenüber den Praktiken der Nachahmung, weil sie die demiurgische Kapazität der Moderne verfehlen, die in Kunst und Technik bereits greifbar wird und die für das kollektive Handeln noch gewonnen werden muss. Die soziale Revolution des 19. Jahrhunderts könne daher »nicht mit sich selbst beginnen, bevor sie allen Aberglauben an die Vergangenheit abgestreift hat. Die früheren Revolutionen bedurften der weltgeschichtlichen Rückerinnerungen, um sich über ihren eigenen Inhalt zu betäuben.« (AB 117)

Aber Marx' Text wird zugleich auch von einem Zweifel an dieser Konzeption einer Moderne heimgesucht, die sich endgültig von den ›Schlacken‹ historischer Vor-Bilder befreit hat, denn er stellt mit Hegel im viel zitierten Eröffnungssatz fest, dass »alle großen weltgeschichtlichen Tatsachen und Personen sich sozusagen zweimal ereignen«. Hegel habe nur »vergessen hinzuzufügen: das eine Mal als Tragödie, das andere Mal als Farce« (AB 115). Geschichte wiederholt sich auch noch nach dem Ende der Marx'schen Aufklärung über ihre *tragische* Wiederholung während der Großen Französischen Revolution – nämlich als Farce oder historische *Selbstparodie*. Ausgerechnet in dem Augenblick, in dem die »neue Gesellschaftsformation« durch die französischen Revolutionäre hervorgebracht wurde und die »vorsündflutlichen Kolosse« von der Bühne verschwinden (AB 116), kommt es zu lauter Restaurationen und in ihrer Folge zu neuen Revolutionen wie derjenigen von 1848, aus der ein weiteres politisches Masken(un)wesen hervorgeht. Hegel liest an der Stelle, auf die sich Marx bezieht, diese Wiederholungen als *Bekräftigungen* eines historischen Stands der Dinge[122], während Marx sie als historische *Auszehrungen* kritisiert. Auf die Verherrlichung der revolutionären Kämpfe durch die römische Kostümierung folgt die Parodie dieser klassischen Kämpfe, die ihrerseits nicht ohne Schlachtparolen und Kostüme auskommt:

»1848–1851 ging nur das Gespenst der alten Revolution um, von Marrast, dem Républicain en gants jaunes, der sich in den alten Bailly verkleidete, bis auf den Abenteurer, der seine trivial-widrigen Züge unter der eisernen Totenlarve Napoleons versteckt. Ein ganzes Volk, das sich durch eine Revolution eine beschleunigte Bewegungskraft gegeben zu haben glaubt, findet sich plötzlich in eine verstorbene Epoche zurückversetzt, und damit keine Täuschung über den Rückfall möglich ist, stehn die alten Data wieder auf, die alte Zeitrechnung, die alten Namen, die alten Edikte, die längst der antiquarischen Gelehrsamkeit verfallen, und die alten Schergen, die längst verfault schienen.« (AB 117)

Einmal erwies sich die Bezugnahme auf die ›Toten‹ der Geschichte als weltpolitisch nützlich, nämlich während der Großen Französischen Revolution, als es darum ging, die moderne bürgerliche Gesellschaft gegen den Widerstand des Ancien Régime hervorzubringen; ein anderes Mal, zum Zeitpunkt, als Marx seinen Text verfasst, ist der Rückgriff auf die jüngere Geschichte Frankreichs und die napoleonische Totenbeschwörung von Nachteil. Der Neffe des großen Onkels beschwört dessen Mythos als eines wiedergekehrten römischen Kaisers: eine Totenbeschwörung also zweiter Ordnung, in der Marx nichts anderes als eine »Karikatur des alten Napoleon« (AB 117) sehen kann. Solange sich die »Tatsachen und Personen« in Form der Tragödie wiederholen, begrüßt sie Marx; als ›gegenrevolutionäre‹ Wiederholung nimmt sie die Gestalt der Farce an und verfällt seiner unnachsichtigen Kritik.

Marx' historische Abhandlung stellt die von Friedrich Nietzsche aufgeworfene Frage nach dem *Nutzen und Nachteil der Historie für das Leben.*[123] Zwischen den beiden Napoleonen liegt ein Abstand, der sich mit Nietzsche als die Differenz von monumentaler und antiquarischer Geschichte beschreiben lässt. Marx sagt es ganz ausdrücklich: Mit Louis Bonaparte erlebt Frankreich 1851 keinen monumentalen Aufbruch und revolutionären Neuanfang, sondern den Rückfall in die »antiquarische Gelehrsamkeit« (AB 117), der politisch die Rückkehr des Staates »zu seiner ältesten Form« bewirkt, nämlich »zur unverschämt einfachen Herrschaft von Säbel und von Kutte« (AB 118). Die »eiserne Totenlarve Napoleons« hat keine historisch aktivierende Funktion mehr, sondern nur mehr eine reprimierende und kaschierende, denn der Neffe legt die Maske des kaiserlichen Onkels nur an, um die »trivial-widrigen Züge« seiner Herrschaft zu verbergen. Die Monumentalisierung der eignen politischen Mission dient in diesem Fall der gegenrevolutionären Handlungshemmung, denn ein ganzes Volk, das sich in der Folge von 1789 revolutionär beschleunigt zu haben glaubte, »findet sich plötzlich in eine verstorbene Epoche zurückversetzt« (AB 117). Die Nachahmung im Modus der Farce, der Parodie oder der Karikatur – aus der kritischen Perspektive des revolutionären Parteigängers gesehen –, kommt in ihrer Wirkung der von Nietzsche so genannten antiquarischen Historie gleich, die das »windige Schauspiel einer blinden Sammelwut, eines rastlosen Zusammenscharrens alles einmal Dagewesenen« (AB 117) bietet. Und tatsächlich spricht Marx in diesem Fall nicht länger vom Rückgriff auf Kostüme und Parolen, sondern von der Wiederauferstehung von »alten Data«, die über keinerlei Subjektivierungsmacht verfügen (vgl. dazu auch Kapitel III/1).

Marx' Text verdient auch deshalb Aufmerksamkeit, weil er nicht nur die monumentalische Effekthascherei, ob nun in ihrer tragischen oder parodistischen Form, zum Gegenstand seiner Analyse macht, sondern weil er selbst, obwohl er dieser Form der Wiederholung doch erklärtermaßen entkommen möchte, an der historischen Mimesis teilhat. Es gelingt ihm offenbar nicht, einen epistemologischen Bruch zwischen der mimetischen Totenbeschwörung und einer kritischen Historiografie zu vollziehen, die Nietzsche als dritte Form der Historie der monumentalen und der antiquarischen zur Seite stellt. Die kritische Form der Historie kann sich nicht damit abfinden, dass irgendein Ding gerechtfertigt ist, weil es »alt geworden« ist und daher Pietät verdient: Die kritische Historie richtet und vernichtet eine Vergangenheit, indem sie »mit dem Messer« an ihre Wurzeln greift.[124] Das ist zweifellos der Modus Marx'scher Geschichtsschreibung, die allerdings nicht ohne eine Monumentalisierung zweiter Ordnung auskommt. Die monumentale Historie wird von Marx nicht so sehr verabschiedet, als in eine scharfe Klinge umgeschmiedet, wie die folgende Passage zeigt, in der er die historische Lage nach

1848 durch einen Rückgriff hinter Rom und Griechenland auf Ägypten scharfzustellen versucht. Die Komplexität dieser historischen Vergleichsoperation wird noch dadurch gesteigert, dass er die Monumentalisierung des Ereignisses im Namen einer wahnsinnig gewordenen und daher internierten Nation vornimmt:

»Die Nation kömmt sich vor wie jener närrische Engländer in Bedlam, der zur Zeit der alten Pharaonen zu leben meint und täglich über die harten Dienste jammert, die er in den äthiopischen Bergwerken als Goldgräber verrichten muß, eingemauert in dies unterirdische Gefängnis, eine spärlich leuchtende Lampe auf dem eigenen Kopfe befestigt, hinter ihm der Sklavenaufseher mit langer Peitsche und an den Ausgängen ein Gewirr von barbarischen Kriegsknechten, die weder die Zwangsarbeiter in den Bergwerken noch sich untereinander verstehn, weil sie keine gemeinsame Sprache reden. ›Und dies alles wird mir‹, seufzt der närrische Engländer – ›mir, dem freigebornen Briten, zugemutet, um Gold für die alten Pharaonen zu machen.‹ ›Um die Schulden der Familie Bonaparte zu zahlen‹ – seufzt die französische Nation.« (AB 117)

Die Nation fabuliert sich in Marx' Darstellung wie der närrische Engländer in eine Epoche äußerster Unfreiheit sowie der Sklavenarbeit zurück. Louis Bonaparte ist ein französischer Pharao, der die einstmals revolutionäre Nation erniedrigt und demütigt. Anders als im Fall der römischen Gespenster, die eine politisch aktivierende Rolle spielten und die demokratische Nation allererst hervorbrachten, befestigt das ägyptische Gespenst die Apathie der Situation, in der sich der Insasse in Bedlam und die französische Nation, die hier ausgerechnet einem irren Engländer gleichgesetzt wird, nach dem 18. Brumaire befinden. Sie seufzen und jammern. Die Rolle der politischen Aktivierung, die die monumentale Historie hervorbringt, wird im Folgenden von Marx selbst übernommen, der den alttestamentarischen Bildbereich der Versklavung durch ägyptische Pharaonen natürlich nicht von ungefähr einführt.

Marx ist sich nur zu sehr bewusst, dass wir es bei diesem Themenkomplex mit einem politischen Imaginären zu tun haben, das, wie es Michael Walzer formuliert hat, »von großer Wirksamkeit und Kraft im westlichen politischen Gedankengut« gewesen ist, nämlich »die Vorstellung einer Rettung von Leid und Unterdrückung: einer diesseitigen Erlösung, Befreiung, Revolution«[125], die der Exodus als Geschichte der Befreiung Israels aus Ägypten aufruft. Marx leitet diese Umwendung der ägyptischen Totenbeschwörung mit einer Erinnerung an das Ereignis ein, dem Louis Bonaparte seine Macht verdankt, nämlich seiner Wahl zum Präsidenten der Republik am 10. Dezember 1848:

> »Der Engländer, solange er bei Verstand war, konnte die fixe Idee des Goldmachens nicht loswerden. Die Franzosen, solange sie revolutionierten, nicht die napoleonische Erinnerung, wie die Wahl vom 10. Dezember bewies. Sie sehnen sich aus den Gefahren der Revolution zurück nach den Fleischtöpfen Ägyptens, und der 2. Dezember 1851 [der Tag des Staatsstreichs durch Louis Bonaparte, FB] war die Antwort. Sie haben nicht nur die Karikatur des alten Napoleon, sie haben den alten Napoleon selbst karikiert, wie er sich ausnehmen muß in der Mitte des neunzehnten Jahrhunderts.« (AB 117)

Die mimetische Reaktivierung des Exoduskomplexes (*Fleischtöpfe Ägyptens*) verweist zwar auf einen anderen kulturellen und politischen Kontext als den römischen, mit dem Marx einsetzt, wenn er die Mechanismen und Funktionen der historischen Totenbeschwörung untersucht. Aber der Zugriff auf das Exodusmaterial ist republikanisch überdeterminiert, wie sich eben besonders prägnant an der Figur und den Phantasien des ›närrischen Engländers‹ zeigt. Dieser, obwohl doch ›freigeborener Brite‹, sieht sich zur schweren Zwangsarbeit unter Tage verurteilt. In seinem republikanischem Gründungsbericht, der die Vertreibung der Könige aus Rom behandelt, beurteilt der römische Historiker Livius die Entscheidung des letzten Königs, Tarquinius', als besonders verhängnisvoll, das »niedere Volk zum Frondienst« heranzuziehen und ihm neben der Errichtung von religiösen Kultstätten auch die Mitwirkung an Kanalbauten zuzumuten, die »Sammler allen Unrats der Stadt«[126]. Brutus, der Gegenspieler des Tyrannen, hebt in seinen Reden vor den Römern daher nicht nur das »hochfahrende Wesen des Königs« hervor, sondern vor allem »die Leiden und Mühsal der Menge, die unter die Erde getrieben wurde, um Gräben und Abwasserkanäle auszuheben; römische Männer, Sieger über alle Völker ringsum, seien aus Kriegern zu Handarbeitern und Steinbrechern gemacht worden«[127]. Das Ideal politischer Autonomie, das den modernen Demokratien zugrunde liegt, bleibt darauf angewiesen, sich von Szenarien politischer Heteronomie abstoßen zu müssen.

Deshalb ist richtig, dass die in das Projekt der Moderne eingebaute fundamentale Asymmetrie auf der Verleugnung jener mimetischen Abhängigkeiten beruht, die das historische Handeln doch beständig bekräftigt:

> »Er [der Begriff der Moderne, FB] bezeichnet einen Bruch im regelmäßigen Lauf der Zeit, und er bezeichnet einen Kampf, in dem es Sieger und Besiegte gibt. Warum zögern heute so viele, dieses Adjektiv [modern, FB] zu verwenden, oder warum versehen wir es mit Präpositionen [postmodern, FB]? Offenbar trauen wir uns nicht mehr recht zu, diese doppelte Asymmetrie aufrechtzuerhalten: Wir können nicht mehr auf den irreversiblen Pfeil der Zeit hinweisen noch den Siegern einen Preis zuerkennen. In den unzähligen Auseinandersetzungen der Alten und der Modernen gewinnen die ersten jetzt genauso oft wie die zweiten, und nichts erlaubt mehr zu sagen, ob die Revolutionen den alten Regimes den Garaus machen oder sie vollenden.«[128]

Der achtzehnte Brumaire des Louis Bonaparte ist ein erstes Zeugnis dieses Zweifels an der doppelten Asymmetrie der Moderne. Der Zwang zur historischen Wiederholung, dessen Analyse Marx vornimmt, durchkreuzt den angeblich irreversiblen Pfeil der Zeit. Mit der Unterscheidung von Tragödie und Farce muss Marx der Tatsache Rechnung tragen, dass die soziale Revolution niemals »mit sich selbst beginnen« kann und niemals bei sich selbst ankommt. Es ändern sich immer nur die politischen Vorzeichen, die den Totenbeschwörungen jeweils beigegeben werden.

2. *Cancan* und demokratischer Rausch: Siegfried Kracauer

Marx betont die Notwendigkeit der »Leidenschaften«, die die Revolutionäre »auf der Höhe der großen geschichtlichen Tragödie [...] halten« (AB 116) mussten, um ihre politische Aufgabe zu vollbringen. Die Rolle der Leidenschaften oder *passiones* für die Theorie der Mimesis ist auch im ethnologischen Kontext ausführlich erörtert worden. In spezifischen Kulten setzen sich Gemeinschaften in ein Verhältnis zu dem, was sie als etwas Übermächtiges erleben, um es auf diese Weise zu depotenzieren. Dieses Modell spielt in Siegfried Kracauers Gesellschaftsbiografie *Jacques Offenbach und das Paris seiner Zeit* (1937) eine zentrale, wenn auch implizite Rolle. Und es ist einmal mehr der Tanz (vgl. Kapitel I/5), der im Mittelpunkt von Beobachtungen steht, die die mimetische Aneignung politischer Umbruchsituationen zum Thema haben.

Der Tanz spielt auch bei Marx eine zentrale Rolle, wenn er im *Achtzehnten Brumaire* zu einer erneuten revolutionären Anstrengung aufruft: »Hic Rhodus, hic salta!« (AB 118) Das Zitat entstammt einer antiken Fabel des Äsop, die den Titel »Der Aufschneider« trägt. Ein Fünfkämpfer berichtet seinen heimischen

Zuhörern, dass er in anderen Städten, z.B. auf Rhodos, einen »Sprung« getan habe, den kein Olympiasieger erreicht habe. Zum Beweis könne er Zeugen aufbieten, die damals dabei gewesen seien: »Einer der Anwesenden aber unterbrach ihn und sagte: ›Ach du, wenn das wahr ist, braucht es keine Zeugen. Hier ist Rhodus, hier kannst du springen.‹«[129] Wenn der *revolutionäre Sprung* möglich sein soll, muss er hier und jetzt wiederholt werden können. Wenn Marx allerdings »Rhodus« mit Rose und »salta« (gr.: πηδώ) mit »tanze« übersetzt – »Hier ist die Rose, hier tanze!« (AB 118) –, dann verschiebt er seinerseits die Disziplin und Athletik des revolutionären Geschäfts, für die der Sprung steht, in den Bereich exaltierter Körperbewegungen. Der Tanz soll offenbar das definitive Ende der autokratisch angeordneten Zwangsarbeit signalisieren, verfällt aber in Wirklichkeit einer neuen Form der Götzenanbetung, wie sie im Buch *Exodus* mit dem Tanz um das goldene Kalb thematisiert wird.

Dass die Revolution aber nicht ›gesprungen‹, sondern ›getanzt‹ wird, eröffnet zugleich Einsichten in die Herkunft und die Verschiebung revolutionärer Energien, die Siegfried Kracauer zum Gegenstand seiner Biografie der Gesellschaft des französischen 19. Jahrhunderts macht »mit ihren Monarchien und Diktaturen, ihren Weltausstellungen und Revolutionen« (JO 9). In methodischer Hinsicht fühlt sich Kracauer ganz explizit einer historischen Mimesis verpflichtet, die dem 19. Jahrhundert die entscheidenden »Motive« und »Modelle« entnimmt, um aus ihnen »das ungleich kompliziertere Denken und Verhalten der Gegenwart« abzuleiten (JO 9). Mit Blick auf den Führerkult des Nationalsozialismus hält Kracauer fest, dass angesichts des politischen Geschehens »unserer Tage« niemand verkennen werde, »daß gerade die Phantasmagorie des Zweiten Kaiserreichs Aktualität besitzt«, dass also der Bonapartismus einer sogenannten Führerdiktatur sein kulturelles Vorbild in jener Epoche findet, die Marx im *Achtzehnten Brumaire* beschrieben hatte.

Für die Zeit nach der französischen Julirevolution hebt Kracauer konkret die Bedeutung des *Cancans* hervor, eines Tanzes, dessen Entstehung sich einer Übernahme von Praktiken und Verhaltensweisen verdankt, die einem Außenraum entstammen und ins symbolische Zentrum einer Kultur ›hineingetragen‹ und dabei zugleich verwandelt werden. Kracauers Kulturgeschichte des Cancans beschreibt daher – ebenso wie diejenige der Operette – eine komplexe *Entwendungsoperation*, die einen neuen Kult hervorbringt. In der Ethnografie kennt man sogenannte »Fremdgeistkulte« (EP 153), die sich vor allem während der Kolonialzeit etwa in Afrika ausbreiteten: Wanderarbeiter begaben sich (gezwungenermaßen) in die urbanen Zentren und wurden von technischen Objekten und rituellen (z.B. militärischen) Praktiken der Kolonisatoren regelrecht ›besessen‹.

Fritz Kramer, der diese Kulte untersucht hat, nennt Lokomotiven, Flugzeuge, Marschmusik oder Kasernenhofdrill als Beispiele. Die Kulte, die sich um diese Objekte und Vorgänge bilden, »konzentrieren die Vielfalt der Erscheinungen auf ihr Typisches, den Geist, von dem sie besessen sind, dem sie sich hingeben und dessen Macht sie darstellen« (EP 154). Mit dem Konzept der *passiones* trägt die Anthropologie Ereignissen Rechnung, die Marx als weltgeschichtliche Totenbeschwörung behandelt: Subjekt einer Handlung ist unter diesen Bedingungen nicht der mit seinem Eigennamen bezeichnete Revolutionär, sondern eine ihm überlegene Macht (die ›Kolosse‹), die von ihm Besitz ergreift oder sich in ihm verkörpert. Deshalb sind *passiones* nicht die inneren Zustände einer Psychologie, sondern Zustände ›anderer‹ Figuren, die eine Person ergreifen, die sie darstellt. Die Revolutionäre *entlehnen* den Geistern der Vergangenheit »Namen, Schlachtparole, Kostüm«, um mit ihrer Hilfe eine »*neue* Weltgeschichtsszene aufzuführen« (AB 115). Dass sie dies, wie Marx schreibt, »ängstlich« tun, belegt die Problematik der gefühlten Schwäche, die durch die Aneignung der Stärke rituell kompensiert werden soll. Kramer legt Wert auf die Feststellung, dass es sich bei den Darstellungen oder Bildern der *passiones*, also der großen Leidenschaften, die wie Geister von den Menschen Besitz ergreifen, weder um »oberflächliche Nachahmungen fremder oder moderner Kulturen« handelt noch auch um

»Schritte auf dem Weg zur Akkulturation; denn die fremden Elemente werden nicht ihrem inneren, ursprünglichen Sinn oder ihrer Funktion gemäß erfaßt, sondern ausschließlich als äußere Gestalten [bei Marx die »altehrwürdige Verkleidung«, FB] und nach Maßgabe einer Ökonomie der Affekte, die technische Innovationen oder die funktionale Integration fremder Kulturelemente verhindert« (EP 154).

Dieser letzte Punkt ist entscheidend, denn die weltgeschichtliche Totenbeschwörung ist kein philosophischer Bildungsweg, bei dem es darum geht, auf dem Wege der Aneignung des Fremden dieses in einen dauerhaften Besitz bzw. in ein Eigentum zu verwandeln. Dass die Nachahmung ein Ähnlichkeitsverhältnis impliziert, besagt noch nichts über den Charakter dieser Ähnlichkeit: Die Ähnlichkeit muss nicht den »freundlichen und anheimelnden Charakter« haben, »den wir ihr in unserer Kultur so gerne beimessen« (EP 154). Das ist der Grund, warum der Schriftsteller und Kunsttheoretiker Denis Diderot im *Paradox über den Schauspieler* (1774) die Nachahmung, die sich nicht der durchschnittlichen Natur, sondern einer bestimmten Vorstellung angleicht und auf diese Weise ein »großartiges Phantom«[130] auf die Bühne bringt, sorgfältig von einer Nachahmung unterscheidet, die bloß die Gefühle des Schauspielers wiedergibt. Diderot spricht ganz im Sinne einer Theorie der *passiones* vom Schauspieler als der »Seele einer großen Puppe«[131], deren Kälte nur deshalb so anstößig wirkt, weil die Erwartung des bürgerlichen Theaterpublikums die schauspielerische Ähnlichkeitsproduktion eines bürgerlichen Trauerspiels oder eines *domestic drama* auf ihren freundlichen und anheimelnden Charakter reduziert.

Offenbar durch die Problematik des *Achtzehnten Brumaire* angeregt (JO 9–11), hat Siegfried Kracauer in den populären Tänzen und musikalischen Vorführungen eine Produktion von *passiones* entziffert, die der nachrevolutionären Kultur Frankreichs ihr spezifisches Gepräge verleiht. Kollektiver Taumel, Hölle, Bürgerkrieg, Massaker, Hexensabbat oder Pantherschreie waren einige der zeitgenössischen publizistischen Metaphern, mit deren Hilfe man die Musik und Tänze der Varietés und der rauschhaften Bälle zu erfassen versuchte (JO 38). Die Genese des Cancans beschreibt Kracauer dabei auf eine Weise, die ihre präzise Entsprechung in einer mimetischen Ethnologie hat, für die die »Wildnis« als der ungehegte und ausgegrenzte Raum der Kultur von besonderer Bedeutung ist: Für die *passiones* ist entscheidend, dass man Elemente aus dem ›verbotenen‹ oder entzogenen Raum der Wildnis oder eines als gefährlich wahrgenommenen kulturellen *Milieus* in den gehegten Raum der Kultur einführt, um sie in ein Darstellungsmedium – Kramer spricht von »lebendigen Allegorien« (EP 155) – zu verwandeln und damit zugleich den Schrecken, der vom Anderen der Wildnis ausgeht, zu bannen:

»Er [der Cancan] leitete sich aus einem Tanz ab, dem das Publikum gewisser Spelunken frönte, die nicht nur an der Grenze der Stadt, sondern auch am Rande der Gesellschaft lagen und wie Hafenkneipen als Schlupfwinkel für verrufenes Gesindel dienten. Dorthin war der Tanz angeblich von Soldaten aus Algerien verschleppt worden. Zweifellos wäre er nie über die Kneipen, die seine engere Heimat bilden, hinausgelangt, hätte nicht nach der Juli-Revolution die Jeunesse dorée ihre soziale Unruhe dadurch zu beschwichtigen gesucht, daß sie Entdeckungsreisen ins ›Milieu‹

unternahm. Müde der ewigen Rundtänze, deren Eleganz schal geworden war, hatte sie sich mit Freuden die teils brutalen, teils schlüpfrigen Figuren jenes Tanzes angeeignet und sie in ihrem Sinne umgestaltet. So war der Cancan entstanden.« (JO 38f.)

Wie die weltgeschichtliche Totenbeschwörung, die der *Achtzehnte Brumaire* erzählt, und wie die politische Erfindung des Bundes mit einem eifersüchtigen Gott in der Wüste, die das Buch *Exodus* erzählt, handelt es sich im Fall des ›wilden‹ Tanzes oder »Hexensabbats« (JO 38) um ein Phänomen, das schon Zeitgenossen und Teilnehmer mit der »Ausbreitung neuer Religionen« (JO 39) verglichen haben. Religiös ist in allen drei Fällen die Wirksamkeit von *passiones*, die nicht zustande kommen ohne die Mitwirkung von Figuren (in einem personalen oder technischen Sinne), deren Macht das denkbar Unähnlichste in eine Ähnlichkeits- oder Nachbarschaftsbeziehung überführt. Waren es bei Marx »vorsündflutliche Kolosse« (Marx) und französische Revolutionäre, die sie beschwören sowie darüber hinaus ein auf der Flucht befindliches Volk und Gott selbst, die einen Bund eingehen, so ist es bei Kracauer die *Jeunesse dorée*, die vom Rand der Gesellschaft Tänze nach Paris ›einschleppt‹, wo sie zu einem Bestandteil der großstädtischen Vergnügungskultur werden. Den politischen Kolossen und Diktatoren (Louis Bonaparte) auf der politischen Ebene entspricht bei Kracauer ein wahrhafter musikalischer Hexenmeister, der die neuen Tänze zur Entfesselung kollektiver Affekte nutzt, die in Exzesse und »Orgien« münden. »Sie wurden durch einen Musiker entfacht, der sich auf die Beschwörung von Dämonen verstand.« (JO 40)

Die plötzliche und jede historische Distanz überwindende Verwandlung der Revolutionäre, die die römischen Kolosse an ihrer Seite wissen, oder die Nähe des einen Gottes, der keine anderen Götter neben sich duldet, zu seinem Volk, das sich ihm formell verpflichtet, wird im Falle des von Kracauer so genannten »demokratischen Rausches« (JO 246) durch eine unverkennbar kannibalistische Geste der Einverleibung noch überboten: Denn nicht nur zeichnet den Cancan die Eröffnung einer nie dagewesenen Nähe zwischen den Tanzenden aus, der eine »Konfusion der Glieder« hervorruft, weil er die Paare »auf einen unanständig engen Raum zusammendrängt« (JO 39). Die Besitzergreifung der tanzenden Massen durch den Musiker, der den Vornamen des großen Kaisers trägt (Napoléon Musard) und dessen Popularität durch sein »groteskes Äußeres«[132] noch gesteigert wird, bleibt nicht ohne Antwort. Die Tanzenden, die sich nach dem Taktstock des Musikers bewegen müssen, haben Gelegenheit zu einer Revanche für diese lustvolle Demütigung: Die Gesten einer sexuellen Annäherung und Verschmelzung schlagen ins alimentäre Register um, wobei in diesem Fall nicht die Tanzlokale, sondern *Konditoreien* die Kultstätten sind:

> »Um Weihnachten verfertigten die Konditoren aus Lebkuchenteig und süßer Schokoladenmasse lauter Musard-Figürchen, die von ungezählten Mündern verschlungen wurden. Die gierige Art, in der ihn sich das Publikum einverleibte, entsprach dem Ungestüm, mit dem er sie selber überwältigte.« (JO 40)

Was Marx für die politische Geschichte des Zeitraums, den auch Kracauer beschreibt, feststellt, entfaltet dieser für die kulturelle Szenerie: »Die Periode, die wir vor uns haben, umfaßt das bunteste Gemisch schreiender Widersprüche« (AB 135 f.). Und so wie Marx der Coup Louis Bonapartes als die »Volte eines falschen Spielers« erscheint, mit dem der Staat »zu seiner ältesten Form« zurückkehrt, zur »Herrschaft von Säbel und Kutte«, und sich zu diesem Zweck mit dem »Auswurf der bürgerlichen Gesellschaft« (AB 123), dem ›Lumpenproletariat‹ verbindet, so beschreibt Kracauer den Napoléon der Musik, Musard, auf eine Weise, in der man das präzise Pendant des Bonapartismus erkennt: »In der Tat, sobald er den Kommandostab schwang, rauschten Blendwerke herauf, die nur einem Bund mit den Mächten der Unterwelt entstammen konnten.« (JO 40) Die historische Mimesis, so führt Kracauers Kulturgeschichte des Bonapartismus vor Augen, entwickelt ihre eigene Exzessivität, deren Formen er auf dem Feld der populären Vergnügungen untersucht, während Marx den Exzess einer weltgeschichtlichen Totenbeschwörung in der großen Politik, und hier: in den Formen einer revolutionären Aneignung von Figuren der Vergangenheit, aufspürt. Historische Mimesis ist exzessiv, weil sie »in der Gegenwart die Stimme der Antike, im Alltag die Sprache der Prophetie oder der Dichtkunst erklingen läßt«[133]. Das historische Ereignis »gewinnt seine paradoxe Neuheit aus dem, was mit Wieder-Gesagtem zusammenhängt, mit außerhalb des Kontexts, an unrechter Stelle Gesagtem«. Historische Mimesis erweist sich damit als Effekt einer »ungebührliche[n] Überlagerung der Zeiten«[134], in der eine moderne Geschichtsschreibung nur einen Anachronismus sehen kann.

3. Präfigurationen: Hans Blumenberg und Shoshana Felman

Hans Blumenberg hat seine Verwerfung der Nachahmung ebenfalls explizit auf den Raum der Geschichte übertragen und in der historischen Mimesis einen skandalösen Anachronismus angeprangert. Die Frage der historischen Mimesis diskutiert er im Rahmen seiner umfassenden Untersuchungen zur Virulenz mythischer Denkformen auf dem Feld der Politik. Die Macht der historischen Wiederholung beschreibt und kritisiert er am Phänomen der Präfiguration. In einem aus dem Nachlass herausgegebenen Text, der im Umfeld seiner *Arbeit am Mythos* entstand, erläutert Blumenberg das Phänomen der Präfiguration dahingehend, »daß die mythische Denkform als Disposition zu bestimmten Funktionsweisen noch oder wieder virulent ist«. Und er ergänzt, dass in der Präfiguration die Mythisierung »an die Grenze der Magie« heranreicht, da mit »dem ausdrücklichen Akt der Wiederholung eines Präfigurats die Erwartung der Herstellung des identischen Effekts verbunden wird« (Pr 9).[135] Dass sich die Geschichte wiederholt, ist eine Annahme, auf die historische Akteure gerne zurückgreifen, weil sie ihnen beim politischen *decision making* hilft: »Die Präfiguration verleiht einer Entscheidung, die von äußerster Kontingenz, also Unbegründbarkeit sein mag, Legitimität.« (Pr 10) Marx, den Blumenberg mit keinem Wort erwähnt, hatte, wie gezeigt, diese Funktion der historischen Kontingenzbewältigung in einer eminenten politisch-revolutionären Entscheidungssituation präzise benannt, wenn er davon sprach, dass die Revolutionäre »*ängstlich* die Geister der Vergangenheit zu ihrem Dienste« (AB 115) heraufbeschworen, also aus Unsicherheit, wie die historische Lage zu bewältigen sei, zu römischen Kostümen und Phrasen griffen.

Blumenbergs Beispiele für historische wirkungsmächtige Präfigurationen sind der arabische Überraschungsangriff des Jom-Kippur-Krieges[136], Alexanders Plan, Xerxes' Europa angetanes Unrecht umzukehren und unter seiner Vormacht einen neuen Versuch zur Einigung Europas und Asiens zu unternehmen, Friedrich II. von Hohenstaufens Selbstmythisierung als wiedergekehrter Gottessohn im Anschluss an die Rückeroberung Jerusalems sowie, unvermeidlich, Hitlers diverse Präfigurationswahlen, die, je verzweifelter seine politische Lage wurde, immer stärker von einem völligen »Realitätsverlust« (Pr 36) kündeten. Blumenbergs Text unterstreicht den Charakter einer politischen Farce, wenn er ausführlich nachzeichnet, wie bestimmte Präfigurationen in den letzten Tagen des NS-Regimes ins Wanken geraten.

Der Diktator zeigt sich zunehmend »immunisiert« gegen die Rhetorik der geschichtlichen Präfiguration, so dass ihr eigentlicher Sachwalter, der Propagandaminister, am 22. März 1945 in seinem Tagebuch irritiert feststellen muss: »Ich komme sogar mit meinen geschichtlichen Beispielen bei ihm diesmal nicht so recht durch.« (Pr 45)

In seinem Text über die »Präfiguration« weist Blumenberg in kritischer Absicht die Wiederholung auf dem Feld der Geschichte der Sphäre des Rituals und der politischen Selbstlegitimierung zu: Man setzt den Termin für den Beginn einer Kriegshandlung an einem Tag fest, mit dem sich bereits ein früherer, Jahrhunderte zurückliegender Triumph der eigenen Macht verbindet, den man nun wiederholen möchte: »Der im Ritual Lebende nimmt die Verbindlichkeit zur Wiederholung in der Vorlage, die er nachvollzieht, unmittelbar wahr.« (Pr 11) Die Araber verleihen der Schlacht bei Badr, die den »Triumph des Islam über die arabische Welt« signalisierte, eine neue Bedeutsamkeit, indem sie aus ihr die Energie für den Jom-Kippur-Krieg beziehen, der ihnen »ihr beschädigtes Selbstbewußtsein« (Pr 10, 12) zurückgeben soll. Die Präfiguration nimmt demjenigen, der an sie glaubt, also »im Ritual lebt«, die Mühe ab, sich den Entscheidungscharakter und damit die Kontingenz der Handlung, die er beabsichtigt, vor Augen zu führen.

Gerade weil Blumenberg sein historisches Initialbeispiel aus der israelisch-arabischen Geschichte bezieht und seine Reflexion mit der grotesken Präfigurationsverfallenheit des ›großen Diktators‹ beschließt, stellt sich die Frage, ob sich die Wiederholung im Sinne einer mimetischen Referenz auf eine zurückliegende Situation, der man historische Exemplarität zubilligt, stets auf die von Blumenberg kritisierte eklatant irrationale und politisch verhängnisvolle Weise vollziehen muss. Shoshana Felman hat in einem für die Frage der politisch-historischen Mimesis zentralen

Text die spezifische Theatralität des Jerusalemer Eichmann-Prozesses von 1961 untersucht und sie in seiner Fähigkeit erkannt, ein Geschehen vor Gericht und damit öffentlich zu verhandeln, das diejenigen, die es zu verantworten hatten, am liebsten dauerhaft der Darstellbarkeit entzogen hätten. Ganz im Sinne der zuvor angestellten Überlegungen zu Marx und Nietzsche insistiert Felman darauf, dass die »großen weltgeschichtlichen Tatsachen und Personen sich sozusagen zweimal ereignen«. Alles kommt hier auf das unscheinbare Wort ›sozusagen‹ an, das im Falle der Überlegungen Felmans wörtlich zu nehmen ist, da es hier darum geht, wie ein monströses Staatsverbrechen, das auf die Vernichtung eines ganzen Volks abzielte, vor Gericht aufs Neue, noch einmal ›gesagt‹ werden kann.

Felman bezieht sich dabei auf Nietzsches Unterscheidung zwischen einer monumentalen und einer kritischen Geschichte: Entgegen der kritischen Geschichte, die Hannah Arendt vom Eichmann-Prozess in ihrem *Bericht von der Banalität des Bösen* (1964) gegeben hatte[137], insistiert Felman darauf, dass es Sinn macht, für den Jerusalemer Prozess auf Nietzsches Kategorie der Monumentalität zurückzugreifen und ihr eine kritische Wendung zu geben (statt die kritische Geschichtsschreibung in einen einfachen Gegensatz zur monumentalen zu rücken):

»In Nietzsche, monumental history records the deeds and actions of great men. Monumentality (endurance of historical effects) consists, in other words, of the generic way in which history is written by great men. In the Eichmann trial, in contrast, as the prosecutor's monumentalizing opening address dramatically makes clear, monumental history consists not of the *writing of the great* but of the *writing of the dead*; the monument the trial seeks to build in judging Eichmann is erected not to romantic greatness (not to those who make or *have made* history) but to the dead (a monument to those who *were subject to* history).« (ThJ 482)

Monumentalisierung bezeichnet in diesem Fall also nicht ein Verfahren, mit dem die Sieger der Geschichte ihre Herrschaft auch im kulturellen Gedächtnis etablieren. Sie ist vielmehr im Falle des Eichmann-Prozesses der Versuch, denjenigen, die der *Geschichte unterworfen* waren, ein Monument für eine zukünftige Erinnerung zu verschaffen. Der Prozess ist theatralisch eben in dem Sinne, dass er nicht darauf reduziert werden kann, denen, die Opfer organisierter staatlicher Gewalt waren, zu ihrem *Recht* zu verhelfen. Er verhilft ihnen zugleich zu ihrem *Ausdruck*, denn um diese Geschichte, die Geschichte der Ermordeten, zu schreiben, ist es zuvor nötig, dass sie das Wort ergreifen bzw. dass jemand an ihrer Stelle das Wort ergreift.

Bevor allerdings einzelne Überlebende der Vernichtungslager als Zeugen zu Wort kommen, ist der Akt der Wortergreifung im Jerusalemer Eichmann-Prozess zunächst an die Rede des Staatsanwalts geknüpft. Auftritt und Rede Gideon Hausners sind aus Felmans Sicht und für eine *Theorie der Mimesis als historischer Wiederholung* deshalb so erhellend, weil der Ankläger seinerseits auf den Mechanismus der Wiederholung zurückgreift, indem er ein berühmtes historisches Exempel *zitiert* – womit die konkrete mimetische Operation bezeichnet ist, die hier zum Zug kommt. Dieses Exempel übernimmt zugleich die Funktion einer Präfiguration. Der Staatsanwalt im Eichmann-Prozess sagt zu Beginn seiner Rede, dass die sechs Millionen Toten nicht in ihrem eigenen Namen sprechen und ihr eigenes *J'accuse* formulieren können. Im *J'accuse* überlagert sich das *Ich* des Staatsanwalts als des Vertreters der Anklagebehörde mit dem *Ich* der Millionen Einzelner, die er vertritt und die zum ersten Mal in diesem Sprechakt eine »legal subjectivity« (ThJ 483) beanspruchen können.

Bei der Formel, die der Staatsanwalt verwendet – *J'accuse* –, handelt es sich um die Überschrift eines berühmten offenen Briefes, mit dem sich der Schriftssteller Émile Zola 1898 in die Dreyfus-Affäre eingeschaltet hatte, um dem jüdischen Oberst, der einer staatlich gesteuerten antisemitischen Intrige zum Opfer gefallen war und sich als Militär nicht öffentlich zu den Vorwürfen äußern durfte, seine Stimme zu leihen und an seiner Stelle *für ihn zu sprechen.*[138] Noch bevor Zola also in der Sache argumentiert und die Beschuldigungen gegen Dreyfus zurückweist, hat er durch den bloßen Akt der Wortergreifung, des Sprechens anstelle von Dreyfus, dem selbst zu sprechen untersagt ist, das Opfer als »legal subject« eingesetzt, was die Militärgerichtsbarkeit, die unter Ausschluss der Öffentlichkeit operiert, gerade verhindern will. Indem der israelische Staatsanwalt das *J'accuse* Zolas wiederholt, beschwört er, im Sinne der Formulierung, die Marx verwendet, die Toten im zweifachen Sinne herauf: einmal, insofern Zolas Anklage und ihr Anlass (Dreyfus als Opfer eines staatlich sanktionierten Antisemitismus) erneut die Bühne betreten, und dann, insofern es die sechs Millionen Ermordeten sind, auf die sich die Referenz des *J'accuse* in diesem Moment verschiebt. Damit wird zugleich zu erkennen gegeben, dass das, was Dreyfus geschah, sich im staatsideologisch verankerten Antisemitismus der Nazis zu einem Massenphänomen ausweitete: »The twentieth century repeats and takes to an undreamed extreme the structures of the nineteenth century.« (ThJ 488)

Kostüme und Phrasen, über die Marx im Lichte seiner Geschichtsphilosophie zwiespältig urteilte, sind tatsächlich das Medium historischer Mimesis, denn so wie sich die Parolen und die staatlichen Indienstnahmen des Antisemitismus *wiederholen* – »the shadow of Dreyfus stands at the threshold of the Eichmann trail« (ThJ 488) –, so wiederholt sich mit dem Eichmann-Prozess die Tribunalisierung des staatlich organisierten Völkermords. Dabei treten an die Seite des Staatsanwalts die vielen Zeugen, die dem Grauen im Verlauf des Prozesses eine Stimme geben und es in Worte fassen. Arendt war mit dem Reenactment der traumatischen Ereignisse vor Gericht deshalb so unzufrieden, weil sich aus ihrer Sicht in dem, was die Zeugen zu Protokoll gaben, nur der immer gleiche Schrecken wiederholt und das Trauma des mörderischen Antisemitismus als eine transhistorische Konstante erscheint. Sie beklagt im Kern, dass diese Art des juristischen Reenactments den Zivilisationsbruch der totalitären Vernichtungsmaschinerie verharmlose: »The abyss – this epistemological rupture – is what the Eichmann trial and its monumental history fail to perceive in Arendt's eyes.« (ThJ 492) Der Eichmann-Prozess ist aus dieser Perspektive »locked up in trauma and in repetition as a construct that prevents a grasp of the unprecedented« (ThJ 492).

In ihrer Kritik an dieser Auffassung Arendts dringt Felman zum Kern des Verhältnisses von Wiederholung und Differenz vor, das für die historische Mimesis zentral ist: Anders als Arendt es darstellt, wiederholen Staatsanwalt und Opferzeugen vor Gericht nicht einfach nur eine sattsam bekannte Wahrheit. Sie finden vielmehr im Akt der Wiederholung dessen, was ihnen widerfahren ist, eine neue Sprache für das historische Trauma, das dadurch erstmals in der Geschichte und in einem öffentlichen Rahmen von den überlebenden Opfern der Shoah selbst dargestellt wird: »Over a hundred witnesses appear with the determination to translate their private traumas to the public space.« (ThJ 493) Gerade weil *vor Gericht* die Opfer nicht als Opfer sprechen, die sich, z.B. bei privaten Anlässen, über das, was ihnen geschehen ist, austauschen, sondern weil sie *erstmals* als Zeugen der Anklage und damit in offizieller Funktion auftreten, wiederholen sie nicht nur bestimmte Ereignisse. Sie geben ihnen eine verbindliche Form und beweisen ihre Autorität, über diese Vorgänge im Detail zu sprechen. Sie überlassen die Mühe der Darstellung nicht den ›Spezialisten‹, weder denen, die in der staatlichen Tötungsapparatur engagiert waren und jetzt auf der Anklagebank sitzen, noch auch denen, die z.B. als wissenschaftliche Sachverständige kompetent über die Geschichte eines Staatsverbrechens auszusagen verstehen: »Victims were, thus, for the first time, gaining what as victims they precisely could not have: authority«. (ThJ 502)

Diese Differenz, die die Wiederholung des Geschehens vor Gericht produziert, kann wiederum, das wäre gegen Blumenberg zu sagen, eine präfigurierende Funktion für zukünftige Prozesse haben, in denen Verbrechen gegen die Menschlichkeit verhandelt werden, indem sie Darstellungs- und Erzählformen zur Verfügung stellen, die zukünftig re-zitiert werden können: »Citation for the future« (ThJ 507) nennt Felman diese Präfiguration. Es ist symptomatisch, dass Blumenberg in seiner scharfen Kritik an jeder Art der Präfiguration im Rahmen seiner Auseinandersetzung mit Ernst Kantorowicz und dessen Biografie des Staufer-Kaisers Friedrich II. allein den »Kanzleien« als den Sprachrohren des staatlichen Machtapparats attestiert, »in ihren Floskeln nach dem Höchsten zu greifen« und »keine Scheu vor Analogien und Überbietungen« zu kennen (Pr 22). Floskeln, Analogien und Überbietungen sind aber zugleich ein unvermeidbares Element jeder historischen Versprachlichung eines Geschehens, für das eben keine eigene Sprache zur Verfügung steht. Jede sprachliche Bezeugung, selbst diejenige, die ungeheuerliche Taten darzustellen versucht, ist eine Arbeit an der Sprache (und vermittelt über die Sprache: an der Einbildungskraft), da die Sprache niemandem gehört und daher auch niemals ›meine eigene Sprache‹ sein kann. Es gibt keine Rede, die nicht eine andere Rede wiederaufnimmt oder herbeizitiert, um ihren Gegenstand oder ihr Anliegen zum Ausdruck zu bringen. Daher ist es auch problematisch, wenn Hannah Arendt in ihrem Bericht vom Jerusalemer Prozess immer wieder Anstoß nimmt an den Zeugenaussagen der Überlebenden. Aus ihrer Sicht gaben sie nämlich überwiegend nur zu Protokoll, was alle längst wussten, »›bezeugten‹, was gedruckt vorlag, oder wiederholten, was sie unzählige Male öffentlich vorgetragen hatten«[139], und was, gemessen an der Fähigkeit großer Dichtung, »eine Geschichte zu erzählen«[140], nur als Versagen der Darstellung gewertet werden könne. Blumenbergs Beispiele für die unheilvolle Macht politischer Präfigurationen betreffen durchgängig Staatslenker, Militärs, Kaiser und Diktatoren, die aus den Präfiguraten ihre spezifische Legitimation beziehen. Felman macht deutlich, dass auch die *Subjekte*, also die Unterworfenen der historischen und politischen Gewalt, auf Präfigurate angewiesen sind und dass der Status einer Rede, selbst wenn sie sich in einem konventionellen Fahrwasser bewegt und unzulässige Vergleiche und rhetorische Analogien bemüht, maßgeblich davon abhängt, ob sie dennoch die Kraft hat, unser Wissen über den dargestellten Sachverhalt zu erweitern.[141]

VI. Das Zeitalter der Repetiermechanismen

1. Die Wiederholung, das größte Schwergewicht: Nietzsches Gedankenspiel

Ausgerechnet in seine *Fröhliche Wissenschaft* hat Friedrich Nietzsche einen Aphorismus mit dem Titel »*Das größte Schwergewicht*« (FW 202 f.) aufgenommen. In Form eines suggestiven Gedankenspiels entwickelt er eine Szene, in der ein Dämon sich an den Leser der *Fröhlichen Wissenschaft* wendet, um ihm anzukündigen: »›Dieses Leben, wie du es jetzt lebst und gelebt hast, wirst du noch einmal und noch unzählige Male leben müssen‹«. Die folgenden Sätze verschärfen dieses Szenario, indem sie die Wiederholung nach dem Modell der identischen Reproduktion begreifen und damit dem Leser die Hoffnung rauben, dass sie ein gewisses Maß an (abwechslungsreicher) Variation mit sich brächte: »›[...] und es wird nichts Neues daran sein, sondern jeder Schmerz und jede Lust und jeder Gedanke und Seufzer und alles unsäglich Kleine und Große deines Lebens muß dir wiederkommen, und alles in derselben Reihe und Folge –« (FW 202). Spätestens an dieser Stelle jedoch schleicht sich ein unterschwellig *parodierender* Ton in das Szenario ein, wenn der den Leser ansprechende Dämon sich selbst und sein Erscheinen von der Wiederholung nicht ausnimmt. Auch er würde also unablässig wiederkehren und die Rede, die er gerade hält, wiederholen, und mit ihm allerhand banale und wenig Aufsehen erregende Dinge wie »diese Spinne und dieses Mondlicht zwischen den Bäumen«. Schließlich würde auch der Leser des Aphorismus, der vertraulich mit »du« angeredet wird, wiederkehren, wobei für die Wiederholung insgesamt das Bild der »ewigen Sanduhr des Daseins« gewählt wird, die »immer wieder umgedreht« wird – »und du mit ihr, Stäubchen vom Staube!« (FW 202)

Im Folgenden ergreift der Philosoph das Wort, der die Worte des Dämons, die in Anführungszeichen stehen, zuvor zitiert und damit gleichfalls wiederholt hatte. Der Philosoph schließt eine zweigeteilte Lektion an den Auftritt des Dämons an: Das Szenario kann einen depressiven oder einen euphorischen Affekt beim Leser auslösen. Der vom Dämon Angeredete würde auf das Gehörte dadurch reagieren, dass er »mit den Zähnen knirscht« oder ihn sogar »verflucht«: Das wäre die *depressive* Reaktion. Oder ihn überkäme plötzlich ein ganz anderes Gefühl, er erlebe einen »ungeheuren Augenblick«, in dem ihm das Szenario nicht als äußerste Bedrohung, sondern als *Glücksversprechen* erschiene, so dass Nietzsche folgende Antwort auf die Ansprache des Dämons imaginiert: »›du bist ein Gott und nie hörte ich Göttlicheres!‹« (FW 202) Worin besteht das Göttliche im Gedankenspiel des Dämons?

Die Antwort, die Nietzsche gibt, ist für die kulturelle und mediale Situierung von Wiederholungvorgängen im Zeitalter technischer Reproduzierbarkeit wegweisend. Der Dämon nämlich hatte die Wiederholung als eine Schicksalsmacht beschrieben, die gewissermaßen von außen auf das Leben zugreift, das sich seiner nicht erwehren kann. Die Wiederholung des Lebens, noch in seinen geringfügigsten Aspekten, muss dem vom Dämon Adressierten wahrhaft trostlos erscheinen, weil eben »nichts Neues daran sein« wird. Denn eben das Neue oder die Innovation, die Beständigkeit des Wechsels, gehört zu den semantischen Markern der sogenannten Moderne, die noch die Zerstörungen, welche sie anrichtet, als Ausdruck schöpferischer Energie versteht. Von einer Macht der Wiederholung, die wie ein Kopiermechanismus funktioniert und bloß äußerlich auf das Leben zugreift, unterscheidet der Philosoph einen anderen »Gedanken«, dem er zutraut, dass er »über dich Gewalt bekäme« (jetzt ist es der Philosoph, der sich direkt an den Leser wendet). Die Wiederholung verwandelt sich von einem determinierenden in ein selegierendes Prinzip: Der Zwang, immer wieder das Gleiche ›durchmachen‹ oder erleiden zu müssen, transformiert sich in eine Frage und eröffnet damit einen Spielraum, der sich auf das »Handeln« auswirkt: »die Frage bei allem und jedem ›willst du dies noch einmal und noch unzählige Male?‹ würde als das größte Schwergewicht auf deinem Handeln liegen!« (FW 202) Dieses Schwergewicht ist also das Schwergewicht nicht einer Determination, sondern einer Wahl. Der so vom Philosophen Angeredete könnte auch mit ›Nein‹ antworten.

Die Frage impliziert eine andere Konzeption des Schwergewichts, denn der Handelnde kann sich zwar nicht der Wiederholung entziehen, er kann aber bestimmen, *was* es ist, das wiederholt wird, indem er sich befragt, ob eine bestimmte Handlungsweise von ihm wiederholt *gewünscht* werden kann. Nietzsche nimmt hier bereits jene wichtige Unterscheidung vorweg, die Sigmund Freud zwischen Wiederholen und Durcharbeiten treffen wird. Die Hauptabsicht der psychoanalytischen Kur ist es, den Patienten daran zu hindern, seine Impulse ›auszuagieren‹ bzw. »aufs Motorische« zu lenken. Eine Erinnerung durchzuarbeiten heißt eben, sie nicht blind »durch eine Aktion abführen« (EWD 213) zu wollen, wie Freud unter Anspielung auf ein physiologisches Geschehen formuliert, sondern sich von ihr so weit unabhängig zu machen, dass man sich Nietzsches Frage stellen kann: »willst du dies noch einmal und noch unzählige Male?« oder möchtest du dich von dem Impuls, der von den Erinnerungen ausgeht, befreien, um Handlungsmacht (zurück) zu gewinnen? Wie Nietzsche ist sich auch Freud darüber im Klaren, dass die motorische Wiederholung nur vermieden werden kann, wenn eine andere Wiederholungsmöglichkeit eröffnet wird, für die Freud den Begriff der Übertragung wählt. Es geht also nicht darum, Freiheit oder wiedergewonnene Souveränität gegen die Macht der Wiederholung auszuspielen, sondern in der Wiederholung selbst eine Differenz zu markieren, die den von Freud so genannten Wiederholungszwang (dessen Fürsprecher bei Nietzsche der Dämon ist) von einer Wiederholung trennt, deren Funktion darin liegt, den Wiederholungs*zwang* unschädlich zu machen:

»Wir machen ihn unschädlich, ja vielleicht nutzbar, indem wir ihm sein Recht einräumen, ihn auf einem bestimmten Gebiete gewähren zu lassen. Wir eröffnen ihm die Übertragung als den Tummelplatz, auf dem ihm gestattet wird, sich in fast völliger Freiheit zu entfalten, und auferlegt ist, uns alles vorzuführen, was sich an pathogenen Trieben im Seelenleben des Analysierten verborgen hat.« (EWD 214)

Die Krankheit, so Freud, ist durch eine »artifizielle Krankheit« (EWD 214), das *acting out* durch eine Nachstellung, ein Reenactment, zu ersetzen: Die Nähe zum Theater und zur Bühne deuten Begriffe wie *Tummelplatz* und *Vorführung* an. Diese performative Dimension der Wiederholung nimmt ihr das Zwanghafte und ermöglicht noch unter den Bedingungen einer Krankheit, die das ganze Leben bestimmt, eine gewisse Distanz zu ihr.

Die artifizielle, durch Vorgänge des Reenactments produzierte Krankheit hat zugleich einen epistemischen Wert, der für die Perspektive auf Wiederholungsprozesse im 20. Jahrhundert insgesamt von zentraler Bedeutung ist. Die artifizielle Krankheit sei, so Freud, »überall unseren Eingriffen zugänglich«: Sie verwandelt sich dadurch in ein »Provisorium« (EWD 214). Stefanie Diekmann hat darauf hingewiesen, dass das von Walter Benjamin in seinem *Kunstwerk*-Aufsatz entwickelte Konzept technischer Reproduzierbarkeit nicht hinreichend bestimmt ist, wenn man es bloß auf die Dimension der materiellen Vervielfältigung fotografischer oder filmischer Aufzeichnungen bezieht. Grundlegender für die Frage der epistemischen Wertigkeit mimetischer Verfahren im 20. Jahrhundert ist Benjamins These, dass die Haltung andächtiger Kontemplation, die Kunstwerke und andere Objekte auslösten, unter den veränderten medialen Bedingungen durch eine »wiederholte, ›prüfende‹ Sichtung« ersetzt werde, die »das kontemplative Verhältnis durch ein analytisches ersetzt«[142]. ›Analytisch‹ ist hier nicht in einem Allerweltssinn gemeint, so wie man jedes etwas sorgfältigere oder wissenschaftlich angeleitete Nachdenken Analyse nennen kann. Analyse im Sinne einer prüfenden Wiederholung bzw. der »Sichtung« bringt Verfahren zur Anwendung, die den Gegenstand nicht unverändert lassen, sondern tief in das eindringen, was Benjamin das »Gewebe einer Gegebenheit« (KtR 496) nennt. Das ist auch der Grund, warum er den Kameramann beim Film mit dem Chirurgen vergleicht, der operativ in einen Menschen eindringt und dem Kranken daher gerade nicht »von Mensch zu Mensch« (KtR 496) gegenübergestellt ist.

Benjamin vergleicht daher auch ganz explizit die Leistung des Films mit der Psychoanalyse: Was er »Vertiefung der Apperzeption« nennt, heißt nichts anderes, als »daß die Leistungen, die der Film vorführt, viel exakter und unter viel zahlreicheren Gesichtspunkten analysierbar sind, als die Leistungen, die auf dem Gemälde oder auf der Szene sich darstellen« (KtR 498 f.). Auch wenn Benjamin hier die Leistung des Films der Szene (des Theaters) gegenüberstellt, machen doch seine nachfolgenden Beschreibungen deutlich, dass auch die filmischen Operationen szenisch verfasst sind: Der Film leiste, heißt es, u.a. die »Erforschung banaler Milieus unter der genialen Führung des Objektivs« (KtR 499). Damit steht das Medium durchaus in kulturtechnischer Kontinuität mit den Formen einer szenischen Erforschung unserer Welt, wie sie das Theater leistet, sowie mit der Struktur mimetischer Verwandlung, die nicht nur an der Figur des Schauspielers bzw. Mimen hängt, sondern vor allem an der durch die Szene ermöglichten wiederholten Betrachtung bzw. Sichtung eines Geschehens, das ›in der Wirklichkeit‹ einmalig verläuft.

2. Die Wiederholung als Posse: Kierkegaard

Noch vor Nietzsche und mit größerer philosophischer Durchdringung hat Sören Kierkegaard die Wiederholung zu denken versucht und ihr 1843 eine eigene Abhandlung gewidmet, die im Untertitel einen *Versuch in der experimentierenden Psychologie* ankündigt. »Die Wiederholung ist die neue Kategorie, welche entdeckt werden soll.« (W 22) Kierkegaard unterscheidet zunächst in *systematischer* Hinsicht die Wiederholung von der Erinnerung und der Hoffnung. Die Wiederholung erinnert »nach vorwärts« (W 7), womit er genau den Punkt trifft, den auch Marx herausstellt, wenn er die revolutionäre Bezugnahme auf das republikanische Rom als die Bedingung der Möglichkeit der Eröffnung einer *neuen* historischen Epoche begreift (vgl. Kapitel V/1). Die Totenbeschwörung hatte den Sinn, eine neue Gesellschaft »auf die Welt zu setzen« (AB 116). Die Erinnerung dagegen, als von der Wiederholung unterschieden, schwelgt in der Vergangenheit und begegnet ihr mit Sehnsucht und Nostalgie, ohne diesen Rückbezug in Handlungsenergie umzusetzen. Sie möchte ›zurück‹, ohne es zu können. Die Hoffnung dagegen ist auf die Zukunft orientiert, von der man das Neue erwartet, ohne es selbst herbeiführen zu müssen (W 7).

Kierkegaard spricht allerdings nicht nur *philosophisch* von der Wiederholung, sondern führt sie selbst vor und macht sie damit zu einem Gegenstand innerer Differenzierungen. Ganze Serien von Wiederholungen mit unterschiedlicher Wirkung durchziehen seinen Text (W 23 f.). An vier kleinen, ziemlich alltäglichen Szenen wird der Reichtum von Wiederholungstatsachen deutlich. Die Szenen sind an eine bestimmte Rede gebunden und zeigen, wie ihr jeweiliges Subjekt mit der Wiederholung sehr unterschiedliche Dinge tun kann. Das Subjekt kann, wie der Professor, eine bestimmte Äußerung in seiner Rede, die Missfallen erregte, ostentativ wiederholen, indem er auf den Tisch schlägt und explizit sagt: »Ich wiederhole«, weil er meint, dadurch seine Standfestigkeit zu untermauern; das Subjekt der Rede kann wie der Pfarrer bei zwei Gelegenheiten dieselbe Rede halten, ohne auf die Tatsache ihrer Wiederholung hinzuweisen, sie vielmehr bewusst verbergen; neben der ostentativen und camouflierten gibt es die unfreiwillige und komische Wiederholung, die Kierkegaard am Beispiel eines tauben Ministers erläutert, der seine Königin, die vor ihren Hofleuten eine Geschichte zum Besten gegeben hatte, bittet, auch eine solche erzählen zu dürfen und der, ohne es zu wissen, die gleiche erzählt. Der letzte Fall betrifft den Lehrer, der einen Schüler wegen wiederholter Undisziplinierheit mit einer Rüge bestraft, nachdem er bereits zweimal mit dieser Sanktion gedroht hatte – die Nachahmung, die seit Aristoteles als ein zentrales Element des Lernens behandelt wird, hat auch ihre disziplinäre Seite, die genauso auf Wiederholungsakte (Ermahnungen, Sanktionen) angewiesen ist wie das Wissen, das im schulischen Raum übertragen wird.

Das Kernstück des Buches aber ist das Experiment mit einer praktischen Wiederholung, die darin besteht, dass der fiktive Autor der *Wiederholung* nach Berlin fährt, wo er früher schon einmal war, um herauszufinden, »ob eine Wiederholung möglich ist« (W 7). Anders als bei Marx ist es bei Kierkegaard nicht das große historische Ereignis, an dem die Wiederholung expliziert wird, sondern eine niedere ästhetische Praxis. Ihr Ort ist ein bestimmtes Theater in Berlin, das für Kierkegaard der Raum ist, in dem er vorzugsweise die Wiederholungstatsachen studiert. »Mut« gehört dazu, »die Wiederholung zu wollen« (W 8), weil Kierkegaard die gewollte oder dargestellte Wiederholung von den Wiederholungen und Routinehandlungen des Alltags unterscheidet, denen das Leben unterliegt, ohne dass sie von irgendjemandem gewählt worden wären. Deshalb stellt Kierkegaard einen Zusammenhang zwischen der Wiederholung oder den Wiederholungstatsachen und der Posse her, also einem niederen, populären dramatischen Genre, dessen Besonderheit er durch einen erhellenden Vergleich mit anderen Bildmedien erläutert, die ebenfalls zur zeitgenössischen Populärkultur gehörten. Kierkegaard führt den »Nürnberger Bilderbogen« an und lobt dieses Medium ausgerechnet für seine visuellen »Abstraktionen«, die keine Wirklichkeitsfülle suggerieren, sondern ihre jeweiligen Sujets, gedruckt auf billigem Papier und zu Zwecken der Unterhaltung und Belehrung hergestellt, als »ungeheure Kategorien« erscheinen lassen (W 30 f.). Kierkegaard, der das ganze Leben als Schrift und in seinem »Formelcharakter« auffasste[143], stellt den Erkenntniswert des Bilderbogens über die »treue Wiedergabe« oder »ideale Reproduktion« des Landschaftsmalers (W 31), der illusionistisch verfährt, statt den Schematismus des Lebens vorzuführen. Die Posse dagegen ist eine mindere pantomimische Praxis, die wir bereits von Diderot kennen: *Rameaus Neffe* ist nicht einmal auf einen Bühnenraum angewiesen, um seine Wirkungen zu erzielen (vgl. dazu Kapitel I/6). Die Posse entsteht in den Zwischenräumen einer alltäglichen Kommunikation und muss daher nicht zwingend in einen eigens für sie vorgesehenen, architektonisch abgegrenzten Raum verlegt werden.

Die Posse realisiert einen Typ von Wiederholung, den man mit einem berühmten Begriff Marshall McLuhans als ein kühles Medium beschreiben könnte[144] – sie verzichtet auf die Illusion einer detailreichen Wiedergabe zugunsten einer starken Beteiligung durch ein Publikum, das das Vorgeführte ergänzen oder vervollständigen muss. Daher die Bedeutung der »Abstraktion« für die Wiederholung, die die Posse realisiert. »Der Jubel und das schallende Gelächter« dieses Publikums »ist etwas ganz anderes als der Applaus eines gebildeten und kritischen Publikums, es ist eine ständige Begleitung, ohne welche eine Posse überhaupt nicht aufgeführt werden könnte« (W 31). Während die ›heißen‹ Varianten des Theaters (Tragödie, Komödie, Lustspiel) das Publikum auf die Rolle des vom vorgeführten Geschehen absorbierten und auf seinen Plätzen festgebannten Beobachters verpflichten, aktiviert die Posse das Publikum, das sich gar nicht mehr als ein solches bewusst wird, sondern »mit herunter auf die Straße oder wo die Szene sonst spielt« (W 32) will. Die Posse ist eine Form der populären Darbietung, die der ästhetischen Geschmacksbildung eigentlich fremd bleibt, weshalb sie beim gebildeteren Publikum regelmäßig höchstes Befremden auslöst:

»Denn da die Wirkung zu einem großen Teil auf Selbstwirksamkeit und des Zuschauers Produktivität beruht, macht die einzelne Individualität sich in einem ganz anderen Sinne geltend und ist in ihrem Genießen befreit von allen ästhetischen Verpflichtungen, traditionell zu bewundern, zu lachen, gerührt zu sein usw.« (W 32)

Die Komik der Posse erweist sich als Situationskomik in dem Sinne, dass kein Paratext (kein Plakat, keine Rezension, kein Zeitungsblatt) den Zuschauer vorab informieren könnte, wie die Aufführung genau beschaffen ist, die das Publikum erwartet. Weil die Posse über die »Weiträumigkeit des Abstrakten« (W 33) verfügt, ist sie nicht bis ins Detail präskribierbar, sondern auf die Improvisation des Schauspielers angewiesen, der diese Weiträumigkeit jeweils neu und anders auszufüllen hat. Die Wiederholung der Posse löst sich also von den präzisen Vorgaben, die ein dramatischer Text macht, den die Schauspieler nachzusprechen haben, und ist insofern nie eins zu eins wiederholbar. Der Possen-Schauspieler spielt mit seinem Körper – und zwar nicht nur in der Weise, in der alle Schauspielerei die Worte mimisch-gestisch zu begleiten hat.

Der Auftritt des Schauspielers in der Posse wird von Kierkegaard auf eine Weise beschrieben, die an die platonische Kritik der Pantomimesis erinnert (vgl. Kapitel I/5). Der Mime wird von Platon kritisiert, weil er ›alles‹ (*pantos*) nachahmt, selbst dasjenige, was dem Philosophen zufolge nicht nachahmungswürdig ist. Und er verletzt die Regel des Abstands, die die gute von der schlechten Mimesis trennt: Deshalb trägt er von der Nachahmung das Sein davon. Beide kritischen Bestimmungen des Mimen finden sich bei Kierkegaard wieder: Die Posse als aus dem Kanon der lizensierten dramatischen Formen ausscheidende ›Volksbelustigung‹ »bewegt sich im allgemeinen in den unteren Lebenssphären«, weshalb das Publikum, das für sie empfänglich ist, sie mit viel »Lärm und Bravorufen« begleitet (W 31). Der Schauspieler der Posse verzichtet zudem auf alle »Charakterzeichnung« und setzt an ihre Stelle das, was Kierkegaard das »Übersprudeln« nennt (W 35). Platon hatte die Mimesis ausdrücklich in dem *einen*, politisch entscheidenden Fall rehabilitiert, wo sie den besonnenen und selbstbeherrschten Charakter nachahmt und ihn damit als Vorbild etabliert. Die Mimen der Posse sind dagegen »Kinder der Laune« (W 33), nicht Männer der Besonnenheit. Sie sind »trunken von Lachen, Tänzer des Humors« (W 33), die mit ihrem Auftritt von einem Moment auf den anderen *verwandelt* sind. Kierkegaard erneuert den beschriebenen Zusammenhang von Mimesis und Selbstverwandlung und betont die Plötzlichkeit dieses Vorgangs. Er beruht nicht auf dem langwierigen Studium eines dramatischen Textes und der allmählichen Einübung in eine komplexe Rolle, sondern vollzieht sich »im Nu«: Die Schauspieler der Posse, die »im Augenblick vorher ganz wie andere Menschen sind«, werden »im selben Nu, wenn sie des Regisseurs Glocke hören, verwandelt werden, indem sie gleich dem edlen arabischen Pferd zu stöhnen und zu schnauben anfangen, während ihre geblähten Nüstern das Schnauben des Geistes verraten, der in ihnen ist, denn sie wollen heraus, wollen sich in Wildheit tummeln« (W 33). Die Schauspieler der Posse halten nichts für »unwert«, dargestellt zu werden, weshalb es kein Zufall ist, dass die Nachahmung der »Stimme von Hunden und Schafen und Vögeln«, die Platon inkriminiert, bei Kierkegaard durch das Stöhnen und Schnauben der Pferde ergänzt wird und dass dieser wie Platon aus den »geblähten Nüstern«, also bestimmten körperlichen Modifikationen der Schauspieler, auf ihren Geisteszustand schließt (»Schnauben des Geistes«).

Die Posse ist eine mindere Kunst, die eine mindere Mimesis zur Entfaltung bringt. Minder ist die Mimesis in dem Sinne, dass sie sich, wie gezeigt, auf die niedere Lebenssphäre bezieht und zudem den Schauspieler zum Pantominen macht, der ›alles‹ nachahmt. Minder ist aber auch der Modus dieser pantomimischen Nachahmung, denn sie vollzieht sich unter ausdrücklichem Verzicht auf eine kostspielige Bühnenmalerei, die die Szene erzeugt, in welche die Reden und Handlungen der Schauspieler eingebettet sind. Das mindere Theater der Posse verlangt eine (fast) leere Bühne, die ohne jeden gemalten Illusionismus auskommt. Die Kulisse besteht allenfalls aus einigen abstrahierten Elementen, die den Raum, in dem das Geschehen spielt, nicht so sehr zeigen als vielmehr signalisieren und daher wie Piktogramme wirken: Eine Kulisse mit einem Baum, eine Lampe davor, die die Beleuchtung

»noch eigenartiger macht«, und man erhält einen Wald, der »größer als jener wirkliche, größer als Nordamerikas Urwälder« ist – der aber den Vorteil hat, dass er für die Stimme des Schauspielers, der den Räuber gibt, stimmlich zu durchdringen ist, ohne dass er »heiser« wird (W 30): »Er bedarf keiner Unterstützung durch das Zusammenspiel, durch Szenerie oder Arrangement, eben weil er in der Stimmung alles selbst mitbringt; zur gleichen Zeit, da er übersprudelt in Ausgelassenheit, malt er sich selbst seine Szene, jedem Theatermaler zum Trotz.« (W 35)

Kierkegaards von Wiederholungsanekdoten gespickte Abhandlung über die *Wiederholung* enthält neben der theatralen auch eine »Schreibszene«[145], die die Idee des schöpferischen Menschen an einem Aufschreibesystem mit verteilter Handlungsmacht zerbrechen lässt. Es ist hier ausgerechnet eine bestimmte Form der bloß instrumentellen Verschriftlichung des Dichterwortes, die diesem zu Leibe rückt und es als das, was es ist, zu erkennen gibt: als Mythos einer bestimmten ›modernen‹ Medienkonstellation. Das Schreiben tritt in dieser Szene als Schreiben nach Diktat in ein aufschlussreiches Spannungsverhältnis zur Ausdrucksintention. Ein ›genialer‹ Literat, der mit dem Autor der Abhandlung über die Wiederholung befreundet ist, klagt darüber, »daß er in einem solchen Grade von Ideenfülle überwältigt werde, daß es ihm unmöglich sei, etwas zu Papier zu bringen, weil er nicht schnell genug schreiben könne« (W 29). Der Philosoph erklärt sich bereit, als der Sekretär des Dichters zu fungieren, denn er verfüge über die außergewöhnliche Fähigkeit, »mit einem durchgehenden Pferde um die Wette schreiben« zu können (W 29 f.). Der Philosoph beherrscht eine Art Kurzschrift: Er schreibt »bloß einen Buchstaben von jedem Wort« und kann dennoch garantieren, hinterher »alles lesen zu können«. Zur Schreibszene gehören neben dem Körper des Schreibenden und einer spezifischen Disponiertheit weitere »Gerätschaften«, die an dem Sinn, den sie fabrizieren, »mitwirken«[146]. Die Schreibszene erweist sich als ein »nicht-stabiles Ensemble von Sprache, Instrumentalität und Geste«, was in Kierkegaards Szene daran erkennbar wird, dass es spezifische Vorbereitungen sind, die der Sekretär trifft, um sein Versprechen wahrzumachen, den genialen Ergüssen des Dichterfreundes schreibend folgen zu können. Die weitere Ausgestaltung der Schreibszene verstärkt ihren komischen Ton, der bereits durch den Vergleich des Dichters mit dem durchgehenden Pferd angeschlagen worden war:

»Ich ließ einen großen Tisch aufstellen, numerierte mehrere Bogen Papier, damit ich nicht einmal Zeit damit vergeudete, das Blatt umzuwenden, legte ein Dutzend Stahlfedern mit Halter zurecht, tauchte die Feder ein – und der Mann begann seine Rede so: Ja! Sehen Sie, Hochverehrter, das, was ich eigentlich sagen wollte, war ...« (W 30)

Die Wiederholung schreibt sich bereits in die Vorbereitung der Schreibszene ein: Mehrere Bogen Papier legt der Sekretär bereit, ein Dutzend Stahlfedern legt er sich zurecht, vom selben also vieles, damit der Schreibakt sich stets parallel zur Rede des Dichters bewegen kann. Die Wiederholung schreibt sich aber auch, und das ist der komische Akzent dieser Szene, in das Diktat des Dichters ein. Dieser vertraut sich nämlich nicht rückhaltlos dem Schwung seiner Ideen an, die jetzt endlich durch die überlegene technische Anordnung der Schreibszene und die *Skills* des Sekretärs zu Papier gebracht werden könnten. Stattdessen wiederholt der Dichter, der seine Ideenfülle kaum bändigen zu können vorgibt, nur sich selbst, indem er sich *zitiert*. Das Zitat ist eine basale Form der sprachlichen Selbstwiederholung: Etwas, das bereits woanders und zu einem anderen Zeitpunkt gesagt wurde, wird *noch einmal* gesagt. Wobei die Besonderheit in diesem Fall darin besteht, dass dem Dichter beim zweiten Mal, also unter den Bedingungen der Schreibszene, gelingen soll, was ihm beim ersten Mal, als seine Rede nicht aufgeschrieben wurde, nicht glückte. Die Trivialität des Sprechakts, den jeder Leser aus alltäglichen Kommunikationssituationen kennt, in denen Sprecher zu präzisieren versuchen, was sie gemeint haben, weil sie mit der ersten Formulierung unzufrieden sind, steht in eklatantem Widerspruch zur angemaßten Originalität der »Ideenfülle«, über die der Dichter zu verfügen vorgibt. Die Ideenfülle erweist sich als schlichte Prätention.

Aber nicht nur die Selbstwiederholung, die bereits in den Beginn der Rede des Dichters eingeschrieben ist, wirkt komisch; die Komik verstärkt sich noch, als der Sekretär nach vollzogenem Diktat dem Dichter vorliest, was er in Schnellschrift notiert hat. Kierkegaard schließt die Schreibszene also mit einer Leseszene ab, die ihrerseits ein Akt der Wiederholung ist, denn gelesen wird, was zuvor aufgeschrieben worden war. Kierkegaards Text wiederholt allerdings nicht das Diktierte, sondern beschreibt nur den Effekt, den das Vorgelesene auf den genialen Dichter macht: »Als er mit seiner Rede fertig war, las ich sie ihm vor, und von der Zeit an hat er mich nie mehr zum Sekretär verlangt.« (W 30) In der komischen Schlussvolte der Szene erweist sich der Sekretär, der zum Diktat angetreten war, als ihr eigentlicher Meister. Die Wiederholung des Sekretärs ist stark genug, um den Dichter nie wieder auf die Dienste des Freundes zurückgreifen zu lassen, weil sie das dichterische Wort als höchst konventionelle Rede entlarvt.

3. Mechanismen, Automatismen und das Spiel der Fäden: Henri Bergson

Benjamins Idee, das Kunstwerk im Zeitalter seiner technischen Reproduzierbarkeit zu untersuchen, verdient nicht nur Aufmerksamkeit, weil sein Aufsatz technische Medien in den Mittelpunkt stellt, die das ›einmalige‹ oder ›authentische‹ Werk in prinzipiell unendlichen Kopien verfügbar machen. Vielmehr bezeichnet Reproduzierbarkeit zugleich einen zentralen Aspekt des Lebens schlechthin – insofern nämlich Medien wie die Fotografie oder der Film Ansichten alltäglichen Daseins zur Anschauung bringen, die für die voranalogen Techniken grundsätzlich unterhalb der Darstellungsschwelle blieben und die Kierkegaard im improvisatorischen Stil der Posse vorweggenommen hat. Anders gesagt: Mit den neuen Medien werden immer mehr Aspekte des Lebens greifbar, die es als einen »Repetiermechanismus« (DL 72) erscheinen lassen. Damit lösen sie das Versprechen einer kompletten sensorischen Abdeckung ein, wie es Kierkegaards Schreibszene für die mündliche Rede beschrieben hatte. Henri Bergsons Essay über die *Bedeutung des Komischen* kommt das Verdienst zu, Kunstformen danach zu unterscheiden, in welchem Maße sie in der Lage sind, das Leben als eine »mechanische Anordnung«, einen »Automatismus« oder eine »Wiederholung« zu zeigen – und damit im Leben selbst einen »Fremdkörper« sichtbar zu machen, der seine komische Seite enthüllt:

> »Das Komische an einem Menschen ist das, was an ein Ding erinnert. Es ist das, was an einen starren Mechanismus oder Automatismus, einen seelenlosen Rhythmus denken läßt.« (DL 63)

Unsere spontane Vorstellung vom Leben steht im Widerspruch zu dem, was eine ›fröhliche Wissenschaft‹ als die Macht der Wiederholung entziffert: »dieses Leben kehrt nie um und wiederholt sich nie« (DL 64). Die Irreversibilität des Lebens lässt nur Ereignisse zu, die sich »ausschließlich auf einer geraden Linie abspielen und weiterentwickeln« (DL 62). Medien wie das Theater, die Handlungen nach einem bestimmten Skript auf die Bühne bringen, oder Medien wie der Film[147], die banale Milieus erforschen und ihre Funktionsabläufe oder sozialen ›Mechanismen‹ freilegen, steigern ein mimetisches Potenzial, das bereits in der basalen Kulturtechnik des Imitierens angelegt ist, die mit zugegebenermaßen bescheideneren Mitteln das Fremdwerden des Vertrauten bewerkstelligt: »Deshalb werden Gebärden, über die zu lachen uns nicht eingefallen wäre, lächerlich, sobald eine andere Person sie nachahmt.« (DL 29) Unsere Gebärden erleben wir so, als folgten sie allein inneren Impulsen, mit denen wir auf die wechselnden Anforderungen unserer Umwelt reagieren. Da jede Situation anders ist, dürften sich unsere Gesten eigentlich nie wiederholen:

> »[S]ie ließen keinerlei Nachahmung zu. Eine Imitation unserer Gebärden kann also erst dort beginnen, wo wir aufhören, wir selber zu sein. Ich meine damit, daß man nur das nachahmen kann, was an unserer Gestik monoton, mechanisch und folglich unserer lebendigen Persönlichkeit fremd ist. Jemand nachahmen heißt den Teil Automatismus, der sich in ihm festgesetzt hat, von seiner Person abtrennen. Und das heißt nichts anderes, als daß man ihn lächerlich macht. Es ist das, was uns an der Imitation belustigt.« (DL 29 f.)

Beim Vitalisten Bergson hat diese Perspektive auf Wiederholung, Mechanismus und Automatismus stets einen kritischen Beigeschmack, so als übten diese komischen Verfahren, die die Komödie als literarische Gattung ausspielt, Verrat am »wahrhaft lebendige[n] Leben«, das sich, wie es einmal heißt, »nie wiederholen [darf]« (DL 30). Von der Karikatur über die clownesken Darbietungen bis hin zu Schwank und Lustspiel scheint es sich beim Komischen stets um eine bewusst kalkulierte Anordnung zu handeln, mittels deren der mechanische, also unlebendige Anteil am Auftreten einer Person freigelegt, betont oder exzessiv gesteigert wird. Exzessive Mimesis wäre in diesem Fall eine Darbietung, bei der »uns ein Mensch als ein Hampelmann vorgestellt wird«, so dass wir mit einem Mal »im Innern dieses Menschen so klar wie durch Glas einen zerlegbaren Mechanismus erkennen« (DL 28). Diese Techniken einer bewussten Nachahmung von Merkmalen einer Person, die ihre entsprechenden Eigenschaften als mechanische Reaktionen erscheinen lassen und damit das entsprechende Handeln entwerten, weil es auf »erlahmende Tatkraft« (DL 21) schließen lässt, müssen von Beobachtungsformen unterschieden werden, die die Imitation an einem alltäglichen sozialen Verhalten bemerkbar machen. Bergson führt das Beispiel des Redners an, bei dem die Gebärden mit den Worten wetteifern – das heißt sich mit dem Wort darum streiten, wer den Gedanken am besten zu übersetzen vermag. Aber so wie die Wörter ihre eigene Komik entfalten können, wenn sie sich zu »fixfertigen Formeln«, »stereotypen Sätzen« (DL 78) oder einem bestimmten Stil anordnen (so dass es wirkt, als wären sie *automatisch* dahergesagt), können auch die Gebärden, statt dem Gedanken einen immer neuen, frischen Ausdruck zu verleihen, in Folgen erstarren, die für das Publikum vorhersagbar werden:

»Jene Bewegung des Arms oder des Kopfes, immer dieselbe, kehrt sie nicht regelmäßig wieder? Falls ich dies als Zuhörer bemerke, falls es genügt, um mich abzulenken, falls ich unwillkürlich auf die Bewegung warte, und sie kommt, wenn ich sie erwarte – dann muß ich wider Willen lachen. Weshalb? Weil ich jetzt einen Mechanismus vor mir sehe, der automatisch arbeitet.« (DL 29)

Es sind nicht nur Gebärden, Gesichtsausdrücke, Bewegungen oder Körperhaltungen, an denen sich das Komische immer dann manifestiert, wenn sie wie verkrampft, erstarrt oder fixiert wirken. Die Komödie als literarische Gattung dehnt die Komik auf ganze Handlungsprogramme oder Geschichten aus, die von der Macht der Wiederholung zeugen. Die Komödie ist spielerisch nachgeahmtes Leben, sie »*lenkt unsere Aufmerksamkeit auf die Gesten anstatt auf die Taten*« – wobei Bergson unter Gesten »Haltungen, Bewegungen, sogar Reden« versteht (DL 99). Dadurch unterscheidet sie sich eben von der Tragödie, die unsere Aufmerksamkeit mehr auf die (großen) Taten als auf die sie begleitenden Gesten lenkt. Während die Handlung gewollt ist, vollzieht sich die Geste oftmals unwillkürlich – und sie ist von vornherein auf die Nachahmung angelegt, was vom Helden der Tragödie, der sich nicht zum Typus verallgemeinern darf, gerade nicht gilt. Deshalb würde es

»keinem Tragödiendichter einfallen, seinen Haupthelden mit Nebenfiguren zu umgeben, die nur dessen vereinfachte Kopien wären. Der tragische Held ist eine einmalige Gestalt. Man kann ihn nachahmen, aber dann gerät man bewußt oder unbewußt vom Tragischen ins Komische. Niemand ist ihm ähnlich, weil er keinem anderen ähnlich ist.« (DL 111)

Die Komödie fächert den Typus in eine Serie von Figuren auf, die durch ein Netz von Ähnlichkeiten aufeinander verweisen. Deshalb tragen Komödien häufig generische Titel oder er steht im Plural oder bezeichnet ein Kollektiv (*Der Menschenfeind*, *Der eingebildete Kranke*, *Die lächerlichen Preziösen*, *Die gelehrten Frauen* etc.) während die Tragödie dazu neigt, den Eigennamen des Helden voranzustellen (*Ödipus*, *Macbeth*, *Othello*, *Hamlet*, *King Lear*, *Faust* etc.). Die Komödie macht sich den Effekt einer ›Zerstreuung‹ ihrer Hauptfigur zunutze, weil es in ihr nicht um das

Schicksal eines (heroischen) Subjekts geht, sondern um die Eröffnung eines Feldes der Ähnlichkeit, das die Identität bzw. Einzigartigkeit der Figuren infrage stellt (z.B. *Amphitryon*).

Mimesis verfiel bei Platon der Kritik, weil sich der Mime einem Anderen oder Fremden (einer anderen Person, einer Sache oder flüchtigen sensorischen Phänomenen nicht-menschlichen Ursprungs) anverwandelte, sich gewissermaßen zum ›Sprachrohr‹ oder ›Verstärker‹ des Anderen machte und dabei Gefahr lief, selbst ein anderer zu werden. Mimesis, wie sie Bergson behandelt, hebt auf Techniken ab, mit denen sich das Andere oder Fremde auch *gegen den Willen* des Nachgeahmten sichtbar machen lässt, für das die Begriffe des Mechanismus, Automatismus oder der Wiederholung stehen. Die Wiederholung greift hier die Identität des nachgeahmten Subjekts bzw. sein Selbstbild an, verstanden als der *Ursprung* seiner Gedanken, Gefühle und Handlungen, die als etwas aufgefasst werden, das »immer aus uns stammt und uns zutiefst eigen ist« (DL 58). Auf der einen Seite sind es fixe Ideen, Zwangsvorstellungen und der Wahn, die von der Macht depersonalisierender Mechanismen im Subjekt zeugen; auf der anderen Seite greift Bergson Überlegungen auf, wie sie zuvor schon von der Psychoanalyse angestellt wurden. Dort wird die Mechanisierung des Lebens am Modell des Traums erläutert, der den Träumenden regelmäßig mit Situationen seiner Selbstverdopplung und Selbstentfremdung konfrontiert, wie sie in sozialen Zusammenhängen für Besessenheitsformen und die Macht der *passiones* typisch sind (vgl. dazu Kapitel V/2). Der Schläfer, so Bergson,

»spürt, daß er nicht aufgehört hat zu sein, was er ist; nichtsdestoweniger ist er ein anderer geworden. Er ist es und er ist es nicht. Er hört sich sprechen, er sieht sich handeln, aber er spürt, daß ein anderer seinen Körper, seine Stimme benützt. Oder er weiß, daß er normal spricht und handelt, nur spricht er von sich selbst wie von einem Fremden, der ihn nichts angeht. Er hat sich losgelöst von sich selbst.« (DL 127)

Einmal mehr wird deutlich, dass Bergson im Kern des Komischen ein durchaus ernstes Problem lokalisiert, das auf die so harmlos anmutenden Spiele verweist, mit denen Kinder ihre Puppen und Hampelmänner bewegen. Im Mittelpunkt dieser Spiele steht die Vergeblichkeit aller menschlichen Anstrengungen. Diese Vergeblichkeit ist nicht nur ein persönliches oder existenzielles Problem, sondern zugleich auch ein öffentliches und damit ein Politikum ersten Ranges. Denn das Politische ist wesentlich in der *vita activa* oder der Macht zu handeln begründet.[148] Politisch ist die Mimesis, wenn sie die Handlung selbst erfasst, die gewissermaßen im Kreis herumgeführt wird, so dass der Protagonist, der sich als Initiator *seiner* Handlungen imaginiert, »unwissentlich zum Ausgangspunkt« (DL 61) zurückkehrt, seine vermeintlichen Handlungen also als wirkungslos und fremdbestimmt erscheinen. Der Politiker als repräsentative Person, die auf einer Bühne steht, wird in der öffentlichen Wahrnehmung zum »Hampelmann«, der zwar selbständig zu sprechen und zu handeln glaubt, auf seine Umgebung aber »lediglich als Spielzeug wirkt« (DL 57). Die Komödie erweitert diese Erfahrung der radikalen Fremdbestimmtheit zum grundsätzlichen Zweifel an der Spontaneität und Autonomie unserer Handlungen und damit zum Zweifel an der Freiheit:

»Das Leben verdankt all seinen Ernst unserer Freiheit. Unsere Gefühle, unsere Leidenschaften, die Taten, die wir bedacht, beschlossen, ausgeführt haben, kurz, was immer aus uns stammt und uns zutiefst eigen ist, das ist es, was den manchmal dramatischen und jedenfalls meist ernsten Lauf unseres Lebens bestimmt. Wie ließe sich das alles in eine Komödie verwandeln? Man müßte sich ganz einfach vorstellen, daß die scheinbare

Freiheit ein Spiel von Fäden verdeckt und daß wir Menschen im Grunde nichts anderes sind als ›armselige Marionetten am Faden, den die Notwendigkeit in Händen hält‹.« (DL 58)

Das Komische und seine Genres sind mit der *vita contemplativa* im Bunde – denn der Weise zieht sich in den antiken Konzeptionen des guten Lebens nicht nur von jeder praktischen Tätigkeit zurück, sondern fühlt sich ausdrücklich auch von der Pflicht entbunden, am politischen Leben teilzunehmen. Die *vita contemplativa* der Komödie legt die unbefragten Kausalitätsannahmen politischen Handelns frei und entlarvt dieses Handeln als scheinhaft, weil es immer sein Ziel verfehlt. Bergsons Theorie des Komischen nimmt damit eine systematische Ausweitung der Zone des Mimetischen vor, wenn er seine Überlegungen, die an Alltagsbeobachtungen ansetzen und das Komische gattungstheoretisch ausbuchstabieren, auf seine anthropologischen, politischen oder sozialen Auswirkungen befragt. Bergson kann dabei an bestimmte soziologische Ausweitungen des Mimesisbegriffs anschließen, wie sie sich bereits im 19. Jahrhundert bemerkbar machen, und nimmt zugleich bestimmte Tendenzen vorweg, die das gegenwärtige Verhältnis von Medien und Mimesis kennzeichnen.

VII. Die Ausweitung der mimetischen Zone

1. Nachahmung als Theorie sozialer und kultureller Verbreitung: Gabriel Tarde

Eine entscheidende Ausweitung der mimetischen Zone vollzieht sich in der Soziologie Gabriel Tardes, der einem seiner Bücher den Titel *Lois de l'imitation* gegeben hat. Wüsste man nichts über Tarde, dann könnte man vermuten, die *Gesetze der Nachahmung* (1890) bezögen sich auf ästhetische Phänomene, würden also ihr Thema in ähnlicher Weise verhandeln, wie es Aristoteles in der *Poetik* mit dem Mimesisbegriff tut oder wie es in den zahlreichen Kunst- und Malerei-Traktaten der Renaissance geschieht, die die *imitatio* als ein künstlerisches Vermögen der Wirklichkeitsdarstellung diskutieren, oder, wie später bei Winckelmann, der den Künstlern seiner Zeit die »Nachahmung der griechischen Werke in der Malerei und Bildhauerkunst«[149] empfiehlt. Dass sich die Nachahmung unter die Soziologen verirrt, ist durchaus überraschend.

Man könnte immerhin darauf verweisen, dass Aristoteles in der *Poetik* hervorhebt, nichts sei so verbreitet unter den Menschen wie die Nachahmung und bereits das Verhalten von Kindern (und nicht erst von Künstlern) belege die Existenz eines sozialen Mimetismus. Das Nachahmen, schreibt Aristoteles, »ist den Menschen angeboren – es zeigt sich von Kindheit an, und der Mensch unterscheidet sich dadurch von den übrigen Lebewesen, daß er in besonderem Maße zur Nachahmung befähigt ist und seine ersten Kenntnisse durch Nachahmung erwirbt.« (Poe 1448b) Mimesis erweist sich aus dieser Perspektive also nicht als ein exklusives Vermögen der Künstler, sondern als die bestverteilte Sache der Welt. Dass sich der Mensch durch das mimetische Vermögen von allen übrigen Lebewesen unterscheidet, gilt zudem nur in einem komparativen Sinn. Mimesis ist für Aristoteles kein exklusiv anthropologisches Vermögen, wenn der Mensch auch »in besonderem Maße zur Nachahmung befähigt ist« (Poe 1448b).

Eine Abhandlung über die Gesetze der Nachahmung führt dasjenige zusammen, was Platon philosophisch rigoros scheidet. Während Platon die Rolle der ›rechtschaffenen‹ Mimesis auf die Einübung des Gesetzesgehorsams und damit auf die Hervorbringung guter Bürger begrenzt, schließt Tarde beide Begriffe in seiner Formulierung so zusammen, dass er das Soziale selbst in ausnahmslos allen Hinsichten als ein Nachahmungsgeschehen begreift. Die Gesetze der Nachahmung stehen also im Gegensatz zur Nachahmung der Gesetze. Gegen eine legislative Vorstellung der Gesellschaft als einer normativ strukturierten Ordnung, die durch Kollektivvorstellungen oder Regeln zusammengehalten wird, bringt Tarde einen Begriff von Nachahmung ins Spiel, dessen Pointe darin besteht, dass er nicht das Gegenteil der Neuerung bzw. Erfindung bezeichnet. Die Nachahmung ist nicht die unkreative Bekräftigung oder Repetition dessen, was schon da ist oder was normative Geltung beansprucht (in Platons Fall: die Struktur einer idealen politischen Gemeinschaft), sondern die Potenz einer Erfindung, sich in der Gesellschaft *auszubreiten* und Nachfolger zu finden. Nachahmung bezeichnet damit den *Wirkungsgrad einer Neuschöpfung*, der nicht aus der ›willentlichen‹ Übernahme eines Vorbildes resultiert, sondern aus einem Prozess, den Tarde mit psychologischen Vorgängen vergleicht, nämlich der Hypnose, der Magnetisierung, der Suggestion und dem Somnambulismus. Dabei setzt er, anders als seine Kritiker ihm vorgeworfen haben, den mimetischen Prozess keineswegs mit diesen psychologischen Prozessen einfach gleich.

Dass Tarde dem Begriff der Nachahmung seine soziale Kapazität zurückerstattet, ihn also nicht auf ein ästhetisches Verfahren eingrenzt, hat wichtige Konsequenzen, die im Folgenden resümiert werden sollen.

Die Gesetze der Nachahmung führen, *erstens*, zahlreiche Beispiele für die soziale und politische Macht der Nachahmung an. Mimetische Prozesse unterlaufen die offizielle Machtrelation durch eine gegensinnige Machtbeziehung:

»Der stolzeste Landedelmann kann nicht umhin, seinen Dienern und Pächtern in bezug auf den Akzent oder die Verhaltens- und Denkweisen ein wenig zu gleichen. Aus diesem Grund werden manchmal in der Stadt und sogar in der Hauptstadt viele Provinzialismen sowie ländliche Ausdrücke eingeführt, und selbst Wörter aus dem Argot dringen in die Salons.« (GN 232)

Nimmt man für einen Augenblick die Perspektive Platons ein, dann beschreibt Tarde die ›Höhlenexistenz‹, in der sich die Menschen durch das Spiel der Schatten, das für sie aufgeführt wird, gefangen nehmen lassen, ohne den Blick ›nach oben‹ richten zu können, wo ihnen die Wahrheit der Idee leuchten würde. Die Polis hat mit der ›großen Stadt‹ Tardes nichts gemeinsam, da Platon sie als eine Ordnung begreift, in der politische und kulturelle Macht vollständig koinzidieren und ungesteuerte mimetische Übertragungen so weit wie möglich ausgeschlossen sind. Statt den chaotischen Sinneseindrücken einer Stadt ausgeliefert zu sein und »ganz Auge und Ohr« zu werden, ist der tugendhafte Bürger Platons dadurch definiert, dass er Vernunft und Besonnenheit zur alleinigen Richtschnur seines Handelns macht.

Die Gesetze der Nachahmung können, *zweitens*, als eine Auseinandersetzung mit dem sogenannten Diffusionismus (Friedrich Ratzel, Leo Frobenius) verstanden werden, der auch in aktuellen Theorien des sogenannten Kulturtransfers weiterhin eine wichtige Rolle spielt. Diffusionistische Kulturtheorien gehen davon aus, dass ein sozial nachahmenswertes Verhalten von der Spitze der sozialen Pyramide in Richtung ihrer Basis ausstrahlt. Stets verläuft die Nachahmungsrichtung von oben nach unten oder vom Zentrum zur Peripherie. »Sie muß also ein Gefälle haben« (GN 231). Aber oft genug sind die Schöpfer von Erfindungen, die sich rasend schnell ausbreiten, »klein, ja sogar verrufen«, wie auf dem Gebiet der religiösen Erfindungen etwa die Übertragung einer ›frohen Botschaft‹ zeigt, die sich zunächst unter Fischern und Zöllnern herumsprach, bevor sie dann von den »höchsten Adligen der römischen Welt« angenommen wurde (GN 231). Die alten Ägypter verachteten die Asiaten, aber machten sich die Nutzung von Pferden, die bei diesen längst eingeführt waren, schnell zu eigen, als sie deren Vorteile erkannten. Noch schneller jedoch verbreiten sich eine »sinnentleerte sprachliche Wendung, ein von einem Dogma abgelöster Ritus, ein von dem zum Ausdruck gebrachten gesellschaftlichen Ideal losgelöstes Kunstwerk oder eine sittliche Besonderheit ohne das entsprechende Bedürfnis« (GN 231). Die Nachahmung erfolgt hier ohne ein ›tieferes‹ oder ›angemessenes‹ Verständnis dessen, was nachgeahmt wird. Als Nachahmungsanreiz mag genügen, dass eine symbolische Form oder eine andernorts verbreitete soziale Praxis, von der man Kenntnis erhalten hat, den »üblichen Ausdrucksweisen der schon herrschenden Prinzipien« (GN 231) widerspricht. Indem man es einmal anders sagt oder tut, entzieht man sich zugleich dem Einwirkungsbereich einer etablierten Verhaltens- oder Diskursvorschrift bzw. stellt sie in ihrer Arbitrarität oder Grundlosigkeit aus. Schon auf den ersten Seiten der *Gesetze der Nachahmung* führt Tarde daher den wichtigen Begriff der *Gegennachahmung* (*contre-imitation*) (GN 13) ein, um deutlich zu machen, dass das soziale Band nicht ausreichend bestimmt ist, wenn man es auf die Befolgung der offiziellen oder dominierenden Normen, Werte, Vorbilder oder Symbole festlegt:

»Menschen ahmen sich in hohem Maße durch Entgegensetzung nach (*contre-imiter*), vor allem dann, wenn sie weder die Bescheidenheit haben, schlicht und einfach zu imitieren, noch die Kraft zu erfinden. Durch diese Gegen-Nachahmung, das heißt durch das Tun oder Sagen des Gegenteils dessen, was sie sehen, wie durch das Tun und Sagen genau dessen, was um sie herum gesagt oder getan wird, gleichen sich die Menschen einander immer stärker an. [...] Schon im Mittelalter ist die schwarze Messe aus einer Gegen-Nachahmung der katholischen Messe entstanden.« (GN 13)

Die Gegennachahmung ist paradoxerweise ein Mittel zur wechselseitigen Angleichung oder ›Verschleifung‹ von kulturellen Differenzen, weil der Gegen-Nachahmende nicht eigensinnig auf seiner Identität beharrt, sondern sich bereitwillig ›mit fremden Federn schmückt‹, also Sprech- und Verhaltensweisen übernimmt, die ihm eigentlich untersagt sind.

Tarde macht, *drittens*, klar, dass die Nachahmungsdynamik keineswegs uneingeschränkt politische Grenzen überschreitet und kulturelle Distinktionen ignoriert. Das Nachahmungsgeschehen ist bestimmten Regulierungen unterworfen, die es zum Gegenstand von teilweise expliziten Verboten oder zensurierenden Akten machen. Noch Michel Foucault wird in seiner Antrittsvorlesung am Collège de France von den »Gefahren des Diskurses«[150] sprechen, die in der Dimension seiner ungehinderten Verbreitung liegen, welche keine Gesellschaft einfach hinnimmt. Nur vor dem Hintergrund der von Tarde festgestellten Übertragungsdynamik von Nachahmungsprozessen erklärt sich die Frage, auf die Foucault mit seiner Vorlesung eine Antwort geben will und die nicht zufällig den Begriff der »Ordnung« (*ordre*) ins Zentrum rückt: »Aber was ist denn so gefährlich an der Tatsache, daß die Leute sprechen und daß ihre Diskurse endlos weiterwuchern? Wo liegt die Gefahr?«[151] Weil die Nachahmungsdynamik immer auch ein Moment von Enteignung enthält, kann ihre Wahrnehmung bei den höheren Gesellschaftsklassen dazu führen, Vorkehrungen gegen die Nachahmungswut zu treffen, also die Nachahmungsdynamik einzuschränken oder zu regulieren. Tarde zeigt dies an den Verboten, mit denen so triviale Vergnügungen wie das Würfel-, Karten- und Ballspielen belegt wurden, die sich in den Wirtshäusern beim einfachen Volk großer Beliebtheit erfreuten, ohne dass ihre aristokratische Herkunft den Spielern bewusst gewesen sein musste. Die zahlreichen Gesetzgebungen gegen den Luxus erweisen sich aus dieser Perspektive schlicht als Versuche, den Nachahmungsstrahl zu brechen und vermeintliche kulturelle ›Eigentümlichkeiten‹ in dauerhafte Besitzstände oder Monopole einer sozialen Gruppe zu verwandeln: »Die häufigen Erlasse gegen den Luxus während des Ancien Régime sind ein Zeichen für die rasche Nachahmung, so wie die vielen Deiche eines Flusses ein Zeichen für dessen heftige Strömung sind.« (GN 235) Neben den beharrlichen Bemühungen, der Nachahmungswut auf legislativem Wege Einhalt zu gebieten, macht Tarde eine Reihe von politischen Großkonflikten namhaft, die in der europäischen Geschichte jedes Mal mit Akten der kulturellen Schließung oder Insulierung verbunden waren und damit die Nachahmungsintensität drastisch einschränkten: Die Katastrophen der Religionskriege im 16. Jahrhundert, die innerhalb derselben Religion Konfessionsschranken errichteten, die großen Kriege Ludwigs XIV., die eine allgemeine Verarmung der französischen

Gesellschaft bewirkten, und schließlich die Französische Revolution, die im Namen einer staatlich verordneten Gleichheit die Nachahmung über Standesgrenzen hinweg als ein dem Bürger unwürdiges Verhalten stigmatisierte.

Aus mimesistheoretischer Perspektive lohnt es sich hier allerdings, genauer hinzusehen, denn gerade die Französische Revolution war (vgl. Kapitel V/1) ein Laboratorium des sozialen und kulturellen Mimetismus, da die Revolutionäre, die doch die gegenwärtige Ordnung der Dinge umzuwälzen beanspruchten, »ängstlich die Geister der Vergangenheit zu ihrem Dienste herauf« (AB 115) beschworen. Dass die Französische Revolution nicht ohne den »Tigersprung«[152] (Benjamin) eines ›gewagten‹ kulturellen Entlehnungsvorgangs möglich war, wenn sie auf Rom zurückgriff, hängt nicht zuletzt mit dem kulturellen Anspruch der Revolutionäre zusammen, die bis dahin wirkungsmächtigste *mimetische Agentur*, den Adel, in dieser Funktion zu beerben. Den Adel als eine mimetische Agentur zu bezeichnen heißt zugleich, wie Tarde zeigt, Abstand von der Vorstellung zu nehmen, dass es *seine*, also die ihm ›eigentümlichen‹ Ideen, Leidenschaften und Verhaltensweisen sind, die den übrigen Ständen als nachahmenswert galten. Tarde verteidigt den Aristokratismus gegen seine konservativen Anhänger, weil diese die Funktion des Adels mit seinem Selbstverständnis verwechseln. Die »wichtigste Funktion des Adels als auch sein wichtigstes Unterscheidungsmerkmal ist es«, so Tarde, »Wegbereiter zu sein, wenn nicht gar Erfinder« (GN 237). Allzu lange sind Kulturhistoriker aus politischen Gründen einem Klischee des Adels aufgesessen, an dessen Verbreitung diesem selbst viel gelegen war: der Adel als Hüter ehrwürdiger Tradition. Tarde hält dagegen fest:

»Die Erfindung kann aus den untersten Schichten des Volkes kommen. Damit sie sich jedoch ausbreitet, braucht es eine soziale Spitze, eine Art soziales Wasserschloß, von dem aus der Wasserfall der Nachahmung seinen Weg nehmen kann. Zu jeder Zeit und in allen Ländern war die Aristokratie für neue Einflüsse aus der Fremde offen und hatte es zumeist eilig, sie einzuführen [...]. Wenn er [der Adel, FB] sich umgekehrt jedoch auf die Tradition zurückzieht, sich ihr ängstlich anschließt, und sie gegen die Neuerungsbestrebungen eines Volkes verteidigt, in das er einstmals Veränderungen einführte, dann kann man sagen, daß [...] er ein großes Werk beendet und sein Niedergang eingeläutet ist.« (GN 238)

Diese funktionale Bestimmung des Adels ist für Tarde auch deshalb so wichtig, weil die *Gesetze der Nachahmung* nicht zuletzt nach funktionalen Äquivalenten des Adels unter den Bedingungen einer bürgerlichen Gesellschaft fragen. Der ehemalige Adel wird in demokratischen Gesellschaften durch eine neue »Aristokratie der stolzen Beziehungen« ersetzt, deren Orte nicht länger die Klöster, Schlösser und Paläste, sondern die Theater, Banken, Ministerien, Kaufhäuser und Kasernen sind, die »im Stadtgebiet einer Hauptstadt« liegen: »Alle Berühmtheiten treffen sich dort.« (GN 242) Die urbanen Zentren einer (funktional begründeten) Ungleichheit sind für die »neuen Zeiten« unabdingbar, »um den breiten Fluß ihrer industriellen Produktion und Konsumtion, d.h. der Nachahmung im außerordentlich großen Maßstab, aufrechtzuerhalten und weiter zu entfalten« (GN 242).

Tardes Soziologie der Nachahmung beruht auf einer auch bei Walter Benjamin und Roger Caillois anzutreffenden Zurückweisung evolutionsgeschichtlicher Nützlichkeitserwägungen, wenn er die Nachahmung im Kern auf die *Dynamik der Mode* zurückführt. Dabei geht es Tarde nicht darum, die Wirksamkeit der Nachahmungswut auf die demokratischen Gesellschaften einzuschränken, die spezielle Institutionen (wie etwa die Werbung) ausbilden, um ein anonymes Publikum aus ökonomischen Motiven zu Nachahmungswünschen und Kaufakten anzureizen. Die Mode ist ein Begriff, den das 19. Jahrhundert zur Geltung bringt und als ein umsatzstarkes Geschäftsfeld etabliert. Die Gesetze der Nachahmung zielen hingegen darauf ab, die mit diesem Begriff bezeichnete Wirksamkeit einer ›grundlosen Faszination‹ als zentrale Antriebskraft soziokultureller Veränderung überhaupt auszuzeichnen.

Wie nämlich ausgerechnet die Archäologie zeigt, die Tarde neben der Statistik als Leitdisziplin einer Erforschung sozialer Nachahmungsprozesse ansetzt, finden wir die »Launen der Mode« bereits am Ursprung soziokultureller Prozesse, also in den sogenannten primitiven Phasen gesellschaftlicher Entwicklung und nicht erst in historischen Spätzeiten ausgeprägter Kultiviertheit und Raffinesse. Die wenigen Überreste einer Kultur (Fresken, Torsi, Vasenscherben) (vgl. Kapitel III/1), denen die Beredsamkeit schriftlicher Quellen fehlt, sind aber die verlässlicheren Spuren im Hinblick auf die räumliche und zeitliche Ausmessung einer historischen Nachahmungsdynamik, die regelmäßig die Grenzen überschreitet, innerhalb deren sich der Handlungsspielraum der etablierten Akteure entfaltet. Ein wichtiges Ergebnis der archäologischen Untersuchungen, das die Vorstellung von den primitiven Anfängen einer Entwicklung irritiert, ist daher,

> »daß der Mensch früherer Epochen viel weniger hermetisch in seinen lokalen Traditionen und Sitten eingeschlossen war, sondern viel mehr äußere Einflüsse nachahmte und etwa in bezug auf Schmuck, Waffen und sogar Institutionen und industrielle Künste viel offener für fremde Moden war, als man glauben mag.« (GN 116)

Wer bei Mode immer nur an Kleidung oder Schmuck denkt, wird von Tarde eines Besseren belehrt. So misst er sprachgeschichtlichen Untersuchungen eine besondere Bedeutung bei, denn sie spüren eine Art ursprünglicher Hybridität sogar in solchen Einrichtungen oder Institutionen auf, die, wie die Sprache, einen stabilen Systemzustand zu bezeichnen scheinen. Einem Systembegriff von Sprache setzt Tarde einen auf sprachliche Nachahmungsakte basierenden Begriff von Sprecherfindungen und Sprechgewohnheiten entgegen. Die Verkleidung greift beim Menschen bereits auf der Ebene der Sprache, wie sich immer dann zeige, wenn ein älteres Idiom nicht etwa durch ein neues ersetzt, sondern von einer Sprachgemeinschaft beibehalten und zugleich an die Anforderungen einer anderen Sprache angepasst wird. Unter einer literarischen Sprachkultur versteht Tarde eine Sprechweise, in der eine fremde Sprache in der eigenen literarisch nachgebildet wird, indem die »Konstruktion ihrer Sätze, die Harmonie ihrer Satzgefüge, ihre Eleganz und ihre Prosodie« auf die angestammte Sprache angewandt werden[153]:

»Etwa zur Zeit des Scipio, als in Rom die jungen Adligen nicht nur Griechisch lernten, sondern auch im hellenischen Stil Latein sprachen. Oder als im Frankreich des 16. Jahrhunderts der Adel Spanisch oder Italienisch lernte und das Französische für den Gebrauch von italienischen und spanischen Wendungen öffnete.« (GN 274)

Ausgerechnet am Beispiel einer Eigenschaft, die die Philosophen zum Inbegriff menschlicher Ausstattung rechnen und die zur wechselseitigen Abgrenzung von Kulturen und sogenannten Nationen einen zentralen ideologischen Beitrag geleistet hat[154], bekräftigt der von Tarde festgestellte »regelmäßige Übergang vom Gebrauch zur Mode und von der Mode zum Gebrauch im Bereich der Sprache« (GN 278) die Wirksamkeit eines »Gesetzes der reinen Verkleidung«. Roger Caillois definiert in seinen Studien zur Mimese dieses Gesetz als »ein Streben, für etwas anderes durchzugehen« und stellt zugleich fest, dass dieses Streben »keinesfalls auf irgendeine aus der Konkurrenz der Arten oder der natürlichen Selektion abgeleitete biologische Notwendigkeit zurückzuführen ist. Der Mechanismus bleibt rätselhaft.«[155]

Der Begriff der Mode und das Konzept einer mimetischen Suggestibilität dienen Tarde dazu, die moderne Vorstellung einer wesentlichen Impermeabilität von Kulturen und politischen Ordnungen zurückzuweisen und an ihre Stelle und gegen die nationalistische Leugnung – mit all den Aufrufen zur Autochthonie, Autarkie, Undurchlässigkeit und Feindschaft der Nationen – einen ursprünglichen Internationalismus der Gesellschaften zu setzen. Dieser Internationalismus ist kein ›kosmopolitisches‹ Ideal oder Projekt, sondern archäologisch und statistisch feststellbar, also wissenschaftlich nicht zu bestreiten, sondern nur zu verdrängen. Die Weltgesellschaft, die heute so beschworen wird, hat »zwischen den verschiedenen weltweiten Zivilisationen immer schon begonnen«[156]. Globalisierung ist kein exklusives Phänomen des 20. oder 21. Jahrhunderts und ist nicht auf die Existenz weltweit operierender Kommunikationsmedien angewiesen. Die Nachahmung ist insofern ein politischer und das heißt: ›polemischer‹ Begriff, als der (archäologische) Aufweis von Nachahmungsaktivitäten jeden Versuch infrage stellt, Fertigkeiten und Techniken als individuelles oder kollektives Eigentum zu reklamieren. Diese Fragestellung wird in den 1920er Jahren schließlich Marcel Mauss aufgreifen und sie, wie vor ihm Tarde, vor allem mit der ›Reisefähigkeit‹ aller Techniken (im weitesten Sinne, also unter Einschluss von Körpertechniken, Riten etc.) belegen. Die Soziologie der Nachahmung bestreitet eine falsch verstandene Idee von Originalität oder Proprietät, wie sie den Konzepten von Urheberschaft zugrunde liegt, die ihre Macht auch unter digitalen Bedingungen beweist. »[D]ie Kultur jedes Volkes, auch des auf den ersten Blick originellsten« lässt sich fast gänzlich in ein »Bündel aus Nachahmungsstrahlen« auflösen, »die von anderen Völkern ausgegangen sind und sich zusammengesetzt haben« (GN 120).

2. Remediation: Rückkehr des Mittelalters im digitalen Schriftbild

Der Schauplatz der Mimesis in unserer gegenwärtigen Kultur sind die Medien – und die Objekte, sofern sie ihrerseits mimetische Funktionen übernehmen und sich dadurch vom ›bloßen‹ Objekt in einen Zeichen- und Informationsträger verwandeln. Dabei ist für die Medienlage seit Ende des 19. Jahrhunderts (mit der Erfindung der elektrischen Telegrafie) und verstärkt unter den digitaltechnischen Vorzeichen unserer gegenwärtigen Kultur die von Tarde hervorgehobene Zirkulationsgeschwindigkeit kommunikativer Ereignisse ein zentrales Merkmal. In einem Zeitalter, das Sozialität in eminentem Maße an Kommunikationsmedien (statt an Normen, Regeln, Strukturen und Funktionen) bindet, gewinnt die nachahmende Übertragung ungeahnte Dynamik, die die mimetischen Verhältnisse auf eine neue Grundlage stellt (vgl. dazu unter VII/6). Zunächst aber gilt es, sich den Zusammenhang von Medien und Mimesis zu vergegenwärtigen, der die Vorstellung temporaler Sukzession bzw. grundlegender Medienrevolutionen infrage stellt.[157] Dass Medien keineswegs in Form einer Kette von fortlaufenden Erfindungen und Implementierungen aufeinander bezogen sind, dass neue Medien alte nicht verdrängen oder ersetzen, so als würde auf Schrift Buchdruck und auf Buchdruck der digitale Code folgen, verbietet die Konstruktion einer linearen Mediengeschichte – erst recht, wenn sie sich als Fortschrittsgeschichte etwa im Hinblick auf die kommunikative Erreichbarkeit präsentiert. Weil Medien immer schon, wie Marshall McLuhan erkannte, andere Medien in sich enthalten[158], lässt sich ihr Verhältnis weder als das einer geordneten Abfolge konzipieren noch auch als das einer Kooperation distinkter Einzelmedien, für die man lange Zeit den Begriff der Intermedialität verwendet hatte. Mit dem Begriff der Mimesis ist es dagegen möglich, den verschlungenen Beziehungen der ›Medien in Medien‹[159] besser Rechnung zu tragen und damit zugleich auch ihre spezifische Zeitlichkeit zu berücksichtigen: Medien, selbst die allerneuesten, kommen nicht ohne Rückgriffe auf ältere aus, ja sie gefallen sich regelrecht darin, das *Interface*, also die Oberfläche älterer Medien nachzuahmen, obwohl sie in der technischen ›Tiefe‹ nicht länger wie diese älteren Medien funktionieren. Die Vorstellung, dass jede Kultur ihre Medien hat und jedes Medium an kulturelle oder soziale Existenzbedingungen gebunden ist, muss durch eine mediale Historiografie infrage gestellt werden.

Die Medienkonstellationen des 20. und erst recht des 21. Jahrhunderts zeichnen sich nicht durch die Entstehung und Durchsetzung neuer Leitmedien aus, sondern durch ihre wechselseitig induzierten ›Zweckentfremdungen‹[160], so dass nicht zufällig dem Computer, als von vielen unterstelltem Leitmedium, die Funktion eines ›Mediums aller Medien‹ zukommt, also eines Mediums, das unterschiedliche Medien rekonfiguriert und auf neue Weise miteinander interagieren lässt, statt sich als Supermedium an ihre Stelle zu setzen. Mimesis hat damit im Medienzeitalter ihren Ort in den unterschiedlichen Spielarten dessen, was Jay David Bolter und Robert Grusin *Remediation* genannt haben.[161] Remediation ist dabei kein mediengeschichtlich vollständig neues Phänomen. Man könnte argumentieren, dass es mit jeder medientechnischen Revolution mimetische Rückgriffe auf vorherige Medien gab, so dass auf verschiedenen Ebenen produktive ›Rückverwandlungen‹ der neuen Medien beobachtbar werden. Der Medienhistoriker Eric Havelock selbst hat darauf hingewiesen, dass Platon, dessen Philosophie nicht ohne die Schrift möglich gewesen wäre, seine Texte in Dialogform verfasste, weil er auf diese Weise »als Schreibender den Primat des unmittelbar oralen Sprechens und Hörens«, das in der griechischen Kultur seiner Zeit weiterhin von großer Bedeutung war, »wieder zur Geltung« bringen konnte.[162]

Frühe gedruckte Bücher, so Bolter, »trachteten danach, in Buchstabengestalt und Layout Handschriften nachzuahmen. Als Gutenberg seine Schrift schnitt, kopierte er die gotischen handschriftlichen Schreibweisen seiner Zeit, alles in allem ungefähr 300 Elemente einschließlich sämtlicher Ligaturen und Abkürzungen.« (SuS 183) Und wenn es auch grundsätzlich stimmt, dass die Druckseite »ein konservativer Schriftraum« geblieben ist und exotische Displayschriften zwar in der Werbung, aber nur selten in Büchern auftreten, gibt es doch auch markante Gegenreaktionen wie die Chaucer-Ausgabe eines englischen Druckers aus dem 19. Jahrhundert, deren »Ironie« (SuS 185) darin besteht, dass ihre Präzision alles übertraf, »was in einem Druck aus der Renaissance oder in einer mittelalterlichen Handschrift möglich gewesen wäre« (SuS 185). Der Herausgeber machte sich die technischen Möglichkeiten der Fotografie zunutze, um alte Schriften zu studieren und dann präzise ›nachzubauen‹. Bolter spricht von einer »Art technischer Nostalgie, die in der modernen Technik schwelgte, die sie scheinbar ablehnte« (SuS 185).

So wie der Buchdruck in gewissen Phasen die Handschriften nachahmt bzw. spätere Phasen einer weitgehend vereinheitlichten Typografie auf den typografischen Reichtum des frühen Buchdrucks zurückgreifen, gilt für den computerisierten Schreibraum unserer Textverarbeitungen, dass er »auf die ästhetischen Kriterien der Druckerpresse zurückblickt«, obwohl das elektronische Medium doch »völlige grafische Freiheit« (SuS 186) erlaubt. Die mathematische Präzision, mit der die Typografie erzeugt werden kann, steht im Dienst einer Perfektionsvorstellung, die sich nach wie vor in Begriffen definiert, »wie sie von Druckern im 15. und 16. Jahrhundert aufgestellt wurden – als das saubere, scharfe, statische Bild, das den monumentalen Schriftraum von Druckerschwärze auf Papier besetzt« (SuS 187). Wenn die neue computergenerierte grafische Freiheit benutzt wird, um mit Text-Bild-Kombinationen zu experimentieren, wie sie das Druckzeitalter selbst dort, wo Bücher Abbildungen zulassen, ausschloss[163], können hierfür in den illuminierten Texten der mittelalterlichen Manuskriptkultur mediengeschichtliche Vorbilder gefunden werden. Nur im mittelalterlichen Text »waren Wort und Bild so eng verbunden wie auf dem Computerbildschirm. Auf dem Schirm wie auf dem mittelalterlichen Pergament durchdringen sprachlicher Text und Bild einander bis zu einem Grad, dass der Schreiber und Leser nicht mehr sagen kann, wo der Bildraum endet und der Sprachraum beginnt.« (SuS 194)

Aus mimesistheoretischer Perspektive lässt sich das Verhältnis von Text und Bild in den mittelalterlichen Illuminationen wie im digitalen Hypertext als eines der Interpenetration begreifen. Dass sich sprachlicher Text und Bild ›durchdringen‹, heißt nichts anderes, als dass das Bild den Buchstaben affiziert und alteriert – und umgekehrt. Mittelalterliche Texte enthalten nicht einfach ›mehr Bilder‹ als druckgrafische Texte, die mit Illustrationen versehen sind. Die Text-Bild-Ordnung ist in beiden Fällen von grundsätzlich anderer Art: Illustrationen, die blockartig Texten gegenübergestellt werden, sind auf einen Lektüremodus abgestellt, der jederzeit einen geordneten Wechsel vom Lesen des Textes zum Betrachten der Abbildung gestattet. Zwischen Buchstaben- und Bildbereich existiert eine unübersehbare Trennlinie, selbst dort, wo sie nicht grafisch umgesetzt ist. Wer das Buch in den Händen hält und den Blick über seine Seiten wandern lässt, soll zu jeder Zeit wissen, ob er liest oder betrachtet, um so die Wahrheit der Abbildung als Richtigkeit ihres Verhältnisses zum begleitenden und erläuternden Text beurteilen zu können. Sieht man von der Text-Bild-Ordnung des gedruckten Buches auf die mittelalterliche Illumination zurück, dann erkennt man deren ›Gefahr‹: Illuminationen drohen »Buchstaben in Bilder oder abstrakte Zeichnungen zurückzuverwandeln« (SuS 193) und beeinträchtigen auf diese Weise sogar die Fähigkeit des Lesers/Betrachters, die Buchstaben zu entziffern. Illuminierte Buchstaben sind derart von Bildelementen überwuchert, dass ihre Buchstabengestalt nur mit Mühe erkennbar ist, worunter die ›glatte‹ Lektüre des Textes leidet. Die Illuminatoren mussten Buchstaben, die sie in Bildminiaturen verwandelten, regelmäßig ›verzerren‹, damit die Buchstaben »das Motiv in sich aufnehmen« konnten:

»Die Initiale war oft – gemessen am übrigen Text – überproportioniert und konnte in ihrem wuchernden Wachstum so gut wie alles und jedes enthalten – phantastische Kreaturen genauso wie Elemente der natürlichen Welt. Es ist, als hätten die Illuminatoren sich bemüht, die ganze sichtbare Welt in den Buchstaben aufzunehmen, der sich wiederum enorm vergrößerte, um die Welt in sich aufzunehmen.« (SuS 193)

Die mittelalterliche Kulturtechnik der Illumination organisiert ein von der Druckkultur prinzipiell zu unterscheidendes, nichtrepräsentatives Verhältnis von Diskurs und Figur. Spätere bildexperimentelle Formen wie etwa das *Trompe l'œil* nehmen wenigstens punktuell die inzwischen erfolgte Ausdifferenzierung zwischen ›reinem‹ Bildraum und ›realem‹ Raum zurück und irritieren damit die Maßgeblichkeit einer perspektivisch geordneten Perzeption, für die die Welt die Gesamtheit der Gegenstände ist, über die ein Betrachter sicheres Wissen haben kann.[164] Die buchgestützte Disjunktion zwischen Bildbetrachtung und Textlektüre ist auch in der populären Kultur keineswegs alternativenlos, wie sich an der *Bildsprache* von so unterschiedlichen Medien wie Comics, Graffiti und der Werbung zeigen lässt. Für diese Praktiken einer Schrift im Bildraum, die »jederzeit ausbrechen [kann] ins Ornamentale«[165] und den Zeichenträger sich mit dem

Zeichen verschränken lässt, hat Louis Marin den Begriff der »exzessiven Mimesis«[166] verwendet, die das dargestellte Objekt nicht länger als ein repräsentiertes, sondern als ein metamorphotisches zu behandeln erlaubt. Dass in diesen Bildern die Räume des Bildhaften, Ornamentalen und des Textuellen miteinander verschränkt sind, ist mehr als nur ein genretechnisches Detail der Kunstgeschichte. Für den elektronischen Schriftraum ist ebenfalls eine »freie Kombination von Worten, Zahlen und Bildern« (SuS 199) charakteristisch, die Bolter am Beispiel der Funktionen von Diagrammen und Graphen erläutert. Obwohl der Graph den Schriftraum konsequent nummeriert und damit den Höhepunkt eines repräsentativen Darstellungsregimes markiert, kehren ausgerechnet im elektronischen Raum figurale Konstellationen zurück, die das einfache Nebeneinander oder die Kombination von Wort, Zahl und Bild in einen Zustand wechselseitiger Affizierung oder Berührung und Durchdringung überführen. Der elektronische Schriftraum destabilisiert aber nicht nur die geordneten Beziehungen, die im klassischen Buch zwischen den Zonen der Schrift, des Bildes und der Zahl bestanden. Er stellt auch, wie bereits der Mediendenker Marshall McLuhan in den 1960er Jahren feststellte (hier noch auf xerografische Druckverfahren bezogen), den Status des Buches und seine auf Autorschaft basierende Autorität infrage: »Man nehme beliebige Bücher über ein beliebiges Thema und stelle sich dann mittels einer einfachen Vervielfältigung eines Kapitels von diesem, eines anderen Kapitels von jenem Buch sein eigenes maßgeschneidertes Buch her – das Sofortplagiat!«[167]

3. Analoge Nostalgie

Wenn einer verbreiteten Auffassung zufolge das Digitale durch seine Immaterialität gekennzeichnet ist, dann schreibt sich in diese ›idealistische‹ Perspektive ein Platonismus der reinen Form ein. Platon hatte die Mimen dafür kritisiert, dass sie sogar mindere technische oder natürliche Geräusche, denen für die Nachahmung vorbildlicher menschlicher Handlungen keinerlei Bedeutung zukommt, in ihr Darstellungsrepertoire aufnahmen. Welchen Sinn sollte es haben, »auch Donner und Geräusch von Sturm und Hagel und von Achsen und Rädern und Töne von Trompeten und Flöten und Pfeifen und allen Instrumenten, und dazu die Stimme von Hunden und Schafen und Vögeln« nachzuahmen? (P 397a)

Überträgt man diese platonische Konstellation auf die Mimesis technischer Medien, dann ergibt sich folgendes Bild: Die digitalen Medien erlauben eine vollkommen durchsichtige Formbildung, deren Reinheit ihrer technischen, nämlich diskreten Operationsweise zugeschrieben wird. Statt das Digitale pauschal dem Analogen gegenüberzustellen, lässt es sich besser als eine Codierungstechnik verstehen, die auch für die Simulation von analogen Phänomenen genutzt werden kann, darunter auch solchen, in denen Platon nichts als sinnentleerte Geräusche oder Störereignisse sehen konnte. Im Bereich der Gegenwartskunst begegnet man häufig Strategien, die »mit digitalen Mitteln gerade jene als spezifisch analog wahrgenommenen ästhetischen Signaturen simulieren, die einst als Störung oder Fehler galten« (AN 221). Diese Experimente lassen sich nicht als »technophobische Verweigerungshaltung gegenüber der Digitalisierung« abtun. Ihre mimetische Qualität liegt darin, dass sie als mit digitalen Mitteln realisierte genau das zu maskieren versuchen, »was wiederum als spezifisch digital wahrgenommen wird« (AN 221).[168] Diese Praxis richtet sich daher auch nicht (primär) auf Inhalte, sondern auf das Signal, nämlich auf dasjenige, was die *Reinheit* des Signals überlagert und gelegentlich bis zur Unkenntlichkeit verzerrt: die Störung oder, mit Claude Shannon und Warren Weaver gesprochen, den *noise.*

Im Verhältnis zur Nachahmung besonnener Reden und Handlungen oder exemplarischer Formen erweisen sich daher schon bei Platon die Beispiele für eine mindere Mimesis als geräuschvolle Störereignisse, die das Kontinuum der rauschfreien Signalübertragung bzw. die vernünftige Rede, wie sie der philosophische Dialog aufschreibt, unterbrechen oder überlagern. Mit der Betonung des »Kontingenten, Fehlerhaften, Körperlichen und der Imperfektion« in der Manifestation des Analogen lässt sich aber auch ein »trotzige[r] Humanismus« verbinden, der sich jetzt ausgerechnet des digitalen Codes bedient, obwohl dieser doch die »gleichsam menschlichen Qualitäten unerbittlich aus den medialen Bedingungen eines posthumanistischen Zeitalters auszutreiben droht« (AN 223). Mindere Mimesis als analoger *Rückstand* im Digitalen erweist sich damit als ein Verfahren, das dem Medium sein ›organisches Leben‹ zurückerstattet.[169] Sie ermöglicht unter digitalen Bedingungen ein Pendant zu jenen »entropischen Alterungsprozessen« (AN 244), die analogen Medien ›von Natur aus‹ eigen sind, weil sie es nicht vermeiden können, dass sich der allmähliche Prozess des Verschleißes als Störung ins Bild (z.B. ins Zelluloid des Films) oder in den Ton (z.B. in die Schallplatte oder das Tonband) einträgt – »weshalb gerade jene Schallplatten, die am häufigsten abgespielt werden, weil sie die Stücke enthalten, die der Besitzerin am besten gefallen, am schnellsten anfangen, von Störgeräuschen wie dem charakteristischen Knistern überlagert zu werden« (AN 244).

Am Beispiel der sogenannten Retrofotografie lässt sich der Prozess digitaler Mimesis[170] besonders gut beschreiben. Digitale Filter in Smartphone-Kameras simulieren auf Knopfdruck eine analoge Ästhetik, indem sie jene »Oberflächeneffekte, die zu Zeiten tatsächlich analoger Fotografie noch als störend oder zumindest unerwünscht wahrgenommen wurden« (AN 258), täuschend echt nachahmen: »Digital photography never looked so analog« (AN 259), dieser Slogan für den Retrofilter *Hipstamatic* bringt das Paradox der analogen Umfunktionierung oder Indienststellung einer ihr strukturell überlegenen Technik auf den Punkt – wobei zu berücksichtigen ist, dass das Analoge unter diesen Bedingungen als ein digital rekonstruiertes Bündel von Effekten zustande kommt und keineswegs in ein ›wirkliches‹ Analogwerden einer digitalen Technik mündet. Die Debatten um die sogenannte Postmoderne hatten bereits in den 1980er Jahren die Bedeutung von Retro-Produkten hervorgehoben, also der »unreflektierten Imitation historischer Stilrichtungen« (AN 115). Was in der Postmoderne-Diskussion, prominent etwa bei Fredric Jameson, noch als funktionsloser Historismus kritisiert werden konnte, der sich allein auf die Reproduktion längst funktionslos gewordener Oberflächen beschränkte, erhält unter den Bedingungen der Digitalkultur eine neue Brisanz. Die Reaktivierung des Alten und Abgelebten ist keineswegs eine bloße »Gestaltungs- oder Designnostalgie« (AN 115). Wäre dem so, würde die perfekte Oberflächennachahmung eines Retro-Objekts nur von der Tatsache ablenken, dass sich dahinter eine *black box* verbirgt, die auf ganz anderer technischer Basis beruht, als es die Oberfläche suggeriert: Retroprodukte unterliegen dem ideologischen Verdacht, weil sie von ihren Benutzerinnen nicht jene »Kompetenzen im Umgang mit einer ›störrischen Technik‹ verlangen, die als eine der möglichen Motivationen für den Rückgriff auf genuin alte technische Geräte genannt wurde« (AN 115).

Dominik Schrey weist in seiner Studie zur *Analogen Nostalgie* zu Recht darauf hin, dass die Retropraktiken keineswegs ein genuiner Zug der modernen Technikkultur sind, sondern dass es bereits im alten Rom üblich war, »mit aufwändigen Verfahren künstlich gealterte Gegenstände als Relikte griechischer Hochkultur« auszugeben, und dass seit der Renaissance die Praxis verbreitet war, »Kunstobjekte älter aussehen zu lassen, als sie sind, um sie zu höheren Preisen verkaufen zu können« (AN 113). Dieser Hinweis ist von Bedeutung, weil er die mimetische Relation nicht exklusiv an den Raum der Bühne, des Theaters oder der ›Aufführung‹ bindet und sie damit für den Bereich der Kulturtechniken öffnet, die sich im Hinblick auf die ontologische Unterscheidung von Personen und Dingen indifferent verhalten. Die mimetische Relation vollzieht sich nicht nur zwischen Personen, sondern auch zwischen Objekten, von denen eines das andere ›nachahmt‹. Sogenannte *Skeuomorphismen* bezeichnen mimetische Relationen, die exklusiv zwischen Dingen bestehen. »Objekte, die sich in ihrer Erscheinung zwar alt geben, es aber nicht sind« (AN 113): σκεῦος ist das altgriechische Wort für Behälter, aber auch für Werkzeug, μορφή bezeichnet die Form oder Gestalt. Ein Skeuomorphismus bezeichnet einen Behälter, der die Gestalt eines anderen annimmt – und verweist damit auf eine stets mitgedachte Tiefendimension, die *black box*, die sich dem Auge und oftmals auch dem problemlosen Zugriff des Benutzers entzieht.

Im Skeuomorphismus fallen Oberflächen- und Tiefendimension systematisch auseinander. Der Behälter zieht damit die Kritik am Trugbild auf sich, die Platon ja nicht zufällig am Beispiel bestimmter »Geräte« (P 596b) entfaltet, nämlich Bettgestellen und Tischen. Platons Kritik an den Malern, die immer nur verschiedene Aspekte dieser Geräte zur Anschauung bringen, vollzieht sich bekanntlich im Horizont der Vorstellung eines festumrissenen Begriffs, der das Wesen des Gebrauchsobjekts bezeichnet und der zwar nicht dem Künstler, wohl aber dem Verfertiger der Objekte vor Augen stehen muss. Dass die Dinge sehr anders erscheinen können, als sie ›in Wahrheit‹ sind, schafft nicht nur dem

Maler ein Arbeitsfeld. Es ermöglicht auch den Hybrid eines Handwerkers, der sich nicht damit begnügt, lediglich Exemplare eines Geräts anzufertigen, auf dessen Begriff er ›schaut‹, sondern der den bildnerischen Trug selbst mit dem Gerät verschmilzt. Das tut er, indem er dessen Oberfläche mit den Schauwerten ausstattet, die Platon zufolge allein der Nachbildnerei zustehen, die jeden Bezug zur Idee eines Dings (dem Entwurf) eingebüßt hat. Der Handwerker steht keineswegs allein in einer mimetischen Beziehung zur Idee seines Werks, sondern er experimentiert *zugleich* auch mit den Erscheinungsweisen des technischen Objekts, das er in eine Darstellungsfläche verwandelt: Er verfertigt Abbilder *und* Trugbilder, insofern er nicht nur Entwürfe in Gebrauchsgegenstände umsetzt, sondern auch die Oberflächen der Objekte gestaltet. Für Platon sind es allein die Künstler, die alles auf ihre zweidimensionalen Oberflächen übertragen; tatsächlich beweisen die Skeuomorphismen aber, dass die Oberfläche niemals in einem direkten Ausdrucksverhältnis zu einer angenommenen Tiefe steht.

Wer hier ausschließlich an Kunstgewerbe und Design denkt oder den Skeuomorphismus auf die Funktion der expliziten Fälschung reduziert, verkennt die Funktion dieses gezielten und geplanten Auseinandertretens von Oberfläche und Tiefe, nämlich ihre operative Auswirkung. Die Oberfläche von Geräten ist nämlich keineswegs allein der Ort eines trügerischen Erscheinenlassens, das im Gegensatz oder Widerspruch zu ihrem technischen Funktionssinn steht. Mit ›schönen‹, aber falschen bzw. gefälschten Oberflächen soll nicht nur die Aufmerksamkeit von zahlungskräftigen Kunden gelockt werden, die von der Komplexität der in der *black box* versteckten technischen Prozesse bloß abgeschreckt würden. Die Oberflächen übernehmen zugleich *Interface*-Funktionen, was nichts anderes heißt, als dass neue und komplizierte Technik »über die Benutzerschnittstelle einer älteren Technik« (AN 115) adressierbar und steuerbar wird.

Diese userfreundliche Funktionsbeschreibung ›analoger‹ Oberflächen, die digitale Maschinen so unendlich leicht zu bedienen erlauben, hat bei Medienwissenschaftlern wie Friedrich Kittler einen genuin platonischen Affekt ausgelöst: Wie Platon die schönen Bilder der Künstler für eine betrügerische Mimesis hält, begreift auch Kittler die multimedialen Benutzeroberflächen heutiger Computer als Betrug von Softwareschmieden am Kunden, da sie die User ihrer Betriebssysteme und ihrer Programme von jedem Kontakt mit den digitalen »Innereien« des Computers fernzuhalten versuchen. Die Computeranalphabeten, also die Leser ausschließlich alphabetisch codierter Texte, sind die neuen Armen im Geiste, für deren Vorgänger einst im Mittelalter die Kirche bebilderte Armenbibeln entwickelte, damit sichergestellt blieb, dass der *damals* avancierteste Code das Monopol der Kleriker blieb:

»Den Computeranalphabeten, die Codes weder lesen noch schreiben können, soll dadurch geholfen werden, daß sie mit binären Zahlen und unverständlichen Buchstabenfolgen überhaupt nicht mehr in Berührung kommen. Die Innereien der Maschine bleiben selbstredend weiter digital, weil sie sonst gar nicht laufen würde, aber ihre Benutzerschnittstelle nimmt mehr und mehr die Züge analoger Unterhaltungsmedien an, wie sie seit gut hundert Jahren vertraut sind.« (CA 123)

Der moderne Heimcomputer erweist sich für Kittler als ein Skandal, weil ausgerechnet dieses Spitzenprodukt der Hochtechnologie sich seinen Nutzern als vertraut ausgibt, »indem es Oberflächeneffekte seiner technologischen Vorgänger imitiert« (AN 119).

Nun ist Kittlers Position gegenüber der Rolle des Analogen im Digitalzeitalter allerdings deutlich komplexer, als es der

Nostalgie-Topos suggeriert. Sosehr die Abwertung analoger Oberflächen zugunsten digitaler Innereien auch die platonische Differenz von Erscheinung und Idee reproduziert, so wenig macht sich Kittler doch Illusionen über die *Arbeit* derjenigen, die den digitalen Code beherrschen und die Maschinen, die wir nutzen, programmieren. Die Entwicklung des Codes, also einer operativen Schrift, die Befehle ausführen soll, ist untrennbarer denn je von den Regeln einer *Rechtschreibung*, in der sich die bürokratische Seite des Platonismus manifestiert, der fortlaufend sicherstellen muss, dass das Urbild (die Idee) mit dem Abbild übereinstimmt. Platons politische Theorie ist nicht zufällig eine Theorie der *Wächter*, die dafür Sorge zu tragen haben, dass die Ordnung der Polis der philosophischen Vorschrift entsprechend bewahrt wird. Programmierer sind die Wächter des digitalen Zeitalters. Im Hinblick auf den Kult des Digitalen macht Kittler daher eine instruktive Gegenrechnung auf, die häufig überlesen wird: Er misst den digitalen Code, den User nicht lernen sollen, an der Eleganz und Mächtigkeit ganz anderer, eleganterer Codes, die in Europa im Gefolge des Alphabets – das zugleich eine Technik zum Anschreiben von musikalischen Noten und Zahlen war – erfunden worden waren. Im Vergleich zu solchen Codes fordert der digitale Code nichts anderes als den »ältesten Buchstabengehorsam« ein und ist daher nicht etwas für Denker, sondern für »Programmierknechte« (CA 122). Alles digitale Programmieren muss sich im Rahmen eines Codes »von gerade 128 Zeichen« bewegen, der »als weltweiter Standard triumphiert« (CA 117). Entwickler schreiben keinen originären Code, ihre Arbeit besteht im Wesentlichen in der Suche und dem Kopieren vorhandenen Codes aus umfangreichen Programmbibliotheken, der für neue Problemstellungen zusammengefügt und modifziert wird. Dass der digitale Code mit seinen »zeilenorientierten Benutzeroberflächen[171] [...] aus Maschinen in Köpfe« wandert, ist für Kittler, gemessen am Stolz der neuzeitlichen Mathematik, »auf dem Schreibpapier noch viel kühnere Dinge als Dichter und Maler zusammen anzustellen« (CA 118), das Eingeständnis eines digitalen Armutszeugnisses. Rechner auf der Basis dieses reduzierten Codes verkraften nämlich »nur berechenbare Zahlen und lösen nur Aufgaben mit angebbar vielen Schritten, also genau das, was seit ihrer Erfindung Algorithmus heißt« (CA 118). Nicht mehr »Erleuchtungen und Einfälle« sind für digitales Programmieren nötig, sondern »umgekehrt die vollendete Dummheit«, anders gesagt: die Bereitschaft der digitalen Programmierknechte, sich in »monotone lineare Befehlsfolgen« zu verwandeln (CA 119).

Es gibt einen digitalen Platonismus, der sich nicht nur in einem ungeahnten Buchstabengehorsam manifestiert, sondern auch in dem, was man Versionskontrolle[172] nennt. Versionskontrolle setzt ja die Möglichkeit von Abweichungen und Varianten voraus – aber stellt diese im digitalen Raum unter die Bedingung der prinzipiellen Nachverfolgbarkeit und zukünftigen Auflösung bzw. ›Verschmelzung‹. Progammcodes müssen, um lauffähig zu sein, konsequent linearisiert werden, so dass jeder Befehl Zeile für Zeile ausgewertet werden kann. Herrscht über die genaue Abfolge der Befehle, Programme und Datenstrukturen Uneinigkeit innerhalb der Gemeinschaft der Codeentwickler eines bestimmten Projekts, dann greift die Versionskontrolle, die diese Uneinigkeit dokumentiert, statt sie im Sinne einer der streitenden Parteien aufzulösen. Das Paradigma mimetischer Präzision ist bereits bei Platon der Buchstabe und der Buchstabengehorsam, wenn der Philosoph rückblickend feststellt, dass es erst dann »gut um uns« stand, »als von den Buchstaben uns nicht mehr entging, daß ihrer nur wenige sind, die aber in allem immer wieder vorkommen, und wir sie weder in Kleinem noch in Großem geringachten« wollen (P 402a).

Analoge Nostalgie, wie sie in diesem Abschnitt beschrieben wurde, äußerst sich unter digitalen Bedingungen als Einsicht in die »Interferenz« oder Überlagerung sensorischer und kognitiver Vorgänge, die es so schwer macht, Menschen zu absolutem Buchstabengehorsam zu erziehen. Das hat ausgerechnet der Vordenker der universellen diskreten Maschine, Alan Turing, klar gesehen: Man kann zwar Maschinen bauen, die das Denken übernehmen, aber das rechnende Denken ist eine sehr spezielle Tätigkeit, die weitgehende Interferenzfreiheit voraussetzt, ein für Menschen oder Lebewesen überhaupt nur schwer erreichbarer, monotoner Zustand. Beim Menschen, so Turing, ist die »Interferenz eher die Regel als die Ausnahme«:

»Beständig kommuniziert er mit anderen Menschen und empfängt ununterbrochen visuelle und andere Reize, die an sich schon eine Form der Interferenz darstellen. Einzig wenn der Mensch sich ›konzentriert‹, mit der Absicht, diese Reize oder ›Zerstreuungen‹ auszuschalten, nähert er sich einer interferenzfreien Maschine an.« (IS 99)

Das Analoge taucht in Turings Diskurs als *Interferenz* auf, genauer: als die ›menschliche‹ Offenheit für Reize und ›Zerstreuungen‹, denen gegenüber die digitale Maschine die Monotonie der linearisierten Abfolgen gewährleistet, also genau das, was Turing mit dem Begriff der Konzentration bezeichnet. Reize und Zerstreuungen auszuschalten ist aber, wie gezeigt, der ursprüngliche Impuls einer philosophischen Mimesiskritik, die Anstoß nimmt an der Reizbarkeit des Mimen, der beliebige Gestalten nachahmt und sich der pädagogischen Disziplinierung entzieht. Von Platon bis Turing spielt die Instanz des »Schulmeisters« (IS 13) für die Ausbildung von Menschen oder Maschinen eine zentrale Rolle, denn sie entscheidet darüber, welche neuen Umstände als wünschenswert erkannt werden, wenn Mensch oder Maschine vor einer Entscheidungsalternative stehen. Deshalb hat Turing keine Schwierigkeiten, die Mensch/Maschine-Differenz zu relativieren, weil das Maschinelle immer schon ein Moment der Menschwerdung gewesen ist. Auch Menschen funktionieren wie Rechenmaschinen, wenn es gelingt, dass sie »eine Liste von Handlungsanweisungen«, die man aufgeschrieben hat, abarbeiten: »Ein Mensch, ausgestattet mit Papier, Bleistift und Radiergummi sowie strikter Disziplin unterworfen, ist in der Tat eine Universalmaschine.« (IS 91)

4. Mimesis der Dinge: Von den Objekten zu den Objektilen

Das erweiterte Feld der Mimesis, das mit der Durchsetzung der Industriegesellschaft und ihrer fabrikförmigen Produktionsweise auch alltägliche Lebensvollzüge bestimmt, ist dadurch charakterisiert, dass der mimetische Vektor nicht nur vom Menschen zu den Objekten oder ›niedrigeren‹ Lebewesen zeigt (der Mime, der Stimmen und Geräusche nachahmt und dadurch ›wie‹ ein Vehikel oder ein Tier klingt), sondern auch in umgekehrter Richtung. Es sind vermeintlich genuin menschliche Fähigkeiten und Eigenschaften, die von Maschinen nachgeahmt werden und die sich in unserer Gegenwart, denkt man an die Forschung zur Künstlichen Intelligenz (KI), auch Lernprozesse aneignen. Obwohl Turing die Parallele von Rechenmaschine und menschlicher Intelligenz im »Imitationsspiel« (IS 99 f.) vorführen zu können glaubte, beurteilte er die technische Modellierbarkeit von Lernprozessen, die nicht durch schulische Indoktrination zustande kommen, skeptisch: »Damit die Maschine die Möglichkeit hätte, Dinge selbständig herauszufinden, müßte es ihr erlaubt sein, das Land zu durchstreifen, und die Gefahr für den Normalbürger würde ernst.« (IS 97) Der britische Schriftsteller Samuel Butler hat in seinen drei Büchern von den Maschinen, die Teil seines Romans *Erewhon* (1872) sind, die philosophische Problematik der Maschinenmimesis so formuliert:

»Wer vermag zu sagen, ob die Dampfmaschine nicht schon eine Art Bewußtsein hat? Wo beginnt das Bewußtsein, und wo hört es auf? Wer kann den Trennstrich ziehen? Wer kann überhaupt irgendwo einen Trennstrich ziehen? Ist denn nicht alles mit allem verflochten? Ist nicht die Welt der Technik mit dem Tierreich auf unendlich mannigfache Art verquickt? Die Schale eines Hühnereis ist ein zartes keramisches Gebilde und so gut ein Stück Technik wie ein Eierbecher; die Schale ist ein technisches Mittel, um das Ei zu fassen, genau wie der Eierbecher eines ist, um die Schale zu fassen.«[173]

Nicht zufällig sind es bestimmte Formen (Eierschale, Eierbecher), die Butler anführt, um das menschliche Privileg der technischen Formbildung infrage zu stellen. Aus Butlers Sicht entspringt die Ideenlehre Platons einer Handwerkerphilosophie, die dem Philosophen zubilligt, die Modelle oder Entwürfe zu erfinden (Begriffe, Ideen), an denen sich der Handwerker orientiert, um aus der jeweiligen Materie die Dinge des täglichen Gebrauchs zu fertigen.

Dass die philosophische Geste darin besteht, einen »Trennstrich« zu ziehen, kann man all jenen Formulierungen Platons entnehmen, in denen er der Mimesis vorwirft, dass sie »mit dem von der Vernunft Fernen in uns ihren Verkehr hat« (P 603 a), statt es auszuschließen. Dieser Strich trennt aber nicht nur die schrankenlose Mimesis von Vernunft und Besonnenheit als den philosophischen Kardinaltugenden; er trennt vor allem die ›trügerische‹ Kunst der Mimesis, ihre *techné*, von den ›praktischen‹ Künsten, die die Menschen mit den Dingen des Alltags versorgen, ohne die sie nicht leben können. Die Kunst der Künstler, im

Unterschied zur Kunst der Handwerker, ist nicht nur trügerisch, sondern auch *unnütz*, denn sie heftet sich an die Außenseite der Dinge, an ihre variable und perspektivisch relative Erscheinungsweise, die sie nachahmt, ohne etwas von ihrer Struktur oder ihrem Wesen zu verstehen. Die Künstler oder ›Nachbildner‹ verfügen über keinen *Begriff* der Dinge, die sie nachbilden – und der Begriff ist in diesem Fall die intellektuelle Technik, das Know-how, mittels dessen ›etwas‹ von seiner Umwelt abgeschnitten und als es selbst konstituiert wird. Mimesis trägt den philosophisch unerträglichen Exzess auch in die Ordnung der Dinge und Objekte hinein. Sie beschränkt sich nicht darauf, bloß Verwirrung in und zwischen den Subjekten anzurichten, wenn die Zuschauer einer Theateraufführung sich von den Darstellern auf der Bühne affizieren lassen. Das ist der Grund, warum die Zurückweisung der Mimesis im X. Buch der *Politeia* mit der Einführung der Figur des Handwerkers einsetzt, der nicht Bilder, sondern Gegenstände des täglichen Gebrauchs anfertigt. Der Nachbildner vergreift sich an den Dingen schon deshalb, weil er ihre Dreidimensionalität und praktische Handhabbarkeit auf die zwei Dimensionen einer Oberfläche (z.B. einer Leinwand) reduziert, die ein bloßes Bild des Objekts bietet, mit dem praktisch nichts anzufangen ist.[174] So wie die Subjekte durch die fehlgeleitete Mimesis von dem entfernt werden, was sie wesensmäßig zu sein haben – tapfer und besonnen –, werden die Objekte durch Dimensionsreduktion dem Zweck entfremdet, für den sie eigentlich da sind. Sie verwandeln sich in Phantome.

Dieser Aspekt einer bildnerischen ›Unterminierung‹ der Solidität des Objekts ist über Platon hinaus von entscheidender Bedeutung für die Bestimmung des Verhältnisses von Modell und Serie im Rahmen der industriellen Ordnung des 20. Jahrhunderts, die ja in einem ungeahnten Maße erstmals die sogenannten Konsumgüter und damit zugleich den Konsumenten oder Verbraucher erfasst. Ein wichtiges Argument, das die Philosophin Hannah Arendt vorgetragen hat, verweist auf die Tragweite dessen, was mit der Hinwendung der industriellen Produktionsordnung zum Konsum und damit zur seriellen Herstellung der Güter des Verbrauchs auf dem Spiel steht, nämlich nichts Geringeres als die »Dauerhaftigkeit der Welt« (VA 124). Die Ideen, denen die platonischen Handwerker bei der Herstellung der Güter des täglichen Gebrauchs folgen, garantieren nicht nur die *Identität* der Objekte in ihren Exemplaren, sondern auch deren *Haltbarkeit*, denn diese Objekte haben als Abbilder der Ideen Teil an deren Ewigkeit. Die Ideen sind die Vorbilder der Handwerker und unterscheiden sich eben dadurch von den Trugbildern der Künstler, die flüchtig wie die Reflexe der Spiegel sind, die ein Künstler durch die Welt trägt. Solange es Menschen gibt, wird es immer Bettgestelle und Tische geben, die bestimmte Anforderungen erfüllen müssen und nur in bestimmten Grenzen modifizierbar sind:

> »Diese Eigenschaft des Beständigseins, die dem Modell und Vorbild zukommt – daß es vor dem Beginn der Herstellung schon war und noch als identisches da ist, wenn die Herstellung an ihr Ende gekommen ist, daß es also die Entstehung aller in seinem Bilde hergestellten Dinge überdauert und immer weiter unveränderlich und unerschöpflich zur Herstellung neuer Dinge dienen kann –, spielt eine sehr große Rolle in Platos Lehre von den immerwährenden Ideen.« (VA 129)

Arendt hat nun, anders als Platon, ausgerechnet im Kunstwerk den Garanten der Beständigkeit der Welt gesehen – und zwar schlicht deshalb, weil es, wie die Ideen, nur zur Betrachtung und nicht, wie die industriellen Konsumgüter, zur Aneignung oder zum Verzehr hergestellt wird. Das Kunstwerk ist »den täglichen Bedürfnissen und Notdürften des Lebens entrückt« (VA 155).

Seine immer wieder beschriebene Nutzlosigkeit hat den Sinn, eine Sphäre zu konstituieren, die dem »zersetzende[n] Einfluß« der Naturprozesse ein für alle Mal entzogen ist (VA 155) – d. h. Naturprozessen *und* einer industriellen Produktionsweise. Diese Produktionsweise verwandelt die gesamte Natur in eine Ressource für die Herstellung von Gütern, die für den Verbrauch bestimmt sind und deren Haltbarkeit immer nur befristet ist.

Arendts auf den ersten Blick merkwürdige Sorge um die Beständigkeit der Welt, die durch Dinge zu gewährleisten ist, trägt aus heutiger Sicht geradezu prophetische Züge, denn sie konnte zum Zeitpunkt der Abfassung der *Vita activa* (1958), als man Computer noch »Intelligenz-Maschinen« (VA 160) nannte, noch nicht absehen, in welchem Ausmaß es der digitalen Zivilisation gelingen würde, die Dinge zwar nicht ›abzuschaffen‹, aber in immer nur vorläufige ›Emanationen‹ eines Produktions- und Informationsprozesses zu verwandeln, die ihnen ihre Härte, Widerständigkeit und Stabilität rauben. Dass sich die hergestellten Dinge wenigstens der Unvergänglichkeit annähern können, gilt Arendt als Ausweis ihrer Göttlichkeit, denn sie geben einen Abglanz von Unsterblichkeit in einer Welt der Sterblichkeit: »Weil alles Seiende auch erscheint, und nicht erscheinen kann ohne eine ihm eigene Gestalt, gibt es in Wahrheit kein Ding, das nicht das bloße Gebrauchtwerden bereits übersteigt und eine Art von Existenz hat, die jenseits seiner Funktion liegt.« (VA 161) Die Spannung zwischen Herstellung und Arbeit, *homo faber* und *homo laborans*, drückt sich im Bereich der objektbezogenen Mimesis im jeweiligen Status des Instrumentalen aus: Solange die *Hand* die entscheidende Rolle bei der Hervorbringung der Dinge spielt, gewährleistet der Handwerker die Zweckbezogenheit und Formkonstanz des Objekts; tritt die Maschine (genauer und mit Marx zu sprechen: die »Maschinerie« oder das »Maschinensystem«[175]) auf den Plan, wandelt sich die Manufaktur zur »automatischen

Fabrik«[176], deren Funktionsweise davon abhängt, dass es zu einer ›physischen‹ Kopplung oder Synchronisierung von Arbeitern und Maschine kommt, die nicht länger durch die vermittelnde Hand gesteuert wird. Die Kopplung zwischen Mensch und Maschine in der automatischen Fabrik berührt sich an einer entscheidenden Stelle mit der Rolle der spezifischen Mimesis, die Platon für die Polis akzeptiert. Denn auch für ihn hängt die Frage der guten Ordnung nicht allein von der *Idee* des Guten und den darauf bezogenen Gesetzen ab, sondern auch von *Praktiken*, in denen diese Ordnung ›eingewöhnt‹ oder inkorporiert wird.

Obwohl die Fabrikarbeit denkbar weit entfernt ist vom politischen Ideal der freien Selbstbestimmung und nach griechischen Maßstäben Sklaven zugewiesen würde, stimmt sie doch in *einem* zentralen Punkt mit dem überein, was Platon sich von der Mimesis in der Polis wünscht. Diese Mimesis, weit davon entfernt, alles nachzuahmen und sich mit allem zu ›vermischen‹, soll nur das Tugendhafte nachahmen, das Platon auch als das »Ungemischte« definiert (P 397d). Für den tugendhaften Bürger ist aber, wie gezeigt, charakteristisch, dass er nicht vielgestaltig sein darf, »da jeder nur eins verrichtet [...] Deshalb nun werden wir allein in einer solchen Stadt den Schuster nur als Schuster finden und nicht auch als Steuermann neben der Schusterei« (P 397e). Genauso verhält es sich in der automatischen Fabrik, wobei hier jeder nur noch eine *Teilarbeit* verrichtet und nicht, wie in Platons Handwerkerstadt, für ein ganzes Produkt zuständig ist. Die motorische Reduktion, die die automatische Fabrik den Arbeitern abverlangt, ist aber nur erträglich, weil sie durch den *Rhythmus* unterstützt wird – und damit durch ein körperliches Bewegungsschema, das unabhängig von der Kenntnis des Entwurfs, dem der Herstellungsprozess entspringt, eingeübt wird und das keine technische Verfügung über das Endprodukt gewährt. Musikalische und gymnastische Erziehung sind deshalb für die Polis so entscheidend, weil die gute Ordnung auf einen »brauchbaren Leib« (P 403d) angewiesen ist. Für den industriellen Arbeitsprozess wiederum gilt das Gleiche, wie Arendt zeigt, denn ihn beherrscht

»weder der im Vorhinein entworfene Zweck noch ein begehrtes Produkt, sondern die Bewegung des Prozesses selbst und der Rhythmus, in den er den Arbeitenden hineinzwingt. In diesen Rhythmus werden die Arbeitsgeräte mithineingezogen, so daß Körper und Werkzeug in der gleichen immer wiederholten Bewegung schwingen, bis schließlich die Maschinen [...] dem Körper die Initiative für die Bewegung abnehmen, und nicht mehr er dem Werkzeug den Takt angibt, sondern nach dem Takt der Maschine gewissermaßen tanzt.« (VA 133)

Arendts Hinweis auf den Tanz an dieser Stelle ist kein willkürlicher Vergleich. Marx betont im Kapitel über »Maschinerie und große Industrie« die monströse Seite des entwickelten Maschinenbetriebs und verwendet in diesem Zusammenhang das Bild eines besonders exzessiven Tanzes, um die Kopplung der Maschinerie mit den menschlichen Arbeitsorganen vor Augen zu stellen und zugleich zu kritisieren:

»An die Stelle der einzelnen Maschine tritt hier ein mechanisches Ungeheuer, dessen Leib ganze Fabrikgebäude füllt, und dessen dämonische Kraft, erst versteckt durch die fast feierlich gemeßne Bewegung seiner Riesenglieder, im fieberhaft tollen Wirbeltanz seiner zahllosen eigentlichen Arbeitsorgane ausbricht.«[177]

Der Tanz diente den Griechen, wie wir gesehen haben (Kapitel I/5), als ein wichtiges, wenn auch nicht als das ausschließliche Referenzmodell der Mimesis. In der Lobrede des Lukian fungierte er als Modell der Mimesis, weil beim Tanz die Körperbewegung nicht vollständig oder nicht primär einem Handelnden entspringt, der sich als die Ursache der Bewegung vorstellt. Der Tanz schließt nicht aus, dass auch nicht-menschliche Akteure den Takt angeben. Die *passiones* konstituieren die Tanzenden mehr als Leidende oder sich wechselseitig Affizierende denn als Handelnde. Rhythmus, wiederholte Bewegung, Schwingen, Hineingezogenwerden sind die zentralen Begriffe, die auch für Platon jene mimetischen Vollzüge beschreiben, die die Körper direkt miteinander verbinden und die er verwirft – es sei denn, sie kommen der politischen Ordnung zustatten. Die rhythmische Vereinigung ist ein Konzept, das scheinbar ganz auf den Tanz als eine der Arbeit enthobene Praxis verweist, während es doch ausgerechnet für die ›automatische‹ Fabrikarbeit charakteristisch ist, dass sie ihrerseits einem alle Arbeitsvollzüge und Arbeitenden übergreifenden Takt gehorcht, dessen Gesetzmäßigkeit durch den »fieberhaft tollen Wirbeltanz« konterkariert wird, in den der Rhythmus die »Arbeitsorgane« versetzt.

Die Ersetzung der handwerklich gedachten Ideenmimesis durch eine Dynamik mimetischer Kooperation zwischen Körper und Maschine hat Konsequenzen für den Status des Objekts in der industriellen Gesellschaft, wie sich auf verschiedenen Ebenen zeigt:

1. Das Verhältnis zu den alltäglichen Dingen, das für den Mimesisbegriff seit den frühen philosophischen Auseinandersetzungen zentral ist, unterliegt einem fundamentalen Wandel, wie nicht nur Arendts Ausführungen zum Gegensatz von (werkbezogenem und zielgerichtetem) Herstellen und (prozessbezogenem und endlosem) Arbeiten deutlich machen. Dieser Wandel vollzieht sich zunächst besonders sinnfällig auf der Ebene der Gebrauchsgüterproduktion und damit in einer Sphäre, in der ›künstlich‹ hergestellte Objekte in den Lebenszusammenhang der Men-

schen eintreten und diesen Zusammenhang modifizieren. Jean Baudrillard hat bereits Ende der 1960er Jahre die entsprechenden Konsequenzen dieses Vorgangs für das Verhältnis von Modell und Serie durchdekliniert. Das industrielle Modell ist paradoxerweise zu einem modifizierbaren Element der Serie geworden, der es nicht mehr in absoluter Transzendenz gegenübersteht. Modelle, die dem Massenkonsum zunächst nicht zugänglich waren, ›färben‹ auf die Seriengegenstände ab, die sich in ihrem Licht sonnen. Seine Integration in die Serie nimmt dem Modell aber gleichzeitig seine Vorbildhaftigkeit. Modell und Serien befinden sich in einem prozessualen Zusammenhang wechselseitiger Anpassung und Entfremdung: »Es gibt immer weniger reine Modelle und Serien. Die Übergänge zwischen beiden nehmen unbegrenzt zu.« (SD 173) Baudrillard spricht von einem »Hinundherströmen von der Serie zum Modell und vom Modell zur Serie mit weiter Streuung« (SD 174) und bekräftigt damit auf seine Weise den von Arendt diagnostizierten Untergang der beständigen Dinge, die als gemachte Objekte der Welt Stabilität verleihen. Auf dem Feld von Modell und Serie verfügt kein Objekt über die Stabilität des Kunstwerks, weil das Modell, das diesen Anspruch klassischerweise erhebt, längst zu einer Marketingfunktion der Serienproduktion geworden ist: »Selbst der unbedeutendste Gegenstand hebt sich von den anderen ab: in der Farbe, in der Ausarbeitung, in Details.« (SD 176) Der entscheidende Unterschied zieht sich in den Bereich marginaler Differenzen zurück, die eine »Verpersönlichung« (SD 174) des Gegenstands bewirken, die scheinhaft ist – scheinhaft genau in dem Sinne, in dem Platon den Künstlern vorwarf, den getreuen Abbildern der Ideen, die die soliden Handwerker anfertigen, nur den trügerischen Schein hinzuzufügen. Das Modell im Zeitalter der Serienproduktion simuliert die Substanz und unterwirft sie zugleich der permanenten Abwandlung. Das platonische Objekt ist im Unterschied zum seriellen Objekt der geformte Gegenstand, der sich in den Grenzen eines festgelegten Typus bewegt. Daher gilt für die moderne Produktionsweise:

»Man darf Serie und Modell nicht als Endglieder einer systematischen Opposition auffassen, wobei das Modell eine Art ›Essenz‹ wäre, die mit der ›Menge‹ multipliziert eine Serie ergäbe; als ob das Modell ein der Wirklichkeit im höchsten Sinn entsprechender Zustand, eine Konzentration des Dinges wäre, die zu einer Serie ausgeprägt und zerteilt würde.« (SD 179)

2. Die platonische Konzeption des Dings als Form oder zeitenthobene Gestalt war philosophisch nicht ohne Alternativen. Man musste nicht erst das industrielle Zeitalter und im Weiteren die digitale Produktionstechnik abwarten, um eine andere Konzeption des Dings zu entwickeln. Mit dem französischen Philosophen Gilles Deleuze kann man dieses Ding das *barocke Objekt* nennen. Deleuze war es auch, der in einem kurzen Text über die sogenannten *Kontrollgesellschaften* den Bogen von Leibniz und dem Barock in unser Zeitalter der digitalen Bildung (und der Bildgebung) geschlagen und zugleich die ambivalenten Effekte dieses Übergangs im Hinblick auf die Modalitäten heutiger Machtausübung beschrieben hat: »Was ist barock?« (F 49) Es sind zwei Aspekte, die Deleuzes letzte Monografie, die unter dem Titel *Die Falte. Leibniz und der Barock* erschien, für eine Theorie der Mimesis aufschlussreich machen. Anders als bei René Descartes, der das Ding als dasjenige bestimmte, das sich in allen Veränderungen als dasselbe durchhält, stellt der Barock das Objekt nicht länger einem Subjekt gegenüber, das es erkennt und technisch manipuliert. Im Barock ist es »das Paar Material – Kraft«, das »die Materie und die Form ersetzt« (F 63). Damit kommt es zu einer anderen Aufteilung zwischen Spontaneität

und Passivität: Im Unterschied nämlich zu der platonisch-demiurgischen Auffassung der *Materie*, die erst durch die Form, welche von außen auf sie trifft, in spezifischer Weise organisiert wird, verfügt das *Material* bereits von sich aus über Kraftlinien, die es für eine bestimmte Formung empfänglicher als für eine andere machen. An die Stelle der Opposition von reiner Form, die über alle Kraft verfügt, und ebenso reiner Materie, die sich widerstandslos jeder Prägung durch die Form hingibt, tritt das Spiel unterschiedlicher Kräfte, so dass Aktivität und Passivität nicht konträre Pole, sondern relative Wirkungsgrößen innerhalb eines Gefüges sind. Auch die passiven Kräfte, die das Material den formenden Kräften entgegensetzt, verfügen über ein bestimmtes Maß an Aktivität, sonst wären sie keine Kräfte: Mit dem Begriff der Textur bezeichnet Deleuze daher den »Widerstand des Materials« (F 64), der sich in Bruchlinien äußert, wenn die formenden Instanzen zu viel Kraft anwenden, um sich dem Material aufzuzwingen. Das platonische Konzept der Formung orientiert sich dagegen am Modell von Stempel und Prägung. Dass die Materie im barocken Konzept zur »Ausdrucksmaterie« (F 65) wird, bedeutet nichts anderes, als dass sie zur *Sphäre der Darstellung* gehört, die im theatralen Modell der Mimesis das Privileg der Ausdruckskünstler ist. Deleuze verwendet für diesen neuen Objekttypus den Begriff »Objektil« (F 35), eine Analogiebildung zu Projektil. Der Neologismus soll unterstreichen, dass das Objekt über eine eigene Zielrichtung verfügt und nicht in der bloßen und ständigen Vorhandenheit und beliebigen Manipulierbarkeit aufgeht. Die Materie ist nicht allein »ausgedehnt, sondern hat ›Undurchdringlichkeit‹, Trägheit, Stoßkraft und ›Anhänglichkeit‹.« (F 81)

3. Deleuze hat in seinem Buch über Leibniz betont, dass das Objektil als Kritik einer Dingvorstellung, die das »immerwährend Bleibende«[178] zur unbefragten Norm erhebt, ganz praktische

Konsequenzen für die technologischen Anwendungen unserer Gegenwart hat und keineswegs auf die philosophische Spekulation begrenzt ist. Dieser Aspekt ist nicht überraschend, hatte ja bereits Platon seine Ideenlehre am Stand der handwerklichen Technik seiner Zeit zu plausibilisieren versucht. Deleuze schlägt nun eine Betrachtung des Industriezeitalters vor, die seine Epoche von einer fundamentalen Zäsur durchquert sieht. Diese Zäsur ist durch die Differenz von *Objekt* und *Objektil* markiert. Zu Anfang des Industriezeitalters dominiert noch die »Idee des Standards«, die »einen Schein an Wesen wahrte und ein Gesetz der Konstanz auferlegte (›von den Massen und für die Massen produzierter Gegenstand‹)« (F 35). Unsere heutige Situation dagegen ist durch die »Fluktuation der Norm« gekennzeichnet, die die alte »Permanenz eines Gesetzes« ersetzt. Damit ist gemeint, dass der Gegenstand »durch Variation seinen Platz in einem Kontinuum einnimmt, sobald Produktionstechnik und numerisch gesteuerte Maschinen die Prägung ersetzen. Der neue Status des Gegenstandes bezieht diesen nicht mehr auf eine räumliche Prägeform, d.h. auf ein Verhältnis Form – Materie, sondern auf eine zeitliche Modulation, die eine kontinuierliche Variation der Materie ebenso wie eine kontinuierliche Entwicklung der Form impliziert.« (F 35 f.) Mit dem Gegenstand ändert sich ebenfalls der Status des Subjekts, das seine stabile Position des Gegenübers in der Subjekt-Objekt-Beziehung einbüßt und seinerseits in die Dynamik der zeitlichen Modulation hineingezogen wird.

4. Den in der zeitgenössischen Medientheorie und hier vor allem in den sogenannten *Surveillance Studies* viel diskutierten und inzwischen kanonisch zu nennenden kurzen Text von 1990 zu den sogenannten »Kontrollgesellschaften« hat Deleuze ein »Postskriptum« genannt (PS 254), weil er ein Nachtrag zum zwei Jahre zuvor erschienenen Buch über Leibniz ist. Deleuze unternimmt

in dem Text den Versuch einer ersten Ausbuchstabierung des Objektils für unsere Gegenwart, in der sich eine umfassende *Medialisierung der technischen Objekte* vollzieht. Diese Medialisierung beruht auf einem mimetischen Verhältnis, da sie einen Austausch von Eigenschaften bewirkt, die man gewohnt war, exklusiv Subjekten oder Objekten zuzuschreiben. Im Anschluss an den Philosophen und Medientheoretiker Paul Virilio spricht Deleuze von den »ultra-schnellen Kontrollformen mit freiheitlichem Aussehen« (PS 255), die inzwischen, fast dreißig Jahre nach der Publikation des Aufsatzes, in Form der webbasierten digitalen (Selbst-)Überwachungspraktiken der Gegenwart unsere aktuelle Lage bestimmen. Sowohl die Schnelligkeit als auch das freiheitliche Aussehen der neuen Anwendungen, die auf die aktive Mitwirkung der Nutzer rechnen können, haben sich in einem 1990 noch völlig unabsehbaren Maße inzwischen technisch realisiert. Aus mimesistheoretischer Sicht ist an dieser Stelle festzuhalten, dass Deleuze das alte und das neue Machtregime (Macht durch Disziplinierung der Körper vs. Kontrolle durch unmerkliche Abschöpfung von Daten) mit derselben kategorialen Differenz zu fassen versucht, die er für das barocke Subjekt-Objekt-Verhältnis herangezogen hatte. Die Einschließungen der Körper, auf denen die Disziplinarmacht beruht[179], sind »unterschiedliche Formen, Gußformen, die Kontrollen jedoch sind eine Modulation, sie gleichen einer sich selbst verformenden Gußform, die sich von einem Moment zum anderen verändert, oder einem Sieb, dessen Maschen von einem Punkt zum anderen variieren« (PS 256). Die Textur des Materials, auf der die Kontrollmacht beruht, besteht nicht länger aus Fleisch und Blut der Körper, die ›beherrscht‹ werden müssen, sondern aus Daten, genauer: ständig hochdynamisch weiter wachsenden Datenbanken, die ihrerseits computertechnisch lesbar und auswertbar sind. Die Auswertung dieser *big data* und die auf ihrer Grundlage vorgenommenen institutionellen Anpassungen (Prinzip der permanenten Reform) sollen Verhaltensmodulationen bei den Nutzern auslösen, die wiederum datenmäßig erfasst und abgeglichen werden: »Die Individuen sind ›dividuell‹ geworden [also ihrem Namen zum Trotz weiter teilbar, zerlegbar, ›dividierbar‹, in Datenkomplexe oder ›Informationen‹ auflösbar, FB] und die Massen Stichproben, Daten, Märkte oder ›Banken‹« (PS 258), also *Daten*banken. Diese auf Individuen und Populationen bezogene informatorische Kontrolltechnik erfasst auch die Objekte (Güter, Waren), insofern digitale Markierungstechniken zum automatischen und berührungslosen Identifizieren und Lokalisieren von Objekten und Lebewesen (RFID) sie nicht nur umfassend ›lesbar‹, sondern über Funk auch ansteuerbar machen, so dass ihre jeweiligen Positionen etwa im Rahmen komplexer Logistikketten jederzeit präzise ermittelt werden können. Objekte werden auf diese Weise in eine Kommunikationsbeziehung eingefügt und gleichen sich so dem Status von Subjekten an, denen man die längste Zeit das Privileg, Sender und Empfänger von Botschaften zu sein, vorbehalten hatte. Die Medialisisierung des technischen Objekts stattet also tatsächlich die Dinge mit Eigenschaften aus, die man vor dem Hintergrund unserer philosophischen Denkgewohnheiten sogenannten Subjekten oder Menschen vorbehalten zu können glaubte. Die Objekte eignen sich die Verwandlungsfähigkeit an, die Platon an der exzessiven Mimesis kritisierte. Sie sind nicht einfach nur vorhanden, sondern verfügen über eine eigene Zeitlichkeit. Statt eine stabile Form anzunehmen, haben sie Teil am unendlichen Werk oder der unendlichen Operation, die Deleuze als die Erfindung des Barock begreift. Sie partizipieren damit an einer zeitlichen Modulation, die unbeendbar ist. Diese macht die Spezifik moderner Serialität aus, die sich nicht länger im Horizont von Proto- oder Archetypen verstehen lässt. Die Verwandlungsfähigkeit der technisch-industriellen Objekte führt allerdings nicht zu einer Wiederverzauberung der Welt. Sie sieht sich – auch darin erkennt man die Fortwirkung eines platonischen Motivs – ihrerseits wuchernden Kontrolltechniken ausgesetzt, die die jederzeitige Identifizierbarkeit der mobilisierten Objekte garantieren sollen.

5. Medienästhetische Konsequenzen: *Ripping Reality*

Die Frage nach der Kunst und dem Kunstwerk im Zeitalter ihrer digitalen Produktion und Reproduzierbarkeit steht im Zentrum vieler aktueller Debatten, die die Auswirkungen der digitalen Kultur auf die Sphäre des menschlichen Handelns und Herstellens, also die *vita activa* betreffen. Dass der Künstler nichts von den Dingen versteht, die er nachahmt, wirft ihm Platon vor. Er muss es aber auch nicht, denn er stellt keine Dinge für den Gebrauch her, sondern bloße Oberflächen, die Platon mit den Bildern vergleicht, welche für einen Augenblick in den Spiegeln sichtbar werden, die die Künstler durch die Welt tragen. Die Spiegel wissen nichts zu unterscheiden: Sie sind nicht von irgendwelchen Erinnerungen beschwert, die ihren Blick beschränken können. Anders als menschliche Augen erzeugen Spiegel nichts, sie formen die Welt nicht um, sondern geben sie in ihren flüchtigsten Aspekten wieder. Gleichzeitig sind Spiegel aber primitive Bildmaschinen, die man deshalb auch als Vergleichsmedien herangezogen hat, um den Bildtypus zu beschreiben, den Kameralinsen erzeugen. Spiegel haben die Macht, die Welt zu verwandeln, weil sie, wie der Filmtheoretiker Siegfried Kracauer formuliert hat, »dreidimensionale Erscheinungen ins Flächenhafte übertragen und so aus dem Zusammenhang ihrer Umwelt lösen« (TF 40).[180] Diese Bild*produktion* ist aus philosophischer Sicht eine Bild*reduktion*, also ein Verfahren, das das Volumen der

Dinge auf platte Flächen projiziert und ihnen damit genau jene Dinghaftigkeit und Solidität nimmt, die Arendt letztlich im Kunstding wiederzufinden glaubt. Wenn die kinematografische Bildgebung sogar noch die feste Verbindung zwischen Projektion und Leinwand aufgibt, wie sie für die Malerei typisch ist, steigert sich die Flüchtigkeit des Bilderflusses noch einmal, der nur durch technische Spezialvorrichtungen angehalten werden kann. Die Nachbildner verlieren sich in der Unabschließbarkeit einer Serie von Aspekten, deren Zusammenhang im Film durch die Montage gewährleistet wird, für die der Schnitt – und damit aus philosophischer Sicht die kompositorische Kontingenz – maßgeblich ist. Der Spiegel bei Platon bezeichnet, so gesehen, einen Maler, der unablässig Skizze an Skizze fügt und damit das solide Objekt in eine kontinuierliche Variation auflöst. Er operiert als ein elementarer Modulator.

Die Bildproduktion der Gegenwart lässt sich auf der einen Seite durchaus mit dem Begehren nach einem derartigen Spiegel begreifen, denn die digitalen Bildmedien verstärken die Intensität der Bildmodulationen, da sie auf Apparaten beruhen, die eine kontinuierliche Produktion und Distribution von Ansichten ermöglichen. Der Spiegel, etwa in Form von ins Smartphone integrierten Kleinkameras, gehört zum ständigen Alltagsbegleiter der *digital natives*. Platon hatte mit seinem Spiegelvergleich ja nicht nur auf die Beliebigkeit der hergestellten Weltausschnitte (grundsätzlich kann alles, was zur äußeren Wirklichkeit gehört, im Spiegel erscheinen), sondern, entscheidender noch, auf das Kriterium der Portabilität abgehoben, das für eine mimetische Praxis zentral ist, die sich nicht länger ein Kriterium der Darstellungswürdigkeit von Gegenständen oder Ereignissen vorgeben lässt und die allein auf den Impuls oder die Gelegenheit zur Bild*gebung* – im Sinne der Produktion und der prinzipiell instantan möglichen netzförmigen Verbreitung – vertraut. Um dem

Impuls und der Gelegenheit zur Bildgebung folgen zu können, muss der Spiegel bzw. die Kamera zum ständigen Begleiter werden – eine Tendenz, die schon in der klassischen Filmtheorie von Bedeutung ist, wenn dem Kino, wie bei Kracauer, zur Aufgabe gemacht wird, den »Rohstoff des Lebens« zu zeigen (TF 67) und sich der »Flucht der Erscheinungen« (TF 85), wie sie das Leben bringt, anzuvertrauen. Kracauer bekräftigt mit seiner Vorliebe für die Kamera Lumières, die man an eine beliebige Stelle der Straße stellt, diesen mobilen und provisorischen Charakter des bildgebenden Verfahrens, das er den arrangierten Studioproduktionen gegenüberstellt. Das »Zufällige« (TF 97), »Ausfallerscheinungen« (TF 86), »Abfälle« (TF 87) und »Phänomene, die das Bewußtsein überwältigen« (TF 91), sind daher die bevorzugten ›Gegenstände‹ einer Filmtheorie, die die Kamera als »Lumpensammler« (TF 87) einsetzt und damit genau den Verdacht Platons bestätigt, dass die Mimesis, die ›alles‹ nachahmt, jede normative Orientierung eingebüßt hat.

Platons satirisch gemeintes Bild vom spiegelherumtragenden Künstler ist also inzwischen zu einer sozial und politisch eminent wichtigen Tatsache geworden. Mimesis wird erst unter den gegenwärtigen digitalen Bedingungen zu einem *fait social total*, das alle gesellschaftlichen Bereiche durchdringt. Die sogenannten Sozialen Medien führen tatsächlich zu einer totalen Form der Bildgebung (Bild-, Ton- und Textgebung, müsste man genauer sagen), die den Alltag begleitet und die sogar noch die spezialistischen Techniken der Bildbearbeitung vergemeinschaftet: »Image production«, so die Künstlerin und Medientheoretikerin Hito Steyerl in einem programmatischen Text, »moves way beyond the confines of specialized fields. It becomes mass postproduction in an age of crowd creativity. Today, almost everyone is an artist.« (DFA 149) Die Bildproduktion ist von der Bildpostproduktion nicht länger trennbar, wobei hier neben ›menschlicher‹

Nachbearbeitung auch algorithmische Filtertechniken zum Einsatz kommen, die die ›Verschönerung‹ des Ausgangsbildes automatisch übernehmen. Zum Schein, den der Spiegel von den Dingen zurückwirft, so ließe sich mit Platon sagen, tritt jetzt die *Arbeit an ihm* hinzu, die den Abstand zum Urbild bzw. zur Idee um eine weitere Stufe vergrößert: Die Bilder der Künstler waren Trug- oder Schattenbilder, weil sie »um das Dreifache von der Wahrheit abstehen« (P 599a). Die nachbearbeiteten und aufgehübschten Bilder der Postproduktion stehen um das *Vierfache* von der Wahrheit ab. Aus platonischer Sicht vergrößern sie die Scheinhaftigkeit des Scheins noch einmal. Der Schein steigert seine Macht zusätzlich durch die digital ermöglichte Verbreitungsgeschwindigkeit der Bilder, die ihre alltägliche Präsenz gewährleistet, ins Unabsehbare: »[W]ith the digital proliferation of all sorts of imagery, suddenly too much world became available. The map, to use the well-known fable by Borges, has not only become equal to the world but exceeds it by far.« (DFA 148)

Tatsächlich war Jean Baudrillard bereits in den prädigitalen 1970er Jahren bis zur »göttlichen Referenzlosigkeit der Bilder«[181] vorgedrungen. Was noch zu tun bleibt, ist, die Schraube der mimetischen Selbstreferenz ein weiteres Mal zu drehen und den Bildern das zurückzuerstatten, was in der philosophisch-spekulativen Linie von Platon bis Baudrillard *vergessen* worden war, nämlich ihre Fähigkeit, das ›Image‹ des Simulanten abzulegen und eine Stabilität zurückzugewinnen, die Platon den Produkten der Handwerker vorbehalten hatte. Steyerl hat für diesen Vorgang die griffige Formel »Ripping Reality« (DFA 191) vorgeschlagen, die ›Wandlung‹ der Wirklichkeit als Effekt ihrer digitalen Erzeugung. *Ripping* führt seiner Wortbedeutung nach auch die Dimension des (gewaltsamen) Herausreißens mit, also die Vorstellung einer Entnahme von *Wirklichkeitsstücken*. Die flachen Bilder gewinnen ihre 3D-Dimension zurück, wie nicht nur an den Entwicklungen auf dem Feld der Virtual Reality und ihren Immersionstechniken erkennbar wird. Wir verfügen inzwischen auch über 3D-Drucktechniken, die dazu in der Lage sind, materielle Repliken oder *Originalkopien* von Objekten und Situationen anzufertigen:

»Images are thus potentially replaced by objects that stand for other objects. In these technologies, representation is replaced by replication. We are already used to copy-paste and quickly replicate 2D-items, such as pictures or words. But how does one copy-paste reality? How would one create an indexical material replica of a situation?« (DFA 191)

3D-Technologien erstatten den Bildern Tiefe und Ausdehnung zurück. Sie erzeugen Kopien mit Volumen. Bei diesen Technologien handelt es sich nicht einfach um Wiedergänger des Abdrucks, bei dem sich die Materie nicht von der Form trennen lässt, weil sie sich (unter Umgehung der ›Konzeption‹ oder *idea* des Künstlers) *direkt*, nämlich wie im Fall des Abgußverfahrens von Materie auf Materie überträgt.[182] Im Falle der 3D-Bildgebungsverfahren spricht Steyerl daher von »objectifiction« (DFA 201). Bilder werden hier durch eine Transformation von Oberflächen zu dreidimensionalen Objekten, was zugleich heißt: durch eine (fiktive[183]) Ergänzung oder Komplettierung der stets unzureichenden Ausgangsdaten, die die gescannten Oberflächen notwendigerweise aufweisen:

»The surface is no longer a stage or backdrop on which subjects and objects are positioned. Rather, it folds in subjects, objects, and vectors of motion, affect, and action, thus removing the artificial epistemological separation between them.« (DFA 201)

Die aus Harz, Plastik und Metall zusammengesetzten oder geklebten 3D-Objekte geben den zweidimensionalen Bildern zwar einen Körper bzw. ein Volumen, aber sie müssen über die Bildvorlagen dort hinausgehen, wo die Datenlage unzureichend ist, weil sonst Löcher entstünden, die die Objektstabilität gefährden würden. Die Unerreichbarkeit der Wirklichkeit hat sich, so gesehen, nur von der 2D-Fläche auf das 3D-Kunstobjekt verschoben. Die Objekte erweisen sich tatsächlich als Effekte einer *Faltung*, womit einmal mehr das barocke Objektkonzept ins Spiel kommt: »Der Barock erfindet das unendliche Werk oder die unendliche Operation. Das Problem ist nicht, wie eine Falte beenden, sondern wie sie fortsetzen« (F 61). Das Problem ist nicht die Gestalt, die Form, das Eidos oder die *Morphé*, sondern das kontinuierliche *Morphing*, das die Objekte ineinander übergehen und sich auseinander entwickeln lässt und daher noch die schärfsten Oppositionen, deren Modell die Differenz von Anwesenheit und Abwesenheit ist, zu Variationen herabmildert.

6. Mimesis und Meme

In der alphabetischen Schrift und ihren Buchstaben hatte Platon, bei aller Kritik an den gedächtnisschädigenden Wirkungen des Speichermediums, doch zugleich auch einen Verbündeten gesehen, denn mit der Schrift etabliert sich in Griechenland die Vorherrschaft des visuellen über den akustischen Raum. Es waren ja vor allem Töne und Geräusche, die Platon besonders irritierten, wenn eine exzessive Mimesis sie der Darstellung für würdig hielt. Mit der Schrift ließen sich solche außersprachlichen Sounds schlicht nicht repräsentieren. Aber die *alphabetische* Schrift kommt doch der schrankenlosen Mimesis auch entgegen, denn anders als andere Schriften ist das Vokalalphabet in der Lage, *beliebige*

Reden zu codieren – und nicht nur sakrale Texte oder Listen von Personen und Gütern. Damit ignoriert sie im Bereich der Rede prinzipiell die Differenz zwischen dem, was würdig oder wert ist, aufgeschrieben zu werden, und dem, was Philosophen zufolge besser der Vergessenheit anheimgegeben wird. So wie der Mime die Differenz zwischen darstellungswürdigen und nicht darstellungswürdigen Gegenständen, Personen und Ereignissen ignoriert, so verfügt auch die Schrift über kein internes Kriterium, dass sie davor bewahrte, Beliebiges, also auch Anstößiges oder Triviales, zu notieren.

Tatsächlich kennt bereits die griechische Kultur einen Schriftgebrauch, den man als *privat* kennzeichnen könnte, da es hier nicht Rechnungsbücher, öffentliche Register oder philosophische Dialoge sind, für die Schrift verwendet wird, sondern sogenannte *hypomnemata*, also »private, als Gedächtnisstütze dienende Notizbücher«, deren Gebrauch, wie Michel Foucault gezeigt hat, »als Lebenshilfe und Verhaltensanleitung« in der »gesamten gebildeten Schicht verbreitet war«:

> »Man notierte dort Zitate, Auszüge aus Büchern, Exempel und Taten, die man selbst erlebt oder von denen man gelesen hatte, Reflexionen und Gedankengänge, von denen man gehört hatte oder die einem in den Sinn gekommen waren. Sie bildeten gleichsam ein materielles Gedächtnis des Gelesenen, Gehörten und Gedachten, einen zur neuerlichen Lektüre und weiterer Reflexion bestimmten Schatz an Wissen und Gedanken.« (ÜS 353)

Mimetische Relationen sind also in dieser operativen Schriftpraxis gleich mehrfach präsent: Zum einen sind die Notizbücher *Schrift zweiter Ordnung*, denn sie beziehen sich auf bereits andernorts Verschriftlichtes und Gelesenes, das zitiert und exzerpiert wird, also aus seinem Ursprungszusammenhang herausgelöst und in einen radikal geänderten Kontext eingefügt wird. Die mimetische Relation bestimmt zum anderen auch den pragmatischen Zweck der Notizbücher, die angelegt werden, um für eine *Wiederholungslektüre* zur Verfügung zu stehen. Die mimetische Relation betrifft hier den Modus einer ›geistigen‹, zugleich aber auch einer körperlichen Aneignung des Wiedergelesenen. Der mimetische Aspekt dieser operativen Schrift besteht darin, dass ihre Lektüre zur Gewohnheit wird und in Natur übergeht. Die antiken Notizbücher stimulieren ein »ethopoetisches Schreiben« (ÜS 353), das darauf abzielt, dass Gedanken ›in Fleisch und Blut‹ übergehen. Die Notizbücher waren eben nicht nur ›äußerliche‹ Gedächtnisstützen, sondern »Rohstoff und Rahmen für eine Übung, die immer wieder absolviert werden sollte: lesen, wieder lesen, meditieren, Gespräche mit sich selbst und anderen führen usw.« (ÜS 354). Die Wiederholung als die elementare Struktur der Mimesis zeigt sich nicht nur in der Repräsentationskraft der Nachahmung, sondern auch in einem gewissen Zwang, sich etwas immer und immer wieder vorzulegen.

Man musste die Notizbücher deshalb »zur Hand« haben (*ad manum*) (ÜS 354), wie man es, in einem ganz anderen medientechnischen und kulturellen Kontext, von den digitalen Medien sagt, denn man sollte jederzeit »bei Bedarf in seinen Handlungen darauf zurückgreifen« können (ÜS 354). Foucault betont mit Nachdruck die Nachahmungsrelationen, die die Notizbücher bestimmen, und unterscheidet sie von einer Ausdrucksbeziehung, also von der Vorstellung, es handele sich bei den Notizbüchern um intime Tagebücher, in denen das schreibende Subjekt etwas Verborgenes über sich selbst enthüllt. Es geht vielmehr stets darum, »bereits Gesagtes festzuhalten, Gehörtes oder Gelesenes zu sammeln«, um auf diese Weise die »Konstituierung des Selbst« (ÜS 355) zu ermöglichen. Foucault zitiert aus einem Brief Senecas an seinen Freund Lucilius, in dem er den Lektüreprozess mit der *Verdauung* vergleicht, die dafür sorgt, dass das Auf- und Angelesene »in unser Wesen« (*ingenium*) übergeht (ÜS 357).

Die phonetische Totalanalyse der alphabetischen Schrift dehnt den Zugriff auf ›alles‹ aus, was überhaupt sagbar ist. Sie vermehrt also den Bestand des schriftlich Aufbewahrten ins Unabsehbare – wofür nicht zuletzt die Hypomnemata ein Beispiel sind. In der gegenwärtigen Medienkultur verweist die Diskussion um die sogenannten Internetmeme auf eine Problemlage, die viele der strukturellen Merkmale der antiken Hypomnemata reproduziert.[184] *Meme* verweisen auf das griechische Wort für Gedächtnis und zugleich auf die Praktiken einer Auswahl und Sammlung anderswo aufgefundener ›Textbausteine‹, die man zu ›offenen‹, also fortsetzbaren Notizbüchern arrangierte. Die Macht der Meme ist in diesem Sinne also die Macht einer durch Wiederholung geprägten Lektüre, die zugleich eine andere Verbreitungslinie des aufgelesenen Materials eröffnet: Denn die privaten Notizen können, abseits der Institutionen, die Bücher und Werke oder Abhandlungen verwalten (archivieren und in Lehrkontexte einspeisen), zirkulieren, in ›unberufene‹ Hände gelangen und weitergeschrieben, also umgeschrieben und mit neuen Texten verknüpft werden. In den Memen verschränkt sich also die Funktion der Gedächtnisbildung mit derjenigen der Mimesis. Meme sind von Evolutionsbiologen wie Richard Dawkins als Analogiebildung zu Genen in die kulturwissenschaftliche Theoriebildung eingeführt worden, um die Replikation, die Verbreitung und die Evolution von kulturellen Elementen bzw. bedeutungstragenden Einheiten (Texte, Bilder, Töne) zu bezeichnen. Meme stehen also für eine »Einheit der *Imitation*«:

»Beispiele für Meme sind Melodien, Gedanken, Schlagworte, Kleidermoden, die Art, Töpfe zu machen oder Bögen zu bauen. So wie Gene sich im Genpool vermehren, indem sie sich mit Hilfe von Spermien oder Eizellen von Körper zu Körper fortbewegen, verbreiten sich Meme im Mempool, indem sie von Gehirn zu Gehirn überspringen, vermittelt durch einen Prozeß, den man im weitesten Sinne als Imitation bezeichnen kann.«[185]

Wie immer man auch zu den populärwissenschaftlichen Analogieschlüssen Dawkins stehen mag: Ein gewisser Erkenntniswert ist ihnen nicht pauschal abzusprechen. Mimesis unter den gegenwärtigen medienkulturellen Vorzeichen führt zu einer ›Imprägnierung‹ des Gedächtnisses mit Inhalten, die durch ihre replikatorische Potenz und ubiquitäre Präsenz im Netz die Aufmerksamkeit der Nutzer auf sich ziehen und Anhängerschaft erzeugen. Anders als in klassischen Massenmedien wie der Presse, dem Radio oder dem Fernsehen erlaubt es die neue Medientechnik den Nutzern, an den Memen ›mitzuschreiben‹ und diese Mitschrift wiederum auch zu *dokumentieren* und zu *verbreiten*. Darin liegt eine maßgebliche Differenz zu den Beschränkungen klassischer Einwegmedien. Diese für die Netzkommunikation entscheidende Ausweitung der Adressierungsfunktion, die die kommunikative Reichweite von online gestelltem *content* sowie die Verbreitungsgeschwindigkeit der replizierten Inhalte dramatisch erhöht, hat ihrerseits eine antike Vorgeschichte.

Die antiken Notizbücher sind eine Art medienkulturelles Vorläuferformat für die heutigen *Blogs* und *Vlogs*, die einen kontinuierlichen Strom von Texten und (bewegten) Bildern erzeugen, die aufeinander reagieren – und zwar häufig in der Weise, dass an einem Ausgangstext oder Ausgangsvideo Änderungen vorgenommen werden, die den Primärtext in ein Artefakt zweiter Ordnung verwandeln. In struktureller Hinsicht sind es also Zitat- und Kommentarstrukturen, also die Reproduktion durch Kopie, Imitation und Mutation (Abwandlung), die die Kommunikation auf den Plattformen von Social Media prägen; in dynamischer Hinsicht ist der Netzwerkaspekt entscheidend, der ein

Pendant in der griechischen Hypomnemata-Praxis hat, nämlich die *Korrespondenz.*

Die antiken Notizbuchschreiber belassen es nicht dabei, Textausschnittsammlungen für den eigenen Gebrauch anzulegen. Sie nutzen diese Sammlungen, um sie anderen zu schicken und so Einfluss auf sie auszuüben: »Der Brief, den man wegschickt, wirkt durch den Akt des Schreibens auf den Absender ein, wie er durch das Lesen und Wiederlesen auf den Empfänger einwirkt.« (ÜS 359) »Schreiben«, in diesem Sinne, heißt, »sich zeigen, sich sehen lassen, sein eigenes Gesicht vor dem des anderen erscheinen lassen« (ÜS 361) und sich dadurch zugleich angesehen fühlen, weil man sich durch das, was man im Brief niederschreibt, dem Blick des Empfängers aussetzt. Das Medium der Subjektivierung schlägt also durch die Verbreitungsweise des Briefes in ein *Medium der Selbstveröffentlichung* um, da das Subjekt dem Blick und der Prüfung des Adressaten ausgesetzt ist. Diese Struktur ist auch für die Digitalisierung der Meme von struktureller Bedeutung. Es geht in der entsprechenden Kommunikation sehr häufig um die Darstellung des Verhältnisses, das ein Subjekt zu sich selbst hat, und *zugleich* durch den Akt der Veröffentlichung um die Bereitschaft, sich dem prüfenden und kommentierenden Blick der anderen auszusetzen. Dass bereits die antike Korrespondenz vielfältige Formen ausgebildet hat, in denen ein Briefschreiber dem Briefpartner seinen »alltäglichen Tagesablauf« bis in die kleinsten, unscheinbarsten Details präsentiert – »[v]on seinem Tag erzählen gehört gleichfalls zur Praxis des Briefschreibens« (ÜS 364) –, wiederholt sich heute nicht nur millionenfach im Netz, sondern hat Konsequenzen bis in Filmprojekte hinein. Ein Beispiel wäre hier der Film *Life in a Day – Ein Tag auf unserer Erde* von 2011, der auf der Basis von Material erstellt wurde, das YouTube-Nutzer auf der ganzen Welt zur Verfügung stellten, wobei ein Internetkonzern unter Leitung renommierter Regisseure den Film produzierte.

Wenn man das Teilen (*sharing*) als die grundlegende Aktivität der Netzkommunikation in populären Communities bezeichnet hat, dann bringt dieser Begriff eine Logik und Dynamik der Verteilung ins Spiel, die sich vom Modell des Selbstbehalts, also der Trennung zwischen dem, was ›mein Eigentum‹ ist und exklusiv mir gehört, und den Ansprüchen der anderen auf Teilhabe an meinem ›Eigentum‹ (meiner eigenen Erfahrung, meinen eigenen Erlebnissen), grundsätzlich abheben. Mimesis erweist sich hier also nicht nur als eine Praxis der permanenten Arbeit an den Memen (an dem, was erinnert werden soll und daher laufend imitiert werden muss). Sie bezeichnet zugleich ein Prinzip der ›schrankenlosen‹ Distribution, die, wie gezeigt, bereits Gabriel Tarde (vgl. VII/1) im Blick hatte, wenn er die Nachahmung unter dem Gesichtspunkt der Verbreitungsdynamik einer Idee, einer Gewohnheit oder einer Erfindung analysierte. Mindestens so zentral für die hypermemetische Logik erweist sich neben der kommunikativen Verteilbarkeit der Meme und ihrer Nachahmbarkeit (in Form von Remakes, Parodien und sonstigen ›Neuverpackungen‹) die Portabilität der Medien, mit denen Meme im digitalen Zeitalter generiert, modifiziert und verteilt werden. Wenn auch Welten zwischen antiken Notizbüchern und den heutigen portablen Medien (Mobilfunkgeräte, Laptops, Notebooks und Tablets) liegen, die keineswegs bloß Schrift, sondern ganz unterschiedliche Zeichenströme auf einer Plattform zu verarbeiten erlauben, teilen sie mit diesen doch die vergleichsweise problemlose Verfügbarkeit. Die hohen Verbreitungsraten von Smartphones etwa wirken sich auf die Intensität der hypermemetischen Dynamik aus, weil die Memkommunikation nicht mehr nur an technisch hochgerüsteten, speziellen Orten (Studios) in Gang gesetzt werden kann, sondern tendenziell von jedem Ort aus.

Mimesis übersteigt die kreative Arbeit an den Memen, weil sie nicht nur die Beziehungen zwischen disparaten »Ideenkomplexen«[186] bezeichnet. Sie bestimmt auch die Austauschbeziehungen und die Kooperation technisch sehr unterschiedlicher Apparate und Dispositive, die zu einer *convergence culture*[187] verschmelzen. Man spricht in diesem Zusammenhang von »mutualistisch-symbiotischen Allianzen«[188], wie sie zwischen dem Mobiltelefon und dem vernetzten Computer, dem Radio oder dem Fernsehen gesucht und hergestellt werden. Das Bild einer *convergence culture*, das Henry Jenkins gezeichnet hat, resultiert aus medieninfrastrukturellen Kombinatoriken und Überlagerungen, die sich zugleich in bestimmte Gesten und ›typische‹ Körperhaltungen der Benutzer übersetzen, denen der mehr oder weniger virtuose Umgang mit den Geräten, das *handling*, unter den Bedingungen des Alltags abgefordert wird. Dass wir alle zu Medienschauspielern geworden sind, heißt eben auch, dass sie unser Leben und unsere *Haltungen* (zuvörderst die körperlichen) bestimmen, noch bevor wir sie benutzen, um unsere Botschaften zu verbreiten.

Die Ausweitung der mimetischen Zone, die in diesem Kapitel anhand exemplarischer Konstellationen beschrieben wurde, weist also, zusammengefasst, eine mediale und eine kommunikative Seite auf: Seit den Untersuchungen Gabriel Tardes werden Nachahmungsprozesse in ihrer grenzüberschreitenden und autoritätsunterminierenden Funktion greifbar und weisen damit weit über die Sphäre des Theaters und des Tanzes, an denen sie historisch zuerst erfahren und erläutert wurden, hinaus. Die mediale Seite dieses Ausweitungsvorgangs bezeichnet den spezifischen mimetischen Exzess unter den Bedingungen unserer Kultur: Dieser Exzess wird zum einen am neuen Status technischer und industriell fabrizierter Objekte greifbar, die Subjektqualitäten annehmen, insofern sie nicht länger nach dem Form/Stoff-Modell funktionieren, sondern zu modulierbaren und adressierbaren Dingen werden. Zum anderen bestimmt der mimetische Exzess die Verhältnisse, in denen die Medien unterschiedlicher historischer Herkunft zueinander stehen: Remediation und analoge Nostalgie bezeichnen zwei exemplarische medienhistorische Konstellationen, die die gegenwärtige Digitalkultur zutiefst prägen. Sie legen die Präsenz und Wirksamkeit älterer, vor-digitaler Medien und Medienpraktiken im digitalen Zeitalter offen, auf die diese Kultur für die Gestaltung von Interfaces zurückgreift. Zugleich gewinnen sie damit Abstand zu der ebenso populären wie irrigen Vorstellung, das digitale Zeitalter käme durch den epochalen Bruch mit allen Medienkulturen der Vergangenheit zustande, die in die Hölle des Analogen und ›Unreinen‹ verwiesen werden.

Siglen

Hannah Arendt

VA *Vita activa oder Vom tätigen Leben*, München 1981.

Aristoteles

Poe *Poetik.* Griechisch/Deutsch, hg. u. übers. v. Manfred Fuhrmann, Stuttgart 1982.

Erich Auerbach

M *Mimesis. Dargestellte Wirklichkeit in der abendländischen Literatur*, Tübingen, Basel 2001 [1946].

Roland Barthes

SFL *Sade Fourier Loyola*, Frankfurt am Main 1974.

Jean Baudrillard

SD *Das System der Dinge. Über unser Verhältnis zu den alltäglichen Gegenständen*, Frankfurt am Main/New York 2007.

Walter Benjamin

KtR »Das Kunstwerk im Zeitalter seiner technischen Reproduzierbarkeit«, in: ders., *Gesammelte Schriften*, Bd. I.2, Frankfurt am Main 1991, S. 471–508.

Henri Bergson

DL *Das Lachen. Ein Essay über die Bedeutung des Komischen*, Zürich 1972.

Hans Blumenberg

NN »›Nachahmung der Natur‹. Zur Vorgeschichte der Idee des schöpferischen Menschen«, in: ders., *Wirklichkeiten, in denen wir leben. Aufsätze und eine Rede*, Stuttgart 1981, S. 55–103.

Pr *Präfiguration. Arbeit am politischen Mythos*, Frankfurt am Main 2014.

David Bolter

SuS »Sehen und Schreiben (1991)«, in: Karin Bruns, Ramon Reichert (Hg.), *Reader der neuen Medien. Texte zur digitalen Kultur und Kommunikation*, Bielefeld 2007, S. 182–202.

Jacob Burckhardt

KR *Die Kultur der Renaissance in Italien*, Frankfurt am Main 1997 [1860].

Francesco Casetti

LG *The Lumière Galaxy. Seven Key Words for the Cinema to Come*, New York 2015.

Gilles Deleuze

DW *Differenz und Wiederholung*, München 1992.

F *Die Falte. Leibniz und der Barock*, Frankfurt am Main 1995.

PS »Postskriptum über die Kontrollgesellschaften«, in: ders., *Unterhandlungen 1972–1990*, Frankfurt am Main 1993, S. 254–262.

Denis Diderot

RN *Rameaus Neffe. Ein Dialog*. Aus dem Manuskript übersetzt von Johann Wolfgang Goethe, Stuttgart 1977.

ÜF »Über die Frauen«, in: ders., *Gründe, meinem alten Hausrock nachzutrauern – Über die Frauen. Zwei Essays*, Berlin 1992, S. 15–29.

Georges Didi-Huberman

MU »Die mimetische Unbändigkeit«, in: Mirjam Schaub, Nicola Suthor (Hg.), *Ansteckung. Zur Körperlichkeit eines ästhetichen Prinzips*, Paderborn 2005, S. 153–166.

Shoshana Felman

ThJ »Theaters of Justice: Arendt in Jerusalem, the Eichmann Trial, and the Redefinition of Legal Meaning in the Wake of the Holocaust«, in: *Theoretical Inquiries in Law* 1.2 (2000), S. 465–507.

Michel Foucault

WG *Wahnsinn und Gesellschaft. Eine Geschichte des Wahns im Zeitalter der Vernunft*, Frankfurt am Main 1981.

DA *Die Anormalen. Vorlesungen am Collège de France (1974–1975)*, Frankfurt am Main 2003.

ÜS »Über sich selbst schreiben«, in: ders., *Schriften zur Literatur*, Frankfurt am Main 2003, S. 350–367.

Sigmund Freud

EWD »Erinnern, Wiederholen und Durcharbeiten. Weitere Ratschläge zur Technik der Psychoanalyse II (1914)«, in: ders., *Schriften zur Behandlungstechnik*. Studienausgabe (Ergänzungsband), Frankfurt am Main 1975, S. 205–215.

Johann Wolfgang Goethe, Friederich Schiller

ÜD »Über den Dilettantismus«, in: Johann Wolfgang Goethe, *Sämtliche Werke in 18 Bänden*, München 1977, Bd. 14, S. 729–754.

Georg Wilhelm Friedrich Hegel

PhG *Phänomenologie des Geistes*. Nach dem Texte der Originalausgabe hg. v. Johannes Hoffmeister, Hamburg 1952.

VÄ 1 *Vorlesungen über die Ästhetik I*, in: ders., *Werke*, Bd. 13, Frankfurt am Main 1979.

VÄ 2 *Vorlesungen über die Ästhetik II*, in: ders., *Werke*, Bd. 14, Frankfurt am Main 1979.

Ernst Kantorowicz

ZK *Die zwei Körper des Königs. Eine Studie zur politischen Theologie des Mittelalters*, München 1990.

Sören Kierkegaard

W *Die Wiederholung. Ein Versuch in der experimentierenden Psychologie von Constantin Constantius*, Frankfurt am Main 1984.

Friedrich Kittler

CA »Computeranalphabetismus«, in: ders., *Shortcuts*, Frankfurt am Main 2002, S. 109–133.

PhL *Philosophien der Literatur. Berliner Vorlesung 2002*, Berlin 2013.

Hermann Koller

MA *Die Mimesis in der Antike. Nachahmung, Darstellung, Ausdruck*, Bern 1954.

Siegfried Kracauer

JO *Jacques Offenbach und das Paris seiner Zeit*, Frankfurt am Main 1976 [1937].

TF *Theorie des Films. Die Errettung der äußeren Wirklichkeit*, Frankfurt am Main 1985.

Fritz Kramer

EP »Notizen zur Ethnologie der Passiones«, in: ders., *Schriften zur Ethnologie*, Frankfurt am Main 2005, S. 145–168.

Paul O. Kristeller

SdK »Das moderne System der Künste«, in: ders., *Humanismus und Renaissance II. Philosophie, Bildung und Kunst*, München 1975, S. 164–206.

Lukian aus Samosata

VdT »Von der Tanzkunst«, in: *Werke in drei Bänden*, hg. v. Jürgen Werner u. Herbert Greiner-Mai, Berlin u. Weimar 1981, S. 425–458

Karl Marx

AB »Der achtzehnte Brumaire des Louis Bonaparte«, in: Karl Marx, Friedrich Engels, *Werke*, Berlin 1978, Bd. 8, S. 111–207.

Friedrich Nietzsche

FW *Die fröhliche Wissenschaft* (»*la gaya scienza*«), in: ders., *Werke in drei Bänden*, hg. v. Karl Schlechta, München 1977, Bd. 2, S. 7-274.

Platon

P *Politeia.* In der Übersetzung von Friedrich Schleiermacher, Hamburg 1981 (zitiert im Text nach der Stephanus-Nummerierung).

Dominik Schrey

AN *Analoge Nostalgie in der digitalen Medienkultur*, Berlin 2017.

Hito Steyerl

DFA *Duty Free Art. Art in the Age of Planetary Civil War*, London, New York 2017.

Gabriel Tarde

GN *Die Gesetze der Nachahmung*, Frankfurt am Main 2009.

Thomas von Kempen

NC *Das Buch von der Nachfolge Christi*, Stuttgart 1950.

Ludwig Tieck

AC *Der Aufruhr in den Cevennen*, Reinbek 1987.

Alan Turing

IS *Intelligence Service. Schriften*, Berlin 1987.

Anmerkungen

1 Vgl. Heinrich Bosse, *Autorschaft ist Werkherrschaft. Über die Entstehung des Urheberrechts aus dem Geist der Goethezeit*, Paderborn, München, Wien, Zürich 1981.

2 Michel Foucault, »Nietzsche, die Genealogie, die Historie«, in: ders., *Von der Subversion des Wissens*, München 1974, S. 83–109, hier: S. 85.

3 Friedrich Nietzsche, »Das griechische Musikdrama«, in: ders., *Kritische Studienausgabe* 1, hg. v. Giorgio Colli u. Mazzino Montinari, München 1988, S. 515–532, hier: S. 521.

4 Ebd., S. 519, 521 f.

5 Für einen der Hauptvertreter der Konzeption einer a-mimetischen Moderne, Clement Greenberg, dringt die moderne Kunstgeschichte zu einer immer stärker werdenden Reinheit vor, indem sie sich von allen gegenständlichen Vorgaben löst und schließlich in der reinen Abstraktion zu sich selbst kommt. Vgl. Clement Greenberg, *Die Essenz der Moderne. Ausgewählte Essays und Kritiken*, Amsterdam, Dresden 1997.

6 Bruno Latour, *Wir sind nie modern gewesen. Versuch einer symmetrischen Anthropologie*, Frankfurt am Main 1998, S. 19.

7 Theodor W. Adorno, Max Horkheimer, *Dialektik der Aufklärung. Philosophische Fragmente*, Frankfurt am Main 1988. Noch in den 1980er Jahren, zur Hochzeit der Kulturkritik an den simulativen Fähigkeiten der modernen Medien, konnte man die Mimesis als eine »neue Form des Widerstands« gegen die Vernichtung der »Unverfügbarkeit des Anderen« in Anspruch nehmen. Vgl. Christoph Wulf, »Mimesis«, in: Gunter Gebauer, Dietmar Kamper, Dieter Lenzen, Gert Mattenklott, Christoph Wulf, Konrad Wünsche, *Historische Anthropologie. Zum Problem der Humanwissenschaften heute oder Versuche einer Neubegründung*, Hamburg 1989, S. 83–125, hier: S. 114.

8 Pierre Bourdieu, *Entwurf einer Theorie der Praxis*, Frankfurt am Main 1976, S. 195.

9 Erich Auerbach, *Mimesis. Dargestellte Wirklichkeit in der abendländischen Literatur*, Tübingen und Basel 2001 [1946], S. 73.

10 Wulf, »Mimesis«, a.a.O., S. 88.

11 Das Entwicklungsschema ist Hermann Kollers Abhandlung entnommen (MA 120).

12 Ebd., S. 89.

13 Ebd., S. 90.

14 Pierre Bourdieu, *Sozialer Raum und ›Klassen‹. Leçon sur la leçon. Zwei Vorlesungen*, Frankfurt am Main 1985, S. 18.

15 Bourdieu, *Entwurf einer Theorie der Praxis*, a.a.O., S. 195.

16 »Das *apanta mimeisthai* war ja bei Platon der Grund für sein Verdammungsurteil und bezog sich dort tatsächlich auf den Wert oder Unwert der Dichtung überhaupt.« (MA 117 f.)

17 Für Koller ändert sich an der griechischen Privilegierung des Tanzes über alle kulturellen Entwicklungsschübe der Griechen nichts, weshalb er Curt Sachs mit der folgenden Formulierung zustimmend zitiert: »›Wir sehen, daß das gleiche Volk im Kreistanz um die heiligen Gegenstände tanzt wie seine frühesten Vorfahren, wie es die Art und Handlungen der Tiere darstellt, wie es die Macht über sich selber verliert und in der Maske besessen wird, wie es die Macht und die Eigenschaften der Götter in der rasenden Ekstase des Tanzes erlangt.‹« (MA 125) Auf der anderen Seite dringt jedoch »allmählich eine soziale Wertung ein«, die, wie bei Platon, »die ausgelassenen Formen gesellschaftlich« ächtet oder sie spezifischen Körperschaften zuweist (Priesterkollegien) und auf bestimmte Feste einschränkt (MA 127).

18 »Die Nachahmenden ahmen handelnde Menschen [*prâttontas*] nach. Diese sind notwendigerweise entweder gut oder schlecht.« (Poe 7)

19 Bruno Latour, *Existenzweisen. Eine Anthropologie der Modernen*, Frankfurt am Main 2014, S. 291.

20 Ebd., S. 55 ff.

21 Ebd., S. 279.

22 Ebd., S. 280.

23 Eric A. Havelock, *Preface to Plato*, Cambridge, Mass. 1963, S. 26.

24 Vgl. zur ästhetischen Theoriegeschichte dieser Vorordnung von Poiesis vor Mimesis: Andreas Kablitz, »Die Unvermeidlichkeit der Natur. Das

aristotelische Konzept der Mimesis im Wandel der Zeiten«, in: Gertrud Koch, Martin Vöhler, Christiane Voss (Hg.), *Die Mimesis und ihre Künste*, München 2010, S. 189–211.

25 Fritz Kramer, *Der rote Fes. Über Besessenheit und Kunst in Afrika*, Frankfurt am Main 1987, S. 241.

26 Walter Benjamin, »Lehre vom Ähnlichen«, in: ders., *Aufsätze, Essays, Vorträge. Gesammelte Schriften*, Bd. II/1, Frankfurt am Main 1991, S. 204–210, hier: S. 204.

27 Ebd., S. 204 f.

28 Martin Heidegger, »Platons Lehre von der Wahrheit«, in: ders., *Wegmarken*, Frankfurt am Main 1967, S. 203–238, hier: S. 215.

29 Ebd., S. 216.

30 Ebd.

31 Gérard Genette, *Palimpseste. Die Literatur auf zweiter Stufe*, Frankfurt am Main 1993, S. 113.

32 »Um Blabla zu speichern, sind Tonbandgeräte, Fernsehkameras und Rundfunkmikrophone ja erfunden.« Friedrich Kittler, »Draculas Vermächtnis«, in: ders., *Draculas Vermächtnis. Technische Schriften*, Leipzig 1993, S. 11–57, hier: S. 14 f.

33 Wie das Echo im Zeitalter des Barock hieß: Vgl. dazu Bettine Menke, »Rhetorik der Echo. Echo-Trope, Figur des Nachlebens«, in: Doerte Bischoff, Martina Wagner-Egelhaaf (Hg.), *Weibliche Rede – Rhetorik der Weiblichkeit. Studien zum Verhältnis von Rhetorik und Geschlechterdifferenz*, Freiburg 2003, S. 135–159, S. 145.

34 Ovid, *Metamorphosen*, München 1997, S. 90.

35 Ebd., S. 90.

36 Ebd., S. 91.

37 Manuel Baumbach, Peter von Möllendorff, *Ein literarischer Prometheus. Lukian aus Samosata und die Zweite Sophistik*, Heidelberg 2017, S. 23.

38 Ebd.

39 Im Falle Platons: Zugelassen wird sie nur unter der Bedingung, dass sie nicht mit dem Blick auf die Ideen konkurriert.

40 Der Tänzer muss über ein »allumfassendes Gedächtnis« verfügen, ihm muss das gesamte kulturelle Wissen, »von der Entstehung des Weltalls bis zu Kleopatra herab« (VdT 440) geläufig sein. Die Tanzkunst ist daher ein Medium der Wissensspeicherung und kann wie der Ge-

sang der Rhapsoden als eine »tribal encyclopedia« verstanden werden. Vgl. Havelock, *Preface to Plato*, a.a.O., S. 66.

41 So wie umgekehrt in der frühen Stummfilmtheorie die Pantomime vielfach herangezogen wird, um die Leistung des neuen Mediums zu bestimmen.

42 Zu einer Parallelstelle, in der Lukian die Anekdote einer Euripides-Manie erzählt, die die Bürger von Abdera nach einer Aufführung der *Andromache* befällt und passive Theaterbesucher zu aktiven ›Schauspielern‹ macht, vgl. Manuel Baumbach, »Gelehrtes Scheitern: Der parodistische Umgang mit Euripides in Lukians Werken«, in: Michael Schramm (Hg.): *Euripides-Rezeption in Kaiserzeit und Spätantike – The Reception of Euripides in Imperial Era and Late Antiquity*, Boston 2019.

43 Marshall McLuhan, Quentin Fiore, *Das Medium ist Massage*, Frankfurt am Main, Berlin, Wien 1969, S. 112.

44 Vgl. dazu Friedrich Balke, Hanna Engelmeier, *Mimesis und Figura. Mit einer Neuausgabe des ›Figura‹-Aufsatzes von Erich Auerbach*, Paderborn 2018 (2. Aufl.).

45 Erich Auerbach, »Romantik und Realismus«, in: Martin Treml/Karlheinz Barck (Hg.), *Erich Auerbach. Geschichte und Aktualität eines europäischen Philologen*, Berlin 2007, S. 426–438, hier: S. 432. Für das Epos gilt dieselbe Feststellung: Die »großen und erhabenen Vorgänge vollziehen sich in den homerischen Gedichten viel ausschließlicher und unverkennbarer zwischen den Angehörigen einer Herrenschicht« (M 25).

46 Vgl. William Shakespeare, *König Richard der Zweite*, Stuttgart 2000 [1597], S. 69–71.

47 Vgl. dazu auch Friedrich Balke, »Spurlos verschwunden. Shakespeares Königstragödie als semiotischer Prozeß», in: Gisela Fehrmann, Erika Linz, Cornelia Epping-Jäger (Hg.), *Spuren – Lektüren. Praktiken des Symbolischen*, München 2005, S. 277–297.

48 »Völlig geklärt sind die Dinge auch heute noch nicht« (NC 232), heißt es im Nachwort zur deutschen Ausgabe im Hinblick auf die Frage der Verfasserschaft. Entsprechend variieren Datierungsbemühungen zwischen 1377 und 1418.

49 Im Anschluss u.a. an Kantorowicz hat der Rechtshistoriker und Psychoanalytiker Pierre Legendre diese Fortdauer eines politisch-theologischen »Gerüsts« und die mimetische Beziehung zu einer absolu-

ten Gründungsreferenz als ein unaufhebbares Merkmal auch der modernen, vermeintlich säkularen Nationalstaaten zum Thema umfassender Untersuchungen gemacht. Der Funktion der Mimesis entspricht bei Legendre ein psychoanalytisch konzipierter »Identifikationsprozeß«. Vgl. Pierre Legendre, *Das Verbrechen des Gefreiten Lortie. Versuch über den Vater*, Wien 1989, S. 155.

50 Vgl. dazu Georges Didi-Huberman, *Erfindung der Hysterie. Die photographische Klinik von Jean-Martin Charcot*, München 1997.

51 Vgl. das Motto, das Tieck dem Roman voranstellt und das die Form einer Klage des ohne Prozess Angeklagten annimmt: »Also bin ich verurteilt, ohne gerichtet zu sein? Gerichtet ohne gehört zu werden? Man fängt mit der Strafe an, und wird in Zukunft Muße haben, die Klage zu finden!« (AC 7)

52 Michel Foucault, *Die Ordnung des Diskurses. Inauguralvorlesung am Collège de France – 2. Dezember 1970*, Frankfurt am Main, Berlin, Wien 1977, S. 7.

53 Unter Medien versteht man im 19. Jahrhundert weithin *personale* Medien. Ihnen traute man zu, dass sie sich in Zustände versetzen konnten, die sie zur Kontaktaufnahme und Kommunikation mit Abwesenden (z.B. Verstorbenen) disponierten: »Das Wort ›Medium‹ (mitsamt der späteren Konzeptualisierung von technischen Medien und Massenmedien, aber auch seine Verbindung mit Trance und trance-ähnlichen Zuständen) ist eine moderne Entwicklung, und sie ist ohne die Prägung des ›Mediums‹ im Mediumismus zwischen 1784 und 1890 nicht zu denken.« Erhard Schüttpelz, »Mediumismus und moderne Medien. Die Prüfung des europäischen Medienbegriffs«, in: DVjs, 1/2012, S. 121–144, hier: S. 121.

54 Anne Eusterschulte, »Imitatio naturae. Naturverständnis und Nachahmungslehre in Malereitraktaten der frühen Neuzeit«, in: Olaf Breidbach (Hg.), *Natur der Ästhetik – Ästhetik der Natur*, Wien, New York 1997, S. 791–806. Der Maler muss sich »keineswegs sklavisch an die sichtbaren Objekte« halten, die er durch genaues Naturstudium und Schulung des Sehens nachzuahmen vermag; er soll sich darüber hinaus die Fähigkeit aneignen, »wie die göttliche Natur selbst Werke zu erzeugen«, um eine »Wirklichkeitsillusion« in seinen Gemälden zu erreichen, die »eine natur- bzw. gottähnliche Potenz besitzt« (ebd., S. 806). Zu den Versuchen, auf dieser Linie die vermeintliche Krise der

modernen Repräsentation dazu zu nutzen, die Mimesis als »Ähnlichkeit mit dem Akt des Schaffens« ästhetisch zu retten oder ins Kunstwerk selbst zu verlegen, wie bei Adorno, vgl. Wulf, »Mimesis«, a.a.O., S. 117.

55 Michael Baxandall, *Die Wirklichkeit der Bilder. Malerei und Erfahrung im Italien der Renaissance*, Darmstadt 1999, S. 143.

56 Ebd.

57 Marcel Mauss, *Handbuch der Ethnographie*, München 2013, S. 53.

58 Ebd., S. 56f.

59 Ebd., S. 57.

60 Paul O. Kristeller, »Die humanistische Bewegung«, in: ders., *Humanismus und Renaissance I*, München 1975, S. 11–29, hier: S. 20.

61 Vgl. dazu Friedrich Balke, »Der andere Dienst am Kunstwerk. Über Medien der Versklavung«, in: Friedrich Balke, Maria Muhle, Antonia von Schöning (Hg.), *Die Wiederkehr der Dinge*, Berlin 2011, S. 209–235.

62 Sigmund Freud, »Der Wahn und die Träume in W. Jensens Gradiva« (1907), in: ders., *Der Wahn und die Träume in W. Jensens ›Gradiva‹. Mit der Erzählung von Wilhelm Jensen*, Frankfurt am Main 1998, S. 45–124, hier: S. 51.

63 Ebd.

64 Die Humanisten waren durchaus ›praktische‹ Menschen, wie sich an ihrem professionellen Status ablesen lässt: Sie arbeiteten größtenteils »entweder als Lehrer der humanistischen Fächer auf höheren Schulen oder Universitäten oder als Minister von Fürsten oder als Kanzler von Städten«, nur die wenigsten waren ›freiberuflich‹ tätig. Kristeller, »Die humanistische Bewegung«, a.a.O., S. 18.

65 Machiavelli beklagt in den *Discorsi*, dass er »die kraftvollsten Unternehmungen der Geschichte, die Taten der alten Reiche und Republiken, der Könige, Feldherren, Bürger, Gesetzgeber und aller, die für ihr Vaterland gearbeitet haben, viel mehr bewundert als nachgeahmt« sehe. Das Unternehmen der *Discorsi* besteht darin, auf dem Wege einer Relektüre des römischen Historikers Livius bei seinen Lesern die Leidenschaft nicht für die folgenlose Bewunderung, sondern für die Nachahmung Roms zu erwecken – was zugleich bedeutet: Nachahmung unter Vermeidung der römischen ›Fehler‹. Vgl. Niccolò Machiavelli, *Discorsi. Staat und Politik*, Frankfurt am Main 2000, S. 13.

66 Zur exzessiven Mimesis der Wachsfigur, deren perfekte Imitation den Bildcharakter der Figur ›verrät‹, so dass man ›die Sache selbst‹ vor Augen zu haben scheint, vgl. Bernhard Siegert, »Die Leiche in der Wachsfigur. Exzesse der Mimesis in Kunst, Wissenschaft und Medien«, in: Peter Geimer (Hg.), *Untot. Verhältnisse von Leben und Leblosigkeit*, Göttingen 2010, S. 147–166.

67 Kino, wie es einmal war, lässt sich unter den gegenwärtigen bild- und verbreitungstechnologischen Bedingungen nicht einfach fortsetzen; wohl aber lässt es sich, so Casettis These, in unterschiedlichen Zusammenhängen (zu Hause, auf der Straße, im Museum, in öffentlichen Verkehrssystemen) nachstellen oder *reproduzieren*. Selbst als eine ›untergegangene‹ Form der filmischen Erfahrung erlebt es seine partielle Auferstehung unter radikal veränderten mediengeschichtlichen Umständen (LG 3 f.).

68 So lautet der Untertitel von Siegfried Kracauers *Theorie des Films*, die zuerst 1960 erschien.

69 Die religiöse Dimension dieser Substitution wird von Casetti ausdrücklich mitgeführt, wenn er schreibt, dass der Überrest ein Teil des »holy body of cinema« (LG 9) ist und dem Zuschauer gestattet, mit seinem Körper in Kontakt mit diesem heiligen Körper zu treten.

70 Auf die Geschichte des Films bezogen, der sein standardmäßiges Realisierungsmodell für einen bestimmten Zeitraum im Kino gefunden hat und zu diesem Zweck andere Hypothesen ausschließen musste, formuliert Casetti dieses methodische Prinzip folgendermaßen: »hypotheses of cinema that were never realized or that never went anywhere, but that seem to be undergoing a resurgence today. It is in this way that contemporary cinema finds its roots.« (LG 21)

71 Walter Benjamin, »Fragmente vermischten Inhalts«, in: ders., *Fragmente. Autobiographische Schriften. Gesammelte Schriften*, Bd. VI, Frankfurt am Main 1991, S. 126 f.

72 Ebd., S. 126.

73 Ebd., S. 127.

74 In diesem populären, also nicht primär an Gelehrte gerichteten »Tesoro« darf man eine frühe Form heutiger digitaler Enzyklopädien sehen, wie sie etwa die Wikipedia realisiert. Neu ist, dass der Adressat solcher Enzyklopädien inzwischen an ihnen mitschreiben darf.

75 »Die Antike kannte keine Muse der Malerei oder der Bildhauerei; sie mußten erst von den Allegoristen der frühen Neuzeit erfunden werden.« (SdK 172)

76 Martin Heidegger, »Die Zeit des Weltbildes«, in: ders., *Holzwege*, Frankfurt am Main 2005, S. 69–104, hier: S. 83.

77 Leon Battista Alberti, *Della Pittura – Über die Malkunst*, Darmstadt 2002 [1435/36], S. 67.

78 Wenn René Descartes von Heidegger für die neuzeitliche Seinsidee verantwortlich gemacht wird (genauer: dafür, dass er sie philosophisch rechtfertigt und der Welt vorschreibt), dann könnte man Alberti als denjenigen bezeichnen, der diese Seinsidee (»Sein = ständige Vorhandenheit«) in seiner Konzeption des ›richtigen‹ Bildes vorwegnimmt. Vgl. Martin Heidegger, *Sein und Zeit*, Tübingen 1979, S. 96.

79 Also das aus unserer Sicht genuin ästhetische Tun.

80 »Das Velum ist ein lose gewobenes Tuch mit eingelegter Quadrierung, das den senkrechten Schnitt durch die Sehpyramide darstellt und die Vermessung der Projektion auf der Schnittfläche erlaubt. Die Messpunkte für die Gegenstände und Figuren kann der Maler vom quadrierten Tuch auf ein entsprechend quadriertes Blatt übertragen.« Der Kunsthistoriker Vasari verglich die Erfindung des Velums durch Alberti mit der des Buchdrucks. Vgl. Gianfreda Bätschmann, »Einleitung. Leon Battista Alberti über die Malkunst«, in: Alberti, *Über die Malkunst*, a.a.O., S. 16.

81 Ebd., S. 97.

82 Georg Wilhelm Friedrich Hegel, *Philosophie der Kunst. Vorlesung von 1826*, Frankfurt am Main 2005, S. 55.

83 Immanuel Kant, *Kritik der Urteilskraft*, in: ders., *Werke in zehn Bänden*, Bd. 8, hg. v. Wilhelm Weischedel, Darmstadt 1981, S. 407. Kant unterstreicht die radikale Einzigartigkeit der Künstlernatur noch dadurch, dass er selbst dem, der »für Kunst und Wissenschaft manches erfindet«, das Recht abspricht, sich Genie nennen zu dürfen: »weil eben das auch hätte können gelernt werden, also doch auf dem natürlichen (!) Wege des Forschens und Nachdenkens nach Regeln liegt, und von dem, was durch Fleiß vermittelst der Nachahmung erworben werden kann, nicht spezifisch unterschieden ist.« Man kann zwar lernen, wie Newton zu denken, und die moderne Physik erfinden, »aber man kann nicht geistreich dichten lernen, so ausführlich

auch alle Vorschriften für die Dichtkunst, und so vortrefflich die Muster derselben sein mögen« (ebd., S. 407 f.).

84 Johann Joachim Winckelmann, *Gedanken über die Nachahmung der griechischen Werke in der Malerei und Bildhauerkunst* (1755), Stuttgart 1969.

85 Michel Foucault, *Das Leben der infamen Menschen*, Berlin 2001.

86 Jacques Rancière, *Die Aufteilung des Sinnlichen. Die Politik der Kunst und ihre Paradoxien*, Berlin 2008, S. 40. Zur historischen Situierung der Konzeption Rancières vgl. Friedrich Balke, Leander Scholz, Harun Maye (Hg.), *Ästhetische Regime um 1800*, München 2009.

87 Rancière, *Die Aufteilung des Sinnlichen*, a.a.O., S. 42.

88 Foucault, *Das Leben der infamen Menschen*, a.a.O., S. 14.

89 Ebd., S. 15.

90 Vom lateinischen *materiatus* abgleitet bedeutet das Wort so viel wie Bauholz. Das lateinische *materia* bedeutet neben Stoff und Material ebenfalls Holz oder Baumaterial.

91 Friedrich Kittler, »Fiktion und Simulation«, in: Karlheinz Barck, Peter Gente, Heidi Paris, Stefan Richter (Hg.), *Aisthesis. Wahrnehmung heute oder Perspektiven einer anderen Ästhetik. Essais*, Leipzig 1990, S. 196–213, hier: S. 198.

92 Michel Foucault, *Überwachen und Strafen. Die Geburt des Gefängnisses*, Frankfurt am Main 1981, S. 178.

93 Ebd., S. 179.

94 Genrebilder müssen Hegel zufolge »klein sein«, damit nicht nur ihre Sujets, sondern auch ihr »ganzer sinnlicher Anblick als etwas Geringfügiges erscheinen [...]. Es würde unerträglich werden, dergleichen in Lebensgröße ausgeführt und dadurch mit dem Anspruche zu sehen, als ob uns dergleichen wirklich in seiner Ganzheit sollte befriedigen können.« (VÄ 1, 224)

95 Johann Wolfgang Goethe, »Prometheus«, in: ders., *Sämtliche Werke*, Bd. 1, München 1977, S. 320–321, hier: S. 321.

96 Kant, *Kritik der Urteilskraft*, a.a.O., S. 298.

97 Ebd., S. 313.

98 Friedrich Kittler, *Aufschreibesysteme. 1800 · 1900*, München 1995.

99 Johann Wolfgang Goethe, »Über den Dilettantismus«, in: ders., *Sämtliche Werke*, Bd. 14, S. 729–754, hier: S. 729.

100 *Der Briefwechsel zwischen Schiller und Goethe*, hg. v. Emil Staiger, Frankfurt am Main 1977, S. 770.

101 Paul Fleming, »Dilettantenkunsthochschule«, in: *Neue Rundschau* 128/3 (2017), S. 39–53, hier: S. 44.

102 Ebd., S. 48.

103 Ebd., S. 49.

104 Ebd., S. 49.

105 Ebd.

106 So Goethe gesprächsweise zu Riemer, in: *Goethes Gespräche*. Biedermannsche Ausgabe, München 1998, S. 548.

107 Reinhart Koselleck, »Historia Magistra Vitae. Über die Auflösung des Topos im Horizont neuzeitlich bewegter Geschichte«, in: ders., *Vergangene Zukunft. Zur Semantik geschichtlicher Zeiten*, Frankfurt am Main 1984, S. 38–66.

108 François Furet, *1789 - Vom Ereignis zum Gegenstand der Geschichtswissenschaft*, Frankfurt am Main, Berlin, Wien 1980, S. 18.

109 Zu den aktuellen historiografischen Untersuchungen, die Revolution für grundsätzlich geskriptet halten, vgl. Keith Michael Baker, Dan Edelstein (Hg.), *Scripting Revolution. A Historical Approach to the Comparative Study of Revolutions*, Stanford 2015.

110 Furet, *1789*, a.a.O., S. 19. Wie wenig die ›neue‹ Geschichte der *Annales* der Wiederholung entkommt, erkennt man daran, dass Furet nicht so sehr die Vermächtnishistoriografie überwindet, als die Vermächtnisse austauscht: An die Stelle von Marx tritt in seinem Versuch, die Französische Revolution zu ›denken‹, Alexis de Tocqueville, der dafür gelobt wird, dass er »jegliche Revolutionsgeschichte, die auf dem Erleben der Revolutionäre basiert«, zurückweist. Allerdings um den Preis, die Revolution, die mit dem alten Staat brechen wollte, aus diesem abzuleiten.

111 Hans Blumenberg, *Die Legitimität der Neuzeit. Erneuerte Ausgabe*, Frankfurt am Main 1996, S. 135.

112 Walter Benjamin, »Über den Begriff der Geschichte«, in: ders., *Abhandlungen. Gesammelte Schriften*, Bd. I/2, Frankfurt am Main 1991, S. 691–704, hier: S. 701.

113 Ebd.

114 Siegfried Kracauer bezieht sich auf den Historiker Leopold Ranke, um die Vorstellung zurückzuweisen, Epochen oder historische Mi-

lieus seien ein »in sich geschlossenes Ganzes«. In Wahrheit seien sie »ein zerbrechliches Kompositum häufig inkonsistenter Strebungen«, deren Zusammenspiel durch keine a-priori-Instanz (z.B. »Geist« des Zeitalters) garantiert ist. Vgl. Siegfried Kracauer, *Geschichte – Vor den letzten Dingen*, Frankfurt am Main 1973, S. 84.

115 Roger Caillois, *Die Spiele und die Menschen. Maske und Rausch*, Frankfurt am Main, Berlin, Wien 1982, S. 29

116 Ebd., S. 29f.

117 Roger Caillois, *Méduse & Cie.* Mit *Die Gottesanbeterin* und *Mimese und legendäre Psychasthenie*, Berlin 2007, S. 81–134, hier: S. 84.

118 Jean Pierre Vernant, zitiert nach Albrecht Koschorke, »Vor dem Bild. Der Grenzverkehr zwischen Leben und Tod am Ursprung der abendländischen Mimesis«, in: Patrick Eiden, Nacim Ghanbari, Tobias Weber (Hg.), *Totenkulte: Kulturelle und literarische Grenzgänge zwischen Leben und Tod*, Frankfurt am Main, New York 2006, S. 17–22, hier: S. 17.

119 Ebd.

120 Ebd.

121 Benjamin, »Über den Begriff der Geschichte«, a.a.O., S. 701.

122 Hegel begreift im Abschnitt seiner *Philosophie der Geschichte* über die »römische Welt« die republikanische Reaktion auf die Herrschaft Cäsars als Beispiel für einen kapitalen geschichtsphilosophischen Irrtum. Der Irrtum der Verschwörer bestehe darin, durch die gewaltsame Entfernung des einen Individuums zur republikanischen Ausgangslage Roms zurückkehren zu können. Auf Cäsar folgte allerdings Augustus, womit der postrepublikanische Zustand Roms ein für alle Mal hergestellt worden sei. Für Hegel erweist sich also die republikanische Aktion der Römer als *Farce*, während er, mit einem Sprung ins postrevolutionäre 19. Jahrhundert Frankreichs, die Restaurationen der monarchischen und kaiserlichen Regime als historische Lehrstücke begreift, die die Unabweisbarkeit der neuen bürgerlichen Gesellschaft bestätigen und damit die Unmöglichkeit, hinter die »Staatsumwälzung« der Französischen Revolution zurückgehen zu können: »So ist Napoleon zweimal unterlegen, und zweimal vertrieb man die Bourbonen. Durch die Wiederholung wird das, was im Anfang nur als zufällig und möglich erschien, zu einem Wirklichen und Bestätigten.« Georg Wilhelm Friedrich Hegel, *Vorlesungen über die Philosophie der*

Geschichte. Werke in zwanzig Bänden, Bd. 12, Frankfurt am Main 1970, S. 380.

123 Friedrich Nietzsche, »Vom Nutzen und Nachteil der Historie für das Leben«, in: ders., *Werke in drei Bänden*, hg. v. Karl Schlechta, München 1977, Bd. 1, S. 209–285.

124 Ebd., S. 229.

125 Michael Walzer, *Exodus und Revolution*, Frankfurt am Main 1995, S. 7.

126 Livius, *Ab urbe condita Liber I/Römische Geschichte 1. Buch*, Stuttgart 1981, S. 167.

127 Ebd., S. 179.

128 Bruno Latour, *Wir sind nie modern gewesen*, a.a.O., S. 19.

129 Äsop, *Fabeln. Griechisch/Deutsch*, Stuttgart 2005, S. 39.

130 Denis Diderot, »Das Paradox über den Schauspieler«, in: ders., *Erzählungen und Gespräche*, Frankfurt am Main 1981, S. 289–362, hier: S. 295.

131 Ebd.

132 Beschrieben wird er als »[e]in kleiner schwarzgekleideter Mann mit einem gelben blatternartigen Bulldoggengesicht, der seinen Anzug vernachlässigte und sich gewöhnlich zu kämmen vergaß« (JO 40).

133 Jacques Rancière, *Im Namen der Geschichte. Versuch einer Poetik des Wissens*, Frankfurt am Main 1994, S. 50.

134 Ebd.

135 Hans Blumenberg, *Präfiguration. Arbeit am politischen Mythos*, Frankfurt am Main 2014, S. 9. Vgl. hierzu auch Maria Muhle, »Präfiguration und Nachstellung – Anachrone Aufteilung der Zeiten«, Ms. 2017.

136 Diesen legte das ägyptische Oberkommando auf einen Tag, an dem Mohammed im Jahr 623 mit den Vorbereitungen für die Schlacht von Badr begann, die wenig später zum Sieg des Islam führte.

137 Hannah Arendt, *Eichmann in Jerusalem. Ein Bericht von der Banalität des Bösen*. Mit einem Essay von Hans Mommsen, München 1986.

138 Zur Fürsprache als einer Form der stellvertretenden Wortergreifung (*für* jemanden *vor* jemanden sprechen) vgl. Rüdiger Campe, »An Outline for a Critical History of *Fürsprache*: *Synegoria* and *Advocacy*«, in: *DVjs*, 82. Jg., 2008, H. 3, S. 355–381.

139 Arendt, *Eichmann in Jerusalem*, a.a.O., S. 269.

140 Ebd., S. 274.

141 Wenn Arendt sich wünscht, dass »uns z.B. das Erscheinen jenes auf beiden Seiten des Atlantik unter dem Namen K-Zetnik bekannten Schriftstellers erspart geblieben« wäre, dann diskreditiert sie, noch bevor sie Formulierungen aus seiner Zeugenaussage zitiert, den Auftritt dieses Überlebenden vor Gericht mit dem Hinweis, dass sich seine Bücher über Auschwitz »mit Bordellen, Homosexuellen und anderen ›human interest stories‹ befassen« (ebd., S. 268).

142 Stefanie Diekmann, »Wiederholung«, in: Heiko Christians, Matthias Bickenbach, Nikolaus Wegmann (Hg.), *Historisches Wörterbuch des Mediengebrauchs*, Köln, Weimar, Wien 2015, S. 621–640, hier: S. 629.

143 Vgl. dazu Theodor W. Adorno, *Kierkegaard. Konstruktionen des Ästhetischen*, Frankfurt am Main 2002, S. 17.

144 Zur Unterscheidung heißer und kühler Medien vgl. Marshall McLuhan, *Die magischen Kanäle/Understanding Media*, Dresden, Basel 1995, S. 44–61.

145 Vgl. dazu Rüdiger Campe, »Die Schreibszene. Schreiben«, in: Sandro Zanetti (Hg.): *Schreiben als Kulturtechnik. Grundlagentexte*, Berlin 2012, S. 269–282.

146 Ebd., S. 270

147 Das ist der Grund, warum die Kinotheorie Gilles Deleuzes, die konzeptuell stark auf Bergson beruht, in ihrem zweiten Teil ein sogenanntes »Zeit-Bild« dem »Bewegungs-Bild« gegenüberstellt. Das Zeit-Bild unterläuft die Konzeption einer linearen Entwicklung, es stellt stattdessen »die weiten Kreisläufe her«, es tritt »mit all dem in Verbindung, was als Erinnerungsbild, Traumbild und Welt-Bild erscheinen konnte«. Deleuze spricht von einem »Kristallbild«, in dem alles Aktuelle sich permanent mit einem Virtuellen austauscht, das einer anderen Zeit angehört und doch völlig gegenwärtig ist. Vgl. Gilles Deleuze, *Das Zeit-Bild. Kino 2*, Frankfurt am Main 1991, S. 96.

148 So exemplarisch bei Hannah Arendt und anderen Handlungs- und Akteurtheoretikern des Sozialen (von Jürgen Habermas bis Bruno Latour). Ihnen allen gemeinsam ist die Vorstellung einer Handlungsmacht, die Arendt im Rückgriff auf Augustinus begründet: »›Initium ut esset, creatus est homo‹ – ›damit ein Anfang sei, wurde der Mensch geschaffen‹.« Er ist dafür verantwortlich, dass sich das Leben nicht in den immer gleichen Kreisläufen erschöpft. Vgl. Hannah Arendt, *Elemente und Ursprünge totaler Herrschaft*, München 1986, S. 730.

149 Winckelmann, *Gedanken über die Nachahmung der griechischen Werke*, a.a.O.

150 Michel Foucault, *Die Ordnung des Diskurses*, a.a.O., S. 7.

151 Ebd.

152 Benjamin, »Über den Begriff der Geschichte«, a.a.O., S. 701.

153 Der sowjetische Semiologe, Kulturtheoretiker und Literaturwissenschaftler Michail Bachtin hat diese Konzeption in verschiedenen Studien weitergeführt und verfeinert. Wie Tarde geht er davon aus, dass die Sprache kein ›neutrales‹ Medium ist, sondern »ausgeplündert, von Intentionen durchdrungen, durch und durch akzentuiert« ist: »Die Sprache ist kein Neutrum, das rasch und ungehindert in das intentionale Eigentum des Sprechers übergeht; sie ist mit fremden Intentionen besetzt, ja überbesetzt.« Michail M. Bachtin, *Die Ästhetik des Wortes*, Frankfurt am Main 1979, S. 185.

154 Vgl. dazu Friedrich Balke, »Sprache und Politisierungen von Kulturbegriffen«, in: Ludwig Jäger, Werner Holly, Peter Krapp, Samuel Weber, Simone Heekeren (Hg.), *Sprache – Kultur – Kommunikation. Ein internationales Handbuch zur Linguistik als Kulturwissenschaft*, Berlin 2016, S. 158–170.

155 Caillois, *Méduse*, a.a.O., S. 97.

156 Erhard Schüttpelz, »Der Fetischismus der Nationen und die Durchlässigkeit der Zivilisation. Globalisierung durch technische Medien bei Marcel Mauss (1929)«, in: Stefan Andriopoulos, Bernhard J. Dotzler (Hg.), *1929. Beiträge zur Archäologie der Medien*, Frankfurt am Main 2002, S. 158–172, hier: S. 167.

157 Zu wirtschaftsgeschichtlichen Relativierungen des Konzepts der Medienrevolution vgl. Erhard Schüttpelz, »Medienrevolutionen und andere Revolutionen«, in: *Zeitschrift für Medienwissenschaft* 2/2017, S. 147–161.

158 McLuhan, *Understanding Media*, a.a.O., S. 22.

159 Vgl. dazu Claudia Liebrand, Irmela Schneider (Hg.), *Medien in Medien*, Köln 2002.

160 Vgl. David Keller, Maria Dillschnitter (Hg.), *Zweckentfremdung. ›Unsachgemäßer‹ Gebrauch als kulturelle Praxis*, Paderborn 2016.

161 Jay David Bolter, Richard Grusin, *Remediation. Understanding New Media*, Cambridge, Mass. 1999.

162 Erich Havelock, *Als die Muse schreiben lernte. Eine Medientheorie*, Berlin 2007, S. 115.

163 Der restriktive Umgang mit Text-Bild-Kopplungen in gedruckten Büchern erklärt sich aus dem Umstand, den Bolter so formuliert: »[D]as Ideal eines gedruckten Buches war und ist eine Abfolge von Seiten, die geordneten alphabetischen Text enthalten.« (SuS 194)

164 Vgl. dazu Bernhard Siegert, Helga Lutz, »Metamorphosen der Fläche. Eine Medientheorie des Trompe-l'œils von der flämischen Buchmalerei bis zum niederländischen Stillleben des 17. Jahrhunderts«, in: Friedrich Balke, Maria Muhle, Antonia von Schöning (Hg.), *Die Wiederkehr der Dinge*, Berlin 2011, S. 253-284, hier: S. 261.

165 Ebd., S. 282.

166 Louis Marin, »Représentation et simulacre«, in: ders., *De la représentation*, Paris 1994, S. 309–319, hier: S. 309.

167 Marshall McLuhan, Quentin Fiore, *Das Medium ist Massage*, Frankfurt am Main, Berlin, Wien 1969, S. 123.

168 So wie der Film Schnitt und Montage und damit seinen Hang zur ›Zerstücklung‹ von Kontinua durch die Erzeugung einer optischen Bewegungsillusion ›überspielt‹.

169 Sie erweist sich damit als Komplementärphänomen zum digital Erhabenen, wie es in den Cyborg-Manifesten zum Ausdruck kommt, die den digitalen Maschinen ein *zukünftiges* künstliches Leben in Aussicht stellen.

170 Schrey spricht von ›digitaler Mimikry‹. Eine solche läge allerdings nur dann vor, wenn die Differenz zwischen neuem Medium und analoger Rückverwandlung nicht oder nur sehr schwer wahrnehmbar ist, während diese Differenz im Fall analoger Nostalgie gerade ausgestellt wird (vgl. AN 258).

171 Derartige Benutzeroberflächen für Entwickler lassen kaum Möglichkeiten zu, »Zeichen übereinander oder untereinander einzugeben«, wie es die Schreibweise mathematischer Gleichungen vorsah (CA 118).

172 Vgl. dazu Markus Krajewski, »Verzweigen, Kopieren, Verschmelzen. Mimetische Praktiken verteilter Autorschaften«, Ms. 2018.

173 Samuel Butler, *Erewhon oder Jenseits der Berge*, Frankfurt am Main 1994, S. 267 f.

174 Für die plastischen Künste gilt ein ähnliches Argument, denn obwohl hier die Dreidimensionalität des Objekts bewahrt wird, ist das

Kunstding trotzdem dem Gebrauch entzogen – es sei denn, man zählt den ›Missbrauch‹ der Objekte, sofern sie im öffentlichen Raum platziert sind, zum Gebrauch.

175 Karl Marx, *Das Kapital. Kritik der politischen Ökonomie. Bd. 1: Der Produktionsprozeß des Kapitals.* Mit einem Geleitwort von Karl Korsch, Frankfurt am Main, Berlin, Wien 1969, S. 337.

176 Ebd., S. 378.

177 Ebd., S. 340.

178 Martin Heidegger, *Sein und Zeit*, Tübingen 1979, S. 96.

179 Vgl. dazu Michel Foucault, *Überwachen und Strafen*, a.a.O.

180 Wobei, wie Kracauer mit Blick auf die frühen Kameras hinzufügt, »Schwarz, Grau und Weiß anstelle des äußeren Farbenspiels treten« (TF 40).

181 Jean Baudrillard, *Agonie des Realen*, Berlin 1978, S. 10.

182 Georges Didi-Huberman, *Ähnlichkeit und Berührung. Archäologie, Anachronismus und Modernität des Abdrucks*, Köln 1999, S. 74.

183 »Fiction and indexicality merge in these objects and their relation becomes apparent.« (DFA 202)

184 Vgl. dazu Janou Feikens, *Between the faded lines of public and private spheres – Documenting the Self 2.0*, unveröffentlichte Masterarbeit, Ruhr-Universität Bochum, 2017.

185 Richard Dawkins, »Meme, die neuen Replikatoren«, in: ders., *Das egoistische Gen*, Berlin, Heidelberg 2007, S. 316–334, hier: S. 321.

186 Limor Shifman, *Meme. Kunst, Kultur und Politik im digitalen Zeitalter*, Berlin 2014, S. 40.

187 Herny Jenkins, *Convergence Culture. Where Old and New Media Collide*, New York 2006.

188 Matthias Thiele, »Cellulars on Celluloid – Bewegung, Aufzeichnung, Widerstände und weitere Potentiale des Mobiltelefons. Prolegomena zu einer Theorie und Genealogie portabler Medien«, in: Martin Stingelin, Matthias Thiele (Hg.), *Portable Media. Schreibszenen in Bewegung zwischen Peripatetik und Mobiltelefon*, München 2010, S. 285–310, hier: S. 295.

Personenregister

Friedrich Balke ist Professor für Medienwissenschaft unter besonderer Berücksichtigung der Theorie, Geschichte und Ästhetik bilddokumentarischer Formen an der Ruhr-Universität Bochum und Sprecher des DFG-Graduiertenkollegs »Das Dokumentarische. Exzess und Entzug«. Zu seinen Forschungsgebieten zählen Medien und Mimesis, Kultur- und Wissensgeschichte des Politischen, Formen und Funktionen des Dokumentarischen. Ausgewählte Buchveröffentlichungen: *Figuren der Souveränität* (2009), *Medienphilologie. Konturen eines Paradigmas* (hrsg. zus. m. Rupert Gaderer, 2017), *Mimesis und Figura. Mit einer Neuausgabe des »Figura«-Aufsatzes von Erich Auerbach* (zus. mit Hanna Engelmeier, 2018, 2. Aufl.).